Die Umsetzung des Art. 6 Info-RL (technische Schutzmaßnahmen) ins deutsche Recht

Europäische Hochschulschriften

Publications Universitaires Européennes
European University Studies

Reihe II
Rechtswissenschaft

Série II Series II
Droit
Law

Bd./Vol. 4199

PETER LANG
Frankfurt am Main · Berlin · Bern · Bruxelles · New York · Oxford · Wien

Frederike Hänel

Die Umsetzung des Art. 6 Info-RL (technische Schutzmaßnahmen) ins deutsche Recht

PETER LANG
Europäischer Verlag der Wissenschaften

Bibliografische Information Der Deutschen Bibliothek
Die Deutsche Bibliothek verzeichnet diese Publikation in der Deutschen Nationalbibliografie; detaillierte bibliografische Daten sind im Internet über <http://dnb.ddb.de> abrufbar.

Zugl.: Saarbrücken, Univ., Diss., 2005

D 291
ISSN 0531-7312
ISBN 3-631-54046-9

www.peterlang.de

Meinen Eltern

VORWORT

Die vorliegende Arbeit hat dem Fachbereich Rechtswissenschaften der Universität des Saarlandes im Wintersemester 2003/2004 als Dissertation vorgelegen.

Zu besonderem Dank bin ich meinem Doktorvater verpflichtet: Prof. Dr. Maximilian Herberger, der diese Arbeit betreut hat. Herrn Prof. Dr. Helmut Rüßmann danke ich für die zügige Anfertigung des Zweitgutachtens.

Weiterhin möchte ich der Universität des Saarlandes danken, die die Arbeit durch ein Landesgraduierten-Stipendium gefördert hat.

Schließlich danke ich meiner Familie, Carsten, Katja, Nikoline und allen anderen, die das Entstehen dieser Arbeit begleitet und gefördert haben.

Berlin, im Februar 2005 *Frederike Hänel*

Inhalt

I. Einleitung

Das Urheberrecht, das Recht für die „Kreativen" und „Kulturschaffenden", hat offenbar selbst eine inspirierende Wirkung: Der Gesetzgeber hat die Früchte des demokratischen Konsenses für ein modernes Urheberrecht nicht schlicht in Gesetzesform gegossen, sondern in „Körben" serviert. Der erste von zwei Körben verbirgt sich hinter der amtlich nüchternen Bezeichnung das *„Gesetz zur Regelung des Urheberrechts in der Informationsgesellschaft"* (i. F. ÄndG), das der Deutsche Bundestag in seiner endgültigen Fassung am 11.4. und 3.7.2003 verabschiedet hat. Während die überwiegenden Vorschriften seit dem 13.9.2003 gelten, treten die die Durchsetzung der urheberrechtlichen Schranken betreffenden Normen erst am 1.9.2004 in Kraft (BGBl. 2003 I, S. 1774). Das ÄndG ist ein Artikelgesetz, das neben dem Urhebergesetz (UrhG, Art. 1) das Urheberrechtswahrnehmungsgesetz (UrhRWahrnG, Art. 2), das Unterlassungsklagegesetz (UKlG, Art. 3) und die Strafprozessordnung (StPO, Art. 4) ändert. Art. 5 regelt die Neufassungsermächtigung und Art. 6 das Inkrafttreten des Gesetzes.

Die vorliegende Arbeit knüpft an den Gang des Gesetzgebungsverfahrens an und hier insbesondere an die „Umgehungs"-Vorschriften, d.h. die Regelungen zum Schutz „technischer Maßnahmen". Diese Änderungen berühren in erster Linie die wirtschaftlichen Verwertungsmöglichkeiten des Rechtsinhabers. Das Urheberrecht und die verwandten Schutzrechte sind Teil des sog. geistigen Eigentums, das verfassungsrechtlich durch Art. 14 Abs. 1 GG (Eigentumsfreiheit), Art. 5 Abs. 1 GG (Meinungsfreiheit) und Art. 2 Abs. 1 GG (allgemeine Handlungsfreiheit) geschützt ist, wenngleich auch das geistige Eigentum – entsprechend dem Sacheigentum – der Sozialbindung (Art. 14 Abs. 2 GG) unterliegt. Dementsprechend versucht das Urheberrecht seit jeher, einen angemessenen Ausgleich zwischen den Interessen des Rechtsinhabers und den Interessen der Allgemeinheit zu finden. Dieses Spannungsverhältnis wird maßgeblich durch die technische Innovation beeinflusst und hier verstärkt in den letzten Jahren durch die Entstehung der *Informationsgesellschaft*. Das ÄndG soll den Weg des Urheberrechts in diese neue Ära ebnen.

Während auf einen Definitionsversuch des Begriffs der Informationsgesellschaft[1] an dieser Stelle verzichtet werden kann, scheint die Darstellung einiger technischer Grundlagen unausweichlich: Die technische Grundlage der Informationsgesellschaft bilden die elektronische Datenverarbeitung und der Datenaustausch mit Hilfe elektronisch arbeitender Systeme (Elektronische Datenverarbeitungsanlagen [EDV] bzw. Informationstechnologien [IT]).[2] Für den Datenaustausch werden Netzwerke benötigt, d.h. mehrere miteinander lokal oder über Telefonleitungen verbundene Computer und/oder Programme. Ein Netzwerk basiert

---

1 S. dazu *Delp* Das Recht des geistigen Schaffens in der Informationsgesellschaft, Kap. II Rn. 1-7.

2 *Irlbeck/Langenau/Mayer*, S. 267, 442.

entweder auf dem sog. *Client- Server*-Prinzip oder auf dem *Peer-to-Peer*-Prinzip: Bei dem *Client-Server*-Prinzip ermöglichen ein oder mehrere Zentralrechner mit entsprechender Software (*Server*) den Datenzugriff (*File-Server*) und die Nutzung von Peripheriegeräten oder die Anwendung von Programmen (*Application Server*) von anderen Computern mit entsprechender Software aus (*Client*). Bei dem *Peer-to-Peer*-Prinzip sind alle Rechner gleichrangig miteinander verbunden und können untereinander Daten austauschen,[3] wie es z.B. für die Tauschbörsen im Internet (Gnutella) typisch ist.

Für das Urheberrecht und die verwandten Schutzrechte änderten sich die technischen Rahmenbedingungen schrittweise. Schlagwörter, mit denen sich dies umschreiben lässt, sind: Digitalisierung, Internet, Komprimierung und Breitbandtechnik. Seit der *Digitalisierung*[4] ist es möglich, Werke (Bücher, Film, Musik etc.) ohne Qualitätsverlust zu vervielfältigen, so dass ein „Klon"[5] entsteht. Das *Internet* hat ein Umfeld geschaffen, das Werke weltweit verfügbar und austauschbar macht. Es ist ein Verbund aus mehreren unterschiedlich großen Einzelnetzwerken, das aus dem ARPANET hervorgegangen ist, ein in den Jahren 1966 bis 1970 von der Behörde für weiterführende Forschungsprojekte (Advanced Research Projects Agency [ARPA]) des amerikanischen Verteidigungsministeriums aufgebautes Forschungsnetzwerk.[6] Obwohl hier eine Verquickung aus Politik und Wissenschaft nahe liegt, und das Motiv fast in einem natürlichen Reflex in dem militärischen Bereich gesucht wird, soll das Netzwerk aus den pragmatischen Erwägungen entstanden sein, Computer, die in der Anschaffung teuer und bei unterschiedlichen Systemen aufwendig zu verwalten sind, doch am besten untereinander zu vernetzen und daraus den Vorteil zu ziehen, Informationen austauschen und Ressourcen gemeinschaftlich nutzen zu können.[7] ARPANET war dezentral konzipiert, d.h. alle untereinander verbundenen mehrfach vernetzten Rechnern sollten Daten empfangen und weiterleiten können.[8] Dem oder den Servern (synonym: *Host*) der Einzelnetzwerke sind IP-Adressen (*Internetworking Protocol*) zugeordnet, weil das Internet mit den Übertragungsprotokollen TCP/IP (*Transmission Control Protocol/Internetworking Protocol*) arbeitet. Hierbei werden die

---

3 *Irlbeck/Langenau/Mayer*, S. 162, 646.

4 Mit Hilfe eines speziellen Geräts (Digitizer) werden analoge in digitale Signale umgewandelt; in Bezug auf Computer ist speziell die Umwandlung in binäre Werte gemeint, die im Computer weiterverarbeitet werden sollen (*Irlbeck/Langenau/Mayer*, S. 227, 231).

5 *Balzli/Kerbusk/Rosenbach/Schulz* in Spiegel Heft 36/2003, S. 73: „Alles nur geklaut".

6 *Hafner/Lyon* Wizards, S. 13-20.

7 *Hafner/Lyon* Wizards, S. 39 ff., die gegen den Mythos schreiben, das Netzwerk sei entwickelt worden, um die nationale Sicherheit im Falle eines nuklearen Angriffs zu gewährleisten.

8 *Lührig* in Ensthaler, Kap. 1 I 1; *Irlbeck/Langenau/Mayer*, S. 74.

Daten „in Paketen“ an den Empfänger verschickt.[9] Die IP-Netzwerke werden über sog. *Router*-Rechner miteinander verbunden, auf denen eine entsprechende Software installiert ist, die aus den Datenpaketen die IP-Adresse herauslesen, oder den Domainnamen[10] in IP-Adressen übersetzen und weiterleiten.[11]

Ein wichtiger Bestandteil des Internet ist das 1993 am europäischen Forschungszentrum für Kernphysik CERN[12] von *Tim Berners-Lee* und *Robert Cailliau* für das Internet entwickelte World Wide Web (WWW).[13] Das WWW, der grafische Teil des Internet, ist ein weltweites Hypermedia-System. Es werden unterschiedliche mediale Formen (Bild, Text, etc.) über eine Verweisungstechnik miteinander verknüpft.[14] Die nur auf Texte beschränkte Darstellungsweise nennt man Hypertext.[15] Die Seiten des WWW kann man mit Hilfe der Beschreibungssprache *HyperText Markup Language* (HTML) formatieren, insbesondere sog. Links[16] definieren. Die Seiten können mit Hilfe einer speziellen Software – einem Web-Browser (Netscape Navigator, Internet Explorer) – durchblättert werden.[17]

Schließlich sind als technische Entwicklungen die *Datenkomprimierung*[18] und die *Breitbandkabeltechnik* zu erwähnen. Die Fähigkeit, Daten zu komprimieren,

---

9 *Irlbeck/Langenau/Mayer*, S. 435, 819

10 Eine IP-Adresse ist die Identifikationsnummer jedes an das Internet angeschlossenen Rechners, die aus 4 Bytes besteht und durch Punkte getrennt wird (Bsp. 140.186.81.1). Zur Vereinfachung wurden Domains eingeführt, die hierarchisch nach Wertigkeit in Top-Level-Domains (Länderkennzeichnungen wie z.B. „.de“ und generische Top-Level-Domains wie z.B. „.com“), Second-Level-Domains zur namensmäßigen Bezeichnung, Third-Level-Domain, u.s.w. gegliedert sind. Für die Vergabe und Verwaltung der Domains sind verschiedene Organisationen zuständig. Für die Vergabe der Domain „.de“ ist dies z.B. das *Deutsche Network Information Center* (DENIC), die seit 1996 eine Genossenschaft mit Sitz in Frankfurt ist (URL: http://www.denic.de/de/denic/wir_ueber_uns/index.html; URL: http://www.denic.de/de/denic/wir_ueber_uns/historie/index.html).

11 *Lührig* in Ensthaler, Kap. 1 II 1 und 2.

12 European Laboratory for Particle Physics, CERN, URL: http://public.web.cern.ch/public/.

13 S. dazu *Cailliau*, A Short History of the Web, URL: http://www.netvalley.com/archives/mirrors/robert_cailliau_speech.htm sowie den geschichtlichen Überblick unter URL: http://livinginternet.com/w/wi_lee.htm#cailliau. Die Weiterentwicklung des WWW erfolgte ab Oktober 1994 durch das Industrie-Konsortium *World Wide Web Consortium* (W3C, URL: http://www.w3.org/Consortium/).

14 *Irlbeck/Langenau/Mayer*, S. 401.

15 *Irlbeck/Langenau/Mayer*, S. 401

16 Ein *Link* ist der Verweis von einer Web-Quelle (resource) zu einer anderen Web-Quelle (W3C Spezifikation von *HTML Version 4.1*, URL: http://www.w3.org/TR/html4/; *Links*, URL: http://www.w3.org/TR/html4/struct/links.html, Pkt. 12.1.)

17 *Irlbeck/Langenau/Mayer*, S. 401

18 Bei der Komprimierung werden auf der Grundlage bestimmter mathematischer Algorithmen Dateien in kürzere Form umgewandelt; zu den bekanntesten Komprimie-

ermöglicht es, größere Datenmengen (Audio- und Videodateien) zu übertragen. Die Breitbandtechnik (z.B. ADSL-Technik) erhöht die Übertragungskapazität, die es für den Nutzer auch attraktiv macht, in kurzer Zeit größere Datenmengen abzurufen, z.B. Filme.

Die „technische Infrastruktur" der Informationsgesellschaft bietet die Chance, neue Geschäftsmodelle zu entwickeln und zu etablieren. Diese Vorhaben sind im digitalen Umfeld jedoch auch risikoreich, da digitalisierte Werke und sonstige Schutzgegenstände missbrauchsanfällig sind. Hinzu kommt, dass die im analogen Umfeld zulässige Vervielfältigung zum privaten Gebrauch (Privatkopie) im digitalen Zeitalter eine neue wirtschaftliche Dimension erlangt hat („Jedermann-Piraten").[19] Sie kann die primären Verwertungsmöglichkeiten des Rechtsinhabers schmälern. Hiervon können sämtliche Branchen der Kulturwirtschaft betroffen sein, vor allem die Musik- und Filmwirtschaft.[20]

Das Recht kann, um neue Verwertungsmöglichkeiten, Investitionen und Wachstum zu fördern, die Rechtsposition des Urhebers und bestimmter Leistungsschutzberechtigter stärken. Diesem Ziel dient z.B., Rechtsinhabern das ausschließliche Recht zu gewähren, ihr Werk bzw. ihre Leistung über Netzwerke anzubieten (Recht der öffentlichen Zugänglichmachung). Andererseits mussten die Schranken des Urheberrechts als Ausdruck der Sozialbindung des geistigen Eigentums den neuen Bedingungen in der digitalen Umwelt angepasst werden.

Der Gesetzgeber hat sich allerdings nicht darauf beschränkt, die Rechte zu stärken und die Schranken der digitalen Umwelt anzupassen, sondern hat einen flankierenden Schutz technischer Maßnahmen und der Informationen zur Rechtewahrnehmung vorgesehen. Die Rechtsinhaber haben begonnen, ihre Rechte selbst mit Hilfe der Technik zu schützen. Der wichtigste Aspekt hierbei ist die „digitale Rechtewahrnehmung" („*The Answer to the Machine is in the Machine*"),[21] die nach der Vision des europäischen Gemeinschaftsgesetzgebers neben dem Schutz der Rechte und deren Durchsetzung die dritte Säule des Urheberrechtsschutzes bildet.[22] Während die „Informationen über die Rechtewahrnehmung" festlegen,

---

rungsverfahren gehört *MPEG 1 Layer III* (*MP3*, URL: http://www.iis.fhg.de/amm/techinf/layer3/index.html) und das *MPEG-2 Advanced Audio Coding* (*AAC*, URL: http://www.iis.fraunhofer.de/amm/techinf/aac/index.html), die 1992 und 1997 von der *Moving Picture Experts Group* (MPEG, URL: http://mpeg.telecomitalialab.com/who_we_are.htm) standardisiert wurden. Das *Deutsche Frauenhofer Institut für integrierte Schaltungen* hat beide Verfahren entwickelt und hält Patente hierfür (URL: http://www.iis.fraunhofer.de/amm/legal/#21).

19 *Balzli/Kerbusk/Rosenbach/Schulz* in Spiegel Heft 36/2003, S. 77: „Alles nur geklaut"; zu der wachsenden Bedeutung der Privatkopie im Internet bereits *Nordemann/Goddar/Tönhardt/Czychowski* CR 1996, 645, 649.

20 Vgl. hierzu etwa *Balzli/Kerbusk/Rosenbach/Schulz* in Spiegel Heft 36/2003, 72 ff.: „Alles nur geklaut".

21 *Clark* in Hugenholtz, The Future of Copyright, S. 139.

22 *Reinbothe* Copyright and Related Rights in the European Union.

wer auf welche Weise welchen Schutzgegenstand nutzen darf, dienen die „technischen Maßnahmen" – auf die sich die vorliegende Arbeit bezieht – dazu, die Rechtewahrnehmung abzusichern, indem sie die Nutzungsvorgänge kontrollieren.

Zur besseren Veranschaulichung können die technischen Kontrollsysteme nach der Vertriebsart unterschieden werden.[23] Werke können offline oder online vertrieben werden.[24] Beim Online-Vertrieb ist weiter danach zu unterscheiden, ob die Werke zur nicht interaktiven Nutzung oder zur interaktiven Nutzung zur Verfügung gestellt werden.[25] Die interaktive Nutzung ist die häufigste Nutzungsform in Netzwerken. Der Nutzer kann hierbei durch elektronischen Abruf bestimmen, was er zu welchem Zeitpunkt und von welchem Ort aus dem Netz herunterlädt.

Bei Schutzsystemen, die die Nutzung von Werken kontrollieren, die auf Offline-Medien (z.B. Audio-CD, DVD) gespeichert sind, setzt die Kontrolle in der Sphäre des Nutzers an dem physischen Endgerät an. Solche Systeme sind vor allem für Filme auf DVD und Musik auf CD oder DVD entwickelt worden (z.B. das *Content Scamble System* (CSS), Kopierschutzprodukte für Audio-CDs).[26]

Werke oder sonstige Schutzgegenstände können online und nicht interaktiv vertrieben werden; dies ist für den digitalen Rundfunk kennzeichnend. Die hierfür entwickelten Schutzsysteme kontrollieren die Nutzung beim Empfang ebenfalls über das physische Endgerät des Nutzers (z.B. Set-Top-Box, Smartcard).

Schließlich können digitale Güter online über Netzwerke übertragen werden. Die Übertragung über das Internet ermöglicht sowohl eine interaktive als auch eine nicht interaktive Nutzung (z.B. *Webcasting*). Die Kontrolle kann direkt an der Quelle – einem zugangskontrollierten Inhalteserver – (z.B. Online-Zeitschriftenarchiv), beim Empfang der Datei oder auf der Ebene der bereits erworbenen (verschlüsselten) Datei ansetzen.[27] Die Kontrolle beim „Empfang" z.B. von Videosequenzen über Netzwerke („Streaming-Technik") und bei der bereits

---

23 *Federrath* ZUM 2000, 804, 805, der nach *synchron* und *asynchron* unterscheidet, aber auch auf die Möglichkeit hinweist, zwischen interaktiv und nicht interaktiv zu unterscheiden; ebenso *Pfitzmann u.a.*, Gutachten, S. 15; *Sieber*, Gutachten, S. 96. *Asynchron* und *synchron* beschreibt den zeitlichen Zusammenhang zwischen Datenübertragung und Konsumierung. Hier wird die Unterscheidung interaktive und nicht interaktive Nutzung bevorzugt, da die Fähigkeit zur Interaktivität ein Wesensmerkmal der „öffentlichen Zugänglichmachung" ist.

24 Bei dem Offline-Vertrieb werden die Werke auf einem Medium in körperlicher Form gespeichert (z.B. DVD, Audio-CD, CD-ROM). Von einem Online-Vertrieb spricht man immer dann, wenn Daten mittels Fernübertragungstechnik/ Telekommunikation übermittelt werden.

25 Interaktive Nutzung wird in dieser Arbeit in dem Sinne verstanden, dass der Nutzer frei wählen kann, von welchem Ort und zu welchem Zeitpunkt er die Daten abruft. Die interaktive Nutzung beschreibt den Rezeptionsvorgang.

26 S. zu den Standards zum Schutz von Audio CDs und DVDs *Bechtold* DRM, S. 106-114; *Marks/Turnbull* E.I.P.R. 2000, 204-210; *Sieber*, Gutachten, S. 100-104.

27 *Wand* Technische Schutzmaßnahmen, Kap.1 B I 1 u. 3.

heruntergeladenen Datei (Digital Rights Management Systems [DRMS]) wird regelmäßig durch die Abspielsoftware (i.d.R. ein *Plug in*[28]) realisiert.

Der Erfolg der digitalen Rechtewahrnehmung hängt entscheidend davon ab, wie sicher die technischen Maßnahmen die Kontrolle gewährleisten. Die Technik bietet keinen absoluten Schutz, sondern ist selbst schutzbedürftig. Die Funktion der Mechanismen kann entweder durch Personen beeinträchtigt werden („Hacker" oder „Cracker"), die über derart umfassenden Kenntnisse der Sicherheitsmechanismen verfügen, dass sie die „Antwort" – die in der Maschine ist – mit Zeit, Geld und Geduld finden können; oder Dritte können mittelbar Sicherheitsgefahren für das System verursachen, wenn sie nicht nur zu Forschungszwecken ihr Wissen dazu einsetzen, Geräte oder Software zu entwickeln, die es einer Vielzahl technisch nicht so versierter Nutzer ermöglicht, technische Maßnahmen zu umgehen und urheberrechtlich geschütztes Material kostenlos zu nutzen. Die technische Schwäche auszugleichen und die Gefahr für die Funktionsfähigkeit der Schutzsysteme einzudämmen, ist der Sinn des Umgehungsschutzes. Zugleich wird das Schadensrisiko verlagert und ein Anreiz geschaffen, in die neuen Schutztechniken zu investieren und sich neue Geschäftsfelder zu erschließen.

Zu den bekanntesten Kritikern eines starken Urheberrechtsschutzes gehört *Lawrence Lessig*. Er meint, dass der Gesetzgeber „die Falschen" unterstützt, die in der „alten Welt" ohnehin schon die wirtschaftliche Macht konzentrierten. Statt diese Machtkonzentration durch die freie Entfaltung von Innovationen aufzubrechen, werde diese dadurch verfestigt, dass die Inhaber des geistigen Eigentums bestimmen dürften, wie Innovation sich in der „neuen Welt" zu entwickeln hat.[29]

Technik, Innovation und Inhalte lassen sich allerdings nur zusammen denken. Wenn der Gesetzgeber – zutreffend – das rechtspolitische Ziel verfolgt, den Urheberrechtsschutz zu stärken („The Content is King!"), dann ist es nur legitim, dass er in das Marktgeschehen eingreift. Der Umgehungsschutz selbst ist dadurch gerechtfertigt, dass der Rechtsinhaber die Technik einsetzt, um seine gesetzlich geschützte absolute Rechtsposition durchzusetzen; diese berechtigt ihn dazu, andere negativ von der Nutzung seines geistigen Eigentums auszuschließen. Die Technik ist nichts anderes als der Ausdruck dieses Vetorechts. Allerdings reicht der Rechtsschutz nur soweit wie die ausschließlichen Rechte des Rechtsinhabers bestehen.

Um den Schutz effektiv auszugestalten, musste sich der Gesetzgeber einer wichtigen Frage stellen: Wie viel Sozialbindung erlaubt ein effektiver Rechtsschutz, um das oben genannte Ziel auch zu verwirklichen? Der Gemeinschaftsge-

---

28 Ein *Plug in* ist eine Softwareerweiterung, die in einen Browser ein standardmäßig nicht vorhandenes Dateiformat implementiert (z.B. der RealOne Player für das Format RealVideo der Firma RealNetworks; Adobe Reader für das PDF-Format und das Ebook-Format von Adobe) (*Ihrlbeck/Langenau/Mayer*, S. 668), so bereits *Wand* in bezug auf die Streaming-Technik, Technische Schutzmaßnahmen, S. 14.

29 *Lessig* The Future of Ideas, S. 200, 254.

setzgeber hat die Rechte und Schranken, sofern das Material technisch geschützt ist, neu geordnet; teilweise wird hierin die eigentliche Erneuerung des Urheberrechts gesehen.[30]

Von den wesentlichen Entscheidungen über die Ausgestaltung des Umgehungsschutzes – insbesondere hinsichtlich des Verhältnisses des Umgehungsschutzes zu den urheberrechtlichen Schranken – war der deutsche Gesetzgeber – mit Ausnahme der Privatkopie – enthoben. Die deutschen Vorschriften blicken nämlich zurück auf eine längere völkerrechtliche und gemeinschaftsrechtliche Entstehungsgeschichte. Im Rahmen der Welturheberrechtsorganisation (WIPO) reicht die Diskussion über einen solchen Rechtsschutz in die 80-er Jahre des vergangenen Jahrhunderts zurück. Im Jahre 1996 haben die Vertragsstaaten in dem WIPO - World Copyright Treaty (WCT) und dem WIPO - World Performances and Phonograms Treaty (WPPT) einen Minimalkonsens verabschiedet. Als einer der ersten Vertragsstaaten haben die USA die Vorgaben der WIPO-Verträge durch den *Digital Millennium Copyright Act* (DMCA) umgesetzt, dessen Umgehungsvorschriften am 28.10.1998 in Kraft getreten sind. Die Europäische Gemeinschaft, die im Namen ihrer Mitgliedstaaten ebenfalls Vertragspartei wird, hat ihre internationalen Verpflichtungen durch die *„Richtlinie über die Harmonisierung bestimmter Aspekte des Urheberrechts und verwandter Schutzrechte“* (i. F. Info-RL) umgesetzt, die seit dem 22.6.2001 in Kraft ist. Die gemeinschaftsrechtlichen Vorgaben tragen teilweise die Züge der US -amerikanischen Vorschriften.

II. Eingrenzung der Arbeit

Die vorliegende Arbeit untersucht, ob der deutsche Gesetzgeber die gemeinschaftsrechtlichen Vorgaben in Bezug auf den Schutz technischer Maßnahmen gem. Art. 6 Info-RL ordnungsgemäß in das nationale Recht umgesetzt hat. Die Arbeit knüpft hinsichtlich der völkerrechtlichen und gemeinschaftsrechtlichen Hintergründe an die Dissertation von *Wand* an, der die Info-RL nur in der Fassung des geänderten Vorschlags der Kommission berücksichtigen konnte. Den Schwerpunkt bildet der zweite Teil der Arbeit über die Umsetzung der Vorgaben in deutsches Recht. Gegenstand des Rechtsschutzes sind die „technischen Maßnahmen“. Für den normativen Begriff der „technischen Maßnahmen“ ist kennzeichnend, dass sie die Nutzung des geschützten Materials unter Kontrolle halten. Die meisten der hierfür eingesetzten Mechanismen beruhen – abgesehen von wichtigen Ausnahmen wie dem CD-Kopierschutz – auf kryptographischen Verfahren (Identifizierung, Authentifizierung, Verschlüsselung, digitale Signatur), die in dieser Arbeit deswegen eingehend behandelt werden.

„Technische Maßnahmen“ sind von technischen Verfahren zu unterscheiden, die eingesetzt werden, um Informationen über das Werk, den Rechtsinhaber und

[30] *Goutal* RIDA 2001, 67, 87.

die Rechtswahrnehmung unmittelbar in das Werk einzubetten oder beizufügen. Hierbei kann es sich um Informationen-Bits handeln, eingebettete Wasserzeichen oder in Beschreibungssprachen formulierte Nutzungsbedingungen. Der Schutz der „Informationen zur Rechtewahrnehmung“ i.S.v. § 95c UrhG ist nicht Gegenstand der Arbeit. Nur sofern die Verfahren – wie z.B. Wasserzeichen – die Funktion haben, die Nutzung zu kontrollieren, werden sie als „technische Maßnahmen“ erörtert. Bzgl. der Mechanismen, die keine technischen Maßnahmen i.S.v. Art. 6 Info-RL sind, wird auf technische Ausführungen verzichtet, soweit sie nicht für das Verständnis dieser Arbeit erforderlich sind.

Bei den meisten Schutzsystemen handelt es sich um komplexe Schutzsysteme, für die ein doppelter Schutz gemäß §§ 95a, 95c UrhG in Betracht kommt. Hierzu zählen vor allem die sog. *Digital Rights Management Systeme* (i. F. DRMS), die von dem normativen Begriff der „technischen Maßnahmen“ zu trennen sind. Wenn DRMS mit technischen Maßnahmen gleichgesetzt werden, ist mit DRMS nur die Technologie angesprochen, durch die die Nutzung der Werke und sonstiger Schutzgegenstände unter Kontrolle gehalten wird.[31] Nur insoweit sind DRMS auch Gegenstand dieser Arbeit.[32]

DRMS wird in dieser Arbeit in einem anderen Sinne verwendet als in der Dissertation von *Bechtold*. Unter *DRMS i.e.S.* kann man die Systeme verstehen, die üblicherweise als *Electronic Copyright Management Systems* (ECMS)[33] bezeichnet werden; hierbei handelt es sich um Vertriebsmodelle für den elektronischen Geschäftsverkehr, die durch eine besondere Form der Rechteverwaltung gekennzeichnet sind. Es werden mit Hilfe von Beschreibungssprachen spezifizierte Rechtsmodelle elektronisch durchgesetzt.[34] Ein Beispiel hierfür ist der Online-Musikdienst *iTunes* von *Apple*. *Stefik*, der Entwickler der Beschreibungssprache *eXtensible Rights Marcup Language* (XrML), hat die einem solchen System zugrundeliegenden Leitgedanken folgendermaßen umschrieben: Zum einen können Rechte und Nutzungsbedingungen in einer Sprache ausgedrückt werden, die von einem Computer interpretiert werden kann; zum anderen können Rechner und Software dazu bestimmt sein, jene Rechte und Bedingungen durchzusetzen.[35] Auf diese Weise entsteht ein in sich abgeschlossenes Netzwerk ähnlich einem „Warenladen“. Diese Entwicklung verhält sich nicht unbedingt gegenläufig zu dem Wunsch nach mehr Interoperabilität und dem Gedanken einer möglichst weitrei-

---

31 *Rosenblatt/Dykstra*, Integrating Content Management, S. 5; *Bechtold* DRM, S. 2 ff.; *Pfitzmann/Federrath/Kuhn*, S. 25; von diesem Begriff gehen etwa *Ory* JurPC Web-Dok 126/2002, Abs. 11 und *Huppertz* Cri 2002, 105 ff. aus.

32 Vgl. zur Bedeutung des Umgehungsschutzes in dem Gesamtkomplex „DRM-Systeme“ die Ausführungen und die Grafik bei *Bechtold* DRM, S. 256 f., 261 f.

33 Zu diesen Systemen bereits *Bechtold* GRUR 1998, 18, 19 ff.

34 *Bodendorf/Robra-Bissantz/Weiser/Lang* NwiR 2002, S. 7 ff. (15) und *Rosenblatt/Dykstra* Integrating Content Management, S. 4 ff.

35 *Stefik* Shifting the Possible; *Stefik/Silverman* The Bit and the Pendulum, S. 5.

chenden mulimedialen Nutzung.[36] Vielmehr wird auch hier eine Standardisierung angestrebt.

DRMS i.w.S. sind Vertriebssysteme, die den DRMS i.e.S. in den Funktionen gleichen, mit dem Unterschied, dass die digitale Rechteverwaltung auf einem einfacheren Prinzip beruht als auf computerlesbaren spezifizierten Beschreibungssprachen. *Bechtold* ordnet dem Begriff DRMS dementsprechend auch die Kopierschutzsysteme zu, bei denen das vertraglich vereinbarte Rechtemodell technisch durch Signale und einzelne Informationen-Bits durchgesetzt wird.[37] Der vorliegenden Arbeit wird der Begriff *DRMS i.e.S.* zugrunde gelegt, da die technischen Kontrollmechanismen auf eine spezifische Art und Weise zusammenwirken.

III. Gang der Darstellung

Wählt der Gemeinschaftsgesetzgeber die Handlungsform der Richtlinie, erfolgt die Durchführung des Gemeinschaftsrechts in einem zweistufigen Rechtssetzungsverfahren, das auf ein kooperatives Zusammenwirken zwischen EG und ihren Mitgliedstaaten angelegt ist. Kennzeichen der Richtlinie ist, dass sie ein Ziel verbindlich festlegt in dem Sinne, dass der Gemeinschaftsgesetzgeber die Mitgliedstaaten verpflichtet, dieses Ziel bei freier Wahl der Form und Mittel innerstaatlich innerhalb einer bestimmten Frist zu verwirklichen. Der Gemeinschaftsgesetzgeber veranlasst den nationalen Normgeber, den in ihr festgelegten rechtlichen Zustand herbeizuführen, in der Regel durch allgemein verbindliche Regelungen. Erst die nationale Umsetzung führt zu einer allgemein verbindlichen Regelung. Der Mitgliedstaat muss anhand der nationalen Rechtslage prüfen, ob und inwieweit ein Anpassungsbedarf besteht. Der Prüfungsmaßstab wird sowohl durch das Gemeinschaftsrecht als auch durch das nationale Recht – insbesondere das Verfassungsrecht – beeinflusst.

Der Gang der Darstellung folgt diesem zweistufigen Entstehungsprozess. In dem *Teil 1* werden Ziel und Inhalt der Info-RL erläutert vor dem Hintergrund der völkerrechtlichen und gemeinschaftsrechtlichen Entstehungsgeschichte. *Teil 2* der Arbeit untersucht die Umsetzung ins deutsche Recht, die in zwei Stufen erfolgt. In diesem Teil sind die technischen Grundlagen dargestellt, die dem Verständnis der Funktionsweise der Mechanismen dienen. Die Ausführungen knüpfen methodisch an die beispielhaft von dem Gesetz aufgezählten Kontrollmechanismen (Zugangskontrolle, Umwandlung, Kontrolle zur Vervielfältigung). *Teil 3* gibt einen kurzen Überblick über die Umsetzung der Info-RL in Frankreich und die Rechtslage in den USA. Die Arbeit wird in *Teil 4* abgeschlossen mit einem Ausblick unter Berücksichtigung der US-amerikanischen und französischen Rechtslage.

---

36 *Pfitzmann u.a.* Gutachten, kritisieren dies an dem CD-Kopierschutz, S. 40.
37 S. dazu *Bechtold* DRM, S. 2 ff., 101 ff.

1. Teil: Art. 6 Info-RL (Pflichten in Bezug auf technische Maßnahmen): Entstehungsgeschichte und Überblick

1. Kapitel: Einführung

Der Rat und das Europäische Parlament[38] (i. F. Parlament) haben am 22.5.2001 die *„Richtlinie zur Harmonisierung bestimmter Aspekte des Urheberrechts und verwandter Schutzrechte in der Informationsgesellschaft"* (i. F. Info-RL)[39] verabschiedet; sie ist am 22.6.2001 in Kraft getreten. Bei dieser Richtlinie handelt es sich um die sechste der sieben sekundärrechtlichen Maßnahmen[40] im Bereich des Urheberrechts und verwandter Schutzrechte. Der gemeinschaftsrechtliche Besitz-

---

38 Der Rat ist wie die Kommission, das Europäische Parlament, der Gerichtshof und der Rechnungshof ein gemeinsames Organ der Europäischen Gemeinschaften (s. *Streinz* EuR, § 4 Rn. 227 f.). Die Info-RL ist ein Rechtsakt der Europäischen Gemeinschaft i.S.d. EGV. Mit der Abkürzung EG ist die Europäische Gemeinschaft gemeint.

39 Artikel ohne Nennung sind solche der Info-RL; Richtlinie 2001/29/EG des Europäischen Parlaments und des Rates v. 22.5.2001 zur Harmonisierung bestimmter Aspekte des Urheberrechts und der verwandten Schutzrechte in der Informationsgesellschaft (ABl. L 167 v. 22.6.2001, S. 10), berichtigt (ABl. L 6 v. 10.1.2002, S. 71), im Internet außer bei EUR-Lex (URL: http://europa.eu.int/eur-lex/de/index.html) auf den Seiten der Generaldirektion Binnenmark abrufbar unter URL: http://europa.eu.int/comm/internal_market/de/intprop/docs/index.htm.

40 Richtlinie 91/250/EWG des Rates v. 14.5.1991 über den Rechtsschutz von Computerprogrammen (ABl. L 122 v. 17.5.1991, S. 42), zuletzt geändert durch Richtlinie 93/98/EWG (ABl. L 290 v. 24.11.1993, S. 9); Richtlinie 92/100/EWG des Rates v. 19.11.1992 über das Vermietrecht und Verleihrecht sowie bestimmte dem Urheberrecht verwandte Schutzrechte im Bereich des geistigen Eigentums (ABl. L 346 v. 27.11.1992, S. 61), zuletzt geändert durch die Richtlinie 2001/29/EG (ABl. L 167 v. 22.6.2001, S. 10); Richtlinie 93/83/EWG des Rates v. 27.9.1993 zur Koordinierung bestimmter urheber- und leistungsschutzrechtlicher Vorschriften betreffend Satellitenrundfunk und Kabelweiterverbreitung (ABl. L 248 v. 6.10.1993, S. 15); Richtlinie 93/98/EWG des Rates vom 29.10.1993 zur Harmonisierung der Schutzdauer des Urheberrechts und bestimmter verwandter Schutzrechte (ABl. L 290 v. 24.11.1993, S. 9), zuletzt geändert durch die Richtlinie 2001/29/EG (ABl. L 167 v. 22.6.2001, S. 10); Richtlinie 96/9/EG des Europäischen Parlaments und des Rates vom 11.3.1996 über den rechtlichen Schutz von Datenbanken (ABl. L 77 v. 27.3.1996, S. 20); Richtlinie 2001/84/EG des Europäischen Parlaments und des Rates v. 27.9.2001 über das Folgerecht des Urhebers des Originals eines Kunstwerks (ABl. L 272 v. 13.10.2001, S. 32).
Im Rechtssetzungsverfahren befindet sich der Vorschlag für eine Richtlinie des Europäischen Parlaments und des Rates über die Maßnahmen und Verfahren zum Schutz der Rechte an geistigem Eigentum, KOM (2003) 46 endg. v. 30.1.2003. Alle Richtlinien sind im Internet abrufbar außer bei EUR-Lex (URL: http://europa.eu.int/eur-lex/de/search/index.html) auf den Seiten der Generaldirektion Binnenmarkt unter URL: http://europa.eu.int/comm/internal_market/de/intprop/docs/index.htm.

stand (*acquis communautaire)*[41] hat sich im Bereich des Urheberrechts und verwandter Schutzrechte nunmehr soweit verdichtet, dass teilweise für eine einheitliche Kodifizierung plädiert wird.[42] Dies geschieht nicht zuletzt wegen der Gefahr, dass mit partiellen Regelungen[43] Wertungswidersprüche entstehen können.[44]

Die Info-RL gliedert sich in vier Kapitel:

- *Ziel und Anwendungsbereich (Kapitel I),*
- *Rechte und Ausnahmen (Kapitel II),*
- *Schutz von technischen Maßnahmen und von Informationen für die Wahrnehmung der Rechte (Kapitel III) sowie*
- *allgemeine Bestimmungen(Kapitel IV).*

Ihre Rechtsetzungskompetenz für die Info-RL hat die EG – entsprechend dem Prinzip der begrenzten Einzelermächtigung (Art. 5 Abs. 1 EGV)[45] aus dem Primärrecht[46] – in erster Linie aus Art. 95 EGV (Binnenmarktmandat)[47] sowie zusätzlich aus den Spezialvorschriften[48] Art. 47 Abs. 2, Art. 55 EGV (freier Dienstleistungsverkehr, Niederlassungsfreiheit) hergeleitet. Maßgeblich waren objektive Kriterien hinsichtlich des Ziels und des Inhalts der Richtlinie.[49]

Für die Info-RL ergibt sich das Ziel unmittelbar aus Art. 1 Abs. 1. Hiernach regelt die Richtlinie den Schutz des Urheberrechts und verwandter Schutzrechte

---

41 Zu dem Begriff s. *Schack* ZEuP 2000, 799, 800.

42 *Dietz* ZUM 1998, 438, 439; *Walter* in v. Lewinski u.a., Europ. UrhR, X. Kap. Rn. 115; *Schack* ZEuP 2000, 799, 817 f.

43 *Auer* in Dittrich, Beiträge zum Urheberrecht, S. 19, 23, spricht von „Salamitaktik".

44 Hierauf verweisen *Auer* in Dittrich, Beiträge zum Urheberrecht, S. 19, 23; *Schack* ZEuP 2000, 799, 800.

45 *Streinz* EuR, § 6 Rn. 436.

46 Vertrag zur Gründung der Europäischen Gemeinschaft für Kohle und Stahl (EGKSV) v. 18.4.1951, in Kraft getreten am 23.7.1952 (BGBl. 1952 II, S. 445), Vertrag zur Gründung der Europäischen Atomgemeinschaft (EAGV) v. 25.3.1957, in Kraft getreten am 1.1.1958 (BGBl. 1957 II, S. 753); Vertrag zur Gründung der Europäischen Gemeinschaft (EGV) v. 7.2.1992 (BGBl. 1992 II, S.1286), zuletzt geändert durch den Vertrag von Nizza v. 26.2.2001 (ABl. C 80 v. 10.3.2001, S. 1 ff.), der am 1.2.3003 in Kraft getreten ist (BGBl. 2001 II, S.1666); die konsolidierte Fassung des EGV ist in ABl. C 325 v. 24.12.2002, S. 33 ff. veröffentlicht; Vertrag über die Europäische Union (EUV) v. 7.2.1992 (BGBl. 1992 II, S. 1253), zuletzt geändert durch den Vertrag von Nizza (ABl. C 80 v. 10.3.2001, S.1 ff.); die konsolidierte Fassung des EUV ist in ABl. C 325 v. 24.12.2002, S. 5 ff. veröffentlicht); der Vertrag von Nizza, der EGV und EUV sind im Internet auf den Seiten von *EUR-Lex* abrufbar (URL: http://europa.eu.int/eur-lex).

47 *Reinbothe* ZUM 1998, 429; *ders.* ZEuP 2000, 5, 8 f.

48 *Schack* ZEuP 2000, 799.

49 EuGH Rs. 155/91, Slg. 1993, I-939, Rn. 7 – *Kommission/Rat*; *Oppermann* EuR, Rn. 513.

„im Rahmen des Binnenmarktes, insbesondere in Bezug auf die Informationsgesellschaft“. Es wird darauf hingewiesen, dass die Info-RL ein wirtschaftspolitisches Instrument ist, und kulturpolitische Aspekte nur eine untergeordnete Rolle spielen.[50] Die Rechtsvereinheitlichung soll Rechtssicherheit und ein hohes Schutzniveau schaffen. Hieran knüpft der Richtliniengeber zahlreiche Hoffnungen, u.a. würden „substantielle Investitionen, Kreativität und Innovation einschließlich der Netzinfrastruktur“ gefördert und dies „zu Wachstum und erhöhter Wettbewerbsfähigkeit der europäischen Industrie“ beitragen.[51]

Dieselben Ziele verbindet der Gemeinschaftsgesetzgeber mit den in Art. 6 festgelegten „Pflichten der Mitgliedstaaten in Bezug auf technische Schutzmaßnahmen“.[52] Der Einsatz technischer Maßnahmen findet seinen Ursprung in den neuen und schwierigen Bedingungen des digitalen Umfelds; dieses ist gekennzeichnet von der leichten Kopierbar- und Austauschbarkeit des Materials. Rechtsinhaber sind deshalb verstärkt dazu übergegangen, ihre Interessen technisch zu schützen. Der technische Schutz – z.B. zugangskontrollierte Datenbanken und Online-Musikdienste, kopiergeschützte CDs – versetzt sie in die Lage, die Verwertungsvorgänge faktisch zu kontrollieren, vergleichbar einem Hauseigentümer, der mit einem Zaun unerwünschte Personen von seinem Grundeigentum fernzuhalten versucht.

Gleichwohl vermag die Technik die Rechtsdurchsetzung nicht zu garantieren, da auch sie selbst verletzlich ist. Jeder Mechanismus lässt sich – Zeit und Geduld vorausgesetzt – durch sicherheitstechnische Kenntnisse, Beobachten oder Abhören etc. ermitteln. Ist die Lösung gefunden, sind technisch versierte Personen in der Lage, entsprechende Gegenmittel herzustellen, mit denen der Kontrollmechanismus umgangen werden kann. Aus dieser Erkenntnis erklärt sich die Forderung, die Technik bedürfe ihrerseits eines rechtlichen Schutzes, um sie effektiv und wirkungsvoll zu machen. Das Recht ergänzt den technischen Schutz, indem es – um bei dem o.a. Beispiel zu bleiben – die um das (Grund-)Eigentum gezogenen Zäune elektrifiziert.[53]

Der Umgehungsschutz soll Rechtssicherheit schaffen und einen Impuls für die wirtschaftliche Entwicklung der Informationsgesellschaft geben: Indem technische Maßnahmen gegen bestimmte Verhaltenweisen („Angriffe“) geschützt werden und dadurch dem Nutzer, dem Softwareentwickler, Gerätehersteller und Vermittler (Provider) ein gewisses Haftungsrisiko übertragen wird, wird der Rechtsinhaber von einem Teil des Risikos entlastet; das soll Anreize für den Hersteller von Sicherheitssystemen und die Rechtsinhaber schaffen, in die Technik zu

[50] *Egloff* sic! 2002, 739, 740.
[51] Info-RL EG 4.
[52] Info-RL EG 47.
[53] *Dussolier* E.I.P.R. 1999, 285, „Electrifying the Fence“.

investieren.[54] Dies wird sich langfristig auch für den Verbraucher als vorteilhaft erweisen, wenn die Geschäftmodelle erfolgreich am Markt sind.

Da das geistige Eigentum jedoch der Sozialbindung unterliegt, muss der Rechtsschutz so ausgestaltet sein, dass als Ausgleich zu der Stärkung des Urheberrechts die Schranken des Urheberrechts berücksichtigt werden. Diesem Zweck dient Art. 6 Abs. 4.

---

54 *Fallenböck/Weitzer* Cri 2003, 40.

2. Kapitel: Völkerrechtlicher Hintergrund

Mit der Info-RL hat die EG im Rahmen ihrer Kompetenz auch völkerrechtliche Vorgaben umgesetzt.[55] Die EG hat den *„WIPO- Copyright Treaty"* (i. F. WCT) und den *„WIPO- Performances and Phonograms Treaty"* (i. F. WPPT) unterzeichnet und wird diese alsbald ratifizieren.[56]

Die Vertragsstaaten der WIPO[57] haben die Verträge am 20.12.1996 auf der Diplomatischen Konferenz in Genf verabschiedet.[58] Der WCT ist am 6.3.2002 in Kraft getreten, der WPPT am 20.5.2002.[59] Sie dienen dazu, die beiden wichtigsten Verträge im Bereich des Urheberrechts und der verwandten Schutzrechte – das *„Berner Übereinkommen zum Schutz von Werken der Literatur und Kunst"* (i. F. RBÜ) vom 9.9.1886[60] und das *„Rom-Abkommen"* vom 26.10.1961[61] – den technischen Entwicklungen und den Bedingungen der heutigen Informationsgesellschaft anzupassen.[62]

A. Art. 11 WCT und Art. 18 WPPT

Der WCT und WPPT verpflichten die Vertragsstaaten – und damit auch die EG – in den nahezu wortgleich formulierten Art. 11 bzw. Art. 18, einen angemessenen

---

55 Info-RL EG 15 a).

56 Stand der Ratifizierung abrufbar unter URL: http://www.wipo.int/treaties/notifications/wct/index.html, URL: http://www.wipo.int/treaties/notifications/wppt/index.html

57 Die *World Intellectual Property Organization* (WIPO) ist eine internationale Organisation der Vereinten Nationen (UNO), deren Ziel es ist, die Verwertung und den Schutz des geistigen Eigentums zu fördern (URL: http://www.wipo.org).

58 WIPO - Copyright Treaty (WCT) v. 20.12.1996, WIPO-Doc. CRNR/DC/94 v. 23.12.1996 und WIPO - Performances ans Phonograms Treaty (WPPT) v. 20.12.1996, WIPO-Doc. CRNR/CD/95 v. 20.12.1996, abrufbar unter URL: http://www.wipo.org/eng/diplconf/distrib/94dc.htm (WCT), URL: http://www.wipo.org/eng/diplconf/distrib/95dc.htm (WPPT); die englische, französische Fassung sowie die amtliche deutsche Übersetzung sind abgedruckt in BT-Drucks. 15/15, S. 7-39.

59 Vgl. Art. 20 WCT, Art. 29 WPPT. Die Verträge treten drei Monate, nachdem jeweils 30 Staaten die Verträge ratifiziert haben, in Kraft (Art. 20, 21 Abs. (i) WCT; Art. 29, Art. 30 Abs. (i) WPPT).

60 Berner Übereinkommen zum Schutz von Werken der Literatur und Kunst vom 9. September 1886 in der Pariser Fassung v. 24.7.1971, abgedruckt in BGBl. 1973 II, S. 1071, zuletzt geändert durch Beschluss v. 2.10.1979, abgedruckt in BGBl. 1985 II, S. 81, im Internet auf den Seiten von *Transpatent* abrufbar unter URL: http://www.transpatent.com.

61 Abkommen über den Schutz der ausübenden Künstler, der Hersteller von Tonträgern und der Sendeunternehmen vom 26.10.1961, abgedruckt in BGBl. 1965 II, S. 1243 (Rom-Abkommen), im Internet abrufbar unter URL: http://www.transpatent.com.

62 WCT u. WPPT, jeweils die Abs. 2 u. 3 der Präambel.

Rechtsschutz und Rechtsbehelfe zum Schutz technologischer Maßnahmen vorzusehen:

Article 11

Obligations concerning Technological Measures

Contracting Parties shall provide adequate legal protection and effective legal remedies against the circumvention of effective technological measures that are used by authors in connection with the exercise of their rights under this Treaty or the Berne Convention and that restrict acts, in respect of their works, which are not authorized by the authors concerned or permitted by law.

I. Entstehungsgeschichte

Ursprünglich waren zur Anpassung der RBÜ ein „mögliches Protokoll" und zur Stärkung des Leistungsschutzes ein „Neues Instrument" geplant.[63] Die zwei hierzu einberufenen Sachverständigenausschüsse tagten in sieben[64] bzw. sechs Sitzungen.[65] Der Schutz technischer Maßnahmen wurde gemeinsam mit den Bestimmungen über die Rechtsdurchsetzung diskutiert. Konkrete Vorschläge für einen Rechtsschutz legte das Internationale Büro im Juni 1993 vor („measures against abuses of technical devices").[66] Die Vorschläge griffen auf Verhandlungsergebnisse verschiedener WIPO-Sitzungen in den 80-er und 90-er Jahren zurück,[67] und konzentrierten sich auf das Verbot des Handels mit Umgehungsmitteln. Verstöße hiergegen sollten ebenso sanktioniert werden wie Rechtsverletzungen.[68] Diesem Vorschlag lag die Wertung zugrunde, dass die Umgehung die normale Verwertung des Urhebers untergraben würde.[69] Dieser Aspekt wurde neben der allgemeinen Frage erörtert,[70] ob die Bestimmungen über die Rechtsdurchset-

---

63 *V. Lewinski* GRUR Int. 1997, 667, 668; *Reinbothe/v. Lewinski* WCT/WPPT, S. 3 ff; S. ausführliche Darstellung der historischen Entwicklung bei *v. Lewinski* GRUR Int. 1997, 667 ff.; *Reinbothe/v. Lewinski* WCT/WPPT, S. 3 ff., *Wand* Technische Schutzmaßnahmen, S. 24 f.; Denkschriften zum WCT und WPPT, BT-Drucks. 15/15, S. 40-48, 49-60.

64 Memoranda and Reports: Copyright 1992, 30, 66, 93; 1993, 72, 84, 179; 1994, 214; Industrial Property and Copyright 1995, 107, 299, 427; 1996, 118, 236.

65 Memoranda and Reports: Copyright 1993, 142, 196; 1994, 44, 241; Industrial Property and Copyright 1995, 110, 363; 1996, 118, 236.

66 Memorandum zur Vorbereitung der dritten Sitzung, Copyright 1993, 72, 73; 84, 95, paras 74 f.; *Reinbothe/v. Lewinski* WCT/WPPT, S. 135, *Wand* Technische Schutzmaßnahmen, S. 26.

67 S. dazu ausführlich Memorandum, Copyright 1993, 84, 91-93.

68 Memorandum, Copyright 1993, 84, 95, para 75; s. dazu *Reinbothe/v. Lewinski* WCT/WPPT, S. 135.

69 *Reinbothe/v. Lewinski* WCT/WPPT, S. 135 (Rn. 1).

70 Memorandum, Copyright 1994, 214, 228.

zung des TRIPS-Übereinkommens („GATT/TRIPs-Text“)[71], das im Rahmen des WTO-Abkommens verhandelt wurde, zur Diskussionsgrundlage werden sollten.[72]

Vor der vierten Sitzung im September 1994 reichten einige Staaten Stellungnahmen ein. Mit besonderem Nachdruck setzten sich die USA für Vorschriften zum Schutz technischer Maßnahmen ein, da man nach Verabschiedung des TRIPs-Übereinkommens für die allgemeinen Vorschriften zur Rechtsdurchsetzung keinen Bedarf mehr sah.[73] Die Rechtsinhaber müssten ihre Werke technisch schützen, da eine Rechtsverletzung anders nicht wirksam verhindert werden könnte. Jedoch seien auch die technischen Maßnahmen verletzlich und bedürften daher ebenfalls einer rechtlichen Durchsetzung.[74] Die USA nahmen hierbei Bezug auf „eigene Studien“ und verwiesen auf die Ergebnisse der Arbeitsgruppe „Information Infrastructure Task Force“ (i. F. IITF). Diese Arbeitsgruppe war 1993 von der *Clinton-Regierung* mit der Untersuchung beauftragt worden, ob und wie das Copyright dem neuen digitalen Umfeld angepasst werden müsste bzw. könnte. Die *Clinton-Regierung* hatte sich zum Ziel gesetzt, Wachstum und Entwicklung der *National Information Infrastructure* (NII) zu fördern. Das besondere Engagement der USA für den Schutz technischer Maßnahmen wird auch in personeller Hinsicht daraus deutlich, dass ihr Vertreter, *Bruce A. Lehmann*, gleichzeitig den Vorsitz der IITF führte.[75]

Im Dezember 1994 einigte sich der Sachverständigenausschuss darauf, eine Vorschrift zum Schutz technischer Maßnahmen in das Protokoll mit aufzunehmen;[76] zahlreiche Fragen blieben gleichwohl offen.[77] Für die Sitzungen im September 1995 und Februar 1996 sollten die Regierungsmitglieder des Ausschusses und die EG-Kommission eigene Vorschläge einreichen.[78] In den im September

---

71 Das *Agreement on Trade-Related Aspects of Intellectual Property Rights, Including Trade in Counterfeit Goods* (TRIPs-Übereinkommen) v. 15.4.1994 ist am 1.1.1995 in Kraft getreten (BGBl. 1994 II 1438, 1730) und abrufbar unter URL: http://www.wto.org/english/tratop_e/trips_e/trips_e.htm; s. Übersicht zu WTO-Abkommen unter URL: http://www.wto.org/english/docs_e/legal_e/legal_e.htm#finalact.

72 Memorandum, Copyright 1993, 84, 93, para 58 ff.; Report, Copyright 1993, 179, 196.

73 Comments Received on the Provisional Document, Memorandum, Copyright 1994, 214, 236 (Annex II); 241, 270 (Annex III); *Wand* Technische Schutzmaßnahmen, S. 26.

74 Comments Received on the Provisional Document, Memorandum, Copyright 1994, 214, 236 (Annex II).

75 S. dazu Teil 3 2. Kap. A.

76 Report, Industrial Property and Copyright 1995, 107, 110; *Wand* Technische Schutzmaßnahmen, S.27.

77 Report, Industrial Property and Copyright 1995, 107, 110; *Reinbothe/v. Lewinski* WCT/WPPT, S. 135; *Wand* Technische Schutzmaßnahmen, S. 27.

78 Memorandum, Industrial Property and Copyright 1995, 299; Report, Industrial Property and Copyright 1995, 427, 428; *v. Lewinski* GRUR Int. 1997, 667, 668.

1995 eingereichten Stellungnahmen gingen nur die USA auf den Schutz technischer Maßnahmen ein.[79] Für die Sitzung im Februar 1996 reichten Argentinien, Brasilien und die USA erstmals ausformulierte Vorschläge ein.[80]
Der Vorschlag der USA beruhte auf Gesetzgebungsvorschlägen, dem sog. *White Paper*.[81] Die EG und ihre Mitgliedstaaten legten im Mai 1996 einen Vorschlag vor,[82] der sich weitgehend mit dem der USA deckte.[83] Hiernach sollten vor allem die Herstellung und der Handel mit Umgehungsmitteln untersagt werden. An diesen beiden Vorschlägen orientierten sich die Art. 13 und Art. 22[84] der *Basic Proposals*,[85] die Vertragsentwürfe, die der Vorsitzende beider Ausschüsse, *Jukka Liedes*, in Vorbereitung zu der vom 2. bis 20.12.1996 geplanten *Diplomatischen Konferenz* ausgearbeitet hatte.

Auf der Konferenz selbst waren die Meinungsverschiedenheiten groß.[86] Umstritten war, gegen welche Handlungen[87] sich der Rechtsschutz richten sollte, so-

---

79 Memoranda, Industrial Property and Copyright 1995, 299, 307 ff., 328 f., 363, 377 ff; im September 1995 veröffentlichte die Arbeitsgruppe für geistiges Eigentum in den USA ihren Abschlussbereicht: Intellectual Property and the National Information Infrastructure, The Report of the Working Group on Intellectual Property Rights, erhältlich unter URL: http://www.uspto.gov/web/offices/com/doc/ipnii.

80 *Reinbothe/v. Lewinski* WCT/WPPT, S. 136.

81 Proposals of the United States of America to the Sessions from Feb. 1 to 9, 1996, WIPO-Doc. BCP/CE/VI/8, WIPO-Doc. INR/CE/V/8 (*U. S. Proposal*); s. zum White Paper Teil 3 2. Kap. A.

82 E. C.-Proposals to the Sessions from May 22. to 24, 1996, WIPO-Doc. BCP/CE/VII/1, WIPO-Doc. INR/CE/VI/1 (*E.C. Proposal*); *Reinbothe/v. Lewinski* WCT/WPPT, S. 137.

83 *Reinbothe/v. Lewinski* WCT/WPPT, S. 137; kritisch zu den Vorschlägen *Vinje* E.I.P.R. 1997, 230, 234 f.

84 *Reinbothe/v. Lewinski* WCT/WPPT, S. 137; *Wittgenstein* Digitale Agenda, S. 46, 51.

85 *V. Lewinski* GRUR Int. 1997, 667, 668; Entwürfe zu einem Vertrag Nr. 1 u. 2: Basic Proposal for the Substantive Provisions of the Treaty on Certain Questions Concerning the Protection of Literary and Artistic Works, WIPO-Doc. CRNR/DC/4 v. 30.8.1996, im Internet auf den Seiten der WIPO als Html-Datei abrufbar unter URL: http://www.wipo.org/eng/diplconf/; Basic Proposal for the Substantive Provisions of the Treaty for the Protection of the Rights of Performers and Producers of Phonograms, WIPO-Doc. CRNR/DC/5 v. 30.8.1996, abrufbar unter URL: http://www.wipo.org/eng/diplconf/; Entwurf für ein *Sui-generis*-Recht an Datenbanken: Basic Proposal for the Substantive Provisions of the Treaty on Intellectual Property in Respect of Databases, WIPO-Doc. CRNR/DC/6 v. 30.8.1996, abrufbar unter URL: http:// www.wipo.org/eng/diplconf/. Das Internationale Büro der WIPO erarbeitete einen Entwurf für die Schlussklauseln der Verträge, Basic Proposal for the Administrative and Final Clauses of the Treaty, WIPO-Doc. CRNR/DC/3 v. 30.8.1996, abrufbar unter URL: http:www.wipo.org/eng/diplconf/.

86 *Reinbothe/v. Lewinski* WCT/WPPT, S. 137.

87 Amendements v. 12/12/1996, CRNR/DC/56 bzw. CRNR/DC/57 Rev, proposed by the Delegation of Algeria, Angola, Burkina Faso, Cameroon, Chad, C_te d'Ivoire,

wie die Definition des Umgehungsmittels.[88] Letztlich wurde die Änderungsvorschläge der afrikanischen Gruppe in die Debatte eingeführt (*African Proposal*),[89] die auf ein wissensunabhängiges Umgehungsverbot abzielten und auf die man sich schließlich einigen konnte. Der WCT und der WPPT wurden zusammen mit den sie ergänzenden Vereinbarten Erklärungen[90] am 20.12.1996 angenommen und bis zum 21.12.1996 von den Vertragsstaaten unterzeichnet.

II. Pflichten in Bezug auf technologische Maßnahme

Art. 11 WCT und Art. 18 WPPT sind Ausdruck eines völkerrechtlichen Minimalkonsenses[91] und lassen den Vertragsstaaten viel Umsetzungsspielraum.[92] Die Verträge verpflichten nicht dazu, technologische Maßnahmen einzuführen,[93] sondern knüpfen an den tatsächlichen Einsatz von Maßnahmen an.[94] Dies folgt unmittelbar aus dem Wortlaut, wonach technologische Maßnahmen „im Zusammenhang mit der Rechtsausübung verwendet werden".

1. Methodisches

Für die Auslegung des WCT und des WPPT als multilaterale völkerrechtliche Verträge gelten die Art. 31 ff. des *„Wiener Übereinkommens über das Recht der Verträge"* vom 23.5.1969 (i. F. WVK).[95] In Art. 31 ff. WVK sind anerkannte

---

Egypt, Ethiopia, Gabon, Gambia, Ghana, Kenya, Lesotho, Libya, Madagascar, Malawi, Mali, Mauritius, Marocco, Namibia, Niger, Nigeria, Senegal, South Africa, Sudan, Togo, Tunesia, United Republic of Tanzania, Zambia, Zimbabwe (*African Proposals*), abrufbar unter: URL: http://www.wipo.org/eng/diplconf/distrib/ und URL: http://www.wipo.org/ eng/diplconf/.

88 Amendments, proposed by the Delegation of Singapore, URL: http://www.wipo.int/ eng/diplconf/.

89 African Proposal (Fn. 53); *Vinje* E.I.P.R. 1997, 230, 235; *Wand* Technische Schutzmaßnahmen, S. 33; *Wittgenstein* Digitale Agenda, S. 108.

90 Agreed Statements Concerning the WIPO Copyright Treaty, adopted by the Diplomatic Conference on Dec. 20, 1996, WIPO-Doc. CRNR/DC/96 v. 23.12.1996; Agreed Statements Concerning the WIPO Performances and Phonograms Treaty, adopted by the Diplomatic Conference on 20/12/1996, WIPO-Doc. CRNR/DC/97 v. 23.12.1996, in der deutschen amtlichen Übersetzung abgedruckt in BT-Drucks. 15/15, S. 20-21, S. 38-39.

91 *Reinbothe/v. Lewinski* WCT/WPPT, S. 144; *Wand* Technische Schutzmaßnahmen, S. 53.

92 *V. Lewinski* GRUR Int. 1997, 676; *Dussolier* E.I.P.R. 1999, 285, 290; *Wand* Technische Schutzmaßnahmen, S. 37; *de Werra* RIDA 2001, 67, 93; *Wittgenstein* Digitale Agenda, S. 109.

93 *V. Lewinski* GRUR Int. 1997, 667, 677.

94 *Wand* Technische Schutzmaßnahmen, S. 36.

95 Für Verträge, die von der WIPO selbst als Internationale Organisation abgeschlossen werden, wäre statt dessen das Wiener Übereinkommen über das Recht der Ver-

Grundsätze des *Völkergewohnheitsrechts* kodifiziert,[96] die insoweit auch Nichtvertragsparteien binden.[97] Ziel der Auslegung eines völkerrechtliches Vertrages ist es, auf der Grundlage des Vertragstextes[98] die herkömmliche Bedeutung eines Begriffes zu ermitteln („ordinary meaning"), wobei die Begriffe grammatikalisch, systematisch und teleologisch auszulegen sind (vgl. Art. 31 Abs. 1 WVK).[99]

2. Rechtsnatur

Die Bedeutung des Schutzes technischer Maßnahmen lässt sich vordringlich an der Rechtsnatur verdeutlichen. Aus der systematischen Stellung der Vertragsbestimmung folgt zweierlei: Weder soll ein neues Ausschließlichkeitsrecht begründet werden, noch lässt sich der Rechtsschutz eindeutig der Rechtsdurchsetzung zuordnen.[100] Der Schutz soll dem technischen Schutz zu seiner Durchsetzung verhelfen und wird deshalb auch als *flankierender* Rechtsschutz bezeichnet.[101] Der Rechtsschutz lässt sich aber als spezielles Instrument zur Rechtsdurchsetzung begreifen,[102] weil die Rechtsinhaber bei der Durchsetzung ihrer Rechte unterstützt werden.[103]

---

träge Internationaler Organisationen vom 20.3.1986 (WVKIO) zu berücksichtigen gewesen (*Vitzthum* in Vitzthum, Rn. 115, 116).

96 *Vitzhum* in Vitzhum, Rn. 124.

97 *Vitzthum* in Vitzhum, Rn. 116; *Ricketson* Berne Convention, Anm. 4.6.

98 Nach der objektiven Theorie, bildet nicht der Parteiwille, sondern der Vertragstext die Grundlage der Auslegung (*Ipsen* VölkerR, § 11 II; *Vitzthum* in Vitzhum, Rn. 124; *Ricketson* Berne Convention, Anm. 4.7), was auch für die teleologische Auslegung gilt (*Ipsen* VölkerR, § 11 II 1 c).

99 Welche sprachliche Version für die Auslegung maßgeblich ist, ergibt sich aus Art. 33 Abs. 1 WVK. Gemäß Art. 33 Abs. 1 WVK sind mehrere Vertragstexte authentisch, wenn dies im Vertrag so festgelegt ist. Nach Art. 24 WCT und Art. 32 WPPT sind alle in Abs. 1 genannten Sprachen gleichwertig authentisch. Abs. 2 der jeweiligen Bestimmung sieht vor, dass Mitgliedsstaaten eine Version in ihrer Sprache autorisieren lassen können. Die inzwischen veröffentlichte amtliche deutsche Übersetzung gilt nicht als authentisch (BT-Drucks. 15/15, S. 5-39), da dies nach zutreffender Ansicht gemäß Art. 33 Abs. 1 WVK ausdrücklich hätte festgelegt werden müssen (*Reinbothe/v. Lewinski* WCT/WPPT, S. 20).

100 *Reinbothe/v. Lewinski* WCT/WPPT, S. 142.

101 *V. Lewinski* GRUR Int. 1997, 667, 676; *Reinbothe/v. Lewinski* WCT/WPPT, S. 142; *Wand* Technische Schutzmaßnahmen, S. 36; Denkschrift zum WCT und WPPT, BT-Drucks. 15/15, S. 40, 46, 59.

102 *Reinbothe/v. Lewinski* WCT/WPPT, S. 142 („specific protection").

103 *Reinbothe/v. Lewinski* WCT/WPPT, S. 142.

3. Pflichten

Die Vertragsparteien sind unmittelbar aus Art. 11 WCT und Art. 18 WPPT verpflichtet,[104] einen angemessenen Rechtsschutz („legal protection") sowie wirksame Rechtsbehelfe („effectiv remedies")gegen die Umgehung wirksamer technologischer Maßnahmen vorzusehen. Anlehnend an den Sprachgebrauch des internationalen Urheberrechts – insbesondere des TRIPs-Abkommens,[105] das Bestimmungen über den Schutz von Rechten und deren Durchsetzung enthält – wird „legal protection" in einem engen und weiten Sinn verwendet. Der Rechtsschutz i.w.S. betrifft die materielle Ausgestaltung des Schutzes und die Durchsetzung.[106] Der Rechtsschutz i.e.S. betrifft im Umkehrschluss nur die materielle Ausgestaltung. Für Art. 11 WCT und Art. 18 WPPT gilt der enge Begriff. Der „angemessene" Rechtsschutz legt nahe, dass bei der Ausgestaltung die Interessen der von dem Rechtsschutz Betroffenen zu berücksichtigen sind;[107] hierzu zählt insbesondere die Computerindustrie.[108]

Der Begriff „Remedies" betrifft die Rechtsdurchsetzung; im Unterschied zum TRIPs-Abkommen wird aber statt *effective action* der Begriff *effective remedies* verwendet (vgl. Art. 41 Abs. 1 S. 1 TRIPs-Übereinkommen).[109] Die Vertragsstaaten können frei entscheiden, in welchem Rechtsgebiet sie „Rechtsbehelfe" vorsehen; [110] sie müssen nur „wirksam" sein.[111]

4. Inhaltliche Vorgaben für den Rechtsschutz

a) Technologische Maßnahmen

Der Rechtsschutz soll verhindern, dass wirksame technologische Maßnahmen umgangen werden. Zwar bleibt es den Vertragsstaaten vorbehalten, den Begriff der „technologischen Maßnahme" zu konkretisieren;[112] gleichwohl gibt schon die Funktionsumschreibung – die in dem Relativsatz nachfolgt – näheren Aufschluss über die Bedeutung des Begriffs[113]: Die technologischen Maßnahmen werden

---

104 *Wand* Technische Schutzmaßnahmen, S. 39; *Reinbothe/v. Lewinski* WCT/WPPT, S. 143 f.

105 *Reinbothe/v. Lewinski* WCT/WPPT, S. 144.

106 Vgl. „protection" i.S.d. Art. 3 und 4 TRIPs-Übereinkommen (Anm. in Fn. 3 des TRIPs-Textes).

107 *Wand* Technische Schutzmaßnahmen, S. 38; *Marly* K&R 1999, 106, 108; *Reinbothe/v. Lewinski* WCT/WPPT, S. 143.

108 *Reinbothe/v. Lewinski* WCT/WPPT, S. 143.

109 *Reinbothe/v. Lewinski* WCT/WPPT, S. 144.

110 *Reinbothe/v. Lewinski* WCT/WPPT, S. 144; *de Werra* RIDA 2001, 67, 103.

111 *Reinbothe/v. Lewinski* WCT/WPPT, S. 144.

112 *Dussolier* E.I.P.R. 1999, 285, 290.

113 *Reinbothe/v. Lewinski* WCT/WPPT, S. 145.

tatsächlich für die Rechtsausübung eingesetzt und verhindern Urheberrechtsverletzungen.

aa) Rechtsausübung durch Rechtsinhaber

Die Rechtsinhaber müssen die technischen Maßnahmen tatsächlich einsetzen, um damit ihre Rechte zu schützen. Dies folgt daraus, dass sie die Maßnahmen „im Zusammenhang mit der Rechtsausübung" verwenden. Die Rechtsausübung bezieht sich nach dem Wortlaut auf alle „Rechte", die der WCT, die RBÜ oder der WPPT zu Gunsten des Urhebers, des ausübenden Künstlers und des Tonträgerherstellers vorsehen. Der Terminus „Rechte" lässt sich mit den *Ausschließlichkeitsrechten* verbinden, die in den Verträgen (WCT, WPPT, RBÜ) als „Rechte" (*rights, titres*) bezeichnet werden.[114] Dies folgt – *e contrario* – aus der Vereinbarten Erklärung zu Art. 12 WCT.[115] Als weiteres Argument für diese Auslegung lässt sich anführen, dass die technische Maßnahme Handlungen beschränkt, die der Rechtsinhaber nicht genehmigt oder gestattet hat.[116] Dies setzt voraus, dass der Rechtsinhaber ein Recht innehat, anderen die Nutzungshandlungen zu untersagen. Die urheberrechtlichen Ausschließlichkeitsrechte sind solche *Verbietungsrechte*, denn die negative Ausschlussfunktion ist das Wesensmerkmal aller absoluten Rechte.[117] An den Schutz durch ausschließliche Rechte knüpft auch das internationale Urheberrecht an („exclusive right", „droit exclusif"),[118] und die beiden Urheberrechtssysteme – das Droit d'Auteur-System und das Copyright – stimmen hierin übereinstimmen.[119] Der Rechtsinhaber übt sein rechtliches Monopol faktisch aus, indem er technisch Handlungen verhindert, die er rechtlich untersagen dürfte.[120]

bb) Funktion: Verhinderung von Rechtsverletzungen

Art. 11 WCT und Art. 18 WPPT ziehen eine Konsequenz daraus, dass die Maßnahmen im Zusammenhang mit der Rechtsausübung verwendet werden: Technologische Maßnahmen sind nur soweit geschützt, wie die Ausschließlichkeitsrechte

---

114 Ausschließliche Rechte des Urhebers sind begründet in Art. 6-8 WCT, Art. 1 Abs. 4 WCT i.V.m. Art. 8, 9, 11-12 und 14 RBÜ; vgl. Kapitel II und III des WPPT.

115 *Wand* Technische Schutzmaßnahmen, S. 43.

116 *Auer* in FS Dittrich, S. 3, 15.

117 *V. Gamm* UrhG, § 97 , Einf. Rn. 25 ff.; *Medicus* BGB AT, Rn. 66; *Rehbinder*, § 8 III 1.

118 *Goldstein* International Copyright, § 3.2.3., § 5.4.I.I.; *Maus* Digitale Kopie, S. 72; vgl. die Terminologie des RBÜ, WPPT, WCT.

119 *Ricketson* Berne Convention, Anm. 8.3.;vgl. z.B. sec. 1 (1) UK Copyright Act 1956; zu den Unterschieden *Schack* UrhR, § 1 IV.

120 *Dixon/Hansen* E.I.P.R. 1996, 604, 611, sehen darin einen physischen Schutz der Rechte.

reichen.[121] Dies folgt aus der Wendung, dass die Maßnahmen Werke betreffende Handlungen beschränken, „die der Rechtsinhaber nicht erlaubt hat" („which are not authorized by the author"). Aus der nachfolgenden Wendung, „oder die gesetzlich nicht zulässig sind" („or permitted by law") folgt weiter, dass die Verträge gesetzliche Erlaubnissätze unberührt lassen. Beide Voraussetzungen –Genehmigung und Erlaubnissatz – müssen kumulativ verneint werden können.[122] Zu den gesetzlichen Erlaubnissätzen zählen insbesondere – aber nicht ausschließlich – die urheberrechtlichen Ausnahmen bzw. Beschränkungen.[123] Somit erkennen die Verträge die bestehenden Grenzen des Urheberrechts an.[124] Die technologischen Maßnahmen müssen nur geschützt sein, wenn sie eine – bildlich dahinter liegende – Urheberrechts*verletzung* verhindern.[125] Die Vertragsstaaten sind hierdurch ermächtigt, Konvergenz[126] zwischen dem Schutz technologischer Maßnahmen und dem Urheberrecht herzustellen.[127]

b) Wirksam

Die technologischen Maßnahmen werden weiter durch die adverbiale Bestimmung „wirksam" charakterisiert. Dieses Merkmal dient dazu, den Schutzbereich auf schutzwürdige Maßnahmen zu begrenzen.[128] Zwar gehen die Meinungen über die Anforderungen an die Wirksamkeit auseinander;[129] diese Auseinandersetzung ist jedoch insofern unerheblich – und wird daher an dieser Stelle nicht weiter thematisiert –, als es den Vertragsstaaten vorbehalten ist, dieses Merkmal zu konkretisieren.[130]

---

121 *Wand* Technische Schutzmaßnahmen, S. 42, *Koelmann/Helberger* in Hugenholtz, Copyright and Electronic Commerce, S. 165, 172.

122 *De Werra* RIDA 2001, 67, 97.

123 *Wand* Technische Schutzmaßnahmen, S. 44.

124 *Vinje* E.I.P.R. 1997, 230, 234 f.; *ders.* E.I.P.R. 1999, 192, 201; *Wand* Technische Schutzmaßnahmen, S. 44; *de Werra* RIDA 2001, 67, 99.

125 *Koelmann/Helberger* in Hugenholtz, Copyright and Electronic Commerce, S. 165, 172; *de Werra* RIDA 2001, 67, 99.

126 *De Werra* RIDA 2001, 67, 99.

127 *Vinje* E.I.P.R.1999, 192, 201; *de Werra* RIDA 2001, 67, 99; *Wand* Technische Schutzmaßnahmen, S. 54 f., spricht von der „Durchgriffslösung".

128 *Koelmann/Helberger* in Hugenholtz, Copyright and Electronic Commerce, S. 165, 172; *Wittgenstein* Digitale Agenda, S. 109.

129 S. *de Werra* RIDA 2001, 67, 95.

130 *Wand* Technische Schutzmaßnahmen, S. 37; *Wittgenstein* Digitale Agenda, S. 109.

c) Umgehung

Gemäß Art. 11 WCT und Art. 18 WPPT sollen Maßnahmen gegen die „Umgehung" der technologischen Maßnahmen vorgesehen werden. Hierunter ist jegliches Außerkraftsetzen einer Maßnahme zu fassen.[131]

d) Aktivlegitimation

Die technologischen Maßnahmen werden von dem Urheber, dem ausübenden Künstler oder dem Tonträgerhersteller verwendet. Damit ist nicht ausgeschlossen, dass auch andere Personen aktivlegitimiert sein können,[132] insbesondere die Agenten und Lizenznehmer, die die technologischen Maßnahmen einsetzen und hierzu auch vertraglich berechtigt oder sogar verpflichtet sind.[133]

B. Beitritt durch die EG

I. Bedeutung

WCT und WPPT sehen erstmals vor, dass die EG – die Völkerrechtssubjekt ist[134] – WIPO-Verträgen im Bereich des Urheberrechts und der verwandten Schutzrechte beitreten kann.[135] Auf diese Weise stärkt die Gemeinschaft zum einen ihre internationale politische Rolle im Bereich des Urheberrechts;[136] darüber hinaus erweitert sie mit der Umsetzung ihrer völkerrechtlichen Verpflichtungen den Bestand des Gemeinschaftsrechts und somit ihre Außenkompetenz.[137] Verträge, an denen auf europäischer Seite gleichzeitig die EG und ihre Mitgliedstaaten beteiligt sind, werden als *gemischte Abkommen* bezeichnet.[138] Diese Form wird gewählt, wenn kompetenzrechtliche Streitigkeiten zwischen EG und ihren Mitgliedstaaten bestehen und diese nur durch die Beteiligung beider Seiten beigelegt werden können.[139]

Der Grund für die kompetenzrechtliche Auseinandersetzung ist politischer und rechtlicher Natur und liegt in den Folgen der Umsetzung. Zwar sind die Mitgliedstaaten und die EG zum Schutz der anderen Vertragspartner an den gesamten In-

---

131 *Wand* Technische Schutzmaßnahmen, S. 41; s. dazu ausführlich Teil 2 1. Kap. H I 2. e) aa).

132 *Reinbothe/v. Lewinski* WCT/WPPT, S. 145; *Wand* Technische Schutzmaßnahmen, S. 40; *de Werra* RIDA 2001, 67, 97 (Fn. 49).

133 *Reinbothe/v. Lewinski* WCT/WPPT, S. 145.

134 Art. 281 EGV; *Oppermann* EuR, Rn. 592.

135 Vgl. Art. 17 Abs. 3 WCT, Art. 26 Abs. 3 WPPT.

136 *Reinbothe* in Prütting, Entwicklung des Urheberrechts, S. 1.; *ders.* ZEuP 2000, 5, 25.

137 *Schack* ZEuP 2000, 799, 804, 813; man spricht von der Kongruenz von Binnen- und Außenkompetenz (*Oppermann* EuR, Rn. 1712).

138 *Oppermann* EuR, Rn. 603, 1711 f.

139 *Oppermann* EuR, Rn. 1712.

halt des völkerrechtlichen Vertrages gebunden;[140] innergemeinschaftlich besteht indes eine gemischte Kompetenz und die Kompetenz der EG wird mit Setzung des Binnenrechts aktualisiert.[141] Wenn die EG die völkerrechtliche Materie durch eine Richtlinie umsetzt, tritt hierdurch eine Sperrwirkung ein, die den Mitgliedstaaten gemeinschaftsrechtlich hindert, eine Regelung zu erlassen, die der Richtlinie widerspricht.[142]

II. Innergemeinschaftliche Voraussetzungen

Die EG und ihre Mitgliedstaaten haben am 20./21.12.1996 die völkerrechtlichen Verträge unterzeichnet, diese jedoch noch nicht ratifiziert. Der Ratifizierung geht die Umsetzung der Info-RL zwingend voraus, da völkerrechtliche Verträge regelmäßig keine unmittelbare Wirkung entfalten, sondern die EG erst Binnenrecht setzen muss.[143]

Mit der Info-RL hat der Gemeinschaftsgesetzgeber im Rahmen seiner Kompetenz die völkerrechtlichen Vorgaben umgesetzt. Der Richtliniengeber musste hierfür nicht nur die Grundsätze für die Auslegung völkerrechtlicher Verträge berücksichtigen, sondern hatte die Vorgaben in den gemeinschaftsrechtlichen Sprachgebrauch und den Rechtsrahmen des Gemeinschaftsrechts zu übertragen. Das Völkerrecht war dabei im Lichte des *acquis communautaire* auszulegen.[144]

In völkerrechtlicher Hinsicht bleibt anzumerken, dass die EG und die Mitgliedstaaten die Verträge aufgrund der gemischten Abschlusskompetenz gemeinsam ratifizieren müssen.[145] Der Rat hat gemäß Art. 300 Abs. 1 EGV am 16.3.2000 im Namen der EG die Genehmigung des WCT und des WPPT beschlossen.[146] In Art. 2 des Beschlusses wird der Präsident des Rates ermächtigt, die Abschlussurkunden von dem Zeitpunkt an zu hinterlegen, zu dem die Mitgliedstaaten die Richtlinie umgesetzt haben müssen.

---

140 *Oppermann* EuR, Rn. 1713; vgl. Art. 1 des Beschlusses 2000/278/EG (s. o.), worin die EG den WCT und den WPPT „für die in ihre Zuständigkeit fallenden Bereiche" genehmigt.

141 *Reinbothe* in Prütting, Entwicklung des Urheberrechts, S. 1, 4; *Oppermann*, EuR, Rn. 1712.

142 *Oppermann* EuR, Rn. 554.

143 *Oppermann* EuR, Rn. 602.

144 *Reinbothe* GRUR Int. 2001, 733, 734; *ders.* in Prütting, Entwicklung des Urheberrechts, S. 1, 4.

145 *Wand* Technische Schutzmaßnahmen, S. 63, 64; *Reinbothe* in Prütting, Entwicklung des Urheberrechts, S. 1, 4; *Oppermann* EuR, Rn. 1713.

146 Beschluss 2000/278/EG des Rates v. 16.3.2000 über die Zustimmung – im Namen der Europäischen Gemeinschaft – zum WIPO-Urheberrechtsvertrag und zum WIPO-Vertrag über Darbietungen und Tonträger (ABl. L 89 v. 11.4.2000, S. 6).

C. Zusammenfassung

Art. 11 WCT und Art. 18 WPPT erstreben einen Mindestschutz für „technologische Maßnahmen"; sie sind nur gegen den Umgehungsakt selbst geschützt. Der Begriff der „technologischen Maßnahmen" erhält Konturen nur durch die Umschreibung im Vertragstext. Daraus folgt, dass die Maßnahmen im Zusammenhang mit der Rechtsausübung eingesetzt werden und die Funktion haben, Urheberrechtsverletzungen zu verhindern. Schutzfähig sind sie in der Erfüllung dieser Funktion, d.h. der Schutz technologischer Maßnahmen reicht so weit wie die Ausschließlichkeitsrechte. Das Gefüge aus den ausschließlichen Rechten und den Grenzen des Urheberrechts lassen die Vertragsbestimmungen unberührt. Eine Umgehung kann durch einen gesetzlichen Erlaubnissatz gerechtfertigt sein. Der Schutzbereich wird durch das Merkmal „wirksam" begrenzt, die weitere Konkretisierung bleibt den Vertragsstaaten überlassen.

Da es sich bei den WIPO-Verträgen um ein gemischtes Abkommen handelt, müssen die EG und ihre Mitgliedstaaten diese gemeinsam ratifizieren. Bevor die EG die Verträge ratifizieren kann, muss sie im Rahmen ihrer Kompetenz Binnenrecht setzen. Der Ratifizierung geht die Umsetzung der gemeinschaftsrechtlichen Vorgaben in die nationalen Rechtsordnungen zwingend voraus.

3. Kapitel: Art. 6 Info-RL: Entstehungsgeschichte und Überblick

A. Regelungsziel

Der Richtliniengeber setzt mit Art. 6 die völkerrechtlichen Vorgaben der Art. 11 WCT und Art. 18 WPPT gemeinschaftsweit um.[147] Ziel der Regelung ist es, einen angemessenen Rechtschutz technischer Maßnahmen gemeinschaftsweit zu gewährleisten, um Hindernissen für den Binnenmarkt durch uneinheitliche nationale Vorschriften vorzubeugen.[148] Diese Zielsetzung ist durch die o.a. Kompetenznormen ausreichend gedeckt.

Das „Ziel" einer Richtlinie ist auch für die Umsetzung einer Richtlinie in das nationale Recht bedeutsam, denn „Umsetzung" im europarechtlichen Sinne ist die innerstaatliche Verwirklichung der Inhalte und Ziele der Richtlinie.[149] Grundsätzlich entfaltet die Richtlinie – anders als etwa die Verordnung – keine unmittelbare Wirkung, sondern sie muss ins nationale Recht umgesetzt werden.[150] Sie legt für die Mitgliedstaaten lediglich die Ziele verbindlich festlegt, überlässt diesen aber gemäß Art. 249 Abs. 3 EGV die Wahl der Form und der Mittel (*kooperative bzw. zweistufige Rechtssetzung*).[151] Der Umsetzungsbefehl veranlasst den Mitgliedstaat, abstrakte Regelungen zu schaffen.[152] Die Umsetzungspflicht folgt aus Art. 249 Abs. 3 EGV i.V.m. mit der jeweiligen Richtlinie,[153] im Falle der Info-RL aus Art. 13 Abs. 1 S. 1.

Die Mitgliedstaaten sind an das Ziel der Richtlinie dergestalt gebunden, dass sie zu dessen vollständiger Umsetzung verpflichtet sind (vgl. Art. 13 Abs. 1 S. 1 Info-RL[154]).[155] Sie reicht soweit, wie die Vorgaben der Richtlinie verbindlich sind.[156] Art. 6 enthält – mit Ausnahme des Art. 6 Abs. 4 Unterabs. 2 – insoweit

---

147 Info-RL, EG 15.

148 Info-RL EG 47; vgl. zu der Beschreibung des Richtlinienziels EuGH Rs. 102/79, Slg. 1980, 1473, 1486, Rn. 11 – *Kommission/Belgien*; s. näher zu den Zielen 1. Teil 1. Kapitel.

149 *Gellermann* Beeinflussung durch EG-RL, S. 9.

150 *Grundmann* JuS 2002, 768, 769 ff.; *Jarass* Grundfragen, S. 71 ff.; *Streinz* EuR, Rn. 398.

151 *Gellermann* Beeinflussung durch EG-RL, S. 9; *Oppermann* EuR, Rn. 555; *Streinz* EuR, Rn. 384.

152 *Zuleeg* Recht der EG S. 225; die Umsetzung ist ein Unterfall der „Ausführung", die sich nicht an den nationalen Rechtsanwender (Bsp. Verordnung), sondern an den Normsetzer wendet (*Grabitz* AöR 111 (1986), 1, 9; *Oppermann* EuR, Rn. 635 ff., 649; *Zuleeg* Recht der EG, S. 225).

153 *Streinz* EuR, Rn. 388, 392; primärrechtlich lässt sie sich aus Art. 10 Abs. 1 S. 1 EGV herleiten (EuGH Rs. 147/77 Slg. 1978, 1307, Rn. 1 – *Kommission/Italien*; *Streinz*, EuR, Rn. 388).

154 Artikel ohne Nennung sind solche der Info-RL.

155 *Gellermann* Beeinflussung durch EG-RL, S. 9; *Oppermann*, EuR, Rn. 547.

156 *Gellermann* Beeinflussung durch EG-RL, S. 9.

verbindliche Vorgaben.[157] Komplexe Regelungen wie Art. 6 lassen sich nach ganz überwiegender Ansicht prinzipiell mit dem „Ziel“ i.S.v. Art. 249 Abs. 3 EGV vereinbaren,[158] da dieses bei Analyse anderer sprachlicher Fassungen i.S.v. „Ergebnis“ zu verstehen ist.[159] Dies gilt jedenfalls dann, wenn sich der Regelungsgehalt im Rahmen der Ermächtigungsnorm hält und dem Verhältnismäßigkeitsgrundsatz gemäß Art. 5 Abs. 3 EGV entspricht.[160] Richtlinien zur Rechtsangleichung müssen sogar detaillierte Regelungen enthalten, damit das Harmonisierungsziel erreicht werden kann.[161] Insbesondere Art. 6 Abs. 1 – 3 stellen eine sehr detaillierte Regelung dar, die den Mitgliedstaaten in den Voraussetzungen, unter denen Rechtsschutz gewährt werden soll, wenig Spielraum belässt.[162]

Der gemeinschaftsrechtliche Besitzstand kennt einen vergleichbaren Schutz von Kontrollmechanismen nur für die besondere Werkkategorie der Computerprogramme, vgl. Art. 7 Abs. 1 lit. c) Computerrichtlinie (im Folgenden: C-RL). Dieser Gedanke wird in Art. 11 WCT, Art. 18 WPPT und Art. 6 verallgemeinert.[163] Ein weiterer – wenngleich kein urheberrechtlicher – Schutz ist für Zugangskontrollen in der *„Richtlinie über den Schutz zugangskontrollierter Dienste und Zugangskontrolldienste“* (ZKD-RL)[164] für bestimmte kostenpflichtige und zugangskontrollierte Rundfunkdienste und Dienste der Informationsgesellschaft angelegt.[165]

B. Überblick über die Regelung

Art. 6 soll nicht dazu führen, den Rechtsinhaber zum Einsatz technischer Maßnahmen zu verpflichten, sondern legt zugrunde, dass sie tatsächlich eingesetzt werden.[166] Art. 6 setzt dies – anders als Art. 11 WCT – als selbstverständlich voraus. Art. 6 Abs. 1–Abs. 3 betreffen den Schutz technischer Maßnahmen:

---

157 *Holznagel* Gutachten, S. 81.

158 *Ipsen* in FS für Ophüls, S. 67, 71 ff. m. w. N.; *Oppermann* EuR, Rn. 551; *Scherzberg* Jura 1992, 572, 574; *Schmidt* in von der Groeben, EU-, EG-Vertrag, Art. 189, Rn. 37; EuGH Rs. 131/88, Slg. 1991, I-825, Rn. 7 – *Kommission/Deutschland*; indirekt EuGH , Rs. 45/75, Slg. 1976, 497, 498, 517 – *Royer.*

159 *Ipsen* in FS Ophüls, S. 67, 73 f.; zustimmend *Oppermann* EuR, Rn. 550.

160 *Grundmann* Schuldvertragsrecht, § 3 Rn. 132 f.; *Schmidt* in von der Groeben, EU-/EG-V, Art. 189, Rn. 37.

161 *Müller-Graff* NJW 1993, 13, 22; *Schmidt* in von der Groeben, EU-, EG-V, Art. 189, Rn. 37.

162 *Schippan* ZUM 2003, 378, 386.

163 *Walter* in v. Lewinski u.a., Europ. UrhR, Computer-RL, Art. 7, Rn. 13.

164 Richtlinie 98/84/EG des Europäischen Parlaments und des Rates v. 20.11.1998 über den rechtlichen Schutz von zugangskontrollierten Diensten und von Zugangskontrolldiensten, ABl. L. 320 v. 28.11.1998, S. 54 ff.

165 S. dazu Teil 1 3. Kap. D. IV.

166 *Wand* Technische Schutzmaßnahmen, S. 102.

Artikel 6

Pflichten in Bezug auf technische Maßnahmen

(1)Die Mitgliedstaaten sehen einen angemessenen Rechtsschutz gegen die Umgehung wirksamer technischer Maßnahmen durch eine Person vor, der bekannt ist oder den Umständen nach bekannt sein muss, dass sie dieses Ziel verfolgt.

(2)Die Mitgliedstaaten sehen einen angemessenen Rechtsschutz gegen die Herstellung, die Einfuhr, die Verbreitung, den Verkauf, die Vermietung, die Werbung im Hinblick auf Verkauf oder Vermietung und den Besitz zu kommerziellen Zwecken von Vorrichtungen, Erzeugnissen oder Bestandteilen sowie die Erbringung von Dienstleistungen vor,

a) die Gegenstand einer Verkaufsförderung, Werbung oder Vermarktung mit dem Ziel der Umgehung wirksamer technischer Maßnahmen sind oder

b) die, abgesehen von der Umgehung wirksamer technischer Maßnahmen, nur einen begrenzten wirtschaftlichen Zweck oder Nutzen haben oder

c) die hauptsächlich entworfen, hergestellt, angepasst oder erbracht werden, um die Umgehung wirksamer technischer Maßnahmen zu ermöglichen oder zu erleichtern.

(3) Im Sinne dieser Richtlinie bezeichnet der Ausdruck „technische Maßnahmen "alle Technologien, Vorrichtungen oder Bestandteile, die im normalen Betrieb dazu bestimmt sind, Werke oder sonstige Schutzgegenstände betreffende Handlungen zu verhindern oder einzuschränken, die nicht von der Person genehmigt worden sind, die Inhaber der Urheberrechte oder der dem Urheberrecht verwandten gesetzlich geschützten Schutzrechte oder des in Kapitel III der Richtlinie 96/9/EG verankerten Sui-generis-Rechts ist. Technische Maßnahmen sind als „wirksam "anzusehen, soweit die Nutzung eines geschützten Werks oder eines sonstigen Schutzgegenstands von den Rechtsinhabern durch eine Zugangskontrolle oder einen Schutzmechanismus wie Verschlüsselung, Verzerrung oder sonstige Umwandlung des Werks oder sonstigen Schutzgegenstands oder einen Mechanismus zur Kontrolle der Vervielfältigung, die die Erreichung des Schutzziels sicherstellen, unter Kontrolle gehalten wird.

Art. 6 Abs. 1 beschreibt zunächst die Voraussetzungen für das Umgehungsverbot. Die Mitgliedstaaten sind hieraus unmittelbar dazu verpflichtet, einen angemessenen Rechtsschutz gegen Personen vorzusehen, die technische Maßnahmen umgehen. Im Unterschied zu den völkerrechtlichen Vorgaben soll die Maßnahme davon abhängen, ob der Person bekannt ist oder nach den Umständen bekannt sein muss, dass sie das Ziel verfolgt, eine Maßnahme zu umgehen.

Jenseits dessen sieht Art. 6 einen weitergehenden Rechtsschutz als in Art. 11 WCT und Art. 18 WPPT vor. In Absatz 2 ist die Pflicht auf verbotene Handlungen erstreckt, die die Umgehung fördern. Absatz 3 definiert in Satz 1 die „technischen Maßnahmen". Diese müssen dazu bestimmt sein, Handlungen zu beschränken oder zu verhindern, die der Rechtsinhaber nicht genehmigt hat; dies gilt unabhängig davon, ob die Handlungen gesetzlich erlaubt sind oder nicht. Darüber hinaus hat der Richtliniengeber in Absatz 3 Satz 2 das Merkmal „wirksam" konkretisiert.

Als Ausgleich zu diesem starken Rechtsschutz zu Gunsten des Rechtsinhabers sieht Art. 6 Abs. 4 vor, einen *angemessenen Interessenausgleich* zwischen den Rechtsinhabern und den Schrankenbegünstigten zu gewährleisten. Danach sollen die Beschränkungen in erster Linie durch freiwillige Maßnahmen der Rechtsinhaber sichergestellt werden sowie – nach dem Ablauf einer bestimmten Frist – ggf. mit Hilfe staatlicher Maßnahmen:

Werden von Seiten der Rechtsinhaber freiwillige Maßnahmen, einschließlich Vereinbarungen zwischen den Rechtsinhabern und anderen betroffenen Parteien, nicht ergriffen, so treffen die Mitgliedstaaten ungeachtet des Rechtsschutzes nach Absatz 1 geeignete Maßnahmen, um sicherzustellen, dass die Rechtsinhaber dem Begünstigten einer im nationalen Recht gemäß Artikel 5 Absatz Buchstaben a),c), d),oder e)oder Absatz 3 Buchstaben a),b)oder e) vorgesehenen Ausnahme oder Beschränkung die Mittel zur Nutzung der betreffenden Ausnahme oder Beschränkung in dem für die Nutzung der betreffenden Ausnahme oder Beschränkung erforderlichen Maße zur Verfügung stellen, soweit der betreffende Begünstigte rechtmäßig Zugang zu dem geschützten Werk oder Schutzgegenstand hat.

Ein Mitgliedstaat kann derartige Maßnahmen auch in Bezug auf den Begünstigten einer Ausnahme oder Beschränkung gemäß Artikel 5 Absatz 2 Buchstabe b)treffen, sofern die Vervielfältigung zum privaten Gebrauch nicht bereits durch die Rechtsinhaber in dem für die Nutzung der betreffenden Ausnahme oder Beschränkung erforderlichen Maße gemäß Artikel 5 Absatz 2 Buchstabe b)und Absatz 5 ermöglicht worden ist; der Rechtsinhaber kann dadurch nicht gehindert werden, geeignete Maßnahmen in Bezug auf die Zahl der Vervielfältigungen gemäß diesen Bestimmungen zu ergreifen.

Die von den Rechtsinhabern freiwillig angewandten technischen Maßnahmen, einschließlich der zur Umsetzung freiwilliger Vereinbarungen angewandten Maßnahmen, und die technischen Maßnahmen, die zur Umsetzung der von den Mitgliedstaaten getroffenen Maßnahmen angewandt werden, genießen den Rechtsschutz nach Absatz 1.

Die Unterabsätze 1 und 2 gelten nicht für Werke und sonstige Schutzgegenstände, die der Öffentlichkeit aufgrund einer vertraglichen Vereinbarung in einer Weise zugänglich gemacht werden, dass sie Mitgliedern der Öffentlichkeit von Orten und zu Zeiten ihrer Wahl zugänglich sind.

Wenn dieser Artikel im Zusammenhang mit der Richtlinie 92/100/EWG und 96/9/EG angewandt wird, so findet dieser Absatz entsprechende Anwendung.

C. Entstehungsgeschichte

Die Vorarbeiten für die Info-RL[167] reichen in das Jahr 1988 zurück. Seinerzeit hatte die Europäische Kommission das *„Grünbuch über Urheberrecht und die technologische Herausforderung – Urheberrechtsfragen, die sofortiges Handeln erfordern"* veröffentlicht.[168] Die Kommission befasst sich darin mit technischen Maßnahmen zum Schutz audiovisueller Werke vor der Vervielfältigung.[169] Vor-

[167] S. Darstellungen zu dem historischen Hintergrund der Info-RL *v. Lewinski* GRUR Int. 1998, 637-642; *Marly* K&R 1999, 106, 107 f.; *Reinbothe* GRUR Int. 2001, 733, 734 f.; *Wand* Technische Schutzmaßnahmen, S. 94 ff.; *Wittgenstein* Digitale Agenda, S. 47 ff.

[168] Grünbuch über Urheberrecht und die technologischen Herausforderungen – Urheberrechtsfragen, die sofortiges Handeln erfordern, KOM (88) 172 endg. v. 23.8.1988.

[169] Grünbuch, S. 118 ff., 139 ff.

geschlagen wurde, Gerätehersteller zu verpflichten, ihre Geräte mit technischen Kopierschutzmechanismen zu versehen, die speziell die digitale Kopien auf „Digital Audio Tape“ (DAT) verhindern sollten.[170] Ausnahmen waren für einige Fälle vorgesehen, in denen die angemessene Vergütung des Rechtsinhabers anderweitig sichergestellt war, z.B. durch Lizenzvereinbarungen für gewerblich genutzte Geräte[171] oder bei Kopien von einem vorher käuflich erworbenen Werkstück.[172]

Die Überlegungen der Kommission, die Einführung technischer Maßnahmen gesetzlich vorzuschreiben, wurden als innovationsfeindlich abgelehnt,[173] und die Kommission nahm Abstand von ihren Plänen. Anfang 1991 kündigte sie jedoch in den Initiativen zu einem Grünbuch an, die Verwendung von dem Kopierschutzsystem „Serial Copy Management System“ (SCMS) für DAT-Recorder zu befürworten.[174]

In demselben Jahr – am 14.5.1991 – wird in der C-RL erstmals der Schutz von Kontrollmechanismen gemeinschaftsweit harmonisiert. Die Mitgliedstaaten werden durch Art. 7 Abs. 1 lit. c) C-RL verpflichtet, Maßnahmen zum Schutz von *technischen Programmschutzmechanismen* zu treffen. Vorgesehen ist allerdings nur ein Schutz gegen umgehungsfördernde Handlungen, nicht gegen den Umgehungsakt selbst.

1994 wurde dem Europäischen Rat von einer Gruppe bekannter Persönlichkeiten ein Bericht vorgelegt, in dem die Schlüsselfunktion des Urheberrechts in der Informationsgesellschaft deutlich hervorgehoben wird.[175] Die Kommission stellte nicht zuletzt daraufhin im Juli 1994 ein Arbeitsprogramm vor[176] und veröffentlichte ein Jahr später das Grünbuch über das *„Urheberrecht und verwandte Schutzrechte in der Informationsgesellschaft“*.[177] Darin wird allerdings nicht nur die Möglichkeit angesprochen, urheberrechtlich geschütztes Material durch Schutz- und Identifizierungssysteme zu sichern; vielmehr weist die Kommission

---

170 Grünbuch, S. 136; zu den von der Kommission genannten Systemen s. *Maus*, S. 191-194.

171 Grünbuch, S. 130, Pkt. 3.10.9.

172 Grünbuch, S. 128, Pkt. 3.10.2

173 S. dazu *Wand* Technische Schutzmaßnahmen, S. 95 f.

174 Initiativen zum Grünbuch, Arbeitsprogramm der Kommission auf dem Gebiet des Urheberrechts und der verwandten Schutzrechte, KOM (90) 584 endg. v. 17.1.1991, S.13.

175 Europa und die globale Informationsgesellschaft - Empfehlungen für den Europäischen Rat, Brüssel, 26.5.1994 – „Bangemann-Bericht“, im Internet erhältlich unter URL: http://normative.zusammenhaenge.at/beitraege/bangemann.html.

176 Europas Weg in die Informationsgesellschaft – Ein Aktionsplan, Mitteilung der Kommission, KOM (94) 347 endg. v. 19.7.1994.

177 Grünbuch über das Urheberrecht und verwandte Schutzrechte in der Informationsgesellschaft, KOM (95) 382 endg. v. 19.7.1995, abgedruckt in UFITA 129 (1995), 251 ff. sowie UFITA 130 (1996), 163-221; siehe hierzu *Gaster* ZUM 1995, 740 ff.; *v. Lewinski* GRUR Int. 1995, 831 ff.

auch auf die damit verbundenen Gefahren für die Privatsphäre, den Datenschutz und mögliche Handelshemmnisse für den Binnenmarkt hin, insbesondere für den Warenverkehr von elektronischen Geräten.[178]

Im Januar und Juni 1996 fanden Anhörungen statt, deren Ergebnisse die Kommission in einem ergänzenden Bericht festgehalten hat.[179] Danach soll sich überwiegend dafür ausgesprochen worden ein, einen Schutz für die Integrität der technischen Maßnahmen vorzusehen, sowie die Kommission aufgefordert worden sein, flankierende Maßnahmen zum Schutz der Integrität der technischen Systeme vorzusehen. Hierbei sollten die Mindeststandards, die seinerzeit im Rahmen der WIPO noch verhandelt wurden (s.o.), beachtet werden. Die Voraussetzungen eines Rechtsschutzes wurden während der Anhörungen skizziert.[180]

Die Info-RL wurde im Verfahren der Mitentscheidung (Art. 251 EGV) erlassen. Am 21.1.1998 legte die Kommission ihren ersten Vorschlag für eine Harmonisierungsrichtlinie des Parlaments und des Rates vor.[181] Wegen der Vorgaben aus Art. 11 WCT und Art. 18 WPPT waren in Art. 6 die Umgehungshandlungen und der Begriff der „technologischen Maßnahme" präzisiert und subjektive Tatbestandsmerkmale hinzugefügt worden.[182] Während der Wirtschafts- und Sozialausschuss in seiner Stellungnahme[183] die Regelung in Art. 6 befürwortete, benannte das Parlament in der ersten Lesung im Februar 1998 insgesamt 58 Änderungsvorschläge, von denen sieben unmittelbar Art. 6 betrafen.[184]

Im Mai 1999 griff die Kommission in ihrem geänderten Vorschlag 33 dieser Änderungen auf.[185] Hinsichtlich Art. 6 übernahm sie vollständig die Vorschläge

---

178 Grünbuch (Fn. 178), UFITA 129 (1995), 266; UFITA 130 (1996), 215 f.

179 Initiativen zum Grünbuch über Urheberrecht und verwandte Schutzrechte in der Informationsgesellschaft, Mitteilung der Kommission v. 20.11.1996, KOM (96) 568 endg., abrufbar unter URL: http://europa.eu.int/comm/internal_market/en/intprop/news/com568de.pdf

180 Initiativen zum Grünbuch (Fn. 180), S. 16.

181 Vorschlag für eine Richtlinie des Europäischen Parlaments und des Rates zur Harmonisierung bestimmter Aspekte des Urheberrechts und der verwandten Schutzrechte in der Informationsgesellschaft, KOM (97) 628 endg. v. 21.1.1998, ABl. C 108 v. 7.4.1998, 6 (das ursprüngliche KOM-Dok. stammt v. 10.12.1997), im Internet abrufbar bei Eur-Lex, wenn man den weiterführenden Informationen (More Infos) bei Aufruf der Info-RL folgt; es wird auf die Informationsangebote der Kommission PreLex und des Parlaments OEIL verwiesen.

182 *V. Lewinski* GRUR Int. 1998, 637, 641.

183 *Stellungnahme des Wirtschafts- und Sozialausschusses,* ABl. C 407 v. 28.12.1998, S. 30-33.

184 Stellungnahme der Europäischen Parlaments v. 10.2.1999, ABl. C 150 v. 28.5.1999, S. 171-183, Änd. Nr. 37 sowie 49-54.

185 Vorschlag der Kommission, ABl. C 108 v. 7.4.1998, S. 6; Geänderter Vorschlag für eine Richtlinie des Europäischen Parlaments und des Rates zur Harmonisierung bestimmter Aspekte des Urheberrechts und der verwandten Schutzrechte in der Infor-

zur Struktur der Norm, insbesondere die Ausgestaltung der Vorbereitungshandlungen in Absatz 2. Allerdings wichen die Ansichten von Kommission und Parlament in der zentralen Frage nach dem Verhältnis des Schutzes technischer Maßnahmen (Art. 6) zu den Ausnahmen und Beschränkungen[186] (Art. 5) voneinander ab. Während die Kommission für den Vorrang der Beschränkungen eintrat, plädierte das Parlament für den Vorrang des technischen Schutzes gegenüber den Schranken. Nachdem der geänderte Vorschlag auf der Expertenebene in der Ratsgruppe diskutiert worden war, legte der finnische Vorsitz am 22.12.1999 eine konsolidierte Fassung vor, die nicht veröffentlicht wurde.[187] Danach sollte Art. 5 von dem Rechtsschutz des Art. 6 unberührt bleiben; nur für die digitale Privatkopierschranke sollte dies nicht gelten.

Fast ein Jahr später, im September 2000, legte der Rat in dem Gemeinsamen Standpunkt (vgl. Art. 251 Abs. 2 EGV) einen Kompromissvorschlag vor.[188] Der Kompromiss sah vor, dass auf der einen Seite der Begriff der technischen Maßnahmen weit gefasst war; der Rechtsschutz sollte unabhängig davon gelten, ob die Handlungen gesetzlich erlaubt sind. Auf der anderen Seite sollte Art. 6 Abs. 4 den Ausgleich der Interessen sicherstellen und den gegenläufigen Erwägungen der Kommission (s.o.) Rechnung tragen. Sieben der in Art. 5 Abs. 2 und 3 aufgezählten Beschränkungen sollten durch die Mitgliedstaaten zwingend sicherzustellen sein, während die Entscheidung, ob dies auch für die Privatrechtsschranke gelten soll, den Mitgliedstaaten freiverantwortlich überlassen werden sollte.

Der Gemeinsame Standpunkt wurde dem Parlament am 26.10.2000 übermittelt.[189] Während die Kommission in der Mitteilung an das Parlament gemäß Art. 251 Abs. 2 Unterabs. 2 EGV dem Gemeinsamen Standpunkt uneingeschränkt zustimmte,[190] wurde durch wirtschaftliche und politische Interessenvertreter ver-

---

mationsgesellschaft, KOM(99) 250 endg. v. 25.5.1999, ABl. C 180 v. 25.6.1999, S. 6-14.

186 Im Folgenden wird nur noch der Begriff „Beschränkung" verwendet, der in seiner Bedeutung dem Begriff der Schranke im deutschen Recht näher kommt als der Begriff der Ausnahme. Die „Ausnahme“ unterscheidet sich von der Beschränkung dadurch, dass sie bereits den Anwendungsbereich des Rechtes einschränkt (*Reinbothe* in FS Dittrich, S. 251, 253); s. dazu Teil 2 1. Kap. H II

187 Ratsdokument: Dok 14238/99 PI 67 Culture 97 Codec 822, zitiert nach *Auer* in FS Dittrich, S. 3, 11 (Fn.18); Das Ratsdokument darf allerdings nicht für die (subjektiv-historische) Auslegung der Info-RL berücksichtigt werden, da die Fassung unveröffentlicht ist (*Heß* Die Umsetzung von EG-RL, S. 87; *v. Lewinski* in v. Lewinski u.a., Europ. UrhR, 1. Kap. Rn. 40; *Lutter* JZ 1992, 593, 600; *Wegener* in Calliess/Ruffert, EUV/EGV, Art. 220 EGV, Rn. 12).

188 Gemeinsamer Standpunkt des Rates v. 28.9.2000, ABl. C 344 v. 1.12.2000, S. 1-22.

189 *Mayer* EuZW 2002, 325.

190 Mitteilung der Kommission an das Europäische Parlament gemäß Art. 251 Abs. 2 Unterabs. 2 EGV betreffend den vom Rat angenommenen gemeinsamen Standpunkt im Hinblick auf den Erlass einer Richtlinie des Europäischen Parlaments und des

sucht, auf die parlamentarische Diskussion in vielfältiger Weise Einfluss zu nehmen. Allein beim federführenden Ausschuss für Recht und Binnenmarkt gingen 230 Änderungsanträge zu dem Berichtsentwurf des Abgeordneten *Boselli* ein.[191]

Die Sitzungen des Ausschusses fanden Anfang 2001 am 30.1. und am 5.2. statt. Der abschließende Berichtsentwurf umfasste 15 Kompromissänderungsanträge zum Gemeinsamen Standpunkt des Rates.[192] Darüber hinaus lagen dem Plenum in Straßburg 23 weitere Änderungsanträge vor.[193] Letztlich wurden neun der fünfzehn Änderungsvorschläge des Ausschusses in der zweiten Lesung am 14.2.2001 angenommen.[194] Die Kommission stimmte diesen Änderungen Ende März zu[195] und auch der Rat beschloss am 9.4.2001, die Änderungen anzunehmen.[196] Die Info-RL wurde am 22.5.2001 vom Europäischen Rat und dem Rat verabschiedet und trat am 22.6.2001 in Kraft.[197]

D. Umgehungsschutz gemäß Art. 6 Abs. 1 - 3 Info-RL

I. Rechtsnatur

Zur Rechtsnatur des Schutzes technischer Maßnahmen gelten die Ausführungen zu den Bestimmungen der WIPO-Verträge entsprechend, denn die Info-RL folgt der Systematik dieser Verträge: Es soll kein „neues" Ausschließlichkeitsrecht begründet werden,[198] sondern der Rechtsinhaber bei der Rechtsdurchsetzung

---

Rates zur Harmonisierung bestimmter Aspekte des Urheberrechts und der verwandten Schutzrechte in der Informationsgesellschaft v. 20.10.2000, SEK (2000) 1734 end., S. 1-12.

191 *Mayer* EuZW 2002, 325.

192 Empfehlung des Ausschusses für Recht und Binnenmarkt für die Zweite Lesung betreffend den Gemeinsamen Standpunkt des Rates im Hinblick auf den Erlass der Richtlinie des Europäischen Parlaments und des Rates zur Harmonisierung bestimmter Aspekte des Urheberrechts und der verwandten Schutzrechte in der Informationsgesellschaft v. 6.2.2001, Sitzungsdokument A5-0043/2001, Berichterstatter: *Enrico Boselli*.

193 *Mayer*, EuZW 2002, 325.

194 Beschluss des Europäischen Parlaments v. 14.2.2001, ABl. C. 276 v.1.10.2001, S. 51.

195 Stellungnahme der Kommission gemäß Art. 251 Abs. 2 lit. c) EGV zu den Abänderungen des Europäischen Parlaments des gemeinsamen Standpunkts des Rates betreffend den Vorschlag für eine Richtlinie des Europäischen Parlaments und des Rates zur Harmonisierung bestimmter Aspekte des Urheberrechts und der verwandten Schutzrechte in der Informationsgesellschaft, KOM (2001) 170 endg.

196 Beschluss des Rates v. 9.4.2001 (noch nicht im Amtsblatt veröffentlicht).

197 Gemäß Art. 14 tritt die Info-RL am Tag der Veröffentlichung im Amtsblatt in Kraft.

198 *Auer* in FS Dittrich, S. 3, 12; zu der vergleichbaren Konzeption der WIPO-Verträge *v. Lewinski* GRUR 1997, 667, 676; *Reinbothe/v. Lewinski* WCT/WPPT, S. 142.

durch einen flankierenden[199] Rechtsschutz unterstützt werden.[200] Für diese Sonderstellung spricht indirekt der Vorschlag der Kommission für eine *„Richtlinie des Europäischen Parlaments und des Rates über die Maßnahmen und Verfahren zum Schutz der Rechte an geistigem Eigentum“* vom 30.1.2003,[201] in der der Schutz technischer Maßnahmen einerseits der Durchsetzung des geistigen Eigentums zugeordnet, andererseits aber als ein eigenständiges Institut betrachtet wird.[202]

II. Rechtsschutz gegen den Umgehungsakt

Zur Umsetzung der Vorgaben von WCT und WPPT sollen die Mitgliedstaaten einen angemessener Rechtsschutz gegen die Umgehung wirksamer technischer Maßnahmen vorsehen. Neu enthalten ist ein Wissenselement. Danach sind die tatbestandlichen Voraussetzungen des Art. 6 Abs. 1 nur dann gegeben, wenn der Person, die die Maßnahme umgeht, bekannt ist oder ihr es den Umständen nach bekannt sein müsste, dass sie das Ziel – die Umgehung – verfolgt.

1. Technische Maßnahmen

Schutzgegenstand sind die „technischen Maßnahmen“. Diese werden in Art. 6 Abs. 3 S. 1 legaldefiniert als alle

> *„Technologien, Vorrichtungen oder Bestandteile, die im normalen Betrieb dazu bestimmt sind, Werke oder sonstige Schutzgegenstände betreffende Handlungen zu verhindern oder einzuschränken, die nicht von der Person genehmigt worden sind, die Inhaber der Urheberrechte oder der dem Urheberrecht verwandten gesetzlich geschützten Schutzrechte oder des in Kapitel III der Richtlinie 96/9/EG verankerten Sui-generis-Rechts ist“.*

a) Technologien, Vorrichtungen und Bestandteile

Die Aufzählung „Technologien, Vorrichtungen und Bestandteile“ beschreibt die technische Eigenschaft und eröffnet durch die abstrakten Termini einen weiten Anwendungsbereich. Als Orientierungshilfe können die bei dem Merkmal „wirksam“ aufgezählten gesetzliche Beispiele für Schutzmechanismen dienen: Zugangskontrollen, Umwandlungsmechanismen und Mechanismen zur Kontrolle der Vervielfältigung. Die genannten Mechanismen können als Kontrollmechanismen

---

199 *V. Lewinski* GRUR Int. 1997, 667, 676; *Wand* Technische Schutzmaßnahmen, S. 102.

200 *Reinbothe/v. Lewinski* WCT/WPPT, S. 142.

201 S. Fn. 40.

202 Vgl. Vorschlag der Kommission, Teil IV, Erläuterung zu Art. 21 S. 3 , S. 27 und Art. 21 i.V.m. EG 26: *„Die Schutzmaßnahmen sind von großer Bedeutung im Kampf gegen die Verletzung geistigen Eigentums [...] deshalb juristisch in geeigneter Weise [...] geschützt werden, [...]“*; vgl. auch EG 15, der die Trennung deutlich macht.

eingesetzt werden, sind aber nicht unbedingt identisch mit dem Begriff der „technischen Maßnahmen".[203]

b) Schutzfunktion

Hauptmerkmal der technischen Maßnahmen ist die Funktion, die nicht von dem Rechtsinhaber genehmigten Handlungen zu verhindern bzw. zu beschränken.[204] Die funktionale Eigenschaft ergibt sich aus der Wendung „dazu bestimmt"; die Verbindung zum Urheberrecht wird über die Funktion hergestellt, die darin besteht, „Werke oder sonstige Schutzgegenstände betreffende Handlungen zu verhindern oder einzuschränken, die nicht von dem Rechtsinhaber genehmigt worden sind".

aa) Zweckbestimmung

Erst die Funktion gibt den „technischen Maßnahmen" einen *urheberrechtsspezifischen* Anstrich, da Handlungen verhindert oder beschränkt werden sollen, die der Rechtsinhaber aufgrund seiner ausschließlichen Rechte verbieten darf.[205] Hierfür spricht – wie in den WIPO-Verträgen und schon eingangs dargelegt – die Anlehnung an das Vetorecht des Rechtsinhabers („nicht genehmigt"). Die Info-RL stützt diese Auslegung; sie verlangt, dass derjenige, der die Handlungen nicht genehmigt, „Inhaber der Urheberrechte oder der dem Urheberrecht verwandten gesetzlich geschützten Schutzrechte oder des in Kapitel III der Richtlinie 96/9/EG verankerten *Sui-generis*-Rechts" ist. Der Schutz technischer Maßnahmen soll daher nur so weit reichen wie die Ausschließlichkeitsrechte.[206] Art. 6 folgt insoweit der Konzeption der Art. 11 WCT und Art. 18 WPPT. Im Folgenden wird erläutert, wie weit die Befugnis des Rechtsinhabers reicht, urheberrechtsrelevante Handlungen zu unterbinden oder einzuschränken.

bb) Urheberrechtliche Reichweite

(1) Schutzfähiges Material

Der Rechtsschutz bezieht sich in erster Linie auf technisch geschützte „Werke", deren Schöpfer Inhaber des Urheberrechts sind. Der Werkbegriff ist allerdings gemeinschaftsweit bislang nicht harmonisiert. Außer den Werken sind bestimmte kulturelle Leistungen entweder genauso stark oder in etwas abgeschwächter Form als das Werk geschützt. Diese Leistungen werden urheberrechtlich durch die sog.

---

203 S. ausführlich zu den gesetzlichen Beispielen Teil 2 1. Kap. H I. 2. c).

204 *Auer* in FS Dittrich, S. 3, 15; *de Werra* RIDA 2001, 67, 139.

205 *Auer* in FS Dittrich, S. 3, 15; *Koelmann/Helberger* in Hugenholtz, Copyright and Electronic Commerce, S. 165, 173; *Wand* Technische Schutzmaßnahmen, S. 107.

206 *Wand* Technische Schutzmaßnahmen, S. 107.

verwandten Schutzrechte geschützt. Dies gilt insbesondere für interpretatorische Leistungen (z.B. ausübender Künstler) oder für Investitionen (z.B. Tonträger, Datenbanken). Die Info-RL sieht einen höheren Schutzstandard als der WPPT vor, da die völkerrechtlichen Vorgaben im Lichte des europäischen Besitzstands auszulegen waren. Beispielsweise sieht die *„Richtlinie 92/100/EWG über das Vermiet- und Verleihrecht sowie bestimmte dem Urheberrecht verwandte Schutzrechte im Bereich des geistigen Eigentums"*[207] (i. F. VV-RL) einen Rechtsschutz für Darbietungen, Tonträger, Sendungen und erstmalige Aufzeichnungen von Filmen vor, so dass die Info-RL z.B. die Rechte in Art. 2 und 3 (*nur* das Recht der öffentlicher Zugänglichmachung) außer den ausübenden Künstlern und den Tonträgerherstellern auch den Sendeunternehmen und den Filmeherstellern gewährt.[208]

(2) Ausnahme: Programmschutzmechanismen

Der Rechtsschutz gilt nicht für technische Maßnahmen, die Computerprogramme schützen (technische Programmschutzmechanismen).[209]

(a) Überblick über die Computerrichtlinie

Die C-RL harmonisiert gemeinschaftsweit einen Rechtsrahmen für den urheberrechtlichen Schutz von Computerprogrammen als Werke der Literatur i.S.d. Berner Übereinkunft (Art. 1 Abs. 1 S. 1 C-RL). Ein Computerprogramm ist in seiner Ausdrucksform urheberrechtsschutzfähig, nicht hingegen hinsichtlich der dem Programm zugrunde liegenden Ideen und Grundsätze.[210] Schutzfähig sind die Produkte einzelner Phasen der Programmentwicklung bis hin zu dem Objektcode[211] sowie die Schnittstelle des Programms.[212] Allerdings werden Schnittstelleninformationen benötigt, um verschiedene Systemkomponenten miteinander kompatibel/interoperabel zu verknüpfen.[213] Der Nutzer darf daher das Programm be-

---

207 Die VV-RL harmonisiert in Kapitel I das *Vermiet- und Verleihrecht* (Art. 2 VV-RL). Kapitel II führt einen gemeinschaftsweiten Schutz einiger *ausschließlicher Rechte bestimmter Leistungsschutzberechtigter* (ausübenden Künstlers, Sendeunternehmen, Tonträger- und Filmhersteller) ein (Art. 6, 9 VV-RL).

208 *Schack* ZEuP 2000, 799, 810.

209 Daher insoweit überholt etwa *Hoeren* MMR 2000, 517, 520; *Marly* K&R 1999, 106, 108; *Wand* Technische Schutzmaßnahmen, S. 107.

210 C-RL EG 14.

211 *Lesshaft/Ulmer* CR 1991, 519, 522; *Raubenheimer* CR 1994, 69, 70.

212 Art. 1 Abs. 2 der C-RL i.V.m. EG 11.

213 In der C-RL wird der Begriff „Interoperabilität" verwendet; dieser ist gleichbedeutend mit Schnittstellenverträglichkeit oder Kompatibilität, d.h. es soll erreicht werden, dass an sich fremde Systemkomponenten Daten untereinander austauschen und gemeinsam Aufgaben lösen können (*Lesshafft/Ulmer* CR 1991, 519, Fn. 17; vgl. Zielsetzung in EG 22).

obachten und testen, etc. (Art. 5 Abs. 3 C-RL). Können die Informationen auf diese Weise nicht erlangt werden, muss der Objektcode – zumindest teilweise – in den Quellcode rückübersetzt werden.[214] Die Übersetzung und Vervielfältigung ist zur Herstellung der Interoperabilität gemäß Art. 6 C-RL zulässig („Dekompilierung"[215]). Art. 7 Abs. 1 lit. c) C-RL betrifft den Schutz von Programmschutzmechanismen. Die Mitgliedstaaten sollen Maßnahmen gegen Personen ergreifen, die Umgehungsmittel in Verkehr bringen oder zu Erwerbszwecken besitzen. Art. 7 Abs. 3 C-RL stellt es den Mitgliedstaaten frei, zusätzlich die Beschlagnahme dieser Mittel vorzusehen.[216]

(b) Verhältnis der Info-RL zu anderen urheberrechtlichen Richtlinien

Für das Verhältnis der Info-RL zur C-RL bestimmt Art. 1 Abs. 2 lit. a), dass die Info-RL diese unberührt lässt und in keiner Weise beeinträchtigt. Nach Art. 1 gilt die Info-RL, sofern in den anderen Richtlinien nichts anderes bestimmt ist. Ansonsten gehen die anderen Vorschriften als spezieller vor. Die C-RL und die Info-RL sollen sich nicht gegenseitig ausschließen, sondern die Info-RL soll die Grundsätze und Bestimmungen für Computerprogramme fortentwickeln und in den Rahmen der Informationsgesellschaft einordnen.[217] Eine solche Regelung stellt z.B. Art. 3 Abs. 1 dar. Sofern die C-RL speziellere Regeln enthält, verdrängen diese jedoch die Vorschriften der Info-RL. Daher sollen z.B. die speziellen Ausnahmen in Art. 5 und 6 C-RL unberührt bleiben.[218]

(c) Art. 7 C-RL und Art. 6

Das Gleiche gilt für das Verhältnis zwischen Art. 6 und Art. 7 Abs. 1 lit. c) C-RL; Art 7 geht der allgemeinen Bestimmung in Art.6 vor.[219] In der unveröffentlichten konsolidierten Fassung des geänderten Vorschlags war noch beabsichtigt, Art. 7 Abs. 1 lit. c) C-RL durch Art. 10 Abs. 4 zu streichen und einen neuen – dem Art. 6 Info-RL entsprechenden – Art. 7a in die C-RL einzufügen.[220] Diese

---

214 *Dreier* CR 1991, 577, 581 f.; *Ensthaler* Handbuch UrhR, Kap. 2 VIII 5 b.

215 Beim *Dekompilieren* versucht man unter Zurhilfenahme eines Compiler den Objektcode in den Quellcode zurückzuübersetzen (*Irlbeck/Langenau/Mayer*, S. 715; *Lesshaft/Ulmer* CR 1991, 519, 521). Der Quellcode ist das mit der jeweiligen Programmiersprache erstellte Programm (*Irlbeck/Langenau/Mayer*, S. 702). Oft wird die Dekompilierung mit dem Reverse Engeneering gleichgesetzt. Das *Reverse Engeneering* lässt sich durch die Zielsetzung von der Dekompilierung als ein Verfahren abgrenzen, das dazu dient, die Software zu überarbeiten – eine Art nachträgliche Qualitätsverbesserung (*Lesshaft/Ulmer* CR 1991, 519, 521).

216 *Walter* in v. Lewinski u.a., Europ. UrhR, Software-RL, Art. 7 Rn. 19.

217 Info-RL EG 20.

218 Info-RL EG 50 S. 3; *Wand* Technische Schutzmaßnahmen, S. 118.

219 *Reinbothe* GRUR Int. 2001, 733, 741.

220 *V. Lewinski/Walter* in v. Lewinski u.a., Europ. UrhR, Info-RL, VIII. Kap., Rn. 171.

Änderung griff der Rat in dem Gemeinsamen Standpunkt nicht auf und stellte dafür das Verhältnis zwischen Art. 6 und Art. 7 C-RL klar. Gemäß EG 50 S. 2 soll sich der Rechtsschutz in Art. 6 „insbesondere nicht auf den Schutz der in Verbindung mit Computerprogrammen verwendeten technischen Maßnahmen [...], der ausschließlich in jener Richtlinie behandelt wird", beziehen. Die frühere Ansicht, die C-RL verdränge Art. 6 nur, soweit sie speziellere Regeln enthält,[221] hat sich mit dieser Änderung überholt. Dass Art. 7 Abs. 1 lit. c) C-RL abschließend gelten soll, folgt nunmehr eindeutig aus EG 50 S. 2 („ausschließlich"). Dem Richtliniengeber dürfte es vor allem darum gegangen sein, die speziellen Ausnahmen von der Nutzung von Computerprogrammen – Art. 5 Abs. 3 und Art. 6 C-RL – sicherzustellen.[222] Die Bestimmungen knüpfen an ein Vertragsverhältnis über die Nutzung eines Computerprogramms an, wobei die Schranken zwingend und vertraglich durchsetzbar sein sollen (vgl. C-RL, EG 17, 18). Die Schranken können im Streitfall auf der Grundlage eines vertraglichen Anspruchs durchgesetzt werden.

Die Abgrenzung technischer Programmschutzmechanismen und allgemeiner technischer Maßnahmen richtet sich nach dem Schutzgegenstand, denn für technische Programmschutzmechanismen ist ebenfalls die Funktion kennzeichnend, urheberrechtsrelevante Handlungen zu verhindern,[223] nur eben in Bezug auf Computerprogramme. Dies folgt aus der systematischen Stellung des Art. 7 Abs. 1 lit. c) C-RL: Es soll der in Art. 2 – 6 C-RL festgelegte Rechtsschutz ergänzt werden („Besondere Schutzmaßnahmen"). Es gibt zwar speziell für Computerprogramme entwickelte Schutzsysteme,[224] aber als Mechanismen kommen darüber hinaus grundsätzlich dieselben Schutzmechanismen in Betracht wie bei den allgemeinen technischen Maßnahmen.[225]

(3) Urheberrechtsrelevante Handlungen

Für technisch geschützte Werke, die nicht Computerprogramme sind, und Leistungen bemisst sich die urheberrechtliche Reichweite danach, welche Handlungen der Rechtsinhaber hinsichtlich des betroffenen Schutzgegenstands verbieten könnte. Die Handlungen, die technisch verhindert oder beschränkt werden sollen, müssen in den Anwendungsbereich der ausschließlichen Rechte fallen.[226] Hierzu zählen zunächst die in Art. 2 – 4 harmonisierten Rechte; weitere Befugnisse har-

221 *V. Lewinski/Walter* in v. Lewinski u.a., Europ. UrhR, Info-RL, VIII. Kap., Rn. 171.
222 Info-RL EG 50 S. 3.
223 *Wand* Technische Schutzmaßnahmen, S. 70.
224 S. zu den Mechanismen ausführlich *Sieber*, Gutachten, S. 97 ff.
225 S. dazu Teil 2 1. Kap. H I. 2. c).
226 *Auer* in FS Dittrich, S. 3, 15.

monisiert z.B. die VV-RL.[227] Ebenfalls beachtlich sind die in der *„Richtlinie 96/9/EG über den rechtlichen Schutz von Datenbanken"* (i. F. Datenbank-RL) vorgesehen Befugnisse. Die Datenbank-RL sieht einen zweifachen Rechtsschutz vor; ein Urheberrecht sowie für die Investitionsleistung des Datenbankhersteller ein eigenes Leistungsschutzrecht, das *Sui-generis*-Recht. Da weder die VV-RL noch die Datenbank-RL einen Schutz technischer Maßnahmen vorsehen, werden sie durch Art. 6 erweitert,[228] ohne dass die Bestimmungen dadurch gemäß Art. 1 Abs. 2 lit. d) und e) berührt würden.

Keine urheberrechtsrelevante Handlung ist der Zugang zum Werk als solches. Die Vorarbeiten zu der Info-RL deuteten zunächst darauf hin, es werde der *Zugang zum Werk* geschützt,[229] obwohl der Zugang zum Werk bzw. dessen Empfang keine urheberrechtsrelevante Handlung ist.[230] Der Rat hat jedoch klargestellt, dass Fragen des Zugangs außerhalb des Urheberrechts liegen.[231] Dies kommt bei der Legaldefinition des Merkmals „wirksam" zum Ausdruck, denn selbst Zugangskontrollen sind nur als *Nutzungs*kontrollen schutzfähig. Hiervon zu trennen ist die Frage, ob der Schutz von Zugangskontrollmechanismen durch das Urheberrecht gerechtfertigt ist.[232]

Art. 6 erfasst schließlich keine technischen Maßnahmen, die Handlungen verhindern sollen, die der Rechtsinhaber aufgrund seiner *Urheberpersönlichkeitsrechte* verbieten kann, weil die Urheberpersönlichkeitsrechte noch nicht gemeinschaftsweit harmonisiert sind.[233] Dies wird aber für die Zukunft nicht ausgeschlossen.[234]

---

227 Zu beachten ist allerdings, dass Art. 7 VV-RL, der das Vervielfältigungsrecht der Leistungsschutzberechtigten harmonisiert, gemäß Art. 11 Abs. 1 lit. a) Info-RL durch Art. 2 Info-RL (Vervielfältigungsrecht) ersetzt worden ist.

228 Für den *urheberrechtlichen* Schutz der Datenbank wird dies als selbstverständlich vorausgesetzt; für das Sui-generis-Recht wird es in Art. 6 Abs. 3 S. 1 Info-RL klargestellt, indem zu den Rechtinhabern auch der Inhaber des in „Kapitel III der Richtlinie 96/9/EG verankerten *Sui-generis*-Rechts" zählt.

229 Vorschlag der Kommission: *„wenn das Werk oder der sonstige Schutzgegenstand nur durch Anwendung eines Zugangscodes[...] verfügbar ist."* Stellungnahme des Parlaments, Änd. Nr. 54: *„[...] wirksam, wenn die Zugänglichkeit des Werks oder dessen Nutzen oder der Nutzen sonstiger Schutzgegenstande [...] für den Nutzer verfügbar ist";* kritisch hierzu *Auer* in FS Dittrich, S. 3, 8; *Koelmann/Helberger* in Hugenholtz, Copyright and Electronic Commerce, S. 165, 173.

230 *Auer* in FS Dittrich, S. 3, 15; *Koelmann/Helberger* in Hugenholtz, Copyright and Electronic Commerce, S. 165, 174; *Wand* Technische Schutzmaßnahmen, S. 108 der zutreffend darauf hinweist, dass dies auch nicht für § 25 UrhG gilt, da das Recht auf Zugang zum Werk keinen Ausschließlichkeitscharakter hat (*Rehbinder* UrhR, § 30).

231 Gemeinsamer Standpunkt, Nr. 45.

232 S. dazu Teil 2 1. Kap. H I. 2. c) bb) (2).

233 *Dietz* ZUM 1998, 438, 440; *Schack* ZEuP 2000, 799, 815 f.; einen urheberpersönlichkeitsrechtlichen „Einschlag" haben die Beschränkungen in Art. 5 Info-RL, bei

(4) Genehmigung des Rechtsinhaber

Die Handlung darf nicht genehmigt worden sein. Genehmigungsberechtigt ist die Person, die „Inhaber von Urheberrechten, der dem Urheberrecht verwandten Rechte oder des in Kapitel III der Datenbankrichtlinie verankerten *Sui-generis*-Rechts" ist. Das Genehmigungserfordernis verdeutlicht, dass die technischen Maßnahmen der Durchsetzung von ausschließlichen Rechten dienen. Die Richtlinie schließt allerdings nicht aus, dass jemand im Rechtsverkehr Befugnisse erhält, die ihn ermächtigen, den Schutzgegenstand betreffende Handlungen zu genehmigen oder zu verbieten[235] und mit Zustimmung der Lizenzgeber technisch zu schützen. Bei mehreren Verfügungsberechtigten (z.B. Urheber, ausübender Künstler, Tonträgerhersteller) reicht der Schutz so weit, wie die unterschiedlichen Rechtsinhaber dem Einsatz technischer Maßnahmen zugestimmt haben.

(5) Einschränken oder verhindern

Die Maßnahmen müssen dazu bestimmt sein, die Handlungen entweder zu beschränken oder zu verhindern. Die Richtlinie umschreibt präziser als die WIPO-Bestimmungen („restricts", „restreint"), dass die Befugnis des Rechtsinhabers aufgrund der ausschließlichen Rechte so weit reicht, Handlungen auch zu verbieten bzw. zu verhindern.

(6) Verhältnis des Schutzes technischer Maßnahmen zu den Schranken

Neu ist das Verhältnis des Rechtsschutzes zu den urheberrechtlichen Schranken: Der Richtliniengeber hat die Konvergenz aus dem „Urheberrecht" und dem Schutz technischer Maßnahmen insofern aufgegeben, als es für den Rechtsschutz nicht darauf ankommen soll, ob die handelnde Person sich im konkreten Fall auf gesetzliche Befugnisse – insbesondere die urheberrechtlichen Beschränkungen – berufen kann („unbeschadet").[236] Der Begriff der technischen Maßnahmen ist abstrakt zu bestimmen.[237] Die technischen Maßnahmen genießen Vorrang gegenüber den Schranken. Zum Ausgleich dafür sollen einige der Schranken durch ein selbständiges Regime sichergestellt werden, das in Art. 6 Abs. 4 angelegt ist. Die-

---

denen z.T. die „Quellenangabe" verlangt wird, z.B. gemäß Art. 5 Abs. 3 lit. a), c), d) Info-RL sehen.

234 S. *Reinbothe* ZEuP 2000, 5, 18; vgl. Info-RL EG 19.

235 Info-RL EG 30.

236 Info-RL EG 51 S.1.

237 *Wand* Technische Schutzmaßnahmen, S. 107 f., der bereits vor der Entscheidung des Rates der Ansicht war, es komme für die „technischen Maßnahmen" nicht darauf an, ob die Schranken im konkreten Fall eingreifen; schließlich brachte der Gemeinsame Standpunkt des Rates eine Klarstellung; *de Werra* RIDA 2001, 67, 139, 140.

ser Schutz soll unabhängig von dem Umgehungsverbot in Art. 6 Abs.1 vorgesehen werden („ungeachtet“ i.S.v. Art. 6 Abs. 4 Unterabs. 1). Technische Maßnahmen und Schranken sollen daher durch zwei selbständige Rechtsinstitute voneinander unabhängig geschützt werden.

2. Wirksamkeit

Die technischen Maßnahmen müssen „wirksam“ sein. Entsprechend der Legaldefinition in Art. 6 Abs. 3 S. 2 sind Maßnahmen wirksam,

> *„soweit die Nutzung eines geschützten Werks oder eines sonstigen Schutzgegenstands von den Rechtsinhabern durch eine Zugangskontrolle oder einen Schutzmechanismus wie Verschlüsselung, Verzerrung oder sonstige Umwandlung des Werks oder sonstigen Schutzgegenstands oder einen Mechanismus zur Kontrolle der Vervielfältigung, die die Erreichung des Schutzziels sicherstellen, unter Kontrolle gehalten wird.“*

Das Merkmal hat die Funktion, den Anwendungsbereich der Norm auf schutzwürdige Mechanismen zu beschränken.[238] Die „Nutzung“ bringt man im urheberrechtlichen Kontext mit dem Begriff der *Verwertung* in Verbindung, den wirtschaftlichen Interessen des Urhebers.[239] Mit der Nutzungskontrolle verhindert der Rechtsinhaber Handlungen, die der Urheber aufgrund seiner (Verwertungs-)Rechte verbieten darf. Für diese Auslegung spricht, dass gemeinschaftsweit nur die Verwertungsrechte harmonisiert sind, nicht die Urheberpersönlichkeitsrechte. Daraus lässt sich ableiten, dass der Begriff „Nutzungskontrolle“ in Kurzform die in Art. 6 Abs. 3 S. 1 umschriebene Schutzfunktion wiedergibt: Technische Maßnahmen sind Mechanismen zur Nutzungskontrolle. Bei dem Merkmal *wirksam* wird zusätzlich verlangt, dass die Nutzung *tatsächlich* unter Kontrolle gehalten wird.[240]

3. Bewusste und zielgerichtete Umgehung

Der Rechtsschutz soll gemäß Abs. 1 – entsprechend den völkerrechtlichen Vorgaben – gegen den Umgehungsakt selbst gewährt werden.[241] Allerdings ist die Reichweite des Umgehungsschutzes ggü. den WIPO-Bestimmungen insofern eingeschränkt, als die Umgehung nach Art. 6 davon abhängig sein soll, ob „der Person bekannt oder ihr nach den Umständen bekannt sein musste, dass sie das Ziel verfolgt“. Die Kenntnis von der Zielsetzung setzt selbstverständlich voraus, dass die Person in der Absicht handelt, technische Maßnahmen zu umgehen. Für die Umgehung ist daher neben der Kenntnis bzw. fahrlässigen Unkenntnis ein finales

---

238 *Koelmann/Helberger* in Hugenholtz, Copyright and Electronic Commerce, S. 165, 172; *Wittgenstein* Digitale Agenda, S. 109.

239 *Wand* Technische Schutzmaßnahmen, S. 16.

240 S. dazu näher Teil 2 1. Kap. H I. 2. d).

241 Unklar gefasst war der Vorschlag der Kommission; hierzu kritisch *Auer* in FS Dittrich, S. 3, 8.

Element kennzeichnend. Diese einschränkenden subjektiven Merkmale stellen keinen Verstoß gegen die völkerrechtlichen Vorgaben dar, denn die Pflicht, einen „angemessenen“ Rechtsschutzes vorzusehen, lässt einen Gestaltungsspielraum offen.[242].

III. Rechtsschutz gegen Vorbereitungshandlungen

1. Hintergrund

Bereits aus der Ausgestaltung des Rechtsschutzes wird deutlich, dass der Richtliniengeber einen weitergehenden Rechtsschutz zum Schutz technischer Maßnahmen vorsehen wollte, als er von den WIPO-Verträgen verlangt wird. Art. 6 Abs. 2 zielt auf einen einheitlichen Rechtsschutz gegen Vorbereitungshandlungen, die als besondere Gefahr für den Schutz der technischen Maßnahmen erachtet werden.[243] Er soll den Rechtsinhabern gemeinschaftsweit eine weitreichende und uneingeschränkte Kontrolle über die einzelnen Handlungen und Dienstleistungen geben;[244] dies wird damit gerechtfertigt, dass andernfalls das Risiko des Missbrauchs und der Piraterie zu groß gewesen wäre.[245]

Für diesen Ansatz spricht, dass die Mehrzahl der Anwender es vorziehen dürften, statt technische Maßnahmen mit viel aufgewendeter Energie und Zeit selbst zu umgehen, hierfür Hilfsmittel zu verwenden.[246] Im Schrifttum ist daher die Einschätzung der europäischen Organe überwiegend geteilt worden.[247] Zutreffend wird darauf hingewiesen, dass ein effektiver Rechtsschutz nur möglich ist, wenn der Schutz auch gegen Vorbereitungshandlungen eingreift.[248] Das Umgehungsverbot lässt sich gegen Private rechtstatsächlich nur schwer durchsetzen[249] und stößt auf Beweisschwierigkeiten.[250] Methodisch spiegelt sich in dieser Argu-

---

242 *Reinbothe/v. Lewinski* WCT/WPPT, S. 144.

243 Info-RL EG 47; *Wand* Technische Schutzmaßnahmen, S. 41.

244 *Reinbothe* GRUR Int. 2001, 733, 741; Mitteilung der Kommission, SEK (2000) 1734 endg. v. 20.10.2000, S. 9.

245 Mitteilung der Kommission, SEK (2000) 1734 endg. v. 20.10.2000, S. 9.

246 *Marks/Turnbull* E.I.P.R. 2000, 198, 201.

247 *Koelmann/Helberger* in Hugenholtz, Copyright and Electronic Commerce, S. 165, 273; *Reinbothe/v. Lewinski* WCT/WPPT, S. 141, 144; *Strowel/Dussolier* Legal Protection, S. 7; *Wand* Technische Schutzmaßnahmen, S. 41; *de Werra* RIDA 2001, 67, 101, 102; *Vinje* E.I.P.R. 1999, 192, 201.

248 *Koelmann/Helberger* in Hugenholtz, Copyright and Electronic Commerce, S. 165, 273; *Reinbothe/v. Lewinski* WCT/WPPT, S. 144; *Strowel/Dussolier* Legal Protection, S. 7; *Wand* Technische Schutzmaßnahmen, S. 41; *de Werra* RIDA 2001, 67, 101, 102; *Vinje* E.I.P.R. 1999, 192, 201.

249 *Koelmann/Helberger* in Hugenholtz, Copyright and Electronic Commerce, S. 165, 273; *Marks/Turnbull* E.I.P.R. 2000, 198, 201; *Wand* Technische Schutzmaßnahmen, S. 41; *de Werra* RIDA 2001, 67, 103.

250 *Sirinelli* Rapport général, S. 12.

mentation der Versuch wider, den Vertragszielen gemäß dem völkerrechtlichen Grundsatz der Effektivität (*effet utile*) wirksam nachzukommen.[251] Dieser Grundsatz ergänzt die teleologische Auslegung, wobei die Wortlautgrenze zu beachten ist.[252] Hieraus folgt, dass sich der gemeinschaftsrechtliche Umgehungsschutz daran messen lassen muss, ob der Rechtsschutz „angemessen" i.S.v. Art. 11 WCT bzw. Art. 18 WPPT ist.[253] Vor diesem Hintergrund musste der Richtliniengeber den Interessen der Gerätehersteller[254] und anderen schutzwürdigen Interessen der Allgemeinheit Rechnung tragen.

Die endgültige Fassung und der Aufbau des Art. 6 Abs. 2 gehen im Wesentlichen auf die Änderungsvorschläge des Parlaments zurück.[255] Für die verbotenen Handlungen und die einschränkenden Merkmale (lit. a) – c)) hat man sich dabei offensichtlich an den US-Amerikanischen Umgehungsvorschriften orientiert.[256]

2. Verbotene Handlungen

Art. 6 Abs. 2 zählt abschließend[257] die verbotenen Handlungen auf, die sich in zwei Gruppen unterteilen lassen: Handlungen, die sich auf Vorrichtungen, Erzeugnisse und Bestandteile beziehen sowie die Erbringung einer Dienstleistung. Alle Gegenstände und Dienstleistungen müssen die unter lit. a) – c) alternativ genannten Voraussetzungen erfüllen.[258]

Verboten sind danach die Herstellung, die Einfuhr, die Verbreitung, der Verkauf, die Vermietung, die Werbung im Hinblick auf Verkauf oder Vermietung und der Besitz zu kommerziellen Zwecken. Diese Handlungen decken alle relevanten Stadien eines wirtschaftlichen Prozesses ab: die Herstellung, den Absatz und die kommerzielle Kommunikation. Ebenfalls berücksichtigt ist der Besitz zu kommerziellen Zwecken. Es bleibt den Mitgliedstaaten jedoch ausdrücklich vorbehalten, auch den privaten Besitz miteinzubeziehen.[259]

---

251 *Ipsen* VölkerR, § 11 II 1 c); Die Effektivität bezieht sich dabei auch auf die Durchsetzbarkeit des Rechts (*Ericke* RabelsZ 59 (1995), 598, 626). Dem liegt vermutlich die Vorstellung zugrunde, dass ein nicht durchsetzbares Recht ein nutzloses Recht ist (*Ricketson* Berne Convention, Anm. 16.25).

252 *Ipsen* VölkerR, § 11 II 1 c).

253 *Reinbothe/v. Lewinski* WCT/WPPT, S. 144 f.

254 *Reinbothe/v. Lewinski* WCT/WPPT, S. 145.

255 Stellungnahme des Parlaments, Änd. Nr. 50 und 51.

256 *Reinbothe* GRUR Int. 2001, 733, 741; *Sirinelli,* Rapport général, S. 12; vgl. sec. 1201 (a) (2) (A) - (C) (bzgl. Zugangskontrollmechanismus), sec. 1201 (b) (A) - (C) (bzgl. der Mechanismen zur Nutzungskontrolle) Chapter 12 des Title of the United States Code.

257 Gemeinsamer Standpunkt des Rates, Nr. 42.

258 *Auer* in FS Dittrich, S. 3, 16.

259 Info- RL EG 49.

Die „Dienstleistung“ hat gemeinschaftsrechtlich den Charakter eines Auffangtatbestandes.[260] Hierunter fallen gemäß Art. 50 Abs. 1 EGV Leistungen, die *in der Regel* entgeltlich erbracht werden, soweit sie nicht den Vorschriften über den freien Warenverkehr, den Kapitalverkehr und die Freizügigkeit der Personen unterliegen. Vom Warenverkehr grenzt sie sich dadurch ab, dass sie eine unkörperliche Leistung zum Gegenstand hat.[261]

Die gegenstandsbezogenen Handlungen und Dienstleistungen müssen eine der in Absatz 2 lit. a) – c) alternativ genannten Voraussetzungen erfüllen, die – natürlich – aber auch kumulativ vorliegen können. Bereits in der Norm kommt der *Verhältnismäßigkeitsgrundsatz* zum Ausdruck, den die Mitgliedstaaten ihrerseits bei der Umsetzung berücksichtigen sollen.[262] Dadurch kann den Interessen der Gerätehersteller und anderen nicht kommerziellen Belangen „angemessen“ Rechnung getragen werden. Hierauf wird in Teil 2 ausführlich eingegangen werden.[263]

IV. Zusammenfassung

Art. 6 Abs. 1 – 3 soll gemeinschaftsweit einen Rechtsschutz technischer Maßnahmen harmonisieren, dessen verbindliche Vorgaben den Willen des Gemeinschaftsgesetzgebers erkennen lassen, mit einem starken Rechtsschutz für Rechtssicherheit und den damit verbundenen wirtschaftlichen Impulsen zu sorgen. Um diese Ziele gemeinschaftsweit sicherzustellen, wurden detaillierte Vorgaben für einen zwingend umzusetzenden Rechtsschutz technischer Maßnahmen vorgesehen.

Der Rechtsschutz soll kein neues Ausschließlichkeitsrecht des Rechtsinhabers begründen. Es wird dem Rechtsinhaber vielmehr für seine Rechtsdurchsetzung mit technischen Mitteln ein Rechtsschutz zur Seite gestellt, der den technischen Mitteln – die ihrerseits verletzlich sind – zu einer wirkungsvollen Durchsetzung verhelfen soll.

Für den Begriff der „technischen Maßnahmen“ ist neben der weit zu verstehenden technischen Eigenschaft die Funktion kennzeichnend, die dem Begriff eine urheberrechtsspezifische Prägung verleiht. Die Zweckbestimmung – und damit das Merkmal der technischen Maßnahmen – lässt sich nur bejahen, wenn die technischen Maßnahmen tatsächlich dazu eingesetzt werden, um urheberrechtlich geschütztes Material zu schützen. Der Schutz der technischen Maßnahmen reicht nur so weit wie die urheberrechtlichen Ausschließlichkeitsrechte. Von dem Rechtsschutz ausgenommen sind Programmschutzmechanismen, d.h. Kontrollmechanismen, die dem Schutz von Computerprogrammen dienen. Der Rechtsschutz richtet sich ausschließlich nach Art. 7 Abs. 1 lit. c) C-RL, der Art. 6 verdrängt.

---

[260] *Oppermann* EuR, Rn. 1592.
[261] EuGH, Rs. 155/73, Slg. 1974, 409, Rn. 4 ff. - *Sacchi.*
[262] Info-RL EG 48 S. 3; *Wand* Technische Schutzmaßnahmen, S. 111.
[263] S. dazu Teil 2 1. Kap. I. 2. f) cc).

Die wichtigsten speziellen Schranken für Computerprogramme sind vertraglich unabdingbar und können vertraglich durchgesetzt werden.

Konstruktiv unterscheidet sich der Rechtsschutz von den völkerrechtlichen Vorgaben weiterhin dadurch, dass er das bisherige Gefüge zwischen Rechten und Schranken nicht unberührt lässt, sondern umgestaltet. Der Schutz technischer Maßnahmen gilt *unabhängig* davon, ob die handelnde Person sich auf eine urheberrechtliche Schranke berufen kann. Der für das Urheberrecht typische Interessenausgleich zwischen den Interessen des Rechtsinhabers und der Allgemeinheit wird selbstständig geschützt; der Schutz ist in Art. 6 Abs. 4 angelegt.

Anhand des einschränkenden Merkmals „wirksam" wird bestimmt, ob die technischen Maßnahmen auch schutzwürdig sind. Sie müssen tatsächlich die Nutzung unter Kontrolle halten.

Die technischen Maßnahmen sollen in Umsetzung der völkerrechtlichen Vorgaben gemeinschaftsweit gegen die Umgehung geschützt werden. Abweichend von WCT und WTTP wird der Rechtsschutz einschränkend an zwei subjektive Merkmale geknüpft: Die Person, die die Maßnahmen umgeht, muss in der Absicht handeln, technische Maßnahmen zu umgehen, und sich dessen bewusst sein.

Der Richtliniengeber hat den Rechtsschutz auf die Herstellung, die Werbung und den Handel mit Umgehungsmitteln ausgedehnt. Da diese Handlungen gefährlich sind und das Umgehungsverbot selbst schwer durchsetzbar ist, da er jenseits der Öffentlichkeit im Privaten stattfindet, soll der erweiterte Rechtsschutz die Ziele des völkerrechtlichen Mindestschutzes wirksam umsetzen („effet utile"). Der Richtliniengeber musste dabei den völkerrechtlichen Anforderungen an einen „angemessenen" Rechtsschutz genügen. Art. 6 Abs. 2 ist Ausdruck der i.R. des Verhältnismäßigkeitsgrundsatzes erfolgten Güterabwägung. Diese Wertung müssen auch die Mitgliedstaaten bei der Umsetzung beachten.

E. Maßnahmen zur Sicherstellung der Schranken

Der Richtliniengeber hat sich völkerrechtlich außerdem verpflichtet, den bislang auf die analogen Gegebenheiten zugeschnittenen Interessenausgleich zwischen den Rechtsinhabern und der Allgemeinheit zu wahren.[264] Diesem Ziel dient der Art. 6 Abs. 4,[265] über den nachfolgend ein Überblick gegeben wird. Diese Regelung, die das Verhältnis des Rechtschutzes technischer Maßnahmen zu den urheberrechtlichen Ausnahmen in Art. 5 festlegt, gehörte zu den „politisch brisantesten und heikelsten Fragen" im europäischen Rechtssetzungsverfahren (s.o.).[266]

---

264 Präambel des WCT: „*Recognizing the need to maintain a balance between the rights of authors and the larger public interest, particularly education, research and access to information, as reflected in the Berne Convention.*"

265 Gemeinsamer Standpunkt des Rates, Nr. 44; Mitteilung der Kommission, SEK (2000) 1734 endg. v. 20.10.2000, S. 9 f.; *Reinbothe* GRUR Int. 2001, 733, 741.

266 Mitteilung der Kommission, SEK (2000) 1734 endg. v. 20.10.2000, S. 9.

I. Entstehungsgeschichtlicher Hintergrund

Das Konzept des Art. 6 Abs. 1 und Abs. 4 geht auf den Vorschlag des Rates in dem Gemeinsamen Standpunkt zurück, mit dem zwischen den Extrempositionen der Kommission einerseits und des Parlaments andererseits vermittelt werden sollte. Die Kommission stand während des Rechtsetzungsverfahrens stets auf dem Standpunkt, die Beschränkungen hätten Vorrang vor dem Schutz technischer Maßnahmen, wenngleich dies aus dem ersten Vorschlag zunächst nicht klar hervorging.[1] Es deutete sich aber darin an, dass der Rechtsschutz gegen Handlungen vorzusehen sei, die eine *unerlaubte* Umgehung ermöglichen (Art. 6 Abs. 1) sowie in der Definition der „technologischen Maßnahme", die die *Verletzung* von Rechten verhindern sollte.[267] Immerhin sollten Privatkopien unzulässig sein, wenn sie den Einsatz technologischer Maßnahmen behinderten.[268] Das Parlament plädierte demgegenüber für den Vorrang der technischen Maßnahmen vor den Beschränkungen[269] und verlangte eine Klarstellung, dass die digitale Privatkopie nicht zulässig ist.[270] Die Kommission ist dem auch in ihrem geänderten Vorschlag nicht gefolgt und stellte vielmehr klar, dass der Vorrang der Ausnahmen auch hinsichtlich der Privatkopie gelte. Der neu in die Diskussion gebrachte Art. 5 Abs. 2 lit. ba) sah vor, dass die Mitgliedstaaten Beschränkungen für die digitale Privatkopie *unbeschadet* des Einsatzes technischer Maßnahmen vorsehen können, wobei die Mitgliedstaaten verpflichtet waren, den gerechten Ausgleich sicherzustellen.[271] Ferner sollte die Ausnahme für die Vervielfältigung zum privaten Gebrauch weder den Einsatz technischer Maßnahmen noch deren Durchsetzung im Falle einer unerlaubten Umgehung behindern.[272]

Ein Kompromiss deutete sich erstmals in dem im Dezember 1999 vorgelegten unveröffentlichten Ratsdokument an.[273] Der Schutz technischer Maßnahmen sollte nur von der verweigerten Genehmigung des Rechtsinhabers abhängen (Art. 6 Abs. 3 S. 1). Für das Umgehungsverbot sollten weiterhin die Beschränkungen gelten. Art. 6 Abs. 4 lit. a) und b) sah vor, dass das Umgehungsverbot nach Abs. 1 nicht gilt, soweit der Begünstigte durch die Umgehung einer technologischen Maßnahme Nutzen aus der jeweiligen Ausnahme ziehen kann, und wenn der Begünstigte zu dem geschützten Werk rechtmäßig Zugang hat. Von Absatz 4 ausdrücklich ausgeschlossen waren gemäß Satz 2 die privaten digitalen

---

267 Vorschlag der Kommission, S. 11 f.
268 Info-RL EG 27 S. 2.
269 Stellungnahme des Europäischen Parlaments, Änd. Nr. 47.
270 Stellungnahme des Europäischen Parlaments, Änd. Nr. 37.
271 Geänderter Vorschlag der Kommission, S. 12.
272 Info-RL EG 27.
273 Art. 6 in der Fassung des Ratsdokuments ist abgedruckt bei *Auer* in FS Dittrich, S. 3, 11 f.; s. Fn. 188.

Vervielfältigungen.[274] Fast ein Jahr später veröffentlichte der Rat den Gemeinsamen Standpunkt, der später weitgehend umgesetzt wurde.

II. Neues Konzept

Das Konzept des Rates geht grundsätzlich von dem „Vorrang" der technischen Maßnahmen vor den Beschränkungen aus.[275] Allein entscheidend für den Rechtsschutz „technischer Maßnahmen" ist, ob der Rechtsinhaber die Handlung genehmigt hat oder nicht.[276] Hierzu stellte EG 51 klar, dass der Rechtsschutz technischer Maßnahmen „unbeschadet" des in Art. 5 zum Ausdruck kommenden Allgemeininteresses sowie „unbeschadet" der öffentlichen Sicherheit gilt.[277] Für den Umgehungsakt gelten die Einschränkungen gemäß Art. 6 Abs. 4 Unterabs. 1 bis 5, der als Gegengewicht gedacht ist.[278] Da der Richtliniengeber den gemeinschaftsrechtlichen Besitzstand und die Gemeinschaftsgrundwerte berücksichtigen musste,[279] hat er als Ausgleich zu Art. 6 Abs. 1 in Art. 6 Abs. 4 „umgehungsspezifische" Schranken[280] festgelegt, indem er aus dem Katalog der allgemeinen Beschränkungen (Art. 5) abschließend einige Schranken ausgewählt hat. Die Sicherstellung der Schranken ist hierbei von dem Rechtsschutz in Art. 6 Abs. 1 unabhängig („ungeachtet des Rechtsschutzes nach Abs. 1").[281] Das neue Konzept lässt sich anhand des Absatzes 4 Unterabsatzes 1 erläutern. Darin ist bestimmt, dass die Rechtsinhaber die für die aufgezählten Beschränkungen erforderlichen Mittel zur Verfügung stellen müssen. Dabei wird vorausgesetzt, dass die Rechtsinhaber dieser Pflicht zunächst mit freiwilligen Maßnahmen einschließlich Vereinbarungen mit den betroffenen Parteien nachkommen.[282] Ergreifen sie diese nicht innerhalb einer angemessenen Frist, sind die Mitgliedstaaten verpflichtet, geeignete Maßnahmen zu treffen, um sicherzustellen, dass die erforderlichen Mittel tatsächlich verfügbar sind.[283]

---

274 *Auer* in FS Dittrich, S. 3, 12.

275 Gemeinsamer Standpunkt des Rates, Nr. 43; Info-RL, EG 51 S. 1: „*[...]* unbeschadet des in Art. 5 *[...]*"; *Davis* in FS Dietz, S. 307, 314.

276 Gemeinsamer Standpunkt des Rates, Nr. 43; Info-RL EG 51 S. 1; Gemeinsamer Standpunkt des Rates, Nr. 43; *Haedicke* in FS Dietz, S. 349, 363; *de Werra* RIDA 2001, 69, 135; *Schack* ZUM 2002, 497, 505.

277 *Schack* ZUM 2002, 497, 505.

278 Gemeinsamer Standpunkt des Rates, Nr. 44; Etwa *de Werra* RIDA 2001, 69, 147 f.; *Schack* ZUM 2002, 497, 505.

279 S. hierzu die Untersuchung von *Wand* Technische Schutzmaßnahmen, S. 124 ff.

280 S. zu dem Vorgehen *Wand* Technische Schutzmaßnahmen, S. 124 ff.

281 Art. 6 Abs. 4 Unterabs. 1 und 2.

282 Mitteilung der Kommission, SEK (2000) 1734 endg., S. 10.

283 Mitteilung der Kommission, SEK (2000) 1734 endg., S. 10.

(4) Werden von Seiten der Rechtsinhaber freiwillige Maßnahmen, einschließlich Vereinbarungen zwischen den Rechtsinhabern und anderen betroffenen Parteien, nicht ergriffen, so treffen die Mitgliedstaaten ungeachtet des Rechtsschutzes nach Absatz 1 geeignete Maßnahmen, um sicherzustellen, dass die Rechtsinhaber dem Begünstigten einer im nationalen Recht gemäß Artikel 5 Absatz 2 Buchstaben a), c), d), oder e)oder Absatz 3 Buchstaben a), b) oder e) vorgesehenen Ausnahme oder Beschränkung die Mittel zur Nutzung der betreffenden Ausnahme oder Beschränkung in dem für die Nutzung der betreffenden Ausnahme oder Beschränkung erforderlichen Maße zur Verfügung stellen, soweit der betreffende Begünstigte rechtmäßig Zugang zu dem geschützten Werk oder Schutzgegenstand hat. [...]

Gemäß Unterabsatz 2 können die Mitgliedstaaten dieselben Maßnahmen ergreifen, um die digitale Vervielfältigung zum privaten Gebrauch gemäß Art. 5 Abs. 2 lit. b) sicherzustellen, sind hierzu aber nicht verpflichtet.[284]

III. Völkerrechtskonformität

Der Richtliniengeber hat die WIPO-Verträge völkerrechtskonform umgesetzt. Dies gilt ungeachtet der Tatsache, dass Art. 11 WCT und Art. 18 WPPT das Gefüge aus urheberrechtlichen Rechten und Schranken unberührt lassen.[285] Maßstab für den angemessenen Interessenausgleich – zu dem sich die Vertragsstaaten in der Präambel bekannt haben – sind die Bestimmungen der RBÜ, in der die Ausnahmen bis auf die Zitierfreiheit (Art. 10 Abs. 1 RBÜ)[286] fakultativ ausgestaltet sind.[287] Die WIPO-Verträge stellen es daher den Vertragsstaaten frei, eine entsprechende Regelung im nationalen Recht vorzusehen.[288] Die Staaten sind nicht verpflichtet, bei der Ausgestaltung des Schutzes technischer Maßnahmen an dem bestehenden Interessenausgleich festzuhalten.[289] Vielmehr ist Art. 11 WCT bzw. Art. 18 WPPT nur als ein Mindestschutz zu verstehen, der es den Staaten überlässt, die gesetzlichen Ausnahmen festzulegen.[290] Eine weitergehende Bindung

---

284 Mitteilung der Kommission, SEK (2000) 1734 endg., S. 10.

285 *Wand* Technische Schutzmaßnahmen, S. 117 ff.; die Übereinstimmung des Sekundärrechts mit Völkerrechtlichen Abkommen kann von dem EuGH überprüft werden (EuGH Rs. 21-24/72, Slg. 1972, 1219, Rn. 5/6, 7/9 – *International Fruit Company/ Produktschap voor groenten en fruit*).

286 *Ricketson* Berne Convention, Anm. 9.19; für die Rechte des ausübenden Künstlers, Tonträgerherstellers und Sendeunternehmens gilt nichts anderes. Gemäß Art.15 Abs. 2 Rom-Abkommen liegt es im Ermessen des Vertragsstaates, dieselben – fakultativen – Schranken wie für die Rechte des Urhebers vorzusehen. In Art. 16 Abs. 1 WPPT findet sich die entsprechende Formulierung.

287 *Wand* Technische Schutzmaßnahmen, S. 56.

288 *Hyzik* sic! 2001, 107, 110; *Marly* K&R 1999, 106, 108; *Wand* Technische Schutzmaßnahmen, S. 44.

289 *Marly*, K & R 1999, 108, der unter einem *angemessenen* Rechtsschutz versteht, dass die Allgemeinheit nicht über Gebühr berücksichtigt wird; *Wand* Technische Schutzmaßnahmen, S. 44; die Möglichkeit einer Neubewertung („*re-evaluation*“) erkennt auch *Vinje* an, E. I. P. R. 1999, 192, 194.

290 *Wand* Technische Schutzmaßnahmen, S. 44.

ergibt sich auch nicht aus Art. 10 WCT i.V.m. der Vereinbarten Erklärung,[291] die für Art. 16 WPPT entsprechend gilt.

Vereinzelt wurde die Ansicht geäußert, aus Art. 10 WCT – der den Drei-Stufen-Test verbindlich festlegt – folge die *Verpflichtung*, die nach der RBÜ geltenden Ausnahmen dem digitalen Umfeld anzupassen und evtl. neue Ausnahmen vorzusehen. Dem ist nicht zu folgen, denn in Art. 10 WCT ist lediglich eine Ermächtigung zu sehen, die Ausnahmen der RBÜ auf neue Rechte zu erweitern oder neue Ausnahmen vorzusehen (Abs. 1), bzw. die Ausnahmen der RBÜ auf Rechte der RBÜ zu erweitern (Abs. 2), sofern sie sich in den durch den Drei-Stufen-Test geltenden Grenzen halten.[292] Denkt man die gegenteilige Rechtsauffassung konsequent zu Ende, müsste man annehmen, dass sich die fakultativen Schranken der RBÜ in einen verbindlichen Mindeststandard umgewandelt hätten. Dies ist zu verneinen, zumal den Vertragsstaaten kein Gestaltungsspielraum bliebe, um den besonderen Bedingungen und Risiken im digitalen Umfeld angemessen begegnen zu können.[293]

Im deutschen Schrifttum wird die europäische Konzeption des Art. 6 Abs. 4, den Rechtsinhaber zur Mittelverschaffung zu verpflichten, ganz überwiegend befürwortet. Begründet wird dies mit der Erwägung, dass bei einer „Selbsthilfe" der Rechtsinhaber im Einzelfall nicht erkennen könne, ob die Person rechtmäßig oder rechtswidrig handelt (Gefahr der Schutzbehauptung).[294] Die Durchsetzung des Verbots wäre ernsthaft in Frage gestellt. In der Konzeption des Richtliniengebers lässt sich vielmehr das Bemühen erkennen, dem Ziel der Verträge zu ihrer bestmöglichen Wirkung zu verhelfen („effet utile").

IV. Art. 6 Abs. 4 im Einzelnen

Art. 6 Abs. 4 ist in fünf Unterabsätze untergliedert. Hervorzuheben ist, dass Art. 6 Abs. 4 nur im Verhältnis zum Umgehungsverbot gemäß Art. 6 Abs. 1 gilt („ungeachtet des Rechtsschutzes nach Absatz 1").[295] Gegenüber dem Verbot von Vorbereitungshandlungen gilt der Vorrang des Schutzes technischer Maßnahmen uneingeschränkt.

---

291 *Schack* ZUM 2002, 497, 509; *Reinbothe* in FS Dittrich, S. 251, 262, 265, 267.

292 Ausführlich hierzu *Reinbothe* in FS Dittrich, S. 251, 260-267.

293 *Reinbothe* in FS Dittrich, S. 251, 267.

294 *Bayreuther* EWS 2001, 422, 430; *Dreier* CR 2000, 45, 47; *Metzger/Kreutzer* MMR 2002, 139, 140; *Schack* ZUM 2002, 497, 505; ausführlich *Wand* Technische Schutzmaßnahmen, S. 137, 178; hiervon zu unterscheiden ist die Kritik an der Auswahl der Schranken, s. dazu Teil 2 1. Kap. II. 3. a) aa) (4) (e).

295 Mitteilung der Kommission, SEK (2000) 1734 endg., S. 10.

1. Regelungsziel

Art. 6 Abs. 4 soll – wie schon mehrfach angesprochen – eine einheitliche Ausgestaltung des Interessenausgleich zwischen den Rechtsinhabern einerseits und den Nutzern andererseits gegenüber dem Rechtsschutz technischer Maßnahmen erreichen. Bei der Wahl der Mittel zur Verwirklichung dieses Ziels ist der Mitgliedstaat grundsätzlich frei; die Wahlfreiheit drückt sich in dem unbestimmten Begriff der „geeigneten Maßnahmen" aus. Die Maßnahmen zur Sicherstellung der Schranken sind teils zwingend (Unterabsatz 1: „treffen"),[296] teils fakultativ (Unterabsatz 2: „kann").[297]

2. Vorrang der freiwilligen Maßnahmen

Die legislativen Maßnahmen sind durch den Vorrang der freiwilligen Maßnahmen eingeschränkt. Der Rechtsinhaber soll die Beschränkungen vorrangig mit freiwilligen Maßnahmen sicherstellen können. Die Mitgliedstaaten sind dazu verpflichtet, freiwillige Maßnahmen zu fördern.[298] Staatliche Maßnahmen dürfen erst dann greifen, wenn innerhalb einer „angemessenen Frist" – die nicht näher konkretisiert wird – keine freiwilligen Maßnahmen getroffen worden sind.

3. Legislative Maßnahmen

Gemäß Art. 6 Abs. 4 Unterabs. 1 sind die Mitgliedstaaten nach Ablauf der „angemessenen Frist" dazu verpflichtet, geeignete Maßnahmen zur Sicherstellung der Beschränkungen zu treffen. Die legislativen Maßnahmen sollen absichern, dass die für die Nutzung der Beschränkungen erforderlichen Mittel tatsächlich verfügbar sind.[299]

a) Beschränkungen

aa) Art. 5 Info-RL

Art. 6 Abs. 4 Unterabs. 1 und 2 verweisen auf bestimmte Beschränkungen in Art. 5. Dort ist in Absatz 1 die einzige zwingende Ausnahme geregelt, die vorübergehende Vervielfältigung.[300] Die Absätze 2 und 3 enthalten eine abschließende Liste fakultativer Beschränkungen,[301] die gleichzeitig den Rechtstraditionen der

---

296 Mitteilung der Kommission, SEK (2000) 1734 endg., S. 10; etwa *Reinbothe* GRUR Int. 2001, 733, 741; *Schack* ZUM 2002, 497, 505.

297 Mitteilung der Kommission, SEK (2000) 1734 endg., S. 10.

298 Info-RL EG 51 S. 2, EG 52 S. 1; *Reinbothe* GRUR Int. 2001, 733, 742 (Fn. 48).

299 Mitteilung der Kommission, SEK (2000) 1734 endg., S. 10.

300 *Kröger* CR 2001, 316, 319.

301 Info-RL EG 32 S. 1; Mitteilung der Kommission, SEK (2000) 1734 endg., S. 7; *Schack* ZEuP 2000, 799, 811; s. zu den Systemunterschieden in den USA, der EG und in Australien im Überblick *Ricketson*, WIPO Study on Limitations and Excepti-

Mitgliedstaaten Rechnung trägt und die Funktionsfähigkeit des Binnenmarkes sicherstellen soll.[302] Absatz 2 betrifft Beschränkungen des Vervielfältigungsrechts, während Absatz 3 Beschränkungen sowohl des Vervielfältigungsrechts als auch des Rechts der öffentlichen Wiedergabe einschließlich des Rechts der öffentlichen Zugänglichmachung gestattet. Nach Absatz 4 können die Mitgliedstaaten die Beschränkungen nach Absatz 2 und 3 auf das Verbreitungsrecht erweitern, wenn die Ausnahme durch den Zweck der erlaubten Vervielfältigung gerechtfertigt ist. In Absatz 5 ist der Drei-Stufen-Test verankert, der für alle Ausnahmen einschließlich Art. 5 Abs. 1 gilt. Für einige Beschränkungen ist schließlich zwingend der Grundsatz des gerechten Ausgleichs zu berücksichtigen (z.B. Art. 5 Abs. 2 lit. b)).[303]

bb) Beschränkungen i.S.v. Art. 6 Abs. 4 Unterabs. 1

Art. 6 Abs. 4 Unterabs. 1 wandelt den Katalog fakultativer Schranken aus Art. 5 Abs. 2 und 3 in einen verbindlichen Mindeststandard,[304] indem er die Mitgliedstaaten verpflichtet, die Durchsetzung der Beschränkungen in folgenden Fällen sicherzustellen: Art. 5 Abs. 2 lit. a), c), d), e), Abs. 3 lit. a), b), e). Diese Beschränkungen beruhen auf Erwägungen des Gemeinwohls und der öffentlichen Sicherheit.[305] Dies steht im Einklang damit, dass das Eigentum – und entsprechend auch das geistige Eigentum – nur dann Beschränkungen unterworfen sein kann, sofern diese tatsächlich dem Gemeinwohl dienenden Zielen der Gemeinschaft entsprechen und verhältnismäßige Eingriffe darstellen.[306]

(1) Art. 5 Abs. 2 lit. a)

Art. 5 Abs. 2 lit. a) erlaubt die Reprographie. Darunter versteht man die Vervielfältigungen auf Papier und ähnlichen Trägern mittels beliebiger fotomechanischer Verfahren oder anderer Verfahren mit ähnlicher Wirkung. Die Gefahr, die durch die Reprographie für den Binnenmarkt droht, wird als gering eingeschätzt;[307] hiervon ausgenommen sind allein Notenblätter. Für die Beschränkung ist zwingend ein gerechter Ausgleich vorzusehen.

---

ons of Copyright and Related Rights in the Digital Environment, Standing Committee on Copyright and Related Rights, Ninth Session, Geneva, June 23 to 27, 2003, WIPO-Doc. SCCR/9/7, S. 67 ff.

302 Info-RL EG 32 S. 3

303 Vgl. Info-RL EG 35 und 36.

304 S. dazu Teil 2 1. Kap. II. a) aa) (4) (b).

305 *Reinbothe* GRUR Int. 2001, 733, 741.

306 EuGH Rs. 265/87, Slg. 1989, 2237, Rn. 15 – *Schräder/Hauptzollamt Gronau.*

307 Info-RL EG 37.

(2) Art. 5 Abs. 2 lit. c)

Gemäß Art. 5 Abs. 2 lit. c) dürfen Vervielfältigungen von bestimmten öffentlich zugänglichen Einrichtungen (Bibliotheken, Bildungseinrichtungen, Museen oder Archive) hergestellt werden, sofern damit kein unmittelbarer oder mittelbarer wirtschaftlicher oder kommerzieller Zweck verfolgt wird. Die Beschränkung ist auf Sonderfälle zu begrenzen.[308] Auf eine Vervielfältigung, die im Zusammenhang mit der Online-Lieferung vorgenommen wird, soll die Beschränkung nicht angewendet werden.[309] Die gemäß Art. 5 VV-RL vorgesehene Ausnahme zum öffentlichen Verleih bleibt von der Info-RL Richtlinie unberührt.[310]

(3) Art. 5 Abs. 2 lit. d)

Art. 5 Abs. 2 lit. d) 1. Halbs. erlaubt die vorübergehende (ephemere) Aufzeichnung von Werken durch Sendeunternehmen mit eigenen Mitteln für eigene Sendungen. Zu den eigenen Mitteln sollen auch die Mittel einer Person zählen, die im Namen oder unter der Verantwortung des Sendeunternehmens handelt.[311] Diese Aufzeichnungen dürfen gemäß Halbsatz 2 bei einem außergewöhnlichen Dokumentationscharakter in amtlichen Archiven aufbewahrt werden.

(4) Art. 5 Abs. 2 lit. e)

Unter der Bedingung, dass ein gerechter Ausgleich sichergestellt wird, dürfen gemäß Art. 5 Abs. 2 lit. e) Sendungen durch nichtkommerzielle soziale Einrichtungen (z.B. Krankenhäusern und Haftanstalten) vervielfältigt werden.

(5) Art. 5 Abs. 3 lit. a)

Bestimmte Nutzungshandlungen sind gemäß Art. 5 Abs. 3 lit. a) ausschließlich zur Veranschaulichung im (Fern-)[312]Unterricht oder für Zwecke der wissenschaftlichen Forschung erlaubt, allerdings unter zwei Einschränkungen: Erstens muss die Quelle – wann immer dies möglich ist – angegeben werden; zweitens darf die Nutzung nur erfolgen, soweit sie durch nichtkommerzielle Zwecke gerechtfertigt ist. Für die nicht kommerzielle Art der Tätigkeit sind die Finanzierung und die organisatorische Struktur keine maßgeblichen Faktoren.[313] Dieser Hinweis bezweckt, eine kommerzielle Tätigkeit unter dem Deckmantel der öffentlichen Trägerschaft zu verhindern. Auf einen zwingenden gerechten Ausgleich wurde ver-

308 Info-RL EG 40 S. 1 und 2.
309 Info-RL EG 40 S. 3.
310 Info-RL EG 40 S. 4.
311 Info-RL EG 41.
312 Info-RL EG 42.
313 Info-RL EG 42.

zichtet, weil die Tätigkeit nicht kommerziell sein muss, und EG 36 den Mitgliedstaaten die Möglichkeit erhält, eine solche Bestimmung vorzuschreiben.[314]

(6) Art. 5 Abs. 3 lit. b)

Art. 5 Abs. 3 lit. b) stellt sicher, dass die Mitgliedstaaten Maßnahmen ergreifen können, um Personen mit solchen Behinderungen, die die Nutzung der Werke erschweren, den Zugang zu diesen Werken zu erleichtern. Die Beschränkung gilt nur, wenn die Nutzung mit der Behinderung unmittelbar im Zusammenhang steht, nicht kommerzieller Art ist und soweit es die betreffende Behinderung erfordert.

(7) Art. 5 Abs. 3 lit. e)

Dem Interesse der öffentlichen Sicherheit und der Funktionsfähigkeit staatlicher Institutionen dient Art. 5 Abs. 3 lit. e). Danach darf das Werk oder der Schutzgegenstand zu Zwecken der öffentlichen Sicherheit oder zur Sicherstellung bestimmter Verfahren (Verwaltungsverfahren, parlamentarisches Verfahren, Gerichtsverfahren) und zur Sicherstellung der Berichterstattung darüber genutzt werden.

b) Mittelverschaffung bei rechtmäßigem Zugang

Die Maßnahmen sollen erreichen, dass die Rechtsinhaber den Schrankenbegünstigten „Mittel“ zur Verfügung stellen, um von den jeweiligen Beschränkungen Gebrauch machen zu können. Dieser Begriff ist unbestimmt gewählt und erfasst nicht nur „technische“ Mittel.[315] Dies zeigt ein Vergleich mit dem Begriff der „technischen Maßnahmen“ i.S.v. Unterabsatz 3. Danach sind die vom Rechtsinhaber zur Verfügung gestellten „technischen Maßnahmen“ gegen Umgehung gemäß Abs. 1 geschützt, um einen Missbrauch solcher Mittel zu unterbinden.[316] Der Richtliniengeber verwendet dort in Anlehnung an Art. 6 Abs. 1 nicht den Begriff „Mittel“, sondern „technische Maßnahmen“. Diese Voraussetzung ist erfüllt, wenn der Rechtsinhaber z.B. seiner Pflicht dadurch nachkommt, dass er die bereits angewandten „technischen Maßnahmen“ ändert (z.B. ein Artikel darf ausgedruckt und nicht nur am Bildschirm gelesen werden). Der Richtliniengeber wollte dem Rechtsinhaber allerdings in Art. 6 Abs. 4 Unterabs. 1 bewusst einen weiten Spielraum eröffnen. Außer den bereits angewandten Maßnahmen kommen „andere“ (untechnische) Mittel in Betracht.[317]

---

314 Gemeinsamer Standpunkt, Nr. 30.
315 So auch im Ergebnis *Linnenborn* K&R 2001, 394, 399.
316 Info-RL EG 51 S. 4.
317 Info-RL EG 51 S. 3.

Der Rechtsinhaber soll nur dazu verpflichtet sein, die Mittel zur Verfügung zu stellen, wenn der Begünstigte auch „rechtmäßigen Zugang" zu dem geschützten Werk oder Schutzgegenstand hat.

4. Art. 6 Abs. 4 Unterabs. 2

Nach Art. 6 Abs. 4 Unterabs. 2 ist es in das Ermessen des Mitgliedstaates gestellt, „gleichartige" Maßnahmen darüber hinaus zur Sicherstellung der Beschränkung gemäß Art. 5 Abs. 2 lit. b) zu ergreifen. Da der deutsche Gesetzgeber von dieser Ermächtigung noch keinen Gebrauch gemacht hat, werden die europäischen Vorgaben in einem gesonderten Kapitel über „Korb 2" behandelt.[318]

5. Art. 6 Abs. 4 Unterabs. 3

Die aufgrund der freiwilligen oder der legislativen Maßnahmen zur Verfügung gestellten „technischen Maßnahmen" sollen gemäß Unterabsatz 3 ihrerseits gegen die Umgehung geschützt sein. Aus Art. 6 Abs. 4 Unterabs. 3 i.V.m. EG 51 S. 4 folgt, dass nur „technische" Maßnahmen den Schutz vor der Umgehung nach Art. 6 Abs. 1 genießen sollen und nicht mögliche „andere" Mittel. Bei dem Merkmal der „technischen Maßnahmen" geht der Richtliniengeber davon aus, dass der Rechtsinhaber die Nutzung der Beschränkung technisch dadurch realisiert, dass die *bereits angewandten* technischen Maßnahmen i.S.v. Art. 6 Abs. 3 S. 1 geändert werden.[319] Die technischen Maßnahmen i.S.v. Unterabsatz 3 sind also bereits Bestandteil der technischen Maßnahmen i.S.v. Art. 6 Abs1. Im Übrigen richten sich die Voraussetzungen des Rechtsschutzes nach Absatz 1.

6. Art. 6 Abs. 4 Unterabs. 4 Info-RL

Art. 6 Abs. 4 Unterabs. 4 sieht eine wichtige Ausnahme vor. Unterabsatz 4 bestimmt, dass die Verpflichtung bzw. Ermächtigung in den Unterabsätzen 1 und 2 nicht für bestimmte interaktive Online-Dienste gelten.[320] Die Vorschrift gilt für Werke und Schutzgegenstände, die der Öffentlichkeit aufgrund einer vertraglichen Vereinbarung in einer Weise zugänglich gemacht werden, dass sie Mitgliedern der Öffentlichkeit von Orten und zu Zeiten ihrer Wahl zugänglich sind. Wenn ein interaktiver Online-Dienst auf vertraglicher Grundlage erbracht wird – wie z.B. bei einem kostenpflichtigen Datenbankangebot – sollen die vertraglichen

---

318 S. dazu Teil 2 Kap. 2 I.

319 Info-RL EG 51 S.3.

320 *Bayreuther* ZUM 2001, 828, 838 f.

Abreden gegenüber den freiwilligen und legislativen Maßnahmen Vorrang haben.[321]

a) Interaktive Online-Dienste

Dies gilt allerdings nicht für alle Online-Dienste, sondern nur für solche, die in einer Weise erbracht werden, dass sich das Angebot als „öffentliche Zugänglichmachung" im urheberrechtlichen Sinne qualifizieren lässt. Mit der Wendung, „der Öffentlichkeit in einer Weise zugänglich gemacht werden, dass sie Mitgliedern der Öffentlichkeit von Orten und zu Zeiten ihrer Wahl zugänglich sind", nimmt der Richtliniengeber Bezug auf das Recht der öffentlichen Zugänglichmachung in Art. 3 Abs. 1 und 2.[322] Art. 3 setzt gemeinschaftsweit das völkerrechtlich in Art. 8 WCT sowie in Art. 10 und 14 WPPT verankerte „right of communication to the public" um, das die Rechtsposition des Urhebers und einiger Leistungsschutzberechtigten im digitalen Umfeld stärken soll.

Der Richtliniengeber hat darauf verzichtet, den Begriff der *Öffentlichkeit* zu harmonisieren. Für das Recht der öffentlichen Zugänglichmachung steht allerdings *per definitionem* fest, dass es für den Begriff der Öffentlichkeit nicht auf einen gleichzeitigen Empfang ankommt („von Orten und zu Zeiten ihrer Wahl").

Die *Zugänglichmachung* verlangt nicht, dass tatsächlich ein Abruf des Angebots und eine anschließende Übertragung stattfindet. Es reicht vielmehr, wenn das Angebot für die Öffentlichkeit angeboten bzw. bereitgehalten wird.[323] Hierfür spricht schon der Wortlaut der Norm („zugänglich sind"). Kennzeichnend für die Zugänglichmachung ist weiterhin, dass die Mitglieder nicht an dem Ort, an dem die Zugänglichmachung ihren Ursprung nimmt, anwesend sind.[324]

Das Hauptmerkmal der Online-Dienste i.S.v. Unterabsatz 3 liegt in der für das Recht spezifischen Art und Weise der Zugänglichmachung. Werke und Schutzgegenstände müssen der Öffentlichkeit *von Orten und zu Zeiten ihrer Wahl* zugänglich sein. Damit sind Online-Dienste angesprochen, die eine interaktive Nutzung ermöglichen.[325]

b) Vertragliche Grundlage

Der Dienst muss nicht nur die Voraussetzungen des Rechts der öffentlichen Zugänglichmachung erfüllen, sondern außerdem auf vertraglicher Grundlage erbracht werden. Bei den vertraglichen Vereinbarungen kann es sich um individual-

---

[321] Gemeinsamer Standpunkt des Rates, Nr. 44; Mitteilung der Kommission, SEK (2000) 1734 endg. v. 20.10.2000, S. 10; *Flechsig* ZUM 2002, 1, 16; *Linnenborn* K&R 2001, 394, 400; *Mayer* EuZW 2002, 325, 328.

[322] Stellungnahme der Kommission, KOM (2001) 170 endg. v. 29.3.2001, S. 3.

[323] *Kröger* CR 2001, 316, 322; *Linnenborn* K&R 2001, 394, 400.

[324] Info-RL EG 24.

[325] Stellungnahme der Kommission, KOM (2001) 170 endg. v. 29.3.2001, S. 3.

vertragliche Vereinbarungen oder – wie bei Massegeschäften – um Allgemeine Geschäftsbedingungen handeln.

7. Art. 6 Abs. 4 Unterabs. 5

In Unterabsatz 5 wird schließlich klargestellt, dass Absatz 4 entsprechend gilt, wenn die technischen Maßnahmen zum Schutz der Befugnisse aus der VV-RL und der Datenbank-RL angewendet werden.

8. Arten der Beschränkungen

Die Beschränkungen lassen sich im Verhältnis zum Schutz technischer Maßnahmen in mehrere Gruppen unterteilen. Für die Einordnung ist zu berücksichtigen, dass der Richtliniengeber den Mitgliedstaat über den verbindlichen Katalog von Beschränkungen in Unterabsatz 1 hinaus nur dazu ermächtigt, die Beschränkung gemäß Art. 5 Abs. 2 lit. b) (Privatkopie) sicherzustellen. Die in den Unterabsätzen 1 und 2 genannten Beschränkungen sind daher im Umkehrschluss als abschließend zu verstehen.[326] Daraus ergeben sich folgende Gruppen:[327]

1. *die obligatorischen Beschränkungen nach Unterabsatz 1,*
2. *die fakultativen Beschränkungen nach Unterabsatz 2,*
3. *die Beschränkungen des Art. 5 Abs. 3 lit. c), d) und f)-o) sowie*
4. *die disponiblen Beschränkungen bei interaktiven Online-Diensten.*

9. Bedeutung des Art. 6 Abs. 4

Das in Art. 6 Abs. 4 angelegte System zur Sicherstellung der Beschränkungen ist als Gegengewicht auf der gemeinschaftsrechtlichen Ebene von nur geringer Bedeutung:[328] Die Ausnahmen gelten nur vom Umgehungsverbot, die sieben Ausnahmen sind abschließend und z.T. von geringer praktischer Bedeutung. Die Vervielfältigung zum privaten Gebrauch ist nur in Form der Reprographie zwingend vorzusehen. Schließlich ist der Bereich der vertraglich erbrachten interaktiven Online-Dienste – der Großteil des kommerziellen Online-Bereichs[329] – ausgenommen. Über die Privatkopierschranke in analoger und digitaler Form entscheidet der Mitgliedstaat. Dies eröffnet die Diskussion auf nationaler Ebene neu und erklärt zugleich, warum der deutsche Gesetzgeber diesen „Zankapfel" auf den „Korb 2" verschoben hat.

---

326 *Dreier* ZUM 2002, 28, 37; a.A. *Kröger* CR 2001, 316, 322.
327 *Linnenborn* K&R 2001, 394, 401; *Bayreuther* ZUM 2001, 828, 838 f.
328 *Reinbothe* ZUM 2002, 43, 47.
329 S. dazu näher Teil 2 1. Kap. II. 3 d).

IV. Exkurs: Verhältnis zur ZKD-RL

Es gibt Konstellationen, in denen sich die Frage stellt, ob der Rechtsschutz nach Art. 6 auch zu Gunsten des Anbieters eines zugangskontrollierten Dienstes i.S.d. ZKD-RL („Diensteanbieter") eingreifen kann. Der Anbieter eines zugangskontrollierten Internetangebots möge u.a. urheberrechtlich geschütztes Material, wie z.B. Texte, Fotografien verwenden oder einen Rundfunkdienst anbieten. Für den Fall, dass ein Nutzer die Zugangskontrolle umgeht, sieht die ZKD-RL keine gemeinschaftsweite Regelung gegen den Umgehungsakt vor, wohl aber Art. 6 Abs. 1. Ferner schützt die ZKD-RL nur den ersten Zugriff, nicht die sich daran anschließenden Nutzungshandlungen.

1. Ergänzender Schutz

Der Anbieter zugangskontrollierter Dienste kann einen *doppelten Schutz* für sich in Anspruch nehmen – nach der ZKD-RL und der Info-RL –, wenn das angebotene Material urheberrechtlich geschützt ist. Insofern ergänzt die Info-RL die ZKD-RL und lässt deren Anwendung unberührt.[330]

Für eine ergänzende Anwendung sprechen zunächst die unterschiedlichen Zielsetzungen:[331] Die Zugangskontrolle i.S.d. ZKD-RL soll die vertraglich vereinbarte Vergütung (conditional access) und damit die Rentabilität der angebotenen Dienste sicherstellen.[332] Die „wirksamen technischen Maßnahmen" i.S.d. Info-RL sind hingegen zur Nutzungskontrolle bestimmt. Der Gemeinschaftsgesetzgeber ging davon aus, dass beide Rechtsschutzmöglichkeiten nebeneinander stehen und sich nicht nachteilig aufeinander auswirken: Einerseits soll die ZKD-RL die Anwendung der gemeinschaftlichen Bestimmungen zum Schutz geistigen Eigentums unberührt lassen.[333] Andererseits bestimmt Art. 9, dass die Info-RL andere Rechtsvorschriften, insbesondere zu dem Bereich der Zugangskontrolle unberührt lässt. Die „Zugangskontrolle" bezieht sich auf die ZKD-RL,[334] denn in dem geänderten Vorschlag hatte die Kommission die ZKD-RL noch ausdrücklich erwähnt.[335] Man einigte sich jedoch schließlich auf die allgemeine Formel, dass die Info-RL andere Rechtsgebiete unberührt lässt (Art. 9 Info-RL). Es wurde erstens bezweifelt, dass es zur Gewährleistung des Zugangs zu Informationen einer urheberrechtlichen Ausnahme bedarf und war zweitens der Ansicht, der Zugang zu den Kabeldiensten sei ohnehin außerhalb des Urheberrechts geregelt.[336] Der Rat

---

330 *Auer* in FS Dittrich, S. 3, 18; *Linnenborn* K&R 2001, 394, 398; *Marly* K & R 1999, 106, 108; *Wand*, Technische Schutzmaßnahmen, S. 102.

331 *De Werra* RIDA 2001, 67, 157.

332 ZKD-RL, EG 6; s. dazu *Heide* Access Control, S. 5 f.

333 Info-RL, EG 21.

334 *Auer* in FS Dittrich, S. 3, 18.

335 Geänderter Vorschlag der Kommission, EG 35.

336 *Reinbothe* GRUR Int. 2001, 733, 741.

stellt abschließend klar, dass Fragen des Zugangs außerhalb des Urheberrechts zu klären seien.[337]

2. Kein Wertungswiderspruch

Die ergänzende Anwendung wird skeptisch betrachtet. Teilweise wird vertreten, der Urheber könnte über die Anwendung der ZKD-RL die urheberrechtlichen Ausnahmen aushebeln;[338] teilweise wird ein Wertungswiderspruch darin gesehen, dass die Umgehung einerseits durch die Info-RL erlaubt und andererseits durch die ZKD-RL verboten ist.[339] Die Autoren gehen jedoch irrtümlich davon aus, die ZKD-RL verbiete den Umgehungsakt als solchen. Nur die Info-RL untersagt in Art. 6 Abs. 1 die Umgehung, während die Richtlinie über den Schutz zugangskontrollierter Dienste bestimmte kommerzielle Vorbereitungshandlungen verbietet. Der Schutz technischer Maßnahmen ist daher nach der Info-RL intensiver ausgestaltet. Die ZKD-RL lässt die Info-RL insoweit unberührt. Die Bedenken könnten jedoch insofern berechtigt sein, als sich die Verbote von *Vorbereitungshandlungen* einander widersprechen. Dies ist hinsichtlich der urheberrechtlichen Schranken zu verneinen, weil beide Verbote schrankenlos gelten. Ein Widerspruch ergibt sich auch nicht daraus, dass von dem Verbot in Art. 6 Abs. 3 Handlungen zu Zwecken der Dekompilierung und Kryptographie ausgenommen sein sollen; diese Handlungen wären i.R.d. ZKD-RL von vornherein nicht tatbestandsmäßig, weil diese nur Handlungen zu kommerziellen Zwecken verbietet.[340]

3. Auswirkung für den Rechtsinhaber und Schrankenbegünstigten

Für den Diensteanbieter, der auch Rechtsinhaber ist, verbessert sich die Rechtsposition insofern, als er zusätzlich durch das Umgehungsverbot nach Art. 6 Abs. 1 und gegen bestimmte Handlungen zu privaten Zwecken geschützt ist, wenn er mit der Zugangskontrolle zugleich die Nutzung urheberrechtlich geschützten Materials unter Kontrolle hält. Dieser Schutz bezieht sich auf die dem Zugang nachfolgende urheberrechtlich relevante Nutzung.[341] Im Gegenzug muss er allerdings – sofern die Nutzung betroffen ist – gewisse Schranken gewährleisten. Dies gilt nicht für interaktive Online-Dienste, die auf vertraglicher Grundlage erbracht werden.[342] Hier kann er die Schranken vertraglich abbedingen, sofern sie nicht vertragsfest ausgestaltet sind (Online-Datenbank). Werden hingegen nicht inter-

---

337 Gemeinsamer Standpunkt des Rates, Nr. 45.

338 *Auer* in FS Dittrich, S. 3, 19.

339 *De Werra* RIDA 2001, 67, 157, der an anderer Stelle aber erkennt, dass die ZKD-RL die Umgehung selbst (l'acte de neutralisation) nicht zum Gegenstand hat.

340 S. *Peukert* in Loewenheim, Handbuch UrhR, § 34 Rn. 29.

341 *Koelmann/Helberger* in Hugenholtz, Copyright and Electronic Commerce, S. 165, 219.

342 *Linnenborn* K&R 2001, 394, 399.

aktive Dienste (z.B. Rundfunkdienste) angeboten, besteht eine gesetzliche Pflicht, die Schranken gemäß Art. 6 Abs. 4 Unterabs. 4 zu gewährleisten.[343]

Aus der Sicht des Schrankenbegünstigten ergibt sich ebenfalls kein Wertungswiderspruch. Er kann sich nur ggü. den Nutzungskontrollen auf die urheberrechtlichen Schranken berufen, nicht hingegen ggü. reinen Zugangskontrollen. Die Regelungskomplexe werden dadurch miteinander verknüpft, dass der Rechtsinhaber i.R.v. Art. 6 Abs. 4 nur zur Mittelbeschaffung verpflichtet sein soll, wenn der Schrankenbegünstigte „rechtmäßigen Zugang" zu dem Werk hat.

VI. Zusammenfassung

Art. 6 Abs. 4 ändert nichts an der grundlegenden Wertentscheidung des Richtliniengebers für einen starken Rechtsschutz technischer Maßnahmen. Der Vorrang ggü. den Beschränkungen kommt darin zum Ausdruck, dass der Rechtsschutz „unabhängig" von den Beschränkungen in Art. 5 gilt. Für den Umgehungsakt wird der Vorrang insofern abgemildert, als einige der Schranken durch ein selbständiges Instrument sichergestellt werden sollen. Dieses ist in Art. 6 Abs. 4 angelegt und hat als Gegengewicht auf der gemeinschaftsrechtlichen Ebene nur geringe Bedeutung. Dies gilt vor allem im Hinblick darauf, dass die Entscheidung über die Schranke zum privaten Gebrauch den Mitgliedstaaten vorbehalten ist. Art. 6 kann den Schutz zugangskontrollierter Dienste gemäß der ZKD-RL ergänzen, ohne dass sich hieraus Wertungswidersprüche ergeben.

---

343 Das Angebot der Sendeunternehmen, das online und zum gleichzeitigen Empfang (nicht interaktiv) ausgestrahlt wird, erfüllt den Begriff des Rundfunkdienstes i.S.d. ZKD-RL. Das Online-Angebot via Internet ist hingegen ein „Dienst der Informationsgesellschaft". Die Übertragung via Internet ist in technischer Hinsicht ein Abrufdienst, da selbst bei dem sog. *live-streaming* die Übertragung der Daten erst auf elektronischen Abruf erfolgt. Die Fernsehrichtlinie nimmt von dem Begriff der Fernsehsendung pauschal „Abrufdienste" aus.

2. Teil: Umsetzung ins deutsche Recht

Die Mitgliedstaaten der Europäischen Gemeinschaft sind – wie eingangs beschrieben – zur Umsetzung der Richtlinie verpflichtet (Art. 13 Abs. 1), wobei sich die Umsetzungspflicht auf das „Ziel" der Richtlinie beschränkt. Spielraum verbleibt den Mitgliedstaaten bei der Wahl der Form und Mittel. Dies wird in Art. 6 durch die unbestimmten Rechtsbegriffe „angemessener Rechtsschutz" und „geeignete Maßnahmen" nicht näher präzisiert.[344]

Der deutsche Gesetzgeber hat sich für ein zweistufiges Vorgehen entschieden. Notwendige Vorgaben werden durch das *„Gesetz zur Regelung des Urheberrechts in der Informationsgesellschaft"* (i. F. ÄndG) umgesetzt (*1. Kapitel*). Besonders kontroverse Fragen, die nicht fristgebunden umgesetzt werden mussten, sollen in einem „Korb 2" nachfolgen (*2. Kapitel*). Die Umsetzungsgesetze haben eine europäische Entstehungsgeschichte, für die besondere Auslegungsregeln[345] gelten, die aus Art. 10 EGV abgeleitet werden.[346]

---

344 S. dazu Teil 2 1. Kap. G II. 2.

345 Die *richtlinienkonforme Auslegung* orientiert sich an einer speziellen Richtlinie. Der EuGH verlangt eine Auslegung im Lichte des Wortlauts und des Zwecks der Richtlinie, um das in Art. 249 Abs. 3 EGV (ehemals Art. 189 Abs. 3 EGV) genannte Ziel zu erreichen (EuGH Rs. 14/83, Slg. 1984, 1891 Rn. 26 – *v. Colson/Kamann*). Die richtlinienkonforme Auslegung ist der verfassungskonformen Auslegung insofern vergleichbar, als von mehreren möglichen Auslegungsmöglichkeiten derjenigen der Vorzug zu geben ist, die den nationalen Vorschriften einen Sinn beilegt, der den Zielvorgaben der Richtlinie am besten entspricht *(Ehricke* RabelsZ 59 (1995), 598, 616; *Schmidt* RabelsZ 59 (1995), 569, 591). Sie ist eine sämtliche nationale Auslegungsregeln modifizierende Vorzugsregel *(Ehricke* RabelsZ 59 (1995), 598, 616; *Schmidt* RabelsZ 59 (1995), 569, 590). Die *gemeinschaftskonforme Auslegung* richtet sich nach Sinn, Zweck und Ziel des gesamten EG-Rechts *(Ehricke* RabelsZ 59 (1995), 598, 603).

346 *V. Lewinski* in v. Lewinski u.a., Europ. UrhR, AT, Kap. 1, Rn. 31; *Schack* ZEuP 2000, 799, 808.

1. Kapitel: Gesetz zur Regelung des Urheberrechts in der Informationsgesellschaft (Korb 1)

Der Deutsche Bundestag hat am 11.4.2003 und – nach Durchlauf eines Vermittlungsverfahrens – am 3.7.2003 das *„Gesetz zur Regelung des Urheberrechts in der Informationsgesellschaft“* verabschiedet, das am 13.9.2003 in Kraft getreten ist.[347] Die Neuregelungen haben auch Änderungen außerhalb des Urheberrechts notwendig gemacht, so dass der Gesetzgeber ein Artikelgesetz gewählt hat: Durch Artikel 1 wird das Urheberrechtsgesetz[348] (UrhG) geändert, durch Artikel 2 das Urheberrechtswahrnehmungsgesetzes[349] (UrhWahrnG), durch Artikel 3 das Unterlassungsklagegesetzes[350] (UKlageG) und durch Artikel 4 die Strafprozessordnung[351] (StPO). Artikel 5 hat die Neufassungsermächtigung für das Urheberrechtsgesetzes und das Unterlassungsklagegesetz zum Gegenstand. Art. 6 schließlich regelt das Inkrafttreten des Gesetzes.

A. Umsetzung europäischer und völkerrechtlicher Vorgaben

Die Info-RL war der entscheidende Impuls, um das deutsche Urheberrecht der Entwicklung in dem Bereich der Informations- und Kommunikationstechnologie anzupassen. Primär kommt der Gesetzgeber mit dem ÄndG der Pflicht nach, die europäischen Vorgaben der Info-RL umzusetzen.[352] Das ÄndG beschränkt sich allerdings nicht auf die verbindlichen Vorgaben der Info-RL, sondern setzt auch die – gleichfalls verbindlichen – Vorgaben des WCT und WPPT um, soweit die Mitgliedstaaten hierfür zuständig geblieben sind (z.B. Art. 5: Stärkung der urheberpersönlichkeitsrechtlichen Befugnisse des ausübenden Künstlers).[353]

---

347 Gesetz zur Regelung des Urheberrechts in der Informationsgesellschaft v. 10.9.2003 (BGBl. I, S. 1774), BT-Drucks. 15/38, S. 14-30, BT-Drucks. 15/837, S. 33-37.

348 Urheberrechtsgesetz v. 9.9.1965 (BGBl. 1965 I, S. 1273), zuletzt geändert durch Artikel 1 des Gesetzes v. 10.9.2003 (BGBl. I, S. 1774).

349 Das Gesetz über die Wahrnehmung von Urheberrechten und verwandten Schutzrechten (Urheberrechtswahrnehmungsgesetz) v. 9.9.1965 (BGBl. I, S. 1294), zuletzt geändert durch Artikel 2 des Gesetzes v. 10.9.2003 (BGBl. I, S. 1774, 1783) und durch Artikel 77 der Achten Zuständigkeitsanpassungsverordnung v. 25.11.2003 (BGBl. I, S. 2304).

350 Unterlassungsklagegesetz v. 26.11.2001 (BGBl. I, S. 3138, 3173), neugefasst durch Bekanntmachung v. 27.8.2002 (BGBl. I, S. 3422, 4346), zuletzt geändert durch Artikel 67 des Gesetzes v. 25.11.2003 (BGBl. I, S. 2304).

351 Strafprozessordnung v. 12.9.1950 (BGBl. I, S. 455, 512, 629), neugefasst durch Bek. v. 7.4.1987 (BGBl. I, S. 1074, 1319), zuletzt geändert durch Artikel 30 des Gesetzes v. 14.11.2003 (BGBl. I, S. 2190).

352 BT-Drucks. 15/38, S. 14.

353 BT-Drucks. 15/38, S. 15.

B. Minimallösung

Die erste Stufe der Umsetzung stellt eine *Minimallösung* dar und setzt nur die Vorgaben um, die zwingend und fristgebunden sind.[354] Entscheidend hierfür waren neben dem zeitlichen Druck das Vorhaben der EG und der Mitgliedstaaten, den WCT und WPPT gemeinsam zu ratifizieren.

I. Verspätete Umsetzung

Die Umsetzungspflicht ist gemäß Art. 13 Abs. 1 S. 1 fristgebunden. Die Umsetzungsfrist dient generell dazu, das Harmonisierungsziel einer Richtlinie sicherzustellen.[355] Dennoch hat der deutsche Gesetzgeber die bereits am 22.12.2002 geendete Frist überschritten. Jenseits der Frage, ob dies Staatshaftungsansprüche begründen kann,[356] ist interessant, ob der Rechtsinhaber vor der erfolgten Umsetzung wenigstens zivilrechtlich[357] gegen die Verbreitung von Umgehungsmitteln hätte vorgehen können. Eine Richtlinie entfaltet grundsätzlich keine unmittelbare Wirkung. Ausnahmsweise erkennt der EuGH eine unmittelbare Wirkung an, um der Richtlinie zu ihrer Wirksamkeit zu verhelfen („effet utile“).[358] Diese Grundsätze können jedoch nicht auf die Info-RL angewandt werden, weil sie das Verhältnis der Rechtsinhaber zu anderen Privatrechtssubjekten betrifft (horizontale Wirkung) und nicht das Verhältnis zum Staat (vertikale Wirkung). Der EuGH lehnt eine *horizontale* Direktwirkung von belastenden Richtlinien prinzipiell ab. Die Richtlinie sei adressiert an den Mitgliedstaat und nur für diesen verbindlich, so dass die einzelne Richtlinienbestimmung nicht ggü. einem Einzelnen in Anspruch genommen werden kann.[359] Hierdurch bringt der EuGH rechtsstaatliche Bedenken zum Ausdruck.[360] Die belastende Wirkung des Schutzes technischer Maßnahmen liegt darin, dass die eigenmächtige Umgehung – ausnahmslos – und bestimmte Verhaltensweisen Dritter ausdrücklich verboten sind.[361]

---

354 BT-Drucks. 15/38, S. 1, 15.

355 *Gellermann* Beeinflussung durch EG-RL, S. 13.

356 Allgemein dazu EuGH Rs. 6/90 und 9/90, Slg. 1991, I-5357– *Francovich*.

357 In strafrechtlicher Hinsicht fehlt es an der Strafrechtsnormsetzungskompetenz der EG (*Schröder*, RL und StrR, S. 103 ff.) sowie der Bestimmtheit (Art. 103 Abs. 2 GG).

358 S. *Streinz* EuR, Rn. 402: Die RL muss so klar und bestimmt sein, dass daraus unmittelbar Rechte abgeleitet werden können; 2. Die Umsetzungsfrist muss abgelaufen sein.

359 EuGH Rs. 152/84, Slg. 1986, 723, Rn. 48– *Marshall/Health Authority;* EuGH Rs. C-192/94, Slg. 1996, I-1281, Rn. 15- *El Corte Inglès*; *Grundmann* JuS 2002, 768, 769 f; *Streinz* EuR, Rn. 399 f.

360 *Streinz* EuR, Rn. 399.

361 So auch i. E. *Mayer* CR 2003, 274, 276; s. zu dem materiell-rechtlichen Mehrgehalt in zivilrechtlicher Hinsicht Teil 2 1. Kap. H I. 3.

Ungeachtet dessen hat die Kommission gegen elf Mitgliedstaaten – einschließlich Deutschland – ein Vertragsverletzungsverfahren eingeleitet. Aus einer Pressemitteilung v. 14.7.2003 geht hervor, dass sie dieses Verfahren solange fortzuführen beabsichtigt, bis alle Mitgliedstaaten die Info-RL umgesetzt haben.[362] Die betroffenen Staaten sollen mit Gründen versehene Stellungnahmen i.S.v. Art. 226 Abs. 1 EGV erhalten. Äußert sich der Mitgliedstaat nicht innerhalb der gesetzten Frist, „kann" die Kommission den EuGH anrufen (Absatz 2). Gegen Deutschland ist bis zum Inkrafttreten der Vorschriften im September 2003 ein gerichtliches Verfahren nicht eingeleitet worden.

Die Umsetzung in *zwei* Körben ist kein weitergehender Pflichtverstoß, da das Gebot, eine Richtlinie bis zum Ablauf der Umsetzungsfrist vollständig umzusetzen, nur hinsichtlich der tatsächlich fristgebundenen und zwingend umzusetzenden Vorgaben gilt.

II. Gemeinsame Ratifizierung des WCT und WPPT

Die zügige Umsetzung ist außerdem für die gemeinsame Ratifizierung des WCT und des WPPT durch die EG und ihre Mitgliedstaaten bedeutsam.[363] Die EG kann erst dann den völkerrechtlichen Verträgen förmlich beitreten – indem der Präsident des Rates die Ratifizierungsurkunden hinterlegt –, wenn alle Mitgliedstaaten die Info-RL umgesetzt haben.[364] Damit Deutschland den WCT und WPPT gemeinsam mit der EG ratifizieren kann, war ein Zustimmungsgesetz i.S.v. Art. 59 Abs. 2 S. 1 GG erforderlich, da der WCT und der WPPT Gegenstände der (ausschließlichen) Bundesgesetzgebung – das Urheberrecht gemäß Art. 73 Nr. 9 GG – betreffen. Zu diesem Zweck hat der Gesetzgeber am 11.4.2003 das *„Gesetz zu den WIPO-Verträgen vom 20. Dezember 1996 über Urheberrecht sowie über Darbietungen und Tonträger"* verabschiedet,[365] das am 11.8.2003 in Kraft getreten ist.[366]

---

362 Pressemitteilung der Kommission v. 14.7.2003, URL: http://europa.eu.int/rapid/start/cgi/guesten.ksh?p_action.gettxt=gt&doc=IP/03/1005|0|RAPID&lg=DE&display=.

363 BT-Drucks. 15/38, S. 14, 15.

364 Vgl. Art. 2 des Beschlusses des Rates v. 16.3.2000 über die Zustimmung — im Namen der Europäischen Gemeinschaft — zum WIPO-Urheberrechtsvertrag und zum WIPO-Vertrag über Darbietungen und Tonträger (ABl. L 89 v. 11.4.2001, S. 6 f.), URL: http://europa.eu.int/eur-lex/pri/de/oj/dat/2000/l_089/l_08920000411de00060007.pdf.

365 Plenarprotokoll 14/41, 3385 (C) (Beschlüsse).

366 Gesetz zu den WIPO-Verträgen vom 20. Dezember 1996 über Urheberrecht sowie über Darbietungen und Tonträger (BGBl. II v. 10.8.2003, S. 754); BT-Drucks. 15/15 v. 25.10.2002, S. 1-60; beigefügt sind die Verträge in der amtlichen deutschen Übersetzung (Art. 1 S. 2) sowie jeweils eine Denkschrift, S. 40-48, 49-60.

C. Zweck des Gesetzes

Von der Umsetzung der völkerrechtlichen und gemeinschaftsrechtlichen Vorgaben zu unterscheiden ist das Regelungsziel des Änderungsgesetzes, das darauf gerichtet ist, das Urheberrecht den Entwicklungen im Bereich der Informations- und Kommunikationstechnologie – insbesondere der digitalen Technologie – anzupassen.[367] Das Gesetz soll die Rechtsposition der Rechtsinhaber im digitalen Umfeld gewährleisten und den Verwertern und Nutzern einen angemessenen Rechtsrahmen vorgeben, der einen „möglichst effizienten Einsatz der neuen Technologien zulässt und die Entwicklung der Informationsgesellschaft fördert“;[368] dies entspricht der Zielsetzung des Gemeinschaftsgesetzgebers.[369]

D. Überblick über Neuregelungen zum Schutz technischer Maßnahmen

Neu sind vor allem die Vorschriften zum Schutz wirksamer technischer Maßnahmen.[370] Sie lassen sich in zwei Regelungskomplexe unterteilen, den Schutz der technischen Maßnahmen sowie der Schutz bzw. die Durchsetzung der urheberrechtlichen Schranken. Zur Umsetzung von Art. 6 Abs. 1–3 wurden mit § 95a UrhG[371] Verbotstatbestände eingefügt: Absatz 1 verbietet die Umgehung, in Absatz 2 werden die „wirksamen technischen Maßnahmen“ legal definiert und Absatz 3 verbietet bestimmte Vorbereitungshandlungen:

§ 95a

Schutz technischer Maßnahmen

(1) Wirksame technische Maßnahmen zum Schutz eines nach diesem Gesetz geschützten Werkes oder eines anderen nach diesem Gesetz geschützten Schutzgegenstandes dürfen ohne Zustimmung des Rechtsinhabers nicht umgangen werden, soweit dem Handelnden bekannt ist oder den Umständen nach bekannt sein muss, dass die Umgehung erfolgt, um den Zugang zu einem solchen Werk oder Schutzgegenstand oder deren Nutzung zu ermöglichen.

(2) Technische Maßnahmen im Sinne dieses Gesetzes sind Technologien, Vorrichtungen und Bestandteile, die im normalen Betrieb dazu bestimmt sind, geschützte Werke oder andere nach die-

---

367 BT-Drucks. 15/38, S. 14.

368 BT-Drucks. 15/38, S. 14.

369 Info-RL EG 4; siehe hierzu näher Teil 1 Kapitel 1.

370 Für das digitale Umfeld sei als wesentliche Neuerungen das neu eingefügte Recht der öffentlichen Zugänglichmachung in § 19a UrhG erwähnt, das für den Urheber allerdings nur klarstellende Bedeutung hat (BT-Drucks. 15/38, S. 17; *Welker* in FAZ v. 14.8.02, S. 20). Bedeutsam war weiterhin die Anpassung der Schranken in §§ 45 ff. an die Vorgaben der Info-RL. Ebenfalls hervorzuheben ist die verbesserte Rechtsstellung des ausübenden Künstlers, die der des Urhebers angenähert worden ist. Seine Befugnisse sind um das Recht der öffentlichen Zugänglichmachung erweitert worden und statt eines bloßen Vetorechts sind seine Befugnisse als Verwertungsrechte ausgestaltet (vgl. BT-Drucks. 15/38, S. 22; *v. Olenhusen* ZRP 2003, 232, 235; *v. Rom* ZUM 2003, 128, 129).

371 §§ ohne Nennung sind solche des UrhG.

sem Gesetz geschützte Schutzgegenstände betreffende Handlungen, die vom Rechtsinhaber nicht genehmigt sind, zu verhindern oder einzuschränken. Technische Maßnahmen sind wirksam, soweit durch sie die Nutzung eines geschützten Werkes oder eines anderen nach diesem Gesetz geschützten Schutzgegenstandes von dem Rechtsinhaber durch eine Zugangskontrolle, einen Schutzmechanismus wie Verschlüsselung, Verzerrung oder sonstige Umwandlung oder einen Mechanismus zur Kontrolle der Vervielfältigung, die die Erreichung des Schutzziels sicherstellen, unter Kontrolle gehalten wird.

(3) Verboten sind die Herstellung, die Einfuhr, die Verbreitung, der Verkauf, die Vermietung, die Werbung im Hinblick auf Verkauf oder Vermietung und der gewerblichen Zwecken dienende Besitz von Vorrichtungen, Erzeugnissen oder Bestandteilen sowie die Erbringung von Dienstleistungen, die

1. *Gegenstand einer Verkaufsförderung, Werbung oder Vermarktung mit dem Ziel der Umgehung wirksamer technischer Maßnahmen sind oder*
2. *abgesehen von der Umgehung wirksamer technischer Maßnahmen nur einen begrenzten wirtschaftlichen Zweck oder Nutzen haben oder*
3. *hauptsächlich entworfen, hergestellt, angepasst oder erbracht werden, um die Umgehung wirksamer technischer Maßnahmen zu ermöglichen oder zu erleichtern.*

(4) […]

Unabhängig von der Info-RL wurden zum Schutz des Verbrauchers in § 95d Abs. 1 Kennzeichenpflichten festgelegt, die den Rechtsinhaber dazu verpflichten darauf hinzuweisen, dass er technische Maßnahmen verwendet. Verstößt eine Person gegen die Verbote in § 95a, müssen die zivilrechtlichen Lösungen nach dem geltenden Recht gesucht werden, weil keine neue Anspruchsgrundlage vorgesehen worden ist. Demgegenüber hat der Gesetzgeber strafrechtliche und bußgeldrechtliche Tatbestände in §§ 108b, 111a neu eingefügt. Dies hat einen gewissen Anpassungsbedarf der StPO nach sich gezogen.

Gemäß Art. 6 Abs. 4 Unterabs. 1 war der deutsche Gesetzgeber dazu verpflichtet, geeignete Maßnahmen zur Sicherstellung bestimmter Schranken gegenüber dem Umgehungsverbot zu treffen, sofern die Rechtsinhaber durch freiwillige Maßnahmen keine Sicherstellung erreichen. Der Umsetzung dieser Vorgaben dient § 95b: Absatz 1 verpflichtet den Rechtsinhaber, dem Schrankenbegünstigten die für die Nutzung erforderlichen „Mittel" (z.B. den „Schlüssel") zur Verfügung zu stellen. Kommt er dieser Pflicht von sich aus nicht nach, kann der Schrankenbegünstigten gemäß Absatz 2 gegen den Rechtsinhaber den Anspruch geltend machen, ihm die Mittel zur Verfügung zu stellen:

§ 95b

Durchsetzung von Schrankenbestimmungen

(1) Soweit ein Rechtsinhaber technische Maßnahmen nach Maßgabe dieses Gesetzes anwendet, ist er verpflichtet, den durch eine der nachfolgend genannten Bestimmungen Begünstigten, soweit sie rechtmäßig Zugang zu dem Werk oder Schutzgegenstand haben, die notwendigen Mittel zur Verfügung zu stellen, um von diesen Bestimmungen in dem erforderlichen Maße Gebrauch machen zu können:

1. § 45 (Rechtspflege und öffentliche Sicherheit),

2. § 45a (Behinderte Menschen),

3. § 46 (Sammlungen für Kirchen-, Schul- oder Unterrichtsgebrauch), mit Ausnahme des Kirchengebrauchs,

4. § 47 (Schulfunksendungen),

5. § 52a (Öffentliche Zugänglichmachung für Unterricht und Forschung),

6. § 53 (Vervielfältigungen zum privaten und sonstigen eigenen Gebrauch)

a) Absatz 1, soweit es sich um Vervielfältigungen auf Papier oder einen ähnlichen Träger mittels beliebiger photomechanischer Verfahren oder anderer Verfahren mit ähnlicher Wirkung handelt,

b) Absatz 2 Satz 1 Nr. 1,

c) Absatz 2 Satz 1 Nr. 2 in Verbindung mit Satz 2 Nr. 1 oder 3,

d) Absatz 2 Satz 1 Nr. 3 und 4 jeweils in Verbindung mit Satz 2 Nr. 1 und Satz 3, e) Absatz 3,

7. § 55 (Vervielfältigung durch Sendeunternehmen).

Vereinbarungen zum Ausschluss der Verpflichtungen nach Satz 1 sind unwirksam.

(2) Wer gegen das Gebot nach Absatz 1 verstößt, kann von dem Begünstigen einer der genannten Bestimmungen darauf in Anspruch genommen werden, die zur Verwirklichung der jeweiligen Befugnis benötigten Mittel zur Verfügung zu stellen.

[...]

Verstöße gegen die Pflicht aus § 95b Abs. 1 können gemäß § 111a als Ordnungswidrigkeit geahndet werden. Außer dem urheberrechtlichen Anspruch in Absatz 2 hat der Gesetzgeber einen Unterlassungsanspruch nach dem Unterlassungsklagegesetz (UKlageG) vorgesehen. Bestimmte Stellen können diesen im Wege der Verbandsklage gerichtlich geltend machen. Außer der Verschaffungspflicht obliegt dem Rechtsinhaber gemäß § 95d Abs. 2 eine Informationspflicht, deren Missachtung als Ordnungswidrigkeit geahndet ist.

E. Entstehungsgeschichte

I. Vorgeschichte

Nachdem Deutschland am 21.12.1996 auf der Diplomatischen Konferenz in Genf den WCT und den WPPT unterzeichnet hatte,[372] wurde eine Enquete-Kommission des Deutschen Bundestages mit der Prüfung des Änderungsbedarfs beauftragt, die nach einer öffentlichen Anhörung im Januar 1997 im Juni 1997 den zweiten Zwischenbericht vorlegte.[373] Darüber hinaus hat das Bundesministerium der Justiz

372 Denkschriften zu dem WCT und dem WPPT, BT-Drucks. 15/15, S. 40-48, 49-60.

373 Zweiter Zwischenbericht der Enquete-Kommission v. 30.6.1997, Zukunft der Medien in Wirtschaft und Gesellschaft - Deutschlands Weg in die Informationsgesellschaft, zum Thema „Neue Medien und Urheberrecht", BT-Drucks. 13/8110, S. 5-20.

(i. F. BMJ) das Max-Planck-Institut damit beauftragt, ein Gutachten zu erstellen.[374] Das BMJ erarbeitete daraufhin einen *„Diskussionsentwurf eines Fünften Gesetzes zur Änderung des Urheberrechtsgesetzes“*.[375] Für die Vorschriften zum Schutz technischer Maßnahmen konnte der zuständige Referent auf keine Empfehlungen zurückgreifen.[376] Der Entwurf sah in § 96a zur Umsetzung von Art. 11 WCT und Art. 18 WPPT[377] das Verbot vor, technische Maßnahmen zu umgehen, beseitigen, zerstören oder sonst unbrauchbar zu machen, es untersagte mithin nur unmittelbare Verletzungshandlungen. Der Entwurf ging trotzdem weiter als die völkerrechtlichen Vorgaben. Die Maßnahmen brauchten zum Schutz des Materials nur abstrakt geeignet zu sein.[378] Die Verletzungshandlungen sollten auch dann verboten sein, wenn sie zum Zweck einer nach den §§ 45 ff. zulässigen Verwertungshandlung erfolgten.[379] Dem Entwurf lag die Erwägung zugrunde, dass die Technik nicht imstande sei zu überprüfen, ob die Person mit der Umgehung einen privilegierten Zweck verfolgt oder nicht.[380] Ferner sollte verhindert werden, dass der Rechtsinhaber sich vor künftigen Rechtsverletzungen nicht ausreichend schützen kann, wenn die Maßnahmen erst einmal umgangen worden sind.[381] Auf das Merkmal „wirksam“ wurde verzichtet. Der Verstoß gegen das Verbot sollte eine Schutzgesetzverletzung begründen. Als geschützte Rechtspositionen waren die Integrität und Funktionstüchtigkeit der Maßnahmen genannt.[382] Nach dem Vorbild des § 69f Abs. 2 sollte dem Rechtsinhaber ein Vernichtungsanspruch gemäß § 99 zustehen.[383] Der im Januar 1997 von der Kommission vorgelegte Vorschlag zur Info-RL (s.o.) veranlasste dazu, das Gesetzesvorhaben auf nationaler Ebene zunächst nicht weiter zu verfolgen.

---

374 *Schricker* Weg zur Informationsgesellschaft.

375 S. hierzu *Dreier* CR 2000, 45, 47; *Haedicke* in FS Dietz, S. 349 ff.; *Marly* K&R 1999, 106, 108 f.; *Wand* Technische Schutzmaßnahmen, S. 163-171; *Schöfisch* in Prütting, Entwicklung des Urheberrechts, S. 25 ff.

376 Zweiter Zwischenbericht (Fn. 385), S. 20; vgl. *Schricker*, Weg zur Informationsgesellschaft, S. 275 ff.

377 Begründung, S. 4.

378 Begründung, S. 24; *Wand* Technische Schutzmaßnahmen, S. 167.

379 Begründung, S. 24, *Wand* Technische Schutzmaßnahmen, S. 167.

380 Begründung, S. 24.

381 Begründung, S. 24.

382 Begründung, S. 23 f.

383 Begründung, S. 25.

II. Gesetzgebungsverfahren

1. Referenten- und Regierungsentwurf

Am 18.3.2002 legte das BMJ einen *Referentenentwurf* vor,[384] und die Bundesregierung veröffentlichte am 31.7.2002 ihren *Regierungsentwurf* (i. F. RegE).[385] Dieser wurde zusammen beraten mit dem Entwurf eines Zustimmungsgesetzes zu den WIPO-Verträgen.[386] Das nachfolgende Gesetzgebungsverfahren war – wie bereits das Rechtssetzungsverfahren auf europäischer Ebene – von intensiven Diskussionen begleitet,[387] die auch in der Medienöffentlichkeit widerhallten. Die Materie polarisiert, weil in einem komplexen System ganz unterschiedliche Gruppierungen betroffen sind und jede Änderung einer Schranke eine wirtschaftliche Umverteilung in sich birgt. Der Schutz technischer Maßnahmen spielte im Gesetzgebungsverfahren eine vergleichsweise untergeordnete Rolle, da die wesentlichen Entscheidungen mit Ausnahme der (digitalen) Privatkopierschranke (s. „Korb 2") bereits auf europäischer Ebene gefallen waren. Demgegenüber war die Diskussion für die Ausgestaltung der allgemeinen Schranken neu eröffnet, da die Beschränkungen in Art. 5 mit der Ausnahme in Absatz 1 fakultativ vorgegeben waren. Diese Diskussionen haben insofern Einfluss auf den Schutz technischer Maßnahmen, als einige der Schranken ggü. dem Umgehungsverbot in § 95a Abs. 1 zunächst durch freiwillige Maßnahmen der Rechtsinhaber und nach Ablauf einer bestimmten Frist durch den Gesetzgeber zwingend sicherzustellen sind.

2. Stellungnahme des Bundesrates / Gegenäußerung Bundesregierung

Im Bundesrat erarbeiteten verschiedene Fachausschüsse die Empfehlungen für eine Stellungnahme.[388] Nur der Ausschuss für Kulturfragen empfahl, keine Einwände zu erheben. Der Bundesrat nahm aber gemäß den Empfehlungen des

---

384 Referentenentwurf v. 18.3.2002 für ein Gesetz zur Regelung des Urheberrechts in der Informationsgesellschaft, erhältlich unter URL: http://www.urheberrecht.org/topic/Info-RiLi/ent/RefEntw_Infoges_18_3_02.pdf.

385 Regierungsentwurf eines Gesetzes zur Regelung des Urheberrechts in der Informationsgesellschaft, BR-Drucks. 684/02, URL: http://www.parlamentsspiegel.de/cgi-bin/hyperdoc/show_dok.pl?k=BBD684/02, S. 1-78.

386 Entwurf eines Zustimmungsgesetzes zu den WIPO-Verträgen, BR-Drucks. 685/02, S. 1-80.

387 Hervorzuheben ist die Linksammlung des Instituts für Urheber- und Medienrecht aus München, das alle relevanten und verfügbaren Informationen zeitnah publiziert hat unter URL: http://www.urheberrecht.org/.

388 Empfehlungen der Ausschüsse v. 17.9.2002 zu Pkt. 14 a) der 780. Sitzung des Bundesrates am 27.9.2002, Entwurf eines Gesetzes zur Regelung des Urheberrechts in der Informationsgesellschaft, BR-Drucks. 684/1/02, URL: http://www.parlamentsspiegel.de/cgi-bin/hyperdoc/show_dok.pl?k=BBD684/02, S. 1-11.

Rechts- und Wirtschaftsausschusses Stellung.[389] Das Gesetzgebungsverfahren konnte vor der Bundestagswahl nicht abgeschlossen werden. Wegen des in § 125 S. 1 GOBT verankerten Grundsatzes der Diskontinuität[390] brachte die Bundesregierung den RegE nach der Konstituierung des 15. Deutschen Bundestags am 6.11.2002 erneut ein.[391] Gleichzeitig veröffentlichte die Bundesregierung ihre Gegenäußerung zu der Stellungnahme des Bundesrates.[392] Der RegE wurde dem Deutschen Bundestag zugeleitet, wo er in drei Beratungen diskutiert wurde.

3. Beratungen im Bundestag

a) Erste Beratung

In der ersten Beratung am 14.11.2002 wurden die beiden Entwürfe – Drucks. 15/38 und Drucks. 15/15 –[393] zunächst an die Fachausschüsse[394] überwiesen. Der Ausschuss für Kultur und Medien beriet beide Entwürfe am 12.3.2003 und beschloss einstimmig die Annahme der Drucks. 15/15, und – gegen die Stimmen der Oppositionsfraktionen – die Annahme der Drucks. 15/38 unter Berücksichtigung seiner Empfehlungen, die sich auf §§ 52a, 53 Abs. 1 bezogen.[395] Der Rechtsausschuss beriet am 9.4.2003 beide Gesetzesentwürfe abschließend, nachdem er am 29.1.2003 eine öffentliche Anhörung durchgeführt hatte.[396] Die von dem Rechtsausschuss vorgelegte Beschlussempfehlung sah ggü. dem RegE substantielle Änderungen vor, insbesondere in Bezug auf den neu geplanten § 52a UrhG-E. Die übrigen Ausschüsse gaben zu den Beratungen im Rechtsausschuss Stel-

---

389 Stellungnahme des Bundesrates, Entwurf eines Gesetzes zur Regelung des Urheberrechts in der Informationsgesellschaft, BR-Drucks. 684/02 (Beschluss), Anlage B, S. 1-9 oder BT-Drucks. 15/38, URL: http://dip.bundestag.de/btd/15/000/1500038.pdf, Anlage 2, S. 35-38; Plenarprotokoll 780 v. 27.9.2002, S. 454 (B) und (C), URL: http://dip.bundestag.de/brp/780.pdf.

390 *Degenhart* StaatsR I, Rn. 686; *Hoeren*, Gutachten, S. 9.

391 Regierungsentwurf eines Gesetzes zur Regelung des Urheberrechts in der Informationsgesellschaft, BT-Drucks. 15/38, URL: http://dip.bundestag.de/btd/15/000/1500038.pdf, S. 1-42

392 Gegenäußerung der Bundesregierung, BT-Drucks. 15/38, Anlage 3, S. 39-42.

393 Entwurf eines Gesetzes zu den WIPO-Verträgen v. 20.12.1996 über Urheberrecht sowie über Darbietungen und Tonträger, BT-Drucks. 15/15, S. 1-80; Plenarprotokoll 15/10 v. 14.11.2002, URL: http://dip.bundestag.de/btp/15/15010.pdf, S. 625 A - 632 C.

394 Plenarprotokoll 15/10 v. 14.11.2002, S. 632 C (Beschluss); Plenarprotokoll 15/17 v. 20.12.2002, URL: http://dip.bundestag.de/btp/15/15017.pdf, S. 1313 B (Beschluss)

395 Beschlussempfehlung und Bericht des Rechtsausschusses (6. Ausschuss), BT-Drucks. 15/837 v. 9.4.2003, URL: http://dip.bundestag.de/btd/15/008/1500837.pdf, S. 25.

396 Ausschussdrucks. 15 (6) 3, 16 (6) 4.

lungnahmen ab.[397] Die Oppositionsfraktionen stellten in der Beratung Änderungsanträge,[398] weil ihnen die Neuregelungen hinsichtlich der Schranken – insbesondere der §§ 53, 52a UrhG-E – nach wie vor zu weit gingen. Der Rechtsauschuss lehnte jedoch die Änderungsanträge ab.[399] Während die CDU/CSU-Fraktion ankündigte, den Gesetzesentwurf dennoch mittragen zu wollen, erklärte die FDP-Fraktion, sie werde die Zustimmung hierzu verweigern, da insbesondere die §§ 53, 52a UrhG-E einer Umverteilung beim Recht des geistigen Eigentums zu Lasten des Urhebers bewirkten.[400] Daraufhin beschloss der Rechtsausschuss, die Annahme beider Entwürfe zu empfehlen; hinsichtlich des Entwurfs Drucks. 15/15 erfolgte dies einstimmig, hinsichtlich des RegE mit den Stimmen der Fraktionen SPD, CDU/CSU und Bündnis 90/Die GRÜNEN, gegen die Stimmen der Fraktion der FDP.

b) Zweite und Dritte Beratung

Am 11.4.2003 fanden die zweite und dritte Beratung zu den Gesetzesentwürfen 15/15 und 15/837 sowie 15/38 und 15/837 statt.[401] Die ersten beiden Entwürfe wurden in der zweiten Beratung und in der Schlussabstimmung einstimmig angenommen.[402] Der RegE wurde in der Ausschussfassung in der zweiten Beratung mit den Stimmen von SPD, CDU/CSU und Bündnis 90/Die GRÜNEN gegen die Stimmen der FDP angenommen. In der Schlussabstimmung in der dritten Beratung wurden die Drucks. 15/38 und 15/837 mit der gleichen Mehrheit angenommen.[403]

4. Vermittlungsausschuss

Der Bundesrat hatte darüber zu entschließen, ob er von seinem Recht Gebrauch macht, gemäß Art. 77 Abs. 2 GG einen Vermittlungsausschuss einzuberufen. Die verabschiedeten Gesetzesentwürfe wurden in der Sitzung am 2.5.2003 an die Fachausschüsse überwiesen. Während sich der federführende Rechtsausschuss für die Anrufung des Vermittlungsausschusses aussprach, votierte der Ausschuss für Kulturfragen dagegen.[404] Der Bundesrat beriet über die Empfehlungen in der Sitzung am 23.5.2003 und beschloss gegen die Empfehlung von Bundesjustizminis-

---

397 Beschlussempfehlung und Bericht des Rechtsausschusses, S. 25 f.

398 Beschlussempfehlung und Bericht des Rechtsausschusses, S. 27-33.

399 Beschlussempfehlung und Bericht des Rechtsausschusses, S. 28, 33.

400 Beschlussempfehlung und Bericht des Rechtsausschusses, S. 28, 33.

401 Plenarprotokoll 15/41 v. 11.4.2003, URL: http://dip.bundestag.de/btp/15/15041.pdf, S. 3374(D) – 3385 (C).

402 Plenarprotokoll 14/41, S. 3385 (C) (Beschlüsse).

403 Plenarprotokoll 14/41, S. 3385 (C) (Beschlüsse).

404 Empfehlungen der Ausschüsse v. 13.5.200b3, BR-Drucks. 271/1/03, URL: http://www.parlamentsspiegel.de/cgi-bin/hyperdoc/show_dok.pl?k=BBD271/1/03, S. 1-5.

terin *Zypries*,[405] den Vermittlungsausschuss zu einigen Aspekten der Drucks. 15/38, 15/837 anzurufen.[406] In Bezug auf das Zustimmungsgesetz (BT-Drucks. 15/15, 15/837) beschloss er, keinen Antrag gemäß Art. 77 Abs. 2 GG zu stellen.[407]

Der Vermittlungsausschuss gab am 2.7.2003 die Empfehlung ab, das am 11.4.2003 beschlossene Gesetz mit der Änderung des § 53 Abs. 1 S. 1 zu verabschieden.[408] Danach sollten Vervielfältigungen zum privaten Gebrauch nur zulässig sein, soweit nicht zur Vervielfältigung eine offensichtlich rechtswidrig hergestellte Vorlage verwendet wird.

5. Beratungen im Bundestag und Bundesrat

Der Bundestag beschloss am 3.7.2003 erneut über die Vorlage (Art. 77 Abs. 2 S. 5 GG) und nahm die Empfehlung des Vermittlungsausschusses mit den Stimmen von SPD, Bündnis 90/Die Grünen und CDU/CSU gegen die Stimmen der FDP an.[409] Der Bundesrat beschloss am 11.7.2003, gegen das Gesetz in der am 11.4./3.7. von dem Deutschen Bundestag verabschiedeten Fassung keinen Einspruch gemäß Art. 77 Abs. 3 GG einzulegen.[410] Das ÄndG ist von dem Bundespräsidenten am 10.9.2003 ausgefertigt und am 12.9.2003 im Bundesgesetzblatt veröffentlicht worden; es ist am 13.9.2003 in Kraft getreten.[411]

F. Zuständigkeit für das ÄndG

Das Gemeinschaftsrecht lässt die innerstaatliche Zuständigkeits- und Kompetenzordnung unberührt.[412] Die *Verbandskompetenz*, d.h. für Deutschland die Frage, ob Bund oder Länder tätig werden, richtet sich nach Art. 70 ff. GG.[413]

---

405 Plenarprotokoll 788 v. d. Sitzung am 23.5.2003, URL: http://dip.bundestag.de/brp/788.pdf, 135 (D) (Beschluss), 134 (A) (Redebeitrag *Zypris*).

406 Anrufung des Vermittlungsausschusses durch den Bundesrat, BR-Drucks. 271/03 (Beschluss), Anhang B, URL: http://www.parlamentsspiegel.de/cgi-bin/hyperdoc/show_dok.pl?k=BBD271/03, S. 1-4.

407 Plenarprotokoll 788, 161 (D); Unterrichtung durch den Bundesrat v. 27.5.2003, BR-Drucks. 15/1066, 1-2, URL: http://dip.bundestag.de/btd/15/010/1501066.pdf.

408 Beschlussempfehlung Vermittlungsausschuss v. 2.7.2003, BT-Drucks. 15/1353, S. 1, URL: http://dip.bundestag.de/btd/15/013/1501353.pdf; sowie BR-Drucks. 445/03, S. 2.

409 Plenarprotokoll 15/56 v. 3.7.2003 S. 4648 (D), URL: http://dip.bundestag.de/btp/15/15056.pdf, S. 4648 (D) (Beschluss).

410 Beschluss des Bundesrates v. 11.7.2003, BR-Drucks. 445/03 (Beschluss), URL: http://www.parlamentsspiegel.de/cgi-bin/hyperdoc/show_dok.pl?k=BBD445/03, Anlage B.

411 Gesetz zur Regelung des Urheberrechts in der Informationsgesellschaft (BGBl. 2003 I, S. 1774), URL: http://217.160.60.235/BGBL/bgbl1f/bgbl103s1774.pdf.

412 EuGH Rs. 131/88, Slg. 1991, 825, Rn. 71 – *Kommission/Deutschland*; EuGH Rs. 97/81, Slg. 1982, 1819, Rn. 12 – *Kommission/Königreich der Niederlande*; *Gellermann*, Beeinflussung durch EG-RL, S. 17; hiervon zu unterscheiden ist die um-

Das ÄndG ist ein Bundesgesetz. Mit Ausnahme von Art. 1 Abs. 1 Nr. 36 bis 42 und Nr. 44 sowie Art. 4 folgt die ausschließliche Gesetzgebungskompetenz des Bundes aus Art. 73 Nr. 9 GG (Urheberrecht). Für Art. 1 Abs. 1 Nr. 36 bis 42 und Nr. 44 sowie Art. 4 hat er seine Zuständigkeit aus der konkurrierenden Bundeskompetenz aus Art. 74 Abs. 1 Nr. 1 GG (Strafrecht, gerichtliches Verfahren) hergeleitet und auf Art. 72 Abs. 2 Alt. 2 GG (Wahrung der Rechtseinheit) gestützt und begründet.

Das zuständige *Organ* für die Umsetzung bestimmt sich ebenfalls nach innerstaatlichem Recht.[414] Nach deutschem Recht sind hierfür die jeweiligen Fachausschüsse des Bundestages zuständig.[415] Die meisten Gesetzesinitiativen gehen wie auch im Falle der Umsetzung der Info-RL von der Bundesregierung aus, wobei das jeweils sachlich zuständige Ministerium den Gesetzesentwurf erarbeitet, namentlich das Referat für Urheberrecht des BMJ.

G. Anforderungen an die ordnungsgemäße Umsetzung

I. Formelle Pflichten aus Art. 13 Info-RL

Die wichtigsten formellen Pflichten, die aus Art. 13 folgen – Umsetzungspflicht und Pflicht zur fristgemäßen Umsetzung –, sind bereits erläutert worden (s.o.). Art. 13 Abs. 2 schreibt zusätzlich vor, dass die Mitgliedstaaten entweder in den Vorschriften selbst oder durch einen Hinweis bei der amtlichen Veröffentlichung auf diese Richtlinie Bezug nehmen (*Zitierpflicht*). Der deutsche Gesetzgeber ist der Zitierpflicht dadurch nachgekommen, dass er in dem amtlichen Text im Bundesgesetzblatt in einer Fußnote auf die Info-RL verweist.

Gemäß Art. 13 Abs. 1 S. 2 sind die Mitgliedstaaten ferner dazu aufgefordert, die Kommission von der ihnen gemäß Satz 1 obliegenden Umsetzung unverzüglich in Kenntnis zu setzen (*Informationspflicht*). Gemäß Absatz 2 müssen die Mitgliedstaaten der Kommission den Wortlaut der innerstaatlichen Rechtsvorschriften mitteilen (*Mitteilungspflicht*). Ein Verstoß hiergegen kann die Eröffnung eines

---

strittene Frage, ob Adressat des Umsetzungsbefehls jeder Träger öffentlicher Gewalt ist und das Gemeinschaftsrecht insoweit auf das nationale Recht durchgreift, s. dazu *Gellermann* Beeinflussung durch EG-RL, S. 15-17.

413 *Götz* JZ 1963, 265, 266.

414 *Fuß* DVBl. 1965, 378, 381.

415 Hiervon zu unterscheiden ist die Zuständigkeit des Ausschusses für Angelegenheiten der Europäischen Union (EU-Ausschuss) i.S.v. Art. 45 GG. Dieser befasst sich mit Fragen der Mitgestaltung, z.B. der Änderung der Gründungsverträge, der Erweiterung der EU etc. Für die Umsetzung von Richtlinien ist er nicht zuständig, weil es sich hier um die Vollziehung europäischer Vorgaben handelt. S. zu dem EU-Ausschuss auf den Seiten des Deutschen Bundestages unter URL: http://www.bundestag.de/gremien15/a20/aufgabenundarbeit/aufgabenarbeit_deu.html.

Vertragsverletzungsverfahrens rechtfertigen.[416] Vorliegend hat der deutsche Gesetzgeber nur das Gebot der fristgemäßen Umsetzung verletzt (s.o.).

II. Erforderlichkeit: Allgemeiner Prüfungsmaßstab

Der Mitgliedstaat ist zur Erfüllung seiner Umsetzungspflicht gemäß Art. 13 Abs. 1 S. 1 verpflichtet, die „erforderlichen Rechts- und Verwaltungsvorschriften" zu erlassen. Der Gesetzgeber muss prüfen, ob und inwieweit ein Umsetzungsbedarf besteht. Der Begriff der „Erforderlichkeit" ist ausfüllungsbedürftig.

1. Materielle Erfüllung des Richtlinienziels

Eine Regelung muss zunächst materiell-rechtlich erforderlich sein. Aus der generellen Umsetzungspflicht und der Zielverbindlichkeit folgt, dass die nationale Rechtslage materiell in der Weise ausgestaltet sein muss, dass der verbindliche Inhalt und das Ziel der Richtlinie vollständig verwirklicht werden.[417] Art. 6 zielt darauf ab, Hindernisse für den Binnenmarkt durch ungleiche Vorschriften in Bezug auf technische Maßnahmen zu verhindern.

2. Wahlfreiheit bei Form und Mitteln

Die materiell-rechtliche Erfüllung des Richtlinienziels verlangt keine ausdrückliche Neuregelung, weil z.B. auch die Gerichte die Lücke ausfüllen könnten. Daher bestimmt sich der Begriff der „Erforderlichkeit" weiter danach, welche Anforderungen an „Form" und „Mittel" der Umsetzung gestellt werden. Grundsätzlich ist der Mitgliedstaat nach der allgemeinen Konzeption der Richtlinie in der Wahl der Form und Mittel frei (Art. 249 Abs. 3 EGV).[418] Diese prinzipielle Wahlfreiheit ermöglicht es dem Mitgliedstaat, als „Kenner seiner Rechtsordnung" die Regelung harmonisch zu integrieren.[419] Die Wahlfreiheit könnte aber durch Vorgaben aus der Richtlinie *(a)* und durch die von dem EuGH entwickelten Grundsätzen eingeschränkt sein *(b)*.

a) Pflichten aus der Info-RL

Art. 6 Abs. 1 und 2 verpflichten die Mitgliedstaaten – strukturgleich zu Art. 11 WCT und Art. 18 WPPT – unmittelbar, gegen die Umgehung (Abs. 1) und bestimmte Vorbereitungshandlungen (Abs. 2) einen „angemessenen Rechtsschutz" vorzusehen.

---

416 S. EuGH Rs. 97/81, Slg. 1982, 1819, Rn. 8 – *Kommission/Niederlande.*

417 *Gellermann* Beeinflussung durch EG-RL, S. 9; *Heß* Umsetzung von EG-RL, S. 101.

418 *Gellermann* Beeinflussung durch EG-RL, S. 19; *Jarass* Grundfragen, S. 52.

419 *Gellermann* Beeinflussung durch EG-RL, S. 19.

aa) Angemessener Rechtsschutz

„Rechtsschutz" deutet i.V.m. „angemessen" auf ein vergleichbar enges (materielles) Verständnis wie bei Art. 11 WCT und Art. 18 WPPT hin.[420] Auf die genaue Bestimmung kommt es allerdings nicht entscheidend an, da für das Gemeinschaftsrecht auch ohne eine ausdrückliche Regelung der Effektivitätsgrundsatz gilt, aus dem folgt, dass die Mitgliedstaaten auch die Durchsetzung des Rechtsschutzes mit geeigneten Mitteln gewährleisten müssen.[421] Dieser bestimmt speziell die Wahl der Sanktionen[422] und wird durch das Gebot der Nichtdiskriminierung ergänzt.[423] Versteht man den Rechtsschutz – wie hier – in einem engeren materiellen Sinne, verlangt ein „angemessener" Rechtsschutz, dass bei der Umsetzung die Interessen des Rechtsinhabers mit den Interessen der Betroffenen in ein ausgewogenes Verhältnis zueinander gebracht werden müssen; dies ist vor allem bei dem Schutz gegen umgehungsfördernde Handlungen gemäß § 95a Abs. 3 bedeutsam. Aus der Verpflichtung, einen angemessenen Rechtsschutz vorzusehen, lässt sich für Form und Mittel nicht mehr ableiten, als dass materiellrechtlich ein ausgewogener Rechtsschutz vorzusehen ist.

bb) Anwendbarkeit des Art. 8 Info-RL

Ob sich unmittelbar aus der Info-RL weitere Vorgaben ergeben, hängt davon ab, ob Art. 8 für Art. 6 gilt. Dies ist umstritten. Art. 8 sieht einen Mindestschutz für die Durchsetzung der Rechte und Pflichten vor.

Teilweise wird Art. 8 mit der Begründung für anwendbar gehalten,[424] dass der Begriff „Pflichten" Bezug nehme auf die „Pflichten" in Art. 6. Art. 8 Abs. 2 ordne außerdem auch für Art. 6 eine Klagebefugnis des „Rechtsinhabers" an. Hieraus würde folgen, dass z.B. zwingend ein Anspruch auf Schadensersatz vorgesehen werden müsste. Für Absatz 1 ist der Streit bedeutungslos, da er nur wiedergibt, wozu die Mitgliedstaaten auch ungeschrieben durch Art. 10 EGV verpflichtet sind.

Nach anderer Ansicht[425] soll Art. 8 demgegenüber nicht für den Rechtsschutz technischer Maßnahmen gelten. Art. 6 verpflichte die Mitgliedstaaten, begründe

---

420 Vgl. dazu Art. 3 und 4 TRIPs-Übereinkommen.

421 S. dazu Teil 2 1. Kap. G II. 2. b).

422 S. dazu Teil 2 1. Kap. G II. 2. b); EuGH Rs. 68/88, Slg. 1989, 2965, Rn. 23 - *Kommission/Griechenland* („Mais-Urteil"); EuGH Rs. 326/88, Slg. 1990, I-2911, Rn. 17- *Hansen & Søn I/S*.

423 S. dazu unten Teil 2 1. Kap. G II. 2. b); EuGH Rs. 68/88, Slg. 1989, 2965, Rn. 24 - *Kommission/Griechenland* („Mais-Urteil"); EuGH Rs. 326/88, Slg. 1990, I-2911, Rn. 17- *Hansen & Søn I/S*; EuGH Rs. 116/86, Slg. 1988, 1323, Rn. 14– *Kommission/Italien*; *Jarass*, S. 8.

424 *Wand* Technische Schutzmaßnahmen, S. 104.

425 *Auer* in FS Dittrich, S. 3, 13 f.; *v. Lewinski/Walter* in v. Lewinski u.a., Europ. UrhR, Info-RL, Rn. 153.

aber keine individuellen Pflichten, die in Art. 8 Abs. 1 gemeint seien.[426] Art. 6 führe daher zu keiner Harmonisierung.[427] Da der Mitgliedstaat völlig frei in der Ausgestaltung sei, könne er zivilrechtliche, verwaltungsrechtliche oder strafrechtliche Folgen vorsehen.[428] Art. 8 verpflichte die Mitgliedstaaten nur zu Sanktionen und Rechtsbehelfen bei der Verletzung von Urheberrechten und verwandten Schutzrechten.[429]

Im Ergebnis ist der zuletzt angeführten Ansicht zu folgen. Entscheidend hierfür ist die Rechtsnatur des Rechtsschutzes. Während Art. 8 allgemeine Vorgaben für die Durchsetzung bei *Rechts*verletzungen macht, ist der Schutz technischer Maßnahmen ein besonderes Mittel zur Durchsetzung der Rechte[430], das unmittelbar die technischen Schutzmaßnahmen, aber nur mittelbar die Rechte schützt. Diese Trennung – Durchsetzung der Rechte und Schutz technischer Maßnahmen – zeigt sich besonders daran, dass auf Art. 6 nur in Art. 8 Abs. 2 ausdrücklich Bezug genommen wir. Der Mitgliedstaat ist verpflichtet, sicherzustellen, dass bei einer Rechtsverletzung die Beschlagnahme von Vorrichtungen, Erzeugnissen oder Bestandteilen i.S.v. Art. 6 Abs. 2 beantragt werden kann.[431] Voraussetzung für die Beschlagnahme ist allerdings eine „Rechtsverletzung“. Dieser Zusatz ist erst auf Vorschlag des Rates hinzugefügt worden.[432] Sofern keine Rechtsverletzung vorliegt, gilt daher Art. 6. Der Richtliniengeber hat somit keine über Art. 6 hinausgehende Harmonisierung angestrebt.

b) Allgemeine Grundsätze zu „Form“ und „Mittel“

Weitergehende Anforderungen für die Umsetzung könnten sich dafür aber aus den zu den Begriffen „Form“ und „Mittel“ i.S.v. Art. 249 Abs. 3 EGV entwickelten Grundsätzen ableiten. Für die beiden Begriffe gibt es selten klare Definitionsansätze. Sie werden beschrieben als die „Wege zum Ziel“, womit u.a. die Rechtstechnik und Rechtspolitik gemeint ist,[433] oder als „Medium“.[434] Mit *Streinz* sind beide Merkmale unter der Qualität des Rechtsaktes zusammenzufassen.[435] Eine genaue Abgrenzung ist deswegen entbehrlich, weil für die Anforderungen an die Umsetzung auf die von dem EuGH entwickelten Grundsätze zurückzugreifen ist. Es gilt das *Gebot einer effektiven, nichtdiskriminierenden und rechtssicheren Um-*

---

426 *Auer* in FS Dittrich, S. 3, 13 f.
427 *Auer* in FS Dittrich, S. 3, 13 f.
428 *Auer* in FS Dittrich, S. 3, 13 f.; *v. Lewinski/Walter* in v. Lewinski u.a., Europ. UrhR, Info-RL, Rn. 153.
429 *Reinbothe* GRUR Int. 2001, 733, 742.
430 *Reinbothe/v. Lewinski*, WCT/WPPT, S. 142.
431 *Reinbothe* GRUR Int. 2001, 733, 742.
432 Gemeinsamer Standpunkt des Rates, Nr. 48.
433 *Schmidt* in Groeben u.a., EUV/EGV, Art. 189 Rn. 39.
434 *Ruffert* in Calliess/Ruffert, EUV/EGV, Art. 249 Rn. 51.
435 *Streinz* EuR, Rn. 391.

setzung.[436] Im Vordergrund steht der *Effektivitätsgrundsatz,*[437] dessen Geltung für die Gemeinschaften aus dem Gebot der Gemeinschaftsreue[438] bzw. Gemeinschaftsloyalität[439] gemäß Art. 10 EGV (ehemals Art. 5 EWG) hergeleitet werden kann.[440] Danach sind diejenigen Formen und Mittel zu wählen, die sich für die praktische Wirksamkeit der Richtlinie unter Berücksichtigung des mit ihr verfolgten Zwecks am besten eignen.[441] Das Gemeinschaftsrecht darf ferner nicht ggü. vergleichbaren nationalen Regelungen zurückstehen (*Gebot der Nichtdiskriminierung*)[442], d.h. insbesondere muss es „dieselbe rechtliche Bedeutung" (Rang) haben.[443] Dieses Gebot lässt sich ebenfalls als eine Ausprägung des Gebots der Gemeinschaftstreue verstehen.[444]

Der Effektivitätsgrundsatz wird durch die gemeinschaftsrechtlich anerkannten[445] *Gebote der Rechtssicherheit* und *Rechtsklarheit* ergänzt.[446] Dies betrifft vor allem die Form des Umsetzungsaktes. Aus der Rechtsprechung des EuGH erschließt sich, dass die Umsetzung durch *allgemein verbindliche* innerstaatliche Rechtsvorschriften erfolgen soll (*Rechtsnormvorbehalt*)[447]; der EuGH legt Wert auf Verbindlichkeit und Publizität.[448] Dieser Rechtsnormvorbehalt verlangt nicht immer ein neues Gesetz. Entscheidend ist, ob der Rechtsrahmen *tatsächlich* die vollständige Anwendung der Richtlinie hinreichend klar und bestimmt gewähr-

---

436 *Gellermann* Beeinflussung durch EG-RL, S. 41.

437 *Ehricke* RabelsZ 59 (1995), 598, 625 (noch zu Art. 5 EGV); *Gellermann*, Beeinflussung durch EG-RL, S. 22; *Scherzberg* Jura 1992, 572, 577; *Streinz* EuR, Rn. 391. Der Effektivitätsgrundsatz ist im Gemeinschaftsrecht ebenso wie bei der Auslegung völkerrechtlicher Verträge im Rahmen der teleologischen Auslegung zu beachten (*v. Lewinski* in v. Lewinski u.a., Europ. UrhR, Allgemeiner Teil, 1. Kap. Rn. 37; *Huber* Europäische Integration, § 10, Rn. 5).

438 *Oppermann* EuR, Rn. 522.

439 *Jarass* Grundfragen, S. 6 f.

440 EuGH, Rs. 48/75, Slg. 1976, 497, Rn. 69/73 – *Royer*; EuGH Rs. 14/83, Slg. 1984, 1891, Rn. 15 – *v. Colson u. Kamann/NRW.*

441 EuGH, Rs. 48/75, Slg. 1976, 497, Rn. 69/73 – *Royer*; EuGH Rs. 68/88, Slg. 1989, 2965, Rn. 23, 24 - *Kommission/Griechenland*; EuGH Rs. 326/88, Slg. 1990, I 2911, Rn. 17– *Hansen & Søn I/S*; EuGH Rs. 14/83, Slg. 1984, 1891, Rn. 15 – *v. Colson u. Kamann/NRW.*

442 *Jarass* Grundfragen, S. 8.

443 *Ruffert* in Calliess/Ruffert, EUV/EGV, Art. 249 Rn. 48; EuGH Rs. 102/79, Slg. 1980, 1473, Rn. 10 – *Kommission/Belgien.*

444 *Jarass* Grundfragen, S. 8; *Schröder* RL und StrR, S. 192.

445 EuGH Rs. 32/79, Slg. 1980, 2403, Rn. 46 ff. – *Kommission/Vereinigtes Königreich.*

446 S. hierzu ausführlich *Gellermann*, Beeinflussung durch EG-RL, S. 23 ff.

447 *Streinz*, EuR, Rn. 391; EuGH Rs. 58/89, Slg. 1991, 4983, Rn. 14 f. – *Kommission/Deutschland*; EuGH Rs. 97/81, Slg. 1982, 1819 f., Rn. 12 – *Kommission / Königreich der Niederlande*; *Scherzberg* Jura 1992, 572, 577.

448 EuGH Rs. 58/89, Slg. 1991, I- 4983, Rn. 14-18 – *Kommission/Deutschland*; EuGH Rs. 97/81, Slg. 1982, 1819 f., Rn. 12 – *Kommission / Königreich der Niederlande*

leistet.[449] Das *Gebot der Rechtsklarheit* als Teilaspekt der Rechtssicherheit bestimmt dabei den Inhalt der Umsetzungsnormen entscheidend mit. Der Spielraum ist umso geringer, je detaillierter die Richtlinienvorgaben sind.[450] Besonders strenge Anforderungen gelten dann, wenn die Richtlinie subjektive Rechte und Pflichten begründen soll, was durch Auslegung zu ermitteln ist.[451] Eine Regelung muss klar und bestimmt sein, damit der Bürger von den dadurch begründeten Rechten Kenntnis erlangen und sie geltend machen kann.[452] Die strengen Anforderungen sind nicht nur den Interessen des Einzelnen verpflichtet, sondern dienen der Kontrolle, ob die Beachtung der genauen Bestimmungen der Richtlinie durch das nationale Recht vollständig gewährleistet ist.[453]

Schließlich gelten für die Wahl der *Sanktionen* einschränkende Grundsätze. Zunächst hat der Mitgliedstaat in der Entscheidung, ob er Sanktionen einführen möchte, keinen Spielraum („Ob"). Der Mitgliedstaat ist dazu verpflichtet, Sanktionen bei Verstößen gegen das Gemeinschaftsrecht vorzusehen, selbst wenn sich die Richtlinie wie im Falle der Info-RL nur auf den Hinweis beschränkt, dass eine Umsetzung durch Rechts- und Verwaltungsvorschriften erfolgt (vgl. Art. 13 Abs. 1).[454] Entscheidungsspielraum verbleibt den Mitgliedstaaten also nur hinsichtlich der Wahl der Sanktionen („Wie"), der durch Art. 6 allerdings recht weit bemessen ist („angemessener Rechtsschutz", „geeignete Maßnahmen").[455] Der Mitgliedstaat ist jedoch gemäß Art. 10 EGV (hier i.V.m. Art. 249 Abs. 3 EGV) in

---

449 EuGH Rs. 29/84, Slg. 1985, 1661, Rn. 23 – *Kommission/Deutschland*; EuGH Rs. 363/85, Slg. 1987, 1733, Rn. 7 – *Kommission/Italien*; EuGH Rs. 339/87, Slg. 1990, I-851, Rn. 6 – *Kommission/Niederlande*; *Streinz* EuR, Rn. 392 f.; in diesem Zusammenhang steht die Frage, ob eine Generalklausel wie z.B. § 1 UWG und eine richtlinienkonforme Auslegung durch die Gerichte eine ausdrückliche Regelung entbehrlich macht, s. dazu Teil 2 1. Kap. H I. 2. a).

450 *Gellermann* Beeinflussung durch EG-RL, S. 29; zustimmend *Jarass* Grundfragen, S. 54.

451 EuGH Rs. 131/88, Slg. 1991, 825, Rn. 6, 7 – *Kommission/Deutschland*; EuGH Rs. 152/79, Slg. 1980, 1495, Rn. 12 – *Lee*; *Gellermann* Beeinflussung durch EG-RL, S. 23; *Jarass* Grundfragen, S. 57.

452 EuGH Rs. 29/84, Slg. 1985, 1661, Rn. 23 – *Kommission/Deutschland*; EuGH Rs. 131/88, Slg. 1991, 825, Rn. 6 - *Kommission/Deutschland*; *Gellermann* Beeinflussung durch EG-RL, S. 23; *Streinz*, EuR, Rn. 393.

453 S. dazu EuGH Rs. 29/84, Slg. 1985, 1661, Rn. 31 – *Kommission/Deutschland*; die Kontrolle übt regelmäßig die Kommission aus, die gemäß Art. 226 EGV (Art. 169 EWG) eine Klage vor dem EuGH einreichen kann, gerichtet auf die Feststellung einer Vertragsverletzung.

454 EuGH Rs. 68/88, Slg. 1989, 2965, Rn. 23 f. – *Kommission/Griechenland*; s. auch Entschließung des Rates v. 29.6.1995 zur einheitlichen und wirksamen Anwendung des Gemeinschaftsrechts und zu Sanktionen bei Verstößen gegen das Gemeinschaftsrecht im Bereich des Binnenmarktes, ABl. C 188 v. 22.7.1995, S. 1 ff.

455 *Auer* in FS Dittrich, S. 3, 13; *Dreier* ZUM 2002, 28, 38; *Reinbothe* GRUR Int. 2001, 733, 744.

seinem Ermessen[456] insofern gebunden,[457] als er Verstöße gegen das Gemeinschaftsrecht nach ähnlichen sachlichen und verfahrensrechtlichen Regeln sowie mit derselben Sorgfalt ahnden soll wie nach Art und Schwere vergleichbare Verstöße gegen nationales Recht, wobei als Mindestvoraussetzung verlangt wird, dass die Sanktion *wirksam, verhältnismäßig und abschreckend* ist.[458] Das Gebot, gleichmäßige Sanktionen zu verhängen, wird im Schrifttum als Gleichstellungserfordernis bezeichnet.[459] Schützt das nationale Recht keine vergleichbaren Interessen, kommt es entscheidend darauf an, ob die Sanktionen zumindest verhältnismäßig, wirksam und abschreckend sind (Mindesttrias).[460]

Die Sanktion ist verhältnismäßig, wenn sie – inhaltsgleich zum deutschen Recht – geeignet, erforderlich und angemessen ist.[461] Die Sanktion muss im Verhältnis zur Schwere des Verstoßes verhältnismäßig sein.[462] Eine Sanktion ist abschreckend, wenn sie die Person davon abhält, gegen die Vorschriften zu verstoßen.[463] Eine abschreckende Sanktion verlangt keine Strafsanktion.[464] Es kommen auch andere präventive Maßnahmen in Betracht, z.B. Verwaltungsmaßnahmen. Dieses Verständnis bringt der Gemeinschaftsgesetzgeber in diversen Richtlinien zum Ausdruck.[465] Der Begriff ist weiter als der der „Sanktion" i.S.v. Art. 280

---

456 Der gemeinschaftsrechtliche Begriff des *Ermessens* ist weiter als der i.S.v. deutschen Verwaltungsrechts. Das Ermessen bezieht sich nicht nur auf die Rechtsfolgenseite, sondern auch auf den tatbestandsbezogenen Beurteilungsspielraum (*Huber*[1] Europäische Integration, § 23 Rn. 8).

457 *Kahl* in Calliess/Ruffert, EUV/EGV, Art. 10 Rn. 28.

458 Etwa EuGH Rs. 68/88, Slg. 1989, 2965, Rn. 24 – *Kommission/Griechenland*; EuGH Rs. 326/88, Slg. 1990, I-2911, Rn. 17 – *Hansen & Soen* (in Bezug auf Sekundärrecht); Entschließung des Rates v. 29.6.1995 zur einheitlichen und wirksamen Anwendung des Gemeinschaftsrechts und zu Sanktionen bei Verstößen gegen das Gemeinschaftsrecht im Bereich des Binnenmarktes, ABl. C 188 v. 22.7.1995, S. 1; EuGH Rs. 186/98, Slg. 1999, I-4883, Rn. 14 – *Nunes und de Matos*.

459 *Gröblinghoff* Verpflichtung, S. 22 ff.

460 *Gröblinghoff* Verpflichtung, S. 24; *Schröder*, RL und StrR, S. 193.

461 S. dazu näher Teil 2 1. Kap. H. I. 2. f) cc).

462 *Gröblinghoff* Verpflichtung, S. 26.

463 *Gröblinghoff* Verpflichtung, S. 2

464 *Ruffert* in Calliess/Ruffert, EUV/EGV, Art. 249 Rn. 49.

465 Z. B. ZKD-RL, EG 23 S. 2; ein weiteres Beispiel ist Art. 20 i.V.m. EG 54 S. 2 der Richtlinie 2000/31/EG des Europäischen Parlaments und des Rates v. 8.6.2000 über bestimmte rechtliche Aspekte der Dienste der Informationsgesellschaft, insbesondere des elektronischen Geschäftsverkehrs im Binnenmarkt („Richtlinie über den elektronischen Geschäftsverkehr") (ABl. L 178 v. 17.7.2000, S. 1). Unstrittig ist, dass die EG Mitgliedstaaten in sekundärem Gemeinschaftsrecht verpflichten darf, Strafrechtsnormen zu setzen (*Oppermann* EuR, Rn. 698); dies ist von der noch anhaltenden strafrechtlichen Diskussion zu trennen, ob die EG in Anbetracht des Prinzips der begrenzten Einzelermächtigung die Kompetenz hat, unmittelbar anwendbares Strafrecht zu setzen, s. zum Ganzen *Schröder* RL und StrR, S. 103 ff. m. w. Nachw., S. 179 ff.

EGV. Sanktionen, die die Gemeinschaft gegenüber Mitgliedstaaten verhängen darf, müssen spezial- und generalpräventiven Zielen dienen.[466] Nur bei einem weiteren Verständnis erklärt sich, warum der EuGH in der Entscheidung *v. Colson* und *Kamann* eine Entschädigung als wirksam und abschreckend anerkannt hat, sofern sie in einem angemessenen Verhältnis zu dem entstandenen Schaden steht und nicht nur symbolischen Charakter hat.[467] Für Art. 280 EGV wird ein solcher kompensatorischer Schadensersatz hingegen nicht als ausreichend angesehen.[468] Die *Wirksamkeit* ist im Hinblick darauf zu beurteilen, ob die Maßnahme auch ihr Ziel erreichen kann abzuschrecken, d.h. sie muss geeignet sein, die Person von den Verstößen abzuhalten.[469]

H. Neuregelungen

Im Rahmen der nachfolgenden Darstellung der Neuregelungen wird geprüft, ob die Regelungen in dem o.a. Sinne erforderlich waren und der Gesetzgeber den Anforderungen an eine ordnungsgemäße Umsetzung gerecht geworden ist. Der Aufbau folgt den unterschiedlichen Umsetzungspflichten der Mitgliedstaaten: die Pflichten aus Art. 6 Abs. 1 –3 in Bezug auf den Schutz technischer Maßnahmen *(I)* sowie die Pflichten aus Art. 6 Abs. 4 in Bezug auf die Durchsetzung der Schranken *(II)*.

I. Schutz technischer Maßnahmen gegen die Umgehung

Der deutsche Gesetzgeber hat die in der Richtlinie festgelegten Verhaltenspflichten in ausdrücklichen Verboten umgesetzt, die bei Verstößen zivilrechtliche, bußgeldrechtliche und strafrechtliche Folgen auslösen können. Diese Verhaltenspflichten sind durch spezielle – über die gemeinschaftsrechtlichen Vorgaben hinausgehende – Kennzeichnungspflichten ergänzt. Das deutsche Recht hat bis dato nur eingeschränkt technische Schutzsysteme geschützt.[470] §§ 3 ff. des *„Gesetzes über den Schutz von zugangskontrollierten Diensten und von Zugangskontrolldiensten"*[471] (i. F. ZKDSG) schützen Zugangskontrollen zu kostenpflichtigen Rundfunkdiensten, Tele- und Mediendiensten gegen die Herstellung von, den Handel sowie die Werbung mit Umgehungsvorrichtungen. § 69f Abs. 2 gewährt für technisch geschützte Computerprogramme einen Vernichtungsanspruch hinsichtlich der Mittel, die der unerlaubten Umgehung und Beseitigung dienen.

---

466 *Waldhoff* in Calliess/Ruffert, EUV/EGV, Art. 280 Rn. 12.

467 EuGH Rs. 14/83, Slg. 1984, 1891, Rn. 28 – *v. Colson u. Kamann/NRW.*

468 *Waldhoff* in Calliess/Ruffert, EUV/EGV, Art. 280 Rn. 12.

469 *Gröblinghoff* Verpflichtung, S. 25; *Waldhoff* in Calliess/Ruffert, EUV/EGV, Art. 280 Rn. 13.

470 *Czychowski* NJW 2003, 2409, 2411.

471 Gesetz über den Schutz von zugangskontrollierten Diensten und von Zugangskontrolldiensten v. 19.3.2002, BGBl. I v. 22.3.2002, S. 1090.

1. Systematische Stellung des Rechtsschutzes

Es ist die Aufgabe des nationalen Gesetzgebers, die Richtlinienvorgaben harmonisch in die Systematik der bestehenden Vorschriften einzufügen und notfalls die gemeinschaftsrechtliche Terminologie in den Sprachgebrauch des deutschen Rechts zu übertragen.[472] Der Gesetzgeber hat den Umgehungsschutz in das UrhG integriert,[473] obwohl nicht das Urheberrecht, sondern die „technischen Maßnahmen" den Schutzgegenstand bilden. Dafür, dass die Regelung als urheberrechtliche Regelung aufzufassen ist,[474] spricht zunächst systematisch und entstehungsgeschichtlich, dass der Rechtsschutz sowohl in den WIPO-Verträgen als auch in der Info-RL als Aspekt des Urheberrechts und der verwandten Schutzrechte behandelt wird;[475] entscheidend aber ist die inhaltliche Verbindung zum Urheberrecht,[476] wenn auch nicht in dem Sinne, dass ein neues Ausschließlichkeitsrecht begründet wird.[477] Die „Zweckbestimmung" der Maßnahmen macht deutlich, dass die Reichweite des Schutzes den Ausschließlichkeitsrechten folgt.[478] Dafür spricht auch der Schutzzweck der Vorschriften,[479] die technischen Maßnahmen zu flankieren[480] und die Durchsetzung der Rechte zu unterstützen.[481] Es ist ein ergänzender Schutz i.S. eines Hilfsanspruchs.[482] Das Verhältnis des Umgehungsschutzes zu den Rechten und deren Durchsetzung erklärt zugleich, warum die Regelung nicht in die ersten drei Teile des UrhG („Rechte"), sondern in den Vierten Teil, der „gemeinsame Bestimmungen für Urheberrecht und verwandte Schutzrechte" enthält, einzufügen war. Der neue Rechtsschutz ist somit harmonisch in die Systematik des UrhG eingefügt worden.

---

472 *Auer* in Dittrich, Beiträge zum Urheberrecht, S. 19, 27; *Gellermann* Beeinflussung durch EG-RL, S. 19; *Schmidt* in Groeben u.a., EUV/EGV, Art. 189 Rn. 39.

473 Kritisch hierzu *Schack* ZUM 2002, 497, 505.

474 *Auer* in FS Dittrich, S. 3, 12.

475 *Auer* in FS Dittrich, S. 3, 12.

476 *Wand* Technische Schutzmaßnahmen, S. 107.

477 *Auer* in FS Dittrich, S. 3, 12; *v. Lewinski* GRUR 1997, 667, 676; s. dazu *Reinbothe/v. Lewinski*, WCT/WPPT, S. 142.

478 *Auer* in FS Dittrich, S. 3, 15; *Wand* Technische Schutzmaßnahmen, S. 107.

479 *V. Lewinski* GRUR Int. 1997, 667, 676, die auf den Einsatz technischer Maßnahmen im Zusammenhang mit der Rechtsausübung abstellt, in dem Rechtsschutz aber eine spezifischen Schutz zur Durchsetzung der Rechte sieht, s. *Reinbothe/v. Lewinski* WCT/WPPT, S. 142; auf den Schutzzweck der Vorschriften stellt *Auer* ab, in FS Dittrich, S. 3, 12.

480 *Reinbothe* GRUR Int. 2001, 733, 742 f, *v. Lewinski* GRUR Int. 1997, 667, 676; *Wand* Technische Schutzmaßnahmen, S. 40.

481 *Auer* in FS Dittrich, S. 3, 12; *Reinbothe/v. Lewinski*, WCT/WPPT, S. 142; *v. Lewinski* GRUR Int. 1997, 667, 676; *Wand* Technische Schutzmaßnahmen, S. 40.

482 *Auer* in FS Dittrich, 3, 12; zustimmend *Wandtke/Ohst* in InfoG, Wandtke/Bullinger, InfoG, § 95a Rn. 69.

2. Verbotstatbestände gemäß § 95a UrhG

Der deutsche Gesetzgeber hat die Vorgaben aus Art. 6 Abs. 1 bis 3 Info-RL nahezu wortgleich in den Verbotstatbeständen in § 95a umgesetzt, um dem Harmonisierungsziel zu entsprechen.[483] Beide Verbote schützen „wirksame technische Maßnahmen".

a) Erforderlichkeit der Verbotstatbestände/Umsetzungsbedarf

Im deutschen Schrifttum wurde hinsichtlich des Zivilrechtsschutzes überwiegend eine klarstellende Regelung befürwortet.[484] Diese Ansicht findet eine Stütze im Schrifttum und der Rechtsprechung des EuGH, die aus Gründen der Rechtsklarheit und Rechtssicherheit eine ausdrückliche Regelung verlangen.[485] Nur ein ausdrückliches Verbot kann einen vollständigen und wirksamen Schutz gewährleisten.[486]

Man hätte erwägen können, ob statt einer ausdrücklichen Regelung die „Umsetzung" den Gerichten – durch die Anwendung der Generalklausel in § 1 UWG[487] und die Weiterentwicklung der richterlichen Grundsätze zur mittelbaren Urheberrechtsverletzung – zu überlassen ist.[488] Vereinzelt wird im Schrifttum vertreten, auf eine ausdrückliche Regelung könne aus Gründen der Effektivität verzichtet werden, wenn Gerichte die Umsetzung durch richtlinienkonforme Auslegung sicherstellen können.[489]

Der zuletzt beschriebenen Meinung konnte schon deswegen nicht gefolgt werden, weil in der Info-RL Systemunterschiede – das Verhältnis aus Umgehungsschutz und Schranken – zwingend vorgegeben sind. Für das Gebot der Rechtssicherheit sprechen die Rechtsschutzgarantie zu Gunsten der Bürger sowie die notwendige Kontrollierbarkeit, ob das nationale Recht gemeinschaftskonform

---

483 BT-Drucks. 15/38, S. 26. Hierfür sorgt der EuGH, dem die Letztentscheidung bei der Auslegung von Gemeinschaftsrecht zusteht (*Oppermann*, EuR, Rn. 758), und dem die nationalen Gerichte bei Zweifeln über die Auslegung der Richtlinie den Rechtsstreit dem EuGH gemäß Art. 234 EGV (*Vorabentscheidungsverfahren*) vorlegen müssen (*Oppermann* EuR, Rn. 756; *Streinz* EuR, Rn. 558).

484 *Bayreuther* EWS 2001, 422, 430; *Dreier* ZUM 2002, 28, 38 f.; *Haedicke* in FS Dietz, S. 349, 356, 359.

485 EuGH Rs. 29/84, Slg. 1985, 1661, Rn. 23 – *Kommission/Deutschland*; EuGH Rs. 131/88, Slg. 1991, 825, Rn. 19 – *Kommission/Deutschland*; *Gellermann*, Beeinflussung durch EG-RL, S. 36 m.w.N. u. S. 52; *Scherzberg* Jura 1992, 572, 577.

486 EuGH Rs. 252/85, Slg. 1988, 2243, Rn. 19 – *Kommission/Frankreich.*

487 Gesetz gegen den unlauteren Wettbewerb v. 7.7.1909 (RGBl., S. 499), zuletzt geändert durch Artikel 6 des Gesetzes v. 23.7.2002 (BGBl. I, S. 2850).

488 *Haedicke* in FS Dietz, S. 349, 356, 359.

489 *Ulmer* EuZW 1993, 337, 339.

ist.[490] Dies gilt insbesondere in Fällen, in denen die Richtlinie detaillierte Vorgaben macht und subjektive Pflichten und Rechte begründet werden sollen. Für die Neuregelung bestand daher bereits aus Gründen der Rechtsklarheit ein Umsetzungsbedarf.[491]

b) Technische Maßnahme

Die technischen Maßnahmen werden – in Übereinstimmung zu Art. 6 Abs. 3 S. 1 – in § 95a Abs. 2 S. 1 definiert als „Technologien, Vorrichtungen und Bestandteile, die im normalen Betrieb dazu bestimmt sind, Werke oder sonstige nach diesem Gesetz geschützte Gegenstände betreffende Handlungen zu verhindern oder zu beschränken, die der Rechtsinhaber nicht genehmigt hat". Der Begriff der technischen Maßnahmen ist ein zweigliedriger/dualistischer Begriff, der durch eine technische Komponente charakterisiert ist *(aa)* und durch die Zweckbestimmung, die dem Begriff seine urheberrechtsspezifische Prägung verleiht *(bb)*.

aa) Technologien, Vorrichtungen und Bestandteile

Die technische Eigenschaft wird durch die Aufzählung „Technologien, Vorrichtungen und Bestandteile" beschrieben, wobei das Wort „technisch" vertragliche Maßnahmen ausschließt.[492] Insofern soll der Schutz möglichst umfassend sein. Hierfür spricht zum einen die Auswahl abstrakter Begriffe, mit der der Gesetzgeber dem Prinzip gefolgt ist, Normen möglichst technikneutral zu formulieren.[493] Dieses Prinzip wird nicht ganz durchgehalten, da der Richtliniengeber im Zusammenhang mit dem Merkmal „wirksam" einige Kontrollmechanismen beispielhaft aufzählt; allerdings sind diese wiederum durch ihre Funktion – die Nutzungskontrolle – abstrakt gehalten. Zum anderen sollen die beiden Kategorien „Technologien und Vorrichtungen" auch in Teilen geschützt sein („Bestandteile"). Die „Bestandteile" bilden keine selbständige Kategorie.

(1) Technologien

Die Begriffe „Technologien" und „Vorrichtungen" stehen selbständig nebeneinander. „Technologie" bzw. „Technologien" steht für die Gesamtheit der technischen Verfahren in einem Fertigungsbereich. Der Begriff ist verfahrenstechnisch

---

490 S. dazu *Gellermann* Beeinflussung durch EG-RL, S. 52 f.; *Ruffert* in Calliess/ Ruffert, EUV/EGV, Art. 249 Rn. 50.

491 Die Frage, ob darin ein materiell-rechtlicher Mehrgehalt liegt, wird erst bei der Frage der zivilrechtlichen Verantwortlichkeit geklärt.

492 *Gutman* Urheberrecht im Internet, S. 143; *Wand* Technische Schutzmaßnahmen, S. 42.

493 *Auer* in FS Dittrich, S. 3, 5; *Koelmann/Helberger* in Hugenholtz, Copyright and Electronic Commerce S. 165, 171; *de Werra* RIDA 2001, 67, 91.

zu verstehen.[494] Technische Verfahren lassen sich wiederum als „auf der Technik beruhende" Vorgehensweisen umschreiben. Der Begriff „Technologien" steht somit in einem inhaltlichen Zusammenhang mit dem Begriff der Technik. Das Erfordernis der „Technizität" spielt im Patentrecht eine Rolle, wenn es um die Frage geht, ob computerimplementierte Erfindungen patentierfähig sind.[495] Für den urheberrechtlichen Schutz der technischen Maßnahmen kommt es auf diese Frage nicht an. Der Gesetzgeber hat klargestellt, dass Schutzmechanismen unabhängig von der verwendeten Technologie vor Umgehung geschützt sein sollen, vor allem gelte § 95a auch für software-implementierte Schutzmaßnahmen.[496] Dieses weite Verständnis ist sinnvoll, da software-implementierte Mechanismen in der Praxis häufig verwendet werden und ein entsprechendes Schutzbedürfnis besteht. Von besonderer Bedeutung für die technischen Maßnahmen sind kryptographische Mechanismen, die in ein Computerprogramm implementiert sind (z.B. Sicherheitsfunktionen in der Abspielsoftware bei DRMS).

(2) Vorrichtung

Der Begriff der „Vorrichtung" setzt ebenfalls bei dem Begriff der Technik an. Technik erfasst nicht nur technische Verfahren und Prozesse („Technologien"), sondern auch sonstige Mittel, insbesondere technische Ausrüstungen.[497] Um den

---

494 *Wand* Technische Schutzmaßnahmen, S. 7.

495 Das deutsche PatentG setzt für die Patentierbarkeit eine „technische" Erfindung voraus, schließt davon aber gemäß § 1 Abs. 2 Nr. 3, III PatentG negativ Programme zur Datenverarbeitungsanlagen aus (*Tauchert* JurPC Web-Dok. 36/1997 Abs. 4 f.). Das Erfordernis einer „technischen" Erfindung folgt indirekt aus §§ 3, 4 PatentG, wonach eine patentfähige Erfindung neu und erfinderisch gegenüber dem Stand der Technik sein muss (*Tauchert* JurPC Web-Dok. 36/1997 Abs. 4 f.). Hiervon zu unterscheiden sind „computerimplemetierte Erfindungen" oder „programmbezogene Erfindungen" (s. dazu BGH NJW 2000, 1953, 1954, 1956 f. -*Logikverifikation*; BGH NJW 2000, 3282, 3283 – *Sprachanalyseeinrichtung*). Ein Patentschutz kann aufgrund einer wertenden Betrachtung (BGH NJW 2000, 1953 – *Logikverifikation*) zu bejahen sein; die Meinungen über die Anforderungen gehen allerdings auseinandergehen (s. zu den verschiedenen Ansichten BGH NJW 2000, 1953, 1956). Hervorzuheben ist die Entscheidung des EPA, GRUR Int. 1999, 1053 – *Computerprogrammprodukt*. Danach soll es darauf ankommen, ob ein weiterer technischer Effekt erzielt wird, der über die normale physikalische Wechselwirkung zwischen dem Programm und Computer hinausgeht. S. zu der europäischen Entwicklung: Vorschlag der Kommission für eine Richtlinie des Europäischen Parlaments und des Rates über die Patentierbarkeit computerimplementierter Erfindungen v. 25.6.2002 (ABl. C 151 E 129), URL: http://europa.eu.int/eur-lex/de/com/pdf/2002/de_502PC0092.pdf, vgl. Art. 4 Abs. 2 u. Art. 2 lit. b; Bericht des Ausschusses der Ständigen Vertreter v. 8.11.2002, PI 69 CODEC 1401, URL: http://register.consilium.eu.int/pdf/de/02/st14/14017d2.pdf, vgl. Art. 1 EG 5, 15.

496 BT-Drucks. 15/38, S. 26.

497 Duden, Deutsche Rechtschreibung, S. 733.

rein verfahrensrechtlichen Begriff der Technologien zu erweitern, hat der Richtliniengeber den Begriff „technologisch" durch „technisch" ersetzt.[498] Der Begriff der „Vorrichtung" füllt die Lücke, die der verfahrensbezogene Begriff der Technologien offen lässt. Geschützt werden auch technische Hilfsmittel, Geräte, Apparate und sonstige Einrichtungen. Dies wird in Konstellationen relevant, in denen Systeme verwendet werden, bei denen technische Verfahren in spezielle Endgeräte des Nutzers integriert sind, wie z.B. bei dem System zum Schutz von DVDs, das *Content Scramble System* (CSS); ebenso geschützt ist die Set-Top-Box beim digitalen Fernsehen und Smartcards.

bb) Schutzzweck der technischen Maßnahmen

(1) Bedeutung/Funktion

Der in technischer Hinsicht weite Begriff wird durch die Zweckbestimmung der technischen Maßnahmen eingegrenzt: Die Technologien, Vorrichtungen und Bestandteile müssen im normalen Betrieb dazu bestimmt sein, Handlungen zu verhindern oder zu beschränken, die der Rechtsinhaber nicht genehmigt hat. Die Zweckbestimmung verleiht dem Begriff seine urheberrechtsspezifische Bedeutung. Der Schutz reicht so weit wie die Ausschließlichkeitsrechte.[499] *Auer* ist zuzustimmen, wenn er das „Genehmigungsrecht" des Rechtsinhabers (Handlungen, die er nicht genehmigt hat) inhaltlich mit den Ausschließlichkeitsrechten als Verbietungsrechten verknüpft.[500] Von den absoluten Rechte sind die relativen Rechte zu unterscheiden, bei denen sich die Berechtigung nur gegen eine bestimmte Person richtet.[501] Insbesondere bei den verwandten Schutzrechten muss danach differenziert werden, ob die Befugnisse als Verbietungsrechte ausgestaltet sind oder bloß Vergütungsansprüche gewährt werden.[502]

---

498 Die Kommission verwendete zunächst den Begriff „technologisch", ersetzte diesen ohne nähere Begründung in dem geänderten Vorschlag durch „technisch"; ebenso verwendet der frz. Text die Begriffe „mesures techniques", während der Begriff in der engl. Fassung beibehalten wurde („technological measures").

499 *Auer* in FS Dittrich, S. 3, 14; *Wand* Technische Schutzmaßnahmen, S. 107.

500 *Auer* in FS Dittrich, S. 3, 14; ebenso *Peukert* in Loewenheim, Handbuch UrhR, § 34 Rn. 3; *Wandtke/Ohst* in Wandtke/Bullinger, InfoG, § 95a Rn. 11.

501 *Medicus* BGB AT; § 10 Rn. 63; *Nordemann* in Fromm/Nordemann, UrhG, § 97 Rn. 2; *Wild* in Schricker, UrhR, § 97 Rn. 4.

502 S. hierzu *Rehbinder* UrhR, § 24 II a) u. b). Im deutschen Recht lassen sich drei unterschiedliche Gruppen von Ausschließlichkeitsrechten unterscheiden: erstens das Urheberrecht, das umfassend gilt (*v Gamm* UrhG, Einl., Rn. 26, 27; *Rehbinder* UrhR, § 8 III 1); zweitens verwandte Schutzrechte, deren Schutz ähnlich umfassend wie der des Urheberrechts ist, z.B. §§ 71, 72 (*v Gamm* UrhG, Einl. Rn. 31, 33); drittens gibt es verwandte Schutzrechte, die nicht wie das Urheberrecht umfassend sind, sondern abschließend einzelne Befugnisse gewähren (*v Gamm* UrhG, Einl., Rn. 36). Bemerkenswert ist, dass die Rechtsstellung des ausübenden Künstlers gestärkt worden ist, indem ihm nicht nur das Recht der öffentlichen Zugänglichma-

Daraus folgt, dass es sich bei dem technisch geschützten Material um urheberrechtlich geschütztes Material handeln muss.[503] Material ist nicht geschützt, wenn entweder die Schutzfrist abgelaufen ist[504] oder das Material schutzunfähig ist.[505] Darüber hinaus muss die Handlung, die von den Maßnahmen verhindert werden soll, in den Anwendungsbereich eines Ausschließlichkeitsrechts fallen.[506] Wenn z.B. technische Maßnahmen den Empfang einer Rundfunksendung verhindern, wird zunächst nur der Zugang als solches kontrolliert, nicht hingegen die urheberrechtsrelevante Nutzung.[507] Wenn die technischen Mechanismen zugleich anschließende Nutzungshandlungen verhindern sollen (z.B. die digitale Speicherung bei der Streaming-Technik oder die analoge Speicherung der Sendung), kontrollieren die Maßnahmen Handlungen, die in den Anwendungsbereich des Vervielfältigungsrechts fallen.

Die Zweckbestimmung ist ein subjektives Merkmal, das sich nach objektiven Kriterien bestimmen lässt - nach Funktionsweise[508] und konkreter Verwendungsart.[509] Wird die Kontrolle durch eine Fehlfunktion einer Allzweckmaschine oder zufällig verursacht, fehlt es bereits an der Zweckbestimmung.[510] Das Merkmal „im normalen Betrieb" hat keine andere Bedeutung, als funktionsgestörte Allzweckvorkehrungen aus dem Anwendungsbereich auszuschließen.[511]

Die Qualifizierung von Mechanismen als „technische Maßnahmen" und der Rechtsschutz gemäß § 95a Abs. 1 bleibt davon unberührt, ob die durch die Umgehung ermöglichte Nutzungshandlung gesetzlich – durch Schranken – erlaubt ist. Dies folgt aus der Systematik von §§ 95a, 95b, die Art. 6 Abs. 3 S. 1 i.V.m. Abs. 4 Info-RL umsetzen.[512] Mit *Wand* bestimmt sich daher der Schutz der Maßnahmen abstrakt und nicht konkret danach, ob im Einzelfall zu Gunsten des Verletzers urheberrechtliche Schranken eingreifen.[513]

---

chung zuerkannt worden ist, sondern auch die Einwilligungsrechte in Verwertungsrechte abgeändert worden sind (BT-Drucks. 15/38, S. 22)

503 *De Werra* RIDA 2001, 67, 97.

504 Die Schutzdauerrichtlinie ist gemäß Art. 11 Abs. 2 Info-RL geändert worden: Art. 3 Abs. 2 ist der Regelung in Art. 17 Abs. 2 WPPT angepasst worden.

505 *Auer* in FS Dittrich, S. 3, 15.

506 *Auer* in FS Dittrich, S. 3, 13; *Wand* Technische Schutzmaßnahmen, S. 107 f., 168.

507 *Auer* in FS Dittrich, S. 3, 15.

508 *Auer* in FS Dittrich, S. 3, 13; *Rosén* GRUR Int. 2002, 195, 204 („technische Wirkung"); *Wand* Technische Schutzmaßnahmen, S. 107 f; zustimmend *Peukert* in Loewenheim, Handbuch UrhR, § 34 Rn. 10; *Wandtke/Ohst* in Wandtke /Bullinger, InfoG, § 95a Rn. 43.

509 *Wandtke/Ohst* in Wandtke /Bullinger, InfoG, § 95a Rn. 43.

510 *Wand*, Technische Schutzmaßnahmen und Urheberrecht, S.109; *Peukert* in Loewenheim, Handbuch UrhR, § 34 Rn. 10.

511 S. dazu *Wand*, Technische Schutzmaßnahmen, S. 109.

512 *Schack* ZUM 2002, 497, 505.

513 *Wand*, Technische Schutzmaßnahmen, S. 107 f.

Der Schutzzweck der Maßnahmen darf schließlich nicht als bloßer Vorwand dienen, um in Wirklichkeit potentielle Mitbewerber durch *Marktzutrittshindernisse am Wettbewerb* zu hindern.[514] Der Wille, diese Fälle aus dem Anwendungsbereich auszuschließen, kommt darin zum Ausdruck, dass der Gesetzgeber die „technischen Maßnahmen" im Rahmen des Umgehungstatbestands in Abs. 1 mit der Wendung, „zum Schutz eines nach diesem Gesetz geschützten Werkes" präzisiert hat.[515] Technische Maßnahmen sollen nicht geschützt sein, wenn sie *tatsächlich* zu anderen Zwecken eingesetzt werden.[516]

(2) Urheberrechtliche Reichweite

Da sich der Rechtsschutz nach der Reichweite der Ausschließlichkeitsrechte bestimmt, ist zu klären, an welchem Schutzgegenstand diese Rechte begründet werden können *(a)* und welche Rechte im Einzelnen in Betracht kommen *(b)*.

(a) Werke und sonstige Schutzgegenstände

Es ist zwischen Urheberrechten und verwandten Schutzrechten zu unterscheiden. Urheberrechte können nur an „Werken" bestehen. Einige Werkkategorien sind in § 2 Abs. 1 beispielhaft aufgezählt; entscheidend ist, ob das Material die Voraussetzungen einer „individuellen persönlichen Schöpfung" i.S.v. § 2 Abs. 2 erfüllt.[517] Mit „sonstigen Schutzgegenständen" des UrhG bezeichnet das Gesetz die dem Urheberrecht verwandten Schutzrechte bzw. Leistungsschutzrechte.[518]

(b) Ausnahme: Computerprogramme

Der Schutz „technischer Maßnahmen" ist gemäß § 69a Abs. 5 nicht auf Computerprogramme anwendbar, die gemäß § 2 Abs. 1 Nr. 1, Abs. 2 urheberrechtsschutzfähig sind. Für diese bleibt es bei den bisherigen speziellen Regelungen zum Schutz von Programmschutzmechanismen. Der Gesetzgeber hat Art. 7 Abs. 1 lit. c) C-RL, der den Schutz „technischer Programmschutzmechanismen" betrifft, dadurch umgesetzt, dass er dem Rechtsinhaber gemäß § 69 f Abs. 2 einen

---

514 BT-Drucks. 15/38, S. 26; ein mögliches Beispiel dafür ist der Regionale Code, der i.R.d. Content-Scramble-System eingesetzt wird und verhindert, dass DVDs außerhalb der USA abgespielt werden können; s. zu dem Mechanismus *Bechtold* DRM, S.110 f.

515 Diese Präzisierung enthielt auch der geänderte Vorschlag der Kommission, S. 13.

516 BT-Drucks. 15/38, S. 26.

517 Bsp.: Mechanismen zum Schutz von Sprach- (§ 2 Abs. 1 Nr.1, Musik- (§ 2 Abs. 1 Nr. 2) und Datenbankwerken (§ 4 Abs. 2 UrhG)

518 Bsp.: Technisch geschützte Darbietungen von ausübenden Künstlern (§§ 73 ff. UrhG), wissenschaftlichen Ausgaben von Verfassern (§ 70 UrhG), Lichtbilder (§ 72 UrhG), Tonträger (§ 85 UrhG), Datenbanken (§§ 87a ff. UrhG), Aufzeichnungen von Sendeunternehmen (§ 87 UrhG) und Filmen (§ 94 UrhG).

Vernichtungsanspruch gewährt. Der Ausschluss der allgemeinen Vorschriften zum Schutz technischer Maßnahmen entspricht einer richtlinienkonformen Umsetzung, weil Art. 7 C-RL für den Schutz technischer Vorrichtungen gemäß EG 50 abschließend gelten soll.[519] §§ 95a ff. gelten demgegenüber für computerprogrammbasierte technische Maßnahmen.

Welche Regelung anwendbar ist, bestimmt sich grundsätzlich danach, welches urheberrechtliche Material technisch geschützt ist. Werden Umgehungsmittel entwickelt, die dazu bestimmt sind, Programmschutzmechanismen zu umgehen, muss die Umgehung der alleinige Zweck sein (vgl. § 69f Abs. 2). Schützen technische Mechanismen Werke, die außer Computerprogrammen anderen Kategorien zuzuordnen sind (z.B. Computerspiel), kann man in Abgrenzungsfällen an das Vertragsverhältnis anknüpfen, das der Nutzung eines Computerprogramms zugrunde liegt. Die zwingenden Schranken i.S.v. § 69d Abs. 3, 69e kann der Betroffene notfalls vertraglich durchsetzen. Er darf aber das Programm nicht nach Schutzmechanismen ausforschen, die dem Schutz der audiovisuellen Darstellung des Spiels dienen, das als Filmwerk, Laufbild oder Lichtbild urheberrechtsschutzfähig ist.[520] Im Zweifel genießen die speziellen Vorschriften für Programmschutzmechanismen Vorrang.[521]

(c) Zustimmungsbedürftige Handlungen

(aa) Verwertungsrechte

Es können nach richtlinienkonformer Auslegung alle Maßnahmen geschützt werden, die Handlungen verhindern oder beschränken sollen, die der Rechtsinhaber verbieten kann. Die in diesem Zusammenhang wichtigsten Ausschließlichkeitsrechte sind die Verwertungsrechte des Urhebers (§§ 11, 15 ff.) und des Leistungsschutzberechtigten. Der Rechtsschutz ist weiter als nach der Info-RL, da er auf technische Maßnahmen angewandt werden kann, die noch nicht gemeinschaftsweit harmonisierte Verwertungsrechte schützen (z.B. §§ 70 ff.).[522]

Von besonderer Bedeutung ist das „Recht der öffentlichen Zugänglichmachung". Für den Urheber war ein solches Recht bereits vor der Novellierung anerkannt,[523] so dass § 19a lediglich klarstellend wirkt. Außerdem wurde es in richtlinienkonformer Umsetzung des Art. 3 Abs. 2 dem ausübenden Künstler (§ 78 Abs. 1 Nr. 1), Tonträgerhersteller (§ 85 Abs. 1 S. 1), Sendeunternehmen (§ 87

---

519 *Stickelbrock* Stellungnahme, S. 14; Gegenäußerung der Bundesregierung, BT-Drucks. 15/38, Anlage 3, S. 42; a.A. noch Stellungnahme des Bundesrates, BT-Drucks. 15/38, Anlage 2, S. 37; s. dazu bereits Teil 1 3. Kap. D. II. b) bb) (2).

520 *Ensthaler* Handbuch des UrhR, Kap. 2 II.

521 *Peukert* in Loewenheim, Handbuch UrhR, § 34 Rn. 8.

522 *Peukert* in Loewenheim, Handbuch UrhR, § 33 Rn. 8.

523 S. zum Meinungsstand *v. Ungern-Sternberg* in Schricker, UrhR, § 15 Rn. 24, 27.

Abs. 1 Nr. 1) und dem Filmhersteller (§ 94 Abs. 1 S 1) eingeräumt. Weiterhin ist es auch dem Veranstalter gemäß § 81 i.V.m. § 78 Abs. 1 zuerkannt worden.

Dem Datenbankhersteller steht gemäß § 87b Abs. 1 das „Recht der öffentlichen Wiedergabe" zu, das in richtlinienkonformer Auslegung die Online-Übermittlung erfasst.[524] Die Online-Übermittlung schließt die Übertragung auf Abruf mit ein.[525] Dafür spricht indirekt, dass der Schutz gemäß § 95a auch für das Sui-generis-Recht gelten soll.[526] Würde man die Übertragung auf Abruf von dem Anwendungsbereich ausschließen, wäre die praktische Bedeutung für den Datenbankhersteller äußerst gering. Außerdem sind auch die Datenbankhersteller im elektronischen Umfeld auf Rechtssicherheit angewiesen. Es wäre auch nicht einzusehen, warum für diese nicht die Sonderregelung gelten sollte, die Abrufdienste im elektronischen Handel privilegiert (§ 95b Abs. 3).

(bb) Bearbeitung und Umgestaltung

Schutzfähig können auch Schutzmechanismen sein, die die Umgestaltung oder Bearbeitung eines Schutzgegenstandes i.S.v. §§ 3, 23 verhindern sollen. Die Herstellung einer Bearbeitung ist allerdings nur ausnahmsweise zustimmungspflichtig. Der Rechtsinhaber kann z.B. das Datenbankwerk gemäß § 23 S. 2 schützen. Diese Bestimmung ist auf Multimediawerke anwendbar, soweit sie Sammlungen von Daten enthalten.[527]

(cc) Urheberpersönlichkeitsrechte

Bislang ungeklärt ist, ob und inwieweit der Schutz technischer Maßnahmen auf solche Maßnahmen anwendbar ist, die dazu bestimmt sind, Urheberpersönlichkeitsrechte zu schützen. Vereinzelt wird die Anwendbarkeit mit der Begründung verneint, technische Schutzmaßnahmen i.S.d. § 95a dienten nur der Sicherung berechtigter Vergütungsansprüche.[528] Nach anderer Ansicht soll der Rechtsschutz anwendbar sein, ohne dass dies jedoch näher begründet wird.[529]

Nach der Legaldefinition der technischen Maßnahmen kommt es zunächst nur darauf an, ob die jeweilige Handlung durch Ausschließlichkeitsrechte des Rechtsinhabers gedeckt ist. Bei den Urheberpersönlichkeitsrechten nach deut-

---

524 Vgl. Art. 7 Abs. 2 lit. b) Datenbank-RL; *Haberstumpf* GRUR 2003, 14, 28.

525 *V. Lewinski* in v. Lewinski u.a., Europ. UrhR, Datenbank-RL, Art. 5 Rn. 22 ff.; *Vogel* in Schricker, UrhR, § 87b Rn. 20.

526 So auch *Flechsig* ZUM 2002, 1, 6.

527 *Vinck* in Fromm/Nordemann, UrhG, § 23 Rn. 4 a.E.

528 *Müller* Stellungnahme, S. 10.

529 *Dreier* ZUM 2002, 28, 35; *Koelmann/Helberger* in Hugenholtz, Copyright and Electronic Commerce, S. 165, 168; *Wand* Technische Schutzmaßnahmen, S. 22.

schem Recht handelt es sich um absolute Rechte.[530] Weder die WIPO-Verträge noch die Info-RL würden einer weitergehenden Anwendung entgegenstehen. Bereits den WIPO-Bestimmungen liegt das Verständnis zugrunde, dass technologische Maßnahmen soweit geschützt sind, wie die Ausschließlichkeitsrechte reichen.[531] In den völkerrechtlichen Verträgen sind die Urheberpersönlichkeitsrechte nur sehr schwach ausgestaltet;[532] als Minimalkonsens stehen sie einem stärkeren Rechtsschutz aber nicht entgegen.[533] Gemeinschaftsrechtlich ist die Frage etwas schwieriger zu beantworten, weil in der Info-RL von der *Nutzungs*kontrolle gesprochen wird. Dies legt im urheberrechtlichen Kontext den Begriff der Verwertung nahe. Die Wortwahl ließe sich aber auch damit erklären, dass Urheberpersönlichkeitsrechte noch nicht zum gemeinschaftsrechtlichen Besitzstand zählen. Die gilt umso mehr, als die Urheberpersönlichkeitsrechte im Einklang mit der nationalen Rechtsordnung ausgeübt werden sollen.[534] Der Schutz ist – anders als bei den Zugangskontrolldiensten – nicht auf die Sicherung der *Vergütung* beschränkt.[535] Der Rechtsschutz wäre hiernach auf die Urheberpersönlichkeitsrechte anwendbar.

Jenseits dieser rechtlichen Fragestellung darf man die praktische Bedeutung dieser Auseinandersetzung bezweifeln.[536] Das Recht auf (Erst-)Veröffentlichung (§ 12) kann technisch durch eine Zugangskontrolle geschützt sein (z.B. passwortverschlüsseltes Textdokument).[537] Mechanismen, die die Änderung (§ 39), Entstellung oder sonstige Beeinträchtigung (§ 14) eines Werkes verhindern, sind nicht weitergehend geschützt als bei der Umgestaltung oder Bearbeitung,[538] die den Vorgängen regelmäßig vorausgehen.[539] Schließlich kommen Mechanismen in Betracht, die das Recht auf Anerkennung (§ 13) schützen. Der Schutz solcher Verfahren als technische Maßnahmen wirft allerdings die Frage nach dem Ver-

---

530 *Lütje* in Möhring/Nicolini, § 97 Rn. 46; *Nordemann* in Fromm/Nordemann, UrhG, § 97 Rn. 3 u. 5; *Wild* in Schricker, UrhR, § 97 Rn. 2; *v. Wolff* in Wandtke/Bullinger, UrhR, § 97 Rn. 4.

531 *Wand* Technische Schutzmaßnahmen, S. 42, *Koelmann/Helberger* in Hugenholtz, Copyright and Electronic Commerce, S. 165, 172.

532 Vgl. Art. 6bis RBÜ, Art. 5 WPPT; s. auch *Ginsburg* GRUR Int. 2000, 97, 109, nach deren Ansicht die Regelung des Urheberpersönlichkeitsrecht auch den nationalen Gesetzgebern vorbehalten bleiben sollte.

533 *Reinbothe/v. Lewinski*, WCT/WPPT, S. 146.

534 Info-RL EG 19.

535 ZKD-RL, EG 4 bis 6.

536 *Koelmann/Helberger* in Hugenholtz, Copyright and Electronic Commerce, S. 165, 168.

537 *Wand* Technische Schutzmaßnahmen, S. 22.

538 *Wand* Technische Schutzmaßnahmen, S. 22.

539 *Wand* Technische Schutzmaßnahmen, S. 22.

hältnis zwischen §§ 95a, 95c; in diesem Zusammenhang ist dann – an anderer Stelle – auch zu klären, inwieweit die Mechanismen geschützt sind.[540]

(dd) Vertragliche Nutzungsrechte

Technische Maßnahmen werden in der Praxis häufig nicht von den originär Berechtigten eingesetzt, sondern von den vertraglich Berechtigten, den Nutzungsberechtigten (Verwerter, Distributor, Diensteanbieter); die wichtigsten urhebervertraglichen Vorschriften befinden sich insoweit in den §§ 31 ff. Unproblematisch ist die Qualifizierung der eingesetzten Mechanismen als technische Maßnahmen, wenn sich der Verwender auf ein originäres Schutzrecht berufen kann, z.B. den Leistungsschutz als Datenbankhersteller. Bedeutsamer ist, wie sich der Schutz technischer Maßnahmen zu den vertraglich eingeräumten Rechten Nutzungsberechtigter verhält. Insoweit ist festzuhalten, dass der Schutz technischer Maßnahmen das Verhältnis der originär Berechtigten und der vertraglichen Nutzungsberechtigten nicht grundlegend verändert. Der Rechtsschutz technischer Maßnahmen folgt vielmehr den Lizenzvereinbarungen.[541] In der Praxis sollte der Einsatz technischer Mechanismen im Nutzungsvertrag klargestellt werden.[542] Im Wesentlichen wirft der Einsatz technischer Maßnahmen durch andere Rechtsinhaber als die originär Berechtigten drei Fragen auf, denen anschließend nachgegangen wird:

(a1) Verwendung

Zunächst ist zu klären, ob der Nutzungsberechtigte zum Einsatz technischer Mechanismen berechtigt oder verpflichtet ist. § 95a lässt – wie bereits Art. 6 – offen, wer die technischen Maßnahmen einsetzt. Außer den originär Berechtigten kommt dafür auch ein Dritter, insbesondere ein Nutzungsberechtigter in Betracht.[543] Der ausschließliche Nutzungsberechtigte hat regelmäßig ein eigenes Interesse, technische Mechanismen zum Schutz eigener Rechte einzusetzen. Selbst wenn eine vertragliche Klarstellung fehlt, wird man von einer konkludenten Ermächtigung hierzu ausgehen können. Die Nutzungsberechtigten können zum Einsatz technischer Schutzvorrichtungen aber auch vertraglich verpflichtet sein, denn der Rechtsinhaber hat grundsätzlich die Möglichkeit, seine Rechtsposition vertraglich dadurch abzusichern, dass er die Lizenz von der Bedingung abhängig macht, dass der Nutzungsberechtigte sein Werk oder seinen Schutzgegenstand nur technisch geschützt anbietet.[544]

Beispiel: *Anbieter eines Musik-Onlinedienstes lässt sich von den Rechtsinhabern eine einfache Lizenz dafür einräumen, verschiedene Musiktitel öffentlich zugänglich zu machen,*

---

[540] S. dazu Teil 2 1. Kap. H. I. 2 h).
[541] *Chantepie*, Mesures techniques, S. 30 (frz. Recht).
[542] *Peukert* UFITA 2002, 689, 704.
[543] *Auer* in FS Dittrich, S. 3, 15.
[544] *Auer* in FS Dittrich, S. 3, 19; z.B. bei der Einräumung von Unterlizenzen.

darf diese aber nur im Streaming-Format anbieten, so dass die Titel nicht abspeicherbar sind.

(a2) Qualifizierung als „technische Maßnahmen"

Wenn der Nutzungsberechtigte zur Verwendung ermächtigt oder verpflichtet ist, stellt sich die Frage, inwiefern die von ihm eingesetzten Maßnahmen als „technische Maßnahmen" i.S.v. § 95a Abs. 2 schutzfähig sind. Entscheidend für die Frage ist, *wessen Zustimmungsrecht* gemeint ist, wenn technische Maßnahmen dazu bestimmt sind, Handlungen zu verhindern, die der Rechtsinhaber „nicht genehmigt" hat.[545] Die Richtlinie zählt zwar nur die originär Berechtigten auf („Inhaber der Urheberrechte oder der dem Urheberrecht verwandten gesetzlich geschützten Schutzrechte oder des in Kapitel III der Richtlinie 96/9/EG verankerten *Sui-generis*-Rechts"); sofern der Nutzungsberechtigte aber Inhaber einer ausschließlichen Lizenz ist, verfügt er über eine dem Urheber vergleichbare absolute Rechtsposition,[546] wobei sich die Reichweite des daraus folgenden Verbietungsrechts (vgl. § 31 Abs. 3) nach der Art und Reichweite des vertraglich eingeräumten Nutzungsrechts bestimmt.[547]

Beispiel: *T-Netz bietet eine kostenpflichtige Online-Film-Videothek zum Abruf an. Für die Filme hat sich T-Netz das ausschließliche Nutzungsrecht einräumen lassen, die Filme öffentlich zugänglich zu machen. T-Netz schützt seine Film-Dateien technisch in der Weise, dass die Dateien nach 24 Stunden auf dem Rechner des Nutzers erlöschen.*

Fraglich ist die Einordnung als „technische Maßnahmen" bei dem Einsatz durch einen einfachen Nutzungsberechtigten. Dieser hat im Unterschied zu den ausschließlichen Nutzungsberechtigten keine Verbietungsbefugnis. Dies folgt im Umkehrschluss aus § 31 Abs. 1. Setzt der einfache Nutzungsberechtigte technische Mittel zum Schutz von Urheberrechten ein, können diese nur insofern „technische Maßnahmen" sein, als damit das Verbietungsrecht des Lizenzgebers ausgeübt wird, z.B. um zu verhindern, dass die Inhalte anderweitig öffentlich zugänglich gemacht werden. In diesen Fällen und besonders, wenn der Nutzungsberechtigte zum Einsatz technischer Mittel ausdrücklich vertraglich verpflichtet ist, sollte eine Einordnung als „technische Maßnahmen" befürwortet werden, da es nur auf die Zweckbestimmung ankommt und nicht darauf, *wer* die Maßnahmen verwendet.[548] Andernfalls bliebe nur ein Schutz nach dem ZKDSG, d.h. ein Schutz gegen umgehungsfördernde Handlungen zu kommerziellen Zwecken,[549] und nach dem allgemeinen Strafrecht.

---

545 *Strowel/Dussolier* Legal Protection, S. 12.

546 *Hertin* in Fromm/Nordemann, UrhG, §§ 31/32 Rn. 3; *Schricker* in Schricker, UrhR, §§ 31/32 Rn. 4.

547 *Hertin* in Fromm/Nordemann, UrhG, §§ 31/32 Rn. 3.

548 *Auer* in FS Dittrich, S. 3, 15.

549 Kritisch dazu *Strowel/Dussolier* Legal Protection, S. 12.

(a3) Aktivlegitimation

Von den o.a. Fragen zu unterscheiden ist, wer von den unterschiedlichen Kategorien von Rechtsinhabern im Falle einer Verletzung der technischen Maßnahmen aktivlegitimiert ist. Dem wird im Zusammenhang mit den zivilrechtlichen Anspruchsgrundlagen nachgegangen.[550]

(d) Beschränken und verhindern

Die technischen Maßnahmen dienen dazu, urheberrechtsrelevante Handlungen zu beschränken oder zu verhindern. Verhindern bedeutet, eine Handlung unmöglich zu machen. Beschränken heißt, der Nutzung räumliche, zeitliche und inhaltliche Grenzen zu ziehen (vgl. § 32).

(e) Genehmigung des Rechtsinhaber

„Technische Maßnahmen" verhindern Handlungen, die der Rechtsinhaber nicht genehmigt hat. Das Merkmal „nicht genehmigt" kennzeichnet das Verbietungsrecht des Rechtsinhabers.[551] Es ist ebenso wie die Zweckbestimmung abstrakt zu bestimmen. Dienen die technischen Maßnahmen der Durchsetzung der Rechte verschiedener Rechtsinhaber (Urheber, Miturheber, ausübender Künstler, etc.), steht die „Genehmigung" für die Vetorechte aller Rechtsinhaber. Es kommt auf die jeweilige Ausgestaltung der Lizenzverträge an. Der Rechtsschutz gemäß § 95a reicht dabei nur soweit, wie der Einsatz durch die erforderlichen Genehmigungen gedeckt ist.[552]

c) Gesetzliche Beispiele der Kontrollmechanismen

In der Info-RL sind einige Kontrollmechanismen beispielhaft[553] im Zusammenhang mit der Wirksamkeit aufgezählt. Zu dem Begriff der Wirksamkeit tragen die Beispiele wenig bei.[554] Sie machen lediglich deutlich, dass die Wirksamkeit im Hinblick darauf zu bestimmen ist, ob die Mechanismen die Kontrollfunktion erfüllen. Die Nutzungskontrolle kann durch die „Zugangskontrolle, bestimmte Umwandlungsmechanismen, insbesondere die Verschlüsselung und Verzerrung oder einen Mechanismus zur Kontrolle der Vervielfältigung" erfolgen. Die Aufzählung ist nicht abschließend zu verstehen. Entscheidend ist vielmehr, ob der Mechanismus der Nutzungskontrolle dient (*funktionale Betrachtung*). Die Nutzungskon-

---

550 S. dazu Teil 2 1. Kap. H. I. 3. a) aa) (2) (e) sowie 3. a) aa) (2) (e).

551 *Auer* in FS Dittrich, S. 3, 15.

552 *Peukert* in Loewenheim, Handbuch UrhR, § 34 Rn. 14.

553 *Peukert* in Loewenheim, Handbuch UrhR, § 34 Rn. 9; *Wandtke/Ohst* in Wandtke/Bullinger, InfoG, § 95a Rn. 49.

554 *Auer* in FS Dittrich, S. 3, 16; s. dazu näher Teil 2 1. Kap. H. I. 2. d).

trolle setzt voraus, dass der Rechtsinhaber vorher festgelegt hat, welche Nutzung er ggf. zu welchen Bedingungen zulassen möchte; hierauf bezieht sich die Kontrolle. Das „Rechtemodell" lässt sich anhand der Funktionsweise des technischen Schutzsystems nachvollziehen, z.B. darf der registrierte Nutzer Artikel in einem Online-Zeitungsarchiv zwei Stunden abrufen, danach ist der Text nicht mehr verfügbar.

aa) Bedeutung der Kryptographie

Kryptographische Mechanismen sind die Kerntechniken für die IT-Sicherheit; nichts anderes gilt für § 95a.[555] Der bekannteste kryptographische Mechanismus ist die Verschlüsselung, der oft mit der Kategorie der Zugangskontrolle in Verbindung gebracht wird.[556] Bei der Verschlüsselung handelt es sich um eine Transformation der Informationen durch kryptographische Algorithmen, d.h. die Informationen werden durch einen Schlüssel unverständlich gemacht und können nur von demjenigen eingesehen werden, der über den Schlüssel zum Entschlüsseln verfügt.[557] Der Gesetzgeber nennt die Verschlüsselung i.R.v. § 95a als Unterfall der Umwandlung, mithin als spezielle Kategorie neben der Zugangskontrolle. Sie wird daher nachfolgend gesondert behandelt.

Gerade in Abgrenzung zur Verschlüsselung tritt aber ein anderer kryptographischer Mechanismus hervor, der für die Zugangskontrolle bedeutsam ist, die *Identifikation.*[558] Hervorzuheben ist, dass die Verschlüsselung zwar ein sehr wichtiger, aber nicht der einzige kryptographische Mechanismus ist, der als technischer Schutzmechanismus eingesetzt werden kann. Die Kryptographie mit der Datenverschlüsselung synonym zu verwenden,[559] stellt den Anwendungsbereich kryptographischer Mechanismen jedenfalls nur verkürzt dar.

*Die Kryptographie ist eine Disziplin aus der **Kryptologie**. Die Kryptologie, die sich mit Geheimsprache übersetzen lässt (kryptos=geheim; logos= Sprache, Wort), bezeichnet die Lehre von der Geheimhaltung von Informationen und den algorithmischen Methoden zur Datensicherung.[560] Ziel ist es, mit technischen Mechanismen die Sicherheit von Technologien zu gewährleisten.[561] Speziell in Bezug auf Informationstechnologien geht es darum, Gefahren durch gezielte Angriffe auf Rechner abzuwehren und den unberechtigten Zugriff auf gespeicherte und übertragene Daten zu verhindern oder verfolgbar zu machen (IT-*

555 *Chantepie* Mesures techniques, S. 47; *Pfitzmann u.a.* zählen sie zu den „Kerntechniken" der IT-Sicherheit, Gutachten, S. 20 f.

556 *Wand* Technische Schutzmaßnahmen, S. 11 f.; *de Werra* RIDA 2001, 67, 81.

557 *Dittmann* Wasserzeichen, S. 12; *Sedgewick* Algorithms, S. 333; so auch *Wand* Technische Schutzmaßnahmen, S. 11.

558 *Buchmann* Kryptographie, S. 199 ff.; synonym kann man auch wie *Bechtold* den Begriff der Identifizierung verwenden S. 69 ff.

559 *Irlbeck/Langenau/Mayer*, S. 205, 478.

560 *Dittmann* Wasserzeichen, S. 12.

561 *Dittmann* Wasserzeichen, S. 10, S. 12.

Security).[562] *Die Kryptologie lässt sich in drei Bereiche, die Kryptographie, die Kryptoanalyse und die Steganographie unterteilen.*[563] *Die* ***Kryptoanalyse*** *ist die Lehre von den Angriffen auf Verschlüsselungsverfahren.*[564] *Die* ***Kryptograhie*** *bezeichnet eine Geheimschrift, die durch den abweichenden Gebrauch von Buchstaben entsteht (kryptos= verborgen, geheim; graphein= schreiben). Die Kryptographie, die auf eine lange Geschichte zurückverweisen kann, bevor sie für Computersysteme nutzbar gemacht wurde,*[565] *beschäftigt sich mit mathematischen Prinzipien und Methoden, wie Daten transformiert werden können, um bestimmte Sicherheitsaspekte zu gewährleisten, wie z.B. die Vertraulichkeit, die Integrität von Daten, den Zugriff auf Daten und die Authentifizierung von Systemkomponenten.*[566] *Die Kryptographie ist vor allem für die Sicherheit im Internet von überragender Bedeutung. Sie wird sogar als einzige Methode angesehen, die den Schutzanforderungen heutzutage gerecht werden kann.*[567] *In Bezug auf die Kryptographie besteht grundsätzlich eine Meinungsverschiedenheit darüber, ob man im Interesse der Staatssicherheit und Strafverfolgung Beschränkungen vorsehen soll oder das Recht des Einzelnen auf eine unangetastete Privatsphäre respektiert. Die wirtschaftliche Tragweite wird z.B. hinsichtlich der Entwicklung des elektronischen Handels deutlich, die maßgeblich davon abhängt, ob die Privatsphäre des Nutzers bzw. die Geschäftsgeheimnisse der Unternehmen ausreichend gesichert sind.*[568] *Der Bundesminister für Wirtschaft und Technologie hat sich zuletzt in dem Kryptobeschluss des Bundeskabinetts vom 2. Juni 1999 für die Bekräftigung und Klarstellung des ungehinderten Einsatzes von starken Verschlüsselungsprodukten eingesetzt.*[569] *So sind von der Entwicklung, der Produktion über das Vermarkten oder Einführen bis hin zum Gebrauch beim Anwender Verschlüsselungsprodukte in jeder Stärke unkontrolliert zugelassen.*

Von der Kryptographie zu unterscheiden ist die ***Steganographie****. Die Steganographie zielt nicht darauf ab, Informationen unverständlich zu machen, sondern die Präsenz von Informationen zu verbergen.*[570] *Das Trägerdokument muss nach außen identisch erscheinen.*[571]

---

562 *Dittmann* Wasserzeichen, S. 10.

563 Die Zuordnung der Steganographie zur Kryptologie ist umstritten, so aber *Dittmann* Wasserzeichen, S. 12; *Brazell* E.I.P.R. 1999, 17, 18; a.A. *Sedgewick* Algorithms, S. 333, für den die Kunst - Wissenschaft? - der Kryptologie nur aus zwei komplementären Bereichen, der Kryptographie und der Kryptoanalyse besteht.

564 *Buchmann* Kryptographie, S. 57.

565 Zur Geschichte s. *Menezes u.a.*, Applied Cryptography, Chapter 1, 1.1.

566 *Dittmann* Wasserzeichen, S. 12; *Menezes u.a.* Applied Cryptography, Chapter 1, S. 3; *Schneider/Bartosch* DuD 2000, 392.

567 Vgl. hierzu das Informationsangebot der BMWA, URL: http://www.sicherheit-im-internet.de, insbesondere der Aufsatz „Sichere Kommunikation im Internet durch Verschlüsselung und Signatur", URL: http://www.sicherheit-im-internet.de/themes/themes.phtml?ttid=39&tsid=205&tdid=377&page=0 (12/02); noch deutlicher wird *Pommerening*: „IT-Sicherheit in offenen und verteilten Systemen verlangt zwingend kryptographische Mechanismen", URL: http://www.uni-mainz.de/~pommeren/DSVorlesung/KryptoInfra/Zsfssg.html.

568 *Soquat*, Kryptographiepolitik der Bundesregierung.

569 S. *Soquat*, Open Source und IT-Sicherheit, URL: http://mikro.org/Events/OS/ref-texte/soquat.html.

570 *Brazell* E.I.P.R. 1999, 17, 18.

571 *Dittmann* Wasserzeichen, S. 12, S. 14.

Steganographische Verfahren sind die Grundlage für digitale Wasserzeichen, die hauptsächlich dazu verwandt werden, um die Urheberschaft und Integrität eines Werkes nachzuweisen.[572] *I.R.v. § 95a spielen sie eine untergeordnete Rolle.*[573]

Zu den *kryptographischen Basismechanismen* zählen nach *Buchmann* die Verschlüsselung, die digitale Signatur und die Identifikation.[574] Die nachfolgende Darstellung konzentriert sich auf diese Mechanismen.

bb) Zugangskontrolle

(1) Definition

Zunächst kann eine Nutzungskontrolle durch eine „Zugangskontrolle" bewirkt werden. Die Zugangskontrolle ist kein Mechanismus, sondern ein normativer Begriff, den der Gemeinschaftsgesetzgeber bereits in Art. 2 lit. b) ZKD-RL determiniert hat und den der deutsche Gesetzgeber vergleichsweise unpräzise in § 1 ZKDSG umgesetzt hat. Da das Gemeinschaftsrecht autonom auszulegen ist,[575] ist die besondere Terminologie des Gemeinschaftsrechts zu berücksichtigen.[576] Demzufolge entspricht es gemeinschaftskonformer Auslegung, unter einer „Zugangskontrolle" jeden technischen Mechanismus zu verstehen, der den Zugang zu einem geschützten Dienst (Werk bzw. Schutzgegenstand) in verständlicher Form von einer vorherigen individuellen Erlaubnis abhängig macht.[577]

(2) Zugangskontrolle als Nutzungskontrolle

Einschränkend für § 95a gilt, dass die Zugangskontrolle dazu dient, die (urheberrechtsrelevante) *Nutzung* unter Kontrolle zu halten, d.h. sie muss Handlungen verhindern, die in den Anwendungsbereich der Ausschließlichkeitsrechte fallen.[578] Es mag zweifelhaft sein, ob der Schutz von Zugangskontrollen urheberrechtlich gerechtfertigt ist. Dagegen könnte man einwenden, dass der Zugang zum Werk keine urheberrechtsrelevante Handlung darstellt. Ungeachtet dessen wird ein Schutz von Zugangskontrollen aus urheberrechtlicher Sicht als zulässig angesehen. Zunächst sind die Grenzen zwischen Zugangs- und Nutzungskontrolle flie-

---

572 *Dittmann* Wasserzeichen, S. 12.

573 S. dazu Teil 2 1. Kap. H. I. 2. h).

574 So ausdrücklich *Buchmann* Kryptographie, S. 199; s. auch *Menezes u.a.* Applied Cryptography, Inhaltsübersicht; *RSA Laboratories*, Crypto FAQ, Chapter 2, URL: http://www.rsasecurity.com/rsalabs.

575 Vgl. EuGH, Rs. 149/79, Slg. 1980, 3881, Rn. 19 – *Kommission/Belgien*.

576 *V. Lewinski* in v. Lewinski u.a., Europ. UrhR, AT, 1. Kap. Rn. 35; *Lutter* JZ 1992, 593, 599; hieran sind die deutschen Gerichte gebunden (BVerfG, 1 BvR 1036/99 v. 9.1.2001, Abs. 16, abrufbar unter URL: http://www.bverfg.de).

577 Vgl. Art. 2 lit. b) der ZKD-RL; so auch i.E. *Wand* Technische Schutzmaßnahmen, S. 10.

578 *Wandtke/Ohst* in Wandtke/Bullinger, InfoG, § 95a Rn. 15.

ßend;[579] insbesondere in Fällen, in denen Inhalte auf dem Computer genutzt werden, wird zutreffend auf die dadurch verhinderte vorübergehende Vervielfältigung (Zwischenspeicher) hingewiesen.[580] *Ginsburg* rechtfertigt den Schutz damit, dass die Befugnis, andere von dem Zugang auszuschließen, seit jeher integraler Bestandteil des Urheberrechts ist.[581] Dies ist zutreffend. Der Ansatz entspricht der deutschen Dogmatik von den absoluten Rechten, die negativ dazu berechtigen, andere von der Nutzung auszuschließen, wobei die negative Befugnis so weit wie die positive Befugnis reicht.[582]

Zugangskontrollen können bei der Quelle der Inhalte (z.B. Server, Terminal) oder bei der Systemkomponente des Nutzers bzw. der Datei oder des Dateiträgers (z.B. DVD-Player, Abspielsoftware) anknüpfen.[583] Die Zugangskontrolle setzt voraus, dass das System vorher definiert hat, wer, wie lange und zu welchen Bedingungen etc. auf die Inhalte (z.B. eine Datenbank) zugreifen können soll.[584] Es muss feststehen, woran die vorherige (elektronische) Erlaubnis anknüpft.

(3) Kryptographische Mechanismen

Eine Zugangskontrolle wird technisch häufig dadurch bewirkt, dass sich der Nutzer oder seine Systemkomponente gegenüber dem System identifiziert und authentifiziert.[585] Danach bestimmt das System, ob es den Zugriff gewährt oder nicht. Im Folgenden werden die Begriffe der Identifikation, der Authentifizierung bzw. der Zurückweisung einer Einheit erläutert. *Marks* und *Turnbull* beschreiben den technischen Zusammenhang zwischen Identifikation – Authentifikation – Autorisierung zutreffend mit den Worten, eine (elektronische) Autorisierung sei die Vergabe von Zugangsrechten an einen Nutzer oder eine Systemkomponente, nachdem sich der Nutzer oder die Systemkomponente erfolgreich identifiziert und authentifiziert haben.[586]

---

579 *Koelmann/Helberger* in Hugenholtz, Copyright and Electronic Commerce, S. 165, 174, aber im Ergebnis zweifelnd; *Marly* K&R 1999, 106, 108; *Wand*, Technische Schutzmaßnahmen, S. 108.

580 *Koelmann/Helberger* in Hugenholtz, Copyright and Electronic Commerce, S. 165, 174; *Wand* Technische Schutzmaßnahmen, S. 108.

581 *Ginsburg*, Access Right.

582 *V. Gamm* UrhG, § 97 Rn. 5 u. 6; *Medicus* BGB AT, Rn. 66; *Rehbinder* UrhR, § 8 III 1 Rn. 80.

583 *Röhm/Wilop* DuD 1998, 250, 252.

584 S. zu den möglichen Variationen Beispiele bei *Strowel/Dussolier*, Legal Protection, S. 2.

585 So bereits Intellectual Property and the National Information Infrastructure, The Report of the Working Group on Intellectual Property Rights, erhältlich unter URL: http://www.uspto.gov/web/offices/com/doc/ipnii, S. 183.

586 *Marks/Turnbull* E.I.P.R. 2000, 198, 212.

(a) Identifikation/Identifizierung von Einheiten

Die Identifikation wird typischerweise angewendet, um eine Zugangsberechtigung zu überprüfen, die an eine bestimmte Identität gebunden ist.[587] Im urheberrechtlichen Kontext kann die Identifizierung des urheberrechtlich geschützten Materials, des Rechtsinhabers und des Nutzers von Interesse sein.[588]

Für die Zugangskontrolle i.S.d. § 95a ist nur die *Identifizierung des Nutzers* bzw. der ihm zugeordneten Einheit relevant. Der Zugang wird aber nicht nur von der Identifizierung, sondern auch von der Authentifizierung des Nutzers abhängig gemacht. Beides geht ineinander über, da es das Ziel der Identifikation ist, die Identität auch zu bestätigen bzw. zu verifizieren (Authentisierung).[589] Die Prüfung einer *Identität* weckt die Assoziation, es käme auf die Eigenschaften einer Person an, die Rückschlüsse auf ihre Identität zuließen (Name, Adresse etc.). In einer Computer- oder Netzwerkumgebung können außerdem die Systemkomponenten sich untereinander mittels kryptographischer Mechanismen identifizieren (z.B. Seriennummer, IP-Adresse[590]).[591] Unter Identität ist daher zunächst neutral die *Identität einer Einheit* zu verstehen, die eine Person, eine Organisation, Hardware, Software etc. sein kann. Im Zusammenhang mit der Zugangskontrolle geht es wiederum speziell um die Überprüfung der Zugangsberechtigung des Benutzers bzw. der von ihm genutzten Systemkomponente. Sofern ein System nutzerrelevante Informationen speichert, werden datenschutzrechtliche Fragen aufgeworfen, denen in dieser Arbeit nicht weiter nachgegangen wird.[592] Das der Identifikation zugrundeliegende Verfahren wird als Protokoll bezeichnet.[593] Ein *Protokoll* ist ein Algorithmus mit mehreren Handelnden (Menschen und formal Maschinen), die

---

587 *Buchmann* Kryptographie, S. 199.

588 S. dazu ausführlich *Bechtold* DRM, S. 34 ff.

589 *Menezes u.a.* Applied Cryptography, Chapter 10, Pkt. 10.1.1.

590 Identität eines Rechners, der an ein Netzwerk angeschlossen ist, das auf den Protokollen TCP/IP basiert.

591 *RSA Laboratories* Crypto FAQ, Chapter 2, 2.2.5, URL: http: www.rsasecurity.com/rsalabs/faq/2-2-5.html; *Rosenblatt u.a.*, DRM, S. 86 f.

592 Werden personenbezogene Daten erhoben, gespeichert oder verarbeitet, sind die allgemeinen (BDSG, LDSG) bzw. speziellen Datenschutzvorschriften (z.B. §§ 16 ff. MDStV, §§ 4 ff. TDDG) zu beachten. Wird das geschützte Gut im elektronischen Geschäftsverkehr angeboten, darf z.B. ein Nutzerprofil ohne Einwilligung des Nutzers nur erstellt werden, wenn ein Pseudonym verwendet wird (vgl. § 6 Abs. 3 TDDSG, § 19 Abs. 4 MDStV). Ein Pseudonym im datenschutzrechtlichen Sinne liegt vor, wenn ein Identifikationsmerkmal durch ein Kennzeichen ersetzt wird, um die Bestimmung des Betroffenen auszuschließen oder wesentlich zu erschweren (§ 3 Abs. 6a BDSG); s. zu den Bedenken *Bechtold* DRM, S. 138-142; *Hoeren* Gutachten, S. 41 f.

593 *Buchmann* Kryptographie, S. 200; *Pommerening*, URL: http://www.uni-mainz.de/~pommeren/DSVorlesung/KryptoProt.

synchronisiert handeln, z.B. Nachrichten über ein Netz austauschen.[594] Zwischen den Parteien findet eine Kommunikation statt, ein Dialog. Entscheidend ist, dass ein Beweiser dem Verifizierer – in Realzeit – demonstriert, dass der Verifizierer gerade mit dem Beweiser kommuniziert hat.[595] Die geläufigsten Identifikationsprotokolle sind *Passwortkontrollen*, bei denen sich der „Rechner" des Nutzers gegenüber einem anderen „Rechner" mit Eingabe der Benutzerkennung und des Passwortes identifiziert. Ein anderes Identifikationsprotokoll ist der *Challenge-Response-Mechanismus*.[596]

Beispiel 1: *Die Abonnentin einer Tageszeitung darf das Online-Archiv des Zeitungsverlages kostenlos nutzen; sie muss sich allerdings mit seiner Benutzerkennung und einem Passwort vorher anmelden.*

Beispiel 2: *Ein Musikfan möchte bei einem Online-Musikdienst Musikdateien erwerben. Er muss hierfür über eine bestimmte Client-Software verfügen, andernfalls kann er überhaupt keine Verbindung zu der Benutzeroberfläche des Musikdienstes aufbauen.*

Beispiel 3: *Der Musikfan hat für die Nutzung unter Beispiel 2 eine Lizenz erworben. Seine Rechte sind in einem Account unter der ID seiner Abspielsoftware auf dem Server des Anbieters gespeichert. Vor der Nutzung muss er Kennung und Passwort eingeben.*

(b) Authentifizierung von Einheiten

(aa) Terminologie

Ziel der Identifikationsprotokolle ist es, dass die Identität der Einheit gleichzeitig verifiziert wird (Authentisierung).[597] Die Authentisierung soll verhindern, dass unbefugte Dritte bzw. potentiell feindliche Einheiten auf die Daten zugreifen können (Ausschluss von Fälschungen, Betrügern).[598] Wenn Identifizierung und Authentisierung in dieser Weise zusammentreffen, spricht man von einer Authentifizierung.[599] Die Authentifizierung ist also ein Verfahren, durch das eine Einheit darüber versichert wird, dass es sich bei der zweiten Einheit, die an dem Dialog beteiligt ist, tatsächlich um die behauptete handelt.[600] Obwohl man verschiedene Identifikationsprotokolle unterscheidet, spricht man in allen Fällen einheitlich von

---

594 *Pommerening*, URL: http://www.uni-mainz.de/~pommeren/DSVorlesung/KryptoProt/ProtDef.html.

595 *Buchmann*, Kryptographie, S. 199; *Menezes u.a.* Applied Cryptography, Chapter 10, S. 385.

596 *Buchmann* Kryptographie, S. 201 ff.; *Menezes u.a.* Applied Cryptography, Chapter 10, Pkt. 10.3.

597 *Menezes u.a.* Applied Cryptography, Chapter 10, S. 386.

598 *Röhm/Wilop* DuD 1998, 250, 252.

599 *Menezes u.a.*, Applied Cryptography, Chapter 10, S. 386; *Röhm/Wilop* DuD 1998, 250, 252; die Authentifizierung beschreibt den Vorgang; nachgewiesen wird die Authentizität (diesen Begriff verwendet *Bechtold* DRM, S. 75 ff.).

600 *Menezes u.a.* Applied Cryptography, Chapter 10, Pkt. 10.1.

einer „Authentifizierung“ und unterscheidet graduell danach, ob das Protokoll eine schwache oder starke Authentifizierung gewährleistet.[601] Die Begriffe Identifikation und Authentifizierung von Einheiten kann man, da sie in diesem Zusammenhang ineinander übergehen, synonym gebrauchen.[602] Je nach dem, welche Identität nachgewiesen wird, kann man zwischen Benutzerauthentifizierung und Authentifizierung von Systemkomponenten unterscheiden.[603] Das Ziel eines Schutzsystems ist es, eine möglichst starke Authentifizierung zu ermöglichen. Während insbesondere die Identifikation mittels Passworteingabe nur eine schwache Authentisierung bietet *(bb)*,[604] ermöglicht der Challenge-Response-Mechanismus eine sehr starke *(cc)*.[605]

(bb) Passwortverfahren

Am geläufigsten ist das Identifikationsverfahren, bei dem sich der Nutzer mit der Benutzerkennung identifiziert. Zum Nachweis seiner Identität muss er zusätzlich ein Passwort oder eine Passphrase[606] eingeben.[607] Die Daten sind typischerweise in einem Benutzerkonto (Benutzerkonto bzw. *Account*) zusammen mit den der Identität zugeordneten Zugangsrechten bei der autorisierten Stelle (Administrator, Lizenzserver, etc.) gespeichert.[608] Bei der Passwortkontrolle wird eine Einweg-Funktion angewendet, d.h. der Nutzer gibt die Benutzerkennung und das Passwort ein, das System prüft, ob die Angaben mit denen übereinstimmen, die bei dem Nutzer auf der Liste unter seiner Benutzerkennung gespeichert sind, und der Nutzer erhält nur Zugang, wenn die Angaben übereinstimmen.[609] Einige Systeme –

601 So jedenfalls *Menezes u.a.* Applied Cryptography, Chapter 10, S. 386; *Pommerening*, URL: http://www.uni-mainz.de/~pommeren/DSVorlesung/KryptoProt/Authentisierung.html.

602 *Menezes u.a.* Applied Cryptography, Chapter 10, Pkt. 10.2.

603 So *Bechtold* DRM, S. 77 f.; *Rosenblatt u.a.* DRM, S. 86 f., „user and device identification“.

604 *Menezes u.a.* Applied Cryptography, Chapter 10, Pkt. 10.2; *Pommerening*, http://www.uni-mainz.de/~pommeren/DSVorlesung/KryptoProt/Authentisierung.html.

605 *Menezes u.a.* Applied Cryptography, Chapter 10, Pkt. 10.3; *Pommerening*, http://www.uni-mainz.de/~pommeren/DSVorlesung/KryptoProt/Authentisierung.html.

606 Von einer Passphrase spricht man, wenn das Passwort nicht nur aus einem Wort, sondern aus einem Satz oder aus einer Kette von Zeichen besteht (*Irlbeck/Langenau/Mayer*, S. 640; *Menezes u.a.* Applied Cryptography, Chapter 10, Pkt. 10.2.1 (vi)).

607 *Menezes u.a.* Applied Cryptography, Chapter 10, Pkt. 10.2.

608 *Menezes u.a.* Applied Cryptography, Chapter 10, Pkt. 10.2.; *Wand* Technische Schutzmaßnahmen, S. 10.

609 *Buchmann* Kryptographie, S. 200; *Pommerening*, URL: http://www.uni-mainz.de/~pommeren/DSVorlesung/KryptoProt/Authentisierung.html; *ders.* sehr anschaulich zur Einweg-Funktion („Fleischwolf“), URL: http://www.uni-mainz.de/~pommeren/DSVorlesung/KryptoBasis/Einweg.html; *RSA Laboratories* Crypto FAQ, Chapter 2, URL: http://www.rsasecurity.com/rsalabs/faq/2-2-5.html.

insbesondere im Bereich des Bezahlfernsehens – sehen auch vor, dass sich der Nutzer statt einer Benutzerkennung und eines Passwortes mit einer „Persönlichen Identifizierungsnummer“ (PIN) – zumeist i.V.m. einer physischen Karte bzw. Chipkarte – identifiziert.[610] Die Zugangskontrolle vollzieht sich in folgenden Schritten:

- *Anmeldung/Registrierung, Speicherung der ID (Identität oder Pseudonym) und der dieser Einheit zugeordneten Zugriffsrechte in einem Account;*
- *Zugangskontrolle:*
  - *Identifizierung mittels Benutzerkennung,*
  - *Authentisierung mittels Passwort,*
  - *Vergleich mit Daten, die auf dem Benutzerkonto gespeichert sind: ID, Passwort, etc. und die mit der ID verbundenen Zugriffsrechte.*
- *Autorisierung*

(cc) Spezialfall: Personengebundene Kodierung in DRMS

Anders funktioniert die Zugangskontrolle bei DRMS.[611] Der Funktionsablauf unterscheidet sich insofern, als die Datei bzw. die dazu korrespondierende elektronische Lizenz selbst personengebunden kodiert ist. Mit Hilfe von Beschreibungssprachen können nicht nur die Nutzungsbedingungen, sondern auch Informationen über den Nutzer oder seine Systemkomponente selbst (user ID oder IP-Adresse) einer Datei oder der elektronischen Lizenz beigefügt werden.[612] XrML ermöglicht z.B., die berechtigte Person oder den berechtigten Personenkreis festzulegen.[613] Man spricht von einer *personengebundenen Kodierung,*[614] Personalisierung oder Individualisierung.[615]

Beispiel: Online-Musikdienst:[616] *Eine Nutzerin möchte bei einem Online-Dienstes Musikdateien herunterladen. Bevor sie den Dienst nutzen kann, lädt sie eine spezielle Abspielsoft-*

---

610 *Menezes u.a.* Applied Cryptography, Chapter 10, Pkt. 10.2.4; so auch *Wand* Technische Schutzmaßnahmen, S. 11.

611 S. dazu näher Teil 2 1. Kap. H. I. 2. c) ee).

612 *Chantepie* Mesures techniques, S. 118 f.; etwas allgemeiner *Grassmuck* (Abschnitt Personalisierung).

613 *Bechtold* DRM, S. 48; s. zu den Sprachen bei DRMS Teil 2 1. Kap. H. I. 2. c) ee) (2).

614 *Grassmuck* (Abschnitt Personalisierung).

615 *Microsoft* Security Overview of Windows Media Rights Manager, URL: http://www.microsoft.com/windows/windowsmedia/wm7/WMRM_security.pdf (12/02), S. 3, 4.

616 In Anlehnung an den Dienst von iTunes von Apple, s. hierzu *Baumgardt* in c't 11/2003, S. 80; *Drösser/Hamann* in ZEIT v. 15. Mai 2003, S. 19 f.: „Die Job-Maschine“; diese Zugangskontrolle sehen z.B. folgende Schutzsysteme vor: RightsSystem von SealedMedia, Core Technology White Paper, URL: http://www.sealedmedia.com/Download/whitepaper_core_a4.pdf, S. 7, 16; Microsoft Windows Media von Microsoft, Security Overview of Windows Media Rights Manager,

ware herunter, für die sie sich registrieren lassen muss. Sie erwirbt mit Abrechnung eine elektronische Lizenz, die auf dem Anbieterserver unter ihrer ID gespeichert wird. Die Abspielsoftware fordert sie auf, Kennung und Passwort einzugeben. Das System (Server) überprüft, ob unter ihrer ID Rechte gespeichert sind. Sind keine Rechte mehr auf dem Server vorhanden, verweigert die Abspielsoftware den Zugriff auf die Daten.

Wie das Beispiel zeigt, unterscheidet sich die Zugangskontrolle nicht wesentlich von dem Grundschema. Die Besonderheit liegt in der Interaktion zwischen der kodierten Datei (in den meisten Fällen sind die Informationen über die Nutzung der Lizenz und nicht der Datei selbst beigefügt), der Abspielsoftware und dem Lizenzserver. Der Nutzer kommuniziert mit dem Lizenz-Server über die Abspielsoftware. Die Abspielsoftware fordert den Nutzer auf, sich ihm gegenüber zu authentifizieren, dann liest sie die Informationen über die Nutzung und verweigert den Zugriff auf die Datei, wenn sie nach Prüfung auf dem Server feststellt, dass der Nutzer nicht (mehr) zugangsberechtigt ist. Besonders in DRMS wird diese Zugangskontrolle zumeist durch die Authentifizierung der Systemkomponente ergänzt, bei der der Challenge-Response-Dialog verwendet werden kann.[617]

(dd) Challenge-Response-Mechanismus

Ein Protokoll, das eine stärkere Authentifizierung als die Passwortkontrolle gewährleistet, ist der *Challenge-Response*-Mechanismus.[618] Die Identität wird dadurch nachgewiesen, dass eine Einheit gegenüber einer anderen Einheit nachweist, ein Geheimnis zu kennen.[619] Anstelle einer Passwortanforderung bekommt der Nutzer/Einheit eine Aufgabe (*Challenge*) gestellt, die er/sie lösen muss.[620] Die richtige Antwort (*Response*) kann nur geben, wer ein bestimmtes Geheimnis kennt.[621] Anders als die Passwortkontrolle findet dieses Verfahren nicht auf der Anwendungsebene, sondern auf einer diskreten Ebene statt. Das hat den Vorteil, dass der Nutzer selbst das Geheimnis nicht aus der Hand gibt.[622] Es wird damit

---

URL: http://www.microsoft.com/windows/windowsmedia/wm7/WMRM_ security.pdf (12/02), S. 2, 3; RightsSystem von InterTrust, Understanding DRM Systems, An IDC White Paper, nach Registrierung abrufbar unter URL: http:// www.intertrust.com/main/research/whitepapers/IDCUnderstandingDRMSystems.p df, S. 14 f., grafische Darstellung S. 15.

617 S. dazu *Chantepie* Mesures techniques, S. 119; *Stefik* Shifting the Possible; *Stefik/Silverman* The Bit and the Pendulum, S. 5.

618 *Menezes u.a.* Applied Cryptography, Chapter 10, S. 385; *Pommerening*, URL: http: //www.uni-mainz.de/~pommeren/DSVorlesung/KryptoProt/Authentisierung.html.

619 *Buchmann* Kryptographie, S. 201, *Menezes u.a.* Applied Cryptography, Chapter 10, S. 397.

620 *Buchmann* Kryptographie, S. 201.

621 *Buchmann* Kryptographie, S. 201.

622 *Chantepie* Mesures techniques, S. 119.

geprüft, ob verschiedene Systemkomponenten (Hardware und Software) miteinander kompatibel sind.[623]

Beispiel: *Ohne Windows Media Player (spezielle Abspielsoftware, plug in) kann die Nutzerin keine Verbindung zu dem Streaming-Server aufbauen, von dem sie Filmsequenzen im Streaming-Format abrufen möchte.*

Der Challenge-Response-Mechanismus verdeutlicht, wie komplex kryptographische Mechanismen sein können, da er auf Signaturenverfahren, symmetrischen oder asymmetrischen Verschlüsselungsverfahren oder dem Zero-Knowledge-Beweis beruht.[624] Symmetrische Verfahren verwenden denselben Schlüssel zum Ver- und Entschlüsseln, während bei asymmetrischen Verfahren der öffentliche Schlüssel zum Ver- und der private Schlüssel zum Entschlüsseln verwendet wird.[625] Beim symmetrischen Verfahren kennen beide Parteien das Geheimnis.[626] Eine stärkere Authentisierung ermöglicht daher das asymmetrische Verfahren.[627] Der Einheit, die sich authentifizieren muss (Beweiser), ist ein privater und öffentlicher Schlüssel zugeordnet. Der private Schlüssel ist nur der Einheit bekannt. Die Einheit muss verifizieren, dass sie Kenntnis von dem privaten Schlüssel hat.[628]

Eine besonders starke Authentifizierung gewährleisten der Challenge-Response-Dialog, wenn ein Signaturenverfahren verwendet wird.[629] Als Kontrollmechanismus wird dieser Mechanismus z.B. in DRMS zur Benutzerauthentifizierung eingesetzt.[630] In technischer Hinsicht ist die digitale Signatur[631] die Umkehrung des asymmetrischen Verschlüsselungsverfahrens.[632] Es werden zwei unterschiedliche Schlüssel verwendet; mit dem privaten Schlüssel verschlüsselt man die Nachricht, während der öffentliche Schlüssel dazu verwendet wird, die digi-

623 *Bechtold* DRM, S. 80.

624 *Buchmann* Kryptographie, S. 200, 201 ff.; *Menezes u.a.* Applied Cryptography, Chapter 10, Pkt. 10.3.

625 S. dazu näher Teil 2 1. Kap. H. I. 2. c) cc) (1).

626 *Buchmann* Kryptographie, S. 202.

627 *Stefik* Shifting the Possible.

628 *Menezes u.a.* Applied Cryptography, Chapter 10, Pkt. 10.3.3.

629 *Buchmann* Kryptographie, S. 202; *Menezes u.a.* Applied Cryptography, Chapter 10, Pkt. 10.3.3 (ii); sehr anschaulich *Pommerening*, http://www.uni-mainz.de/~pommeren/DSVorlesung/KryptoProt/Authentisierung.html.

630 *Chantepie* Mesures techniques, S. 61 f.; *Strowel/Dussolier* Legal Protection, S. 3.

631 Bekannter ist die praktische Verwendung digitaler Signaturen aus dem Bereich des elektronischen Rechtsverkehrs. Wird für den Rechtsverkehr ausnahmsweise schriftliche Form verlangt, ersetzt die digitale Signatur in rechtlicher Hinsicht die eigenhändige Unterschrift auf einem körperlichen Dokument, sofern sie die Voraussetzungen einer qualifizierten elektronischen Signatur erfüllt (§§ 126 Abs. 3, 126a Abs. 1 BGB i.V.m. § 2 Nr. 3 SigG).

632 *Chantepie* Mesures techniques, S. 61; *Pommerening*, URL: http://www.uni-mainz.de/~pommeren/DSVorlesung/KryptoProt/SignReal.html.

tale Signatur zu verifizieren.[633] In Umkehrung zur asymmetrischen Verschlüsselung lässt sich der private Schlüssel nicht aus dem öffentlichen Schlüssel ermitteln.[634] Der Challenge-Response-Dialog unterscheidet sich von dem herkömmlichen Signaturenverfahren dadurch, dass nicht ein Text, sondern eine Aufgabe (Challenge) signiert wird:[635]

- *V stellt B, der über ein asymmetrisches Schlüsselpaar verfügt, eine Aufgabe (Challenge) und schickt diese an B;*
- *B signiert die Aufgabe mit dem privaten Schlüssel und sendet sie an V zurück (Response).*
- *V verifiziert die Signatur mit dem öffentlichen Schlüssel (ggf. beglaubigt durch Zertifizierungsstelle)*

Asymmetrische Verfahren oder Signaturenverfahren schützen nicht gegen Personen, die sich die Informationen über einen öffentlichen Schlüssel durch Abhören der Leitung (*Man in the Middle Attack*) verschaffen und unter falscher Identität auftreten.[636] Eine Möglichkeit, um die Echtheit des öffentlichen Schlüssels zu beweisen, ist das *digitale Zertifikat.*[637] Hierunter ist folgendes zu verstehen:[638] Der private Schlüssel ist eine elektronische Identität („ich"), der öffentliche Schlüssel die öffentliche Manifestation davon („mein Ausweis"). Ein Zertifikat ist eine Echtheitsbescheinigung dieser Identität („Stempel auf dem Ausweis").

Diese Kombination aus Signaturenverfahren und Zertifizierung des Schlüssels mit dem Ziel einer besonders starken Authentifizierung kommt in einigen DRMS zur Anwendung.[639] Erforderlich hierfür ist eine *Public-Key-Infrastruktur* (PKI). Ein wichtiger Bestandteil der PKI ist eine „Zertifizierungsstelle".[640] Die PKI benötigt man, wenn man asymmetrische Verschlüsselungsverfahren (synonym: Public-Key-Verfahren) anwendet, um die öffentlichen und privaten Schlüssel zu

---

633 *Buchmann* Kryptographie, S. 175.

634 *Pommerening*, URL: http://www.uni-mainz.de/~pommeren/DSVorlesung/KryptoProt/SignReal.html.

635 *Buchmann* Kryptographie, S. 202; *Menezes u.a.* Applied Cryptography, Chapter 10, Pkt. 10.3.3 (ii); *Pommerening*, URL: http://www.uni-mainz.de/~pommeren/DSVorlesung/KryptoProt/Authentisierung.html.

636 *Irlbeck/Mayer/Langenau*, S. 208; *Pommerening*, URL: http://www.uni-mainz.de/~pommeren/DSVorlesung/KryptoProt/Zertifikate.html.

637 *Irlbeck/Mayer/Langenau*, S. 208; *Pommerening*, URL: http://www.uni-mainz.de/~pommeren/DSVorlesung/KryptoProt/Zertifikate.html.

638 *Pommerening*, URL: http://www.uni-mainz.de/~pommeren/DSVorlesung/KryptoProt/Zertifikate.html.

639 Zu der Verbindung zwischen Trusted Systems und PKI *Stefik*, Shifting the Possible; s. hierzu auch *Bechtold* DRM, S. 53, 79; *Chantepie* Mesures techniques, S. 61 f. mit Grafik; *Pfitzmann u.a.* Gutachten, S. 30 erwähnen die Möglichkeit, Java-Applets zu signieren, wobei die Zertifikate Bestandteil der Ausführungsumgebung bzw. des Web-Browsers sind.

640 Hierzu ausführlich *Buchmann* Kryptographie, Kap. 14.

speichern und zu verteilen.[641] Sie zielt u.a. darauf ab, den öffentliche Schlüssel vor Fälschung und Missbrauch zu schützen.[642]

(ee) Bedeutung als Kontrollmechanismus

Es gibt vor allem zwei Gründe, warum der Nutzung eine Authentifizierung sowohl des Nutzers als auch der Systemkomponente vorgeschaltet werden. Zum einen soll ein System den Austausch digitaler Güter in einer vertrauenswürdigen Umgebung („Trusted System") gewährleisten;[643] Betrüger bzw. potentiell feindliche Einheiten sollen aus dem vertrauenswürdigen System ausgeschlossen[644] und gleichzeitig auch Missbrauch verhindert werden, indem der Nutzer mittels eines ungeschützten Endgerätes Raubkopien anfertigt.[645] Zum anderen dient die Authentifizierung der Prüfung, ob der Nutzer über die Komponente verfügt, die auf das spezielle Schutzkonzept abgestimmt ist.[646] Die Komponente selbst erfüllt meist wichtige Sicherheitsfunktionen, z.B. sind die Schlüssel zum Entschlüsseln darin gespeichert.

Beispiel: *Das Content-Scramble-System (CSS)[647] ist ein System zum Schutz von Werken, die auf DVD gespeichert sind. Entworfen hat das Konzept die Arbeitsgruppe Copy Protection Technical Working Group (CPTWG):[648] CSS besteht äußerlich aus drei Komponenten, der DVD, dem DVD-Player und dem Rechner des Nutzers. Das Schutzkonzept beruht auf einer Kombination aus Zugangskontrolle und Datenverschlüsselung- ein Schlüsselaustauschsystem mit sechs unterschiedlichen Schlüsseln.[649] Der Hersteller eines Players erwirbt von der DVD Copy Control Association eine Lizenz. In den Player werden u.a. der dem DVD-Player zugewiesene Schlüssel (Player Key, 40 Bit) und das kryptographische Geheimnis integriert (Authentication Key). Legt man eine DVD ein, findet zwischen Player und Rechner eine Challenge-Response-Authentifizierung statt*

641 *Buchmann* Kryptographie, S. 207; s. dazu auch Teil 2 1. Kap. H. I. 2. c) cc) (1) (c) sowie ee) (3).

642 *Buchmann* Kryptographie, S. 207.

643 *Stefik* Shifting the Possible.

644 *Röhm/Wilop* DuD 1998, 250, 252; *Stefik/Silverman* The Bit and the Pendulum, S. 5.

645 *Bechtold* DRM, S. 49.

646 *Bechtold* DRM, S. 77, 80; *Marks/Turnbull* E.I.P.R. 2000, 198, 212; *Stefik/Silvermann* The Bit and the Pendulum, S. 5.

647 Ein weiteres Beispiel hierfür ist der Standard zum Schutz für Audio und Video, *Digital Transmission Content Protection* (DTCP) „5C Digital Transmission Content Protection White Paper", URL: http://www.dtcp.com/data/wp_spec.pdf, S. 1; s. dazu *Bechtold* DRM, S. 120 m.w.N.

648 Zu der historischen Entwicklung des Systems s. *Marks/Turnbull* E.I.P.R. 2000, 198, 205 f.

649 Vgl. ausführliche Darstellung des Schutzsystems *Kesden* Lecture 33, Dec. 6, 2000, Course: 15-412 Operating Systems: Design and Implementation, abrufbar über die Seite von *Touretzki* URL: http: //www-2.cs.cmu.edu/~dst/Adobe/Gallery/index.html (12/02); s. auch *Marks/Turnbull* E.I.P.R. 2000, 198, 212 f.

(player-host mutual authentication), der der Schlüsselaustausch und die Entschlüsselung folgen.

Bei den DRMS und der Streaming-Technik kommt der Abspielsoftware eine entscheidende Funktion zu. Es sind Sicherheitsmechanismen in ihr integriert.[650] Bevor der Nutzer auf die Daten zugreifen kann, muss er sich gegenüber dem Server mit der Abspielsoftware (häufig ein *Plug in*)[651] authentifizieren.[652] Die Authentifizierung der Abspielsoftware kann durch einen Challenge-Response-Dialog erfolgen.[653] Die Abspielsoftware ermöglicht, die verschlüsselten Inhalte zu entschlüsseln. Hinzu kommt, dass die Rechtsmodelle in Beschreibungssprachen spezifiziert sind, deren Durchsetzung davon abhängt, ob eine Abspielsoftware verwendet wird, die diese Sprache unterstützt.

Beispiel 1: DRMS:[654] *In den DRMS muss der Nutzer über eine bestimmte Client-Software (meist ein Plug in) verfügen, mit der er sich gegenüber dem Server authentifiziert, auf dem die Nutzungsrechte, Schlüssel und die Abrechnung verwaltet werden. Das Plug in dient anschließend dazu, die Dateien zu entschlüsseln und die Nutzung gemäß den Nutzungsbedingungen zu steuern. In den meisten DRM-Lösungen wird für die Festlegung der Nutzungsbedingungen die eXtensible Rights Marcup Language (XrML)*[655] *verwendet.*[656]

Beispiel 2: *Ähnlich verhält es sich bei softwarebasierten E-Book-Systemen. E-Book ist das elektronische Dokument; die Lesesoftware ist i.d.R. ein Plug in. Die Textdatei kann so kodiert werden, dass sie nur auf speziellen Rechnern geöffnet werden kann, zeitlich begrenzt nutzbar ist oder nur unter einem bestimmten Betriebssystem läuft.*[657].

Beispiel 3: Streaming-Technik: *Die Streaming-Technologie*[658] *(wörtlich übersetzt: strömen) ermöglicht den Zugriff auf Audio-, Video- und Multimedia-Inhalte in Echtzeit oder*

---

650 *Pfitzmann u.a.* Gutachten, 58; *Sieber* Gutachten, S. 106; *Bechtold* DRM, S. 26; s. dazu Teil 2 1. Kap. H. I. 2. c) ee) (3).

651 *Rosenblatt u.a.*, DRM, S. 85 f.

652 *Chantepie* Mesures techniques, S. 119; *Rosenblatt u.a.*, DRM, S. 84; *Stefik* Shifting the Possible; *Stefik/Silverman* The Bit and the Pendulum, S. 5.

653 *Chantepie* Mesures techniques, S. 119; *Stefik* Shifting the Possible; *Stefik/ Silverman* The Bit and the Pendulum, S. 5.

654 Beispiele: SealedMedia (Rights System, Plug in: „Unsealer"), InterTrust (Rights-System, „Client"), IBM (EMMS Version 2, Cryptolope Life!, „herstellereigener HTML-Viewer"), Microsoft, Microsoft Windows Media, Rights Manager, Plug in: Windows Media Player, vgl. Microsoft, Security Overview of Windows Media Rights Manager, S. 3).

655 XrML 2.0 Technical Overview, Version 1.0, URL: http://www.xrml.org/ Reference/XrmlTechnicalOverviewV1.pdf, S. 1.

656 Nach den eigenen Angaben von *ContentGuard*, URL: http://www.contentguard. com/xrml.asp.

657 Beispiele für den Dokumententausch sind: eSolutions von Adobe (Content Server, Plug in: Adobe Acrobat eBook Reader), PDF Merchant von Adobe (Plug in: Adobe Acrobat Reader mit WebBuy), Alchemedia (Mirage, Plug in: „Mirage-Client").

658 Einen Überblick hierzu gibt der Adobe Dynamic Media Group, Leitfaden für Streaming Media.

> *auf jederzeitigen Abruf über Netze. Für das „echte" Streaming ist kennzeichnend, dass bei den übertragenen Daten keine Kopie des Inhalts – auch nicht im Zwischenspeicher - verbleibt. Der Zugriff auf die Datei ist ohne ein auf den Streaming-Server abgestimmtes „Plug in" (Player) nicht möglich. Der Nutzer muss sich z. B. bei dem System von Realnetworks mit der Abspielsoftware gegenüber dem Streaming-Server authentifizieren.*[659]

Die Authentifizierung der Abspielsoftware erfüllt die Voraussetzungen einer „Zugangskontrolle": Oft findet man auf der Anbieterseite ein kleinen Symbol (*Icon*) für die Abspielsoftware, das zu der Seite führt, von der aus man die Abspielsoftware herunterladen kann (Bsp. *Acrobat Reader*); dem Nutzer ist ohne weiteres erkennbar, dass er ohne diese Software nicht auf das Angebot zugreifen kann.

(ff) Exkurs: Fälschungssichere Hardware

DRMS und die Streaming-Technik sind softwarebasierte Lösungen. Deren Schwäche liegt darin, dass das kryptographische Geheimnis schutzlos dem Angreifer offenbart wird, da ein physischer Schutz unmöglich ist.[660] Da Fachleute die Geheimnisse im Wege der Dekompilierung und des Reverse Engeneering[661] mit Zeit und Geduld ermitteln können, gelten die softwarebasierten Lösungen aus deren Sicht als unsicher.[662] Die fälschungssichere Hardware löst das Problem, das Geheimnis (Schlüsselinformationen) sicher aufzubewahren und möglichst das angewandte Verfahren (Algorithmus) zu verbergen.[663] Eine praktische Lösung bieten Chipkarten[664] – insbesondere *Smartcards*[665] im Pay-TV-Bereich –, bei denen es sich um kreditkartengroße Chips mit einer integrierten elektronischen Schaltung handelt.[666] Es lassen sich kryptographische Algorithmen hierauf implementieren, um eine Authentisierung des Nutzers zu ermöglichen[667] oder um die

659 S. zu dem „Secret Handshake" RealNetworks, RealNetworks, Inc. v. Streambox, Inc., United States District Cort, Western District of Washington at Seattle, No. C-99-2070P, S. 4.

660 *Bechtold* DRM, S. 87; *Pfitzmann u.a.* Gutachten, S. 58, Pkt. 3.4.3; s. zu dem DRM-System von Microsoft *Röttgers*, Kopierschutzknacken aus Überzeugung.

661 S. zu den Begriffen Fn. 217.

662 *Chantepie* Mesures techniques, S. 120; *Pfitzmann u.a.* Gutachten, S. 19, 58 ff.

663 *Pfitzmann u.a.* Gutachten, S. 19, 26, 59.

664 S. zu den Standards (Einchip und Sandbox-Verfahren) *Pfitzmann u.a.* Gutachten, S. 27 f.

665 S. hierzu *Bechtold* DRM, S. 82 ff; zu den Angriffsmöglichkeiten *Bechtold* DRM, S. 82 f.; *Pfitzmann u.a.* Gutachten, Pkt. 3.2.3.

666 *Menezes u.a.* Applied Cryptography, Chapter 10, S. 387; wegen der integrierten Schaltung werden sie synonym als *Integrated Circuit Card* (ICC) bezeichnet (*Schott*, Smart Cards).

667 *Schott* Smart Cards.

Schlüsselinformationen darauf zu speichern, die z.B. einen Medienstrom entschlüsseln.[668]

Eine weitere hardwarebasierte Lösung stellt das Trusted Platform Modul (TPM) dar. Die Firmen Compaq/Hewlett-Packard, IBM, Intel und Microsoft gründeten 1999 die Trusted Computing Platform Alliance (TCPA), die eine hardwarebasierte Lösung der Sicherheitsprobleme anstrebte. Anfang April 2003 wurde von den Firmen AMD, Hewlett-Packard, IBM, Intel und Microsoft als Nachfolger zu TCPA die Trusted Computing Group (TCG) gegründet. TCG hat dabei die existierenden TCPA Spezifikationen übernommen, insbesondere TPM 1.1.[669] Dieser Chip ist mit zahlreichen Funktionen ausgestattet, insbesondere einem Algorithmus zur Benutzerauthentifizierung.[670] Microsoft hat darüber hinaus das Sicherheitskonzept Palladium[671] entworfen, das mittlerweile als Next-Generation Secure Computing Base (NGSCB) bezeichnet wird.[672] Das Bundesamt für Sicherheit in der Informationssicherheit und der Gesetzgeber verfolgen in Deutschland die Entwicklung, da man für kleine und mittlere Softwareunternehmen wettbewerbsrechtliche Gefahren befürchtet, insbesondere erhebliche Marktszutrittshindernisse für quelloffene und freie Software.[673]

(c) Zurückweisung von Systemkomponenten (Device Revocation)

Die Authentifizierung von Einheiten kann nicht nur eingesetzt werden, um positiv festzustellen, dass jemand nachweisbar zugangsberechtigt ist, sondern auch, um negativ zu bestimmen, ob einer Einheit der Zugriff auf das Schutzsystem verweigert werden soll, weil es sich um ein kompromittiertes Gerät handelt.[674] Ziel eines solchen Verfahrens ist es, Systemkomponenten aus einem komplexen System auszuschließen, wenn dieses so manipuliert worden ist, dass die Schutzmechanismen des Systems nicht mehr eingreifen oder gefährdet sind.[675] Dies setzt allerdings voraus, dass das System speichert, welche Geräte bzw. Schlüssel kompromittiert sind. Zu diesem Zweck können für den Online-Vertrieb elektronische

---

668 *Pfitzmann u.a.* Gutachten, S. 25.

669 *Trusted Computing Group* (TCG), URL: http://www.trustedcomputinggroup.org/home, von wo aus die *TCG Main Specification* als Zip-Datei abrufbar ist; TCP ist z.B. integriert in eine Platform für den elektronischen Handel von Wave-Systems, Embassy Trusted System; *WaveSystems*, The Wave EMBASSY Architecture: Redefining Trust at the Network Edge, URL: http://www.wave.com/technology/EMBASSY_for_edr.pdf; URL: http://www.wave.com/about/datasheets/03-000138_TPM.pdf.

670 *Grassmuck (*Abschnitt TCPA).

671 S. hierzu *Grassmuck* (Abschnitt. Palladium).

672 *Microsoft*, The Next-Generation Secure Computing Base, URL: http://www.microsoft.com/presspass/events/rsa/docs/NGSCBOverviewFS.doc.

673 Schriftliche Frage der Abgeordneten *Krogmann* zu den Auswirkungen der beabsichtigten Einführung der Softwarekomponente „Palladium" und des so genannten Fritz-Chips durch die TCPA, BT-Drucks. 15/116 v. 29.11.2002, S. 18 f., URL: http://dip.bundestag.de/btd/15/001/1500116.pdf.

674 *Marks/Turnbull* E.I.P.R. 2000, 198, 212; *Bechtold* DRM, S. 80, wonach sich die Prüfung der Authentizität auch auf das kompromittierte Geräte bezieht.

675 *Bechtold* DRM, S. 27.

Listen über die Einheiten und die ihnen zugeordneten Schlüssel geführt werden, die in regelmäßigen Abständen in die Komponenten der Nutzer heruntergeladen werden.[676] Man kann die Methode der *individuellen Verschlüsselung* und die *Mehrfachverschlüsselung* voneinander unterscheiden.[677] Die individuelle Lizenzierung ist ein Kennzeichen der DRMS für interaktive Online-Dienste.[678] Die Inhalte werden individuell verschlüsselt, d.h. jeder Nutzer verfügt über einen Schlüssel.[679]

Beispiel: DRMS Microsoft:[680] *Für die Sicherheit der Rechteverwaltung sieht der Windows Media Rights Manager 7.1 SDK[681] verschiedene Sicherheitsfunktionen vor, insbesondere die Funktionen „Individualisierung" und die „Zurückweisung der Anwendung des Players".[682] Der Nutzer kann die angebotenen Inhalte nur nutzen, wenn er über ein Plug in, in diesem Fall über den Microsoft Media Player verfügt. Der Nutzer muss sich für die Nutzung des Media Player registrieren lassen. Dem Player ist ein digitales Zertifikat zugeordnet. Wenn Microsoft feststellt, dass ein Player kompromittiert ist, wird das Anwendungs-Zertifikat auf der Widerruf-Liste eingetragen. Die Liste wird den erteilten Lizenzen beigefügt. Auf diese Weise wird die Liste auf dem Computer des Nutzers gespeichert. Wenn der Nutzer mittels Player eine geschützte Datei öffnen möchte, überprüft der Player die Liste und verweigert dem Nutzer den Zugriff auf die Datei, wenn sein Zertifikat auf der Liste ist.*

Eine Alternative zur individuellen Lizenzierung ist die Mehrfachverschlüsselung,[683] die im Bereich des Rundfunks eingesetzt wird. Ein Medienstrom wird mit mehreren Schlüsseln (a, b, c) verschlüsselt und gleichzeitig an eine Gruppe von Nutzern übertragen, deren Geräte mit nur jeweils einem der mehreren Schlüssel ausgestattet sind. Ist ein Gerät mit dem Schlüssel a kompromittiert, werden die künftigen Medienströme nicht mehr mit a, b und c, sondern nur noch mit b und c verschlüsselt.

---

676 Beispiel hierfür ist das DRM-System von *Microsoft*, URL: http://www.microsoft.com/windows/windowsmedia/drm.aspx, und Digital Transmission Copyright Protection (DTCP); zu den Lösungsmöglichkeiten, wie man die Nutzerschaft bei einem System mit Verschlüsselung ändern kann s. *Bechtold* DRM, S. 26 f.

677 *Bechtold* DRM, S. 29; *Chantepie* Mesures techniques, S. 54 f.; *Pfitzmann u.a.* Gutachten, S. 23 f.

678 S. dazu näher Teil 2 1. Kap. H. I. 2. c) cc) (1) (c) sowie ee) (3).

679 *Chantepie* Mesures techniques, S. 54; *Pfitzmann u.a.* Gutachten, S. 23.

680 *Microsoft*, URL: http://www.microsoft.com/windows/windowsmedia/drm.aspx; als weiteres Beispiel hierfür kann DTCP (Fn. 319) dienen, White Paper, S. 3, 12.

681 *Microsoft*, Security Overview of Windows Media Rights Manager.

682 *Microsoft*, Security Overview of Windows Media Rights Manager, URL: http://www.microsoft.com/windows/windowsmedia/wm7/WMRM_security.pdf (12/02), S. 1, 3, 5.

683 *Bechtold* DRM, S. 29; *Chantepie* Mesures techniques, S. 55; *Pfitzmann u.a.* Gutachten, S. 24.

(4) Sonstige Verfahren zur Zugangskontrolle

(a) Sondersignal

Es gibt Schutzsysteme, in denen den geschützten und verschlüsselten Inhalten ein Sondersignal (Informationen-Bit oder Bitfehler) beigefügt ist; Abspielgeräte spielen die Inhalte nur ab, wenn das Sondersignal vorhanden ist.[684]

(b) CD-Kopierschutz

Der CD-Kopierschutz soll regelmäßig verhindern, dass die CD auf dem CD-ROM-Laufwerk abgespielt und CDs gebrannt werden können. CD-Kopierschutzverfahren ist gemeinsam, dass sie historisch bedingte kleine Unterschiede zwischen CD-ROM-Laufwerken und Audio-CD-Spielern ausnutzen.[685] Geringfügige Manipulationen der auf der CD gespeicherten Informationen – die herkömmliche Audio-CD-Player nicht wahrnehmen – führen auf dem CD-ROM-Laufwerk zu Fehlfunktionen.[686] Technisch lässt sich das realisieren, indem den Audiodaten gezielt Bitfehler hinzugefügt werden oder das Inhaltsverzeichnis auf der CD manipuliert wird,[687] wobei sogar Spezifikationen von Standards verletzt werden,[688] namentlich die Spezifikation für ein einheitliches Audio-CD-Formats (*Red Book*).[689]

<u>Beispiel:</u> *BMG Entertainment hat in Kooperation mit dem Software-Unternehmen Midbar und Sonopress den Schutzmechanismus Cactus Data Shield (CDS) entwickelt. Die Manipulation des Inhaltsverzeichnisses verhindert nicht nur das Auslesen der Tracks mit dem Brenner (Grabbing), sondern auch, dass die Audio-CD auf dem CD-ROM-Laufwerk abspielbar ist.*

Schutzmechanismen, die bewusst Inkompatibilitäten schaffen oder historische Inkompatibilitäten ausnutzen, werden aus technischer Sicht skeptisch betrachtet[690] und als schwache Mechanismen eingestuft.[691]

cc) Umwandlungsmechanismen

Als weiteres Beispiel für einen Kontrollmechanismus nennt § 95a Abs. 2 in der zweiten Alternative Umwandlungsmechanismen. Die Wendung „sonstige Umwandlung des Werkes oder sonstigen Schutzgegenstands" ist als Auffangtatbe-

---

684 *Pfitzmann u.a.* Gutachten, S. 24.
685 *Pfitzmann u.a.* Gutachten, S. 40.
686 *Pfitzmann u.a.* Gutachten, S. 40; *n.n.*, „Audio-CD-Kopierschutz verärgert Kunden und Händler", c′4/2000, 83, URL: http://www.heise.de/ct/00/04/083/.
687 *Pfitzmann u.a.* Gutachten, S. 40.
688 *Pfitzmann u.a.* Gutachten, S. 40.
689 *Irlbeck/Mayer/Langenau*, S. 716.
690 *Pfitzmann u.a.* Gutachten, S. 20, 40 am Beispiel der Audio-CD.
691 *Pfitzmann u.a.* Gutachten, S. 20, 40; *Federrath* Evaluation von DRMS, S. 7.

stand zu verstehen. Die „Verschlüsselung“ und die „Verzerrung“ lassen sich daher als spezielle Umwandlungsmechanismen verstehen. Mit der Umwandlung eines Werkes und Schutzgegenstandes ist begrifflich eine Änderung verbunden. Aus urheberrechtlicher Sicht kann darin eine Umgestaltung zu sehen sein, wenn mit der Umwandlung zugleich eine inhaltliche Änderung verbunden ist.[692] Man sollte die Begriffe jedoch nicht gleichsetzen.

(1) Verschlüsselung

§ 95a Abs. 2 nennt die Verschlüsselung als speziellen Umwandlungsmechanismus. Sofern mit der Verschlüsselung der Zugriff auf die Daten kontrolliert wird, ist die Verschlüsselung gegenüber der Zugangskontrolle die speziellere Kategorie. I.R.v. § 95a sind sie funktional vergleichbar, weil sie die Nutzung unter Kontrolle halten sollen. Bei der Verschlüsselung handelt es sich um eine Transformation der Informationen durch kryptographische Algorithmen, d.h. die Informationen werden durch einen Schlüssel unverständlich gemacht und können nur von demjenigen eingesehen werden, der über den Schlüssel zum Entschlüsseln verfügt.[693] Ein Verschlüsselungsverfahren bzw. Kryptosystem lässt sich folgendermaßen beschreiben:[694] Die zu verschlüsselnde Information ist eine Menge, die als Klartextraum bezeichnet wird (*plaintext*); diese wird unter Anwendung eines Algorithmus (Verschlüsselungsfunktionen) und von Schlüsselparametern in den Chiffretextraum (*ciphertext*) umgewandelt. Bestandteil jedes Kryptosystems ist aber auch der umgekehrte Vorgang, bei dem der Chiffretextraum unter Anwendung eines Algorithmus (Entschlüsselungsfunktionen) wieder entschlüsselt wird.

Dass eine Verschlüsselung auf Algorithmen basiert, weist auf die enge Beziehung zwischen der Kryptologie einerseits und der Informatik und Algorithmen andererseits.[695] Für die Kryptologie ist generell die Mathematik von entscheidender Bedeutung.[696] Sollen Sicherheitsziele speziell durch Computer realisiert werden, kommen Algorithmen zur Anwendung; sie sind für die Informatik von zentraler Bedeutung.[697] Generell umschreibt man den Algorithmus als eine Verfahrens- oder Verarbeitungsvorschrift, z.B. für einen Rechenvorgang, der so präzise formuliert sein muss, dass sie von einer mechanisch oder elektronisch arbeitenden Gerät (etwa einem Computer) durchgeführt werden kann.[698] Sollen Computer

---

692 *Boehme-Neßler* Cyberlaw, G IV c.

693 *Dittmann* Wasserzeichen, S. 12.

694 *Buchmann* Kryptographie, S. 55; *Chantepie* Mesures techniques, S. 48; *Sedgewick* Algorithms, S. 334 f.

695 *Sedgewick* Algorithms, S. 333.

696 Zu den mathematischen Grundlagen *Buchmann* Kryptographie, Kapitel 1, 2, 4; *Menezes u.a.* Applied Cryptography, Chapter 2; vgl. auch „Einbahnstraßen, Falltüren und Euklid“, Informationsangebot des BMWA unter URL: http://www.sicherheit-im-internet.de/themes/print.phtml?ttid=39&tsid=205&tdid=9&page=0 (12/02)

697 Duden, Informatik, S. 28.

698 Duden, Informatik, S. 28; *Irlbeck/Mayer/Langenau*, S. 49.

bestimmte Probleme bzw. Aufgaben ausführen, ist Voraussetzung hierfür, dass sie sich algorithmisch lösen lassen.*[699] *Insbesondere für die Klasse von Problemen „Verschlüsselung und Entschlüsselung" haben Kryptologen Algorithmen entwickelt, die in Computerprogramme implementiert werden können (z.B. RSA, DES).*[700] *Für die Umsetzung verwendet man eine Programmiersprache; diese erlaubt es, Algorithmen präzise zu beschreiben.

Für die Sicherheit eines Kryptosystems ist die Länge des Schlüssels bedeutsam.[701] Die Schlüssellänge[702] ist die in Bit ausgedrückte Länge, z.B. 40 Bit (schwach), 128 Bit (mittel), 1024 Bit (stark).[703] Die Kryptosysteme können eingesetzt werden, um den Inhalt selbst, den Schlüssel zum Entschlüsseln oder die Übertragungswege zu verschlüsseln. Der Nutzer benötigt zum Entschlüsseln der erworbenen verschlüsselten Daten ein spezielles Endgerät oder eine Software. Der Schlüssel zum Entschlüsseln ist je nach Art der Verbreitung der Schlüssel entweder in das Gerät, in eine Chipkarte (z.B. *Smartcard*) oder in die Abspielsoftware integriert.[704] Anhand der verwendeten Schlüssel ist zu unterscheiden, ob das Kryptosystem symmetrisch *(a)* oder asymmetrisch *(b)* ist.[705] Praktisch besonders wichtig sind Mischformen *(c)*.

---

699 Duden, Informatik, S. 28; *Irlbeck/Mayer/Langenau*, S. 49.

700 S. dazu unten Teil 2 1. Kap. H. I. 2. c) cc) (1).

701 *Brazell* E.I.P.R. 1999, 17, 18.

702 Die Schlüssellänge ist von der *Blocklänge* zu unterscheiden. Die Blocklänge bezeichnet die Zahl der in einem Schritt verschlüsselten Zeichen (*Fox* DuD 2000, 736).

703 *Soquat* Kryptographiepolitik der Bundesregierung. Bei Produkten aus dem Ausland ist zu beachten, ob diese Exportbeschränkungen unterliegen. Produkte, die aus der Europäischen Gemeinschaft ausgeführt werden, können der Kontrolle unterliegen, wenn es sich um „Güter mit doppeltem Verwendungszweck (einschließlich Software und Technologien)" handelt (EG-Verordnung Nr. 1334/2000 des Rates vom 22.6.2000 über eine Gemeinschaftsregelung für die Kontrolle der Ausfuhr von Gütern und Technologien mit doppeltem Verwendungszweck (ABl. L 159 v. 30.6.2000, S. 1), URL: http://europa.eu.int/eur-lex/pri/de/oj/dat/2000/l_159/l_1592 0000630de00010215.pdf, zuletzt geändert durch die EG-Verordnung Nr. 149/2003 des Rates v. 27.1.2003 (ABl. L 30 v. 5.2.2003, S. 1), die u.a. die internationalen Verpflichtungen aus dem *Wassgaart Arrangement* gemeinschaftsweit umsetzt. Erwähnenswert sind auch die Export Administration Regulations der USA, die das *Wassnaar-Arrangement* (URL: http: www.wassnaar.org [12/02]), insbesondere die Kategorie 5 der Güter mit doppelten Verwendungszweck (*Information Security*) umsetzen; die Änderungen, die seit dem 19.10.2000 und seit dem 6.6.2002 gelten, sind abrufbar unter URL: http://frwebgate.access.gpo.gov/cgi-bin/getdoc.cgi? dbname=2000_register&docid=fr19oc00-5.pdf und http://frwebgate.access. gpo.gov/cgi-bin/getdoc.cgi?dbname=2002_register&docid=fr06jn02-6.pdf.

704 *Pfitzmann u.a.* Gutachten, S. 23.

705 *Buchmann* Kryptographie, S. 56 f.; *Dittmann* Wasserzeichen, S. 12. Man unterscheidet außerdem zwischen Block- und Stromchiffren. Die wichtigen Verschlüsselungsverfahren sind Blockchiffren (block ciphers) (*Buchmann* Kryptographie, S. 62). Sie gleichen sich alle in einem allgemeinen Vorgang: es wird ein vorgegebene

(a) Symmetrische Verschlüsselung (Privat-Key-Verfahren)

Der Absender verschlüsselter Daten verfügt über einen Schlüssel *e* zum Verschlüsseln, der Empfänger über einen Schlüssel *d* zum Entschlüsseln. Das Verfahren ist *symmetrisch*, wenn entweder der Schlüssel *d* mit dem Schlüssel *e* identisch ist (d=e) oder *d* sich ohne weiteres aus *e* berechnen lässt.[706] Dies bedeutet für die *Sicherheit* des Verfahrens, dass der Schlüssel *e* geheimgehalten werden muss, gerade weil er mit *d* übereinstimmt oder sich *d* einfach daraus berechnen lässt.[707] Die Sicherheit des Verfahrens hängt davon ab, ob der Schlüssel sicher übertragen wird bzw. sicher beim Nutzer aufbewahrt ist. Aus technischer Sicht ist dies nur durch fälschungssichere Hardware zu realisieren.[708]

Die symmetrische Verschlüsselung spielt in vielen Schutzsystemen eine Rolle, wenn es darum geht, den Inhalt selbst zu verschlüsseln. Für die Verbreitung der Inhalte werden allerdings überwiegend Mischverfahren eingesetzt.[709] In der Grundkonstellation der symmetrischen Verschlüsselung verschlüsselt der Anbieter den Inhalt mit einem Schlüssel, der ebenfalls in den Endgeräten der Empfänger gespeichert ist. Hierbei entsteht das Problem, dass der Schlüssel bei allen Empfängern ausgewechselt werden muss, wenn der Schlüssel ausgelesen worden ist, was praktisch nicht umzusetzen ist.[710] Das Schutzsystem bricht zusammen.[711] Daher hängt der Wert eines Systems maßgeblich von dessen Fähigkeit ab, kompromittierte Geräte aus dem System auszuschließen (Device Revocation).[712]

Von den vielen Verschlüsselungsalgorithmen sollen hier nur die Standards und RC4 erläutert werden. Standards dienen dazu, eine hersteller- und plattformübergreifende Interoperabilität von Sicherheitskomponenten zu ermöglichen.[713] Unter *kryptographischen Standards* versteht man u.a. Verfahren, die auf kryptographischen Algorithmen beruhen und hinreichend verbreitet sind oder es in Zukunft sein werden.[714]

Anzahl von Bits (i. d. R. 64 Bit) des Klartextes – ein Block- in einen Block des Chiffretextes derselben Länge verschlüsselt. Alle Blockchiffren haben daher eine natürliche Blocklänge, die die Anzahl der Bit angibt, die sie in einem Schritt verschlüsseln. Im Gegensatz dazu wird bei Stromchiffren (stream ciphers, Bsp. RC4) in einem Schritt nur ein Bit verschlüsselt (*Connected: An Internet Encyclopedia*, abrufbar unter URL: http://www.freesoftware.org).

706 *Buchmann* Kryptographie, S. 56.

707 *Buchmann* Kryptographie, S. 57.

708 *Pfitzmann u.a.* Gutachten, S. 20.

709 S. dazu Teil 2 1. Kap. H. I. 2. c) cc) (1) (c) sowie ee) (3).

710 *Pfitzmann u.a.* Gutachten, S. 20; *Marks/Turnbull* E.I.P.R. 2000, 198, 212.

711 *Pfitzmann u.a.* Gutachten, S. 26.

712 *Bechtold* DRM, S. 26.

713 *Schneider/Bartosch* DuD 2000, 392.

714 *Schneider/Bartosch* DuD 2000, 392.

***DES** (Data Encryption Standard) war lange Zeit der in den USA anerkannte Verschlüsselungsstandard,[715] der weltweit eingesetzt wurde. Es ist ein symmetrischer Verschlüsselungsalgorithmus, der 1975 von IBM im Auftrag der National Security Agency (NSA) mit dem Ziel entwickelt wurde, ein sicheres Verfahren für 10-15 Jahre im sensiblen, aber nicht hochgeheimen Bereich zu entwickeln.[716] IBM erhielt hierfür 1976 ein U.S.-Patent, das 1993 erlosch.[717] Da die Rechnerleistung zugenommen hat, ist DES heute sehr leicht durch Ausprobieren aller möglichen Schlüssel zu knacken.[718] Als sicher gilt daher heute nur noch TripleDES, die Dreifachverschlüsselung von DES mit drei unterschiedlichen Schlüsseln.[719] Wegen der Sicherheitsprobleme von DES schrieb das National Institute of Standards and Technology (NIST) am 12.9.1997 einen Wettbewerb für die Suche nach dem Advanced Encryption Standard aus (AES -„Call for Algorithms"). Das NIST entschied sich für den von Joan Daemen und Vincent Rijmen aus Belgien entwickelten RIJNDAEL-Verschlüsselungsalgorithmus, der Ende November 2001 als Standard bestätigt wurde und seitdem als **AES** bezeichnet wird.[720] Hierbei handelt es sich um einen symmetrischen Blockchiffre mit variabler Block- und Schlüssellänge zu jeweils 128, 192 oder 256 Bit.[721] Daemen und Rijmen mussten zusichern, dass bzgl. des Algorithmus keine Patente bestehen und haben auf die Wahrnehmung ihrer Vergütungsansprüche verzichtet.[722]*

„RC4“ ist ein symmetrischer Verschlüsselungsalgorithmus, der von *Ron Rivest* 1987 („Ron´s Code“) für *RSA Data Security* (jetzt *RSA Security*) entwickelt wor-

---

715 1977 wurde DEA (Data Encryption Algorithm) zum Verschlüsselungsstandard erklärt, nachdem die National Securtity Agency (NSA) die Schlüssellänge von 128 Bit auf 56 Bit verkürzt hat (*Fox* DuD 2000, 736); 1981 folgte die DEA-Spezifikation als ANSI-Standard „DES“ (*Fox* DuD 1999, 598).

716 NIST, http://csrc.nist.gov/cryptval/des/fr990115.htm#suppinfo; http://csrc.nist.gov/cryptval/des/fr990115.htm#sec12.

717 RSA Security, Laboratories´Crypto FAQ, Is DES patented?, URL: http://www.rsasecurity.com/rsalabs/faq/6-3-3.html.

718 *Weis/Lucks* DuD 1999, 582.

719 *Buchmann* Kryptographie, S. 63, 95; *Pommerening*, URL: http://www.uni-mainz.de/~pommeren/DSVorlesung/KryptoBasis/symmetrisch.html

720 NIST, http://csrc.nist.gov/CryptoToolkit/aes/; Spezifikation: Federal Information Processing Standards Publication 197, 26/11/2001, Announcing the Advanced Encryption Standard (AES), URL: http://csrc.nist.gov/publications/fips/fips197/fips-197.pdf; s. dazu *Lucks/Weis* DuD 1999, 582; 2002, 748; Beispiele softwarebasierter DRM-Lösungen: Alchemedia, Mirage Technology White Paper, S. 6; InterTrust, White Paper, S. 17; SealedMedia, White Paper, S. 22.

721 FIPS-Spezifikation (Fn. 255), S. 1; s. *Welschenbach* DuD 2001, 317, 318 ff.

722 *Daemen/Rijmen* The Rijndael Block Cipher: Statements, 10/6/1998, URL: http://csrc.nist.gov/CryptoToolkit/aes/rijndael/rijndael-ip.pdf, S. 1; Erklärung v. 11.2.2000, URL: http://csrc.nist.gov/CryptoToolkit/aes/rijndael/rijndael-ip-update.pdf.

den ist.[723] Der Algorithmus kommt beispielsweise bei dem Sicherheitsprotokoll *SSL*[724] und bei der Standard-Verschlüsselung des PDF-Formats zur Anwendung:

Beispiel: PDF: *Das von* Adobe *entwickelte Portable Document Format (PDF) hat sich zu einem de facto-Standard für die sichere Verbreitung und den Austausch elektronischer Dokumente etabliert. Es ist ein universelles Dateiformat, das die Inhalte unabhängig von der Anwendung bewahrt.*[725] *Der Nutzer kann sich kostenlos den* Acrobat Reader, *ein Softwareerweiterung für einen Web-Browser (Plug in) herunterladen und die Dokumente unabhängig von der verwendeten Computerplatform öffnen. Ferner kann ein Dokument mit einem beliebigen Drucker ausgedruckt werden, was das Paradigma aus der Druckpresse „zuerst Drucken, dann Verbreiten" umkehrt in „zuerst Verbreiten, dann Drucken".*[726] *Für das PDF-Format gibt es eine breite Palette an herstellereigenen Schutzmechanismen und Schutzmechanismen von anderen Herstellern. Standardmäßig werden PDF-Dokumente mit RC4 verschlüsselt.*[727] *Die Formate PDF 1.3. und 1.4. unterscheiden sich aufgrund der zwischenzeitlich gelockerten Exportbeschränkungen der USA in der Schlüssellänge (zunächst nur 40 Bit, dann variable bis 128 Bit).*[728] *Das besondere an der Verschlüsselung ist die Berechnung des Schlüssels. Derjenige, der das Dokument schützen möchte, kann zwei Passwörter festlegen, das Master-Passwort und das User-Passwort. Aus diesen Passwörtern berechnet das Programm unter Anwendung des Hash-Algorithmus MD5 den Schlüssel zum Verschlüsseln.*[729]

(b)Asymmetrische Verschlüsselung (Public-Key-Verfahren)

Die asymmetrischen Verfahren vereinfachen den Schlüsselaustausch.[730] Ein Verfahren ist *asymmetrisch*, wenn *e* (Verschlüsselungsschlüssel) und *d* (Entschlüsselungsschlüssel) verschieden sind und *d* sich auch nicht ohne unverhältnismäßigen Aufwand aus *e* berechnen lässt.[731] Die Daten sind selbst dann gesichert, wenn *e* bekannt gegeben wird. Dies bedeutet für die Sicherheit des Verfahrens, dass le-

---

723 RSA Security, Laboratories 'Crypto FAQ, What is RC4?, URL: http://www.rsasecurity.com/rsalabs/faq/3-6-3.html.

724 *Pommerening*, URL://www.uni-mainz.de/~pommeren/DSVorlesung/KryptoInfra/SSL.html.

725 *Adobe*, URL:http://www.adobe.com/products/acrobat/adobepdf.html.

726 *Kleper* Handbook of Web Publishing, Vol. I, S. 313.

727 *Adobe*, PDF-Reference, snd. Edition, URL: http://partners.adobe.com/asn/acrobat/docs/filefmtspecs/PDFReference13.pdf (12/02), Pkt. 3.5.1.; Changes from Version 1.3. to Version 1.4, Technical Note #5409, URL: http://partners.adobe.com/asn/acrobat/docs/filefmtspecs/PDF14Deltas.pdf (12/02), Pkt. 3.5.1.

728 *Adobe*, Changes from Version 1.3. to Version 1.4, Pkt. 3.5.1.; vgl. außerdem Beschreibung des E-Book-Systems von Adobe *Komulainen*, The Adobe eBook Case, URL: http://www.tml.hut.fi/Gutachtens/T-110.501/2001/papers/tommi.komulainen.html (12/02); die Beschreibung durch einen Anonymen ist von der *Gallery of Adobe Remedies* auf den Seiten von *Touretzkie* abrufbar unter URL: http://www-2.cs.cmu.edu/~dst/Adobe/Gallery/index.html (12/02).

729 *Adobe*, Changes from Version 1.3. to Version 1.4, Pkt. 3.5.1.

730 *Buchmann* Kryptographie, S. 113, *Pfitzmann u.a.*, Gutachten, S. 21.

731 *Buchmann* Kryptographie, S. 57.

diglich der Schlüssel zum Entschlüsseln (*d*) geheimgehalten werden muss.[732] Der Empfänger behält *d* für sich, gibt aber *e* bekannt und kann verschlüsselte Daten empfangen und mit *d* entschlüsseln. *e* wird daher auch als öffentlicher Schlüssel (*Public key*), *d* als privater Schlüssel (*Private key*) und das Verfahren als Public-Key-Verfahren bezeichnet.[733] Der wichtigste asymmetrische Algorithmus ist *RSA*, der 1977 von *Ron Rivest*, *Adi Shamir* und *Len Adleman* am Massachusetts Institute of Technology (MIT) entwickelt wurde. Der Algorithmus gilt bis heute als sicher, da die Sicherheit mit dem schwierigen mathematischen Problem der Primfaktorzerlegung großer Zahlen zusammenhängt.[734] *RSA Security, Inc.* erhielt am 20.9.1983 hierfür in den USA ein Patent; noch kurz vor dem Erlöschen des Patents, am 6.9.2000, verzichtete das Unternehmen auf seine Rechte hieraus.[735]

(c) Mischverfahren

Die symmetrische Verschlüsselung löst das Problem der Schlüsselverteilung und -verwaltung nicht.[736] Asymmetrische Verfahren haben gegenüber den symmetrischen Verfahren wiederum den Nachteil, dass sie rechenaufwendiger sind.[737] Daher wählt man in der Praxis häufig Mischformen, insbesondere *hybride Verschlüsselungsverfahren*,[738] die die Vorteile beider Verfahren verbinden: Es wird ein einmaliger und zufälliger[739] Sitzungsschlüssel erzeugt, mit dem man die Daten symmetrisch verschlüsselt. Den Sitzungsschlüssel verschlüsselt man wiederum mittels eines asymmetrischen[740] Verfahrens und ermöglicht damit einen einfachen Schlüsselaustausch.[741]

---

732 *Buchmann* Kryptographie, S. 57, 113.

733 *Buchmann* Kryptographie, S. 57, 113.

734 *Buchmann* Kryptographie, S. 115.

735 RSA Security, Laboratories'Crypto FAQ, Is RSA patented?, URL: http://www.rsasecurity.com/rsalabs/faq/6-3-1.html, Beispiele: für die verschlüsselte Übertragung mit *SSL*, zum Verschlüsseln der Schlüssel in DRMS, z. B. bei dem System von *SealedMedia*, Core Technology White Paper, S. 22.

736 *Buchmann* Kryptographie, S. 113; *Pommerening*, http://www.uni-mainz.de/~pommeren/DSVorlesung/KryptoProt/ProtEinleitung.html.

737 *Buchmann* Kryptographie, S. 114; *Pfitzmann u.a.* Gutachten, S. 21.

738 *Buchmann* Kryptographie, S. 114; *Pfitzmann u.a.* Gutachten, S. 21-23.

739 *Pommerening*, http://www.uni-mainz.de/~pommeren/DSVorlesung/KryptoProt/Hybrid.html.

740 Es ist allerdings auch möglich, den Sitzungsschlüssel symmetrisch zu verschlüsseln, so dass alle Nutzer über den gleichen symmetrischen Schlüssel verfügen (*Pfitzmann u.a.* Gutachten, S. 22).

741 *Buchmann* Kryptographie, S. 114; *Pfitzmann u.a.* Gutachten, S. 21 f.; mit graphischer Darstellung *Pommerening*, http://www.uni-mainz.de/~pommeren/DSVorlesung/KryptoProt/Hybrid.html.

Ein für die Verschlüsselung des Sitzungsschlüssels standardisiertes Verfahren ist *PKSC*.[742] Da die Schlüssel asymmetrisch und symmetrisch verschlüsselt werden können, kommen Mischverfahren sowohl für die individuelle Verschlüsselung (DRMS) als auch für die Punkt-zu-Multipunkt-Übertragung (Rundfunk) in Betracht,[743] wobei die Punkt-zu-Multipunkt-Übertragung über Netze noch in der Entwicklung ist.[744]

Beispiel: *Alle Abonnenten des kostenpflichtigen Senders* TV-Sport *verfügen über eine Chipkarte, auf der Schlüssel* d *gespeichert ist, und die sie in den an der Set-Top-Box dafür vorgesehenen Schacht einfügen müssen, wenn sie das Programm empfangen wollen. Das Programm verschlüsselt der Veranstalter mit einem Sitzungsschlüssel, den er seinerseits mit* d *verschlüsselt.*

Die Mischverfahren haben für den *Online*-Vertrieb den Vorteil, dass eine flexible Kontrolle der Inhalte möglich ist, da die Sitzungsschlüssel regelmäßig gewechselt werden können. In den Fällen, in denen die Sitzungsschlüssel asymmetrisch verschlüsselt werden (DRMS), kann man die Vorteile des *Public-Key-Verfahrens* nutzen, das eine individualisierte Verteilung der Schlüssel ermöglicht.[745] Es wird dem Nutzer von einer „Zertifizierungsstelle" ein asymmetrisches Schlüsselpaar zugeordnet; in die Software ist ein Zertifikat integriert, dass die Echtheit des öffentlichen Schlüssels belegt.[746]

(2) Verzerrung

Als weiteren speziellen Umwandlungsmechanismus nennt das Gesetz die Verzerrung. Die Verzerrung ist an sich eine unerwünschte Änderung der Wellenform eines Signals.[747] Während einer Signalübertragung auftretende Verzerrungen führen z.B. zu einer unverständlichen Wiedergabe einer Rundfunksendung. Verzerrungen können auch entstehen, wenn ein Signal durch eine elektronische Schaltung läuft und die Lautstärke des Empfanggerätes zu hoch eingestellt ist. Verzerrungen führen oft zu einem Verlust von Informationen und stellen damit ein Hauptproblem bei der Verarbeitung analoger Signale dar. Dagegen werden digitale Signale durch mäßige Verzerrung nicht beeinflusst. Die Bedeutung der Verzerrung als Schutzmechanismen ist derzeit noch nicht geklärt.

---

742 *Pommerening*, http://www.uni-mainz.de/~pommeren/DSVorlesung/KryptoProt/Hybrid.html; s. zu PKCS RSA Laboratories, URL: http://www.rsasecurity.com/rsalabs/pkcs/.

743 *Pfitzmann u.a.* Gutachten, S. 23, 26, die die individuelle Verschlüsselung für Online-Verkäufe durchaus für möglich halten (26).

744 *Pfitzmann u.a.* Gutachten, S. 18.

745 *Pfitzmann u.a.* Gutachten, S. 22.

746 S. *Buchmann Kryptographie,* S. 209, bsp. 210.

747 *Microsoft Press Computer Fachlexikon*, Online-Version abrufbar unter URL: http://www.hirzel.org/book/

(3) Sonstige Umwandlung des Schutzgegenstandes

Die Nutzungskontrolle durch „sonstige Umwandlungsmechanismen“ ist ein Auffangtatbestand. Als sonstige Umwandlungsmechanismen kommt die *Datenkomprimierung* in Betracht. Mit der Datenkomprimierung wird die Datenrate verringert. Die Komprimierung und die Dekomprimierung beruhen auf Algorithmen, die als *Codecs* (Abkürzung für Compressor und Decompressor) bezeichnet werden.[748]

dd) Mechanismus zur Kontrolle der Vervielfältigung

Schließlich nennt das Gesetz noch Mechanismen, die speziell die Vervielfältigung unter Kontrolle halten. Das Vervielfältigungsrecht gehört zu den wichtigsten Verwertungsrechten; dies ließ ihm den Beinamen „Königsrecht“ zuteil werden.[749] Das Vervielfältigungsrecht ist in § 16 Abs. 1 n.F. beschrieben als das Recht, Vervielfältigungsstücke herzustellen, gleichviel ob vorübergehend oder dauerhaft, in welchem Verfahren und in welcher Zahl. Als Mechanismen kommen z.B. solche in Betracht, die die vorübergehende Speicherung verhindern, nur eine bestimmte Art der Vervielfältigung (analog oder digital) zulassen oder die Anzahl der Vervielfältigungsstücke beschränken. Das Recht, über die Anzahl der Vervielfältigungsstücke zu bestimmen, wird durch den Drei-Stufen-Test zusätzlich sichergestellt und ist in Art. 6 Abs. 4 Unterabs. 2 als zulässig anerkannt.[750] Die meisten Kopierschutzsysteme basieren darauf, dass den Dateien oder den Lizenzen Informationen beigefügt werden, die bestimmen, wie und in welcher Anzahl Vervielfältigungen erlaubt sind (Metadaten).[751]

Dem Werk können – wie es bei Kopierschutzsystemen häufig ist – wenige Informationen hinzugefügt werden (*copy control flags*),[752] um die Anzahl der Vervielfältigungen zu kontrollieren oder die sog. Vervielfältigung der zweiten Generation zu verhindern, z.B. Copy Generation Management System (CGMS)[753] sowie das Serial Copyright Management System (SCMS).[754] Einen vergleichbaren Schutz bieten Mechanismen, bei denen ein analoges Signal zu Kopierschutzzecken modifiziert wird (Bsp. Kopierschutzsystem von *Macrovision*[755])

---

748 *Boehme-Neßler* CyberLaw, G IV c; Leitfaden für Streaming Media, S. 37.

749 *Reinbothe* ZEuP 2000, 5, 16.

750 S. dazu Teil 2 2. Kap. A. IV. 3.

751 *Bechtold* DRM, S. 34; zu den „Metadaten“ ausführlich *ders.*, Teil I C II.

752 *Bechtold* DRM, S. 53; *Marks/Turnbull* E.I.P.R. 2000, 198, 212 nennen sie die „copy control flags“; *Pfitzmann u.a.* Gutachten, S. 38.

753 S. dazu *Bechtold* DRM, S. 109.

754 *Bechtold* DRM, S. 53 ff, 103 f.; *Pfitzmann u.a.* Gutachten, S. 38.

755 *Macrovision*, www.macrovision.com/dvd.html; s. hierzu *Pfitzmann u.a.*, Gutachten, S. 32 f.

Die Nutzungsbedingungen können auch durch *Beschreibungssprachen* spezifiziert und der Datei/Lizenz beigefügt werden, wie es bei den DRMS möglich ist. In den DRMS sind für die Rechtewahrnehmung entwickelte Sprachen von zentraler Bedeutung. Der Nutzer muss über eine Software verfügen, die diese Sprache unterstützt. Nach der Authentifizierung und Entschlüsselung steuert die Abspielsoftware die Nutzung gemäß den Nutzungsbedingungen.

Die Kopierschutzfunktion ist kennzeichnend für das (echte) *Streaming*. Bei der Technologie von *RealNetworks* wird z.B. der Mechanismus, mit dem der Anbieter einstellen kann, ob er eine Speicherung gestatten möchte oder nicht, „copy switch"-Mechanismus genannt.[756] Wie bei den DRMS greift der Schutzmechanismus nur, wenn der Nutzer über eine Software verfügt, die den „copy-switch"-Mechanismus versteht. Der Kopierschutzmechanismus muss durch eine Zugangskontrolle ergänzt werden, damit das Schutzkonzept greifen kann: Die Datei wird in eine Metadatei umgewandelt; die Metadatei ruft die Abspielsoftware (Player) auf dem Rechner des Nutzers auf, sucht die ausgewählte Streaming-Datei auf dem Streaming-Server und leitet sie vom Browser auf die Abspielsoftware um.[757]

Erwähnenswert ist weiterhin ein Mechanismus, der für Textpublikationen bedeutsam ist. Der Text soll zwar am Bildschirm gelesen werden, nicht aber für eine dauerhafte Vervielfältigung im Speicher festgehalten werden können (Bsp.: eine Nutzungsvariante bei dem Archiv von *Spiegel-Online*). Dieser Mechanismus wird mit „avoiding screen capturing" oder „low level memory protection" umschrieben.[758]

Schließlich können *Wasserzeichen* für den Kopierschutz von Bedeutung sein. Grundsätzlich haben sie für die Wahrnehmung von Urheberrechten eine große Bedeutung,[759] als Nutzungskontrolle spielen sie allerdings noch eine untergeordnete Rolle.[760] Die technische Grundlage der Wasserzeichenverfahren bildet die *Steganographie*.[761] Für die rechtliche Einordnung kommt es maßgeblich auf die Funktion des Wasserzeichens an. Zu den urheberrechtsrelevanten Anwendungsgebieten[762] zählen die Urheberidentifizierung unter dem Aspekt der Anerkennung

---

756 S. zu dem „Copy switch"-Mechanismus bei dem System von RealNetworks, RealNetworks, Inc. v. Streambox, Inc., United States District Cort, Western District of Washington at Seattle, No. C-99-2070P, S. 4.

757 S. Leitfaden für Streaming Media, S. 42.

758 S. dazu *Chantepie* Mesures techniques, S. 128; diesen Mechanismus bietet z.B. die DRM-Lösung von *SealedMedia*, Core Technology White Paper, S. 8; mit einem solchen Mechanismus kann man auch PDF-Dokumente schützen.

759 S. zu den Markierungstechniken (Wasserzeichen, Fingerprinting) *Chantepie* Mesures techniques, S. 64 ff.; *Dittmann* Wasserzeichen; *Pfitzmann u.a.* Gutachten, S. 34 f.

760 *Chantepie* Mesures techniques, S. 64.

761 *Dittmann* Wasserzeichen, S. 12, 14 f.; s. zu Wasserzeichen auch *Bechtold* DRM, S. 54 ff.

762 *Dittmann* Wasserzeichen, S. 15

der Urheberschaft und Verfahren zur Durchsetzung des Kopierschutzes.[763] In dieser Funktion kommt ein doppelter Rechtsschutz in Betracht (§§ 95a, 95c).[764] Als Mechanismus zur Kontrolle der Vervielfältigung werden Wasserzeichen z.B. in den Systemen Copy Generation Management System (CGMS)[765] und Secure Digital Music Initiatives (SDMI)[766] verwendet.[767]

ee) Spezialfall: Sicherheitskonzept von DRMS

DRMS sind nicht mit den „technischen Maßnahmen" gleichzusetzen. DRMS sind in dem hier verwendeten engeren Sinne komplexe Vertriebskonzepte für den elektronischen Geschäftsverkehr, für die kennzeichnend ist, dass die Rechtemodelle in Sprachen spezifiziert sind und die Technik dazu dient, diese durchzusetzen.[768] Unberücksichtigt bleiben die hardwarebasierten Systeme.[769] Softwarebasierte Lösungen sind – mit *Stefik* – folgendermaßen zu beschreiben:[770]

> *„One way of organizing commerce in digital works is in terms of "digital envelopes" where the digital work is encrypted together with rights and sometimes a program ("applet") for interpreting the rights. This variation shrinks the boundaries of trust from enclosing the consumer's entire computer system to just enclosing particular software that accesses information inside the digital envelope."*

Das von *Stefik* beschriebenen Grundkonzept ist immer noch aktuell: Der Inhalt wird verschlüsselt, dem Inhalt werden Rechte zugeordnet, die in einer computerlesbaren Sprache beschreiben, wer den Inhalt auf welche Weise nutzen darf. Als „vertrauenswürdige" Komponente wird eine Abspielsoftware verlangt (Plug in oder Java Applet), die die Sicherheitsfunktionen ausführt und die Sprache unterstützt, in der die Rechte festgelegt sind.[771]

(1) Vertrieb

An dieser Stelle soll zunächst der Weg der Datei vom Anbieter zum Nutzer beschrieben werden. Anschließend folgt die Beschreibung des Sicherheitskonzepts. Die softwarebasierten DRMS bestehen oft aus drei bzw. vier Komponenten:

1. *Inhalte-Server*
2. *Lizenzserver/Verrechnungsstelle des Rechtsinhabers*

---

763 *Dittmann* Wasserzeichen, S. 30.

764 *Chantepie* Mesures techniques, S. 66; *Wand* Technische Schutzmaßnahmen, S. 8.

765 *Bechtold* DRM, S. 109.

766 S. dazu *Bechtold* DRM, S. 115 f.

767 *Wand* Technische Schutzmaßnahmen, S. 8, 9; *Bechtold* DRM, Fn. 116 und 1372 in Bezug auf Wasserzeichen.

768 *Chantepie* Mesures techniques, S. 93; *Rosenblatt u.a.* DRM, S. 79.

769 S. dazu *Chantepie* Mesures techniques, S. 98 f., 120 f.

770 *Stefik* Shifting the Possible.

771 *Chantepie* Mesures techniques, S. 127; dazu auch *Bodendorf u.a.* NwiR 2002, 1, 9.

3. *Abspielsoftware des Nutzers*
4. *U.U. Zertifizierzungsstelle („PKI")*

Der Rechtsinhaber verschlüsselt den Inhalt symmetrisch und macht ihn öffentlich zugänglich. Die Rechteverwaltung in DRMS basiert grundlegend auf dem Prinzip, dass die Verbreitung des verschlüsselten Inhalts von der Rechtevergabe unabhängig ist.[772] Das ermöglicht auch eine spezielle Vertriebsform, die ***Superdistribution***, bei der die Nutzer die verschlüsselten Dateien beliebig weiterverteilen können (E-Mail, P2P), jeder Nutzer aber eine persönliche Lizenz erwerben muss, bevor er den dauerhaft verschlüsselt gehaltenen Inhalt nutzen kann. Die meisten Lösungen sehen andererseits vor, dass die Inhalte auf verschiedenen Endgeräten des Nutzers (PC, Handy, etc.) nutzbar gemacht werden können, die ihrerseits mit Schutzmechanismen ausgestattet sind.

Möchte der Nutzer den angebotenen Inhalt – z.B. das Angebot von einem Online-Musikdienst – nutzen, setzt dies voraus, dass er sich die von dem Anbieter bereitgehaltene Abspielsoftware herunterlädt. Die Software ist – wie bereits mehrfach erwähnt – für die Nutzungskontrolle von zentraler Bedeutung („Nervenzentrum").[773] Das Herunterladen der Abspielsoftware wird von der vorherigen Registrierung des Nutzers abhängig gemacht.

Der Rechtserwerb wird über den Lizenz-Server abgewickelt.[774] Der Anbieter gestaltet ein oder mehrere Rechtemodelle (z.B. Film für 24 Std., Nutzung der Datei auf drei Rechnern, drei Kopien etc.) und speichert diese auf dem Server. Für den Nutzer wird ein Nutzer-Account eingerichtet. Darin werden Informationen über den Nutzer und/oder über seine Abspielsoftware gespeichert. Der Nutzer kommuniziert mit dem Lizenz-Server über die Abspielsoftware. Über diese stellt er auch seine Kaufanfrage.

Hat der Nutzer eine Lizenz erworben, wird diese personengebunden in seinem Benutzerkonto (Account) abgespeichert. Diese personenbezogene Kodierung kann durch Beschreibungssprachen realisiert werden.[775] Der Lizenz sind außerdem Informationen über die Nutzungsbedingungen beigefügt (z.B. Nutzungsdauer 24 Std.). Die Abspielsoftware fordert den Nutzer auf, sich mit der Eingabe der Kennung und des Passwortes zu authentifizieren. Sie prüft, ob entsprechende Rechte vorhanden sind, entschlüsselt die Datei und gibt sie z.B. in Programmen wie z.B. Netscape, Acrobat, QuickTime etc. wieder. Sie steuert hierbei die Nutzung gemäß den Nutzungsbedingungen. Wenn die Lizenz erloschen ist, wird der Nutzer ggf. automatisch auf eine Website des Lizenzservers geführt, deren URL in dem verschlüsselten Inhalt gespeichert ist.

---

772 *Chantepie* Mesures techniques, S. 93, 104.
773 *Rosenblatt u.a.* DRM, S. 82.
774 S. dazu *Rosenblatt u.a.* DRM, S. 82.
775 *Chantepie* Mesures techniques, S. 118.

(2) Beschreibungssprachen

Die Abspielsoftware des Nutzers kann die Nutzung nur steuern, wenn sie auch die Sprache unterstützt, in der die Rechtemodelle geschrieben sind. Für die urheberrechtlichen Schutzsysteme sind vor allem die Beschreibungssprachen XrML (DRM, E-Book-Systeme) und SMIL (Streaming-Technik) hervorzuheben. *Beschreibungssprachen* verwendet man, um die Dokumentenstruktur darzustellen. Die bekannteste Beschreibungssprache ist die Hypertext Markup Language (HTML).[776]

Von den Beschreibungssprachen sind die *Metasprachen* zu unterscheiden. Diese legen erst die Struktur eines Dokument und die Metatags fest. Diese Definitionen sind in einem Document Type Definition (DTP) hinterlegt. Eine Metasprache ist die Generalized Mark-up Language (SGML), die seit 1986 internationaler Standard ist, und die für HTML angewandt wurde. XrML und SMIL basieren beide auf der Metasprache eXtensible Mark-up Language (XML). XML ist eine Teilmenge aus SGML.[777]

XrML[778] dient dazu, Rechte zu spezifizieren. Sie ist am Xerox Palo Alto Research Center (PARC) entwickelt worden, und ihr Vorläufer wurde unter der Bezeichnung Digital Property Rights Language (DPRL) erstmals 1996 eingeführt. PARC hat ein Patent erworben, und die Sprache wird noch von ContentGuard Inc. verwaltet. Das Unternehmen beabsichtigt allerdings, die Verwaltung und Kontrolle über XrML an die internationale Standardisierungsgemeinschaft abzugeben und hat XrML bereits an einzelne Standardisierungsgremien übergeben (z.B. MPEG, Open eBook Forum [OeBF]).[779] XrML benutzt die Verschlüsselungs- und Authentifizierungsfunktion von XML.[780] Mit der Sprache kann man etwa die Identifikation der Personen, die Rechte sowie die Nutzungsbedingungen spezifizieren.[781] XML ist auch die Grundlage für die Synchronized Multimedia Integration Language (SMIL 1.0)[782], der Beschreibungssprache für Metadaten, die den Streaming-Dateien beigefügt werden.

---

776 HTML, URL: http://www.w3c.org/html (12/02).

777 eXtensible Marcup Language, URL: http://www.w3c.org/xml.

778 S. hierzu ausführlich *Bechtold* DRM, S. 46 ff.; *Chantepie* Mesures techniques, S. 87 ff.

779 XrML, http://www.xrml.org/about.asp; *Open eBook Forum*, URL: http://www.ebxwg.org.

780 XrML, http://www.xrml.org/about.asp; s. zu den Sicherheitsfunktionen *Magtaggert*, „Enabling XML Security“, URL: http://www-106.ibm.com/developerworks/security/library/s-xmlsec.html?dwzone=security#h9113; *Chantepie*, Mesures techniques, S. 90.

781 S. Beispiele bei *Chantepie* Mesures techniques, S. 90.

782 *Synchronized Multimedia Integration Language* (SMIL) 1.0 Specification, URL: http://www.w3.org/TR/REC-smil/; deutsche nicht verbindliche Übersetzung unter URL: http://www.sunshine-company.de/w3c/REC-smil-19980615-DE.html; s. hierzu Leitfaden für Streaming Media, S. 43 f.

(3) Kontrollmechanismen

Um die Rechtemodelle technisch durchzusetzen, kombinieren die meisten DRMS Mechanismen zur Authentifizierung des Benutzers bzw. der von ihm eingesetzten Systemkomponente und die Verschlüsselung. Die sicherheitstechnische Schlüsselfunktion übernimmt die Abspielsoftware des Nutzers, die mit den Sicherheitsfunktionen ausgestattet ist.[783] Hat der Nutzer sich nach Registrierung eine Abspielsoftware auf den Rechner geladen und ein Lizenz erworben, der die Nutzungsbedingungen zugeordnet sind, wirken bei der Nutzungskontrolle verschiedene Mechanismen:

- *Authentifizierung der Client-Software gegenüber dem Server*
- *Authentifizierung des Benutzers gegenüber dem Server durch Eingabe von ID und Passwort*
- *Autorisierung*
- *Entschlüsselung des Inhalts*
- *Steuerung der Nutzung gemäß den z.B. in XrML beschriebenen „Nutzungsbedingungen".*

Das Schutzkonzept[784] ist also eine Kombination aus Authentifizierung der Einheit und des Benutzers *(a)* und einem Verschlüsselungsverfahren *(b).*

(a) Authentifizierung

Die Authentifizierung erfolgt in zweierlei Hinsicht: Der Nutzer muss sich regelmäßig für die Abspielsoftware registrieren lassen. Die Daten werden auf dem Lizenzserver gespeichert. Der Nutzer erhält hierbei ein asymmetrisches Schlüsselpaar, wobei in die Abspielsoftware – oder in den Inhalt selbst (z.B. digitaler Container) – ein digitales Zertifikat zum Nachweis der Echtheit des öffentlichen Schlüssels integriert ist. Bevor der Nutzer Rechte erwirbt, muss sich seine Abspielsoftware gegenüber dem Lizenzserver authentifizieren. Angewandt werden kann hierbei der Challenge-Response-Dialog i.V.m. einem Signaturenverfahren („PKI").[785] Hinzu kommt die Authentifizierung des Benutzers durch die personengebundene Lizenzierung.[786]

---

783 *Chantepie* Mesures techniques, S. 126; *Pfitzmann u.a.* S. 58, Pkt. 3.4.3; *Rosenblatt u.a. DRM,* S. 82 wählen bezeichender Weise den Begriff *DRM-Controller*; s. als Beispiel Microsoft Windows Media von Microsoft, Security Overview of Windows Media Rights Manager, URL: http://www.microsoft.com/windows/windowsmedia /wm7/WMRM_security.pdf (12/02), S. 3.

784 S. ausführlich dazu *Chantepie* Mesures techniques, S. 78 ff.; *Rosenblatt u.a.* DRM, S. 79 ff.

785 S. *Chantepie* Mesures techniques, S. 51, 61 f.; s. dazu Teil 2 1. Kap. H. 2. c) bb) (3) (b) (dd).

786 S. dazu Teil 2 1. Kap. H. 2. c) bb) (3) (b) (cc).

(b) Verschlüsselung

Für DRMS ist kennzeichnend, dass der digitale Inhalt dauerhaft kontrolliert wird.[787] Diese dauerhafte Kontrolle beruht auf dem o.a. Prinzip, dass die Übertragung des Inhalts von der Lizenzierung unabhängig ist.[788] Diese Form der dauerhaften Kontrolle des Inhalts („Digitaler Container") wird technisch durch das o.a. Mischsystem realisiert;[789] der Inhalt wird mit einem zufällig erstellten Sitzungsschlüssel symmetrisch verschlüsselt. Der Nutzer ist Inhaber eines asymmetrischen Schlüssels. Der Anbieter verschlüsselt den Sitzungsschlüssel mit dem öffentlichen Schlüssel des Nutzers. Der Nutzer kann mit seinem privaten Schlüssel zuerst den Schlüssel entschlüsseln und anschließend mit dem Schlüssel den Inhalt.

<u>Beispiel:</u> *Bei dem System Mirage von Alchemedia[790] werden die auszutauschenden Dateien mit AES, RSA und einem proprietären Verschlüsselungsalgorithmus von Adobe verschlüsselt; für die Schlüsselübertragung wird das standardisierte asymmetrische Verschlüsselungsverfahren PKCS # 7 verwendet.*

(c) Steuerung der Nutzung

Die Abspielsoftware unterstützt die Sprache, in der die Nutzungsbedingungen formuliert sind und steuert die Nutzung gemäß dem jeweiligen Rechtemodell. Die Mechanismen unter a-c haben gemeinsam die Funktion, die Nutzung zu kontrollieren und erfüllen eingesetzt zum Schutz von Werken den Begriff der „technischen Maßnahmen" i.S.v. § 95a Abs. 2 S. 1.

ff) Bedeutung von Standards

Der Erfolg „technischer Maßnahmen" und der digitalen Rechteverwaltung hängt davon ab, ob und inwieweit sich Standards etablieren.[791] Die betroffenen Hersteller sollen hierzu nicht gesetzlich verpflichtet werden (*no mandate*). Die Mitgliedstaaten der Gemeinschaft sind jedoch dazu aufgefordert, die Interoperabilität der verschiedenen Systeme zu fördern.[792]

d) Wirksam

Die „technischen Maßnahmen" sind nur schutzwürdig, wenn sie auch „wirksam" sind. Die Legaldefinition von „wirksam" in § 95a Abs. 2 S. 2 ist wie die Definition der technischen Maßnahmen wortgleich aus Art. 6 übernommen. Wirksam sind

---

787 *Rosenblatt/Dykstra*, S. 4; *Bechtold* DRM, S. 27: „Digitaler Container".

788 *Chantepie* Mesures techniques, S. 93.

789 *Chantepie* Mesures techniques, S. 50, 51; s. dazu auch *Pfitzmann u.a.* Gutachten, S. 21 f.

790 *Alchemedia* Mirage, URL: http://www.alchemedia.com/benefits/technology.html

791 *Lehmann* CR 2003, 553, 556; *Reinbothe* ZUM 2002, 43, 50; s. zu „DRM"-Standards *Bechtold* DRM, S. 101 ff.; *Rosenblatt u.a.* DRM, S. 103 ff.

792 Info-RL EG 54 S. 2; s. dazu Plädoyer von *Reinbothe* ZUM 2002, 43, 50.

technische Maßnahmen, wenn „die Nutzung durch Mechanismen wie Zugangskontrolle [...], die das Schutzziel der Maßnahmen sicherstellen, unter Kontrolle gehalten wird."

Der Richtliniengeber hat damit eine *Wirksamkeitsprüfung* eingeführt,[793] d.h. die Maßnahmen müssen einem gewissen Qualitätstest standhalten, um als schutzwürdig zu gelten. Der Schutzbereich ist somit auf Maßnahmen zu begrenzen,[794] die zu dem verfolgten Zweck auch praktisch geeignet sind. Die Maßnahmen unterscheiden sich hierdurch von den Zugangskontrollen i.S.d. ZKD-RL und des ZKDSG, die unabhängig davon geschützt sind, ob sie „wirksam" sind.[795] Die Wirksamkeit ist – ebenso wie die Zweckbestimmung – objektiv zu bestimmen, so dass es sich um einen bloß graduellen Unterschied zwischen beiden Merkmalen handelt.[796] Die beispielhaft aufgezählten Mechanismen tragen für sich allein genommen nichts zur Auslegung des Merkmals „wirksam" bei.[797] Eine Zugangskontrolle z.B. ist nicht per se „wirksam", wie der unmittelbare Vergleich mit der Zugangskontrolle i.S.d. ZKDSG belegt. Die Wirksamkeit ist vielmehr unter Berücksichtigung der Kontrollfunktion der Mechanismen zu bestimmen.[798] Entscheidend ist für die Wirksamkeit, dass die „Nutzung durch Mechanismen [...], *die das Schutzziel sicherstellen,*[799] unter Kontrolle gehalten wird".[800] M.a.W., es genügt nicht, dass der Mechanismus die Funktion hat, die Nutzung unter Kontrolle zu halten, sondern die Kontrolle muss in der Weise technisch realisiert werden, dass das Schutzziel – Handlungen zu verhindern oder zu beschränken – tatsächlich sichergestellt bzw. erreicht wird.

Überspitzt formuliert wäre aber jede Umgehung ein Beleg dafür, dass die Kontrollmechanismen die Anforderung, das o.a. Schutzziel sicherzustellen, nicht erfüllen. Die Definition ist zirkulär,[801] so dass im Schrifttum zutreffend darauf hingewiesen worden ist, es könne für die Beurteilung nicht darauf ankommen, ob

---

793 *De Werra* RIDA 2001, 67, 143.

794 *Wittgenstein* Digitale Agenda, S. 109.

795 *Wand* Technische Schutzmaßnahmen, S. 84. Der deutsche Gesetzgeber hat in den Motiven zu dem ZKDSG entsprechend klargestellt, dass für die Schutzwürdigkeit der Zugangskontrolle nicht der Stand der Technik maßgeblich ist; es könne für den Unrechtsgehalt ebenso wie bei einem Einbruchsdiebstahl nicht entscheidend sei, ob das „Türschloss" von guter oder schlechter Qualität ist (BT-Drucks. 14/7729, S. 1, 7).

796 *Wand* Technische Schutzmaßnahmen, S. 109 spricht von einer „objektivierten Ernsthaftigkeit".

797 *Auer* in FS Dittrich, S. 3, 16.

798 *Reinbothe* GRUR Int. 2001, 733, 741.

799 Hervorhebung durch die Verfasserin.

800 *Auer* in FS Dittrich, S. 3, 16; *Hoeren* MMR 2000, 515, 520.

801 *Gutman* Urheberrecht im Internet, S. 143; *Hoeren* MMR 2000, 515, 520, es „beißt sich die Katze in den eigenen Schwanz"; *Sirinelli* Rapport général, S. 10.

eine Umgehung möglich ist.[802] Dies würde den juristischen Maßstab dem sicherheitstechnischen Maßstab annähern[803] und den Rechtsschutz überflüssig machen.[804] Dieser Rechtsschutz wurzelt gerade in der Erkenntnis, dass die Technik ebenfalls verwundbar ist und gerade keine absolute und immerwährende Sicherheit bietet.[805] Der Gesetzgeber hat dieses Ergebnis, obwohl es sich ohne weiteres aus der *ratio* des Umgehungsschutzes ableiten lässt, noch einmal klargestellt.[806] Dieselben Erwägungen stützen die Ansicht, dass maßgeblicher Zeitpunkt für die Bewertung der Wirksamkeit der Zeitpunkt der Verletzungshandlung sein muss *(ex ante)*.[807]

Es bleibt zu klären, welcher Bewertungsmaßstab der Wirksamkeitsprüfung gemäß § 95a Abs. 2 S. 2 zugrunde gelegt werden muss. Teilweise wird aus der Vorschrift der Rechtsgedanke gelesen, dass das Recht nur demjenigen hilft, der die vorhandenen technischen Ressourcen ausschöpft.[808] Diese Interpretation weist in dieselbe Richtung wie der Vorschlag, die Beurteilung anhand des Stands der Technik vorzunehmen.[809] Hierbei kann als Vergleichskriterium die praktische Eignung der technischen Maßnahmen herangezogen werden, den mit ihnen verfolgten Zweck zu erfüllen.[810] Der Stand der Technik lässt sich für die Wirksamkeit der technischen Maßnahmen auf folgende Formel bringen:[811]

> *Der* Stand der Technik *ist der Entwicklungsstand fortschrittlicher Technologien, Vorrichtungen und Bestandteile, der die praktische Eignung einer Maßnahme zur Nutzungskontrolle gesichert erscheinen lässt. Bei der Bestimmung des Stands der Technik sind insbesondere vergleichbare Technologien, Vorrichtungen oder Bestandteile heranzuziehen, die*

---

802 *Hoeren* MMR 2000, 515, 520.

803 Im Zusammenhang mit Informationstechnologien beschäftigt sich die Lehre von den Angriffen mit der Sicherheit von Systemen. Die Sicherheit eines Systems lässt sich u.a. danach beurteilen, ob es gezielten Angriffen standhalten kann (empirische Methode). Daher beschäftigt sich die Lehre auch mit den Gefahren für Systeme durch gezielte Angriffe (*Dittmann*, Wasserzeichen, S. 12). Aus der Sicht der Kryptoanalyse würde bereits ein gelungener Angriff auf ein Kryptosystem die Sicherheit eines Systems in Frage stellen (s. *Buchmann*, Kryptographie, S. 95; *Knobloch* DuD 2001, 333 f).

804 *Hoeren* MMR 2000, 515, 520; *Linnenborn* K&R 2001, 394, 397; *Sieber* Gutachten, S. 173; *Sirinelli* Rapport général, S. 10; *Spindler* GRUR 2002, 105, 116.

805 *Chantepie* Mesures techniques, S. 47; *Haedicke* in FS Dietz, S. 349, 350; *Hoeren* MMR 2000, 515, 520; *Möschel/Bechtold* MMR 1998, 571, 574; Comments of the United States of America, Memorandum, Copyright 1994, 214, 236.

806 BT-Drucks. 15/38, S. 26.

807 *Hoeren* MMR 2000, 515, 520.

808 *Koelmann/Helberger* in Hugenholtz, Copyright and Electronic Commerce, S. 165, 172; *Wand* Technische Schutzmaßnahmen, S. 109.

809 *Mayer* EuZW 02, 325, 328.

810 So auch *Hoeren*, Gutachten, S. 17.

811 Vgl. z.B. § 3 Abs. 6 BImSchG.

mit Erfolg in der Praxis erprobt worden sind oder deren Eignung als nachgewiesen angesehen wird.

Für die Beurteilung muss weiterhin bestimmt werden, auf *wessen Fähigkeiten* es ankommen soll.[812] Hierbei ist die Zielrichtung des Rechtsschutzes zu beachten, den technischen Schutz wirkungsvoll zu machen. Es entspricht einhelliger Ansicht, dass ein effektiver Rechtsschutz nur gewährleistet ist, wenn nicht auf die Fähigkeiten eines Sicherheitsexperten abgestellt wird, sondern auf die eines „Durchschnittsnutzers".[813] Entscheidend müsse sein, dass der Durchschnittsnutzer bzw. potentielle Verwerter davon abgehalten werde, die Verwertungshandlungen vorzunehmen.[814] Dem ist zuzustimmen. Eine „absolut sichere" Technik hat regelmäßig den Nachteil, nicht praxistauglich zu sein, insbesondere nicht nutzerfreundlich. Daher geht es bei den angewandten Sicherheitssystemen vor allem darum, den „Hackern" die Umgehung möglichst schwer zu machen, ohne ein Restrisiko völlig ausschließen zu können.[815] Den Sicherheitsexperten als Leitbild zu nehmen, würde zu demselben zweifelhaften Ergebnis führen, wie zu verlangen, dass die Maßnahmen „absolut sicher" sind.

Unklar ist, wodurch sich der Durchschnittsnutzer von der Umgehung abhalten lässt. Für Fähigkeiten eines Durchschnittsnutzers sollte auf die anwendungsbezogenen Kenntnisse abgestellt werden. Dem Durchschnittsnutzers geht es vor allem darum, ein Gerät oder einen Dienst zu bedienen, unter Ausnutzung aller Funktionen, die die Anwendung bietet. Ein Beispiel für einen unwirksamen Mechanismus könnte ein unzureichender Passwortschutz von PDF-Dokumenten sein:

Beispiel: *Wenn die Sicherheitsmechanismen vom Ersteller des Dokuments festgelegt werden, ohne sie unter einem Passwort zu speichern, kann jeder Nutzer des Dokuments die Sicherheitsfunktionen ändern. Er muss für die Änderung nur die Programmfunktionen („Extras", „Sicherungsfunktionen") aufrufen und bedienen.*

Unwirksam sind falsch und unzureichend eingestellte und nicht funktionierende Mechanismen. Von den anwendungsbezogenen Kenntnissen sind diejenigen zu unterscheiden, die sich auf die den Sicherheitsmechanismen zugrundeliegenden Verfahren beziehen. Diese Unterscheidung dürfte zu demselben Ergebnis führen wie der Ansatz von *Peukert*, der eine Maßnahme nur dann für wirksam hält, wenn die Umgehung ein aktives Handeln verlangt.[816]

Der Durchschnittsnutzer lässt sich außerdem erfahrungsgemäß durch einen Kosten- und Zeitaufwand, der zu der dadurch ermöglichten Nutzung außer Ver-

---

812 *Auer* in FS Dittrich, S. 3, 16; *Hoeren* MMR 2000, 515, 520.

813 *Hoeren* MMR 2000, 515, 520; zustimmend *Kröger* CR 2001, 316, 322; *Linnenborn* K&R 2001, 394, 397; *Mayer* EuZW 2002, 325, 328.

814 *Auer* in FS Dittrich, S. 3, 16; *Hoeren* MMR 2000, 515, 520.

815 *Lucas* Propriété littéraire et artistique, S. 103 mit der zutreffenden Einschätzung, es ginge darum, den Piraten die Umgehung allenfalls zu erschweren.

816 *Peukert* in Handbuch für Loewenheim, § 34 Rn. 12.

hältnis steht, von der Umgehung abhalten. Dies gilt prinzipiell auch für Systeme, die aus technischer Sicht als unsicher gelten, wie z.B. der *Passwortschutz*.[817] Andernfalls würde man vielen Online-Angeboten (z.B. Online-Zeitungsarchiv) den ergänzenden Schutz zum ZKDSG versagen müssen. Die Wirksamkeit sollte von den Umständen des Einzelfalles abhängen, zumal die Sicherheit durch eine individuelle Gestaltung optimiert werden kann, indem man mehrere Passwörter, besonders lange und/oder Passwörter mit Sonderzeichen vergibt oder diese häufig wechseln lässt.

Die Wirksamkeitsprüfung kann auch dadurch beeinflusst werden, dass am Markt Mittel erhältlich sind, die es den Nutzern ermöglichen ohne eigenen Aufwand Schutzmechanismen außer Kraft zu setzen. Zwischen der Wirksamkeitsprüfung und dem Verbot gemäß § 95a Abs. 3 bestehen gewisse Wechselwirkungen.[818] Man möge sich vorstellen, dass auf dem Markt ein Umgehungsmittel leicht erhältlich ist. Beispielsweise könnte eine Passwort-Such-Software[819] (*Key Recovery Tool*) erhältlich sein, die unter Anwendung des *Brute-Force*-Verfahrens alle möglichen Zeichenkombinationen ausprobiert[820] und somit die Wirksamkeit eines Passwortschutzes in Frage stellt. Fraglich ist daher, wie sich der Handel mit Umgehungsmitteln auf das Wirksamkeitsurteil auswirkt, wenn die Mittel nicht gemäß § 95a Abs. 3 verboten werden können (anderer Zweck und Nutzen). Nach Ansicht von *Peukert* kann eine Umgehung, bei der ein Mittel verwendet wird, das nicht gemäß § 95a Abs. 3 verboten ist, nicht gemäß § 95a Abs. 1 verboten sein.[821] Dieser Ansicht ist grundsätzlich zu folgen. Ausnahmen sind insbesondere für den praktisch so häufigen Passwortschutz denkbar. Der Durchschnittsnutzer wird von der Umgehung abgehalten, wenn z.B. die Software teuer ist oder tagelang eingesetzt werden muss, um ein Passwort zu ermitteln.

Anzweifeln könnte man schließlich die Wirksamkeit des Kopierschutzes von Audio-CDs, wenn er insofern über das Schutzziel „hinausschießt“, als er außer der Vervielfältigung auch die „Abspielbarkeit“ auf Geräten stört (z.B. CD-Player im Auto-Radio, ältere CD-Laufwerke).

Zusammenfassend gilt: Technische Maßnahmen sind wirksam, wenn sie praktisch geeignet sind, die Nutzung in der Weise unter Kontrolle zu halten, dass es den Durchschnittsnutzer davon abhält die Maßnahmen zu umgehen. Dies kann gelten, wenn für die Umgehung mehr als nur anwendungsbezogene Kenntnisse erforderlich sind, um den Mechanismus außer Kraft zu setzen oder sich die Umgehung nur unter einem nicht unerheblichen Kosten- und Zeitaufwand realisieren

---

817 *Bechtold* DRM, S. 34 m.w.N.

818 *Sieber*, Gutachten, S. 198; *Peukert* in Handbuch Loewenheim, § 34 Rn. 12.

819 *Sieber* Gutachten, S. 198 zu dem vergleichbaren Fall, wenn es Programme gibt, mit Hilfe derer die kopiergeschützten Datenträger leicht umgangen werden können (kopiergeschützte CDs).

820 „PC-Schlüsseldienst“, PC-Welt Pocket, 11/2002, 132, 133.

821 *Peukert* in Handbuch Loewenheim, § 34 Rn. 12.

lässt. Auch legale und frei erhältliche Umgehungsmittel stehen der Wirksamkeit ausnahmsweise nicht entgegen, wenn der Einsatz des Umgehungsmittels kosten- und zeitintensiv ist.

e) Verbot der Umgehung (§ 95a Abs. 1 UrhG)

Verboten ist gemäß § 95a Abs. 1 die Umgehung wirksamer technischer Maßnahmen. Das Umgehungsverbot ist gegenüber der Regelung in Art. 6 Abs. 1 sprachlich etwas verdichtet worden. Danach dürfen wirksame technische Maßnahmen im soeben beschriebenen Sinne ohne Zustimmung des Rechtsinhabers nicht umgangen werden, soweit dem Handelnden bekannt ist oder den Umständen nach bekannt sein muss, dass die Umgehung erfolgt, um den Zugang zu einem solchen Werk oder Schutzgegenstand oder deren Nutzung zu ermöglichen.

aa) Umgehung

Wirksame technische Maßnahmen dürfen nicht ohne Zustimmung des Rechtsinhabers umgangen werden. Der Begriff der Umgehung wird nicht legaldefiniert. Eine erste Orientierungshilfe gibt deshalb die Legaldefinition des US-Amerikanischen Copyright. Technische Maßnahmen zu umgehen, bedeutet gemäß § 1201 (a) (3) (A) bzw. § 1201 (b) (A) US-Copyright Act, dass sie entschlüsselt, deaktiviert, entfernt oder anderweitig beeinträchtigt werden. Unter einer Umgehung wird allgemein jegliches Außerkraftsetzen der Funktionsfähigkeit der Maßnahmen verstanden.[822] Das Verbot erfasst auch Konstellationen, in denen der Handelnde ein Umgehungsmittel verwendet.[823] Die bloße Ausnutzung eines bereits anderweitig außer Kraft gesetzten Mechanismus ist keine Umgehung.[824]

Zunächst ist die Funktion zu ermitteln. In der Funktion, bestimmte Handlungen zu verhindern, drückt sich der entgegenstehende Wille des Rechtsinhabers aus. *Auer* ist daher darin beizupflichten, dass der „Umgehung" bereits ein Zustimmungserfordernis immanent ist.[825] Die Funktion und der entgegenstehende Wille des Rechtsinhabers ist allerdings nicht subjektiv zu bestimmen, wonach es auf den wirklichen Willen des Rechtsinhabers ankäme. Wie bereits mehrfach festgestellt, ist die Funktion objektiv zu bestimmen. Der von *Wand* vertretene objektive Ansatz[826] lässt sich auf die von *Achenbach* im Zusammenhang mit dem

---

822 *Holznagel* Gutachten, S. 23; *Wand* Technische Schutzmaßnahmen, S. 105.

823 *Holznagel* Gutachten, S. 25.

824 *Holznagel* Gutachten, S. 21 in Bezug auf den Audio-CD-Kopierschutz, der auf hinzugefügten fehlerhaften Daten basiert, bei dem bereits das Laufwerk, und nicht erst die Kopiersoftware den Mechanismus aushebelt; fraglich ist m. E., ob die Mechanismen unter den beschriebenen technischen Umständen überhaupt wirksam wären.

825 *Auer* in FS Dittrich, S. 3, 16; vgl. auch Legaldefinition 17 USC § 1201 (a) (3) (A).

826 *Wand* Technische Schutzmaßnahmen, S. 107.

Merkmal „unbefugt" i.S.v. § 263a StGB[827] (Computerbetrug) entwickelte *computerspezifische Lösung* vergleichen. Danach muss sich der mutmaßliche Wille des Rechtsinhabers in dem Datenverarbeitungsablauf niederschlagen.[828]

An diese funktionale Betrachtung schließt sich der *formal-technische* Ansatz von *Holznagel* an.[829] Eine Umgehung ist bewirkt, wenn die Nutzungshandlung möglich ist. Die Nutzungshandlung muss allerdings noch nicht vorgenommen worden sein.[830] *Holznagel* nimmt zwar keine funktionale Betrachtung vor. Eine Entscheidung der Meinungsverschiedenheit ist dennoch entbehrlich, weil er mit dem *formal-technischen* Ansatz zu denselben Ergebnissen gelangt, nur dass er nicht an der Funktion der Maßnahmen ansetzt, sondern sich auf Sinn und Zweck des § 95a stützt, der darin bestehe, die Rechte des Rechtsinhabers zur Geltung zu bringen.[831]

Fraglich ist, inwieweit der technisch entgegenstehende Wille durch ein Einverständnis, insbesondere eine rechtsgeschäftliche Einwilligung und Genehmigung aufgehoben werden kann. Teilweise wird vertreten, dass das Merkmal „ohne Zustimmung" vollständig tatbestandsausschließend wirkt.[832] Dieser Ansatz erscheint zu weitgehend. Es sollte vielmehr zwischen dem technisch entgegenstehenden Willen, der Einwilligung und der Genehmigung getrennt werden.

Ausgeschlossen ist die Umgehung bereits tatbestandlich, wenn sich der entgegenstehende Wille nicht technisch nachvollziehen lässt. Ferner lässt sich auch die Einwilligung auf der Tatbestandsebene ansiedeln, strafrechtlich wäre es indes konsequenter, sie als Rechtfertigungsgrund einzustufen. Eine Haftung oder Strafbarkeit scheidet aus, wenn der bzw. – bei mehreren – die[833] Rechtsinhaber in das Vorgehen eingewilligt haben (Bsp: Zustimmung zu Sicherheitstests oder zu Angriffen zu Forschungszwecken).[834] In der Praxis wird die vertragliche Gestaltung darauf hinauslaufen, dass die Rechte in einer Person (z.B. Tonträgerhersteller) gebündelt werden, so dass nur von diesem die Erlaubnis eingeholt werden muss.[835] Eine Genehmigung, d.h. eine nachträgliche Zustimmung (§ 184 Abs. 1

827 Strafgesetzbuch v. 15.5.1871, neugefasst durch Bekanntmachung v. 13.11.1998 (BGBl. I, S. 3322), zuletzt geändert durch Artikel 1 des Gesetzes v. 22.8.2002 (BGBl. I, S. 3390).

828 *Achenbach* JR 1994, 289, 293, 295.

829 *Holznagel*, Gutachten, S. 23.

830 *Peukert* in Loewenheim, Handbuch UrhR, § 34 Rn. 15.

831 *Holznagel*, Gutachten, S. 23.

832 *Peukert* in Loewenheim, Handbuch UrhR, § 34 Rn. 15.

833 So zutreffend *Wand* Technische Schutzmaßnahmen, S. 105.

834 *Peukert* in Loewenheim, Handbuch UrhR, § 34 Rn. 15; *Wandtke/Ohst* in Wandtke/Bullinger, InfoG, § 95a Rn. 57.

835 *Peukert* in Loewenheim, Handbuch UrhR, § 34 Rn. 14.

BGB[836]) kann die zivilrechtliche Haftung,[837] nicht jedoch die Strafbarkeit entfallen lassen.[838]

Die Prüfungsschritte lassen sich folgendermaßen zusammenfassen: Es ist zunächst festzustellen, welche Funktion die technischen Maßnahmen erfüllen sollen (*funktionale Betrachtung*). Der entgegenstehende Wille ergibt sich objektiv aus dem Funktionsablauf. Eine Umgehung liegt vor, wenn der Mechanismus die Kontrollfunktion nicht mehr erfüllt und die Nutzungshandlung möglich wird (*formal-technische Betrachtung*). Die Voraussetzungen der Umgehung sind nicht erfüllt, wenn der Rechtsinhaber eingewilligt hat. Die Genehmigung rechtfertigt die Handlung zivilrechtlich, kann jedoch nicht die Strafbarkeit beseitigen. Einordnungsprobleme ergeben sich in nachfolgend beschriebenen Konstellationen:

bb) Problematische Konstellationen

(1) Missbrauch von Daten

Fraglich ist, ob Maßnahmen umgeht, wer dabei Daten verwendet, die er sich unbefugt verschafft hat, indem er das Passwort z.B. abgehört hat. *De Werra* ist der Ansicht, ein solcher Missbrauch von Daten erfülle nicht das Merkmal der Umgehung, da sich der Vorgang objektiv nicht von dem Vorgang unterscheide, bei dem der Berechtigte das Passwort eingibt; der Dritte wird identifiziert und erhält eine elektronische Autorisierung.[839] Nach dieser Lösung käme nur ein Computerbetrug zu Lasten des Anbieters (§ 263a StGB) in Betracht. Nach der hier vertretenen Ansicht kommt es jedoch darauf an, ob der Kontrollmechanismus noch die ihm zugedachte Funktion erfüllt. Die Passwort-Kontrolle dient dazu, Betrüger von der Nutzung auszuschließen. Verschafft sich ein Dritter die Daten und gibt diese ein, erfüllt die Zugangskontrolle nicht mehr diese Funktion. Dem Betrüger wird eine elektronische Erlaubnis erteilt, obwohl der Mechanismus gerade verhindern sollte, dass ein nichtberechtigter Dritter die Inhalte nutzt.

(2) „Nachbau" der Abspielsoftware

Weiterhin sind Konstellationen denkbar, in denen der Handelnde eine nachgebaute Komponente oder zumindest eine solche verwendet, mit der er vortäuschen kann, über die berechtigte Systemkomponente zu verfügen (Bsp.: Abspielsoftware

---

836 Bürgerliches Gesetzbuch v. 18.8.1896 (RGBl., S. 195), neugefasst durch Bekanntmachung v. 2.1.2002 (BGBl. I, S. 42, 2909; 2003, 738), zuletzt geändert durch Artikel 4 des Gesetzes v. 24.8.2002 (BGBl. I, S. 3412).

837 So auch *Wandtke/Ohst* in Wandtke/Bullinger, InfoG, § 95a Rn. 57.

838 *Peukert* in Loewenheim, Handbuch UrhR, § 34 Rn. 15; *Wandtke/Ohst* in Wandtke/Bullinger, InfoG, § 95a Rn. 57; s. zu der strafrechtlichen Einordnung Teil 2 1. Kap. H. I. 3. b) bb) (2) (b).

839 *De Werra* RIDA 2001, 67, 108 f. (111) zu sec. 1201 (a) (3) (A) des U.S.-Copyright Act.

bei DRMS). Ebenso wie bei dem Missbrauch eines Passwortes wird dem System vorgespiegelt, es handelte sich um eine Systemkomponente, die auf das Schutzkonzept abgestimmt ist. Bei DRMS z.B. erfüllt die Zugangskontrolle die Funktion, den Nutzer an eine Komponente (Abspielsoftware) zu binden, die die Beschreibungssprache respektiert, in der die Rechtemodelle geschrieben sind. Eine „Umgehung" ist erfüllt, wenn eine Abspielsoftware entwickelt wird, die die Beschreibungssprache ignoriert.[840]

Beispiel:[841] *Eine Umgehungssoftware benutzt dieselben Funktionsaufrufe wie die autorisierte Abspielsoftware, so dass die „gestreamten" Daten abgespeichert statt (nur) ausgegeben werden können.*

In den Fällen *(1)* und *(2)* ist auch die Alternative des „unbefugtes Verwenden von Daten" i.S.v. § 263a StGB erfüllt.[842]

(3) Aufnahmegeräte bzw. Kopiersoftware

Mit einer Abspielsoftware, die die Beschreibungssprache ignoriert, sind Aufnahmegeräte wie z.B. CD-Brenner und Kopiersoftware vergleichbar, die den Kopierschutz von technisch geschützten Offline-Trägern ignorieren (CD, DVD). Wendet ein Nutzer ein solches Gerät bzw. eine entsprechende Software in Bezug auf ein kopiergeschütztes Medium an, lässt sich das ohne weiteres als „Umgehung" qualifizieren, da der Kopierschutz dazu bestimmt ist, die digitale Vervielfältigung zu verhindern, es sei denn, die Umgehung wird bereits vorher bewirkt.[843] Eine Umgehung zu verneinen, widerspräche dem technisch nachvollziehbaren Willen des Rechtsinhabers sowie Sinn und Zweck des § 95a.[844]

Umstritten ist, ob Entsprechendes auch für die Herstellung einer 1:1 Kopie gilt. Während *Mayer* und *Sieber* die Frage unter Hinweis darauf verneinen, dass

---

840 *Chantepie*, Mesures techniques, S. 127; s. zu einem vergleichbaren Fall beim echten *Streaming*, wo eine Abspielsoftware das „secret handshake" und den Kopierschutz - die Funktion „copy switch" – umgeht, RealNetworks, RealNetworks, Inc. v. Streambox, Inc., United States District Cort, Western District of Washington at Seattle, No. C-99-2070P, S. 11.

841 *Pfitzmann u.a.* Gutachten, S. 58.

842 Die Nutzung eines gefälschten Programms (Entschlüsselungssoftware) bzw. die Eingabe des Schlüssels, den er unbefugt z. B. durch Abhören oder Ausprobieren erlangt hat, ist wie die Nutzung einer Piratenkarte als „unbefugte Verwendung von Daten" einzuordnen, s. *Cramer* in Schönke/Schröder, StGB, § 263a Rn. 20b, 20c; *Tiedemann* in LK, § 263a, Rn. 58.

843 *Holznagel* Gutachten, S. 21 in Bezug auf den Audio-CD-Kopierschutz, der auf hinzugefügten fehlerhaften Daten basiert, bei dem bereits das Laufwerk, und nicht erst die Kopiersoftware den Mechanismus aushebelt; fraglich ist m. E., ob die Mechanismen unter den beschriebenen technischen Umständen überhaupt wirksam wären.

844 *Holznagel*, Gutachten, S. 23 f., 25.

die technischen Maßnahmen nur mitkopiert würden,[845] bejaht *Holznagel* aufgrund des Sinn und Zwecks des § 95a die „Umgehung.[846] Dem ist zu folgen, wenngleich mit dem Unterschied, dass die Begründung nicht an dem Zweck des Verbotes, sondern an der Funktion der Maßnahmen und dem darin zum Ausdruck gebrachten Willen des Rechtsinhabers anknüpfen muss. Die Vervielfältigung widerspricht dem – technisch nachvollziehbaren – Willen des Rechtsinhabers.

Hiervon zu trennen ist die Frage, ob es sich bei dem eingesetzten Hilfsmittel um ein nach § 95a Abs. 3 verbotenes Umgehungsmittel handelt, da hieran erhöhte Anforderungen gestellt werden. Sollte andererseits ein Kopiergerät oder eine Kopiersoftware nicht als Umgehungsmittel (§ 95a Abs. 3) qualifiziert werden, kann sich diese Wertung zum Nachteil des Rechtsinhabers auswirken, da eine leichte, jedermann zugängliche Kopiermöglichkeit die Wirksamkeit der technischen Maßnahmen in Frage stellt.

(4) Re-Digitalisierung

Keine Umgehung liegt vor, wenn ein in zulässiger Weise hergestelltes analoges Vervielfältigungsstück mit technischen Hilfsmitteln in eine Form umgewandelt wird, die von den technischen Maßnahmen ursprünglich verhindert werden sollte (z.B. Re-Digitalisierung).[847]

(5) Deep-Link

Eine tatbestandliche Umgehung kann auch darin liegen, dass jemand einen Deep-Link so programmiert, dass jeder, der ihn anklickt, sofort in den internen Bereich einer Datenbank gelangt, ohne eine Zugangskontrolle (Kennung, Passwort) zu passieren.[848]

(6) Mitschnitte

Schließlich sind noch die Fälle zu erwähnen, in denen der Nutzer analoge und digitale Signale von dem Lautsprecher oder der Soundkarte des PC „abgreift“,

---

[845] *Mayer* CR 2003, 274, 279; *Sieber* Gutachten, S. 155, 176.

[846] *Holznagel* Gutachten, S. 25.

[847] Da das Vervielfältigungsstück technisch nicht mehr geschützt ist, gelten die gesetzlichen Schranken, insbesondere § 53 Abs. 1 UrhG.

[848] S. ausführlich dazu *de Werra* RIDA 2001, 67, 113 f.; eine Strafbarkeit kommt in den Fällen eines Verstoßes gegen das Umgehungsverbots noch gemäß § 263a (Computerbetrug), § 202a (Ausspähen von Daten), § 265a StGB (Erschleichen von Leistungen), der gegenüber schwereren Delikten subsidiär ist, § 303a StGB (Datenveränderung) und § 17 Abs. 2 UWG (Verrat von Betriebs- und Geschäftsgeheimnissen) in Betracht (s. dazu ausführlich *Sieber* Gutachten, S. 149-169).

während die Musik-CD bzw. das Internet-Radio laufen.[849] Hierdurch könnten vor allem Streaming-Formate beeinträchtigt werden. Selbst das Zusatzmodul *Streamripper* zu der Abspielsoftware *Winamp* kann jedoch nur Dateien im MP3-Format aufnehmen, nicht aber „echte" Streaming-Formate,[850] so dass keine Umgehung von technischen Maßnahmen vorliegt.

cc) „Bösgläubigkeit"

Die tatbestandlichen Voraussetzungen des § 95a Abs. 1 sind nur erfüllt, wenn dem Handelnden bekannt ist oder ihm den Umständen nach bekannt sein müsste, dass die Umgehung erfolgt, um den Zugang zu einem solchen Werk oder Schutzgegenstand oder deren Nutzung zu ermöglichen. Die fahrlässige Unkenntnis soll Beweisschwierigkeiten vorbeugen.[851] Der Wortlaut beschränkt sich auf ein reines Wissenselement, d.h. es geht nicht um eine Fahrlässigkeit i.S. eines Verschuldens (§ 279 BGB). Fraglich ist, ob eine grob fahrlässige Unkenntnis i.S.v. § 932 Abs. 2 BGB oder eine einfache fahrlässige Unkenntnis i.S.v. § 122 Abs. 2 BGB verlangt ist. Dem Wortlaut nach genügt eine einfache fahrlässige Unkenntnis, wie sie in § 122 Abs. 2 BGB legaldefiniert ist.[852] Dennoch sollte nach richtiger Ansicht grob fahrlässige Unkenntnis erforderlich sein;[853] hierfür spricht nicht nur der Wortlaut der Richtlinie in der englischen und französischen Fassung,[854] sondern auch der gesetzgeberische Wille („Bösgläubigkeit"[855]). Jemand handelt in grob fahrlässiger Unkenntnis, wenn er die im Verkehr erforderliche Sorgfalt in ungewöhnlich hohem Maße verletzt und dasjenige unbeachtet gelassen hat, was im gegebenen Fall sich jedem aufgedrängt hätte.[856] Erwägen könnte man, ob „wirksame" Maßnahmen nicht regelmäßig für die Bösgläubigkeit sprechen (tatsächliche Vermutung). Ein Beispiel für eine gutgläubige Umgehung könnte sich in folgender Konstellation ergeben:

Beispiel:[857] *Jemand entwickelt einen Mechanismus, mit dem die Zugangskontrolle einer online angebotenen Datenbank umgangen werden kann. Er programmiert diesen Mecha-*

---

849 S. dazu *Spehr/Wiseman* in FAS v. 21.9.2003, S. 52: „So bleibt das Kopieren von Musik erlaubt"; als Programme, die alle Signale, die über die Soundkarte laufen, abgreifen, sind z. B. Loop-Recorder, ClipInc, s. dazu näher *Uehlecke* in FTD v. 17.9.2003, S. 28: „Legale Hits aus dem digitalen Äther".

850 *Uehlecke* in FTD v. 17.9.2003, S. 28: „Legale Hits aus dem digitalen Äther".

851 *Wand* Technische Schutzmaßnahmen, S. 110.

852 *Wandtke/Ohst* in Wandtke/Bullinger, InfoG, § 95a Rn. 63.

853 *Spindler* GRUR 2002, 105, 116; *Wandtke/Ohst* in Wandtke/Bullinger, InfoG, § 95a Rn. 63.

854 *Wandtke/Ohst* in Wandtke/Bullinger, InfoG, § 95a Rn. 63.

855 BT-Drucks. 15/38, S. 26; *Hoeren* Gutachten, S. 17; vereinzelt schleicht sich im Schrifttum der hiervon zu unterscheidende Begriff des „Verschulden" ein.

856 BGH NJW 1994, 2022, 2023.

857 Ausführlich dazu *de Werra* RIDA 2001, 67, 145 (Fn. 146).

nismus in einen deep link[858]*, so dass jeder, der den Link aufruft, automatisch in den „inneren Bereich" der Datenbank gelangt. Der Nutzer, der die Inhalte über die Verlinkung aufruft, kann je nach den Umständen gutgläubig sein.*

dd) Umgehungsabsicht

Die positive Kenntnis bzw. die grob fahrlässige Unkenntnis sollen sich dem Wortlaut nach auf eine Absicht beziehen. Dies widerspricht der Denkgewohnheit, dass sich das Wissenselement auf objektive Merkmale und nicht auf ein subjektives Merkmal (Absicht) bezieht. Dies gilt besonders, zumal die Absicht selbst regelmäßig eine Wissenskomponente voraussetzt: Die Absicht ist eine Vorsatzform, bei der die Person wissentlich handelt oder den Erfolg zumindest für möglich hält und das voluntative Element besonders stark ausgeprägt ist; der Erfolg – hier die Zugangsverschaffung und die Nutzungsermöglichung – muss das Hauptmotiv sein.[859] Die Absicht i.S.v. § 95a Abs. 1 ist im zivilrechtlichen Sinne zu verstehen, so dass sich der Vorsatz auf die Rechtswidrigkeit des Verstoßes erstrecken muss.[860]

Diese schwer nachvollziehbare subjektive Gemengelage muss – um verständlich zu sein – anders interpretiert werden. Wenn sich das Wissen auf eine Absicht bezieht, setzt dies selbstverständlich voraus, dass die Person absichtsvoll handelt. Die Absicht ist darauf gerichtete, sich oder einem Dritten den Zugang zu verschaffen oder die Nutzung zu ermöglichen. Die Funktion der „Bösgläubigkeit" könnte nun darin liegen, dass sie das für die Absicht erforderliche Wissensmaß festlegt. Zusammengefasst muss die Person positive Kenntnis bzw. grob fahrlässige Unkenntnis davon haben, dass sie technische Maßnahmen umgeht, und es muss ihr dabei gerade darauf ankommen, sich den Zugang zu verschaffen oder sich die Nutzung zu ermöglichen.

Der deutsche Gesetzgeber hat die Umgehungsabsicht gegenüber dem Richtlinientext präzisiert. Während in Art. 6 Abs. 1 nur allgemein die Rede davon ist, dass der Person bekannt ist oder den Umständen nach bekannt sein musste, „dass

---

858 Als *Links* bezeichnet man den Querverweis auf eine andere Seite im *WWW*. Von einem *Deep link* bzw. *Inline link* spricht man, wenn jemand einen Link nicht setzt, um erkennbar auf eine andere Internetseite zu führen, sondern wenn damit fremde Inhalte aufgerufen und in die eigenen Inhalte integriert werden, so dass der Nutzer nicht merkt, dass die Datei von einem anderen als den angewählten Server stammt (*Ernst* K&R 1998, 536, 540). Dem Vorgang vergleichbar ist das *Framing*, das sich vom *deep link* dadurch unterscheidet, dass die aufgerufene Internetseite mit einem oder mehreren Frames (Rahmen) versehen ist, und der fremde Inhalt in einem dieser Rahmen dargestellt wird, ohne dass zusätzlich darauf verlinkt werden muss. Wird der Nutzer über einen Link auf diese Seite geführt, erscheint die Adresse der mit den *Frames* versehenen Seite (*Boehme-Neßler* CyberLaw, G IV c), S. 255).

859 Insofern stimmen zivilrechtliche und strafrechtliche Begriffsbestimmungen überein, *Tröndle/Fischer* StGB, § 15 Rn. 6; *Vollkommer* in Jauernig, BGB § 276 Anm. II 1.

860 *Vollkommer* in Jauernig, BGB, § 276 Anm. II 1

sie dieses Ziel verfolgt" (Umgehung einer wirksamen technischen Maßnahme), muss dem Handelnden gemäß § 95a Abs. 1 bekannt sein oder ihm hätte bekannt sein müssen, „dass die Umgehung erfolgt, um den Zugang zu einem solchen Werk oder Schutzgegenstand oder die Nutzung zu ermöglichen."

Die Absicht, die Nutzung zu ermöglichen, erfasst Fälle, in denen es der Person darauf ankommt, das geschützte Material zu nutzen. Der Schutz würde aber zu kurz greifen, erfasste er nur dieses Handlungsmotiv. Manchen Personen geht es nur darum, den Mechanismus außer Kraft zu setzen, sei es um sich anschließend damit zu brüsten, sei es um mit Hilfe der Kenntnisse eine Umgehungssoftware zu entwickeln. Daher genügt es, wenn die Person „nur" in der Absicht handelt, sich den Zugang zu verschaffen.

ee) Tatbestandsrestriktion: Verfolgung besonders wichtiger Zwecke

Das Verbot soll nicht eingreifen, wenn der Handelnde ausschließlich zu Zwecken der wissenschaftlichen Forschung handelt.[861] Der Richtliniengeber hat die Kryptographie nur von dem Verbot der Vorbereitungshandlungen ausgenommen.[862] Es wäre jedoch wertungswidersprüchlich, würde man diese Einschränkung nicht auf das Umgehungsverbot ausdehnen. Anknüpfungspunkt kann jeweils das finale Element sein, das beide Verbote voraussetzen;[863] methodisch könnte man die Absicht entsprechend restriktiv auslegen. Diese Einschränkung darf aber nicht auf urheberrechtliche Schranken ausgedehnt werden, weil eine eigenmächtige Umgehung durch den Schrankenbegünstigten der Systematik von §§ 95a Abs. 2, 95b Abs. 1 und 2 widersprechen würde.[864]

Teilweise werden darüber hinaus Tatbestandsrestriktionen verlangt für Sicherheitstests[865] und die Beseitigung von Systemstörungen.[866] Man wird jedoch in diesen Fällen erwarten dürfen, dass die Beteiligten sich untereinander abstimmen und eine Umgehung durch ein Einverständnis oder eine Einwilligung ausgeschlossen wird. Umgeht eine Person eine defekte Maßnahme, sind die Maßnahmen bereits nicht schutzwürdig, weil sie nicht wirksam sind.

Der deutsche Gesetzgeber geht einen anderen Weg als z.B. das US-amerikanische Copyright. Dort sind einige – sehr eng gefasste – *umgehungsspezifische Ausnahmen* von der Zugangskontrolle z.B. für Forschung und Sicherheitstest vorgesehen. In strafrechtlicher Hinsicht sollte man erwägen, für einige wichtige Fälle ausdrückliche Rechtsfertigungsgründe im UrhG vorzusehen.[867]

---

861 BT-Drucks. 15/38, S. 26.
862 Info-RL EG 48 a.E.
863 So *Bayreuther* EWS 2001, 422, 429.
864 BT-Drucks. 15/38, S. 26.
865 *Sieber* Gutachten, S. 199.
866 *Bayreuther* EWS 2001, 422, 430.
867 Für eine ausdrückliche Regelung von „Rechtfertigungsgründen" spricht sich *Sieber* Gutachten, S. 174, 199, aus.

f) Verbot von Vorbereitungshandlungen (§ 95a Abs. 3)

Die eigentliche Gefahr für den effektiven Einsatz technischer Maßnahmen liegt in den Handlungen, die die Umgehung dadurch fördern, dass das Werkzeug hierfür hergestellt, vertrieben etc. wird. Hier greift der Schutz gemäß § 95a Abs. 3. Die Regelung ist sprachlich missglückt. Die fehlende Verständlichkeit ist offenbar der Preis für den gesetzgeberischen Versuch, einen möglichst lückenlosen Rechtsschutz zu gewährleisten.

Die Struktur der Norm lässt sich vereinfacht damit beschreiben, dass Handlungen verboten sind, die sich entweder auf Gegenstände (Vorrichtungen, Erzeugnisse und Bestandteile) oder auf Dienstleistungen beziehen. Die nachfolgende Tatbestandsrestriktion bezieht sich nach grammatikalischer Auslegung auf die Gegenstände und Dienstleistungen. Sowohl die verbotenen Handlungen als auch die einschränkenden Merkmale hat das Europäische Parlament den US-Amerikanischen Umgehungsvorschriften entlehnt.[868] Der Tatbestand ist darauf angelegt, eine Vielzahl von Handlungsszenarien zu erfassen, was nur anhand weniger Beispiele veranschaulicht werden soll:

<u>Beispiel 1:</u> *Eine Computerzeitschrift enthält die Werbeannonce, in der für eine Umgehungssoftware des Herstellers* Macro *geworben wird („DVDs ohne Kopierschutz? Kein Problem - Mit DeCode kommst Du um jeden Code rum – jetzt überall im Handel"). Da* DeCode *mit dem Ziel der Umgehung beworben wird, schützt das Verbot z.B. gegen die Werbung selbst („Werbung im Hinblick auf den Verkauf"), die Herstellung, Einfuhr, etc. von DeCode.*

<u>Beispiel 2:</u> Die *neuste Entwicklung von Macro trägt den Namen* Streamcage *und hat keinen anderen Zweck, als Streaming-Dateien „einzufangen", um sie auf die Festplatte zu speichern. Auch hier greift das Verbot ab dem Zeitpunkt der Herstellung ein.*

Nach den Handlungsformen lassen sich Handlungen in Bezug auf gegenständliche Umgehungsmittel *(aa)* und das Erbringen von umgehungsfördernden Dienstleistungen *(bb)* unterscheiden.

aa) Gegenstandsbezogene Handlungsformen

(1) Handlungsformen

Mit dem Verbot sollen möglichst alle Handlungen erfasst werden, die geeignet sind, eine abstrakte Gefahr für eine Umgehung wirksamer technischer Maßnahmen zu begründen, namentlich die Herstellung, die Einfuhr, die Verbreitung, der

---

868 *Reinbothe* GRUR Int. 2001, 733, 741; zu den auffälligen Ähnlichkeiten *Sirinelli* Rapport général, S. 12; vgl. 17 USC § 1201 (a) (2) (A) bis (C) (bzgl. der Zugangskontrollmechanismen, 17 USC § 1201 (b) (A) bis (C) (bzgl. der Nutzungskontrollmechanismen).

Verkauf, die Vermietung sowie die Werbung in Bezug auf die Vermietung und den Verkauf.

Die *Herstellung* ist jede Bearbeitung oder Erzeugung von Waren.[869] Das schließt alle Fabrikationsstufen ein, z.B. Fertigungsvorbereitung, Fertigung, Integration, Zusammenbau, Kontrolle, Prüfung (Test) und Qualitätssicherung. Praktisch relevant für den Anwendungsbereich des § 95a Abs. 3 ist vor allem die Entwicklung von Computerprogrammen (Umgehungssoftware). Die Person des Herstellers lässt wie bei § 950 BGB objektiv danach bestimmen, wem das Produktionsrisiko wirtschaftlich zuzurechnen ist.[870]

Die *Einfuhr* ist aus Perspektive des gemeinsamen Binnenmarktes das Verbringen der Umgehungsmittel in den Gemeinsamen Markt der EG. Der innergemeinschaftliche Waren- und Dienstleistungsverkehr, d.h. das Verbringen von einem anderen Mitgliedstaat in den Geltungsbereich des UrhG, ist ebenfalls erfasst.[871]

Die *Verbreitung* unterscheidet sich von der auf körperliche Werkstücke beschränkten Verbreitung i.S.v. § 17;[872] eine körperliche Übergabe wird nicht verlangt.[873] Verboten ist auch, Umgehungsmittel „unkörperlich" in den Verkehr zu bringen, indem sie öffentlich zugänglich gemacht werden (z.B. Angebot der Umgehungssoftware zum Herunterladen auf einer Internetseite). Hierzu würde der außerhalb des Urheberrechts gebräuchliche Begriff des „in Verkehr bringen" passen, der jede Tätigkeit erfasst, mit der die Ware dem Verkehr zugeführt wird (Beziehungen außerhalb des Unternehmens), oder der Begriff des „Vertreibens", d.h. jede Tätigkeit, die darauf gerichtet ist, die Ware dem Abnehmer zuzuführen.[874]

Der *Verkauf* ist i.S.v. §§ 433 ff. BGB zu verstehen, d.h. die vertragliche Vereinbarung gerichtet auf den Erwerb einer Sache oder eines Rechts gegen einen Kaufpreis.[875] Ebenfalls i.S.d. zivilrechtlichen Vorgaben (§§ 535 ff. BGB) ist die *Vermietung* zu verstehen.[876]

Verboten ist weiterhin die *Werbung in Bezug auf die Vermietung und den Verkauf*. Die Werbetätigkeit kann darin bestehen, den Verkauf oder die Vermietung von Umgehungsmitteln i.S.v. § 95a Abs. 3 anzukündigen oder anzupreisen.

Schließlich ist der *Besitz* zu kommerziellen Zwecken verboten, d.h. die vom Sachherrschaftswillen getragene tatsächliche Verfügungsgewalt. Statt der Wen-

---

869 *Baumbach/Hefermehl*, UWG, Einl. Rn. 206.

870 *Hefermehl* in Ermann, BGB, § 950 Rn. 7.

871 BT-Drucks. 15/38, S. 26.

872 BT-Drucks. 15/38, S. 26.

873 *Loewenheim* in Schricker, UrhR, § 17 Rn. 4; *Nordemann* in Fromm/Nordemann, UrhG, § 17 Rn. 7 (§ 15 Abs. 1: „in körperlicher Form").

874 *Baumbach/Hefermehl*, UWG, UWG Einl. Rn. 206.

875 *Peukert* in Loewenheim, Handbuch UrhR, § 34 Rn. 20; *Wandtke/Ohst* in Wandtke/Bullinger, InfoG, § 95a Rn. 75.

876 *Peukert* in Loewenheim, Handbuch UrhR, § 34 Rn. 20; *Wandtke/Ohst* in Wandtke/Bullinger, InfoG, § 95a Rn. 76.

dung „zu kommerziellen Zwecken“ hätte – entsprechend § 3 ZKDSG – die Wendung „zu gewerbsmäßigen Zwecken“ nahe gelegen. Gewerbsmäßig bzw. kommerziell ist jede nachhaltige Tätigkeit zur Erzielung von Einnahmen, auch wenn die Absicht, Gewinn zu erzielen, fehlt.[877] Mit dieser Entscheidung hat der Gesetzgeber – wie schon im ZKDSG – nicht von der durch die Info-RL eingeräumten Möglichkeit Gebrauch gemacht, das Verbot auf den Besitz zu privaten Zwecken auszudehnen.[878]

(2) Reichweite des kommerziellen Zwecks

Fraglich ist, ob der Zusatz „zu kommerziellen Zwecken“ sich nur auf den Besitz oder auch auf die übrigen Handlungen bezieht. Entsprechendes hätte die Konsequenz, dass § 95a Abs. 3 insgesamt nur Handlungen zu kommerziellen Zwecken verbieten würde. Für eine solche Beschränkung könnten die vergleichbaren Vorschriften des ZKDSG sprechen, die Zugangskontrollen nur gegen Handlungen zu kommerziellen Zwecken zu schützen (§ 3 ZKDSG). In beiden Fällen hat der Richtliniengeber es den Mitgliedstaaten überlassen, den Besitz zu privaten Zwecken zu verbieten.[879]

Überwiegend wird vertreten, dass für § 95a Abs. 3 andere Maßstäbe als für das ZKDSG gelten und privates Handeln verboten sein kann.[880] *Wandtke* und *Ohst* verneinen dies eindeutig nur für die Dienstleistungen.[881] Dienstleistungen müssen aber nicht zwingend entgeltlich erfolgen, sondern können auch Handlungen auf privater Ebene erfassen.[882] Für die Entscheidung , ob ein privates Handeln unter das Verbot fällt oder nicht, sind der Schutzzweck des Verbotes und das Gebot, den Rechtsschutz effektiv auszugestalten („effet utile“), maßgeblich. Das Verbot bezweckt, Handlungen zu verhindern, die die Gefahr begründen, dass wirksame technische Maßnahmen umgangen werden.[883] Sofern die Handlung zu privaten Zwecken grundsätzlich dasselbe Gefährdungspotential aufweisen wie die kommerziellen Handlungen, verlangt ein effektiver Rechtsschutz, auch privates Handeln zu verbieten.[884] Zwar hängt die Gefährlichkeit des Handelns von den Umständen des Einzelfalles ab; gerade aber die vielfach über das Internet versen-

---

877 ZKDSG, BT-Drucks. 14/7229, S. 8.

878 Info-RL EG 49.

879 Vgl. Info-RL EG 49; ZKD-RL, EG 21.

880 *Peukert* in Loewenheim, Handbuch UrhR, § 34 Rn. 18; *Schwarz*, zitiert nach *Zecher* ZUM 2002, 451; *Sieber* Gutachten, S. 184; *Spindler* GRUR 2002, 105, 116; *Strowel/Dussolier* Legal Protection, S. 12.

881 *Wandtke/Ohst* in Wandtke/Bullinger, InfoG, § 95a Rn. 80.

882 *Peukert* in Loewenheim, Handbuch UrhR, § 34 Rn. 18; s. dazu Teil 1 3. Kap. D. III. 3.

883 Info-RL EG 47.

884 *Sieber* Gutachten, S. 184.

deten Anleitungen[885] verdeutlichen, dass hierdurch eine potentiell große Nutzerschaft erreicht und eine entsprechende Gefahrenlage geschaffen wird. Der deutsche Gesetzgeber hat es deshalb in richtlinienkonformer Umsetzung für erforderlich gehalten, auch privates Handeln zu erfassen und zu sanktionieren: Während § 108b Abs. 2 nur bestimmte Handlungen zu gewerblichen Zwecken unter Strafe stellt, hat der Gesetzgeber gemäß § 111a Abs. 1 Nr. 1 lit. a) ein Handeln zu privaten Zwecken mit einer Geldbuße belegt unter ausdrücklichem Hinweis darauf, dass es zur effektiven Absicherung der Maßnahmen „erforderlich" ist.[886] Methodisch entspricht das einer Umsetzung, die dem Zweck des Verbots, gefährliche Handlungen zu unterbinden, zu seiner Wirksamkeit verhelfen soll (teleologische Auslegung i.V.m. Effektivitätsgrundsatz). Folglich erfasst das Verbot auch privates Handeln; eine grundsätzliche Beschränkung auf Handelsformen nur zu kommerziellen Zwecken besteht hingegen nicht.

(3) Vorrichtungen, Erzeugnisse und Bestandteile

Die o.a. Handlungen beziehen sich auf „Vorrichtungen, Erzeugnisse und Bestandteile", die eine weite Anwendung eröffnen.[887] Eine „Vorrichtung" ist in demselben Sinn zu verstehen wie bei dem Begriff der „technischen Maßnahmen", d.h. als technische Ausrüstung oder technisches Hilfsmittel (Geräte, Apparate).[888] „Erzeugnissen" sind das Ergebnis eines Herstellungsprozesses und erfassen Produkte, Artikel und Waren.[889] In diese Kategorie fallen z.B. Computerprogramme (Umgehungssoftware).[890] „Bestandteile" sind (abtrennbare) Teile von einem Ganzen (Zubehör und Zusätze).[891] Das Merkmal „Bestandteile" verhindert, dass Hersteller die Norm umgehen, indem sie den Herstellungsprozess unter mehreren aufteilen. Mit § 95a Abs. 3 soll ein möglichst lückenlosen Schutz gewährleistet werden.

(4) Umgehungsmittel/Umgehungsförderung

Die Gegenstände müssen wenigstens eine der in Abs. 2 lit. a - c *alternativ*[892] genannten Voraussetzungen erfüllen („oder"), können natürlich auch kumulativ vorliegen. Allen Fallgruppen gemeinsam ist, dass sie die Gegenstände als umge-

---

885 S. dazu Teil 2 1. Kap. H. 2. f) bb).

886 BT-Drucks. 15/38, S. 29; hierauf verweist zutreffend *Peukert* in Loewenheim, Handbuch UrhR, § 34 Rn. 18.

887 *Peukert* in Loewenheim, Handbuch UrhR, § 34 Rn. 20.

888 *Holznagel* Gutachten, S. 26.

889 *Holznagel* Gutachten, S. 26.

890 *Holznagel* Gutachten, S. 26.

891 *Holznagel* Gutachten, S. 26.

892 *Dussolier/Strowel*, S. 13.

hungsfördernd charakterisieren. Die Umgehung technischer Maßnahmen ist hierbei gleichbedeutend mit der „Umgehung" i.S.v. § 95a Abs. 1.[893]

(a) Absatzziel (Nr. 1)

Die Mittel müssen „Gegenstand einer Verkaufsförderung, Werbung oder Vermarktung mit dem Ziel der Umgehung wirksamer technischer Maßnahmen sein". Die in Nr. 1 aufgezählten Handlungen lassen sich unter den Begriff der „kommerziellen Kommunikation" zusammenfassen, wie sie aus dem ZKDSG bekannt ist.[894] Das „Ziel" der Umgehung wirksamer technischer Maßnahmen verlangt, dass die Umgehung finaler Zweck ist, also beabsichtigt ist (dol. dir. 1). Dem Wortlaut nach ist es nicht erforderlich, dass die Umgehung das alleinige Absatzziel ist. Es genügt vielmehr, wenn die Werbung *auch* auf die Umgehung wirksamer technischer Maßnahmen abzielt. Für eine solche Auslegung spricht ein Vergleich mit Nr. 3; dort wird verlangt, dass das Mittel „hauptsächlich" hergestellt etc. worden ist, um die Umgehung zu ermöglichen.

Die Absicht lässt sich regelmäßig objektiv anhand des Gegenstands der Absatzförderung ermitteln, z.B. des Werbeträgers. Entscheidend ist, ob das Mittel entsprechend der Umgehungsfunktion vermarktet wird.[895] Unerheblich ist, ob das Umgehungsmittel – z.B. eine Software – andere Funktionen erfüllen kann.[896] Auf die Eignung des Mittels als Umgehungsmittel kommt es ebenfalls nicht an.

(b) Begrenzter anderer wirtschaftlicher Zweck und Nutzen (Nr. 2)

Gemäß Nr. 2 dürfen die Mittel „abgesehen von der Umgehung wirksamer technischer Maßnahmen, nur einen begrenzten wirtschaftlichen Zweck oder Nutzen haben." Von der ersten Fallgruppe unterscheiden sich Nr. 2 und 3 dadurch, dass die Umgehung der *hauptsächliche* Zweck bzw. hauptsächlich beabsichtigt sein muss.[897] Der Unterschied zwischen Nr. 2 und 3 liegt darin, dass der verbleibende wirtschaftliche Zweck und Nutzen objektive Kriterien sind und Nr. 3 eine Umgehungsförderungsabsicht voraussetzt. Dieser Unterschied kommt bei den Dual-Use-Produkten zum Tragen.[898]

Der Hauptzweck i.S. der Nr. 2 ist in zwei Schritten zu prüfen: Zunächst ist positiv festzustellen, dass das Mittel der Umgehung dient; dies ist objektiv anhand der Funktionsweise (Wirkung) und anhand der Eignung des Mittels zur Umgehung zu bestimmen.[899] Bei diesem Prüfungsschritt schließt Nr. 2 Geräte aus dem

---

893 *Holznagel* Gutachten, S. 24.
894 Vgl. insbesondere ZKD-RL, EG 14.
895 *Strowel/Dussolier* Legal Protection, S. 13.
896 *Strowel/Dussolier* Legal Protection, S. 13.
897 *Auer* in FS Dittrich, S. 3, 17.
898 S. dazu nachfolgend unter (c).
899 *Spindler* GRUR 2002, 105, 116.

Anwendungsbereich aus, die theoretisch auch zur Umgehung eingesetzt werden können, indem sie von dem Verwender zweckentfremdet werden, wie z.B. ein Feuerlöscher zu „Spaßzwecken" durch Jugendliche.[900] Dieses Risiko soll – wie beim Feuerlöscher auch – nicht der Gerätehersteller tragen, dessen Gerät im „normalen Betrieb" eine ganz andere Funktion erfüllt.[901]

In dem zweiten Prüfungsschritt ist zu bestimmen, ob die Umgehung Hauptzweck[902] ist. Hierfür ist der noch verbleibende wirtschaftliche Zweck oder Nutzen zu berücksichtigen; ist dieser gering, ist die Umgehung Hauptzweck.[903] Der Nutzen ist aus der Sicht der potentiellen Abnehmer zu ermitteln. Wenn diese das Erzeugnis ohne die Umgehungsfunktion nicht kaufen würden, ist der verbleibende wirtschaftliche Zweck und Nutzen als gering anzusehen. Das Verbot erfasst deswegen keine *Allzweckgeräte*, wie z.B. einen PC und allgemeines Zubehör.[904]

Zweifelhaft ist deswegen auch die Anwendung des Verbots auf Software, die allgemein zum Kopieren von Datenträgern verwendet werden kann.[905] So haben ein Brenner bzw. die Brennersoftware, die einen bestimmten CD-Kopierschutz ignorieren, einen anderen Zweck und aus Sicht der Abnehmer einen anderen Nutzen als die Umgehung. Mit ihnen können technisch ungeschützte CDs (§ 53 Abs. 1), eigene Texte und digitale Bilder oder legal aus dem Internet heruntergeladene Inhalte auf eine CD-R oder DVD-R gebrannt werden.[906] Dasselbe gilt für Passwortsuchprogramme, die die Abnehmer auch dazu verwenden können, eigene – vergessene – Passwörter zu ermitteln.[907] Je mehr Funktionen ein Gerät hat, um so früher tritt die Umgehung als Hauptzweck in den Hintergrund. In den Anwendungsbereich der Nr. 2 werden daher vor allem Computerprogramme mit begrenzter Funktion oder bestimmte Hardwarekomponenten fallen.[908] *Dual-use*-Produkte kommen als Umgehungsmittel ebenfalls nur in Betracht, sofern die Umgehung der Hauptzweck ist.[909]

---

900 *V. Lewinski* MMR 1998, 115, 118.
901 Info-RL EG 48.
902 Im Gegensatz dazu verlangt § 69f Abs. 2 UrhG Mittel, die „[...] allein dazu bestimmt sind,[...]".
903 S. auch Marly K&R 1999, 106, 110.
904 *Bayreuther* EWS 2001, 422, 430; *Dixon/Hansen* E.I.P.R. 1996, 604, 611 (zu der in den Basic Proposals von den USA vorgeschlagenen Regelung); *Wand*, Technische Schutzmaßnahmen, S. 111.
905 *Sieber* Gutachten, S. 184.
906 So ähnlich auch *Holznagel* Gutachten, S. 28.
907 *Gutman* Urheberrecht im Internet, S. 146.
908 Ähnlich auch *Holznagel* Gutachten, S. 28.
909 *Sieber* Gutachten, S. 184 und *ders.* kritisch hierzu, S. 202.

(c) Umgehungsförderungsabsicht (Nr. 3)

Gemäß Nr. 3 sind Mittel verboten, „die hauptsächlich entworfen, hergestellt, angepasst oder erbracht[910] werden, um die Umgehung wirksamer technischer Maßnahmen zu ermöglichen oder zu erleichtern“. Die Vorschrift enthält ein subjektives – finales - Element. Daraus folgt, dass entgegen einer Ansicht[911] die Nr. 3 gegenüber Nr. 2 auch eine selbständige Bedeutung hat: während der Hauptzweck in Nr. 2 objektiv anhand der Wirkweise und des verbleibenden Nutzens und Zwecks zu ermitteln ist, verlangt Nr. 3 die Absicht, die Umgehung zu fördern.[912] Für diese Einordnung als Absichtsmerkmal sprechen neben den Fassungen der Info-RL in englischer und französischer Sprache (*„for the purpose“*, *„dans le but“*) die vielfach bei Straftatbeständen benutzte Wendung „um ... zu“ (z.B. §§ 211 Abs. 2 , 253 Abs. 1, 259 Abs. 1 StGB).

Entsprechend muss dem Handelnden nachgewiesen werden, dass er z.B. eine Software in der Absicht hergestellt hat, dass die Käufer diese für die Umgehung technischer Maßnahmen einsetzen. Dieser Absicht kommt eine praktische Bedeutung vor allem bei den Umgehungsmitteln zu, die objektiv außer der Umgehung eine andere Funktion erfüllen, die tatsächlich aber nur als Vorwand dient (*Dual-use*-Produkte).[913] Um nachzuweisen, dass die Umgehung Hauptzweck ist, benötigt man ein subjektives Absichtsmerkmal.[914] Maßgeblich sind die Umstände des Einzelfalles, wobei z.B. berücksichtigt werden kann, ob die Umgehungsfunktion den Absatz des Produktes bestimmt.[915] Dem liegt die Erwägung zugrunde, dass der Hersteller nicht schutzwürdig ist, der sich dem Verbot dadurch zu entziehen versucht, dass er sein Produkt – zum Schein – mit einer oder mehreren weiteren Funktion(en) ausstattet.[916]

bb) Dienstleistungsbezogener Auffangtatbestand

Außer den gegenstandsbezogenen Handlungen ist die Erbringung einer Dienstleistung verboten, also z.B. das Angebot an Kunden, fremde geschützte Dokumente zu entsichern oder der Austausch von Umgehungsmitteln.[917] In richtlinienkonformer Auslegung ist die Dienstleistung außerdem als Auffangtatbestand an-

---

910 Das Verb nimmt Bezug auf die Erbringung einer Dienstleistung, *Auer* in FS Dittrich, S. 3, 10, Fn. 16 (zu einer älteren Fassung).

911 *Auer* in FS Dittrich, S. 3, 17; *Peukert* in Loewenheim, Handbuch UrhR, § 34 Rn. 29.

912 *Bayreuther* EWS 2001, 422, 429 „finaler Hauptzweck“; *Spindler* GRUR 2002, 105, 116; unentschieden *Hoeren* MMR 2000, 517, 520.

913 S. hierzu *Sieber* Gutachten, S. 185 ff., der die Bedeutung eines Absichtsmerkmals betont, in Nr. 3 aber kein Absichtsmerkmal hineinliest.

914 *Sieber* Gutachten, S. 202.

915 *Holznagel* Gutachten, S. 28 f.

916 *Holznagel* Gutachten, S. 29.

917 *Peukert* in Loewenheim, Handbuch UrhR, § 34 Rn. 22.

zusehen.[918] Für die Erbringung der Dienstleistung muss – wie bei den übrigen Handlungen – wenigstens eine der in Nr. 1 - 3 Beschränkungen erfüllt sein. Auf die Dienstleistung ist am ehesten Nr. 3 anwendbar, wonach sie hauptsächlich erbracht werden, um die Umgehung zu ermöglichen oder zu erleichtern.

Angesichts der bestehenden Auslegungszweifel, ob das Verbot auch Umgehungsanleitungen erfasst,[919] hat der Gesetzgeber klargestellt, dass technische Maßnahmen auch gegen *Anleitungen* geschützt sind.[920] Diese Auslegung entspricht dem Schutzzweck des § 95a Abs. 3, Handlungen (auch private), die den Einsatz technischer Maßnahmen gefährden, zu unterbinden. Werden die Anleitungen anonym veröffentlicht, richtet sich der zivilrechtliche Unterlassungsanspruch gegen den Vermittler nach den allgemeinen Grundsätzen zur Providerhaftung.

Die „Anleitungen" sind von der Präsentation von Forschungsergebnissen zu unterscheiden, denn das Verbot soll nicht die wissenschaftliche Forschung behindern, insbesondere nicht die Kryptographie.[921] Die Freistellung der wissenschaftlichen Forschung entspricht einer richtlinien- aber auch verfassungskonformen Auslegung (Art. 5 Abs. 3 GG).

Dasselbe gilt für denjenigen, der die Ergebnisse einer Dekompilierung preisgibt. Handelt es sich nur um Informationen, die zur Herstellung der Interoperabilität benötigt werden, ist eine tatbestandliche Absicht zu verneinen. Etwas anderes gilt, wenn die Informationen hauptsächlich die Sicherheitsmechanismen betreffen.[922]

cc) Güterabwägung

In § 95a Abs. 3 – vor allem in den Beschränkungen der Nrn. 1-3 – kommt der *Verhältnismäßigkeitsgrundsatz* zum Ausdruck, den die Mitgliedstaaten bei der Umsetzung zu berücksichtigen hatten.[923] Das Kriterium ist vor dem Hintergrund zu sehen, dass sich die EG völkerrechtlich dazu verpflichtet hat, einen „angemessenen" Rechtsschutz zu schaffen.[924] Dies verlangte eine Regelung, die die Interessen der Gerätehersteller[925] ebenso berücksichtigt wie andere schutzwürdige nicht

---

918 S. dazu Teil 1 3. Kap. D. III. 3.

919 *Braun*, zitiert nach *Zecher*, Die Umsetzung der EU-Urheberrechtsrichtlinie in deutsches Recht II, Diskussionsbericht, ZUM 2002, 451, 457; Stellungnahme des BDZV, URL: http://www.urheberrecht.org/topic/Info-RiLi/st/BDZVStellgRiLi-2001-08-28.pdf.

920 BT-Drucks. 15/38, S. 26.

921 S. dazu Teil 2 1. Kap. H. I. 2. f) cc) (b).

922 Vgl. dazu 17 USC § 1201 (f) (3) (Reverse Engeneering).

923 Info-RL EG 48 S. 3; *Wand* Technische Schutzmaßnahmen, S. 111.

924 *Marks/Turnbull* E.I.P.R. 2000, 198, 201; *Reinbothe/v. Lewinski*, WCT/WPPT, S. 145.

925 *Reinbothe/v. Lewinski*, WCT/WPPT, S. 145.

kommerzielle Belange (z.B. die Forschung im Bereich der Verschlüsselungstechniken).[926] Das Verhältnismäßigkeitsprinzip läuft auf eine Gesamtwürdigung und Abwägung der betroffenen Interessen hinaus.[927] Die Maßnahmen, durch die den Wirtschaftsteilnehmern finanzielle Belastungen auferlegt werden, müssen zu der Erreichung der mit der Info-RL verfolgten Ziele geeignet und erforderlich sein; von mehreren gleich geeigneten Mittel ist das mildere vorzuziehen, und die Belastung muss in einem angemessenen Verhältnis zu den angestrebten Zielen stehen.[928] Der Verhältnismäßigkeitsgrundsatz soll dem Rechtsanwender helfen, das überwiegend schädliche Verhalten von dem schutzwürdigen Verhalten zu trennen.[929] Um das Haftungsrisiko einzuschätzen, müssen potentiell betroffene Unternehmen – Gerätehersteller und Softwareentwickler – eine Abwägung vorwegnehmen („Ist mein Produkt schädlich?"). Der Anwendungsbereich ist bei genauer Betrachtung allerding ziemlich eng gezogen. Die Güterabwägung betrifft im Einzelnen die Interessen der Gerätehersteller und Softwareentwickler *(1)* und besondere nichtkommerzielle Belange *(2)*:

(1) Gerätehersteller und Softwareentwickler

Besonders § 95a Abs. 3 Nrn. 2 und 3 berücksichtigen die Interessen der Gerätehersteller und sind vor dem Hintergrund des EG 48 zu lesen.[930] Nach EG 48 Satz 1 soll verhindert werden, dass der normale Betrieb elektronischer Geräte und die technische Entwicklung behindert werden (*playability clause*).[931] Diese Abwägung berücksichtigt, dass sich zu große Haftungsrisiken negativ auf die technische Innovation und die Investitionsbereitschaft auswirken.[932] Satz 2 stellt klar, dass der Rechtsschutz die Gerätehersteller nicht verpflichtet, Vorrichtungen, Produkte und Komponenten zu entwerfen, die den technischen Maßnahmen entsprechen, wenn sie nicht anderweitig unter das Verbot in Art. 6 fallen (*no-mandate-clause*).[933]

---

926 *Vinje* E.I.P.R. 1999, 192, 198.

927 *Hoeren* MMR 2000, 515.

928 EuGH Rs. 265/87, Slg. 1989, 2237, Rn. 21 – *Schräder/Hauptzollamt Gronau.*

929 *Kerr* in Copy fights, S. 167 f., der die Schwierigkeit dieser Entscheidungsfindung anschaulich aufzeigt.

930 *Auer* in FS Dittrich, S. 3, 10; *Sirinelli* Rapport général, S. 13.

931 *Reinbothe* GRUR Int. 2001, 733, 741; *Lehmann* CR 2003, 553, 556.

932 *Bayreuther* EWS, 422, 430.

933 Vgl. 17 USC § 1201 (c); the Digital Millennium Copyright Act of 1998, U.S. Copyright Office Summary, URL: http://www.copyright.gov/legislation/dmca.pdf, S. 4; *Reinbothe* ZUM 2002, 43, 47; *Strowel/Dussolier* Legal Protection, S. 8; *Vinje* E.I.P.R. 1999, 192, 204.

(2) Nichtkommerzielle Belange

Abgesehen vom Schutz der Interessen der Gerätehersteller soll der Mitgliedstaat aber auch nichtkommerzielle Interessen berücksichtigen können. Unverhältnismäßig wäre es, Handlungen zu untersagen, deren wirtschaftlicher Zweck und Nutzen nicht in der Umgehung liegt.[934] Auszuschließen aus dem Verbot sind daher Handlungen zu Zwecken der Dekompilierung und der Forschung.

(a) Dekompilierung

In richtlinienkonformer Auslegung sollen weiterhin Programme hergestellt und verwendet werden können, die die Dekompilierung und das Reverse Engeneering bei geschützten Computerprogrammen ermöglicht.[935] Die Schranken i.S.v. Art. 5 Abs. 3 Info-RL und Art. 6 C-RL sind ins deutsche Recht durch §§ 69d Abs. 3, 69e umgesetzt worden. Die Normen knüpfen daran an, dass jemand vertraglich zur Nutzung eines Computerprogramms berechtigt ist.

Um die Grenzen der erlaubten Handlungen zwecks Dekompilierung aufzuzeigen, ist am Beispiel von DRMS zwischen den Befugnissen des Nutzers und demjenigen zu unterscheiden, der ein Umgehungsmittel entwickelt: Das Sicherheitskonzept von DRMS zielt mit einem „verworrenen Design" gerade darauf ab, das Reverse Engineering und die Dekompilierung der Abspielsoftware möglichst schwer zu machen.[936] Da sich der Nutzer die Abspielsoftware regelmäßig kostenlos herunterladen kann, ist fraglich, ob über die Nutzung der Abspielsoftware ein Vertrag zustande kommt. Unterstellt man einen Rechtsbindungswillen, dürften die Nutzer von den – eng gezogenen – Schranken i.S.v. § 69d ff. Gebrauch machen, d.h. es dürften Handlungen vorgenommen werden, die dazu dienen, das Programm mit anderen Programmen interoperabel zu gestalten.[937] Zu anderen Zwecken, insbesondere um die kryptographischen Geheimnisse zu erforschen, ist die Dekompilierung oder etwa das Beobachten des Programms unzulässig.

Derjenige, der Umgehungsmittel herstellt, darf zwar ein Computerprogramm entwickeln, das für die Dekompilierung benötigt wird; verboten aber ist die Entwicklung einer Abspielsoftware für die Nutzung eines DRMS (Bsp.: Lesesoftware für E-Book), wenn die Software die Beschreibungssprache nicht unterstützt, auf der das Schutzsystem beruht. Die Entwicklung einer Abspielsoftware ist aus fachlicher Sicht einfach, sobald das Geheimnis erforscht ist.[938]

---

934 Info-RL, EG 47 a.E. 48 S. 3.

935 Info-RL, EG 50 S. 3 unter Verweis auf die speziellen Schranken gemäß Art. 5 Abs. 3, Art. 6 C-RL; *Peukert* in Loewenheim, Handbuch UrhR, § 34 Rn. 25.

936 *Chantepie* Mesures techniques, S. 120; *Pfitzmann u.a.* Gutachten, S. 58.

937 Vgl. Info-RL EG 50 S. 3.

938 *Pfitzmann u.a.* Gutachten, S. 58.

(b) Wissenschaftliche Forschung

Außerdem dürfen Forschungsarbeiten im Bereich der Verschlüsselungstechnik in richtlinienkonformer und verfassungskonformer Auslegung nicht behindert werden.[939] Die Kryptographie ist deswegen schutzwürdig, weil die Sicherheitssysteme immer wieder auf ihre Effizienz hin überprüft und weiterentwickelt werden müssen, zumal weil die Rechner immer leistungsfähiger werden. Es ist vor allem Aufgabe der Kryptoanalyse, die Sicherheit von Systemen zu untersuchen. Legale Kryptoanalyse dient nicht dem Brechen einer Chiffre, sondern ist ein Werkzeug für die Konstruktion starker Chiffren.[940]

Das Verbot darf sich nicht auf die Forschungstätigkeit, die Ergebnisse und die Veröffentlichung der Ergebnisse erstrecken.[941] Man wird diese Ausnahme wie bei dem Umgehungsverbot auf die wissenschaftliche Forschung beschränken. Die Wissenschaftlichkeit ist gerichtlich überprüfbar.[942]

All dies kann zu schwierigen Abgrenzungsfragen führen, wie das Beispiel DeCSS – dem Programm zum Entschlüsseln von dem Kopierschutzsystem Content Scramble System (CSS) – zeigt.[943] Einerseits handelt es sich bei CSS um ein Sicherheitssystem, das auf kryptographischen Verfahren beruht und von wissenschaftlichem Interesse ist. Bedeutet dies aber andererseits, dass die Verbreitung von DeCSS keinerlei Beschränkungen unterliegen darf? Die Frage ist zu verneinen, denn die Beschränkung des Verbots kann nur zu Gunsten desjenigen eingreifen, der zu wissenschaftlichen Zwecken handelt.

(3) Schranken

Das betroffene Unternehmen kann hingegen nicht einwenden, sein Handeln sei durch die urheberrechtlichen Schranken gedeckt, weil sich der Zweck, die Umgehung zu fördern, und die privilegierten Zwecke nicht miteinander vereinbaren lassen,[944] zumal die eigenmächtige Umgehung schrankenlos untersagt ist.

---

939 Info-RL EG 48 S. 4; vgl. kritisch zu dem DMCA *Wilpaner* medien und recht 2002, 383, 385.

940 *Pommerening*, URL: http://www.uni-mainz.de/~pommeren/Kryptologie/Bitblock/5_Analyse/ sowie http://www.uni-mainz.de/~pommeren/DSVorlesung99/KryptoBasis/Chiffr.html.

941 *Peukert* in Loewenheim, Handbuch UrhR, § 34 Rn. 26.

942 S. hierzu etwa BGH NJW 1966, 647, 648.

943 Vgl. dazu Universal City Studios, Inc., et al. v. Shawn C. Reimerdes, et. al., 82 F.Supp. 2d 211 (S.D.N.Y. 2000); 111 F. Supp. 2d 294 (S.D.N.Y. 2000); das Berufungsurteil v. 28.11.2001 ist abgedruckt in Cri 2002, 50 ff.

944 *Auer* in FS Dittrich, S. 3, 18; *Reinbothe/v. Lewinski*, WCT/WPPT, S. 146.

g) Ausnahme von dem Verbot: öffentliche Stellen

Gemäß § 95a Abs. 4 bleiben Aufgaben und Befugnisse öffentlicher Stellen zum Zwecke des Schutzes der öffentlichen Sicherheit oder der Strafrechtspflege von den Verboten der Absätze 1 und 3 unberührt. Dies stellt klar, dass erforderliche Eingriffe zur Gefahrenabwehr oder zur Strafverfolgung durch die Verbote nicht behindert werden.[945]

h) Verhältnis der Verbote in § 95a UrhG zu § 95c UrhG

Es gibt viele technische Mechanismen, die dem Schutz des Urheberrechts dienen; gleichwohl dient nicht jeder der für § 95a erforderlichen „Nutzungskontrolle". Technische Mechanismen können auch die Grundlage für die Informationen zur Rechtewahrnehmung i.R.v. § 95c bilden. In § 95c wurden die Vorgaben aus Art. 7 Info-RL zum Schutz von *Informationen zur Rechtewahrnehmung* umgesetzt. Hierunter versteht man die Informationen, die erforderlich sind, um die digitale Rechtewahrnehmung durchzuführen.[946] „Informationen" i.S.d. § 95c sind entsprechend zu Art. 7 Abs. 2 Info-RL:

> *„...die die in dieser Richtlinie bezeichneten Werke oder Schutzgegenstände oder die durch das in Kapitel III der Richtlinie 96/9/EG vorgesehene Sui-generis-Recht geschützten Werke oder Schutzgegenstände, den Urheber oder jeden anderen Rechtsinhaber identifizieren, oder Informationen über die Modalitäten und Bedingungen für die Nutzung der Werke oder Schutzgegenstände sowie die Zahlen oder Codes, durch die derartige Informationen ausgedrückt werden."*

Diese Informationen werden auch als Metadaten bezeichnet,[947] die das Werk, den Rechtsinhaber und Nutzer identifizieren sowie Art und Weise der Nutzung beschreiben. Der Rechtsschutz richtet sich gegen das Ändern und Beseitigen solcher Informationen und gegen das Inverkehrbringen von Vervielfältigungsstücken, von denen diese Informationen zuvor geändert bzw. entfernt worden sind. Die Metadaten werden mit Hilfe technischer Verfahren auf die Werke oder sonstigen Schutzgegenstände aufgebracht.[948] Dies geschieht dadurch, dass entweder das Dateiformat erweitert und jeder Datei die Informationen in Form einiger Bits hinzufügt werden (Bsp.: DVD-Kopierschutz *Macrovision*), oder die Informationen mittels Beschreibungssprachen spezifiziert werden.[949] Um die Informationen

---

945 *Peukert* in Loewenheim, Handbuch UrhR, § 95a Rn. 30; *Wandtke/Ohst* in Wandtke/Bullinger, InfoG, § 95a Rn. 87 f.

946 Die digitale Rechtewahrnehmung ist nicht identisch mit den Systemen zur digitalen Rechtewahrnehmung (DRMS bzw. ECMS), die darüber hinaus andere Funktionen, insbesondere die Nutzungskontrolle erfüllen können; s. zu der Abgrenzung *Chantepie* Mesures techniques, S. 81; s. zu den Informationen über die Rechtewahrnehmung *Bechtold* DRM, S. 34 ff.

947 S. hierzu ausführlich *Bechtold* DRM, S. 34 ff.

948 *Wand* Technische Schutzmaßnahmen, S. 8.

949 *Bechtold* DRM, S. 46 ff.; *Chantepie* Mesures techniques, S. 87 ff.

möglichst sicher anzubringen, werden Wasserzeichenverfahren verwendet.[950] Grundsätzlich stehen die §§ 95a, c nebeneinander und haben einen selbständigen Regelungsgehalt. Ausnahmsweise sind Überschneidungen denkbar.

Eine Anspruchskonkurrenz gemäß §§ 95a, 95c kommt nur in Betracht,[951] wenn die Informationen bzw. die Codes, durch die sie ausgedrückt werden, gleichzeitig der Nutzungskontrolle dienen.[952] Ein Verfahren, das Handlungen nicht beschränkt oder verhindert, dient nicht der Nutzungskontrolle.[953]

Beispiel: *Ein digitales Wasserzeichen ist in eine digitale Bilddatei eingebettet und für das menschliche Auge nicht wahrnehmbar. Der Nutzer ist nicht daran gehindert, die Bilddatei herunterzuladen und z.B. zu bearbeiten, bestenfalls leidet die Qualität des Bildes darunter, aber das Wasserzeichen verhindert keine Nutzungshandlung. In Bezug auf die Verwertungshandlungen bieten Wasserzeichen daher grundsätzlich nur einen mittelbaren Schutz,[954] indem sie die Rechtsverfolgung und den Nachweis einer Rechtsverletzung erleichtern.*

Eine Anspruchskonkurrenz lässt sich andererseits dann rechtfertigen, wenn die technischen Verfahren die Voraussetzungen für eine Nutzungskontrolle schaffen.[955] Häufig wird die Nutzungskontrolle dadurch realisiert, dass der Datei oder der elektronischen Lizenz Informationen über die Nutzungsbedingungen beigefügt werden und der Nutzer über ein Gerät oder eine Software verfügen muss, die die Nutzung gemäß den Informationen steuert. Je nach Ausgestaltung kann darüber entweder der Zugriff auf die Datei (Zugangskontrolle) oder unmittelbar die Nutzungsart (z.B. Möglichkeit der Speicherung) gesteuert werden.

Beispiel 1: SDMI: *Die Nutzung kann kontrolliert werden, indem man Wasserzeichen in Audio-Dateien einbettet und ein Abspielgerät die Vervielfältigung verweigert, wenn es erkennt, dass ein Wasserzeichen zerstört oder beseitigt ist.*[956]

Beispiel 2: DRM-Technik: *Der Nutzer eines Online-Dienstes lädt sich verschlüsselte Dateien herunter. Er erwirbt eine elektronische Lizenz, der Nutzungsbedingungen in Form einer Metadatei beigefügt sind, die in einer speziellen Sprache formuliert sind (z.B. XrML). Die Abspielsoftware unterstützt diese Sprache und steuert auf diese Weise den Nutzungsvorgang. Der Zugriff auf die Datei wird verweigert, sobald der Nutzer seine Rechte aufgebraucht hat.*

In den Beispielfällen wäre die Nutzungskontrolle ohne die Informationen über die Nutzungsbedingungen nicht möglich. Werden die Codes beseitigt oder geändert, greift § 95c ein. Ist damit zugleich die Nutzungskontrolle außer Kraft gesetzt, ist auch das Merkmal der „Umgehung" erfüllt.

---

950 *Bechtold* DRM, S. 54 ff.

951 *Wandtke/Ohst* in Wandtke/Bullinger, InfoG, § 95a Rn. 90.

952 *Wand* Technische Schutzmaßnahmen, S. 8, 9; *Bechtold* DRM, Fn. 116 und 1372 in Bezug auf Wasserzeichen; *Chantepie* Mesures techniques, S. 81.

953 *Arnold/Funk/Busch* in Dittrich, Beiträge zum Urheberrecht, S. 67.

954 So auch *Linnenborn* K&R 2001, 394, 399.

955 *Wand* Technische Schutzmaßnahmen, S. 8, 9.

956 *Bechtold* DRM, Fn. 116 und 1372.

Abzulehnen ist eine Anspruchskonkurrenz, wenn die Informationen mittelbar das Recht auf Anerkennung schützen. Davon erfasst ist die Befugnis, sich jederzeit auf eine Urheberschaft zu berufen, das Bestreiten seiner Urheberschaft abzuwehren und der Anmaßung der Urheberschaft durch Dritte entgegenzutreten.[957] Dies ist ein typischer Anwendungsfall des § 95c.

i) Verhältnis zum ZKDSG

Wie bereits eingangs untersucht kann der Schutz der Info-RL den Schutz des Diensteanbieters nach der ZKD-RL ergänzen.[958] Entsprechendes gilt für das Verhältnis des § 95a zu den Bestimmungen des ZKDSG, die die gemeinschaftsrechtlichen Vorgaben umsetzen,[959] ohne dass sich daraus Widersprüche ergeben.[960] Der Handel mit und die Werbung für illegale Umgehungsvorrichtungen zu kommerziellen Zwecken ist gemäß § 3 ZKDSG verboten. Der Verstoß hiergegen stellt entweder eine Ordnungswidrigkeit oder Straftat dar (§§ 4, 5 ZKDSG). Die Vorschriften sind Schutzgesetze,[961] die eine zivilrechtliche Verantwortlichkeit gemäß § 823 Abs. 2 BGB bzw. § 1004 Abs. 1 BGB analog i.V.m. § 823 Abs. 2 BGB begründen können.

j) Zusammenfassung

Der Begriff der technischen Maßnahmen ist ein dualistischer Begriff. Die technische Eigenschaft soll einen möglichst weiten Anwendungsbereich eröffnen. Die bei dem Merkmal „wirksam" aufgezählten Kontrollmechanismen sind Beispiele für Mechanismen. Das zweite Merkmal – die Zweckbestimmung, die Nutzung urheberrechtlich geschützten Materials unter Kontrolle zu halten – verleiht dem Begriff seine urheberrechtsspezifische Bedeutung. Der Rechtsschutz reicht so weit wie die Ausschließlichkeitsrechte des Rechtsinhabers. Die Zweckbestimmung ist objektiv anhand des Funktionsablaufs zu ermitteln. Der Schutz bestimmt sich nur abstrakt danach, ob der Rechtsinhaber die Handlungen nicht genehmigt hat; es kommt nicht darauf an, ob jemand im konkreten Einzelfall aufgrund einer urheberrechtlichen Schranken zur Nutzung berechtigt wäre.

Das Merkmal „wirksam" hat die Funktion, den Schutzbereich auf Maßnahmen zu beschränken, die zur Nutzungskontrolle geeignet sind. Hierfür ist der Stand der Technik zu berücksichtigen. Die Tatsache, dass die Umgehung möglich ist, macht

---

957 *Hertin* in Fromm/Nordemann, UrhR, § 13 Rn. 4.

958 *Auer* in FS Dittrich, S. 3, 18; *Linnenborn* K&R 2001, 394, 398; *Marly* K & R 1999, 106, 108; *Wand*, Technische Schutzmaßnahmen und Urheberrecht, S. 102; s. dazu Teil 1 3. Kap. D IV.

959 ZKDSG, BT-Drucks. 14/7229, S. 7; *Peukert* in Loewenheim, Handbuch UrhR, § 95a Rn. 27 m.w.N.; *Wandtke/Ohst* in Wandtke/Bullinger, InfoG, § 95a Rn. 7.

960 S. dazu *Peukert* in Loewenheim, Handbuch UrhR, § 95a Rn. 29.

961 ZKDSG, BT-Drucks. 14/7229, S. 8.

die Maßnahmen nicht unwirksam, weil andernfalls der Rechtsschutz obsolet würde. Es genügt, wenn sie praktisch dazu geeignet ist, den „Durchschnittsnutzer" von der Umgehung abzuhalten. Bei dem Durchschnittsnutzer sollte man die Fähigkeiten voraussetzen, die man benötigt, um das Gerät oder die Software unter Ausnutzung aller möglichen Funktionen anzuwenden. Davon zu unterscheiden sind die Kenntnisse, die der Funktionsweise des Gerätes – insbesondere seinen Sicherheitsmechanismen – zugrunde liegen. Erfahrungsgemäß lassen sich die Durchschnittsnutzer durch einen unverhältnismäßigen Kosten- und Zeitaufwand von der Umgehung abbringen. Ist ein Umgehungsmittel frei verfügbar und nicht gemäß § 95a Abs. 3 verboten, schließt das grundsätzlich die Wirksamkeit aus. Dies sollte dann nicht gelten, wenn es die Nutzer unverhältnismäßig viel Zeit und Geld kostet, die Mittel zu beschaffen und einzusetzen.

Eine „Umgehung" liegt vor, wenn die Funktionsfähigkeit der technischen Maßnahmen ohne Zustimmung des Rechtsinhabers außer Kraft gesetzt wird. Die Funktion ist objektiv anhand des Funktionsablaufs und der Verwendungsart zu ermitteln (funktionale Betrachtung). Hieraus ergibt sich, dass der entgegenstehende Wille bereits im Merkmal der Umgehung begründet ist. Die Umgehung ist vollendet, wenn eine Handlung möglich wird, die der Rechtsinhaber technisch verhindern wollte (formal-technische Betrachtung). Für die (rechtsgeschäftliche) Zustimmung – Einwilligung oder Genehmigung- – gelten die allgemeinen Grundsätze. Die Einwilligung wirkt tatbestandsausschließend oder – strafrechtlich – rechtfertigend. Die Genehmigung kann die Handlung zivilrechtlich rechtfertigen, nicht aber strafrechtlich.

Die handelnde Person muss bösgläubig sein, d.h. in positiver Kenntnis oder grob fahrlässiger Unkenntnis handeln. Außerdem muss sie in Umgehungsabsicht handeln. Die Bösgläubigkeit bestimmt hierfür das Wissenselement, d.h. der Person muss bekannt bzw. grob fahrlässig unbekannt sein, dass sie technische Maßnahmen umgeht. Die Umgehungsabsicht ist darauf gerichtet, sich oder einem Dritten Zugang zu verschaffen oder die Nutzung zu ermöglichen. Die Zugangsverschaffungsabsicht schließt Konstellationen mit ein, in denen es dem Handelnden nur darum geht, den Mechanismus außer Kraft zu setzen.

Grundsätzlich stehen die § 95a und § 95c nebeneinander, da sie selbständige Regelungsgegenstände haben. Ausnahmsweise ist eine Anspruchskonkurrenz möglich, wenn die Informationen gleichzeitig für die Nutzungskontrolle unentbehrlich sind. Maßnahmen zum Schutz des Rechts auf Anerkennung sind durch § 95c abschließend geschützt.

3. Rechtsschutz bei Verstoß gegen die Verbote

a) Zivilrechtlicher Rechtsschutz

Die Verletzung technischer Maßnahmen kann nach der gesetzlichen Konzeption zivilrechtliche, bußgeldrechtliche und/oder strafrechtliche Folgen haben. Ein tatsächlich wirksamer Rechtsschutz für den Betroffenen dürfte dann gegeben sein, wenn der Rechtsinhaber das verbotswidrige Handeln durch einen (vorbeugenden) Unterlassungs- und Beseitigungsanspruch abwehren könnte sowie eine Entschädigung erhielte, die den erlittenen Schaden vollständig abdeckt.[962]

aa) Problemstellung

So richtig die Entscheidung war, den Schutz in das UrhG einzufügen, umso schwieriger erweist es sich, auf Anhieb die richtige Anspruchsgrundlage zu finden, auf die der Rechtsinhaber seine Ansprüche stützen kann. Beeinträchtigt jemand den technischen Schutz i.R. eines bestehenden vertraglichen Verhältnisses (z.B. Abonnentin von Premiere oder einer Online-Datenbank), d.h. überschreitet der- oder diejenige die vertraglichen Befugnisse, kommen vertragliche Ansprüche nach den allgemeinen Regeln gemäß §§ 241 Abs. 2, 280 Abs. 1 BGB in Betracht.[963]

Problematisch ist, woraus die Ansprüche folgen, wenn durch die unerlaubte Handlung ein gesetzliches Schuldverhältnis entstanden ist. Der deutsche Gesetzgeber hat keine selbständige Anspruchsgrundlage für den Verstoß gegen § 95a Abs. 1 und 3 vorgesehen,[964] so dass eine Lösung nach den bereits vorhandenen Haftungsnormen gesucht werden muss. Über das Ergebnis dürfte dabei weithin Einigkeit bestehen: Dem Rechtsinhaber stehen bei Verletzung der technischen Maßnahmen ein vorbeugender Unterlassungsanspruch, ein Unterlassung- und Beseitigungsanspruch sowie ein Schadensersatzanspruch zu; die Frage stellt sich vor allem nach dem „Woraus“. Zu klären ist, wie weit die urheberrechtliche Haftung reicht und die allgemeinen deliktischen Vorschriften gemäß §§ 823 ff BGB verdrängt. § 97 ist ein deliktischer Anspruch, der ggü. § 823 Abs. 1 BGB spezieller ist.[965] § 97 steht im Verhältnis zum allgemeinen Deliktsrecht (§§ 823 ff. BGB) im Verhältnis der Spezialität und Subsidiarität.[966] Die Haftung in § 97 knüpft an die Verletzung eines „Urheberrecht oder eines sonstigen nach diesem Gesetz geschützten Rechts“. Dieses sonstige Recht muss mit dem Urheberrecht den absoluten Charakter gemein haben.[967] Für die Lösung kommt es ganz entscheidend darauf an, in welchem Verhältnis der Schutz technischer Maßnahmen zu den Rechtsverletzungen i.S.v. § 97 steht. Der Schutz technischer Maßnahmen soll kein

962 Vgl. EuGH Rs. 14/83, Slg. 1984, 1891, Rn. 28 – *v. Colson u. Kamann/NRW.*

963 *Hoeren* Gutachten, S. 37.

964 Kritisch dazu etwa der Änderungsantrag der FDP-Fraktion, Beschlussempfehlung und Bericht des Rechtsausschusses, Nr. 12, S. 73.

965 *Schricker* in Schricker, UrhR, Einl., Rn. 31; *Lütje* in Möhring/Nicolini, UrhG, § 97 Rn. 268; *Mertens* in MünchKomm, BGB, § 823 Rn. 153.

966 BGH GRUR 1958, 354, 356 – *Sherlock Holmes*; *v. Gamm* UrhG, Einf. Rn. 137, 138; *Mertens* in MünchKomm, BGB, § 823 Rn. 153; *Schricker* in Schricker, UrhR, Einl. Rn. 31.

967 *V. Gamm* UrhG, § 97 Rn. 2; *Wild* in Schricker, UrhR, § 97 Rn. 1.

neues Ausschließlichkeitsrecht begründen.[968] Weiterhin ist zwischen dem Schutz technischer Maßnahmen und dem Schutz der Urheberrechte zu trennen, da die Umgehung und die Handlungen i.S.v. § 95a Abs. 3 den Urheberrechtsverletzungen vorgelagert sind.[969] Selbst der Umgehungsakt ist grundsätzlich als Vorbereitungshandlungen anzusehen.[970] Dies lässt sich anhand des Merkmals „Umgehung“ verdeutlichen: Hierfür genügt es, wenn die Nutzungshandlung ermöglicht wird. Ausnahmen von dem Grundsatz sind nur denkbar, wenn in der Umgehung softwarebasierter Schutzmaßnahmen zugleich eine zustimmungspflichtige „Umgestaltung“ liegt (z.B. § 23 S. 2 4. Alt.).[971] Dem Umgehungsakt schließt sich eine Rechtsverletzung aber regelmäßig an.[972] Für die Trennung wird zur Veranschaulichung auch gerne der Vergleich zu dem Unterschied zwischen Eigentum und Hausrecht gezogen.

bb) Lösungswege

Es lassen sich drei Lösungsansätze unterscheiden: Nach *Lösung 1* kann der Rechtsinhaber bei einem Verstoß gegen die Verbote i.S.v. § 95a Ansprüche direkt aus § 97 herleiten, ohne dass der Eintritt einer Rechtsverletzung nachgewiesen werden müsste. Nach *Lösung 2* kommt ein Haftung nach den Grundsätzen der mittelbaren Urheberrechtsverletzung in Betracht. Nach *Lösung 3* folgt die zivilrechtliche Verantwortlichkeit aus den allgemeinen deliktischen Vorschriften aufgrund einer Schutzgesetzverletzung. Die urheberrechtliche und allgemeine deliktische Haftung werden dabei ergänzend verstanden; allerdings sind die Grenzen der urheberrechtlichen Haftung noch nicht abschließend geklärt.

(1) Verletzung der negativen Ausschlussbefugnis

Die unmittelbare Anwendbarkeit des § 97 wegen Verstoßes gegen § 95a ließe sich damit begründen, dass man in dem Rechtsschutz technischer Maßnahmen zugleich den Verstoß gegen die negative Abwehrbefugnis des Rechtsinhabers sieht. Diese Ansicht vertritt *Peukert*. Die Begründung stützt er im Wesentlichen darauf, dass die Rechtsprechung bei einem Verstoß gegen das Verwertungsverbot gemäß § 96 dem ausübenden Künstler Schutz gegen die Verbreitung rechtwidrig hergestellter Vervielfältigungsstücke gewährt hat, obwohl diesem kein Verbrei-

968 *Wandtke/Ohst* in Wandtke/Bullinger, InfoG, § 95a Rn. 60; *Peukert* in Loewenheim, Handbuch UrhR, § 95a Rn. 6; siehe Fn. 489.

969 *Koelmann*, E. I. P. R. 2000, 272, 273; *Stickelbock*, Stellungnahme, S. 14; *Wand*, Technische Schutzmaßnahmen und Urheberrecht, S. 169; das betont auch *Peukert* in Loewenheim, Handbuch UrhR, § 95a Rn.4.

970 *Wand* Technische Schutzmaßnahmen, S. 153; *Stickelbrock* Stellungnahme, S. 14.

971 Vgl. auch für Computerprogramme § 69c S. 1 Nr. 2 UrhG, hierzu *Hoeren* MMR 2000, 515, 520.

972 Davon scheint *Hoeren* Gutachten, S. 36, auszugehen.

tungsrecht zusteht; den Schutz durch §§ 96, 97 begründeten die Gerichte damit, dass das Verbot der Verbreitung noch durch die Verbietungsbefugnis des Vervielfältigungsrechts gedeckt ist.[973] Die Ansicht von *Peukert* ist noch weitergehend, weil die negative Befugnis, andere von der Nutzung auszuschließen, nicht nur auf die der unmittelbaren Verletzung nachfolgenden Handlungen ausstrahlt, sondern auf Handlungen, die im Vorfeld der Verletzungshandlung liegen.

(2) Mittelbare Urheberrechtsverletzung

Einige Autoren erwägen eine Haftung nach den Grundsätzen der mittelbaren Urheberrechtsverletzung,[974] namentlich *Haedicke* sieht in den ausdrücklichen Verboten nichts weiter als einen normierten Fall der „mittelbaren Urheberrechtsverletzung"; ein „abstraktes Gefährdungsdelikt", das eine Haftung wegen Schutzgesetzverletzung begründet, sei deswegen nicht erforderlich.[975]

(3) Haftung aufgrund einer Schutzgesetzverletzung

Ein Teil im Schrifttum geht davon aus, dass eine Haftung für einen vorbeugenden Rechtsschutz gemäß § 97 Abs. 1 analog[976] in Betracht und (u.U. neben der urheberrechtlichen Haftung) allgemeine deliktische Ansprüche aus Schutzgesetzverletzung geltend gemacht werden können.[977]

(4) Stellungnahme

Die Haftung kann sowohl aus § 97 i.V.m. den Grundsätzen der mittelbaren Urheberrechtsverletzung als auch ergänzend auf die allgemeinen deliktischen Haftungsnormen gestützt werden.

Abzulehnen ist der Ansatz von *Peukert*, ein Verstoß gegen § 95a genüge, um eine Haftung gemäß § 97 auszulösen. Richtig ist, dass bei dem Verstoß gegen § 96 die Anwendbarkeit des § 97 allgemein anerkannt ist.[978] Das Verbietungsrecht ist dabei spiegelbildlich zu sehen zu dem Vervielfältigungsrecht, dessen Schutz

---

973 *Peukert* in Loewenheim, Handbuch des UrhR, § 82 Rn. 6; BGH JZ 1994 40, 42 – *The Doors*; BGH GRUR Int. 1986, 416, 419 – *Karajan*.

974 *Dreier* ZUM 2002, 28, 38; *Peukert* in Loewenheim, Handbuch UrhR, § 82 Rn. 27; *Wandtke/Ohst* in Wandtke/Bullinger, InfoG, § 95a Rn. 89.

975 *Haedicke* in FS Dietz, S. 349, 359.

976 *Haedicke* in FS Dietz, 349, 352 ff, 360; *Wand*, Technische Maßnahmen und Urheberrecht, S. 169.

977 *Wand*, Technische Schutzmaßnahmen, S. 169; *Wandtke/Ohst* in Wandtke/Bullinger, InfoG, § 95a Rn.60.

978 U.a. *V. Gamm* UrhG, § 96 Rn. 1; *Wild* in Schricker, UrhR, § 96 Rn. 3; BGH ZUM 1986, 199, 202 – *GEMA-Vermutung III*; *Lütje* in Möhring/Nicolini, UrhG, § 97 Rn. 47.

das Verbot unmittelbar bezweckt.[979] Da die Handlungen in § 95a Abs. 1 und 3 den urheberrechtsrelevanten Handlungen vorgelagert sind,[980] käme die Annahme einer Rechtsverletzung einer Fiktion gleich. Dies wäre eine rechtstechnisch denkbare Lösung. Der deutsche Gesetzgeber hat jedoch den Güterschutz dadurch erweitert, dass ein anderes Schutzgut – die technischen Maßnahmen – durch ein Schutzgesetz i.S.v. § 823 Abs. 2 BGB schützt. Der Ansatz von *Peukert* liefe darauf hinaus, dass § 97 Abs. 1, der eine Spezialnorm zu § 823 Abs. 1 BGB ist,[981] die Funktion von § 823 Abs. 2 BGB übernähme. § 97 UrhG ist aber ebenso wie § 823 Abs. 1 BGB insoweit ergänzungsbedürftig. Um den Vergleich zu verdeutlichen: Die Fiktion einer Rechtsverletzung wäre so, als würde man in jedem Verstoß einer Straßenverkehrsregel, die dem Schutz des Rechts auf körperliche Unversehrtheit dient, die Verletzung des Körpers sehen, obwohl eine solche im konkreten Fall gar nicht eingetreten ist. § 95a schützt zwar das Urheberrecht gegen Handlungen, die den Rechtsinhaber daran hindern können, seine Rechte wirksam durchzusetzen, die Verletzung des „Hausrechts" ist jedoch nicht automatisch eine Rechtsverletzung i.S.v. § 97.

Dabei ist der Ansatz hinsichtlich des Umgehungsakts materiell-rechtlich nachvollziehbar. Die Umgehung verletzt unmittelbar die technischen Maßnahmen, in denen sich das Vetorecht des Rechtsinhabers manifestiert. *Ginsburg* etwa erklärt den Schutz von Zugangskontrollen durch das Copyright damit, dass das „Right to Access" seit jeher integraler Bestandteil des Urheberrechts gewesen sei.[982] Diese Überlegung ist mit der deutschen Dogmatik vom absoluten Recht vergleichbar: Das Urheberrecht gewährt ein umfassendes Herrschaftsrecht, die negative Ausschlussfunktion wird dabei durch die positive Reichweite der Ausschließlichkeitsrechte begrenzt.[983] Diese materiell-rechtlichen Erwägungen rechtfertigen einen Schutz technischer Maßnahmen durch das UrhG; sie besagen jedoch nicht, dass die Verletzung der Technik zugleich die Verletzung von ausschließlichen Befugnissen ist.

Knüpfte man an das Vetorecht des Rechtsinhabers an, würde die Lösung auf Umwegen dem Schutz technischer Maßnahmen den Charakter eines ausschließlichen Rechts zubilligen. Dies ist aber gerade entstehungsgeschichtlich nicht bezweckt. Die gesetzgeberische Entscheidung, die technischen Maßnahmen durch ein Schutzgesetz zu schützen, trägt der Rechtsnatur der Umgehungsvorschriften als bloß flankierenden Schutz bzw. Hilfsanspruch Rechnung. Der Wertungsunterschied tritt am deutlichsten auf der strafrechtlichen Ebene hervor: der Umge-

---

979 *Wild* in Schricker, UrhR, § 96 Rn. 3; *Bungeroth* GRUR 1976, 454, 457.

980 *Koelmann* E.I.P.R. 2000, 272, 273; *Stickelbock* Stellungnahme, S. 14; *Wand* Technische Schutzmaßnahmen, S. 169.

981 *Schricker* in Schricker, UrhR, Einleitung Rn. 31.

982 *Ginsburg*, Access Right.

983 *Rehbinder* UrhR, § 8 III 1 Rn. 80; *v. Gamm* UrhG, § 97 Rn. 5 u. 6; *Schack*, UrhR, Rn. 675.

hungsakt ist mit einem deutlich geringeren Strafmaß sanktioniert als die nachfolgende Urheberrechtsverletzung.

Die Vorverlagerung der Haftung, wie sie durch den Schutz der „technischen Maßnahmen" eingeführt wird, ist eine typische Funktion von § 823 Abs. 2 BGB.[984] Die Ergebnisse, die *Peukert* über die Anwendung des § 97 erzielt, müssen richtigerweise über § 823 Abs. 2 BGB gesucht werden.

Gleichwohl ist zunächst zu beachten, dass § 97 zu den §§ 823 ff. BGB zueinander im Verhältnis der Spezialität und Subsidiarität stehen. Ausgehend davon, dass die Handlungen i.S.v. § 95a der Urheberrechtsverletzung vorgelagerte Handlungen sind, kommt daher eine urheberrechtliche Haftung nach den Grundsätzen der mittelbaren Urheberrechtsverletzung in Betracht. Im Verhältnis zu der (Urheber-)Rechtsverletzung ist derjenige, der die Umgehung oder die umgehungsfördernden Handlungen ausführt, grundsätzlich ein mittelbarer Störer. Mittelbarer Störer ist, wer durch sein Handeln adäquat kausal eine Rechtsverletzung veranlasst.[985]

§ 823 Abs. 2 BGB ist über § 97 Abs. 3 insoweit anwendbar, als eine Haftung danach über die unmittelbaren speziellen Bestimmungen des Urheberrechtsgesetzes hinausgeht.[986] Die Bedeutung des § 823 Abs. 2 BGB ist im Falle einer Rechtsverletzung i.S.v. § 97 nur subsidiär, weil der Schaden regelmäßig bereits durch § 97 Abs. 1 S. 2 kompensiert wird.[987] Im Bereich der Umgehungsschutzes hat § 823 Abs. 2 BGB ebenfalls nur eine ergänzende Funktion, diese fällt aber u.U. schwerer ins Gewicht.

Im Folgenden wird daher näher untersucht, wie weit die urheberrechtliche Haftung reicht und inwieweit ggf. die deliktische Haftung eingreift. Es wird nach Umgehungshandlung *(cc)* und Vorbereitungshandlungen *(dd)* getrennt und als weiterer Aspekt die Haftung im Internet erläutert *(ee)*.

cc) Umgehung (§ 95a Abs. 1 UrhG)

(1) Umsetzungsbedarf

Die Neuregelung weist abgesehen davon, dass sie aus Gründen der Rechtsklarheit geboten war, einen materiell-rechtlichen Mehrgehalt auf: Der maßgebliche Grund für die Regelung in § 95a Abs. 1 liegt in dem Verhältnis zwischen dem Rechtsschutz technischer Maßnahmen und den Schranken.[988] Nach der Rechtslage bis zum September 2003 hätte sich der Umgehende möglicherweise auf eine Schranke berufen können, was man im Einzelfall nur über den Grundsatz von Treu und

---

984 *Canaris* in FS für Larenz, S. 27, 52; *Medicus* SchuldR II BT, § 142 I 2.

985 *Nordemann* in Fromm/Nordemann, UrhG, § 97 Rn. 16.

986 *Wild* in Schricker, UrhR, § 97 Rn. 89.

987 *V. Wolff* in Wandtke/Bullinger, UrhR, § 97 Rn. 85.

988 *Dreier* ZUM 2002, 28, 39; *Haedicke* in FS Dietz, S. 349, 363; *Hoeren* Gutachten, S. 36; *Spindler* GRUR 2002, 105, 117.

Glauben (§ 242 BGB) hätte korrigieren können. Diese „Neuordnung" wirkt sich auch auf die Haftung nach den Grundsätzen der mittelbaren Urheberrechtsverletzung aus. Bei einem Verstoß gegen das Umgehungsverbot kommt zunächst eine Haftung des Verletzers gemäß § 97 Abs. 1 in Betracht.

(2) Ansprüche gemäß § 97 Abs. 1 und 2 UrhG

(a) Vorbeugender Unterlassungsanspruch

Unabhängig davon, ob eine Rechtsverletzung eingetreten ist, kann der Rechtsinhaber gegen den „Umgeher" als potentiellen *unmittelbaren Verletzer* einen vorbeugenden Unterlassungsanspruch gemäß § 97 Abs. 1 analog geltend machen,[989] wenn es der Person erkennbar darum geht, sich unter Umgehung der Maßnahmen die Nutzungshandlung zu ermöglichen. Es muss den Umständen nach eine konkrete Gefahr für eine erstmalige Begehung einer Rechtsverletzung i.S.v. § 97 bestehen (Erstbegehungsgefahr).[990] Wenn es der Person um die Nutzungshandlung geht, sind damit gleichzeitig die subjektiven Voraussetzungen des § 95a Abs. 1 erfüllt. Auf diese kommt es jedoch nicht zwingend an, weil es genügt, wenn eine objektive rechtswidrige Rechtsverletzung droht.

Ein Anspruch aus § 97 Abs. 1 analog scheidet demgegenüber aus, und der Schutz richtet sich nach dem allgemeinen Deliktsrecht, wenn es der Person den Umständen nach „nur" darauf ankommt, den Mechanismus außer Kraft zu setzen. Beispielsweise prahlt ein jugendlicher „Hacker", er würde das System von Microsoft, das ein großer Musikkonzern verwendet, in weniger als X Stunden „knacken" können; der „Hacker" hat in der Vergangenheit mehrfach Systeme umgangen.

(b) Weitergehende Haftung als unmittelbarer Verletzer

Die weitergehende Haftung gemäß § 97 setzt den Eintritt einer Rechtsverletzung voraus. Die Person haftet gemäß § 97 als unmittelbarer Verletzer, wenn sie anschließend selbst eine unerlaubte Nutzungshandlung vornimmt. Die Umgehungshandlung geht dann in der Rechtsverletzung auf, und es gelten die üblichen Voraussetzungen für eine Haftung aus § 97. Die Bedeutung des Umgehungsverbots ergibt sich aus dem Verhältnis des Rechtsschutzes zu den Schranken. Bei der Umgehung kann der Verletzer sich gemäß der Systematik der §§ 95a, 95b nicht auf die Schranken berufen.[991] Dies gilt entgegen der von *Peukert* vertretenen Ansicht auch für die nachfolgende Nutzungshandlung,[992] wenn der Verletzer Schran-

---

989 *Nordemann* in Fromm/Nordemann, UrhG, § 97 Rn. 1, 23.

990 BGH NJW 1951, 843; *Nordemann* in Fromm/Nordemann, UrhG, § 97 Rn. 23.

991 *Spindler* GRUR 2002, 105, 117; ähnlich *Haedicke* in FS für Dietz, S. 349, 363.

992 *Hoeren* Gutachten, S. 36; *Spindler* GRUR 2002, 105, 117; scheinbar auch *Haedicke* in FS für Dietz, S. 349, 363.

kenbegünstigter ist.[993] Selbst wenn man zwischen Umgehung und Rechtsverletzung trennt, wäre es wertungswidersprüchlich, die eigenmächtige Umgehung zu verbieten (s. Systematik der §§ 95a, 95b) und dem Schrankenbegünstigten anschließend die Berufung auf die Schranken zuzubilligen. Maßgeblich ist die Erwägung, dass es von dem Schrankenbegünstigten treuwidrig wäre, sich auf eine günstige Rechtsposition zu berufen, nachdem er sich diese gesetzeswidrig (§ 95a Abs. 1) verschafft hat (unzulässige Rechtsausübung gemäß § 242 BGB).[994] Im Übrigen ergeben sich für die Ansprüche keine Besonderheiten.

Bejaht man grundsätzliche eine Haftung gemäß § 97, setzt der Unterlassungsanspruch außer der rechtswidrigen Rechtsverletzung gemäß § 97 Abs. 1 eine „Wiederholungsgefahr" voraus; eine solche liegt vor, wenn weitere Eingriffe zu befürchten sind.[995] Hierfür spricht regelmäßig die bereits eingetretene Rechtsverletzung (tatsächliche Vermutung).[996] Bietet das Verhalten des Verletzers hingegen eine sichere Gewähr gegen einen weiteren Eingriff, ist die Wiederholungsgefahr zu verneinen. Hierfür gelten strenge Maßstäbe, z.B. kann sie entfallen, wenn der Handelnde uneingeschränkt und ernsthaft eine Verpflichtungserklärung abgegeben hat, insbesondere eine strafbewehrte Unterlassungserklärung.[997]

Der Beseitigungsanspruch setzt statt der Wiederholungsgefahr voraus, dass die Beeinträchtigung noch fortdauert.[998] Entsprechendes dürfte regelmäßig nicht der Fall sein, da die Beeinträchtigungen typischerweise kurzfristig wirken, und sich durch den auf Unterlassung gerichteten Rechtsschutz beseitigen lassen.

Der Rechtsinhaber könnte unter den Voraussetzungen des § 97 Abs. 1 auch einen Anspruch auf *Schadensersatz* haben. Außer der o.a. rechtswidrigen Rechtsverletzung ist hierfür ein *Verschulden* i.S.v. § 276 BGB erforderlich. Bei der Rechtsverletzung, die unter Umgehung einer wirksamen technischen Maßnahme erfolgt, spricht hierfür den Umständen nach eine tatsächliche Vermutung.

Ferner muss ein Schaden i.S.d. §§ 249 ff. BGB eingetreten sein. Ein solcher wird regelmäßig aber nicht durch die Umgehung, sondern erst durch die dadurch ermöglichte Nutzungshandlung verursacht (haftungsausfüllende Kausalität), deren Eintritt nachzuweisen ist. Der Schaden ist gemäß §§ 249 ff. BGB zu ersetzen und ist grundsätzlich auf Geldersatz (§§ 250 ff. BGB) gerichtet.[999] Für die Schadensberechnung besteht ein Wahlrecht zwischen drei Methoden: dem konkreten Schaden aus §§ 249 ff BGB, einschließlich des entgangenen Gewinns, dem Schadens-

---

993 *Peukert* in Loewenheim, Handbuch UrhR, § 82 Rn. 20.

994 S. dazu näher Teil 2 1. Kap. H. II. 3. a) aa) (2) sowie Teil 2 1. Kap. H. II. 3. a) aa) (4) (c) (ff) (a1) (b1).

995 RG 166, 150, 156 f.; BGHZ 30, 7, 14.

996 BGH NJW 1966, 647, 648 f.; BGH DB 1974, 1429, 1430.

997 BGH DB 1974, 1429, 1430; RG 156, 372, 375.

998 *Nordemann* in Fromm/Nordemann, UrhG, § 97 Rn. 30; *Teichmann* in Jauernig, BGB, Vor § 823 Anm I 3 c).

999 *Nordemann* in Fromm/Nordemann, UrhG, § 97 Rn. 37.

ersatz in Höhe einer angemessenen Vergütung sowie der Herausgabe des Verletzergewinns einschließlich der Rechnungslegung (s. § 97 Abs. 1 S. 2).[1000]

In denjenigen Fällen, in denen die Technik das vertraglich vereinbarte Nutzungsentgelt kontrolliert (z.B. DRMS), verliert der Rechtsinhaber mit der Umgehung die Kontrolle und damit die Möglichkeit, ein Entgelt durchzusetzen. Die Lizenzgebühr kann als entgangener Gewinn geltend gemacht werden (1. Alt.). Im übrigen bemisst sich der Schaden nach der fiktiven Lizenzgebühr (2. Alt.).[1001]

(c) Weitergehende Haftung als mittelbarer Störer

Der Umgeher kann als mittelbarer Störer gemäß § 97 zur Verantwortung gezogen werden, wenn er beispielsweise den technischen Schutz bloß entfernt, und andere auf das nunmehr ungeschützte Material zugreifen. Voraussetzung der Haftung des mittelbaren Störers gemäß § 97 ist ein Mitverursachungsbeitrag, der adäquatkausal für eine Rechtsverletzung ist;[1002] ggf. erweist sich der Nachweis der haftungsbegründenden Kausalität – Zusammenhang zwischen Umgehung und Rechtsverletzung – als schwierig.[1003] Die mitverursachte Rechtsverletzung muss außerdem *rechtswidrig* sein.[1004]

Haftet der Umgeher als mittelbarer Störer, genügt – anders als bei der Störerhaftung üblich – nicht ein objektiv rechtswidriger Eingriff,[1005] sondern der mittelbare Störer muss hinsichtlich der Umgehung, seines Mitverursachungsbeitrags, „bösgläubig" gewesen sein.[1006] Im übrigen gelten die o.a. Voraussetzungen.

Die Haftung gemäß § 97 scheidet abgesehen von möglichen Beweisschwierigkeiten dann aus, wenn das Verhalten der unmittelbaren Verletzer nicht rechtswidrig, insbesondere durch eine Schranke gedeckt ist. Dies ist insbesondere dann der Fall, wenn die unmittelbaren Verletzer gutgläubig sind und nicht offensichtlich ist, dass sie sich eine (nicht mehr technisch geschützte) rechtswidrige Vorlage herunterladen (§ 53 Abs. 1). Hierfür sei an das Beispiel von *de Werra* erinnert: Jemand umgeht die technischen Maßnahmen und setzt einen *Deep Link* auf das Angebot. Den Nutzern, die den Link aufrufen, ist nicht bewusst, dass sie die rechtswidrige Vorlage unter Umgehung der technischen Maßnahmen herunterladen. Die Vervielfältigung ist durch § 53 Abs. 1 S. 1 n.F. gedeckt.

1000 BGH ZUM 2000, 238, 239 – *Planungsmappe; v. Gamm* UrhG, § 97 Rn. 33-35; *Nordemann* in Fromm/Nordemann, § 97 Rn. 37 ff.; *Rehbinder*, UrhR, § 66 I 5.

1001 *Hoeren* Gutachten, S. 36; *Peukert* in Loewenheim, Handbuch UrhR, § 82 Rn. 15 mit dem Unterschied, dass *Peukert* den Nachweis der Nutzungshandlung für entbehrlich hält.

1002 *Dreier* ZUM 2002, 28, 39.

1003 *Peukert* in Loewenheim, Handbuch UrhR, § 82 Rn. 26.

1004 S. zu der Bedeutung bei der Haftung des mittelbaren Störers unten cc) (1) (a).

1005 Etwa BGHZ 30, 7, 14; *Brox/Walker* SchuldR II, § 42 I 2 c).

1006 BT-Drucks. 15/38, S. 26; *Peukert* in Loewenheim, Handbuch UrhR, § 82 Rn. 7; ggf. begründet dies auch eine Haftung als Gehilfe.

(d) Aktivlegitimation

Für die *Aktivlegitimation* gelten die im Rahmen von § 97 geltenden Grundsätze. Sie richtet sich danach, wessen Rechte verletzt oder möglicherweise verletzt werden.[1007] Bei der Einräumung ausschließlicher Nutzungsrechte bleibt der Urheber u.U. neben dem Lizenznehmer aktivlegitimiert, während einige Leistungsschutzrechte frei übertragbar sind, so dass nur noch der Lizenznehmer aktivlegitimiert ist.[1008] Der einfache Nutzungsberechtigte ist grundsätzlich nicht aktivlegitimiert.[1009] Entweder ist – je nach vertraglicher Abrede – der originär Berechtigte zur Rechtsverfolgung verpflichtet (z.B. im Falle einer Meistbegünstigungsklausel)[1010] oder der einfache Nutzungsberechtigte verfolgt seine Interessen im Wege gewillkürter Prozessstandschaft vor Gericht,[1011] sofern der Urheber bzw. Leistungsschutzberechtigte zustimmen und der Nutzungsberechtigte ein eigenes berechtigtes Interesse an der Geltendmachung hat.[1012]

(3) Sonstige Ansprüche

(a) § 823 Abs. 2 BGB i.V.m. § 1004 Abs. 1 BGB analog

Die Ansprüche gemäß § 97 lassen sonstige Ansprüche unberührt (§ 97 Abs. 3). Dies gilt auch für § 823 Abs. 2 BGB i.V.m. Schutzgesetzen.[1013] Ein Anspruch auf Unterlassung und Beseitigung kann auf den quasinegatorischen Anspruch gemäß § 823 Abs. 2 BGB i.V.m. § 1004 Abs. 1 BGB analog gestützt werden.[1014] Die Ansprüche können z.B. in folgenden Fällen ergänzend eingreifen: Dem Umgeher geht es erkennbar nur darum, den technischen Schutz außer Kraft zu setzen. Die Umgehung hat nicht nachweislich zu Rechtsverletzungen geführt. Es sind zwar Rechtsverletzungen eingetreten; diese sind aber nicht rechtswidrig. Es sind zwar Rechtsverletzungen eingetreten, den Rechtsinhabern misslingt jedoch der Nachweis der haftungsbegründenden Kausalität und/oder – für einen Schadensersatzanspruch – der Nachweis des Verschuldens.

1007 *V. Gamm* UrhG, § 97 Rn. 16; Nordemann in Fromm/Nordemann, UrhG, § 97 Rn. 8.

1008 S. dazu *Nordemann* in Fromm/Nordemann, UrhG, § 97 Rn. 9.

1009 *V. Gamm* UrhG, § 97, Rn. 16.

1010 BGH GRUR 1965, 591, 595 – *Wellplatten; v. Gamm*, UrhG, § 97 Rn. 16.

1011 *Nordemann* in Fromm/Nordemann, UrhG, § 97 Rn. 13; *Schricker* in Schricker, UrhR, § 97 Rn. 33.

1012 BGHZ 30, 162, 166, st. Rspr.

1013 *Wild* in Schricker, § 97 Rn. 89.

1014 *Brox/Walker* SchuldR II, § 42 I 2 a) c); *J. Hager* in Staudinger, BGB, § 823 Rn. G3; *Teichmann* in Jauernig, BGB, Vor § 823 Anm I 3 b).

(aa) Schutzgesetzqualität

Ansprüche aus § 823 Abs. 2 BGB knüpfen an eine rechtwidrige Schutzgesetzverletzung an. Für die Anwendbarkeit der Norm ist daher entscheidend, ob § 95a Schutzgesetzqualität hat. Von den urheberrechtlichen Vorschriften ist bislang nur für die Quellenangabe gemäß § 63 UrhG die Schutzgesetzeigenschaft gerichtlich anerkannt worden war,[1015] wenngleich im Schrifttum diese darüber hinaus auch für die §§ 106 ff.[1016] und für § 96[1017] bejaht wird.

Ein Schutzgesetz muss individualschützend sein, d.h. nicht nur den Schutz der Allgemeinheit, sondern zumindest auch den Schutz individueller Interessen bezwecken.[1018] Bei dem Verbot in § 95a spricht für den individualschützenden Charakter bereits der Wortlaut. Danach ist der Schutz technischer Maßnahmen zu Gunsten des Rechtsinhabers bezweckt.

Es ist jedoch anerkannt, dass die Schutzgesetzqualität eine weitergehende Prüfung erfordert. Es gilt zu verhindern, dass die Wertung des Gesetzgebers –keinen allgemeinen Vermögensschutz zu gewährleisten – durch eine ausweitende Annahme der Schutzgesetzqualität unterlaufen wird. Daher verlangt die Rechtsprechung die Prüfung, ob ein Schadensersatzanspruch – und entsprechend ein Unterlassungsanspruch, der tatbestandlich ebenfalls ein Schutzgesetz voraussetzt[1019] – in diesen Fällen sinnvoll und im Lichte des Gesamtsystems tragbar erscheint.[1020] Daher folgt der Prüfung des individualschützenden Charakters der Norm die Frage, welches Interesse (sachlicher Schutzbereich) welcher Person (persönlicher Schutzbereich) durch die Norm bezweckt ist.[1021] Für den Schutzbereich ist eine Gesamtbetrachtung vorzunehmen, bei der insbesondere Inhalt des geschützten Rechtsguts,[1022] Entstehungsgeschichte, Regelungszusammenhang und Zweck der Norm berücksichtigt werden können.[1023]

1015 RGZ 81, 120, 125; die Quellenangabe dient danach nicht nur den ideellen, sondern auch den Vermögensinteressen des Rechtsinhabers.

1016 *Lütje* in Möhring/Nicolini, UrhG, § 97 Rn. 268; *Rehbinder* UrhR, § 66 I; *v. Wolff* in Wandtke/Bullinger, UrhR, § 97 Rn. 85; *Thomas* in Palandt, BGB, § 823 Rn. 151 ordnet § 97 UrhG als Schutzgesetz ein.

1017 *Lütje* in Möhring/Niccolini, UrhG, § 97 Rn. 268.

1018 So etwa BGHZ 66, 388, 390.

1019 *Teichmann* in Jauernig, BGB, § 823 Anm. III 2 b) aa).

1020 BGHZ 66, 388, 390 f.

1021 *Brox/Walker* SchuldR II, § 38 I 3 b); *Teichmann* in *Jauernig*, BGB, § 823 Anm. III 2 b) bb); *Schiemann* in Erman, BGB, § 823 Rn. 157; *Mertens* in MünchKomm, BGB, § 823 Rn. 185; Der Schadensersatzanspruch unterscheidet sich von dem Unterlassungsanspruch dadurch, dass der Schaden, dessen Eintritt verhindert werden soll, tatsächlich eingetreten ist.

1022 *Mertens* in MünchKomm, BGB, § 823 Rn. 185.

1023 *Mertens* in MünchKomm, BGB, § 823 Rn. 166 ff.; *Schiemann* in Erman, BGB, § 823 Rn. 158; s. BGH NJW 1980, 1792 f.

Alle Kriterien sprechen vorliegend dafür, dass die Verbote die „technischen Maßnahmen" – deren Integrität[1024] und Funktionstüchtigkeit[1025] – sowie die damit wahrgenommenen Vermögensinteressen der Rechtsinhaber schützen.[1026] Dafür spricht auch die Parallele zum ZKDSG: Unmittelbar geschützt sind zwar die technischen Kontrollen; entstehungsgeschichtlich soll damit aber die vertraglich vereinbarte Vergütung zugangskontrollierter Dienste geschützt werden.[1027] Nichts anderes kann gelten, wenn die technischen Maßnahmen Nutzungshandlungen verhindern, für die die Rechtsinhaber eine Lizenzgebühr erhalten würden.

Geschützt werden sollen die Interessen des *Rechtsinhabers*, nicht des Herstellers von Sicherheitssystemen.[1028] „Rechtsinhaber" sind die Inhaber ausschließlicher Rechte, unabhängig davon, wer die Maßnahmen einsetzt.[1029] Dies folgt aus dem Schutzzweck der Maßnahmen, Handlungen zu verhindern oder zu beschränken, die den Ausschließlichkeitsrechten und damit dem Vetorecht eines Rechtsinhabers unterliegen.[1030] *Wand* hält zwar alle Rechtsinhaber für aktivlegitimiert, lässt aber den Begriff des „Rechtsinhabers" unbestimmt.[1031] Die systematische Stellung der Verbote vor § 97 spricht dafür, dass eine weitergehende Aktivlegitimation als in § 97 nicht bezweckt ist.[1032] Es gelten daher die Ausführungen zu der Verletzung der Primärbefugnisse gemäß § 97 entsprechend. Folglich handelt es sich bei § 95a um ein Schutzgesetz, das den Schutz der technisch wahrgenommenen Vermögensinteressen des Rechtsinhabers zu schützen bezweckt.

(bb) Keine rein objektive Störerhaftung

Der Unterlassungsanspruch gemäß § 823 Abs. 2 BGB i.V.m. § 1004 Abs. 1 BGB analog setzt weiter voraus, dass derjenige, der die technischen Maßnahmen umgeht, in einem entsprechenden Bewusstsein gehandelt hat. Die Störerhaftung, die grundsätzlich an einen objektiv rechtswidrigen Eingriff anknüpft,[1033] setzt ausnahmsweise das subjektive Merkmal der „Bösgläubigkeit" voraus;[1034] dies folgt bereits daraus, dass es sich hierbei um ein zwingend von dem Gemeinschaftsgesetzgeber vorausgesetztes Tatbestandsmerkmal handelt. Wenn diese Voraussetzungen erfüllt sind, ist die Rechtswidrigkeit regelmäßig indiziert. Erforderlich ist außerdem eine Wiederholungsgefahr. Der Anspruch kann auch vorbeugend gel-

---

1024 So ausdrücklich *Flechsig* ZUM 2002, 1, 14.
1025 Vgl. Begründung zu dem Diskussionsentwurf von 1998, S. 23.
1026 I.E. so auch *Peukert* in Loewenheim, Handbuch UrhR, § 82 Rn. 10.
1027 ZKD-RL EG 6.
1028 So zutreffend *Wandtke/Ohst* in Wandtke/Bullinger, InfoG, § 95a Rn. 89.
1029 *Auer* in FS Dittrich, S. 3, 15, 18.
1030 *Auer* in FS Dittrich, S. 3, 15.
1031 *Wand* Technische Schutzmaßnahmen, S. 104.
1032 So auch *Peukert* in Loewenheim, Handbuch UrhR, § 82 Rn. 30.
1033 Etwa BGHZ 30, 7, 14; *Brox/Walker* SchuldR II, § 42 I 2 c).
1034 BT-Drucks. 15/38, S. 26; *Peukert* in Loewenheim, Handbuch UrhR, § 82 Rn. 7.

tend gemacht werden.[1035] Er richtet sich gegen den Handlungsstörer, d.h. denjenigen, der die Maßnahmen umgeht.

(b) § 823 Abs. 2 BGB

Gemäß § 823 Abs. 2 BGB kommt ein Anspruch auf Schadensersatz in Betracht, der außer der rechtswidrigen Schutzgesetzverletzung ein schuldhaftes Handeln voraussetzt. Bei dem Verstoß gegen § 95a Abs. 1, der bösgläubig und absichtsvoll sein muss, ist ein Verschulden regelmäßig anzunehmen.

Der Schaden gemäß §§ 249 ff. BGB ist anhand der allgemeinen Grundsätze der haftungsausfüllenden Kausalität zu ermitteln. Zuerst muss der Schaden äquivalent- und adäquat-kausal durch die (Schutzgesetz-) Verletzung des § 95a Abs. 1 verursacht worden sein.[1036] Eine weitergehende Haftungsbeschränkung erfolgt anhand des Schutzzwecks-/ Rechtswidrigkeitszusammenhangs. Danach kommt eine Haftung nur in Betracht, wenn sich mit dem eingetretenen Vermögensschaden diejenige Gefahr verwirklicht hat, die das Schutzgesetz zu verhindern bezweckt.[1037] Da das Verbot den Rechtsinhaber bei der Rechtsdurchsetzung unterstützt und somit unmittelbar dem Schutz seiner Vermögensinteressen dient, ist ersatzfähiger Schaden der entgangenen Gewinn gemäß § 252 BGB, der durch den technisch nicht mehr kontrollierten und damit unentgeltlichen Zugriff entstanden ist, oder die fiktive Lizenzgebühr. Der Schaden muss ggf. gemäß § 287 ZPO geschätzt werden.

(c) § 826 BGB

Bei einer vorsätzlichen Herbeiführung eines Schadens durch eine sittenwidrige Handlung kommt ein Anspruch gemäß § 97 Abs. 3, § 826 BGB[1038] in Betracht. Der Schaden kann in einem Vermögens- oder Nichtvermögensschaden liegen.[1039] Der Vorsatz muss sich auf den Schaden und die die Sittenwidrigkeit begründenden Umstände beziehen.[1040] Praktisch dürfte dies kaum von Bedeutung sein. Denkbar scheint ein entsprechender Anspruch aber z.B., wenn aus der Sphäre des Urhebers heraus gezielt Kenntnisse zur Umgehung der technischen Schutzmaßnahme eingesetzt werden.

[1035] RGZ 156, 372, 374; *Rehbinder* UrhR, § 66 II.
[1036] *Brox/Walker* SchuldR II, § 42 I 3 a).
[1037] *Brox/Walker* SchuldR II, § 38 I 3; *Mertens* in MünchKomm, BGB, § 823 Rn. 185; allgemein zu dem Schutzzweckzusammenhang BGHZ 107, 359, 364; BGHZ 122, 9, 14.
[1038] *Wild* in Schricker, UrhR, § 97 Rn. 89.
[1039] *Brox/Walker* SchuldR II, § 38 I.
[1040] *Brox/Walker* SchuldR II, § 38 III.

(d) § 812 Abs. 1 S. 1 2. Alt. BGB (Eingriffskondiktion)

Die neben § 97 anwendbare Eingriffskondiktion gemäß § 812 Abs. 1 S. 1 Alt. 2 BGB,[1041] ist einschlägig, soweit in das Urheberrecht und die verwandten Schutzrechte eingegriffen wird. Der Verletzer haftet – verschuldensunabhängig[1042] – auf Herausgabe des Erlangten, insbesondere Wertersatz für die ersparte Lizenzgebühr.[1043]

Fraglich ist, ob die Umgehung als solche eine Eingriffskondiktion begründen kann. Um das Vorliegen eines Eingriffs zu bestimmen, werden zwei unterschiedliche Auffassungen vertreten, die Rechtswidrigkeitstheorie und die vorherrschende Lehre vom Zuweisungsgehalt. Für die Rechtswidrigkeitstheorie genügt – wie bei der Verletzung eines Schutzgesetzes – jede rechtswidrige Verwendung fremden Guts. Die Lehre vom Zuweisungsgehalt zieht der Anwendung bereicherungsrechtlicher Ansprüche neben den bestehenden deliktischen Ansprüchen engere Grenzen. Unter Zugrundelegung der Lehre vom Zuweisungsgehalt[1044] genügt es nicht, wenn dem Betroffenen eine Ausschlussbefugnis zusteht,[1045] sondern es muss ihm das Rechtsgut zur ausschließlichen Nutzung zugewiesen sein. Mit der Rechtsposition soll ihm eine marktfähige Verwertungsmöglichkeit insofern eingeräumt werden,[1046] als ohne seine Zustimmung die Nutzung des Rechtsgutes durch Dritte zu unterbleiben hat (Rechtsmonopol).[1047] Maßgeblich hierfür ist, ob dem Rechtsinhaber die Möglichkeit offen stand, die Handlung entgeltlich zu gestatten.[1048] Überträgt man den Kommerzialisierungsgedanken auf die Handlungen in § 95a Abs. 1 und 3, ist danach zu fragen, ob der Rechtsinhaber solche Handlungen nur verbieten kann oder die Möglichkeit hätte, die Handlungen selbst zu vermarkten.

Peukert bejaht eine Lizenzanalogie unter Hinweis darauf, dass hier jeweils die Werke und Leistungen des betroffenen Rechtsinhabers berührt sind, und dieser auch über die technische Gestaltung frei verfügen kann.[1049] Diese Ansicht hat für den Rechtsinhaber den Vorteil, dass er die entgangene Lizenzgebühr zurückerstattet erhielte, ohne den Eintritt einer Rechtsverletzung nachweisen zu müssen.

1041 *Nordemann* in Fromm/Nordemann, § 97 UrhG Rn. 56.

1042 *Rehbinder* UrhR, § 66 III.

1043 BGH ZUM 1993, 140, 142 – *Talkmaster-Foto; Rehbinder*, UrhR, § 66 III; *Wild* in Schricker, UrhR, § 97 Rn. 87.

1044 Statt vieler *Reuter/Martinek*, Bereicherung, 248 ff. m.w.N.; *Esser/Weyers* SchuldR BT, § 50 I m.w.N.; BGHZ 107, 117, 120.

1045 *Reuter/Martinek* Bereicherung, S. 255.

1046 *Reuter/Martinek* Bereicherung, S. 256 f.

1047 BGHZ 107, 117, 121; *Baumbach/Hefermehl*, UWG, Einl UWG Rn. 420; *Esser/ Weyers* SchuldR BT, § 50 I 1 d); *Reuter/Martinek* Bereicherung, S. 257.

1048 *Reuter/Martinek* Bereicherung, S. 257; s. BGH GRUR 1960, 554, 557- *Handstrickverfahren.*

1049 *Peukert* in Loewenheim, Handbuch UrhR, § 82 Rn. 18.

Die Argumentation von *Peukert* erscheint auf bereicherungsrechtlicher Ebene wie bereits i.R.v. § 97 zu weitreichend. Die dem Rechtsinhaber eingeräumte Rechtsposition erlaubt ihm, nicht die Umgehung, sondern die anschließende Nutzungshandlung entgeltlich zu gestatten. Diese Trennung wirkt gekünstelt, dürfte aber rechtlich nachvollziehen, dass mit dem Schutz technischer Maßnahmen keine ausschließliche Rechtsposition geschaffen werden soll. Eine Lizenzanalogie setzt dies aber voraus. Dabei ist sie nicht unbedingt erforderlich. § 95a Abs. 1 als Schutzgesetz führt zu einem erweiterten Güterschutz; der Schutz der Technik bezweckt, den Rechtsinhaber vor der Gefahr zu bewahren, die sich durch den Kontrollverlust realisiert – der Verlust der andernfalls durchgesetzten Vergütung. Schutzgesetze sichern Positionen, ohne ein Verwertungsmonopol zu schaffen.[1050]

dd) Vorbereitungshandlungen (§ 95a Abs. 3)

(1) Urheberrechtliche Ansprüche

(a) Haftung des mittelbaren Störers gemäß § 97

Im Weiteren ist zu prüfen, woraus die Haftung bei Verstoß gegen § 95a Abs. 3 folgt. Anerkannt ist, dass nicht nur derjenige, der unmittelbar die Rechtsverletzung herbeigeführt hat, sondern auch derjenige, der durch sein Verhalten adäquatkausal zu der Rechtsverletzung beigetragen hat, als mittelbarer Störer zivilrechtlich gemäß § 97 zur Verantwortung gezogen werden kann.[1051] Daher sind auch für denjenigen, der gegen das Verbot gemäß § 95a Abs. 3 verstößt, die Grundsätze der mittelbaren Störung grundsätzlich in Betracht zu ziehen.[1052]

Nach alter Rechtslage kam es auf die Haftungsgrundsätze vor allem in den Konstellationen an, in denen der wettbewerbsrechtliche Anspruch gemäß § 1 UWG[1053] keinen Schutz bot, z.B. weil danach nicht die Herstellung untersagt werden kann oder kein Wettbewerbsverhältnis besteht.[1054]

Noch nicht abschließend geklärt ist, ob der Dritte für die in § 95a nun ausdrücklich geregelten Verhaltensweisen bereits nach alter Rechtslage hätte haftbar gemacht werden können und wenn ja/nein, worin der materiell-rechtliche Mehrgehalt der Neuregelungen liegt.

Wand und *Haedicke* gelangen in ihren Analysen der Rechtsprechung zu unterschiedlichen Ergebnissen.[1055] Den Sachverhalten der untersuchten Entscheidungen ist gemein, dass der Dritte Geräte geliefert hat, die ihrer Beschaffenheit und

---

1050 *Medicus*, Bürgerliches Recht, § 28 Rn. 710.

1051 Statt vieler *Nordemann* in Fromm/Nordemann, UrhG, § 97 Rn. 16.

1052 *Haedicke* in FS Dietz, S. 349, 360; *Peukert* in Loewenheim, Handbuch UrhR, § 82 Rn. 26.

1053 *Bayreuther* EWS 2001, 422, 430; ausführlich hierzu *Wand* Technische Schutzmaßnahmen, S. 158 ff.; *ders.* GRUR Int. 1996, 897, 903.

1054 *Bayreuther* EWS 2001, 422, 430; *Wand* Technische Schutzmaßnahmen, S. 161 f.

1055 *Haedicke* in FS Dietz, S. 349 ff.; *Wand* Technische Schutzmaßnahmen, S. 152 ff.

Zweckbestimmung nach von den Endabnehmern sowohl zum rechtmäßigen – gemäß §§ 45 ff. zulässigen – als auch zum rechtswidrigen Gebrauch verwendet werden konnten. *Haedicke* ist der Ansicht, der Dritte hätte bereits nach alter Rechtslage als mittelbarer Störer haftbar gemacht werden können, und sieht in dem Verbot in § 95a Abs. 3 daher nur eine klarstellende Regelung. *Wand* hingegen schlussfolgert, dass die Grundsätze der mittelbaren Störerhaftung Haftungslücken ließen, die durch die neue Rechtslage – über § 823 Abs. 2 BGB – geschlossen würden.[1056]

Beiden kann nur teilweise gefolgt werden. Zur Begründung sind zunächst die wesentlichen Erwägungen der Rechtssprechung zu der Haftung „Dritter" zu erläutern. Haftungsrechtlich sind hierbei zwei Fragen wesentlich: genügt die Herstellung und der Handel mit gefährlichen Mittel dem Nachweis einer Kausalität; wie ist die Haftung eines Dritten zu begrenzen?

Für die Verantwortlichkeit genügt zunächst ein (unverschuldeter) adäquatkausaler Verursachungsbeitrag.[1057] Das vorwerfbare Verhalten muss die Rechtverletzung objektiv nahe legen oder begünstigen.[1058] Bei der Herstellung und Lieferung von Mitteln durch Dritte, die nicht nur zum rechtmäßigen Gebrauch, sondern auch zu Eingriffen in Rechte Dritter benutzt werden können, darf nach Ansicht des BGH gerade der rechtsverletzende Gebrauch nicht außerhalb jeder Wahrscheinlichkeit liegen.[1059] Dies ist der Fall, wenn das Gerät auf einen Gebrauch zugeschnitten sind, der zu einer Gefährdung der Rechte erheblich beiträgt.[1060] Die richterlichen Erwägungen sind auf Umgehungsmittel übertragbar.[1061]

Ein Dritter haftet gemäß § 97 Abs. 1 je nach den Umständen *eingeschränkt*. Hierbei sind zwei Erwägungen maßgeblich: Erstens darf ein Dritter – dessen Verhalten selbst nicht verboten ist, sondern das eines anderen – nicht über Gebühr belastet werden, insbesondere dürfen ihm keine unzumutbaren Pflichten auferlegt werden.[1062] Die Haftung bemisst sich nach dem Grundsatz der Verhältnismäßig-

---

1056 *Haedicke* in FS Dietz, S. 349, 356; *Wand* Technische Schutzmaßnahmen, S. 158.

1057 BGH GRUR 1999, 418, 419 – *Möbelklassiker*; *v. Gamm* UrhR, § 97 Rn. 20.

1058 BGH GRUR 1960, 340, 343 – *Werbung für Tonbandgeräte*; BGH GRUR 1964, 91, 92 – *Tonbänder-Werbung.*

1059 BGHZ 42, 118, 124 – *Personalausweise beim Tonbandgeräteverkauf*; BGH GRUR 1984, 54, 55 – *Kopierläden.*

1060 BGH GRUR 1960, 340, 344 – *Werbung für Tonbandgeräte*; BGH GRUR 19641964, 91, 92 – *Tonbänder-Werbung.*

1061 *Lütje* in Möhring/Nicolini, § 97 Rn. 31; das zu Unrecht als Gegenmeinung zitierte *OLG Düsseldorf* hat den Antrag auf Erlass einer einstweiligen Verfügung nur deswegen nicht stattgegeben, weil die Antragsstellerin nicht hinreichend dargelegt hat, dass ihr Computerprogramm überhaupt urheberrechtsschutzfähig ist, CR 1990, 394, 395.

1062 BGH GRUR 1999, 418, 420 – *Möbelklassiker*, unter Bezugnahme auf die wettbewerbsrechtlichen Haftungsgrundsätze in BGH WRP 1997, 327 f. – *Architektenwettbewerb.*

keit. Der mittelbare Störer kann daher einwenden, dass ihm die auferlegten Pflichten nach den Umständen überhaupt nicht oder nur eingeschränkt zumutbar sind.[1063]

Zweitens ist ein *Verbot* i.S.v. § 95a nur gerechtfertigt, wenn es „rechtswidrige Haupttaten" fördert;[1064] umgekehrt wäre das Verbot unverhältnismäßig, wenn die Mittel von den Endabnehmern *auch* zu einem rechtmäßigen Gebrauch eingesetzt werden könnten.[1065] Diese Rechtssprechung ist zuletzt durch das OLG München in dem CD-Kopierautomatenfall bestätigt worden.[1066]

Während es bislang Aufgabe der Judikatur war, die Verhaltenspflichten für die Haftung zu umgrenzen, hat nunmehr der Gesetzgeber gesetzliche Verbote festgelegt.[1067] *Wand* ist darin zuzustimmen, dass die Neuregelung einen materiell-rechtlichen Mehrgehalt aufweist. Dieser ist in dem Umgehungsverbot gemäß § 95a Abs. 1 und dem Verhältnis des Schutzes technischer Maßnahmen und Schranken begründet. Danach ist die Umgehung – auch die eigenmächtige Umgehung durch Schrankenbegünstigte – verboten. Die unter Umgehung technischer Maßnahmen hergestellte Vervielfältigung ist eine unzulässige Nutzungshandlung. Dies gilt nach der hier vertretenen Ansicht selbst dann, wenn man Umgehungshandlung und nachfolgende Nutzungshandlung voneinander getrennt betrachtet. Der Endnutzer, der sich verbotswidrig (§ 95a Abs. 1) die Nutzungshandlung ermöglicht, kann sich nicht auf die Schranke berufen, weil es sich hierbei angesichts seines Vorverhaltens um eine unzulässige Rechtsausübung gemäß § 242 BGB handeln würde. Damit ist das Verhalten der Endnutzer als unzulässig zu bewerten, und eine Untersagung der Handlungen i.S.v. § 95a Abs. 3 gemäß § 97 UrhG grundsätzlich gerechtfertigt. Dies verkennt *Haedicke*, der einerseits ein Verbot für möglich hält, andererseits aber das Verhältnis zwischen dem Schutz technischer Maßnahmen und der Schranken als systemwidrig kritisiert.[1068] Diese Neuordnung

---

1063 BGH GRUR 1965, 104, 107 f.- *Personalausweise*; BGH GRUR 1984, 54, 55 – *Kopierläden*; BGH WRP 1997, 327 f. – *Architektenwettbewerb*; BGH GRUR 1999, 418, 420 – *Möbelklassiker*; *Nordemann* in Vinck/Nordemann, § 97 Rn. 20; *Wand* Technische Schutzmaßnahmen, S. 158.

1064 *Dreier* ZUM 2002, 28, 39.

1065 BGH GRUR 1965, 104, 107 – *Personalausweise*; *Rehbinder* UrhR, § 66 I 4; *Schack* UrhR, Rn. 683.

1066 Das LG München ZUM 2003, 240, 243 hatte im Falle eines CD-Kopierautomaten das Aufstellen der Automaten untersagt. Das Gericht war der Ansicht, Hersteller sei der Aufsteller; da die CDs gegen Entgelt gebrannt würden, scheide § 53 Abs. 1 S. 2 zu Gunsten der Endnutzer im Hinblick auf S. 2 2. Halbs. („unentgeltlich") aus. Das OLG München hingegen entschied, dass die Endnutzer Hersteller sind und ihr Verhalten durch § 53 Abs. 1 S. 1 gedeckt ist; ein Verbot sei daher ungerechtfertigt, s. OLG München v. 20.03.2003, AZ: 29 U 5494/02 JurPC Web-Dok. 280/2003, URL: http://www.jurpc.de/rechtspr/20030280.htm – *CD-Kopierautomat.*

1067 *Dietz* ZUM 1998, 438, 449; *Haedicke* in FS Dietz, S. 349, 358 f. 360.

1068 *Haedicke* in FS Dietz, S. 349, 360 ff.

vermag ein Verbot aber erst zu rechtfertigen. Der mittelbare Störer kann nicht (mehr) einwenden, die Mittel könnten von den Abnehmern auch für einen rechtmäßigen Gebrauch verwendet werden.

Haedicke ist allerdings darin Recht zu geben, dass der besonders in dem Verbot gemäß § 95a Abs. 3 zum Ausdruck kommende Verhältnismäßigkeitsgrundsatz wie bisher haftungsbeschränkend wirkt.[1069] Aus zivilrechtlicher Sicht hätte – lässt man einmal das gemeinschaftsrechtlich zu beachtende Gebot der Rechtsklarheit außer Betracht - die ausdrückliche Regelung des Umgehungsverbots genügt. In § 95a Abs. 3 sind Erwägungen verankert, die die Gerichte angesichts des Umgehungsverbots ggf. auch ohne ausdrückliche Regelung gemacht hätten. Die gilt auch im Hinblick darauf, dass das Verbot in § 95a Abs. 3 eng begrenzt ist: entweder muss das Mittel der Beschaffenheit nach der rechtwidrigen Umgehung technischer Maßnahmen dienen, oder es geht dem Betroffenen gezielt darum, die Umgehung zu fördern (Absicht).

(aa) Vorbeugender Unterlassungsanspruch

Für den vorbeugenden Unterlassungsanspruch gemäß § 97 Abs. 1 analog[1070] muss keine Rechtsverletzung i.S.d. § 97 eingetreten sein.[1071] § 97 Abs. 1 analog geht dem quasinegatorischen Unterlassungsanspruch gemäß § 823 Abs. 2 i.V.m. § 1004 Abs. 1 BGB vor.[1072] Voraussetzung ist das Vorliegen einer Erstbegehungsgefahr. Speziell in den Fällen der „mittelbaren" Störung muss eine objektive Rechtsverletzung nach den Umständen ernsthaft drohen.[1073] Es ist das Wesensmerkmal abstrakter Gefährdungsdelikte, dass die Gefährlichkeit leicht eine konkrete Gefahr begründen kann. Dies sollte nach zutreffender Ansicht für die Annahme der ernsthaften Drohung objektiver Rechtsverletzung genügen.[1074]

(bb) Sonstige Ansprüche

Die Haftung des mittelbaren Störers setzt im Übrigen voraus, dass nachweislich rechtswidrige Rechtsverletzungen eingetreten sind. Es kann auf die o.a. Voraussetzungen verwiesen werden.

1069 *Haedicke* in FS Dietz, S. 349, 356 f.

1070 *Haedicke* in FS Dietz, S. 349, 360.

1071 BGH NJW 1951, 843; *Haedicke* in FS Dietz, S. 349, 359; *Wand* Technische Schutzmaßnahmen, S. 169.

1072 *Haedicke* in FS Dietz, S. 349, 360; so aber Begründung zum Diskussionsentwurf von 1998, S. 24; auf die Möglichkeit des vorbeugenden Unterlassungsanspruchs weist auch *Flechsig*, ohne aber die Rechtsgrundlage zu zitieren, ZUM 2002, 1, 14.

1073 BGH GRUR 1960, 340, 343 – *Werbung für Tonbandgeräte.*

1074 *Haedicke* in FS Dietz, S. 349, 360, der ebenfalls auf die Gefährlichkeit der Handlungen hinweist.

(b) §§ 98, 99 UrhG

Der Rechtsinhaber kann gemäß § 98 die Vernichtung von rechtswidrig hergestellten Vervielfältigungsstücken verlangen. Ein Verstoß gegen § 95a Abs. 1 wirkt sich hierauf insofern aus, als ein unter Umgehung hergestelltes Vervielfältigungsstück rechtswidrig ist.[1075]

Fraglich ist, ob der Rechtsinhaber die Vernichtung der Umgehungsmittel gemäß §§ 98, 99 verlangen kann. Der Gesetzgeber war gemäß Art. 8 Abs. 2 Info-RL dazu verpflichtet,[1076] für die Mittel i.S.v. § 95a Abs. 3 eine Beschlagnahme vorzusehen. Hierfür hätte eine ausdrückliche Änderung des Vernichtungsanspruchs mit Sanktionscharakter[1077] (§ 98, 99) nahegelegen.[1078] Anders als in dem Diskussionsentwurf von 1998 vorgesehen,[1079] hat der Gesetzgeber bei dem ÄndG allerdings davon abgesehen, den Anspruch ausdrücklich auf Umgehungsmittel zu erweitern.

Es ist jedoch eine – wenigstens in zivilrechtlicher Hinsicht – erweiternde Interpretation geboten. *Peukert* weist zutreffend darauf hin, dass der Gesetzgeber der Verpflichtung aus Art. 8 Abs. 2 zwar insofern nachgekommen ist, als er die strafrechtliche Einziehung der Mittel vorgesehen hat;[1080] keinen Schutz bietet diese jedoch für Handlungen und die hierfür verwendeten Mittel, die als Ordnungswidrigkeit geahndet werden.[1081] Um die vollständige Umsetzung des Art. 8 Abs. 2 zu gewährleisten, ist das Merkmal „Vorrichtung“ erweiternd zu interpretieren. Danach sind Umgehungsmittel, die hauptsächlich dazu bestimmt sind, technischen Maßnahmen zu umgehen, als Vorrichtung anzusehen, die nahezu ausschließlich dazu bestimmt sind, rechtswidrige Vervielfältigungsstücke herzustellen.[1082] Dies ist gerechtfertigt, da die unter Umgehung der technischen Maßnahmen hergestellten Vervielfältigungen – wie mehrfach erörtert – als rechtswidrig anzusehen sind.

(2) Sonstige Ansprüche

(a) § 823 Abs. 2 BGB bzw. § 823 Abs. 2 i.V.m. § 1004 Abs. 1 BGB analog

Die Ansprüche aus Schutzgesetzverletzung haben subsidiäre Bedeutung. Es kann jedoch sein, dass eine Rechtsverletzung nicht nachweislich eingetreten ist oder Beweisschwierigkeiten auftreten. Die Haftung aufgrund Schutzgesetzverletzung kann beweisrechtliche Vorteile haben. Auszugehen ist davon, dass § 95a Abs. 3

1075 *Peukert* in Loewenheim, Handbuch des UrhR, § 82 Rn. 21.

1076 Gemeinsamer Standpunkt des Rates, Nr. 48, S. 20 („vorsehen müssen“).

1077 *Rehbinder*, § 68 II 1, Rn. 462.

1078 Dafür *Dreier*, ZUM 2002, 28, 38.

1079 Vgl. § 99 des Diskussionsentwurfs v. 1998.

1080 S. dazu Teil 2 1. Kap. H. I. 3. b) bb) (5).

1081 *Peukert* in Loewenheim, Handbuch UrhR, § 82 Rn. 22 unter Hinweis auf § 22 Abs. 1 OWiG.

1082 *Peukert* in Loewenheim, Handbuch UrhR, § 82 Rn. 22.

i.V.m. §§ 108b, 111a als abstraktes Gefährdungsdelikt ausgestaltet sind.[1083] Ein solches liegt vor, wenn der Grund für eine Strafe oder Geldbuße die Schaffung einer abstrakten Gefahr für ein bestimmtes Rechtsgut ist.[1084] Mit abstrakten Gefährdungsdelikten beabsichtigt der Gesetzgeber eine „gewollte und sinnvolle Steigerung und Vorverlagerung des gesetzlichen Güterschutzes".[1085] Die Haftung ggü. den Ansprüchen aus § 97 kann insbesondere drei Vorteile haben:[1086] Der Verstoß gegen das Schutzgesetz macht den eventuell schwierigen Nachweis der haftungsbegründenden Kausalität zwischen Handlung und (Urheber-)Rechtsverletzung entbehrlich;[1087] der zweite und wichtigste Vorteil ist darin zu sehen, dass sich das Verschulden nur auf die Schutzgesetzverletzung beziehen muss;[1088] drittens ist die Rechtswidrigkeit bereits mit dem Verstoß gegen das Schutzgesetz indiziert.

In Betracht kommen Ansprüche gemäß § 823 Abs. 2 BGB und § 823 Abs. 2 i.V.m. § 1004 Abs.1 BGB analog.[1089] Bei § 95a Abs. 3 handelt es sich ebenfalls um ein Schutzgesetz, das die technischen Maßnahmen und die damit wahrgenommenen Vermögensinteressen des Rechtsinhabers schützt. Der Einordnung als Schutzgesetz steht nicht entgegen, dass der Verstoß gegen § 95a Abs. 3 teilweise nur als Ordnungswidrigkeit oder nur zivilrechtlich geahndet wird.[1090] Entscheidend ist, ob ein individueller Anspruch im Rahmen des haftungsrechtlichen Gesamtanspruchs tragbar und sinnvoll erscheint.[1091]

Der Rechtsinhaber kann auf der Grundlage des § 823 Abs. 2 BGB i.V.m. §1004 Abs. 1 BGB den quasinegatorischen Unterlassungs- und Beseitigungsanspruch geltend machen.[1092] Für den Unterlassungs- und Beseitigungsanspruch gelten die o.a. Voraussetzungen. Es handelt sich auch hierbei nicht um eine rein objektive Störerhaftung, denn der Tatbestand gemäß § 95a Abs. 3 setzt subjektive Merkmale voraus (vgl. § 95a Abs. 3 Nr. 3).[1093] Der Anspruch auf Beseitigung

---

1083 So auch *Haedicke* in FS für Dietz, S. 349, 359 für den Fall einer ausdrücklichen Reglung.

1084 S. dazu näher Teil 2 1. Kap. H. I. 3. b) bb) (1).

1085 *Canaris* in FS für Larenz, S. 27, 53.

1086 *Teichmann* in Jauernig, BGB, § 823 Anm. III 1 c).

1087 Darauf weist *Peukert* in Loewenheim, Handbuch UrhR, § 82 Rn. 26.

1088 *Canaris* in FS für Larenz, S. 27, 52; *Medicus* SchuldR II BT, § 142 I 2; *Schiemann* in Erman, BGB, § 823 Rn. 153.

1089 Dafür *Wand* Technische Schutzmaßnahmen, S. 169, allerdings ausgehend von dem Diskussionsentwurf von 1998.

1090 BGHZ 84, 312, 317; *Baumbach/Hefermehl*, UWG, Einl. UWG Rn. 342; *J. Hager* in Staudinger, BGB, § 823 Rn. G 17.

1091 BGHZ 66, 388, 390 f.; im Schrifttum wird diese Prüfung teilweise unter dem Begriff des „Subsidiaritätsdogma" diskutiert, s. dazu *J Hager* in Staudinger, BGB, § 823 Rn. G 6 m.w.N.

1092 *Brox/Walker* SchuldR II, § 42 I 2 a) c); *J. Hager* in Staudinger, BGB, § 823 Rn. G3; *Teichmann* in Jauernig, BGB, Vor § 823 Anm I 3 b).

1093 A. A. *Peukert* in Handbuch Loewenheim, § 35 Rn. 29.

kann regelmäßig nicht auf die Vernichtung der Umgehungsmittel gerichtet werden, weil die Beseitigungsmaßnahmen im Rahmen der Zumutbarkeit liegen müssen.[1094]

Der Anspruch auf Schadensersatz gemäß § 823 Abs. 2 BGB knüpft die Haftung an eine rechtswidrige und schuldhafte Verletzung eines Schutzgesetzes. Das Verschulden – die §§ 108b, 111a setzen Vorsatz voraus – muss sich lediglich auf die Schutzgesetzverletzung beziehen.[1095] Der Schaden ist nach den allgemeinen Grundsätzen der haftungsausfüllenden Kausalität zu bestimmen, insbesondere dem Schutzzweck der Norm. Nach der hier vertretenen Ansicht ergibt sich aus dem Schutzzweck des Umgehungsschutzes – den Rechtsinhaber bei der Durchsetzung seiner Rechte zu unterstützen – und aus der systematischen Stellung der Verbote, dass bezweckt ist, die durch die Urheberrechtsverletzungen drohenden Vermögenseinbußen zu verhindern. Der Schaden muss nortfalls gemäß § 287 ZPO geschätzt werden. Schwierig kann der Nachweis der haftungsausfüllenden Kausalität sein.[1096]

Umgekehrt ergibt sich aus dem Verständis von dem Rechtsschutz als ergänzender Schutz zu § 97, dass ein „Investitionenschutz" für den Einsatz der Technik nicht beabsichtigt ist; das Gesetz schafft lediglich Anreize für den Einsatz technischer Maßnahmen, indem der Rechtsinhaber von einem Teil der Haftungsrisiken befreit wird.

(b) § 826 BGB

Neben § 97 bleibt eine Haftung gemäß § 826 BGB möglich. Dieser Anspruch hat insofern weitergehende Bedeutung, als Vermögensverletzungen ohne Verstoß gegen die hier behandelten Schutzgesetze zugefügt wird.[1097] Denkbar wäre eine Haftung für ein Verhalten, das von dem eng begrenzten Anwendungsbereich des § 95a Abs. 3 nicht erfasst wird, das aber aufgrund der Umstände als sittenwidrig zu beurteilen ist.

(c) § 812 Abs. 1 S. 1 2. Alt. BGB

Legt man die Lehre vom Zuweisungsgehalt zugrunde, scheidet eine Haftung gemäß § 812 Abs. 1 S. 1 2. Alt. BGB aus, weil der Rechtsinhaber nicht die Befugnis hat, die Handlungen i.S.v. § 95a Abs. 3 entgeltlich zu gestatten. *Peukert* ist darin zuzustimmen, dass die Lizenzanalogie zum einen deswegen ausscheidet, weil der Rechtsinhaber nicht als einziger technische Maßnahmen zum Schutz seiner Werke einsetzt.[1098] Der Anspruch ist aber selbst dann zu verneinen, wenn der Rechtsin-

---

1094 BGH GRUR 1957, 278, 279 - *Evidur.*

1095 *Canaris* in FS für Larenz, S. 27, 52 m.w.N.

1096 *Peukert* in Loewenheim, Handbuch UrhR, § 82 Rn. 10.

1097 *Medicus* SchuldR II BT, § 143 I 2.

1098 Zu der Lizenzanalogie *Peukert* in Loewenheim, Handbuch UrhR, § 82 Rn. 12.

haber als einziger die betroffenen Maßnahmen verwendet. Andernfalls ließe man außer Acht, dass eine Gestattung durch die Rechtsinhaber die Interessen der Hersteller von Sicherheitssystemen nachteilig beeinträchtigen würde. Dürfte der Rechtsinhaber die Herstellung und den Handel von Umgehungsmitteln gestatten, würde er damit das Geschäfts- und Betriebsgeheimnis der Hersteller von Sicherheitssystemen preisgeben müssen. Der Rechtsinhaber kann daher nicht ausschließlich im Sinne eines Monopols darüber bestimmen, ob Handlungen i.S.v. § 95a Abs. 3 vorgenommen werden dürfen oder nicht.

(d) § 1 UWG

Gemäß § 97 Abs. 3 bleibt die Haftung gemäß § 1 UWG unberührt,[1099] der bei den meisten der gemäß § 95a Abs.3 verbotenen Handlungen Schutz gewährt.[1100] Für das Verhältnis zwischen Rechtsinhaber und Verletzer hat § 1 UWG nach aktueller Rechtslage nur noch subsidiäre Bedeutung. Voraussetzung ist eine Handlungen zu Wettbewerbszwecken, die gegen die guten Sitten verstoßen. Die Ansprüche aus § 1 UWG sind auf Unterlassung und Schadensersatz gerichtet. Ein solcher Schutz ist in sachlich vergleichbaren Konstellationen wegen „Behinderung", „unmittelbarer Leistungsübernahme" und „Schmarotzen" anerkannt worden.[1101] Keinen Schutz bietet § 1 UWG hingegen gegen die Herstellung, gegen Handlungen zu privaten Zwecken und in Fällen, in denen kein Wettbewerbsverhältnis besteht.[1102]

Bedeutsam ist der Anspruch – wegen sittenwidriger Behinderung – für die Hersteller von Kontrollmechanismen,[1103] die für die urheberrechtlichen Ansprüche und den Anspruch aus § 823 Abs. 2 BGB nicht aktivlegitimiert sind. Die Info-RL verlangt keinen Anspruch des Herstellers, steht diesem aber auch nicht entgegen[1104]

Hieran werden auch die Pläne zur Reform des UWG nichts ändern.[1105] Von den relevanten Fallgruppen ist nur die gezielte Behinderung als „unlautere Wettbewerbshandlung" genannt, jedoch gilt der Katalog nicht abschließend (vgl. § 4 UWG-E „insbesondere", zu den Rechtsfolgen bei Verstoß gegen neugefasstes Verbot in § 3 UWG-E vgl. §§ 7ff. UWG-E). Aktivlegitimiert ist neben bestimmten Verbänden (nur) der „Mitbewerber".

1099 *Nordemann* in Fromm/Nordemann, UrhG, § 97 Rn. 56; *Wild* in Schricker, UrhR, § 97 Rn. 90.

1100 S. dazu ausführlich *Wand* Technische Schutzmaßnahmen, S. 158 ff.

1101 S. hierzu ausführlich *Wand* Technische Maßnahmen, S.158 ff.

1102 *Wand* Technische Schutzmaßnahmen, S. 161, 170.

1103 OLG Frankfurt a.M. NJW 1996, 264 f. - *Piratenkarte.*

1104 S. *Bayreuther* EWS 2001, 422, 429.

1105 Entwurf eines Gesetzes gegen den unlauteren Wettbewerb v. 9.5.2003, BR-Drucks. 301/03.

ee) Haftung im Internet

Schließlich ist noch zu bedenken, dass sich das Internet am besten dazu eignet, Umgehungsmittel(-software) oder Umgehungsanleitungen zu „verbreiten". In diesen Konstellationen stellt sich regelmäßig die Frage nach der zivilrechtlichen Verantwortlichkeit des Vermittlers (Provider) für die verfügbar gemachten Inhalte.

Bei den Abrufdiensten wird es sich regelmäßig um „Teledienste" i.S.d. „Teledienstegesetzes" handeln[1106], die sich von den Mediendiensten inhaltlich-funktional dadurch abgrenzen, dass bei dem Teledienst der individuelle Leistungsaustausch und nicht die Meinungsbildung im Vordergrund steht (vgl. § 2 Abs. 4 Nr. 3 TDG, § 2 Abs. 2 Nr. 4 MDStV). Für die Haftung zu beachten sind daher die Haftungstatbestände gemäß §§ 8 ff. TDG, die sowohl den strafrechtlichen als auch den zivilrechtlichen Haftungsrahmen von Diensteanbietern konkretisieren[1107] und Vorfilterfunktion haben.[1108]

Die durch das IuKDG[1109] eingeführten Tatbestände sind mit der Umsetzung der Richtlinie zum elektronischen Geschäftsverkehr präzisiert worden.[1110] Erst wenn danach eine Haftung bejaht werden kann, bestimmt sich die zivilrechtliche Verantwortlichkeit weiter nach den allgemeinen Maßstäben[1111] (hier: § 97 und § 823 Abs. 2 BGB i.V.m. § 1004 Abs. 1 BGB analog bzw. § 823 Abs. 2 BGB).

Es geht um die Haftung des „Diensteanbieters" i.S.v. § 3 Nr. 1 TDG, wobei der Haftungsmaßstab sich danach bestimmt, ob er eigene oder fremde Inhalte anbietet oder nur den Zugang vermittelt. Bei *eigenen* Inhalten greifen die allgemeinen Haftungsmaßstäbe (§ 8 Abs. 1 TDG). Dies würde beispielsweise gelten, wenn ein Anbieter auf seiner Homepage Umgehungssoftware zum Herunterladen anbietet. Sofern die Voraussetzungen des § 95a Abs. 3 erfüllt sind, haftet der Anbieter nach den o.a. Grundsätzen.

Werden *fremde* Inhalte gespeichert, übermittelt oder der Zugang dazu verschafft, ist zu prüfen, ob die Haftungserleichterungen gemäß § 9 ff. TDG eingreifen. Den Vermittlern obliegt hierbei jedoch keine allgemeine Überwachungs- oder Nachforschungspflicht (§ 8 Abs. 2 S. 1 TDG). Die Haftung für fremde Inhalte kann z.B. bedeutsam sein, wenn der Nutzer eines Diskussionsforums eine Umge-

1106 Teledienstegesetz v. 22.7.1997 (BGBl. I, S. 1870), zuletzt geändert durch Artikel 1 und 4 Abs. 1 des Gesetzes v. 14.12.2001 (BGBl. I, S. 3721).

1107 BT-Drucks. 13/7385, S. 20.

1108 BT-Drucks. 13/7385, S. 16, 20; s. dazu *Schneider* GRUR 2000, 969, 971.

1109 Informations- und Kommunikationsdienstegesetz (IuKdG) v. 22.7.1997 (BGBl. I, 1870).

1110 Richtlinie 2000/31/EG des Europäischen Parlaments und des Rates v. 8.6.2000 über bestimmte rechtliche Aspekte der Dienste der Informationsgesellschaft, insbesondere des elektronischen Geschäftsverkehrs, im Binnenmarkt „Richtlinie über den elektronischen Geschäftsverkehr" (ABl. L. 178 v. 17.7.2000, S. 1 ff.).

1111 *Schneider* GRUR 2000, 969, 971.

hungsanleitung per E-Mail verschickt und die Daten auf dem Server des Anbieters gespeichert werden (§ 11 TDG) oder die Umgehungssoftware über Tauschbörsen „verbreitet" werden (ggf. § 9 TDG).

Dessen ungeachtet lassen die Haftungsgrundsätze gemäß §§ 9 ff. TDG die Verpflichtungen zur Sperrung und Entfernung der Nutzung nach den allgemeinen Gesetzen unberührt (§ 8 Abs. 2 S. 2 TDG). Die Haftung ist kenntnisabhängig und auf eine mögliche und zumutbare Sperrung begrenzt.[1112] In Betracht kommt eine Haftung als Veranlasser einer Schutzgesetzverletzung gemäß § 95a Abs. 3, § 823 Abs. 2 i.V.m. § 1004 Abs. 1 BGB anlaog. Als zumutbare Maßnahme kommen nach Kenntniserlangung die Löschung der auf dem eigenen Server gespeicherten Inhalte in Betracht bzw. – bei einem Zugangsvermittler – die Einrichtung von Sperrfiltern oder die Sperrung einzelner Teilnehmer, sofern dies möglich ist.[1113]

ff) Prozessuale Durchsetzung

Für die prozessuale Durchsetzung gelten die Grundsätze zu den Urheberrechtsstreitsachen. Es wird gemäß § 104 auf den ordentlichen Rechtsweg verwiesen. Es kann gemäß den allgemeinen §§ 935 ff. ZPO vorläufiger Rechtsschutz beantragt werden.[1114]

b) Straf- und Bußgeldvorschriften

Außer der zivilrechtlichen Verantwortlichkeit kann tatbestandliches Verhalten i.S.v. § 95a als Straftat oder Ordnungswidrigkeit verfolgt werden. Der Gesetzgeber hat besondere Straf- und Bußgeldtatbestände vorgesehen (§§ 108b Abs. 1 Nr. 1, Abs. 2 u. 3 [Strafvorschrift], 111 Abs. 1 Nr. 1 [Bußgeldvorschrift]).

aa) Erforderlichkeit strafrechtlicher Regelungen/Umsetzungsbedarf

Fraglich ist, ob und inwieweit strafrechtliche und bußgeldrechtliche Sanktionen erforderlich i.S.v. Art. 13 Abs. 1 Info-RL waren. Da der EuGH als wirksame Sanktion auch einen Schadensersatzanspruch anerkennt, hätten möglicherweise die o.a. zivilrechtlichen Sanktionen den europarechtlichen Vorgaben genüge getan.

Eine *Pflicht* zur Einführung bußgeldrechtlicher und strafrechtlicher Sanktionen ließe sich aber aus dem Gebot des gleichmäßigen Sanktionierens bzw. dem Gleichstellungsgebot folgern. Diesem Grundsatz ist der deutsche Gesetzgeber gefolgt, da er die Sanktionen an den vergleichbaren Tatbeständen des ZKDSG ausgerichtet hat. Hierfür konnte der Gesetzgeber auf eine im Schrifttum vertretenen Ansicht verweisen, die aus dem Gleichstellungserfordernis eine *Verpflichtung*

1112 *Mayer* Tauschbörsen, S. 81 ff.
1113 *Mayer* Tauschbörsen, S. 84 f.
1114 S. hierzu allgemein *Nordemann* in Fromm/Nordemann, UrhG, § 97 Rn. 62 ff.

zur Einführung neuer Bestimmung insoweit folgert, als vergleichbare nationale Interessen ebenfalls entsprechend geschützt werden.[1115] Eine Stütze findet die Ansicht in der Rechtssprechung des EuGH. Danach soll der Mitgliedstaat bei der Wahl der Sanktionen darauf achten, dass Verstöße gegen das Gemeinschaftsrecht nach ähnlichen sachlichen und verfahrensrechtlichen Regeln geahndet werden wie nach Art und Schwere gleichartiger Verstöße gegen das nationale Recht.[1116] Die Gleichstellung ist besonders deswegen geboten, weil mit dem ZKDSG gleichfalls europäisches Recht umgesetzt worden ist.[1117] Das Gleichstellungsgebot beschränkt den Ermessensspielraum des Gesetzgebers außerdem nicht übermäßig, weil es dem Mitgliedstaat unbenommen bleibt, den bestehenden Schutz – des ZKDSG und des UrhG – wieder zu ändern.[1118]

Verstöße sind gleicher Art, wenn sie dasselbe Rechtsgut schützen; sie sind von gleicher Schwere, wenn sie eine ähnlich intensive Bedrohung für das Rechtsgut darstellen.[1119] Die Bestimmungen des ZKDSG und der urheberrechtliche Umgehungsschutz sind in diesem Sinne vergleichbar, da in beiden Fällen technische Kontrollmechanismen geschützt werden, die dem Verwender die Einnahmen aus dem Dienst sichern sollen. Die Vorschriften des ZKDSG bezwecken in richtlinienkonformer Auslegung der ZKD-RL den Schutz der Vergütung des Diensteanbieters zugangskontrollierter Dienste, um die Rentabilität der Dienste zu sichern.[1120] Bei den urheberrechtlichen Schutzsystemen tritt an die Stelle der vertraglich vereinbarten Vergütung (*conditional access*)[1121] die Lizenzgebühr bzw. im weiteren Sinne die angemessene Beteiligung des Rechtsinhabers an der Verwertung seines Werkes oder Schutzgegenstandes.

bb) Strafrecht

Die Verstöße gegen die Verbote in § 95a Abs. 1 und 3 sind teilweise strafbewehrt. Die Strafbarkeit richtet sich im Falle des Umgehungsverbots nach § 108 b Abs. 1 Nr. 1, im Falle der Vorbereitungshandlungen nach § 108 b Abs. 2 i.V.m. § 95a Abs. 3.

1115 *Gröblinghoff* Verpflichtung, S. 28; *Schröder* RL und StrR, S. 192 f.; *Tiedemann* NJW 1993, 26 f.

1116 EuGH Rs. 102/79, Slg. 1980, 1473, Rn. 10 – *Kommission/Belgien*; EuGH Rs. 68/88, Slg. 1989, 2965, Rn. 24 - *Kommission/Griechenland*; EuGH Rs. 326/88, Slg. 1990, I 2911, Rn. 17– *Hansen & Søn I/S*; EuGH Rs. 186/98, Slg. 1999, I-4883, Rn. 14 – *Nunes und de Matos*

1117 BT-Drucks. 15/38, S. 28.

1118 *Gröblinghoff* Verpflichtung, S. 35.

1119 *Gröblinghoff* Verpflichtung, S. 23 f.

1120 ZKD-RL EG 6.

1121 *Bing*, „Access Right“, S. 5.

§ 108b

Unerlaubte Eingriffe in technische Schutzmaßnahmen und zur Rechtewahrnehmung erforderliche Informationen

(1) Wer

1. in der Absicht, sich oder einem Dritten den Zugang zu einem nach diesem Gesetz geschützten Werk oder einem anderen nach diesem Gesetz geschützten Schutzgegenstand oder deren Nutzung zu ermöglichen, eine wirksame technische Maßnahme ohne Zustimmung des Rechtsinhabers umgeht

[...]

wird, wenn die Tat nicht ausschließlich zum eigenen privaten Gebrauch des Täters oder mit dem Täter persönlich verbundener Personen erfolgt oder sich auf einen derartigen Gebrauch bezieht, mit Freiheitsstrafe bis zu einem Jahr oder mit Geldstrafe bestraft.

(2) Ebenso wird bestraft, wer entgegen § 95a Abs. 3 eine Vorrichtung, ein Erzeugnis oder einen Bestandteil zu gewerblichen Zwecken herstellt, einführt, verbreitet, verkauft oder vermietet.

(3) Handelt der Täter in den Fällen des Absatzes 1 gewerbsmäßig, so ist die Strafe Freiheitsstrafe bis zu drei Jahren oder Geldstrafe.

(1) Allgemeines

Die Tatbestände dienen dem Schutz der technischen Maßnahmen und den damit durchgesetzten Rechten.[1122] Die Umgehung ist ein Erfolgsdelikt in Form eines Verletzungsdeliktes, da die Umgehung in einen von der tatbestandlichen Handlung noch nicht erfassten Erfolg münden muss.[1123] Für den Erfolgseintritt genügt es, wenn die Kontrollfunktion außer Kraft gesetzt ist. Es kommt nicht darauf an, ob die dadurch mögliche Nutzungshandlung auch tatsächlich vorgenommen wird.

Da es sich bei den Delikten um Vergehen handelt, ist die versuchte Begehung nicht strafbar (§ 23 Abs. 1 2. Halbs. i.V.m. § 12 Abs. 2 StGB). Vollendung tritt ein, wenn die Nutzungskontrolle außer Kraft gesetzt worden ist. Der Zugang oder die Nutzung, die dadurch verschafft oder ermöglicht werden, erfolgen bei den Delikten mit überschießender Innentendenz typischerweise erst nach Vollendung.[1124]

Das Verbot der Vorbereitungshandlungen lässt sich demgegenüber im Verhältnis zu der möglichen Verletzung als ein schlichtes Tätigkeitsdelikt in Form eines abstrakten Gefährdungsdelikts qualifizieren. Ein abstraktes Gefährdungsdelikt ist dadurch gekennzeichnet, dass es ein Handeln verbietet, das leicht ein kon-

---

1122 *Hildebrandt* in Wandtke/Bullinger, InfoG, § 108b Rn. 10.

1123 *Tröndle/Fischer* StGB, Vor 13 Rn. 13; *Wessels/Beulke*, StrR AT, Rn. 22, 24.

1124 *Tröndle/Fischer* StGB, § 16 Rn. 14.

krete Gefahr begründen kann,[1125] d.h. die Gefährlichkeit des Handelns ist der Strafgrund.[1126]

Alle Straftaten werden entweder nur auf Antrag oder bei besonderen öffentlichen Interesse gemäß § 109 (*relatives Antragsdelikt)* verfolgt.[1127] Die Straftatbestände sind mit dem Bestimmtheitsgebot vereinbar. Zwar wird § 108b durch normative Begriffe wie die „technischen Maßnahmen" und unbestimmte Begriffe wie „hauptsächlich" konkretisiert; § 108b ist jedoch auf einen bestimmbaren Kern reduzierbar.[1128]

(2) Umgehung technischer Maßnahmen

Im deutschen Strafrecht gab es keinen Umgehungsschutz, der technische Schutzmaßnahmen gegen die Umgehung schützt. Der Schutz für Zugangskontrollen nach dem ZKDSG ist auf umgehungsfördernde Handlungen und den Besitz zu kommerziellen Zwecken beschränkt.

In den Fällen der Umgehung technischer Schutzmechanismen greifen einige spezielle und allgemeine Strafvorschriften ein, die aber andere Rechtsgüter schützen: Verschafft sich der Täter mit der Umgehung eines Schutzmechanismus geheime und geschützte Daten, kommt eine Strafbarkeit aus § 17 Abs. 2 UWG wegen Verrats von Geschäftsgeheimnissen und/oder aus § 202a StGB wegen des Ausspähens von Daten in Betracht.[1129] Bei Verletzung weiterer Rechtsgüter, insbesondere des Vermögens, des Integritäts- und Beweisinteresses kommt eine Strafbarkeit aus § 263a StGB wegen Computerbetrugs, § 265a StGB wegen Erschleichens eines fremden Leistung und aus § 269 StGB wegen Ausspähens beweiserheblicher Daten in Betracht.[1130] §§ 17 Abs. 2, 202a StGB, 263a StGB, 265a StGB, 269 StGB schützen jeweils andere Rechtsgüter als § 108b. § 108b schützt primär die technischen Maßnahmen, nur mittelbar die Urheberrechte. Im übrigen gelten die allgemeinen Grundsätze von Täterschaft und Teilnahme.

(a) Tatbestandsmäßigkeit

(aa) Objektiver Tatbestand

Den objektiven Tatbestand des § 108a Abs. 1 verwirklicht, „*wer [...] eine wirksame technische Maßnahme ohne Zustimmung des Rechtsinhabers umgeht*". Der Gesetzgeber hat die Bestimmung ausformuliert, nachdem die ursprünglich vorgesehene Verweistechnik („entgegen § 95a") sowohl vom Bundesrat als auch im Schrifttum kritisiert worden war.[1131] Durch die selbständige Regelung soll verhin-

---

1125 *Tröndle/Fischer* StGB, Vor § 13 Rn. 13a.
1126 BGHSt 26, 121, 123; BGHSt 43, 1, 12.
1127 S. Teil 2 1. Kap. H. I. 3. b) bb) (5).
1128 S. dazu ausführlich *Hildebrandt* in Wandtke/Bullinger, InfoG, § 108b Rn. 3.
1129 S. hierzu die ausführliche Untersuchung von *Sieber* Gutachten, S. 149-187 (150).
1130 *Sieber* Gutachten, S. 150.
1131 Stellungnahme des Bundesrates, BT-Drucks. 15/38, Anlage 2, S. 38; *Sieber* Gutachten, S. 172 ff.

dert werden, dass der Rechtsanwender bei den subjektiven Tatbestandsvoraussetzungen an zivilrechtliche Kategorien (Bösgläubigkeit) anknüpft. *Tatobjekte* sind die „wirksamen technischen Maßnahmen". *Tathandlung* ist die „Umgehung ohne Zustimmung des Rechtsinhabers", d.h. das Außerkraftsetzen der technischen Maßnahmen in der ihr zugedachten Funktion. Ergibt sich bereits aus der Funktion, dass eine bestimmte Handlung nicht verhindert werden soll, wirkt diese – technisch ausgedrückte – Zustimmung tatbestandsausschließend.

(bb) Subjektiver Tatbestand

Statt der o.a. subjektiven Merkmale des § 95a Abs. 1 sind für den subjektiven Tatbestand ausschließlich die strafrechtlichen Kategorien – Vorsatz und Absicht – verlangt.[1132] Der Gesetzgeber hat darauf verzichtet, das Merkmal der „Bösgläubigkeit" in den Straftatbestand aufzunehmen; das Merkmal ist als Voraussetzung für das Wissenselement des Vorsatzes entbehrlich, da die Vorsatzform der Absicht ganz selbstverständlich beinhalte, dass der Täter auch im Bewusstsein seiner Absicht handelt.[1133] Dass die Tat nur bei vorsätzlicher Begehung strafbar ist, folgt aus dem allgemeinen Grundsatz des § 15 StGB, wonach nur vorsätzliches Handeln strafbar ist, wenn nicht das Gesetz fahrlässiges Handeln ausdrücklich mit Strafe bedroht. Erforderlich ist außerdem die Absicht, sich oder einem Dritten entweder den Zugang zu verschaffen (*Zugangsverschaffungsabsicht*) oder die Nutzung zu ermöglichen (*Nutzungsermöglichungsabsicht*). Die Absicht ist die Vorsatzform, bei der das Willenselement stark herausgehoben ist (dol. dir. 1).[1134] Der Täter muss sein Handeln auf einen bestimmten Erfolg oder eine bestimmte Zielsetzung richten.[1135] Die Absicht ist jeweils subjektives Element der Handlungsbeschreibung[1136] und bestimmt neben dem Vorsatz das Unrecht der Tat mit.[1137] Nach der Wertung des Gesetzgebers ist daher für den Delikts- und Unrechtstypus „Umgehung" die Absicht kennzeichnend, sich den Zugang zu verschaffen oder die Nutzung zu ermöglichen.[1138]

Die Nutzungsermöglichungsabsicht ist erfüllt, wenn es dem Täter in erster Linie um die urheberrechtsrelevante Nutzung des technisch geschützten Materials geht. Die Zugangsverschaffungsabsicht knüpft an den der Nutzungshandlung vorgelagerten Zugang zum Werk. Dieses Merkmal erfasst Konstellationen, in denen der Täter nicht an der urheberrechtsrelevanten Nutzung interessiert sind, sondern

---

1132 Kritisch zu der ursprünglichen Fassung Stellungnahme des Bundesrates, BT-Drucks. 15/38, Anlage 2, S. 38; *Sieber* Gutachten, S. 172 ff.; die Kritik aufnehmend BT-Drucks. 15/837, S. 35.

1133 Beschlussempfehlung und Bericht, BT-Drucks. 15/837, S. 35.

1134 *Flechsig* in Loewenheim, Handbuch UrhR, § 90 Rn. 121.

1135 *Wessels/Beulke* StrR AT, Rn. 138.

1136 *Lackner/Kühl* StGB, Vor § 13 Rn. 15.

1137 *Kühl* StrR AT, § 5 Rn. 4 f.

1138 S. *Kühl* StrR AT, § 5 Rn. 5: am Bsp. der Zueignungsabsicht.

sich Informationen über die Mechanismen verschafft (z.B. angewandte Algorithmen), um anschließend ein Umgehungsmittel zu entwickeln und zu privaten oder kommerziellen Zwecken zu verbreiten. Der Täter kann auch in der Absicht handeln, einem Dritten Zugang zu verschaffen oder die Nutzung zu ermöglichen. („Drittzugangsverschaffung" bzw. „Drittnutzungsermöglichung").

Nach der Vorstellung des Gesetzgebers hat das Absichtsmerkmal auch die Funktion, schutzwürdige Handlungen aus dem Tatbestand auszuschließen, z.B. die Umgehung zu Zwecken der Kryptographieforschung.[1139] *Sieber* hat angeregt, diese Privilegierung entweder ausdrücklich in Form eines Rechtfertigungsgrundes zu regeln, nicht zuletzt, um Beweisschwierigkeiten bei dem allgemeinen Absichtsmerkmal zu beseitigen,[1140] oder ein Handeln zu privilegieren, das ausschließlich auf den Gewinn von Erkenntnissen über Schutzmechanismen abstellt.[1141] Außer der Kryptographieforschung kann eine Sicherheitsprüfung die Absicht entfallen lassen.[1142] Unerheblich ist, aus welchen Motiven der Betroffene handelt. Derjenige, der aus „sportlichem Ehrgeiz" handelt oder um „Ruhm" zu erlangen, macht sich ebenfalls strafbar, wenn er die technischen Maßnahmen nicht ausschließlich zum privaten Gebrauch umgeht,[1143] sondern z.B. die Informationen anschließend auf einer Internetseite publiziert.

(cc) Privilegierung des privaten Gebrauchs

(a1) Privater Gebrauch

Eine Umgehung soll nur strafbar sein, wenn „die Tat nicht ausschließlich zum eigenen privaten Gebrauch des Täters oder mit dem Täter persönlich verbundener Personen erfolgt oder sich auf einen derartigen Gebrauch bezieht". Diese tatbestandliche Umschreibung ist einer urheberrechtlichen Schranke vergleichbar, die sowohl durch subjektive (Zweck) als auch objektive Merkmale bestimmt wird. Die Wendung lässt sich daher wie eine Schranke als ein einschränkendes Tatbestandsmerkmal mit objektiven und subjektiven Merkmalen einordnen.[1144] Sind die Voraussetzungen erfüllt, bleibt die handelnde Person straffrei.

Es sind drei Alternativen zu unterscheiden. Der Betroffene bleibt straffrei, wenn er zum privaten Eigengebrauch gehandelt hat. Der private Gebrauch ist inhaltsgleich mit dem privaten Gebrauch i.S.d. § 53 Abs. 1, d.h. er darf nicht zu beruflichen und kommerziellen Zwecken erfolgen. Nach der zweiten Alternative

---

1139 BT-Drucks. 15/38, S. 26.
1140 *Sieber* Gutachten, S. 174.
1141 *Sieber* Gutachten, S. 199.
1142 *Hildebrandt* in Wandtke/Bullinger, InfoG, § 108b Rn. 8.
1143 Ktisch hierzu *Sieber* Gutachten, S. 198, 199 f.
1144 S. zu der Einordnung der Schranken ausführlich *Hildebrandt* Strafvorschriften des UrhG, S. 129 ff; für die Einordnung als tatbestandsausschließendes Merkmal *Flechsig* in Loewenheim, Handbuch UrhR, § 90 Rn. 125.

ist außer dem eigenen Gebrauch auch der private Gebrauch durch andere privilegiert, sofern der Betroffene mit diesen persönlich verbunden ist.[1145] Das Merkmal der persönlichen Verbundenheit ist ein Abgrenzungskriterium, das bewusst im Hinblick darauf verwendet worden ist, dass die Rechtsprechung das Merkmal bereits zur Abgrenzung der Öffentlichkeit i.S.v. § 15 Abs. 3 ausgefüllt hat.[1146] Die persönliche Verbundenheit hängt danach von der Zahl der Personen und der Art ihrer durch die Umstände geprägten Beziehungen ab; entscheidend ist, ob ein enger gegenseitiger Kontakt besteht, der bei den Beteiligten das Bewusstsein hervorruft, miteinander verbunden zu sein.[1147] Als dritte Alternative kann sich die Tat auch auf einen solchen privaten Gebrauch *beziehen*, d.h. es genügt, wenn die Umgehung im Hinblick darauf erfolgt, dass der Täter oder die mit ihm persönlich verbundene Person die Inhalte erst später nutzen.

(a2) Ordnungsgemäße Umsetzung

Es ist zu prüfen, ob diese Regelung einer ordnungsgemäßen Umsetzung entspricht. Der Gesetzgeber rechtfertigt die Privilegierung des privaten Handelns damit, dass die zivilrechtlichen Folgen wirksam und abschreckend genug sind. Eine strafrechtliche Sanktionierung sei unverhältnismäßig, da der Staat aufgrund des Legalitätsprinzips verpflichtet wäre, tätig zu werden und sich in diesem Fall die Notwendigkeit von Hausdurchsuchungen ergäben.[1148] Der deutsche Gesetzgeber spart bewusst einen Teilbereich der von § 95a erfassten Pflichtverstöße von der strafrechtlichen Verantwortlichkeit aus: Hat der Betroffene nachweislich zum privaten Gebrauch gehandelt oder bezog sich die Umgehung darauf, kommt nur noch eine Strafbarkeit z.B. gemäß §§ 17 UWG, 202a StGB, 263a StGB in Betracht.[1149] Demgegenüber hat es sich der Gesetzgeber rechtspolitisch zum Ziel gesetzt, besonders gewerbliches Handeln strafrechtlich zu verfolgen.[1150]

Aus gemeinschaftsrechtlicher Sicht deckt sich die Gewichtung, besonders gewerbliches Handeln zu verfolgen, zunächst mit der Wertung aus Art. 61 des TRIPS-Übereinkommens, an den die EG gebunden ist.[1151] Außer in Fällen der gewerblichen Piraterie sollen gemäß Satz 3 in anderen Fällen Strafen angewendet werden können, insbesondere wenn die Verletzung vorsätzlich und zu

---

1145 BGH GRUR 1983, 562, 563 – *Zoll- und Finanzschulen*; BGH NJW 1996, 3084, 3085- *Zweibettzimmer im Krankenhaus.*

1146 BT-Drucks. 15/38, S. 29.

1147 BGH GRUR 1983, 562, 563 – *Zoll- und Finanzschulen*; BGH NJW 1996, 3084, 3085- *Zweibettzimmer im Krankenhaus.*

1148 BT-Drucks. 15/38, S. 29; kritisch dazu *Sieber* Gutachten, S. 199 f.

1149 *Sieber* Gutachten, S. 199.

1150 Plenarprotokoll 15/10 v. 14.11.2002, S. 625 A.

1151 TRIPS-Übereinkommen, Part III, Section 5; zwischen Gemeinschaftsgesetzgeber und Mitgliedstaaten besteht eine gemischte Kompetenz, EuGH, Gutachten 1/94 v. 15.11.1994, Slg. 1994, S. I-05267.

gewerblichen Zwecken begangen werden. An dieser Wertung könnte sich gemeinschaftsrechtlich etwas ändern, wenn die aktuellen Bestrebungen des Europäischen Parlaments Wirklichkeit werden sollten.[1152] Im Kampf gegen Verletzungen geistigen Eigentums wird die Gefahr nicht mehr nur in dem Handeln zu gewerblichen Zwecken gesehen, sondern auch in dem Handeln zu privaten Zwecken. Unterschieden werden soll danach, ob die handelnde Person mit oder ohne Vorsatz gehandelt hat.[1153] Der bisherige Verzicht des Gemeinschaftsgesetzgebers darauf, für privates Verhalten Sanktionen anzuordnen, beruht möglicherweise auf kompetenzrechtlichen Erwägung (Verhältnismäßigkeit gemäß Art. 5 Abs. 2 EGV).[1154]

Ungeachtet der aktuellen Entwicklung auf Gemeinschaftsebene steht es dem Mitgliedstaat frei, Sanktionen auch gegen privates Handeln vorzusehen. Eine zivilrechtliche Sanktion kann wirksam und abschreckend sein.[1155] Ein solcher Anspruch kommt bei der Umgehung zum privaten Gebrauch gemäß § 97 und § 97 Abs. 3 i.V.m. § 823 Abs. 2 BGB in Betracht. Aus der Pflicht zur gleichmäßigen Sanktionierung folgt keine Verpflichtung, die Umgehung zum privaten Gebrauch strafrechtlich zu ahnden, weil das ZKDSG den Umgehungsakt nicht sanktioniert. Der Gesetzgeber knüpft statt dessen an die bisherigen urheberrechtlichen Wertungen an, denn bei technisch ungeschütztem Material würde i.R.v. § 106 die Schranke gemäß § 53 Abs. 1 eingreifen.[1156] Zu Gunsten dieser Entscheidung lässt sich anführen, dass von der Umgehung zum rein persönlichen Gebrauch eine geringe Gefahr für die technischen Maßnahmen ausgeht. Die strafrechtliche Privilegierung des privaten Gebrauchs entspricht daher richtlinienkonformer Umsetzung.

Ob man diese Entscheidung aus nationaler Sicht als wertungswidersprüchlich ansieht, kommt darauf an, welchen Unrechtsgehalt man der Umgehung zumisst. *Sieber* hält es für inkonsequent, den Umgehungsakt strafrechtlich anders zu behandeln als die dadurch ermöglichte Vervielfältigung von einer offensichtlich rechtswidrig hergestellten Vorlage (§ 53 Abs. 1), da die Umgehung demgegen-

---

1152 Europäisches Parlament, Ausschuss für Recht und Binnenmarkt, Vorläufiger Entwurf eines Berichts über den Vorschlag für eine Richtlinie des Europäischen Parlaments und des Rates über die Maßnahmen und Verfahren zum Schutz der Rechte an geistigem Eigentum (KOM(2003) 46 – C5-0055/2003 – 2003/0024(COD))v. 17.9.2003, Berichterstatterin: *Janelly Foutou*, URL: http://www.europarl.eu.int/meetdocs/committees/juri/20031001/498789DE.pdf, S. 5 f.; s. dazu *Meier/Kremple* in FTD v. 2.10.2003, S. 7: „Musikbranche verschreckt Raubkopierer".

1154 Diese Erwägungen waren vermutlich der Hintergrund für Info-RL EG 49 (Besitz zu privaten Zwecken), s. dazu *Koelmann/Helberger* in Hugenholtz, Copyright and Electronic Commerce, S. 165, 212.

1155 EuGH, Rs. 14/83, Slg. 1984, 1891, Rn. 28 – *v. Colson u. Kamann/NRW.*

1156 S. zu der dogmatischen Einordnung der Schranken im Strafrecht ausführlich *Hildebrandt*, Strafvorschriften des UrhR, S. 129 ff.

über einen höheren Unrechtsgehalt aufweise.[1157] Nach der hier vertretenen Ansicht ist die Umgehung jedoch lediglich eine mitbestrafte Vortat.

(b) Rechtswidrigkeit, Schuld und Rechtsfolgen

Für die Rechtswidrigkeit und Schuld gelten die allgemeinen Grundsätze. Als Besonderheit ist zu beachten, dass die vorherige Zustimmung i.S. einer Einwilligung auf der Ebene der Rechtswidrigkeit anzusiedeln ist.[1158] Eine nach der Tat erteilte Zustimmung kann im Hinblick auf § 8 StGB nicht rückwirkend die Strafbarkeit entfallen lassen.[1159]

Der Strafrahmen sieht wie z.B. bei § 265a StGB eine Freiheitsstrafe von einem Jahr Freiheitsstrafe oder eine Geldstrafe vor. Für die gewerbsmäßige Begehung ist die in Absatz 3 festgelegte Strafzumessungsregel zu beachten. Danach kann eine Freiheitsstrafe bis zu drei Jahren oder Geldstrafe verhängt werden. Während die Privilegierung des privaten Gebrauchs die rechtspolitische Zielsetzung des Gesetzgebers, vor allem die gewerbsmäßigen Täter zu erfassen,[1160] negativ zum Ausdruck bringt, tritt diese Zielsetzung bei der Strafzumessung positiv hervor. *Gewerbsmäßig* handelt, wer sich aus wiederholter Tatbegehung eine nicht nur vorübergehende Einnahmequelle von einigem Umfang verschaffen möchte,[1161] ohne dass er daraus ein kriminelles Gewerbe zu machen braucht;[1162] unter diesen Voraussetzungen kann schon eine einmalige Gesetzesverletzung ausreichen.[1163] Hierbei muss sich die Wiederholungsabsicht auf dasjenige Delikt beziehen, dessen Tatbestand durch das Merkmal der Gewerbsmäßigkeit qualifiziert ist,[1164] hier also die Umgehung. Ferner genügt es, wenn es sich um eine Nebeneinnahmequelle handelt.[1165]

Auffällig ist, dass die gewerbsmäßige Umgehung nicht wie in § 108a als Offizialdelikt ausgestaltet hat. Hieran wird erneut deutlich, dass der Gesetzgeber der Umgehung einen geringeren Unrechtsgehalt zumisst als der Rechtsverletzung;

1157 *Sieber* Gutachten, S. 199.

1158 *Hildebrandt*, Strafvorschriften des UrhR, S. 149 ff. m.w.N. zu dem Merkmal „ohne Einwilligung" i. S. v. § 106 UrhG.

1159 Zu der Problematik der Rückwirkung der nachträglichen Zustimmung s. ausführlich *Hildebrandt*, Strafvorschriften des UrhR, S. 152 ff. m.w.N. und den Lösungsmöglichkeiten in der Praxis, um eine strafrechtliche Verfolgung zu verhindern, falls der Rechtsinhaber daran kein Interesse mehr hat.

1160 Plenarprotokoll 15/10 v. 14.11.2002, S. 625 A.

1161 BGH NStZ 1995, 85; s. hierzu auch die Erläuterungen des Begriffs im Zusammenhang mit § 3 ZKDSG, BT-Drucks. 14/7229, S. 9.

1162 BGHSt 1, 383 f.

1163 BGH NStZ 1995, 85.

1164 BGH NStZ 1995, 85.

1165 BGH GA 1955, 212.

dies drückt sich außerdem in dem unterschiedlichen Strafmaß aus – drei statt fünf Jahre.

(3) Verbot bestimmter Vorbereitungshandlungen

Tatbestandliche Vorbereitungshandlungen sind in Übereinstimmung mit §§ 4, 5 ZKDSG teils strafbewehrt, teils mit einer Bußgeldandrohung belegt. Gemäß § 108b Abs. 2 macht sich strafbar, wer „entgegen § 95a Abs. 3 eine Vorrichtung, ein Erzeugnis oder einen Bestandteil zu gewerblichen Zwecken herstellt, einführt, verbreitet, verkauft oder vermietet." Als *Tathandlungen* sind nur die Herstellung, Einfuhr, Verbreitung, Verkauf und Vermietung genannt. Sie werden durch das subjektive Tatbestandsmerkmal „zu gewerblichen Zwecken" eingeschränkt. Gewerblich ist in dem selben Sinne wie gewerbsmäßig zu verstehen.[1166] Als *Tatobjekte* kommen eine Vorrichtung, ein Erzeugnis oder ein Bestandteil in Betracht. Darüber hinaus müssen die Tatbestandsrestriktionen gemäß § 95a Abs. 3 Nr. 1-3 erfüllt sein, auf die mit der Wendung „entgegen § 95a Abs. 3" verwiesen wird. Die Nr. 1 und Nr. 3 setzen ein Absichtsmerkmal voraus.

Der Strafrahmen ist derselbe wie bei der Umgehung, d.h. es kann eine Freiheitsstrafe bis zu einem Jahr oder Geldstrafe verhängt werden. Dies entspricht § 4 ZKDSG. Zu beachten ist die Begründung für die Bestrafung: Danach steht dem Charakter der Handlungen als bloße Vorbereitungshandlungen zu §§ 265a, 202a StGB der gewerbsmäßige Charakter der Taten gegenüber.

§ 108b Abs. 2 ist ein sog. Jedermann-Delikt („Wer"). Die Verantwortlichkeit innerhalb der Unternehmensstruktur richtet sich nach § 14 StGB (Handeln für einen anderen); insoweit gelten die allgemeinen strafrechtlichen Grundsätze[1167]. Unter den Voraussetzungen des § 130 OWiG bzw. des § 30 OWiG ist – anknüpfend an die Straftat nach § 108b Abs. 2 – die Festsetzung einer Geldbuße gegen den Betriebs- oder Unternehmensinhaber bzw. gegen das Unternehmen selbst möglich; auch insoweit gelten die allgemeinen bußgeldrechtlichen Grundsätze[1168].

(4) Konkurrenzen

Das Verhältnis der neuen Straftatbestände zueinander und zu den Straftatbeständen der Verletzung von Urheberrechten und verwandten Schutzrechten ist differenziert zu sehen. Wenn dieselbe Person den Code knackt und ihn anschließend verbreitet, stehen die Umgehung und die Vorbereitungshandlung(en) tatmehrheitlich (§ 53 StGB) zueinander. Hingegen stellen – wenn dieselbe Person handelt –

[1166] S. Definition ZKDSG, BT-Drucks. 14/7229, S. 8; *Hildebrandt* in Wandtke/Bullinger, InfoG, § 108 b Rn. 7.

[1167] Statt vieler s. *Tröndle/Fischer* StGB, § 14.

[1168] Statt vieler s. *Göhler* OWiG, §§ 30, 130.

die Umgehung und die anschließende Verletzung des ausschließlichen Rechts nicht nur eine Handlung i.S. eines historischen Geschehensablaufs (§ 264 StPO) dar, sondern auch i.S.v. § 52 StGB. § 108b tritt jedoch als mitbestrafte Vortat im Wege der Subsidiarität zurück.[1169] Liegt in dem Verstoß gegen das Verbot der Vorbereitungshandlungen zugleich – regelmäßig aber fernliegend – eine Anstiftung (§ 26 StGB) zur Umgehung oder den Urheberrechtsverletzungen, stehen diese in Tateinheit zueinander. Eine Beihilfe zur nachfolgenden Umgehung und Urheberrechtsverletzung tritt hinter die eigene täterschaftliche Verantwortlichkeit zurück. Werden Umgehungsvorrichtungen zum Umgehen von Rundfunkdiensten verbreitet, tritt § 4 ZKDSG subsidiär zurück.[1170] Zu Strafvorschriften mit anderer Schutzrichtung besteht Idealkonkurrenz.[1171]

(5) Prozessuale Durchsetzung

Der deutsche Gesetzgeber ist gemeinschaftsrechtlich an das Prinzip des effektiven gerichtlichen Schutzes gebunden,[1172] das Ausdruck des Effizienzgedanken (Art. 10 EGV) und des Prinzips des effektiven Rechtsschutzes ist.[1173] Die Straftat kann von dem Verletzten (vgl. außerdem § 374 Abs. 2 StGB) wie die Urheberrechtsstraftaten (Ausnahme: § 108a) im Wege der *Privatklage* verfolgt werden. Er ist hierzu gemäß § 108b Abs. 1 und 2 i.V.m. § 374 Abs. 1 Nr. 8 StPO befugt. Die StPO musste durch Art. 4 Nr. 1 ÄndG entsprechend ergänzt werden. Erwägen könnte man, ob das Gebot des gleichmäßigen Sanktionierens so weit reicht, dass der deutsche Gesetzgeber die neuen Straftatbestände im Einklang mit § 4 ZKDSG auch als Offizialdelikt hätte ausgestalten müssen und nicht, wie es für Privatklagedelikte typisch ist, von der Stellung eines Strafantrags abhängig macht. Für die Ausgestaltung als Privatklagedelikt sprechen aber die Nähe zu der Rechtsverletzung. Hinzu kommen Praktikabilitätserwägungen.[1174] Treffen Offizial- und Privatklagedelikte zusammen, scheidet ein Privatklageverfahren aus.[1175] Wären die Umgehungstatbestände als Offizialdelikte ausgestaltet worden, hätte dies praktisch zur Folge gehabt, dass auch die Urheberrechtsverletzungen von Amts wegen hätten verfolgt werden müssen.

Die Verfolgung einer Straftat nach § 108b im Wege der Privatklage setzt voraus, dass der Rechtsinhaber als Verletzter entweder einen *Strafantrag* gestellt hat

---

1169 *Hildebrandt* in Wandtke/Bullinger, InfoG, § 108 b Rn. 11.
1170 *Hildebrandt* in Wandtke/Bullinger, InfoG, § 108 b Rn. 11.
1171 *Hildebrandt* in Wandtke/Bullinger, InfoG, § 108 b Rn. 11.
1172 EuGH Rs. 222/84, Slg. 1986, 1651, Rn. 18 – *Johnston/Chief Constable of the Royal Ulster Constabulary*; EuGH Rs. 222/86, Slg. 1987, 4097, Rn. 14 – *Unectef/ Heylens*.
1173 *Ruffert* in Calliess/Ruffert, Art. 249 Rn. 27; vgl. EuGH Rs. 222/84, Slg. 1986, 1651, Rn. 18 – *Johnston/Chief Constable of the Royal Ulster Constabulary*.
1174 BT-Drucks. 15/38, S. 30.
1175 *Meyer-Goßner* StPO, § 374 Rn. 3.

(vgl. §§ 77 ff. StGB) oder die Staatsanwaltschaft ein besonderes öffentliches Interesse bejaht (*relatives Antragsdelikt*). Dies folgt aus § 109. Die Erhebung der Privatklage innerhalb der Antragsfrist ist eine Antragstellung.[1176] Antragsberechtigt sind die Inhaber der ausschließlichen Befugnisse.[1177] Dies gilt für den Umgehungsschutz entsprechend, da die Berechtigung den urheberrechtlichen Grundsätzen folgt.[1178]

Die öffentliche Klage kann bei Privatklagedelikten nur erhoben werden, wenn der Staatsanwalt gemäß § 376 StPO ein öffentliches Interesse bejaht.[1179] Ein öffentliches Interesse ist in der Regel zu bejahen, wenn eine nicht nur geringfügige Schutzverletzung vorliegt. Zu berücksichtigen sind insbesondere das Ausmaß der Schutzrechtsverletzung, der eingetretene oder drohende wirtschaftliche Schaden und die vom Täter erstrebte Bereicherung.[1180]

Kommt es zu der Erhebung der öffentlichen Klage, ist eine Beteiligung des Verletzten nur noch in Form der *Nebenklage* möglich. Die Befugnis zur Nebenklage folgt aus § 395 Abs. 2 Nr. 3 StPO und ist unabhängig davon, ob der Täter gewerbsmäßig handelt.[1181] Nebenkläger kann jeder sein, der strafantragsberechtigt ist.[1182]

Der Rechtsinhaber und der Staat haben ein Interesse daran, dass die Umgehungsmittel aus dem Verkehr gezogen werden. In Umsetzung des Art. 8 Abs. 2 Info-RL sind die Umgehungsmittel i.S.v. § 95a Abs. 3 der strafrechtlichen Einziehung unterworfen. Sowohl bei öffentlicher Klageerhebung als auch bei der Strafverfolgung im Privatklageverfahren können Gegenstände, auf die sich eine Straftat nach § 108b bezieht, gemäß § 110 S. 1 – lex specialis zu den §§ 74 ff. StGB – eingezogen werden. „Gegenstände" i.S.v. § 110 sind die *Beziehungsgegenstände*, die definiert werden als „notwendige Gegenstände des Tat selbst", aber nicht deren Produkte;[1183] hiervon abzugrenzen sind die zur Tat verwendeten Werkzeuge i.S.v. § 74 Abs. 1 Alt. 2 StGB, die als eigentliches Mittel der Verwirklichung eines Straftatbestandes eingesetzt werden. Danach können die Umgehungsmittel i.S.v. § 108b Abs. 2 als Beziehungsgegenstände gemäß § 110 eingezogen werden. Wird allerdings für die strafbare Umgehungshandlung eine Umgehungssoftware verwendet, ist sie als Tatmittel i.S.v. § 74 Abs. 1 Alt. 2 StGB

1176 *Meyer-Goßner* StPO, § 374, Rn. 6.

1177 *Rehbinder* UrhR, § 68 Rn. 460.

1178 So auch *Hildebrandt* in Wandtke/Bullinger, InfoG, § 109 Rn. 2.

1179 Bei Jugendlichen (vgl. § 1 Abs. 2 JGG) hingegen tritt der Erziehungsgedanke in den Vordergrund. Für die Strafverfolgung ist ausschließlich § 80 Abs. 1 S. 2 JGG maßgeblich, wonach eine Privatklage nicht erhoben werden kann.

1180 Richtlinien für das Strafverfahren und das Bußgeldverfahren (RiStBV), Nr. 261, abgedruckt in *Meyer-Goßner* StPO, Anhang 15, S. 1913.

1181 *Hildebrandt* in Wandtke/Bullinger, InfoG, § 108b Rn. 12.

1182 *Hildebrandt* in Wandtke/Bullinger, InfoG, § 108b Rn. 12.

1183 BGHSt 10, 28; diese Möglichkeit der Einziehung übersieht *Flechsig* in Loewenheim, Handbuch UrhR, § 90 Rn. 129.

einzuziehen,[1184] sofern die technischen Maßnahmen noch als wirksam angesehen werden können. Gemäß § 74b StGB ist der Verhältnismäßigkeitsgrundsatz zu wahren.

Die Verfolgungsverjährung tritt in den Fällen der Absätze 1 und 2 gemäß § 78 Abs. 3 Nr. 5 StGB nach drei Jahren, in Fällen gewerbsmäßigen Handelns des Absatz 3 gemäß § 78 Abs. 3 Nr. 4 StGB nach fünf Jahren ein.[1185]

cc) Bußgeldvorschriften

In § 111b Abs. 1 Nr. 1 lit. a) und b) sind Verstöße gegen § 95a Abs. 3 mit Geldbußen belegt. Im Hinblick auf den vergleichbaren Tatbestand in § 5 ZKDSG war der Gesetzgeber verpflichtet, einen Bußgeldtatbestand einzuführen.

Bei der ersten Gruppe werden einige der strafbewehrten Handlungen mit einer Geldbuße belegt.[1186] Gemäß § 111a Abs. 1 Nr. 1 lit. a) handelt ordnungswidrig, „wer entgegen § 95a Abs. 3 eine Vorrichtung, ein Erzeugnis oder einen Bestandteil verkauft, vermietet oder über den Kreis der mit dem Täter persönlich verbundenen Personen hinaus verbreitet oder [...]“. Wie bei dem Straftatbestand müssen kraft Verweisung[1187] („entgegen“) die Tatbestandrestriktionen des § 95a Abs. 3 Nr. 1 - 3 erfüllt sein. Von § 108b Abs. 2 unterscheidet sich die Ordnungswidrigkeit dadurch, dass sie auch den Verkauf, die Vermietung und die Verbreitung zu privaten Zwecken erfasst. Dem Wortlaut nach kommt es nicht darauf an, ob der Täter „zu gewerblichen Zwecken“ handelt. Die Sanktionierung des *privaten* Handelns ist im Hinblick auf das Effektivitätsgebot erforderlich.[1188] Es kommt darauf an, die technischen Maßnahmen gegen gefährliche Handlungen bzw. Mittel wirksam zu schützen. Für die Verbreitung gelten höhere Anforderungen als bei den übrigen Handlungen. Gemessen an der Gefährlichkeit wird nur die Verbreitung sanktioniert, die „über den Kreis der mit dem Täter persönlich verbundenen Personen hinaus“ erfolgt.[1189]

1184 *Flechsig* in Loewenheim, handbuch UrhR, § 90 Rn. 129.

1185 *Hildebrandt* in Wandtke/Bullinger, InfoG, § 108b Rn. 12.

1186 Es ist möglich, ein Verhalten sowohl mit einer Strafe als auch mit einem Bußgeld zu ahnden, da die Zielrichtung unterschiedlich ist: Die Strafe ist mit einem sozialethischen Unwertgehalt verbunden (BGH St 11, 263, 266), während das Bußgeld der Durchsetzung einer bestimmten Ordnung dient und somit „Ordnungsunrecht“ – bloßen Ungehorsam - sanktioniert (*Göhler* OWiG, Vor § 1 Rn. 9; BGHSt 11, 363, 366).

1187 Der Blanketttatbestand ist mit dem Bestimmtheitsgrundsatz vereinbar, s. zu der Bestimmtheit ausführlich *Hildebrandt* in Wandtke/Bullinger, InfoG, § 108b Rn. 3, § 111a Rn.3.

1188 BT-Drucks. 15/38, S. 28 f.

1189 Zu dem Merkmal „persönliche Verbundenheit“ s. oben Teil 2 1. Kap. H. I. 3. b) bb) (2) (d) (cc) (a1); *Hildebrandt* in Wandtke/Bullinger, InfoG, § 111 a Rn. 4 bezieht die Wendung ebenfalls nur auf die Verbreitung.

Handelt der Täter zu gewerblichen Zwecken, ist gemäß § 21 Abs. 1 S. 1 OWiG nur das Strafgesetz – hier: § 108b Abs. 2 – anzuwenden.

Die zweite Gruppe von Handlungen ist ausschließlich bußgeldbewehrt. Gemäß § 111a Abs. 1 Nr. 1 lit. b) handelt ordnungswidrig, „wer entgegen § 95a Abs. 3 zu gewerblichen Zwecken eine Vorrichtung, ein Erzeugnis oder einen Bestandteil besitzt, für deren Verkauf oder Vermietung wirbt oder eine Dienstleistung erbringt, [...]". Geahndet werden können die Handlungen nur, wenn sie zu kommerziellen Zwecken erfolgen. Für den Besitz, die Werbung und die Dienstleistung zu privaten Zwecken kommen demgegenüber nur zivilrechtliche Sanktionen in Betracht. Im übrigen wird für die tatbestandlichen Voraussetzungen auf die Ausführungen zu § 95a Abs. 3 verwiesen.

Der Betroffene muss in allen Fällen vorsätzlich handeln (s. § 10 OWiG). Die Verstöße sowohl gegen Nr. 1 lit. a) als auch lit. b) können gemäß Absatz 2 mit einer Geldbuße „bis zu fünfzigtausend Euro" geahndet werden. Der Betrag deckt sich mit dem Höchstbetrag in § 5 ZKDSG. Die festgesetzte Höhe lässt auch keinen Verstoß gegen die allgemeinen für die Zumessung von Geldbußen geltenden Grundsätzen erkennen. Der gesetzliche Höchstbetrag für eine Geldbuße beträgt gemäß § 17 Abs. 1 OWiG 1.000 Euro. Die individuelle Zumessung der Geldbuße richtet sich nach § 17 Abs. 3 OWiG. § 17 Abs. 4 OWiG ermöglicht die Abschöpfung des durch die Tat erlangten wirtschaftlichen Vorteils.[1190] Zur Gewinnabschöpfung kann der gesetzlich festgelegte Höchstbetrag – hier: 50.000 Euro – sogar überschritten werden (§ 17 Abs. 4 S. 2 OWiG).

Die Geldbuße wird in einem verwaltungsbehördlichen Verfahren gemäß §§ 35-66 OWiG durch Bußgeldbescheid geahndet, gegen den ausreichender gerichtlicher Rechtsschutz gewährt wird.[1191] *Zuständig* ist die gemäß § 36 OWiG zuständige Landesbehörde.[1192]

4. Kennzeichnungspflicht gemäß § 95d Abs. 1

Der Rechtsschutz technischer Maßnahmen greift zu Gunsten des Rechtsinhabers. Gemäß § 95d treffen ihn demgegenüber Kennzeichnungspflichten. Absatz 1 verpflichtet denjenigen, der technische Maßnahmen anwendet, kenntlich zu machen, dass er und welche technische Maßnahmen er einsetzt. Gemäß § 137j Abs. 1 ist die Vorschrift auf alle ab dem 1.12.2003 neu in den Verkehr gebrachten Werke und andere Schutzgegenstände anwendbar, damit dem Rechtsinhaber ermöglicht wird, die nötigen Vorbereitungen zu treffen.[1193] Zugleich ist klargestellt, dass die

---

1190 *Göhler* OWiG, Vor § 1 Rn. 9; *Steindorf* in KK, OWiG, § 17 Rn. 11.

1191 S. zu dem Verfahren im Allgemeinen *Hildebrandt* in Wandtke/Bullinger, InfoG, § 111a Rn. 6 ff.

1192 Im Saarland ist zuständige Behörde das Ministerium für Wirtschaft; die Zuständigkeit ergibt sich aus der Geschäftsverteilung der Landesregierung.

1193 Beschlussempfehlung und Bericht, BT-Drucks. 15/837, S. 84.

Rechtsinhaber nicht mit der Kennzeichnung bereits im Handel befindlicher Medien belastet werden.[1194]

a) Zweck der Vorschrift

Das Kennzeichnungsgebot bezweckt sowohl den Schutz der Verbraucher als auch den der Lauterkeit des Wettbewerbs. Mit der Kennzeichnungspflicht führt der Gesetzgeber ein dem UrhG bisher fremden Verbraucherschutzgedanken ein. Der Verbraucher soll über die Schutzmaßnahmen informiert werden, „um daran seine Erwerbsentscheidung ausrichten zu können.“[1195] Die wettbewerbsrechtliche Relevanz sieht der Gesetzgeber darin, dass die Eigenschaften der technischen Maßnahmen so wesentlich für die Kaufentscheidung sind, dass der Verbraucher von dem Kauf ganz Abstand nimmt.[1196]

b) Tatbestandsvoraussetzungen

Nach Absatz 1 sind die mit technischen Maßnahmen geschützten Werke und Schutzgegenstände deutlich sichtbar mit Angaben über die Eigenschaften der technischen Maßnahmen zu kennzeichnen. Die Kennzeichnungspflicht gilt für das kommerzielle Urheberrecht, wo sich Rechtsinhaber und Nutzer als Unternehmer und Verbraucher gegenüberstehen. Zu kennzeichnen sind die Werke und Schutzgegenstände, die mit technischen Maßnahmen geschützt werden. Auf die Vertriebsart kommt es nicht an, insbesondere gilt die Kennzeichenpflicht – anders als die Informationspflicht gemäß Absatz 2 (vgl. Satz 2) – auch für technisch geschützte Werke und Schutzgegenstände, die auf vertraglicher Grundlage öffentlich zugänglich gemacht werden (§ 95b Abs. 3).

Die Kennzeichnungspflicht bezieht sich auf „Angaben über Eigenschaften der technischen Maßnahmen“. Die entscheidende Eigenschaft ist die Funktion und Wirkweise der Maßnahmen, bestimmte Verwendungsmöglichkeiten zu verhindern oder zu beschränken (z.B. digitale Vervielfältigung, begrenzte Nutzungsdauer). Für die inhaltlichen Anforderungen wird man sich an der Erwartungshaltung der Verbraucher[1197] orientieren müssen, die an eine weitgehend uneingeschränkte Verwendungsmöglichkeit gewöhnt sind.[1198] Zu den Eigenschaften der technischen Maßnahmen können auch technische Angaben zählen, sofern das Schutzsystem ein bestimmtes Zubehör voraussetzt. Zu weitgehend ist die Forderung, in die Kennzeichnungspflicht auch Nebenwirkungen – Schäden und Probleme, die sehr

---

1194 Beschlussempfehlung und Bericht, BT-Drucks. 15/837, S. 84.

1195 BT-Drucks. 15/38, S. 28; Plenarprotokoll 15/10 v. 14.11.2002, S. 626 (A): „Niemand soll die Katze im Sack kaufen müssen und dann erst zu Hause merken, dass er eine CD nicht kopieren kann.“

1196 BT-Drucks. 15/38, S. 28.

1197 BGH WRP 1998, 718, 720 – *Testpreis-Angebot*.

1198 S. *Peukert* in Loewenheim, Handbuch des UrhR, § 36 Rn. 28.

wahrscheinlich sind – einzubeziehen.[1199] In diesen Fällen ist der Käufer hinreichend durch das Gewährleistungsrecht geschützt.

Die Werke und Schutzgegenstände sind deutlich sichtbar zu „kennzeichnen". Für das Kennzeichnen ist bei körperlichen Gegenständen zu verlangen, dass die Angaben mit dem Trägermedium körperlich verbunden sind (z.B. Aufkleber auf CD-Hülle). Bei unkörperlich, insbesondere online angebotenen Werken sollte der Verbraucher wie bei Fernabsatzverträgen und im elektronischen Geschäftverkehr vor dem Kaufabschluss[1200] klar und ausdrücklich informiert werden. Die Kennzeichnungspflichten sind gegenüber den allgemeinen Informationspflichten gemäß §§ 312c Abs. 1 Nr. 1, 312e Abs. 1 Nr. 2 BGB weiterführende Pflichten i.S.v. §§ 312c Abs. 4, 312e Abs. 3 BGB.

Die Werke und Schutzgegenstände „deutlich sichtbar" zu kennzeichnen, verlangt mehr als nur die Möglichkeit der Kenntnisnahme. Vielmehr muss der Verbraucher bei flüchtiger Betrachtung auf den Hinweis aufmerksam werden. Bei *Offline*-Trägern könnte das bedeuten, dass sich die Angaben von der Produktbeschreibung und der Preisangabe optisch abheben (Schriftgröße, Farbe, etc.). Bei online vertriebenen Werken und Schutzgegenständen wäre es am sichersten, den Hinweis mit dem Vertrag einschließlich der Lizenzvereinbarung zu verbinden (Fenster zum Wegklicken: „Mir ist bekannt, dass ...").

c) Anmerkungen

Die speziell verbraucherschützende Norm war nach der Info-RL nicht erforderlich.[1201] Es steht außer Frage, dass die Verbraucher bei Produkten wie der Audio-CD erwarten dürfen, über die veränderten Nutzungsmöglichkeiten aufgeklärt zu werden. Eine unterlassene Aufklärung des Rechtsinhabers wäre unter Umständen als wettbewerbswidriges Verhalten bzw. als nicht ordnungsgemäße Erfüllung der (kauf-)vertraglichen Pflichten anzusehen.[1202] Die ordnungsgemäße Kennzeichnung schafft insofern Rechtsklarheit, als der Verbraucher mit kaufrechtlichen Gewährleistungsansprüchen infolge grob fahrlässiger Unkenntnis gemäß § 442 Abs. 1 BGB ausgeschlossen ist.[1203]

Dennoch ist fraglich, ob diese Regelung im UrhG eingefügt werden musste. Die Regelung ist systematisch deplaziert und nimmt einen – zugegebenermaßen bedeutsamen – Einzelfall zum Anlass (CD-Kopierschutz), um eine generelle Regelung zu treffen. Für andere Datenträger, insbesondere die CD-ROM und DVD

1199 So, wenn auch vorsichtig *Wandtke/Ohst* in Wandtke/Bullinger, InfoG, § 95d Rn. 4.

1200 *Peukert* in Loewenheim, Handbuch des UrhR, § 36 Rn. 28; *Wandtke/Ohst* in Wandtke/Bullinger, InfoG, § 95d Rn. 10.

1201 *Stickelbrock* Stellungnahme, S. 15.

1202 *Schack* ZUM 2002, 497, 506; *Wiechmann* ZUM 1989, 111-122, 120 ff.

1203 *Hoeren* Gutachten, S. 39.

hätte man eine entsprechende Kauferwartung u.U. verneinen können.[1204] Für den Vertrieb im Fernabsatz ist die Regelung gänzlich überflüssig, da den Unternehmer bei Fernabsatzverträgen[1205] bereits Informationspflichten gemäß § 312c Abs. 1 S. 1 Nr. 1 BGB i.V.m. § 1 Abs. 1 Nr. 3 BGB-InfoV[1206] („wesentliche Merkmale der Ware oder Dienstleistung") treffen. Der Gesetzgeber hätte sich dort einer Regelung enthalten können, wo das UWG und das Vertragsrecht genügend Instrumentarien bereithalten, um dem Informationsbedürfnis des Verbrauchers gerecht zu werden und auf wettbewerbswidriges Verhalten zu reagieren. Die Regelung ist daher als ein Zugeständnis an die Verbraucher und als ein Warnschuss an die „schwarzen Schafe" unter den Rechtsinhabern zu verstehen. Hierfür haben die Rechtsinhaber allerdings vereinzelt selbst Anlass gegeben, indem bei den ersten Versuchen, kopiergeschützte CDs auf den Markt zu bringen, entsprechende Informationen unterdrückt wurden. Vor diesem Hintergrund erscheint die Regelung sinnvoll. Dies gilt umso mehr, als die Kennzeichnungspflichten nicht mit einer Bußgeldandrohung belegt sind. Ihr kommt hauptsächlich eine Präzisierungsfunktion zu.

d) Rechtsfolgen bei einem Verstoß

Da keine besonderen Sanktionen im UrhG angeordnet sind, kommt bei Verstoß gegen § 95d Abs. 1 ein Anspruch gemäß § 1 UWG in Betracht. Die Kennzeichnungspflicht ist unter Berücksichtigung des Normzwecks eine wertbezogene Norm in dem Sinne, dass sie die Lauterkeit des Wettbewerbs und die Verbraucher schützt.[1207] Dies stellt unter dem Aspekt des „Rechtsbruchs" eine sittenwidrige wettbewerbswidrige Handlung dar.[1208] Das Unterlassen ist darauf gerichtet, den Rechtsverstoß – die Anwendung der Maßnahmen ohne Kennzeichnung – zu unterlassen.[1209] Dies impliziert ein aktives Tun, das auf Beseitigung des verletzenden

---

1204 *Stickelbrock* Stellungnahme, S. 15.

1205 *Fernabsatzverträge* sind gemäß § 312b Abs. 1 BGB Verträge über die Lieferung von Waren oder über die Erbringung von Dienstleistungen, die zwischen einem Unternehmer und einem Verbraucher unter ausschließlicher Verwendung von Fernkommunikationsmitteln abgeschlossen werden, es sei denn, dass der Vertragsschluss nicht im Rahmen eines für den Fernabsatz organisierten Vertriebs- und Dienstleistungssystems erfolgt. *Fernkommunikationsmittel* sind gemäß § 312b Abs. 2 S. 1 BGB Kommunikationsmittel, die zur Anbahnung eines Vertrages oder zum Abschluss eines Vertrages zwischen einem Verbraucher und einem Unternehmer *ohne gleichzeitige körperliche Anwesenheit* der Vertragsparteien eingesetzt werden, [...]."

1206 Verordnung über Informationspflichten nach Bürgerlichem Recht (BGB-InfoV) i.d.F. v. 5.8.2002 (BGBl. I, 3002).

1207 *Peukert* in Loewenheim, Handbuch UrhR, § 36 Rn. 30; Baumbach/Hefermehl, UWG, § 1 UWG Rn. 611.

1208 *Peukert* in Loewenheim, Handbuch UrhR, § 36 Rn. 30.

1209 *Peukert* in Loewenheim, Handbuch UrhR, § 36 Rn. 30.

Zustands gerichtet ist. Ein möglicher Anspruch aus § 823 Abs. 2 BGB[1210] wird durch § 1 UWG verdrängt.[1211]

5. Zusammenfassung

Das ausdrückliche Verbot in § 95a UrhG war aus Gründen der Rechtsklarheit geboten. Das Umgehungsverbot war materiell-rechtlich erforderlich, weil der Schutz technischer Maßnahmen und Schranken neu ausgestaltet worden ist. Hinsichtlich des Umgehungsakts ist nunmehr in materieller Hinsicht klargestellt, dass ein Schrankenbegünstigter sich bei eigenmächtiger Umgehung nicht auf die Schranken berufen kann. Die eigenmächtige Umgehung ist rechtswidrig.

Verstöße gegen § 95a Abs. 1 und 3 können Ansprüche gemäß § 97 Abs. 1 nur begründen, wenn eine Rechtsverletzung nachweislich eingetreten ist. Allein der Verstoß gegen die Verbote begründet keinen Anspruch gemäß § 97. Die Handlungen liegen im Vorfeld der Rechtsverletzung. Eine Gleichsetzung mit der Rechtsverletzung käme einer Fiktion gleich. Der Schutz soll außerdem gerade kein neues Ausschließlichkeitsrecht begründen, sondern ist nur ein Hilfsanspruch. Dem trägt der Gesetzgeber dadurch Rechnung, dass er § 95a als Schutzgesetz ausgestaltet hat. Die Vorverlagerung der Haftung ist eine typische Funktion des § 823 Abs. 2 BGB, der § 97 als lex specialis zu § 823 Abs. 1 ergänzt. Allerdings kommt eine urheberrechtliche Haftung nach den Grundsätzen der mittelbaren Urheberrechtsverletzung in Betracht, die – soweit sie reicht – die deliktische Haftung verdrängt.

Umgeht jemand technische Maßnahmen, kommt ein vorbeugender Unterlassungsanspruch gemäß § 97 Abs. 1 analog in Betracht, wenn den Umständen nach eine anschließende Rechtsverletzung ernsthaft droht. Die allgemeine deliktische Haftung aufgrund Schutzgesetzverletzung greift ergänzend ein.

Der „Umgeher" haftet weitergehend nach § 97 als unmittelbarer Verletzer, wenn er anschließend eine Rechtsverletzung begeht. Hierfür gelten die allgemeinen Haftungsvoraussetzungen mit dem Unterschied, dass eine durch die rechtswidrige Umgehung verschaffte Nutzungsmöglichkeit ebenfalls rechtswidrig ist. Dies folgt aus dem Verbot der eigenmächtigen Umgehung. Ferner handelte der Schrankenbegünstigte treuwidrig, würde er sich auf eine ihm günstige Rechtsposition berufen, die er sich gesetzeswidrig (§ 95a Abs. 1) verschafft hat (§ 242 BGB). Ersatzfähiger Schaden ist der durch die Rechtsverletzung eingetretene Schaden, d.h. entweder die Lizenzgebühr als entgangener Gewinn oder die fiktive Lizenzgebühr.

Der Umgeher kann auch als „mittelbarer" Störer gemäß § 97 haften, wenn er adäquat-kausal zu der rechtswidrigen Rechtsverletzung beigetragen hat; dies gilt nicht, wenn das Verhalten der unmittelbaren Verletzer als rechtmäßig zu beurtei-

---

1210 *Peukert* in Loewenhiem, Handbuch UrhR, § 36 Rn. 30.

1211 *Baumbach/Hefermehl*, UWG, Einl UWG Rn. 342.

len ist, weil ihnen z.B. nicht erkennbar ist, dass es sich bei dem – nicht mehr technisch geschützten – Material um eine rechtswidrig hergestellte Vorlage handelt (§ 53 Abs. 1 S. 1).

Unter Umständen kann der quasinegatorische Unterlassungs- und Beseitigungsanspruch gemäß § 823 Abs. 2 i.V.m. § 1004 Abs. 1 BGB analog eingreifen, der auch vorbeugend geltend gemacht werden kann. § 95a UrhG ist als Schutzgesetz zu qualifizieren, das bezweckt, den Rechtsinhaber vor den Gefahren zu schützen, die sich realisieren, wenn die technische Kontrolle entfällt (unentgeltliche Nutzungshandlungen). Der Anspruch aus § 826 BGB hat demgegenüber nur subsidiäre Bedeutung.

Der Verstoß gegen § 95a Abs. 1 allein begründet keinen Anspruch auf Wertersatz in Form einer Lizenzgebühr aus Eingriffskondiktion. Die Rechtsordnung weist dem Rechtsinhaber die Urheber- und Leistungsschutzrechte als ausschließliche Verwertungsmonopole zu, nicht hingegen die Verfügung über die Technik. In der Technik manifestiert sich lediglich die negative Abwehrbefugnis des Rechtsinhabers. Andernfalls würde man erneut auf Umwegen ein neues Ausschließlichkeitsrecht konstruieren. Die durch Schutzgesetze gesicherten Positionen haben grundsätzlich keinen Zuweisungsgehalt.

Das Verbot gemäß § 95 Abs. 3 ist ein abstraktes Gefährdungsdelikt, das aus Gründen der Rechtsklarheit geboten war. Derjenige, der gegen § 95a Abs. 3 verstößt, kann nach den Grundsätzen der mittelbaren Urheberrechtsverletzung zivilrechtlich gemäß § 97 zur Verantwortung gezogen werden. Diese Haftung knüpft an eine rechtswidrige Rechtsverletzung an. Zu dieser muss der Verantwortliche adäquat-kausal beigetragen haben. Unter Zugrundelegung der bisherigen Rechtsprechung ist die materiell-rechtliche Bedeutung der Neuregelung in dem Umgehungsverbot gemäß § 95a Abs. 1 begründet. Mit dem Verbot der eigenmächtigen Umgehung – selbst der Schrankenbegünstigten – ist klargestellt, dass die Endabnehmer der Umgehungsmittel rechtswidrig handeln. Dies rechtfertigt es, den „mittelbaren Störer“ haftbar zu machen und sogar sein Verhalten zu verbieten. § 95a Abs. 3 gibt lediglich Erwägungen wieder, die üblicherweise Gerichten vorbehalten sind. In dem Verbot kommt der Verhältnismäßigkeitsgrundsatz zum Ausdruck, der haftungsbeschränkend wirkt.

Da das gefährliche Verhalten nicht nur eine Gefahr für die technischen Maßnahmen, sondern zugleich für die ausschließlichen Rechte begründet, kommt ein vorbeugender Unterlassungsanspruch gemäß § 97 Abs. 1 analog gegen den mittelbaren Störer in Betracht.

Eine weitergehende Haftung gemäß § 97 ist nur dann begründet, wenn nachweislich eine Rechtsverletzung eingetreten ist.

Die Haftung gemäß § 97 birgt gewisse Beweisschwierigkeiten. Ergänzend können § 823 Abs. 2 BGB bzw. § 823 Abs. 2 i.V.m. § 1004 Abs. 1 BGB analog eingreifen, die insofern gewisse Erleichterungen bringen. § 95a Abs. 3 hat Schutzgesetzqualität. Bei einer Haftung wegen der Verletzung eines Schutzgesetzes entfällt der Nachweis der haftungsbegründendenden Kausalität zwischen der Handlung und der (Urheber-)Rechtsverletzung i.S.v. § 97), das Verschulden muss sich nur auf die Schutzgesetzverletzung beziehen und die Rechtswidrigkeit ergibt sich bereits aus der Verletzung des Schutzgesetzes. Es kommt daher ein Unterlassung- und Beseitigungsanspruch gemäß § 823 Abs. 2 BGB i.V.m. § 1004 Abs. 1 BGB analog – auch vorbeugend – sowie ein Anspruch auf Schadensersatz gemäß § 823 Abs. 2 BGB in Betracht.

Ersatzfähig Schaden i.R.v. § 823 Abs. 2 BGB ist der Vermögensschaden, den das Schutzgesetz zu verhindern bezweckt. Dies ist der Vermögensschaden, der dadurch eintritt, dass technische Maßnahmen außer Kraft gesetzt werden – unkontrollierte und unentgeltliche Nutzungshandlungen. Der Schaden ist ggf. gemäß § 287 ZPO zu schätzen. Der Rechtsinhaber wird damit von gewissen Haftungsrisiken befreit; nicht bezweckt ist ein dem Leistungsschutz vergleichbarer „Investitionenschutz".

Für die Aktivlegitimitation gelten die allgemeinen urheberrechtlichen Grundsätze, weil nicht bezweckt ist, den Kreis der Berechtigten über § 97 hinaus zu erweitern. Nicht aktivlegitimiert ist der Hersteller von Sicherheitssystemen.

§ 826 BGB sowie § 1 UWG haben demgegenüber nur noch subsidiäre Bedeutung. § 1 UWG ist weiterhin für den Hersteller von Sicherheitssystemen bedeutsam.

Eine Anspruch aus Eingriffskondiktion allein wegen Verstoßes gegen § 95a Abs. 3 scheidet aus. Die Handlungen i.S.v. § 95a Abs. 3 stehen nicht zur ausschließlichen Disposition des Rechtsinhabers. Zum einen setzen auch andere Rechtsinhaber die Maßnahmen ein; zum anderen wären durch Zuerkennung eines „Verwertungsmonopols" die Interessen der Hersteller von Sicherheitssystemen nachteilig betroffen.

Für die Haftung des Diensteanbieters sind die speziellen Haftungstatbestände in §§ 8 ff. TDG zu berücksichtigen. Dies ist in den Fällen bedeutsam, wo Handlungen gemäß § 95a Abs. 3 via Internet ausgeübt werden. Bietet der Anbieter Umgehungsmittel als eigene Inhalte an, haftet er nach den o.a. Grundsätzen. Bei der Haftung für fremde Inhalte, können die Haftungserleichterungen gemäß §§ 9 ff. TDG eingreifen. Davon unberührt bleibt die Verpflichtung zur Sperrung und Entfernung der Nutzung. Der Anbieter kann als Veranlasser gemäß § 1004 Abs. 1 BGB analog i.V.m. § 823 Abs. 2 BGB i.V.m. § 95a Abs. 3 haftbar gemacht werden. Er kann dazu verpflichtet werden, nach Erlangung der Kenntnis die Inhalte vom eigenen Server zu löschen bzw. als Zugangsvermittler einzelne Teilnehmer zu sperren oder Filter zu installieren, die den rechtswidrigen Inhalt sperren.

Die Einführung bußgeldrechtlicher und strafrechtlicher Sanktionen trägt dem Gebot des gleichmäßigen Sanktionierens Rechnung. Die Straffreiheit für die Umgehung zum persönlichen Gebrauch verstößt nicht gegen Gemeinschaftsrecht und ist nicht wertungswidersprüchlich im Verhältnis zu § 53 Abs. 1 S. 1, weil die

Umgehung nach der Wertung des Gesetzgebers einen geringeren Unrechtsgehalt aufweist als die Urheberrechtsverletzung und in dieser aufgeht.

II. Gewährleistung der Schranken

Die Vorschriften zur Sicherstellung der Schranken – insbesondere § 95b Abs. 1 – bezwecken übereinstimmend mit Art. 6 Abs. 4,[1212] den Interessenausgleich zu bewahren zwischen den Rechtsinhabern einerseits und der Allgemeinheit andererseits. Der Gesetzgeber befürchtete, dass ohne entsprechende Regelungen die Ausgewogenheit, die für den analogen Bereich gesichert ist, für das digitale Umfeld in Gefahr geriete, „wenn im Anwendungsbereich technischer Maßnahmen gemäß § 95a ein umfassender und weit in das Vorfeld verlagerter Schutz gewährt würde, ohne zugleich als Äquivalent ein hinreichendes Instrumentarium zur wirksamen Durchsetzung der Nutzungsmöglichkeiten für die Begünstigten von Schranken zu garantieren“.[1213]

In der Terminologie der Info-RL entsprechen die „Schranken“ des deutschen Rechts dem Begriff der „Beschränkung“ i.S.v. Art. 5. Die gemeinschaftsrechtliche Terminologie (Beschränkungen und Ausnahmen) stimmt ihrerseits mit der des Art. 10 WCT überein (*exceptions, limitations*). „Ausnahmen“ schränken bereits den Anwendungsbereich des jeweiligen Rechtes ein, während „Beschränkungen“ das Recht ändern, ohne es vollständig seines Inhalts zu entledigen.[1214] Eine solche Änderung kann man darin sehen, dass das ausschließliche Recht wie bei den „Schranken“ auf einen Vergütungsanspruch reduziert wird.[1215]

Art. 6 Abs. 4 Unterabs. 1 gibt den Mitgliedstaaten auf, geeignete Maßnahmen zu ergreifen, um die Nutzung bestimmter Schranken i.S.v. Art. 5 durch den Begünstigten sicherzustellen.

1. Vorrang der freiwilligen Maßnahmen

Ebenenfalls aus Art. 6 Abs. 4 Unterabs. 1 folgt, dass die Mitgliedstaaten hierzu erst verpflichtet sind, sofern die Rechtsinhaber die Schranken nicht mit freiwilligen Maßnahmen sichergestellt haben. Die Richtlinie geht vom Grundsatz des Vorrangs freiwilliger Maßnahmen aus.[1216] Zu den freiwilligen Maßnahmen zählen insbesondere Vereinbarungen zwischen den Rechtsinhaber und Schrankenbegünstigten[1217] in Form von sowohl Individual- als auch Kollektivvereinbarungen.

1212 Gemeinsamer Standpunkt des Rates, Nr. 44.

1213 BT-Drucks. 15/38, S. 26.

1214 *Sirinelli* Exceptions and Limits, S. 3, der andererseits darauf hinweist, dass die Begriffe teilweise ohne Unterscheidung angewandt werden; *Reinbothe* in FS Dittrich, S. 251, 253.

1215 *Sirinelli* Exceptions and Limits, S. 3.

1216 Vgl. Art. 6 Abs. 4 Unterabs. 1, EG 51 S. 2; *Spindler* GRUR 2002, 105, 117.

1217 Info-RL EG 51 S. 2.

Zu dem Vorrang der freiwilligen Maßnahmen macht die Info-RL nur zwei Vorgaben: Erstens ist der Vorrang freiwilliger Maßnahmen befristet, wobei die gemeinschaftsrechtliche Vorgabe unbestimmt ist („angemessene Frist") und den Mitgliedstaaten dadurch einen Gestaltungsspielraum eröffnet.[1218] Zweitens sind die Mitgliedstaaten verpflichtet, freiwillige Maßnahmen zu fördern. Gefördert werden sollen Maßnahmen, mit denen dafür Sorge getragen wird, dass die Ziele bestimmter Ausnahmen oder Beschränkungen, die im Einklang mit dieser Richtlinie in einzelstaatlichen Rechtsvorschriften vorgesehen sind, erreicht werden können.[1219]

Der deutsche Gesetzgeber hat den Rechtsinhabern indirekt eine angemessene Frist von knapp einem Jahr[1220] eingeräumt, indem er gemäß Art. 6 Abs. 2 ÄndG festgelegt hat, dass die gesetzlichen Ansprüche und die Bußgeldtatbestände zur Durchsetzung der Schranken erst am 1.9.2004, also ca. 11½ Monate nach den sonstigen Regelungen, in Kraft treten sollen.

Der Förderpflicht ist er in der Weise nachgekommen, dass er die gesetzliche Verpflichtung des Rechtsinhabers, den Schrankenbegünstigten die erforderlichen Mittel zur Verfügung zu stellen, bereits in Kraft gesetzt hat, und die durchsetzbaren Schranken als vertraglich unabdingbar ausgestaltet hat (§ 95b Abs. 1 S. 1 und 2).[1221] Dies entspricht der Ansicht von *Reinbothe*, der es für das geeigneteste Mittel zur Förderung freiwilliger Maßnahmen ansah, wenn die gesetzliche Verpflichtung zur Mittelverschaffung bereits zum Zeitpunkt der Umsetzung gilt.[1222] Die Kooperation wird dadurch „gefördert", dass die Rechtsinhaber die Schranken in den Vereinbarungen bereits seit dem 11.9.2003 zwingend berücksichtigen müssen, da sie vertragsfest ausgestaltet worden sind (§ 95b Abs. 1 S. 2). Von der praktischen Seite betrachtet , werden die Rechtsinhaber die von ihnen eingesetzten Maßnahmen technisch den vereinbarten Vorgaben anpassen, so dass von vornherein eine privilegierte Nutzung möglich ist.

2. Sicherstellung der Schranken durch den Mitgliedstaat

Sofern die Rechtsinhaber nach Ablauf der angemessenen Frist die Schranken nicht sichergestellt haben, ist der Mitgliedstaat verpflichtet, geeignete Maßnahmen zur Sicherstellung der Schranken zu ergreifen (Art. 6 Abs. 4 Unterabs. 1). Anknüpfend an diese Vorgaben hat der deutsche Gesetzgeber eine gesetzliche Verpflichtung festgelegt, die bereits gilt.

1218 *Mayer* EuZW 2002, 325, 328.

1219 Info-RL EG 51 S. 2.

1220 Die ursprünglich noch im RegE vorgesehene Frist von *drei Monaten* wäre im Hinblick auf die Angemessenheit und Förderpflicht zweifelhaft gewesen.

1221 S. dazu Teil 2 1. Kap. H. II. 3. a) aa) sowie a) aa) (5).

1222 *Reinbothe* ZUM 2002, 43, 51.

Hiervon zu trennen ist die Frage, ob der Gesetzgeber die Durchsetzung der Schranken bzw. der gesetzlichen Verpflichtung auf legislativem Weg sicherstellen muss, sollten die Rechtsinhaber ihren Pflichten nicht freiwillig nachkommen.[1223]

a) Keine Selbsthilfe

Nach einhelliger Ansicht darf der Mitgliedstaat dem Schrankenbegünstigten zur Durchsetzung der gesetzlichen Verpflichtung gemäß § 95b Abs. 1 S. 1 nicht das Recht einräumen, die technischen Maßnahmen selbst zu umgehen, um den Gegenstand auf die erlaubte Weise nutzen zu können (*right to hack)*.[1224] Ein solches Recht würde dem Wortlaut des Art. 6 Abs. 4 Unterabs. 1 Info-RL widersprechen, wonach der Rechtsinhaber Mittel *zur Verfügung stellen* soll.[1225] Ferner spricht gegen ein solches „Selbsthilferecht" die Konzeption der Richtlinie.[1226] Gemäß EG 51 S. 1 gilt der Rechtsschutz technischer Maßnahmen *unbeschadet* des in Art. 5 zum Ausdruck kommenden Allgemeininteresses.[1227] Dass eine Selbsthilfe unzulässig ist, lässt sich auch daraus ableiten, dass der Rechtsinhaber nur dann zur Mittelbeschaffung verpflichtet ist, wenn sich der Schrankenbegünstigte nicht „rechtswidrig Zugang" zum Werk verschafft hat.[1228] Statt dessen muss sich der Schrankenbegünstigte an den Rechtsinhaber wenden. Dieses Konzept wird als sachgerecht angesehen, weil die Gefahr von „Schutzbehauptungen" groß sein dürfte und damit kein wirksamer Rechtsschutzes möglich wäre; der Rechtsinhaber kann nicht immer – und schon gar nicht auf den ersten Blick – feststellen, ob die zugreifende Person rechtmäßig handelt oder nicht.[1229]

b) Überblick über die Neuregelung

Der deutsche Gesetzgeber musste statt der Selbsthilfelösung eine gesetzliche Verpflichtung festlegen und hatte zur Durchsetzung die Wahl zwischen der zivilrechtlichen Anspruchslösung, der öffentlich-rechtliche Anspruchslösung und präventiven Maßnahmen.[1230] Er hat sich für die zivilrechtliche Anspruchlösung[1231] und einen Bußgeldtatbestand entschieden.

1223 S. dazu Teil 2 H. II. 3. b).

1224 *Bechtold* DRM, S. 424; *Dreier* ZUM 2002, 28, 39; *Gutman* Urheberrecht im Internet, S. 150 f.; *Hoeren* Gutachten, S. 17; *Metzger/Kreutzer* MMR 2002, 139, 140; *Reinbothe* GRUR Int. 2001, 733, 742; *Rosén* GRUR Int. 2002, 195, 205; *Schack* ZUM 2002, 497, 505; *Spindler* GRUR 2002, 105, 117.

1225 *Metzger/Kreutzer* MMR 2002, 139, 140; *Spindler* GRUR 2002, 105, 117.

1226 *Hoeren* Gutachten, S. 17 f.; *Schack* ZUM 2002, 497, 505.

1227 *Schack* ZUM 2002, 497, 505.

1228 *Reinbothe* ZUM 2002, 43, 51.

1229 *Hyzik* sic! 2001, 107, 113; *Metzger/Kreutzer* MMR 2002, 139, 140; *Rosén* GRUR Int. 2001, 195, 205; *Schack* ZUM 2002, 497, 505; *Wand* Technische Schutzmaßnahmen, S. 137, 178.

1230 S. dazu ausführlich *Metzger/Kreutzer* MMR 2002, 139, 140.

Die Vorschriften, die die Schranken gewährleisten sollen, sind die §§ 95b, 95d Abs. 2, 111a Nr. 2 und 3 und §§ 2a ff. UklageG. Dem Rechtsinhaber obliegt gemäß § 95b Abs. 1 S. 1 die gesetzliche Pflicht, den Begünstigten bestimmter Schranken die erforderlichen Mittel für die Nutzung der Schranke zur Verfügung zu stellen. Diese in § 95b Abs. 1 S. 1 festgelegte Pflicht ist bereits im September 2003 in Kraft getreten. Ergänzend zu dieser Pflicht ist der Rechtsinhaber verpflichtet, bestimmte Informationen (Name, Adresse) anzugeben, um dem Schrankenbegünstigten die Rechtsverfolgung zu ermöglichen (§ 95d Abs. 2). Dem Schrankenbegünstigten steht bei einem Verstoß gegen die Pflicht aus § 95b Abs. 1 ein Verschaffungsanspruch gemäß § 95b Abs. 2 zu. Ferner ist bestimmten Stellen ein Unterlassungsanspruch nach dem UKlageG zuerkannt worden, der im Wege der Verbandsklage gerichtlich geltend gemacht wird. Neben diesen zivilrechtlichen Aspekten wird der Verstoß gegen die Verschaffungspflicht und gegen die Informationspflicht sanktionsrechtlich durch § 111a Nr. 2 und 3 als Ordnungswidrigkeit geahndet. Mit Ausnahme des § 95b Abs. 1 treten die Vorschriften – wie bereits angesprochen – gemäß Art. 6 Abs. 2 ÄndG erst am 1.9.2004 in Kraft.

c) Verhältnis zwischen § 95a und § 95b

Bei dem Verhältnis zwischen dem Schutz technischer Maßnahmen und den Schranken geht es um die Klärung eines Vorrangverhältnisses.[1232] Von einem Vorrang des Schutzes technischer Maßnahmen kann man zunächst hinsichtlich derjenigen Schranken sprechen, die der Schrankenbegünstigte nicht gegenüber dem Schutz technischer Maßnahmen durchsetzen kann. Im übrigen werden die technischen Maßnahmen und die Schranken durch zwei selbständig nebeneinander stehende Rechtsinstitute geschützt (§ 95a, 95b): Die Qualifizierung von Mechanismen als „technische Maßnahmen" und der Rechtsschutz gemäß § 95a Abs. 1 bleibt einerseits davon unberührt, ob die durch die Umgehung ermöglichte Nutzungshandlung gesetzlich – durch Schranken – erlaubt ist. Andererseits werden einige Schranken unabhängig von diesem Rechtsschutz in § 95a Abs. 1 durch § 95b gewährleistet. Dies folgt aus der Systematik der Info-RL

1231 Dafür *Dreier* ZUM 2002, 28, 39; *Metzger/Kreutzer* MMR 2002, 139, 140. Der Gesetzgeber hätte den Anspruch auch als öffentlich-rechtlichen Anspruch ausgestalten können. Dies hätte jedoch die Einrichtung einer staatlichen Stelle zur Verwaltung der Schlüsselinformationen erforderlich gemacht, eine Lösung, die als zu kostenaufwendig und unpraktikabel abzulehnen ist (*Dreier* ZUM 2002, 28, 39). Dieses System wäre dem *Key-Escrow*-System vergleichbar, ein staatliches System, wo der Schlüssel zum Entschlüsseln bei einer staatlichen Stelle hinterlegt werden muss, damit Strafverfolgungsbehörden an die für die Ermittlungen wichtigen Informationen gelangen können. *Key-Escrow* spielt in Deutschland keine Rolle, da man sich zu Gunsten der „Kryptographiefreiheit" entschieden hat (*Irlbeck/Langenau/Mayer*, S. 462).

1232 *Haedicke* in FS Dietz, S. 349, 361; *Schack* ZUM 2002, 497, 505.

(s. EG 51: „unbeschadet des in Art. 5....“; Art. 6 Abs. 4 Unterabs. 1 und 2: „ungeachtet des Rechtsschutzes in Abs. 1“).

Obwohl einige Schranken gemäß § 95b sichergestellt werden, kann man auch hinsichtlich dieser qualifizierten Schranken insofern von einem Vorrang des Schutzes technischer Maßnahmen ausgehen, als der Rechtsinhaber generell auch gegen die eigenmächtige Umgehung durch die Schrankenbegünstigten geschützt ist.[1233]

Die eigenmächtige Umgehung hat jedoch noch weitreichendere Konsequenzen zu Lasten des Schrankenbegünstigten. Sie lässt die Verpflichtung des Rechtsinhabers entfallen, Mittel zur privilegierten Nutzung zur Verfügung zu stellen, weil der Schrankenbegünstigte sich rechtswidrig den Zugang zum Werk verschafft (§ 95b Abs. 1 S. 1) bzw. sich rechtwidrig die urheberrechtsrelevante Nutzung ermöglicht hat. Eine Berufung auf die Schranke würde wegen des vorangegangen rechtswidrigen Tuns eine unzulässige Rechtsausübung darstellen (§ 242 BGB).

3. Neuregelungen im Einzelnen

a) Gebote

aa) Verschaffungspflicht gemäß § 95b Abs. 1 S. 1

Dem Rechtsinhaber obliegt eine Verschaffungspflicht gemäß § 95b Abs. 1. Derjenige, der technische Maßnahmen nach Maßgabe des UrhG anwendet *(1)*, ist verpflichtet, dem Begünstigten, soweit dieser rechtmäßigen Zugang zu dem Werk oder Schutzgegenstand hat *(2)*, die notwendigen Mittel zur Verfügung zu stellen, damit dieser im erforderlichen Umfang *(3)* von der Schranke Gebrauch machen kann *(4)*.

(1) Anwendung technischer Maßnahmen

Die Pflicht obliegt dem Rechtsinhaber, der die technischen Maßnahmen anwendet. Dies kann – worauf bereits hingewiesen worden ist – auch der vertraglich Berechtigte bzw. Verpflichtete sein.

(2) Rechtmäßiger Zugang zum Werk

Die Pflicht, Mittel an den Schrankenbegünstigten zur Verfügung zu stellen, besteht nur, wenn der Begünstigte *rechtmäßig Zugang* zu dem Schutzgegenstand hat. Ist das Material frei zugänglich und unterliegt nur die Nutzung Beschränkungen, scheidet das Merkmal aus.[1234] Jemand verschafft sich rechtswidrig Zugang, wenn er sich ohne vorheriges Einverständnis (vgl. Art. 2 ZKD-RL) oder eine ge-

1233 *Peukert* in Loewenheim, Handbuch UrhR, § 34 Rn. 4 sowie § 36 Rn. 3.

1234 *Lucas* Propriété littéraire et artistique, S. 143.

setzliche Erlaubnis Zugang zu dem Werk verschafft.[1235] Da es bislang keine Erlaubnissätze gibt,[1236] ist jeder Zugang ohne tatsächliche oder rechtsgeschäftliche (vertragliche) Zustimmung rechtswidrig erlangt.[1237]

Das Erfordernis des rechtmäßigen Zugangs lässt sich damit erklären, dass der Zugang selbständig geschützt wird. Von einer Trennung zwischen Zugang und Nutzung[1238] ging bereits der Richtliniengeber aus, der an anderer Stelle ausdrücklich betont hat, dass Fragen des Zugangs außerhalb des Urheberrechts zu klären sind.[1239]

Im *Offline*-Bereich ist der Zugang zum Werk – mit Ausnahme des § 25 UrhG – durch das Hausrecht (§ 123 StGB), den Besitz (§ 858 BGB) oder das Eigentum (§ 242 StGB) geschützt.

Im *Online*-Bereich ist der Zugang durch das ZKDSG und das Kernstrafrecht (§ 265a StGB - Erschleichen von Leistungen) geschützt. Kostenpflichtige zugangskontrollierte Tele- und Mediendienste sowie Rundfunkdienste sind z.B. insofern geschützt, als dem Anbieter die (vertraglich vereinbarte) Vergütung für den Dienst sichergestellt wird. Er macht sein Angebot von einer Bedingung – einer Zahlung[1240] – abhängig (*conditional access*).[1241] Umgeht der Nutzer die Zugangskontrolle, verursacht er dem Anbieter einen Vermögensschaden. Entsprechende Verstöße gefährden die Rentabilität des angebotenen Dienstes und haben den Gemeinschaftsgesetzgeber dazu veranlasst, diese Dienste gegen den Handel von Umgehungsmitteln zu schützen.[1242] Die technisch geschützten Werke oder Schutzgegenstände genießen einen doppelten Schutz, sofern sie kostenpflichtige zugangskontrollierte Dienste sind (hier vor allem: Rundfunkdienste).

Dass sich der Nutzer nicht einfach Zugang zu dem technisch geschützten Material verschaffen kann, lässt sich auch auf eine dem § 858 Abs. 1 BGB vergleichbare Wertung stützen: Jemand muss sich staatlicher Mittel bedienen, um sein

---

1235 Rechtstechnisch wäre es auch denkbar, dass ein Gesetzgeber eine gesetzliche Erlaubnis vorsieht (*right to hack*).

1236 Der U.S.-amerikanische Gesetzgeber hingegen sieht einige umgehungsspezifische Ausnahmen in Bezug auf Zugangskontrollen in engen Grenzen vor, z.B. die Umgehung einer Zugangskontrolle durch Bibliotheken, damit diese entscheiden können, ob sie das Werk erwerben wollen, es sei denn, es ist in ungeschützter Form erhältlich.

1237 *Lucas* Propriété littéraire et artistique, S. 143.

1238 So auch *Wandtke/Ohst* in Wandtke/Bullinger, InfoG, § 95b Rn. 17.

1239 Gemeinsamer Standpunkt, Nr. 45.

1240 Bei urheberrechtlich geschützten Werken wird in das Entgelt die Lizenzgebühr miteingerechnet.

1241 *Bing* „Access Right“, S. 5 f.

1242 ZKD-RL EG 6.

Recht durchzusetzen.[1243] Dieser Rechtsgedanke ist auf die Zugangskontrolle übertragbar, da sie dem Verwender eine faktische Herrschaftsmacht verleiht.[1244]

Weitere rechtliche Aspekte des Zugangs können kartellrechtliche sein (Bedingungen des Zugangs, z.B. Höhe der Entgelte bei marktbeherrschender Stellung)[1245] sowie die Frage, ob bestimmte Informationsangebote z.B. von öffentlich-rechtlichen Rundfunkanstalten unverschlüsselt angeboten werden sollen.[1246] Denkbar wären auch Erlaubnissätze, die bestimmen, wer zu welchem Material freien Zugang haben soll.

In Deutschland berührt das die Frage, ob Angebote der öffentlich-rechtlichen Rundfunkanstalten zugangsfrei sein müssen. Vereinzelt wird vertreten, dass der verfassungsrechtliche Auftrag an die öffentlich-rechtlichen, die Grundversorgung sicherzustellen,[1247] *dem Wesen nach dem* free flow of information *verpflichtet ist,*[1248] *zumindest insoweit, als es darum gehe, der Allgemeinheit zu gewährleisten, dass sie sich* ungehindert *Informationen beschaffen kann. Ein technisch eingeschränkter Empfang (z.B. mittels Decoder) wird als unvereinbar mit dem Grundversorgungsauftrag des öffentlich-rechtlichen Rundfunks gewertet.*[1249] *Die Kosten sind in diesem Fall über die* Rundfunkgebühren *abzudecken.*

Der Mitgliedstaat kann den Zugang als ein von dem Urheberrecht getrennt geschütztes Rechtsgut unbeschränkt (schrankenlos) schützen.[1250] Wenn der Zugang anderweitig geschützt ist, soll sich der Schrankenbegünstigte nicht auf eine Schranke berufen können, da der urheberrechtliche Interessenausgleich insoweit nicht gilt. Abzulehnen ist die Ansicht von *Wandtke* und *Ohst*, die den Schrankenbegünstigten nicht nur ein Recht auf Nutzung, sondern auch auf Zugang gewähren wollen.[1251] Ein Nutzerkontrollrecht lässt sich nicht aus EG 51 ableiten, der sich auf Art. 6 Abs. 4 Unterabs. 3 bezieht. Zuzugeben ist der Ansicht allerdings, dass grundsätzlich die Möglichkeit besteht, den Schranken vergleichbare Erlaubnissätze vorzusehen, wie es z.B. der US-amerikanische Umgehungsschutz vorsieht.[1252]

Auer kritisiert an dem Erfordernis des rechtmäßigen Zugangs, die Verletzung des einen Rechtsgutes (Zugang) könnte keinen Einfluss auf die Ausübung eines anderen Rechts (Ausübung urheberrechtlicher Schranke) haben.[1253] Dieser Ein-

---

1243 RG 146, 182, 184 f.

1244 *Heide* E.I.P.R. 2001, 469, 470 spricht von „power".

1245 *Spindler* GRUR 2002, 105, 117, der sogar einen Kontrahierungszwang bzw. eine Zwangslizenz erwägt.

1246 Vgl. ZKD-RL EG 9.

1247 BVerfGE 74, 297, 325 f.; umstritten ist, ob der Funktionsauftrag durch gemeinschaftsrechtliche Regelungen – ein „Schengen-Abkommen für die Luft"- über die deutschen Grenzen hinaus ausgedehnt werden kann.

1248 *Hesse* ZUM 2002, 692, 693 f.

1249 BVerwG NJW 1999, 2454, 2455 f.

1250 *V. Diemar* GRUR Int. 2002, 587, 593.

1251 *Wandtke/Ohst* in Wandtke/Bullinger, InfoG, § 95b Rn. 14.

1252 S. dazu Teil 3 2. Kap.

1253 *Auer* in FS Dittrich, S. 3, 17.

wand vermag nicht zu überzeugen. Der Gesetzgeber vermeidet den Wertungswiderspruch, demjenigen, der sich durch ein gesetzeswidriges Verhalten eine Rechtsposition verschafft, die Rechtsausübung zu gestatten. Würde sich der Schrankenbegünstigte auf die Schranke berufen, obwohl er sich gesetzeswidrig die Rechtsposition verschafft hat, wäre das eine unzulässige Rechtsausübung (§ 242 BGB, Rechtsgedanke gemäß § 162 Abs. 2 BGB).[1254]

(3) Notwendige Mittel zur Nutzung im erforderlichen Umfang

Die gesetzliche Verpflichtung ist darauf gerichtet, dem Schrankenbegünstigten die *Mittel* zur Verfügung zu stellen, die notwendig sind, um von den Schranken in dem erforderlichen Umfang Gebrauch machen zu können. Praktisch kann das dazu führen, dass die Mittel sofort mit Einsatz der technischen Maßnahmen zur Verfügung gestellt werden,[1255] sofern der Adressatenkreis einer bestimmten Gruppe von Schrankenbegünstigten angehört (z.B. CD-ROMs für Bibliotheken).

Der Begriff der „Mittel" ist unbestimmt, um dem Rechtsinhaber keine Vorgaben über die Art und Weise oder die Form zu machen.[1256] Dies entspricht richtlinienkonformer Auslegung, weil „Mittel" i.S.v. Art. 6 Abs. 4 Unterabs. 3 nicht auf technische Mittel beschränkt ist.[1257] Der Gesetzgeber selbst zählt einige Lösungsmöglichkeiten auf: Der Rechtsinhaber könne dem Schrankenbegünstigten die Schlüsselinformationen zum ein- oder zum mehrmaligen Überwinden der Maßnahmen oder den Verbänden Vervielfältigungsmöglichkeiten zur eigenen Verteilung an einzelne Berechtigte überlassen; Vervielfältigungsmöglichkeiten können auch auf anderen Wegen ermöglicht werden, z.B. über einen Internetabruf.[1258] Die Möglichkeit, auch Vervielfältigungsstücke zur Verfügung zu stellen, hat den Vorteil, dass eine tatsächliche Unmöglichkeit zur Leistung in Form der technischen Unmöglichkeit vermieden wird. Daher ist es auch ziemlich unwahrscheinlich, dass ein Verbot, den Handel mit Umgehungsmitteln zu verbieten (§ 95a Abs. 3) langfristig auch die Verfügbarkeit von Hilfsmittel für Schrankenbegünstigte verhindert.[1259] Die Möglichkeit, Vervielfältigungsstücke zur Verfügung zu stellen, ist aus Sicht der Rechtsinhabers vorzugswürdig, weil sie keine geheimen Daten preisgeben müssen[1260] und ein Missbrauch der technischen Maßnahmen ausscheidet.

1254 *Roth* in MünchKomm, BGB, § 242 Rn. 286 ff., 303.

1255 So offenbar *Metzger/Kreutzer* MMR 2002, 139, 140.

1256 BT-Drucks. 15/38, 27.

1257 S. dazu bereits Teil 1 3. Kap. E. IV. 3. b); so ausdrücklich auch die im *BMJ* zuständige Referentin *Pakuscher*, zitiert nach *Zecher* ZUM 2002, 451, 452.

1258 BT-Drucks. 15/38, 27; *Pakuscher*, zitiert nach *Zecher* ZUM 2002, 451, 452; s. zu den Lösungen bereits *Wand* Technische Schutzmaßnahmen, S. 182.

1259 Kritisch aber zu den Vorschriften des DMCA *Vinje* E.I.P.R. 1999, 192, 198 f.

1260 Kritisch dazu *Schippan* ZUM 2003, 378, 386.

Die Mittel sollen in dem Umfang zur Verfügung gestellt werden, dass der Schrankenbegünstigte von der Schranke in dem erforderlichen Umfang Gebrauch machen kann. Der unbestimmte Begriff „erforderlich“ weist auf eine Interessenabwägung hin, die den Umständen des Einzelfalles Rechnung trägt. Eine solche Regelung ist einer z.B. starren zahlenmäßigen Begrenzung vorzuziehen.

Die *Notwendigkeit* des Mittels bestimmt sich nach dem Ziel, dem Schrankenbegünstigten den Gebrauch in dem erforderlichen Umfang zu ermöglichen. Der Gesetzgeber hat die abstrakte Beschreibung des Umfangs, die an dem Richtlinientext orientiert ist, bewusst gewählt, um die Bestimmung der Mittel vor dem Hintergrund eines sich wandelnden (technischen) Umfeldes flexibel zu halten.[1261] Der Schrankenbegünstigten soll nicht auf ein möglicherweise nicht mehr oder noch nicht übliches Verfahren festgelegt werden können.[1262] Der Gebrauch soll auch nicht von Voraussetzungen abhängig gemacht werden, die nur mit erheblichen zusätzlichem Aufwand verfügbar sind, wie etwa der Einsatz eines speziellen Betriebssystems.[1263]

(4) Schranken gemäß Nr. 1 bis 7

Die in § 95b Abs. 1 umgesetzten Schranken gehen zurück auf Art. 6 Abs. 4 Unterabs. 1, während die Umsetzung des Art. 6 Abs. 4 Unterabs. 2 erst mit dem „Korb 2“ erfolgen soll. Die Schranken sind grundsätzlich eng auszulegen,[1264] weil gesichert sein muss, dass der Rechtsinhaber an der Verwertung seiner Arbeit angemessen beteiligt wird (Beteiligungsgrundsatz).[1265] Die Auslegungsregel, dass Ausnahmen grundsätzlich eng auszulegen sind, gilt auch für das Gemeinschaftsrecht.[1266] Im Folgenden soll der Gestaltungsspielraum bei der Umsetzung der allgemeinen Schranken i.S.v. Art. 5 *(a)* sowie bei den qualifizierten Schranken i.S.v. Art. 6 Abs. 4 Unterabs. 1 *(b)* untersucht werden, bevor die einzelnen qualifizierten Schranken erörtert werden *(c)*.

(a) Ermessensspielraum im Allgemeinen

Die in Art. 5 Info-RL aufgezählten Schranken sind das Ergebnis einer Neubewertung, die der Richtliniengeber vor dem Hintergrund der elektronischen Medien

---

1261 BT-Drucks. 15/38, S. 27.

1262 BT-Drucks. 15/38, S. 27.

1263 BT-Drucks. 15/38, S. 27.

1264 BGHZ 134, 250, 264 – *CB-infobank I*; BGH GRUR 1999, 325, 327 – *Elektronische Pressearchive*; *Schack* AfP 2003, 1, 6; *Stickelbrock* Stellungnahme, S. 3; a. A. *Kröger* MMR 2002, 18, 20.

1265 *Schack* AfP 2003, 1, 6; *Stickelbrock* Stellungnahme, S. 3.

1266 *Wegener* in Calliess/Ruffert, Art. 220 EGV Rn.14; EuGH Rs. 222/84, Slg. 1986, 1651, 1686, Rn. 36 – *Johnston/Chief Constable of the Royal Ulster Constabulary*; verb. EuGH Rs. 90/63, Slg. 1964, 1329, 1334, 1347 – *Milchpulver*.

vorgenommen hat.[1267] Für die fakultativen Beschränkungen hat *Bayreuther* den Spielraum der Mitgliedstaaten zutreffend dadurch umschrieben, dass Art. 5 Abs. 2 und 3 als ein *Höchstrahmen* zu verstehen ist, der den Mitgliedstaaten die Entscheidungen überlässt, ob und in welchem Umfang sie von der Befugnis Gebrauch machen.[1268]

(aa) Bindungen innerhalb des Höchstrahmens

Art. 5 lässt mit Ausnahme von Abs. 1 den Mitgliedstaat die Entscheidung des „*Ob*" frei; hinsichtlich der Ausgestaltung der einzelnen Schranken – der Entscheidung des „*Wie*" – unterliegt er innerhalb des Höchstrahmens inhaltlichen Bindungen.[1269] Dies folgt indirekt schon daraus, dass der Katalog *abschließend* ist; der Mitgliedstaat darf keine über Art. 5 Abs. 2 und 3 hinausgehenden Beschränkungen vorsehen. Der deutsche Gesetzgeber musste daher Schranken streichen, die nicht von einer der aufgezählten Schranken gedeckt sind.[1270]

Die Schranken sind in zweierlei Hinsicht abschließend: In einigen Beschränkungen ist bereits ein spezifischer Nutzungszweck festgelegt (z.B. „zur Veranschaulichung im Unterricht"), worin die verbindliche Regelung eines Sonderfalles i.S.d. ersten Stufe des sogleich näher erläuterten Drei-Stufen-Tests zu sehen ist. In anderen Beschränkungen ist hingegen der Kreis der Begünstigten abschließend festgelegt (öffentliche Bibliotheken, Archive etc.). Von solchen Bindungen abgesehen, besteht ein Gestaltungsspielraum, soweit der operative Text oder die Erwägungsgründe eine entsprechende Differenzierung nahe legen,[1271] z.B. *kann* der Mitgliedstaat für alle in Art. 5 Abs. 2 lit. c) genannten Einrichtungen Beschränkungen vorsehen, muss aber nicht alle berücksichtigen („oder"). Fraglich ist, welche weitergehenden Bindungen sich aus dem Drei-Stufen-Test (i. F. DST) *(b)* und Art. 14 Abs. 1 GG *(c)* ergeben.

(bb) Drei-Stufen-Test

Der DST ist zwingend bei allen Beschränkungen zu beachten. Gemäß Art. 5 Abs. 5 Info-RL „dürfen die in den Absätzen 1, 2, 3 und 4 genannten Ausnahmen und Beschränkungen nur in bestimmten Sonderfällen angewandt werden, in denen die normale Verwertung des Werks oder des sonstigen Schutzgegenstands nicht beeinträchtigt wird und die berechtigten Interessen des Rechtsinhabers nicht ungebührlich verletzt werden." Der Gemeinschaftsgesetzgeber setzt darin internationale Verpflichtungen um.[1272] Die EG ist sowohl an Art. 13 TRIPs als

---

1267 Info-RL EG 31 S. 2, *Schippan* ZUM 2001, 116, 119.

1268 *Bayreuther* EWS 2001, 422, 428; so ähnlich *Schippan* ZUM 2002, 116, 119.

1269 Ähnlich *Schack* AfP 2003, 1, 4; *Spindler* GRUR 2002, 105, 111.

1270 *Dietz* ZUM 1998, 438, 446 f.; *Dreier* ZUM 2002, 28, 34.

1271 *Spindler* GRUR 2002, 105, 110.

1272 Info-RL EG 44 S. 1.

auch an Art. 10 WCT bzw. Art. 16 WPPT gebunden.[1273] Der Test hat eine *Doppelfunktion*[1274]: Er richtet sich als allgemeine Auslegungsregel an die Rechtsanwendung.[1275] Ferner beschränkt er den Beurteilungsspielraum des Gesetzgebers bei der Umsetzung.

(a1) Einzelne Stufen

Zunächst folgt aus dem DST die Verpflichtung, Schranken nur in *Sonderfällen* anzuwenden. Dies setzt voraus, dass die Beschränkung auf eine bestimmte und eindeutige politische Wertung gestützt wird, die sich in einer klaren Zielsetzung (z.B. Privatkopie, da Rechte nicht durchsetzbar sind) ausdrücken muss.[1276] Eine solche Zielsetzung lässt sich von einem *spezifischen Nutzungszweck* (z.B. Unterrichtsgebrauch) ablesen.[1277]

Nach der *zweiten Stufe* darf die Schranke die normale Verwertung nicht beeinträchtigen, d.h. die Nutzung darf zu einer herkömmlichen Nutzung nicht in Konkurrenz treten,[1278] wobei auf das jeweils betroffene Verwertungsrecht abzustellen ist.[1279] Für die Prüfung muss der betroffene Markt bestimmt werden.[1280] Hierbei kann es sich u.U. um sehr begrenzte Märkte handeln, wie z.B. bei Schulbüchern und wissenschaftlichen Märkten.[1281]

Nach der *dritten Stufe* dürfen die berechtigten Interessen der Rechtsinhaber nicht ungebührlich verletzt werden. Hierfür ist eine Interessenabwägung vorzunehmen. Dabei sind die wirtschaftlich nachteiligen Auswirkungen zu berücksichtigen, die die fragliche Nutzung für die Primärverwertung bewirkt.[1282] Es müssen Inhalt und Umfang der potentiellen Beeinträchtigung einer Prüfung unterzogen werden.[1283] Hier stellt sich speziell die Frage, ob die ungebührliche Benachteili-

---

1273 Vgl. Info-RL EG 44 S. 1, 15; *Bayreuther* ZUM 2001, 828, 839; *Bornkamm* in FS Erdmann, S. 29, 44; *Reinbothe* GRUR Int. 2001, 733, 740; *Schack* AfP 2003, 1, 7; auch das TRIPs ist ein gemischtes Abkommen, da die Kompetenz geteilt ist (EuGH, Gutachten, Slg. 1994, I-5267, 5422).

1274 S. *Schack* AfP 2003, 1, 7; *Walter* medien und recht 2002, 217, 219.

1275 BGHZ 141, 13, 28, 30 ff. – *Kopienversanddienst*; *Bornkamm* in FS Erdmann, S. 29, 44 ff.; *Dietz* ZUM 1998, 438, 448; *Reinbothe* GRUR Int. 2001, 733, 740; *Schack* AfP 2003, 1, 7; *Spindler* GRUR 2002, 105, 111; *Walter* medien und recht 2002, 217, 219.

1276 *Reinbothe* in FS Dittrich, S. 251, 257.

1277 *Bornkamm* in FS Erdmann, S. 29, 45; *Schack* AfP 2003, 1, 7.

1278 *Bornkamm* in FS Erdmann, S. 29, 46.

1279 *Reinbothe* in FS Dittrich, S. 251, 258; *Schack* AfP 2003, 1, 7.

1280 *Reinbothe* in FS Dittrich, 251, 258; *Schack* AfP 2003, 1, 7.

1281 S. zu den Bsp. *Reinbothe* in FS Dittrich, S. 251, 258 f.; *Schack* AfP 2003, 1, 7 f.

1282 *Bornkamm* in FS Erdmann, S. 29, 47; *Schack* AfP 2003, 1, 7 f.

1283 *Reinbothe* in FS Dittrich, S. 251, 259.

gung durch einen gesetzlichen Vergütungsanspruch ausgeglichen werden kann.[1284]

(a2) Meinungsstand

Beim DST sind zwei Fragen umstritten: Erstens, welche Bedeutung der DST für die Umsetzung hat; zweitens, ob er ausdrücklich in den Gesetzestext aufzunehmen war. Nach einer Ansicht soll der Test in dem Ausnahmekatalog in Art. 5 bereits ausreichend berücksichtigt sein, so dass der Gesetzgeber die Schranken nicht nochmals anhand des DST überprüfen musste.[1285] Teilweise wird nur die erste Stufe als Anweisung an den Gesetzgeber verstanden, während die zweite und dritte Stufe als Auslegungsregel in das Gesetz hätten aufgenommen werden müssen.[1286] Nach einer dritten Ansicht sind alle Drei-Stufen bei der Umsetzung zu beachten[1287] und müssten klarstellend in das Gesetz aufgenommen werden.[1288]

Der deutsche Gesetzgeber hat die Schrankenregelungen auf die Vereinbarkeit mit dem DST hin vollständig überprüft.[1289] Auf eine ausdrückliche Aufnahme des DST hat er mit der Begründung verzichtet, die Schrankenregelungen würden bereits den Anforderungen des Art. 5 Abs. 5 Info-RL entsprechen.[1290]

(a3) Stellungnahme

Die Schranken waren vollständig anhand des DST zu überprüfen. Hierfür spricht, dass Art. 5 Abs. 5 in wörtlicher Anlehnung an Art. 13 TRIPs und Art. 10 Abs. 2 WCT als Verpflichtung formuliert ist („dürfen nur“).[1291] Der Ansicht, die eine erneute Überprüfung für überflüssig hält, ist zuzugeben, dass der DST allerdings nicht in allen Fällen Wirkung entfaltet. Der Richtliniengeber hat in dem Ausnahmekatalog bereits Sonderfälle konkretisiert.[1292] Bedeutsam ist der

---

1284 *Bornkamm* in FS Erdmann, S. 29, 47.

1285 *Bayreuther* ZUM 2001, 828, 839.

1286 *Walter* medien und recht 2002, 217, 219, so scheinbar auch *Dietz* ZUM 1998, 438, 448.

1287 *Dreier* ZUM 2002, 28, 35 (Fn. 35); *Schack* AfP 2003, 1, 7; *Schippan* ZUM 2002, 116, 119, 120.

1288 *Schack* Stellungnahme, S. 1.

1289 BT-Drucks. 15/38, S. 15.

1290 BT-Drucks. 15/38, S. 15.

1291 *Bayreuther* ZUM 2001, 828, 839, der allerdings die Bedeutung des Tests als gering einschätzt; *Dreier* ZUM 2001, 28, 35 (Fn. 53), *Schack* AfP 2003, 1, 7; *Schippan* ZUM 2002, 116, 119, 120; *Walter* medien und recht 2002, 217, 219. Der deutsche Gesetzgeber hat nach eigenen Angaben die Schranken anhand des DST überprüft, BT-Drucks. 15/38, S. 15.

1292 *Dreier* ZUM 2002, 28, 35; *Bornkamm* in FS Erdmann, S. 29, 43, der Art. 5 Abs. 5 Info-RL deswegen umformuliert: „Die in den Absätze 1 bis 4 genannten Ausnahmen müssen stets bestimmte Sonderfälle betreffen und dürfen nur angewandt wer-

DST daher über all dort, wo die Ermächtigungen in Art. 5 Abs. 2–4 allgemeiner gehalten sind,[1293] insbesondere keinen Sonderfall regeln.[1294] Ein Beispiel hierfür ist Art. 5 Abs. 2 lit. c), wo es der Richtliniengeber ausdrücklich den Mitgliedstaaten überlässt, die Beschränkung nur in Sonderfällen vorzusehen.[1295] Die Bedeutung des DST als Korrektiv geht allerdings noch über die Regelung eines Sonderfalles hinaus. Dies gilt insbesondere in den Fällen des Art. 5 Abs. 3.[1296]

Die Stufen zwei und drei des Tests waren bei der gesetzgeberischen Entscheidung zu berücksichtigen, bzgl. welches Verwertungsrechts und in welchem Umfang[1297] der Mitgliedstaat eine Schranke vorsieht, wobei den unterschiedlichen Märkten Rechnung getragen werden musste.[1298] Dies gilt speziell für das digitale Umfeld. Hierfür spricht EG 44 S. 3 und 4, wonach die Mitgliedstaaten verpflichtet sind, die gesteigerte Bedeutung der Beschränkungen im elektronischen Umfeld angemessen zu berücksichtigen und den Umfang der Beschränkungen bei bestimmten neuen Formen der Nutzung möglicherweise noch enger zu begrenzen.[1299] Vor diesem Hintergrund wäre es mit dem DST unvereinbar, z.B. eine digitale Vervielfältigung zum privaten Gebrauch zu gestatten, wo sie sich zu einer primären Verwertungsform entwickelt hat.[1300] Besonders streng zu prüfen war, ob und in welchem Umfang das „Recht der öffentlichen Zugänglichmachung" insbesondere zu Gunsten von Bibliotheken und der Forschung eingeschränkt werden darf.[1301] Die Online-Lieferung von Werken würde den Rechtsinhaber – von dem ausdrücklichen Hinweis in der Info-RL abgesehen (vgl. EG 40 S. 3) – unangemessen benachteiligen.

Trotz dieser Bedeutung des DST für die Umsetzung und Rechtsanwendung ist eine klarstellende Regelung nicht angebracht.[1302] Der Grundsatz der Rechtsklar-

---

den, wenn [...]"; *Bayreuther* ZUM 2001, 828, 839, der allerdings unzutreffend davon ausgeht, die weitere Überprüfung anhand des DSTs sei entbehrlich.

1293 *Walter* medien und recht 2002, 217, 219.

1294 *Walter* medien und recht 2001, 217, 219.

1295 Info-RL EG 40 S. 2.

1296 *Schippan* ZUM 2002, 116, 120.

1297 Info-RL EG 44 S. 3.

1298 *Schack* AfP 2003, 1, 8, der je nach Bedeutung einzelner Verwertungsrechte auf unterschiedlichen Märkten den Gesetzgeber in der Pflicht sieht, sektorale Einschränkungen von den Schranken vorzusehen.

1299 In diesem Zusammenhang auch *Flechsig* ZUM 2002, 1, 13; *Spindler* GRUR 2002, 105, 111.

1300 *Schack* AfP 2003, 1, 8; *Ulmer-Eilfort* in FS Nordemann, S. 285, 287 f.; zu der wirtschaftlichen Bedeutung der privaten Vervielfältigung im Internet s. bereits *Nordemann/Goddar/Tönhardt/Czychowski* CR 1996, 645, 649.

1301 *Reinbothe* in FS Dittrich, S. 251, 259; *Schack* AfP 2003, 1, 8; *Schippan* ZUM 2002, 116, 120.

1302 Vgl. aber Stellungnahme des Bundesrates, BT-Drucks. 15/38, Anlage 2, S. 35; *Schack* AfP 2003, 1, 7; *ders.* Stellungnahme, S. 2 sieht darin eine Irreführung der Rechtsunterworfenen; *Walter* medien und recht 2002, 217, 219.

heit sollte nicht dazu verpflichten, allgemein anerkannte Auslegungsgrundsätze ins Gesetz aufzunehmen. Dies gilt vor allem, weil der DST für die allgemeinen Schranken völlig unterschiedlich ins Gewicht fällt. Ein Vergleich mit ausdrücklichen Regelungen wie z.B. in § 69e Abs. 3 scheidet aus diesem Grunde aus. Mit einer ausdrücklichen Regelung würde vielmehr der Eindruck erweckt, es gehörte jede Schranke erneut auf den Prüfstand.

Die Beachtung des DSTs bei der Ausgestaltung und Anwendung einzelner Schranken als Teil des gemeinschaftsrechtlichen Besitzstandes kann durch die Kommission und den EuGH überwacht werden (Art.226, 234 EGV).[1303] Bornkamm *verneint eine Vorlagepflicht durch deutsche Gerichte gemäß Art. 234 EGV, wenn ein nationales Gericht anhand des DSTs eine Schranke „über die Richtlinie hinaus" begrenzen möchte.*[1304]

(cc) Art. 14 GG

Der DST steht in einem inhaltlichen Zusammenhang mit der Eigentumsgarantie. Soweit der Mitgliedstaat einen Umsetzungsspielraum hat, ist er zur verfassungskonformen Umsetzung verpflichtet.[1305] Die Ausschließlichkeitsrechte sind – auch darauf wurde bereits hingewiesen – als geistiges Eigentum gemäß Art. 14 Abs. 1 GG geschützt, während die Schranken als Ausdruck der Sozialbindung des geistigen Eigentums Inhalts- und Schrankenbestimmungen darstellen.[1306]

Der Gesetzgeber muss bei der Ausgestaltung neuer und der Änderung bestehender Schranken grundsätzlich den Kern des Urheberrecht beachten, der in dem Wesen als Ausschließlichkeitsrecht gesehen werden kann,[1307] in der Freiheit, in eigener Verantwortung über die vermögenswerten Ergebnisse verfügen zu können.[1308] Beschränkungen sind im Gemeinwohlinteresse möglich, jedoch genügt hierfür nicht das Interesse der Allgemeinheit an einem ungehinderten Zugang, sondern es bedarf eines „gesteigerten öffentlichen Interesses".[1309] Die Beschränkung muss grundsätzlich durch einen Vergütungsanspruch ausgeglichen werden.[1310] Dies folgt aus dem ebenfalls verfassungsrechtlich geschützten Beteiligungsgrundsatz, den Urheber tunlichst an den wirtschaftlichen Früchten zu beteiligen, die andere aus der Nutzung seines Werkes ziehen.[1311]

1303 *Bornkamm* in FS Erdmann, S. 29, 45; *Reinbothe* GRUR Int. 2001, 733, 740.

1304 *Bornkamm* in FS Erdmann, S. 29, 45.

1305 *Rengeling* DVBl. 1995, 945, 951.

1306 S. dazu *Rehbinder* UrhR, § 10, Rn. 108 ff.; *Schack* UrhR, Rn. 83 ff.

1307 *Schack* AfP 2003, 1, 6.

1308 BVerfGE 31, 229, 239, 241 – *Kirchen- und Schulgebrauch*; BVerfGE 49, 382, 392 – *Kirchenmusik*.

1309 BVerfGE 31, 239, 243 - *Kirchen- und Schulgebrauch*.

1310 BVerfGE 31, 239, 243 – *Kirchen- und Schulgebrauch*; *Schack* AfP 2003, 1, 6.

1311 BGHZ 17, 266, 282 – *Grundig Reporter;* BVerfGE 31, 239, 241 – *Kirchen- und Schulgebrauch*.

(b) Art. 6 Abs. 4 Unterabs. 1 Info-RL: Mindeststandard

Für Art. 6 Abs. 4 Unterabs. 1 gelten andere Maßstäbe als für Art. 5. Dem Wortlaut nach folgt aus Art. 6 Abs. 4 Unterabs. 1 die Verpflichtung („treffen"), die dort genannten Beschränkungen durch geeignete Maßnahmen sicherzustellen, d.h. es besteht kein Ermessen mehr hinsichtlich der Entscheidung des „Ob". Umstritten ist lediglich, ob der Mitgliedstaat dazu verpflichtet war, *alle* der aufgezählten Beschränkungen umzusetzen oder diesbezüglich ein Wahlrecht hatte.

(aa) Meinungsstand

Nach einer Ansicht soll der Staat nur dann verpflichtet sein, die Schranken durchsetzbar auszugestalten, wenn er auch die entsprechende allgemeine Schranke eingeführt hat, da die Verpflichtung in Unterabs. 1 nicht weiter reichen könne als die Befugnis in Art. 5 Abs. 2, 3; zudem spreche der Wortlaut für ein Wahlrecht („oder").[1312] Nach einer anderen Ansicht werden die aufgezählten Schranken als eine Art Mindeststandard angesehen,[1313] den die Mitgliedstaaten sicherzustellen haben.[1314] Die umgesetzten Schranken würden zwingend gegenüber dem Schutz technischer Maßnahmen gelten.[1315]

(bb) Stellungnahme

Der Katalog ist – obwohl der Wortlaut nicht eindeutig ist – als Mindeststandard zu verstehen. An dieser Stelle zeigt sich beispielhaft, wie sehr das Wortlautargument durch die Vielsprachigkeit der Gemeinschaft an Gewicht verlieren kann. Ein Vergleich der deutschen, englischen und französischen Fassung der Richtlinie bringt Folgendes zu Tage:[1316] Während die deutsche Fassung ein Wahlrecht nahe legt, indem an drei Stellen ein „oder" auftaucht, ist die Aufzählung in der englischen Fassung nur mit Kommata versehen und wird abgeschlossen durch ein „oder" vor der zuletzt aufgezählten Beschränkung (Art. 5 Abs. 3 lit. e)).[1317] In der französischen Fassung werden an zwei Stellen in der Aufzählung die Verknüpfung mit „und" („et") verwendet und nur vor der letzten Beschränkung ein „oder" („ou").

1312 *Linnenborn* K&R 2001, 394, 399.

1313 *Kröger* CR 2001, 316, 322; *Spindler* GRUR 2002, 105, 118.

1314 *Spindler* GRUR 2002, 105, 118, der aber die fehlende Verkopplung zwischen Umsetzungspflicht einerseits und den fakultativen Schranken kritisiert; *Reinbothe* GRUR Int. 2001, 733, 741.

1315 *Linnenborn* K&R 2001, 394, 399.

1316 Richtlinien sind nach dem wirklichen Willen ihres Urhebers, und dem von diesem verfolgten Zweck namentlich im Lichte ihrer Fassung in allen Amtssprachen, EuGH Rs. 29/69, Slg. 1969, 419, 425 – *Stauder/Ulm.*

1317 *Linnenborn* K&R 2001, 394, 399.

Hieran anknüpfend könnte geschlossen werden, dass wenigstens – aber auch nur – bzgl. Art. 5 Abs. 3 lit. e) ein Wahlrecht besteht.[1318] Ein solches Ergebnis vermag nicht zu überzeugen, insbesondere wenn man sich vor Augen führt, dass Art. 5 Abs. 3 lit. e) Info-RL eine Beschränkung zu Gunsten der Funktionsfähigkeit der staatlichen Einrichtungen und Verfahren gestattet, d.h. eine Beschränkung regelt, deren Privilegierung am ehesten einleuchten dürfte. Vorzugswürdig erscheint daher die Interpretation von *Spindler*, der aus der Formulierung „zwanglos" eine Gruppierung i.S.v. „und" liest.[1319] Dies sollte zumindest gelten, soweit es um die Entscheidung des „Ob" geht.

Diese Lesart ist auch aufgrund von Sinn und Zweck des Art. 6 Abs. 4 geboten,[1320] den legitimen Interessen der Schrankenbegünstigten Rechnung zu tragen.[1321] Für die Auswahl der Beschränkungen waren Erwägungen des Gemeinwohls und der öffentlichen Sicherheit ausschlaggebend.[1322] Ferner ist die Regelung vor dem Hintergrund zu sehen, dass die EG sich zur Wahrung des Interessenausgleichs laut Präambel der WIPO-Verträge verpflichtet hat. Die EG legt damit erstmals in Art. 6 Abs. 4 Unterabs. 1 Info-RL einen Mindeststandard verbindlich fest.

Im Ergebnis ist die vorstehende Streitfrage aus deutscher Sicht jedoch nur dogmatischer Natur, weil der deutsche Gesetzgeber von allen Ermächtigungen Gebrauch gemacht hat. Bei der Ausgestaltung der Schranken („Wie") gelten dieselben Grundsätze – Bindungen und Wahlfreiheiten – wie o.a. Der Mitgliedstaat darf den Rahmen der einzelnen Schranken enger als in der Richtlinie ziehen.[1323]

(c) Die einzelnen qualifizierten Schranken

Der Richtliniengeber hat sich prinzipiell für einen starken Rechtsschutz technischer Maßnahmen entschieden. Als Ausgleich für die Ausdehnung des Rechtsschutzes auf Vorfeldhandlungen hat er den Mitgliedstaaten aufgegeben, sieben Schranken gegenüber dem Rechtsschutz technischer Maßnahmen sicherzustellen. Mit § 95b Abs. 1 hat ein neues Schrankensystem Eingang in das UrhG gefunden. Der deutsche Gesetzgeber nennt die Schranken i.S.v. § 95b Abs. 1 S. 1 daher – fast bezeichnend – *qualifizierte Schranken.*[1324]

1318 *Linnenborn* K&R 2001, 394, 399.

1319 *Spindler* GRUR 2002, 105, 118.

1320 Der EuGH zieht bei uneindeutigem Wortlaut die teleologische und systematische Auslegung in Betracht, s. EuGH Rs 107/84, Slg. 1985, 15, Rn. 12 ff. – *Kommission/Bundesrepublik Deutschland.*

1321 Gemeinsamer Standpunkt des Rates, Nr. 44; Mitteilung der Kommission, SEK (2000) 1734 endg., S. 9 f.

1322 *Reinbothe* GRUR Int. 2001, 733, 741.

1323 So scheinbar *v. Lewinski/Walter* in v. Lewinski u.a., Europ. UrhR, Info-RL, VII. Kapitel, Rn. 157.

1324 BT- Drucks. 15/38, S. 29.

Aus der Perspektive des internationalen Urheberrechts ist das beachtlich, da bis auf das Zitatrecht für den analogen Bereich keine Schranke der RBÜ obligatorisch gilt. Aus nationaler Perspektive ist die Bedeutung der Schranken dadurch im überwiegend digitalen Bereich geschmälert. Dies gilt besonders angesichts des geringen Anwendungsbereichs des § 95b Abs. 1 und 2 aktueller Fassung, weil bei interaktiven Online-Diensten, die auf vertraglicher Grundlage erbracht werden, Vertragsfreiheit gilt, d.h. die Schranken – theoretisch – vollständig abdingbar sind, sofern ein solcher Vertrag der allgemeinen Vertragskontrolle (§§ 138, 242, 307 BGB) stand hält.

Als Anwendungsbereich bleibt der Offline-Bereich (z.B. technisch geschützte CDs, DVDs oder CD-ROMs), die frei zugänglichen Abrufdienste, z.B. kostenlose Angebote im Internet, die auf keinem Vertragsverhältnis beruhen, und schließlich nicht interaktive Online-Dienste, insbesondere Rundfunkdienste, Verteildienste i.S.d. MDStV und TDG und der nicht interaktive Internet-„Rundfunk" (*Webcasting*). Durchsetzbar sind folgende Schranken.

(aa) § 45 (Rechtspflege und öffentliche Sicherheit)

§ 45 konnte unverändert beibehalten werden. Sie dient der öffentlichen Sicherheit und dem störungsfreien Ablauf gerichtlicher und behördlicher Verfahren.[1325] Die Ausnahme von dem Verbot gemäß § 95a Abs. 4 unterscheidet sich von der Schranke i.S.v. § 45 dadurch, dass sie Handlungen zu anderen hoheitlichen Zwecken – der Gefahrenabwehr und Strafverfolgung – von dem Verbot freistellt.

§ 45 regelt zwei Sonderfälle: Gemäß Abs. 1 ist das Herstellen und das Herstellenlassen einzelnen Vervielfältigungsstücken von Werken zur Verwendung in *gerichtlichen* (Gericht [Art. 92 GG] oder Schiedsgericht [z.B. §§ 1025 ff. ZPO, 14 ff. UrhWahrnG])[1326] und *behördlichen Verfahren* (s. § 1 Abs. 4 VwVfG)[1327] zulässig. Diese Schranke ist durch Art. 5 Abs. 3 lit. e) gedeckt, auf die Art. 6 Abs. 4 Unterabs. 1 verweist.

Gemäß Absatz 2 ist Gerichten und Behörden die Nutzung von Bildnissen zu Zwecken der *Rechtspflege und öffentlichen Sicherheit* erlaubt. Begünstigt sind Gerichte – nicht Schiedsgerichte –[1328] und Behörden, wenn sie zu Zwecken der Rechtspflege, d.h. i.R.d. Gerichtsbarkeit tätig sind. Zu Zwecken der öffentlichen Sicherheit handelt insbesondere die Polizei im Bereich der Gefahrenabwehr. Diese präventive Tätigkeit und die Strafrechtspflege sind doppelt abgesichert, in § 95a Abs. 4 sowie in § 95b.[1329] Der Unterschied liegt darin, dass § 95a Abs. 4

1325 Regierungsentwurf 1962, BT-Drucks. IV/270, abgedruckt in UFITA 45 (1965), 240, 279.

1326 *Melichar* in Schricker, UrhR, § 45 Rn. 3.

1327 S. dazu ausführlich *Melichar* in Schricker, UrhR, § 45 Rn. 3.

1328 Nicolini in Möhring/Niccolini, UrhG, § 45 Rn. 16.

1329 *Wandtke/Ohst* in Wandtke/Bullinger, § 45 Rn.

bloß klarstellt, dass die hoheitlichen Befugnisse unberührt bleiben,[1330] während § 95b positiv einen Anspruch gewährt, falls eine Befugnisnorm die Handlung nicht gestattet.

Für beide Sonderfälle erlaubt Absatz 3 außer der Vervielfältigung die Verbreitung, öffentliche Ausstellung und die öffentliche Wiedergabe der Werke. Die Verbreitung ist durch Art. 5 Abs. 4 gedeckt, die öffentliche Wiedergabe durch Art. 5 Abs. 3 lit. e). Die Beschränkung des Ausstellungsrechts ist ebenfalls unbedenklich, da die Info-RL nur für die harmonisierten Rechte abschließend gilt. Zu beachten ist die Pflicht zur Quellenangabe gemäß § 63 Abs. 1 sowie § 63 Abs. 2 S. 1. Die Schranke ist ordnungsgemäß umgesetzt worden.

(bb) § 45a (Behinderte Menschen)

Als gänzlich neue Regelung hat der Gesetzgeber eine Schranke für behinderte Menschen eingefügt (§ 45a), um die Diskriminierung dieses Personenkreises zu bekämpfen.[1331] Zur Einführung und Sicherstellung dieser Regelung war der deutsche Gesetzgeber nach der hier vertretenen Ansicht sogar verpflichtet. Der Gesetzgeber hielt vor allem eine qualifizierte Schranke für sinnvoll, weil Art. 6 Abs. 4 im Vergleich zu der Möglichkeit der Privatkopie gemäß § 53 Abs. 1 stärkere Durchsetzungsmöglichkeiten vorsehe.[1332] Die Entscheidung ist zu begrüßen, da die ansonsten nur zulässige reprographische Vervielfältigung (§ 95b Abs. 1 S. 1 Nr. 6a) für Personen mit Behinderungen (z.B. Sehschwäche) wertlos ist. § 45a Abs. 1 beruht auf Art. 6 Abs. 4 Unterabs. 1 i.V.m. Art. 5 Abs. 3 lit. b) i.V.m. Abs. 4. Zulässig ist gemäß § 45a Abs. 1

> *„die nicht Erwerbszwecken dienende Vervielfältigung eines Werkes für und deren Verbreitung ausschließlich an Menschen, soweit diesen der Zugang zu dem Werk in einer bereits verfügbaren Art der sinnlichen Wahrnehmung auf Grund einer Behinderung nicht möglich oder erheblich erschwert ist, soweit es zur Ermöglichung des Zuganges erforderlich ist“.*

Der Schrankenbegünstigte, der auf Grund seiner Behinderung keinen Zugang zu einem Werk hat *(a1)* kann das Werk in einem bestimmten Umfang zustimmungsfrei nutzen *(a2)*, muss dafür aber eine angemessene Vergütung zahlen *(a3)*.

(a1) Kein Zugang auf Grund einer Behinderung

Die Ausgangslage besteht darin, dass ein Werk in einer bereits verfügbaren Art der sinnlichen Wahrnehmung zwar zugänglich ist, dem Schrankenbegünstigten aber der Zugang zu dem Werk aufgrund seiner Behinderung verwehrt oder erschwert ist. § 45a soll verhindern, dass Behinderte deswegen vom Werkgenuss ausgeschlossen sind, weil sie das Werk mit anderen Sinnen wahrnehmen. Die

---

[1330] *Peukert* in Loewenheim, Handbuch des UrhR, § 34 Rn. 30.
[1331] BT-Drucks. 15/38, S. 18.
[1332] BT-Drucks. 15/38, S. 18.

Schranke soll den behinderten Menschen den Zugang ermöglichen, indem ihnen erlaubt wird, das Werk oder den Schutzgegenstand in eine andere Wahrnehmungsform zu übertragen.[1333] Beispielhaft wird auf die Möglichkeit Blinder und Sehbehinderter verwiesen, ein Werk der Literatur auf einen Tonträger aufzunehmen oder in Blindenschrift umzufassen.[1334] In Übereinstimmung mit Art. 5 Abs. 3 lit. b) muss der erschwerte Zugang durch die Behinderung bedingt sein („wenn die Nutzung mit der Behinderung unmittelbar in Zusammenhang steht“). Es genügt daher nicht jede Behinderung, sondern der Zugang muss auf Grund der Behinderung unmöglich sein.

Beispiel: *Eine sehbehinderte Frau möchte die Inhalte einer technisch geschützten Encyklopädie auf CD-ROM von einer speziellen Software vorlesen lassen.*

Die Regelung in § 95b Abs. 1 schützt die Behinderten allerdings nicht gegen mögliche Diskriminierungen im elektronischen Geschäftsverkehr. Bei kostenpflichtigen interaktiven Online-Angeboten i.S.v. § 95b Abs. 3 sind die Schranken – auch § 45a – vertraglich abdingbar.[1335] Die Behinderten sind dann darauf angewiesen, dass die Anbieter die Inhalte in den für sie erforderlichen Formaten zugänglich machen. Der Mitgliedstaat soll allerdings ein besonderes Augenmerk auf die zugänglichen Formate richten.[1336] Denkbar wäre es, hier auf freiwillige Maßnahmen auf Seiten der Anbieter hinzuwirken. Diese Problematik ist nicht urheberrechtsspezifisch, sondern betrifft allgemein die Frage der Chancengleichheit in der Informationsgesellschaft.

(a2) Zulässige Nutzung

Zulässig ist die Vervielfältigung für behinderte Menschen. Es sind alle Vervielfältigungsformen (analog, digital) erfasst. Entgegen dem missverständlichen Wortlaut, der nur ein Vervielfältigen durch andere für den Schrankenbegünstigten zu erfassen scheint („vervielfältigen für“), kann der Schrankenbegünstigte die Vervielfältigung erst recht selbst herstellen, wovon auch der Gesetzgeber ausgeht.[1337]

Die Vervielfältigung darf keinen Erwerbszwecken dienen. Art. 5 Abs. 2 lit. b) verwendet den Begriff „kommerzieller Art“. Die „kommerzielle Art“ verlangt einerseits mehr als eine wirtschaftliche Betätigung (vgl. Art. 5 Abs. 2 lit. c)), andererseits nicht zwingend eine Gewinnerzielungsabsicht.[1338] Aus deutscher Sicht lässt sich „kommerziell“ übertragen in die Begriffe „gewerblich“ oder „zu Erwerbszwecken“. „Zu Erwerbszwecken“ ist weiter als „gewerblich“. Gewerblich

---

1333 BT-Drucks. 15/38, S. 18.
1334 BT-Drucks. 15/38, S. 18.
1335 Dazu kritisch *Metzger/Kreutzer* MMR 2002, 139, 141.
1336 Info-RL EG 43.
1337 BT-Drucks. 15/38, S. 18.
1338 A.A. *Walter* medien und recht 2002, 217, 222 aus österreichischer Perspektive.

ist jede nachhaltige Tätigkeit zur Erzielung von Einnahmen, auch wenn die Absicht fehlt, Gewinn zu erzielen; nur vorübergehende Tätigkeiten sind somit ausgenommen.[1339] Handelt jemand zu Erwerbszwecken, kann diese Tätigkeit auch vorübergehender Natur sein. Die Übertragung der Vorgabe „kommerzieller Art“ in „zu Erwerbszwecken“ ist somit richtlinienkonform.

Der Gesetzgeber hat den Umsetzungsspielraum, den ihm Art. 5 Abs. 3 lit. b) eröffnet, nicht voll ausgeschöpft, da er die öffentliche Wiedergabe ausgespart hat. Die Vorschrift ist deswegen nicht EG-rechtswidrig, denn der Mitgliedstaat kann bestimmen, welches der in Abs. 3 genannten Verwertungsrechte er beschränkt.

Zulässig aber ist die Verbreitung. Sie soll – begrenzt auf den begünstigten Personenkreis – zulässig sein.[1340] Die Regelung ist von der Befugnis in Art. 5 Abs. 4 Info-RL gedeckt. Zwar verweist Art. 6 Abs. 4 Unterabs. 1 nicht ausdrücklich auf diese Ermächtigung, eine Beschränkung auch von dem Verbreitungsrecht vorzusehen; es ist aber selbstverständlich, dass für die Beschränkungen i.S.d. Art. 6 Abs. 4 Unterabs. 1 weiterhin die für die Beschränkungen geltenden Grundsätze anwendbar sein sollen. Für die Schranke für Behinderte kommt der dem Art. 5 Abs. 4 zugrundeliegende Rechtsgedanke zum Tragen, dass eine Verbreitung dann zulässig sein muss, wenn andernfalls die Schranke sinnentleert würde.[1341]

Die Vervielfältigung und Verbreitung sind zulässig, soweit es zur Ermöglichung des Zuganges *erforderlich* ist. Der Rechtsinhaber soll zur Mittelbeschaffung nicht verpflichtet sein, wenn ein milderes gleich geeignetes Mittel vorhanden ist, damit sich der Schrankenbegünstigte Zugang zu dem Werk verschaffen kann. Dies soll z.B. gelten, wenn der Schrankenbegünstigte das Werk in einer ihm wahrnehmbaren Form zu einem vergleichbaren Preis wie das technisch geschützte Werk erwerben kann und sich diese verfügbare Form für den konkret vorgesehenen Zweck der Nutzung eignet.[1342] Die Schranke wird sicher dann durchsetzbar sein, wenn das Werk ausschließlich technisch geschützt erhältlich ist. Ansonsten wird hieran die geringe praktische Bedeutung der qualifizierten Schranke deutlich.

(a3) Vergütungspflicht

Die Nutzungshandlungen sind gemäß Absatz 2 vergütungspflichtig, es sei denn, es werden einzelne Vervielfältigungsstücke hergestellt. Die Vergütungspflicht ist nach EG 36 gemeinschaftsrechtlich zulässig. Die Befreiung einzelner Vervielfältigungen ist orientiert an vergleichbaren Schranken wie z.B. §§ 47 Abs. 1 oder 49 Abs. 1 S. 2. Damit soll praktischen Bedürfnissen Rechnung getragen und be-

---

1339 S. dazu Teil 2 1. Kap. H. I. 2. f) aa) (1) bzgl. des Besitzes.

1340 BT-Drucks. 15/38, S. 18.

1341 Kritisch zu der anfangs noch lückenhaften gemeinschaftsrechtlichen Regelung, *Dietz* ZUM 1998, 438, 447.

1342 BT-Drucks. 15/38, S. 18.

rücksichtigt werden, dass bei Einzelvervielfältigungen regelmäßig Geräte und Medien verwendet werden, die ohnehin einer urheberrechtlichen Vergütung gemäß §§ 54, 54a unterliegen (keine Doppelvergütung).[1343] Die Verwertungsgesellschaften sind wahrnehmungsberechtigt und müssen § 13 Abs. 3 S. 4 UrhWahrnG beachten.[1344]

(a4) Quellenangabe

Gemäß § 63 Abs. 1 ist bei einer Vervielfältigung i.S.v. § 45a stets die Quelle mit anzugeben, obwohl dies von der Richtlinie nicht ausdrücklich verlangt wird. Die Quellenangabe wurzelt im Urheberpersönlichkeitsrecht,[1345] das die Mitgliedstaaten bei der Umsetzung im Einklang mit ihren Vorschriften berücksichtigen können und müssen.[1346]

(cc) § 46 (Sammlungen für Kirchen-, Schul- oder Unterrichtsgebrauch, mit Ausnahme des Kirchengebrauchs)

§ 46 erlaubt es, Werke als Elemente von Sammlungen für den Kirchen-, Schul- oder Unterrichtsgebrauch zu vervielfältigen, verbreiten und – nach der neuen Fassung – nunmehr auch öffentlich zugänglich zu machen. „Sammlungen" sind bei der qualifizierten Schranke vor allem Schul- und Unterrichtsbücher. Als Begünstigte der Schranke kommen der Herausgeber[1347] und der Verleger[1348] der Sammlung in Betracht. Zulässig ist es, veröffentlichte Werke *(a1)* als Elemente einer Sammlung *(a2)*, nachdem der Schrankenbegünstigte den Urheber hierüber unterrichtet hat *(a3)*, zu vervielfältigen, zu verbreiten oder öffentlich zugänglich zu machen, wobei auf den Vervielfältigungsstücken der Zweck der Sammlung angegeben werden muss *(a4)*.

(a1) Veröffentlichte Werke

Die privilegierte Nutzung knüpft nicht mehr wie bisher an das Erscheinen der verwerteten Werke, sondern deren Veröffentlichung an. Die Veröffentlichung (vgl. § 6 Abs. 1) erfolgt in unkörperlicher Form, während Werke als erschienen gelten (vgl. § 6 Abs. 2), nachdem Vervielfältigungsstücke – körperliche Werkstücke – der Öffentlichkeit angeboten oder in Verkehr gebracht werden.[1349] Der Gesetzgeber bezweckt damit, für die Schranken gemäß §§ 46-58 die Verwertungsba-

1343 BT-Drucks. 15/38, S. 18.
1344 BT-Drucks. 15/38, S. 18.
1345 *Rehbinder* UrhR, § 28.
1346 Info-RL EG 19.
1347 *Rehbinder* UrhR, § 34 II.
1348 *Wand* Technische Schutzmaßnahmen, S. 182.
1349 *Rehbinder* UrhG, § 11 III 2.

sis auf Veröffentlichungen im Rahmen digitaler Medien zu erweitern.[1350] Somit können auch Werke oder Teile von Werken Elemente von Sammlungen sein, die ausschließlich in digitale Online-Medien eingestellt worden sind.[1351] Die Info-RL enthält zu dem verwertbaren Material keine Vorgaben.

(a2) Werke als Elemente einer Sammlung

Als verwertbares Material sind abschließend Teile von Werken, Sprachwerke oder Werke der Musik von geringem Umfang (Bsp. Gedicht oder Lied) oder einzelne Werke der bildenden Künste oder einzelne Lichtbildwerke genannt. Diese müssen *Elemente* einer Sammlung sein. Nach der alten Fassung mussten die Werke in eine Sammlung „aufgenommen sein". Die sprachliche Neufassung hat bloß redaktionelle Gründe, insbesondere ist sie an die durch Art. 7 IuKdG neu gefassten § 4 („Element einer Sammlung") angelehnt.[1352] Hierdurch soll deutlicher zum Ausdruck gebracht werden, dass die Verwertung der genannten Werke nur im Zusammenhang mit einer Verwertung der Sammlung insgesamt erlaubnisfrei zulässig ist.[1353] Die *Sammlung* muss für den Unterrichtsgebrauch bestimmt sein (Schul- und Lehrbuch). Es kommt für die Privilegierung und zur Verhinderung von Missbrauch[1354] entscheidend auf die *Zweckbestimmung* der Sammlung an. Sie bezieht sich nur auf den Unterrichtsgebrauch in Schulen, in nichtgewerblichen Einrichtungen der Aus- und Weiterbildung oder in Einrichtungen der Berufsbildung; insoweit ist die Vorschrift sprachlich dem § 53 Abs. 3 Nr. 1 angepasst worden.[1355] Die Zweckbestimmung der Sammlung ist ein subjektives Merkmal, das objektiv anhand der inneren und äußeren *Beschaffenheit* zu ermitteln ist.[1356] Für *Werke der Musik* gelten wie bisher wegen des Rückgangs der Hausmusik einschränkende Bedingungen. Die Privilegierung in Absatz 1 gilt nur für Sammlungen, die für den Gebrauch im Musikunterricht in allgemeinbildenden Schulen bestimmt sind; ausgenommen ist der Unterricht an sonstigen Schulen und der private Musikunterricht.[1357] Von der privilegierten Nutzung in § 95b Abs. 1 S. 1 Nr. 3 ausgeschlossen sind Sammlungen *zum Kirchengebrauch*. Diese Umsetzung ist richtlinienkonform, weil Art. 6 Abs. 4 Unterabs. 1 auf keine Beschränkung verweist, die den Kirchengebrauch privilegiert.

[1350] BT-Drucks. 15/38, S. 19.
[1351] BT-Drucks. 15/38, S. 19.
[1352] BT-Drucks. 15/38, S. 19.
[1353] BT-Drucks. 15/38, S. 19.
[1354] BT-Drucks. IV/ 270, abgedruckt in: UFITA 45 (1965), S. 240, 280.
[1355] BT-Drucks. 15/38, S. 19.
[1356] BT-Drucks. 15/38, S. 19 unter Verweis auf *Nordemann* in Fromm/Nordemann, § 46 Rn. 4; s. ferner BHGZ 114, 368, 372 – *Liedersammlung*.
[1357] BT-Drucks. IV/ 270, abgedruckt in: UFITA 45 (1965), S. 240, 280.

Die Richtlinienkonformität der allgemeinen Schranke gemäß § 46 ist fraglich. Während vereinzelt die Schranke als von Art. 5 Abs. 5 lit. g) gedeckt angesehen wird,[1358] *wird nach zutreffender Ansicht darauf hingewiesen, dass § 5 Abs. 5 lit. g) lediglich Vorträge, Aufführungen und Vorführungen privilegiert (Nutzung „bei" religiösen Veranstaltungen), nicht hingegen Gesangs- und Gebetbücher.*[1359] *Der weiterhin in Betracht kommende Art. 5 Abs. 3 lit. o) deckt die öffentliche Wiedergabe nicht ab, da er nur die analoge Nutzungen erlaubt.*[1360]

(a3) Mitteilung an Rechtsinhaber

Der Berechtigte muss gemäß Absatz 3 den Urheber oder den ausschließlichen Nutzungsberechtigten vor der Vervielfältigung per eingeschriebenem Brief über sein Vorhaben unterrichten.

(a4) Zulässige Nutzung

Erlaubnisfrei zulässig sind wie bisher die Vervielfältigung und Verbreitung und nunmehr auch die öffentliche Zugänglichmachung (§ 19a). An den bisherigen Verwertungsakten konnte der Richtliniegeber festhalten, da die Vervielfältigung durch Art 5 Abs. 3 lit. a) und die Verbreitung durch Art. 5 Abs. 4 gedeckt sind. Insbesondere darf der Verleger Schulbücher auf CD-ROM vertreiben; der Vertrieb erfüllt die Voraussetzungen einer Verbreitung (§ 17).

Der deutsche Gesetzgeber sah keinen Grund, warum man einerseits zulassen sollte, Werke unter Einschluss von Teilen von Multimediawerken in Offline-Medien aufzunehmen, nicht aber den Online-Vertrieb.[1361] Mit der zustimmungsfrei möglichen öffentlichen Zugänglichmachung wird daher eine *Gleichstellung* von digitalen Online-Medien mit digitalen Offline-Medien bezweckt.[1362] Die Erweiterung der Schranke auf das Recht der öffentlichen Zugänglichmachung ist von Art. 5 Abs.3 lit. a) gedeckt.[1363]

Problematisch ist, wie sich die öffentliche Zugänglichmachung mit der begrenzten Zweckbestimmung in Einklang bringen lässt. Beispielsweise lässt sich ein über das Internet frei zugängliches Werk nicht auf die schulische Widmung einschränken.[1364] Der deutsche Gesetzgeber war sich dieser Abgrenzungsproblematik bewusst. Nach seiner Vorstellung kommt dem Merkmal der *Beschaffenheit* der Sammlung die entscheidende Funktion zu, zulässige Formen öffentlicher Zu-

---

1358 *Flechsig* ZUM 2002, 1, 10.
1359 *Schippan* ZUM 2002, 116, 125, der darin einen Verstoß gegen die nationale Kulturhoheit gemäß Art. 151 Abs. 5 EGV sieht; *Walter* medien und recht 2002, 217, 222.
1360 *Walter* medien und recht 2002, 217, 222.
1361 BT-Drucks. 15/38, S. 19.
1362 BT-Drucks. 15/38, S. 19.
1363 *Flechsig* ZUM 2002, 1, 10; *Walter* medien und recht 2002, 217, 222.
1364 *Walter* medien und recht 2002, 217, 222.

gänglichmachung von unzulässigen abzugrenzen.[1365] Der Gesetzgeber selbst veranschaulicht dies in seiner Begründung zum Gesetzgebungsverfahren an einigen Beispielen:[1366]

> *„Es schließt namentlich aus, dass eine Sammlung – etwa durch allgemeine Einstellung in das Internet – derart zugänglich gemacht wird, dass beliebigen Personen der Zugriff möglich ist. Im Gegensatz dazu würde etwa die Einstellung in das lokale Netzwerk einer Schule dergestalt, dass ausschließlich von den im Rahmen des Unterrichts genutzten Arbeitsplätzen Zugriff gewährt wird, jedenfalls den Anforderungen genügen."*

Es lässt sich also nach der Vorstellung des Gesetzgebers anhand der technischen Funktionsweise und Ausgestaltung ermitteln, ob der Zweck der Sammlung auf den Unterrichtsgebrauch gerichtet ist oder darüber hinaus reicht. Man könnte z.B. Texte passwortgeschützt im PDF-Format anbieten.

Der Verlag hat entweder die Möglichkeit, den Schulen Zugriff auf die eigenen zugangskontrollierten Server zu geben. Wahrscheinlicher ist jedoch, dass die Schulen die Online-Sammlung in ihr Netzwerk einspeisen. Hierfür ist verlangt, dass der Schrankenbegünstigte mit den Schulen kooperiert. Sichern die Schulen die Inhalte nicht hinreichend in ihrem Intranet, kann sich der Verlag nicht mehr auf die Schranke berufen und läuft Gefahr, von dem Rechtsinhaber wenigstens zivilrechtlich zur Verantwortung gezogen zu werden.

Soweit ist die Schranke richtlinienkonform umgesetzt. *Walter* weist allerdings zutreffend darauf hin, dass eine Schranke, die sich an Art. 5 Abs. 3 lit. a) messen lassen muss, nur zur Verfolgung nicht kommerzieller Zwecke gerechtfertigt ist, Schulbuchverlage aber regelmäßig gewerblich und sogar in Gewinnerzielungsabsicht handeln.[1367] Der Gesetzgeber hat hierbei einen Konflikt aufzulösen, da einerseits die Schranke richtlinienkonform ausgestaltet werden muss, andererseits niemand ein praktisches Bedürfnis für die Schulbuchfreiheit in Frage stellen würde;[1368] nicht zuletzt weil die Schranke die sittliche und geistige Heranbildung der Jugend fördern soll.[1369] Der österreichische Gesetzgeber hat insoweit eine pragmatische Lösung gefunden, indem er die Nutzung zu kommerziellen Zwecken von einer besonderen Einwilligung der Verwertungsgesellschaften abhängig gemacht hat.[1370] Ohne eine vergleichbare Ergänzung ist die deutsche Regelung nicht richtlinienkonform.

1365 BT-Drucks. 15/38, S. 19.

1366 BT-Drucks. 15/38, S. 19.

1367 *Walter* medien und recht 2002, 217, 222.

1368 So auch *Walter* medien und recht 2002, 217, 222.

1369 BT-Drucks. IV/ 270, abgedruckt in: UFITA 45 (1965), S. 240, 280.

1370 Vgl. §§ 54 Abs. 1 Z 3, 59c ÖUrhG (BGBl. I v. 6.6.2003, S. 149 ff.); s. dazu *Walter* medien und recht 2002, 217, 222.

(a5) Zweck- und Quellenangabe

§ 46 setzt zur Verhinderung von Missbrauch[1371] voraus, dass der Zweck der Sammlung in den Vervielfältigungsstücken oder bei der öffentlichen Zugänglichmachung deutlich angegeben wird (Abs. 1 S. 2). Ferner schreibt Art. 5 Abs. 3 lit. a) zwingend eine Quellenangabe vor. Hierfür musste die Regelung in § 63 angepasst werden. § 63 unterscheidet nach Verwertungsarten: Wird das Werk *vervielfältigt*, bestimmt Abs. 1 S. 1, dass die Quelle stets – mit Ausnahme von Satz 4 – deutlich anzugeben ist. Ein Änderungsbedarf bestand hinsichtlich der Pflicht zur Quellenangabe bzgl. des „Rechts der öffentlichen Wiedergabe", die gemäß Abs. 2 S. 1 a.F. nur gegeben sein sollte, wenn und soweit es der Verkehrssitte entspricht. Der neu in Absatz 2 eingefügte Satz 2 setzt die Vorgaben in den Fällen des Art. 5 Abs. 3 lit. a), d) und f) richtlinienkonform um.[1372] Die Quellenangabe ist nur noch dann entbehrlich, wenn sie nicht möglich ist.

(a6) Vergütungspflicht

Gemäß Absatz 4 sind alle zulässigen Nutzungen vergütungspflichtig; die Vergütungspflicht durfte gemäß EG 36 vorgesehen werden. § 46 ist in der derzeitigen Fassung nicht richtlinienkonform, weil dem zwingenden Merkmal „zu nicht kommerziellen Zwecken" nicht entsprochen worden ist. Wegen des praktischen Bedürfnisses sollte dem durch ein zusätzliches Zustimmungserfordernis abgeholfen werden.

(dd) § 47 (Schulfunksendungen)

§ 47 trägt dem praktischen Bedürfnis im Schulalltag Rechnung, dass ein Lehrkörper über den Zeitpunkt, wann er ein Schulfunksendung zu Unterrichtszwecken einsetzt, flexibel – angepasst an den Unterrichtsplan – entscheiden können muss.[1373] Die Schranke gilt unverändert fort und erlaubt zustimmungsfrei sowohl die analoge als auch die digitale Vervielfältigung.

Es darf ein Werk, das innerhalb einer Schulfunksendung gesendet worden ist, auf Bild- und Tonträger aufgenommen werden. Die Bild- und Tonträger dürfen nur für den Unterrichtsgebrauch verwendet werden (Abs. 2 S. 1), wobei die Verwendung zeitlich befristet ist (Abs. 2 S. 2). Schrankenbegünstigte sind gemäß Abs. 1 S. 1 Schulen, Einrichtungen der Lehrerbildung und der Lehrerfortbildung und gemäß Abs. 1 S. 2 Heime der Jugendhilfe, staatliche Landesbildstellen oder vergleichbare Einrichtungen in öffentlicher Trägerschaft.

Die Schranke ist eine Mischung aus den Vorgaben aus Art. 5 Abs. 2 lit. e) (nichtkommerzielle Einrichtungen) und Art. 5 Abs. 3 lit. a) (Unterricht und For-

---

1371 BT-Drucks. IV/ 270, abgedruckt in: UFITA 45 (1965), S. 240, 280.
1372 BT-Drucks. 15/38, S. 22.
1373 BT-Drucks. IV/ 270, abgedruckt in: UFITA 45 (1965), S. 240, 281.

schung).[1374] Wegen des Unterrichtszwecks ist sie aber auch allein durch Art. 5 Abs. 3 lit. a) gedeckt. Ein gerechter Ausgleich ist daher entbehrlich. Die Schranke musste durchsetzbar ausgestaltet werden, weil Art. 6 Abs. 4 Unterabs. 1 auf Art. 5 Abs. 3 lit. a) verweist. § 47 i.V.m. § 95b Abs. 1 S. 1 Nr.4 entspricht einer richtlinienkonformen Umsetzung.

(ee) § 52a (Öffentliche Zugänglichmachung für Unterricht und Forschung)

Der neu eingefügte § 52a geht auf Art. 5 Abs. 3 lit. a) zurück, der eine nicht kommerzielle Nutzung von Werken und Schutzgegenständen zu Unterrichts- und Forschungszwecken zulässt. Nach bisher geltendem deutschen Recht war lediglich die *Vervielfältigung* zu Unterrichts- und eigenen Forschungszwecken in dem engen Rahmen gemäß § 53 Abs. 2 Nr. 1 und § 53 Abs. 3 zustimmungsfrei möglich.[1375] Der Gesetzgeber hat von der weitergehenden Befugnis, eine Schranke auch für das Recht der öffentlichen Zugänglichmachung vorzusehen, mit der Zielsetzung Gebrauch gemacht, den Bereichen Unterricht und Wissenschaft die *Nutzung moderner Kommunikationsformen* zu ermöglichen.[1376]

(a1) Rückblick

§ 52a sollte in der ursprünglichen Fassung des RegE die öffentliche Zugänglichmachung „in einem eng definiertem Umfang" zulassen,[1377] löste aber eine Protestwelle aus, an deren Spitze die Fach- und Schulbuchverlage sowie die wissenschaftlichen Verlage standen; die so angestoßene Diskussion mündete in einer öffentlichen Debatte,[1378] die § 52a – neben der Frage, ob eine Privatkopie von rechtswidrigen Vorlagen ausdrücklich zu verbieten sei – zu der umstrittensten Regelung des „Korb 1" werden ließ.

Nach dem RegE sollten ganze Werke zugänglich gemacht werden können. Es zeichnete sich jedoch bereits frühzeitig während des Gesetzgebungsverfahren ab, dass die Regelung in der Fassung des RegE nicht aufrechterhalten werden wird können. In der Diskussion ließen sich zwei Meinungspole unterscheiden.[1379] Teilweise wurden die Interessen für den Schulgebrauch bereits durch das Zitatrecht gemäß § 51 und die Möglichkeit einer Vervielfältigung zum Schulgebrauch

---

1374 *Flechsig* ZUM 2002, 1, 10.

1375 So auch der Gesetzgeber, nur nicht weitgehend genug, vgl. BT-Drucks. 15/38, S. 20.

1376 BT-Drucks. 15/38, S. 20.

1377 BT-Drucks. 15/38, S. 20.

1378 S. *Hoeren* FAZ v. 21.2.2003, „Lex, Notlügen und Videos", S. 39; *Schippan* ZUM 2003, 378, 381; *Zypris* NJW 2003, Heft 16/2003, Editorial; *n.n.*, F.A.Z. v. 12.4.2003, „Große Koalition verringert den Eigentumsschutz von Urhebern", S. 14.

1379 Zum Meinungsstand s. *Stickelbrock* Stellungnahme, S. 8.

gemäß § 53 Abs. 3 als ausreichend berücksichtigt angesehen.[1380] Diese Ansicht erwies sich in den Beratungen des Rechtsausschusses im Bundestag als nicht mehrheitsfähig. Durchgesetzt hat sich vielmehr ein vermittelnder Ansatz, der im Laufe des Gesetzgebungsverfahrens an Gestalt gewann. Der Bundesrat schlug vor, den Umfang des verwertbaren Materials[1381] an den funktionsgleichen § 53 Abs. 3 Nr. 1 anzugleichen. Die Bundesregierung empfahl in ihrer Gegenäußerung, den Änderungsvorschlägen des Bundesrates zu folgen, schlug dafür vor, die Hochschulen in den Kreis der Begünstigten miteinzubeziehen.[1382] Erwogen wurde eine Bereichsausnahme für Filmwerke.[1383] Der Ausschuss Kultur und Medien erweiterte die Bereichsausnahme auf Schulbücher.[1384] Die endgütige Fassung geht auf die Beschlussempfehlung des Rechtsausschusses zurück, der die genannten Änderungen einschließt.

(a2) Regelung

Gemäß § 137k ist § 52a mit Ablauf des 31.12.2006 nicht mehr anzuwenden. Die Schrankenregelung ist in Übereinstimmung mit Art. 5 Abs. 3 lit. a) auf zwei Sonderfälle begrenzt, die Nutzung zu Unterrichts- *(b1)* und zu wissenschaftlichen Forschungszwecken *(b2)*.

(b1) Öffentliche Zugänglichmachung zur Veranschaulichung im Unterricht

Die Schranke gestattet es, geschütztes Material zur Veranschaulichung im Unterricht öffentlich zugänglich zu machen. Während nach den ursprünglichen Plänen die Nutzung ganzer Teile erlaubt sein sollte (s.o.), beschränkt die gesetzliche Endfassung die öffentliche Zugänglichmachung auf nur kleine Teile von Werken, Werken geringen Umfangs und einzelnen Beiträge aus Zeitungen und Zeitschriften. § 52 a Abs. 1 ist auf Vorschlag des Bundesrates dem funktional vergleichbaren § 53 Abs. 3 Nr. 1 angeglichen worden. Beide Schrankenregelungen verfolgen das Ziel, den Interessen der Ausbildung Rechnung zu tragen.[1385] Die inhaltliche Beschränkung war im Hinblick auf den DSTs und dem aus Art. 14 Abs. 1 GG

1380 Änderungsanträge von CDU- und FDP-Fraktion im Rechtssausschuss des BT, Beschlussempfehlung und Bericht, BT-Drucks. 15/837, S. 27, 30.

1381 Stellungnahme des Bundesrates, BT- Drucks. 15/38, Anlage B, S. 36.

1382 Gegenäußerung der Bundesregierung, BT-Drucks. 15/38, Anlage B, S. 40.

1383 Gegenäußerung der Bundesregierung, BT-Drucks. 15/38, Anlage B, S. 40.

1384 Beschlussempfehlung und Bericht des Rechtsausschusses, S. 25.

1385 Stellungnahme des Bundesrates, BT-Drucks. 15/38, Anlage 2, S. 35 f.; zustimmend Bundesregierung in ihrer Gegenäußerung, BT-Drucks. 15/38, Anlage 3, S. 40; der Ausschusses für Kultur und Medien, Beschlussempfehlung und Bericht, BT-Drucks. 15/837, S. 25 und der Rechtsausschuss, Beschlussempfehlung und Bericht, BT-Drucks. 15/837, S. 34; *Spindler* GRUR 2002, 105, 114.

folgenden Grundsatz, den Urheber angemessen zu beteiligen, dringend geboten.[1386]

Der privilegierte Zweck ist in Anlehnung an Art. 5 Abs. 3 lit. a) Info-RL durch „zur Veranschaulichung im Unterricht" umschrieben.[1387] Der Nutzungszweck setzt nicht voraus, dass das Werk zur Erläuterung seines Inhalts verwendet wird, sondern es genügt, wenn es der Erläuterung des Unterrichtsstoffes dient. Das Wort „im" deutet darauf hin, dass die Nutzung selbst auch während des Unterrichts erfolgen muss. Diese Auslegung würde die Schranke auf die Unterrichtsform beschränken, bei der alle Unterrichtsteilnehmer an Computerarbeitsplätzen sitzen. Es entspricht allerdings einer häufigen Praxis an Hochschulen, Materialien im Vorfeld zur Vorlesung zugänglich zu machen. Auf diese Möglichkeit sollte sich § 52a ebenfalls erstrecken; andernfalls bliebe für § 52a nur ein äußerst begrenzter Anwendungsbereich, da Lehrveranstaltungen an Computerplätzen schon aus Kapazitätsgründen die Ausnahme darstellen. Das Merkmal „begrenzter Teil von Unterrichtsteilnehmern" erfordert allerdings, dass die Materialen technisch geschützt werden, z.B. durch Zugangskontrollen.[1388]

Erfasst ist der Unterricht in den genannten Einrichtungen. Hervorzuheben ist, dass unter den Begriff des „Unterrichts" in richtlinienkonformer Auslegung auch die modernen Lernformen, insbesondere der Fernunterricht (*Distance-Learning*) fallen.[1389]

In den persönlichen Anwendungsbereich der Schranke fallen *abschließend*[1390] Schulen, Hochschulen, nichtgewerbliche Einrichtungen der Aus- und Weiterbildung sowie Einrichtungen der Berufsbildung. Art. 5 Abs. 3 lit. a) Info-RL macht hierzu keine Vorgaben. Die *Hochschulen* miteinzubeziehen, beruht auf den Erwägungen, einem praktischen Bedürfnis an den Hochschulen Rechnung zu tragen und die Wettbewerbsfähigkeit deutscher Hochschulen im internationalen Vergleich zu gewährleisten.[1391]

Zulässig ist es, die Gegenstände im Sinne von § 19a *öffentlich zugänglich zu machen.* Nicht von der Schranke gedeckt ist daher die klassische Vorlesung, in der ausschließlich der Professor Inhalte abruft und an die Wand projiziert, weil es sich hierbei um eine öffentliche Wiedergabe in Form des Vorführungsrechts handelt (vgl. §§ 15 Abs. 2 Nr. 1, 19 Abs. 4). Die Wiedergabe eines Werkes fällt aber u.U. unter das Zitatrecht gemäß § 51. Für die öffentliche Zugänglichmachung

---

1386 Info-RL EG 44 S. 3 und 4; Stellungnahme des Bundesrates, BT-Drucks. 15/38, Anlage 2, S. 36; *Stickelbrock* Stellungnahme, S. 9.

1387 Kritisch zu Art. 5 Abs. 3 lit. a) *Schippan* ZUM 2001, 116, 121; *Spindler* GRUR 2002, 105, 114.

1388 *Wandtke/Ohst* in Wandtke/Bullinger, InfoG, § 52a Rn. 9.

1389 Info-RL EG 42; *Spindler* GRUR 2002, 105, 114.

1390 *Schippan* ZUM 2003, 378, 381.

1391 Gegenäußerung der Bundesregierung, BT-Drucks. 15/38, Anlage 3, S. 40; Redebeitrag *Zypris* BT-Drucks. 15/1313, 626 (B).

gelten drei Einschränkungen: Erstens ist die Nutzung ausschließlich auf einen „bestimmt abgegrenzten Teil von Unterrichtsteilnehmern" beschränkt; zweitens muss sie zu dem Unterrichtszweck geboten sein und drittens darf sie keinem kommerziellen Zweck dienen.

Das erste einschränkende Merkmal – der „bestimmt abgegrenzte Teil von Unterrichtsteilnehmern" – verengt den Öffentlichkeitsbegriff i.S.v. § 15 Abs. 3 S. 1, für den kennzeichnend ist, dass das Werk für eine Mehrzahl der Mitglieder der Öffentlichkeit bestimmt ist. Das Merkmal trägt vergleichbar dem Beschaffenheitsmerkmal in § 46 der Schwierigkeit Rechnung, dass es mit dem Unterrichtszweck unvereinbar ist, die Inhalte öffentlich *jedermann* zugänglich zu machen. Ob die Inhalte tatsächlich nur einem begrenzten Kreis von Unterrichtsteilnehmern zugänglich ist, lässt sich ebenso wie bei § 46 nur sinnvoll anhand der technischen Ausgestaltung und der organisatorischen Maßnahmen beurteilen. Der bestimmt abgegrenzte Teil von Unterrichtsteilnehmern – Lehrer und Schüler –[1392] lässt sich nicht auf eine bestimmte Anzahl festlegen.[1393] Vielmehr ist auf die Besonderheiten der unterschiedlichen Unterrichtsformen abzustellen. Unproblematisch lässt sich der Teilnehmerkreis im Schulalltag parallel zu § 53 Abs. 3 Nr. 1 auf die Anzahl der Teilnehmer am Unterricht, also auf die Klassenstärke festlegen. Entsprechendes gilt für schulähnliche Einrichtungen. An Hochschulen ist der dort üblichen Unterrichtsform Rechnung zu tragen, indem man von der Vorlesungsstärke ausgeht. Von einer größeren Teilnehmerzahl ist auch bei Fernunterrichtskursen auszugehen. Es würde Sinn und Zweck widersprechen, würde man bei dieser modernen Lernform nicht auch größere Personenkreise als an Schulen für die Anwendung des § 52a zulassen.

Eine wichtige Einschränkung erfährt die öffentliche Zugänglichmachung in Übereinstimmung mit den zwingenden Vorgaben des Art. 5 Abs. 3 lit. a) dadurch, dass sie zu dem Unterrichtszweck geboten sein muss. Eine Nutzung ist dann nicht geboten, wenn das Werk nicht ohne erheblichen Aufwand offline zur Verfügung gestellt werden kann.[1394] Diese Einschränkung sollte nicht dazu führen, dass man den Schrankenbegünstigten stets auf die immer ohne erheblichen Aufwand mögliche reprographische Vervielfältigung verweist. Man sollte hierbei auch den Zweck der Schranke berücksichtigen, moderne Kommunikationsmittel zu fördern. Unproblematisch lässt sich das Gebotensein bei den Fernunterrichtskursen bejahen, da es dem Wesen dieser Lernform entspricht, Online-Unterrichtskurse zu geben.

Ferner muss die öffentliche Zugänglichmachung zur Verfolgung nicht kommerzieller Zwecke gerechtfertigt sein. Um den kommerziellen Charakter der Tä-

---

1392 *Wandtke/Ohst* in Wandtke/Bullinger, InfoG, § 52a Rn. 9.

1393 Auf die mit den unbestimmten Rechtsbegriffen zusammenhängende Abgrenzungsproblematik weisen *Schippan* ZUM 2003, 378, 382; *v. Olenhusen* ZRP 2003, 232, 234.

1394 *Wandtke/Ohst* in Wandtke/Bullinger, InfoG, § 52a Rn. 9.

tigkeit zu ermitteln, ist in richtlinienkonformer Auslegung die Tätigkeit selbst entscheidend; Finanzierung (z.B. öffentliche Zuschüsse) und organisatorische Struktur (z.B. Anstalt des öffentlichen Rechts) sind keine entscheidende Faktoren.[1395] Die Tätigkeit, die keinen Erwerbszwecken dient, schließt ein Entgelt in Form eines Unkostenbeitrags nicht aus (§ 52).[1396]

Gemäß § 52a Abs. 3 ist die für die öffentliche Zugänglichmachung erforderliche Vervielfältigung zulässig, soweit sie zu der öffentlichen Zugänglichmachung geboten ist.[1397] Dem lässt sich der Rechtsgedanke entnehmen, dass eine andere Nutzungsart gestattet sein muss, wenn andernfalls die Schranke nutzlos ist. Von der Schranke gedeckt sind daher z.B. die digitale Speicherung der Inhalte auf dem Server, von dem die Inhalte abgerufen werden, und die Kopie im Zwischenspeicher bei der Bildschirmanzeige. Nicht mehr durch die Schranke gedeckt sind die dem Übertragungsvorgang anschließenden dauerhaften Vervielfältigungen und die Ausdrucke. Diese sind u.U. durch § 53 Abs. 3 Nr. 1 gedeckt.

Gemäß § 52a Abs. 4 S. 1 ist für die öffentliche Zugänglichmachung eine angemessene Vergütung zu zahlen. Die Vergütung soll die zur Zugänglichmachung erforderliche Vervielfältigung (Absatz 3) mit umfassen.[1398] Es ist gerechtfertigt,[1399] die Vervielfältigung vergütungsfrei zuzulassen, weil die nach anderen Regelungen zulässigen – wirtschaftlich selbständigen – Vervielfältigungen gemäß §§ 54 Abs. 2 , 54a Abs. 1 vergütungspflichtig sind und die Vorschriften unberührt bleiben sollen.[1400] Die Schranke ohne Vergütungspflicht wäre mit dem Beteiligungsgrundsatz unvereinbar[1401] und im Vergleich zu dem weniger einschneidenderen § 53 Abs. 3 wertungswidersprüchlich.[1402] Die Vergütung durch Gesamtverträge zwischen den Verwertungsgesellschaften und den Schulträgern geregelt.[1403]

Zustimmungsbedürftig bleiben gemäß Absatz 2 Handlungen in Bezug auf Schulbücher und Filmwerke. Die Sonderregelung für Schulbücher trägt den Einwänden Rechnung, die der Bundesrat gegen den RegE erhoben hat. Die Gefährdung des Primärmarktes wäre ein Verstoß gegen die zweite Stufe des in Art. 5

1395 Info-RL EG 42.

1396 A.A. *Wandtke/Ohst* in Wandtke/Bullinger, InfoG, § 52a Rn. 9.

1397 BT-Drucks. 15/837, S. 79

1398 BT-Drucks. 15/837, S. 79.

1399 Kritisch dazu *Schippan* ZUM 2001, 378, 382; *von Olenhausen* ZRP 2003, 232, 234.

1400 BT-Drucks. 15/837, S. 79.

1401 *Stickelbrock* Stellungnahme, S. 9 f; kritisch zu den anfänglichen Plänen, nur die Nutzung zu Zwecken der Forschung vergütungspflichtig auszugestalten, Stellungnahme des Bundesrates, BT-Drucks. 15/38, S. 36; Beschlussempfehlung und Bericht, BT-Drucks. 15/837, S. 25.

1402 Stellungnahme des Bundesrates, BT-Drucks. 15/38, S. 36.

1403 BT-Drucks. 15/837, S. 79.

Abs. 5 Info-RL verankerten DST und mit Art. 14 Abs. 1 GG nicht vereinbar.[1404] Es wird die normale Verwertung der Schulbuchverlage beeinträchtigt, da ihnen mit der Schranke zu Unterrichtszwecken der auf sie zugeschnittene Markt entzogen würde.[1405] Dies wollte der Gesetzgeber mit der Bereichsausnahme verhindern.[1406] Die Schranke wäre auch im Hinblick auf § 46 kontraproduktiv, der den Schulbuchverlagen gerade die öffentliche Zugänglichmachung von Inhalten als neue Verwertungsform erleichtern soll. Ähnliche Erwägungen tragen die Ausnahme für Filmwerke: Man befürchtete die Beeinträchtigung der für den Film typischen Staffelung der Auswertung („Verwertungskaskade").[1407] Daher ist die Ausnahme zeitlich auf zwei Jahre befristet. Die Frist wird vom Beginn der üblichen regulären Auswertung des Filmwerkes in deutschen Filmtheatern an berechnet. In Übereinstimmung mit Art. 5 Abs. 3 lit. a) ist die Pflicht der Quellenangabe gemäß § 63 zu beachten.[1408]

(b2) Öffentliche Zugänglichmachung für die *Forschung*

Für die Schranke zu Zwecken der wissenschaftlichen Forschung gelten die vorstehenden Ausführungen entsprechend: Es sind die öffentliche Zugänglichmachung und Vervielfältigung in dem gebotenen Umfang zulässig, es besteht eine Pflicht zur Vergütung sowie zur Quellenangabe, und die Regelung ist befristet. Gesonderte Ausführungen sind in Bezug auf das verwertbare Material, die öffentlichen Zugänglichmachung an einen bestimmt abgegrenzten Kreis von Personen, den Nutzungszweck sowie die Schrankenbegünstigten erforderlich.

Verwertbar sind ebenso wie für den Unterrichtsgebrauch veröffentlichte Teile eines Werks, Werke geringen Umfangs sowie einzelne Beiträge aus Zeitungen oder Zeitschriften. Anders als beim Unterrichtsgebrauch muss es sich hier jedoch *nicht* um *kleine* Teile eines Werks handeln. Nach der Vorstellung des Gesetzgebers sollen unter „Werke geringen Umfangs" auch Monographien fallen.[1409]

Die öffentliche Zugänglichmachung ist auf einen bestimmt abgegrenzten Teil von Personen begrenzt, wobei der Gesetzgeber an *kleine Forschungsteams* gedacht hat; ausdrücklich klargestellt ist, dass dieses Merkmal nicht erfüllt sein soll, wenn Werke so in das Intranet einer Universität eingestellt werden, dass sämtlichen dort tätigen Forschern die Nutzung des Werkes ermöglicht wird.[1410] Anders als bei der Nutzung zu Unterrichtszwecken weist der Gesetzgeber darauf hin, dass

---

1404 Stellungnahme des Bundesrates, BT-Drucks. 15/38, S. 36; so auch *Reinbothe* in FS Dittrich, S. 251, 258.
1405 Darin liegt eine Verletzung der zweiten Stufe des DSTs *Reinbothe* in FS Dittrich, S. 251, 258 m.w.N.
1406 BT-Drucks. 15/837, S. 34.
1407 BT-Drucks. 15/837, S. 34.
1408 S. dazu bereits oben Teil 2 1. Kap. H. II. 3. a) aa) (4) (c) (cc) (a5).
1409 BT-Drucks. 15/837, S. 34.
1410 BT-Drucks. 15/837, S. 34.

der zugelassene Kreis durch konkrete und nach dem jeweiligen Stand der Technik wirksame Vorkehrungen ausschließlich auf Personen einzugrenzen ist, die das Angebot für jeweils eigene wissenschaftliche Zwecke abrufen.[1411] In erster Linie bieten sich hierfür Zugangskontrollen in Form von Passwortkontrollen an.

Der Nutzungszweck besteht darin, dass die öffentliche Zugänglichmachung an Personen oder Einrichtungen zu deren eigener wissenschaftlichen Forschung erfolgt. Das Merkmal „eigener" schließt die Nutzung durch Dritte aus. Für die „wissenschaftliche Forschung" ist kennzeichnend, dass die Tätigkeit methodisch, gründlich und zuverlässig vorgenommen wird und der Erkenntnisfindung und -ermittlung dient.[1412] Maßgeblich ist, ob die Tätigkeit mit der genannten Arbeitstechnik und Zielrichtung erfolgt.[1413] Ferner darf die Nutzung nicht „zu kommerziellen Zwecken" erfolgen. Eine wirtschaftliche Tätigkeit allein genügt nicht, so dass kommerziell i.S.v. „gewerblich" oder „zu Erwerbszwecken" zu verstehen ist. Es sollte ebenso wie in § 45a eine Tätigkeit „zu Erwerbszwecken" ausgeschlossen sein, d.h. es würde eine nur vorübergehend auf die Einnahmezielung gerichtete Tätigkeit genügen. Dies schließt ein Entgelt nicht aus (vgl. § 52 Abs. 1). Das Merkmal „zu kommerziellen Zwecken" ist in den Konstellationen problematisch, in denen geforscht wird, um wirtschaftlich verwertbare Ergebnisse zu erzielen, insbesondere patentfähige Erfindungen. Nach zutreffender Ansicht von *Spindler* kann die Schranke auch zu Gunsten der Drittmittelforschung eingreifen, wenn die Forschungstätigkeit selbst zu nicht kommerziellen Zwecken erfolgt.[1414] Hiefür spricht EG 42; danach soll die Finanzierung kein maßgeblicher Faktor dafür sein, die kommerzielle Art der Tätigkeit zu ermitteln. Zur Lösung möglicher Abgrenzungsprobleme (z.B. spätere Patentanmeldung) ist dem Vorschlag von *Spindler* zuzustimmen, auf den „derzeitigen" Charakter der Tätigkeit als nicht kommerzielle Tätigkeit abzustellen und keine hypothetische Betrachtung vorzunehmen, ob ein wirtschaftlicher Ertrag in Zukunft möglich ist.[1415] Zu den *Schrankenbegünstigten* zählen nicht nur hochschulinterne Forschungsinstitute, sondern auch selbständige Forschungseinrichtungen.[1416]

(a3) Anmerkungen

Unter dem Blickwinkel der Vorgaben einer Umsetzung der Richtlinie ins deutsche Recht hält § 52a einer Überprüfung stand. Der Gesetzgeber war nach der hier vertretenen Ansicht dazu verpflichtet, die Beschränkung gemäß Art. 5 Abs. 3 lit. a) gegenüber dem Schutz technischer Maßnahmen sicherzustel-

1411 BT-Drucks. 15/38, S. 20.
1412 *Decker* in Möhring/Nicolini, UrhG, § 53 Rn. 22.
1413 *Decker* in Möhring/Nicolini, UrhG, § 53 Rn. 22.
1414 *Spindler* GRUR 2002, 105, 114.
1415 *Spindler* GRUR 2002, 105, 114.
1416 *Decker* in Möhring/Nicolini, UrhG, § 53 Rn. 22.

len („Ob"). Andererseits stand es dem Gesetzgeber frei zu entscheiden, ob er die Beschränkung für alle in Art. 5 Abs. 3 genannten Rechte vorsieht. Für die Beschränkung des „Rechts der öffentlichen Zugänglichmachung" – dem Online-Recht – kommt es entscheidend darauf an, ob sie der Prüfung anhand des DST standhält. Die heftige Reaktion seitens der Verlage erklärt sich damit, dass diesem Grundsatz nicht von Anfang an die ihm gebührende Beachtung geschenkt worden ist. Der DST beeinflusst Inhalt und Umfang einer Schranke („Wie").[1417] Schwieriger zu beurteilen ist, inwieweit er die Entscheidung des Gesetzgebers beeinflusst, ob er das Ausschließlichkeitsrecht in eine Schranke i.V.m. einem Vergütungsanspruch umwandelt. Der Gesetzgeber muss erwägen, ob in den Fällen, in denen eine individuelle Lizenzierung möglich ist, dieser der Vorrang gegenüber gesetzlichen Vergütungsansprüchen gebührt, die dem Rechtsinhaber das Vetorecht als Verhandlungsgrundlage entziehen.[1418] Dabei gilt, dass der DST dem Gesetzgeber bei der Bewertung der Schranken im digitalen Umfeld eine weitaus differenziertere und strengere Prüfpflicht auferlegt als dies bisher der Fall gewesen ist.[1419] Die Entscheidung berührt mannigfaltige Interessen. Für die Schrankenbegünstigten ist die pauschale Vergütung gegenüber einer individuellen Lizenzvereinbarung günstiger; auch die öffentlichen Haushalte profitieren hiervon.[1420] Hinzu kommt das Interessengeflecht zwischen den verschiedenen Rechtsinhabern. Die Verlage können sich durch die individuelle Lizenzierung der Verteilungspraxis der Verwertungsgesellschaften entziehen, die möglicherweise für den Urheber günstiger ist als die Beteiligung, die ihm aus dem Nutzungsvertrag mit dem Verwerter zufließt.[1421]

Vereinzelt wird vertreten, der Gesetzgeber sollte bei einer möglichen individuellen Lizenzierung von einer gesetzlichen Schranke und einem Vergütungsanspruch absehen.[1422] Diese Ansicht entspricht der Anwendung der zweiten Stufe des DST, wonach die primären Verwertungsmöglichkeiten nicht beeinträchtigt werden dürfen. Hierauf beruht die Entscheidung, für Filmwerke und Schulbücher Bereichsausnahmen vorzusehen. Für die wissenschaftlichen Verlage hat man von einer Bereichsausnahme abgesehen und statt dessen den Anwendungsbereich

---

1417 *Reinbothe* in FS Dittrich, S. 251, 259; *Schack* AfP 2003, 1, 8.

1418 *Reinbothe* in FS Dittrich, S. 251, 259 f.

1419 *Reinbothe* in FS Dittrich, S. 251, 258 f.; *Schippan* ZUM 2001, 116, 120, 124; *Schack* AfP 2003, 1, 7 f.

1420 Hierzu kritisch *v. Olenhusen* ZRP 2003, 232, 235, „ein wenig unter der Tarnkappe „public interest".

1421 *Meier-Ewert* F.A.Z. v. 30.4.2003, „Reform des Urheberrechts bedroht Verlage nicht", S. 21; *Schmoll* F.A.Z. v. 29.1.2003, „Enteignung der Autoren und Verlage?", S. 2.

1422 *Reinbothe* in FS Dittrich, S. 251, 259 f.; *Schack* AfP 2003, 1, 8; so auch Änderungsantrag der FDP-Fraktion im Rechtsausschuss, Beschlussempfehlung und Bericht, S. 30.

zeitlich befristet; dies wird von den betroffenen Kreisen als ungerecht empfunden wird.[1423]

Der rechtliche Rahmen stellt zunächst keine unzumutbare Belastung der wissenschaftlichen Verlage dar, insbesondere wird dem DST ausreichend dadurch Rechnung getragen, dass das verwertbare Material und die öffentliche Zugänglichmachung dem Umfang nach stark begrenzt sind, zuletzt durch das Merkmal des „Gebotenseins".

Die Regelung ist allerdings in tatsächlicher Hinsicht problematisch, da sie rechtsmissbräuchlich angewandt werden kann („sukzessives Einstellen von Beiträgen").[1424] Der Gesetzgeber muss daher mit dem Vorwurf leben, den wissenschaftlichen Verlegern ein Risiko materieller Einbußen aufgebürdet zu haben.[1425] Sollte sich dieses Risiko realisieren, stellt sich unter diesem Blickwinkel erneut die Frage nach der Vereinbarkeit mit dem DST.

Für die qualifizierte Schranke i.S.v. § 95b Abs. 1 greifen die Einwände, die sich in tatsächlicher und möglicherweise dann auch rechtlicher Hinsicht ergeben, allerdings nicht durch. Dies gilt zunächst im Hinblick auf den stark reduzierten Anwendungsbereich der Vorschrift. Der Print-Bereich ist nicht betroffen, weil ein technischer Schutz naturgemäß ausscheidet. Für einen wichtigen Teilbereich des elektronischen Handels, die interaktive Verbreitung der Inhalte auf vertraglicher Grundlage (z.B. Abrufdienste), gilt der Vorrang der vertraglichen Vereinbarung.[1426] Von dem verbleibenden Anwendungsbereich ist der Anspruch gemäß § 95b Abs. 2 für technisch geschützte Offline-Träger (CD, DVD, CD-ROM, etc.) relevant. Der Schutz technischer Maßnahmen gibt dem Rechtsinhaber Kontrollmöglichkeiten: Erstens kooperieren Rechtsinhaber und Schrankenbegünstigter bei der Mittelbereitstellung; der Rechtsinhaber muss nicht unbedingt die geheimen Daten preisgeben, sondern kann auch eine ungeschützte Kopie (z.B. einzelne Artikel aus einem Zeitschriftenjahrgang) übermitteln. Hinzu kommt, dass es ein spezielles Instrument gegen Missbrauch gemäß § 95b Abs. 4 gibt, wonach die zur Verfügung gestellten Maßnahmen ihrerseits gegen die Umgehung geschützt sind.

(ff) § 53 (Vervielfältigungen zum privaten und sonstigen eigenen Gebrauch)

§ 95b Abs. 1 Nr. 6 bezieht sich auf § 53, der die Vervielfältigung zum eigenen Gebrauch regelt. Der in Abs. 1 normierte „private Gebrauch" ist ein Unterfall des in Abs. 2 geregelten „eigenen Gebrauchs".[1427]

1423 Gegen die Ungleichbehandlung sind *v. Olenhusen* ZRP 2003, 232, 234; *Schippan* ZUM 2003, 378, 382.

1424 *Schippan* ZUM 2003, 378, 382; *v. Olenhusen* ZRP 2003, 232, 234.

1425 *Schippan* ZUM 2003, 378, 382; *v. Olenhusen* ZRP 2003, 232, 233.

1426 S. dazu näher Teil 2 1. Kap. H. II. 3. d).

1427 Regierungsentwurf 1962, BT-Drucks. IV/270, abgedruckt in UFITA 45 (1965), 240, 289; *Loewenheim* in *Schricker*, UrhR, § 53, Rn. 11.

(a1) § 53 Abs. 1 in Form der Reprographie (Vervielfältigung zum privaten Gebrauch)

Nr. 6 lit. a) stellt die Vervielfältigung zum privaten Gebrauch unter den Voraussetzungen des § 53 Abs. 1 sicher, wenngleich mit der Einschränkung, dass die Schranke nur in reprographischer Form durchsetzbar ist. Diese Einschränkung hängt damit zusammen, dass die Mitgliedstaaten lediglich verpflichtet sind, die Beschränkungen i.S.v. Art. 5 Abs. 2 lit. a) (Reprographie) sicherzustellen. Die europäischen Vorgaben für die Schranke zum privaten Gebrauch i.S.v. Art. 5 Abs. 2 lit. b), die auch andere Vervielfältigungsformen (analog, digital) zulässt, wird möglicherweise in „Korb 2" nachfolgen.[1428] Die Voraussetzungen des § 53 Abs. 1 S. 1 in reprographischer Form gehen auf Art. 5 Abs. 2 lit. a) (Reprographie) und teilweise auf Art. 5 Abs. 2 lit. b) Info-RL (privater Gebrauch) zurück.

Der Nutzungszweck des privaten Gebrauchs ist erfüllt, wenn die Person das Vervielfältigungsstück herstellt, um es in der Privatsphäre zur Befriedigung rein persönlicher Bedürfnisse selbst zu gebrauchen, oder an eine Person weitergibt, mit der sie durch ein persönliches Band verbunden ist; dies umfasst den engen Familien- und Freundeskreis.[1429] Juristische Personen sind, da sie keine Privatsphäre haben, von der privilegierten Nutzung ausgenommen.[1430] Die Anzahl der Vervielfältigung ist auf „einzelne" begrenzt. Die inhaltliche Ausfüllung dieses Begriffs hin zu einer konkreten Zahl ist umstritten; sie variiert von drei[1431] bis sieben.[1432] Die der Rechtsprechung zugeschriebene Zahl *Sieben* ist nur von schwacher Aussagekraft, denn sie rührt aus einem diese Zahl betreffenden Verfahren her, in dem der BGH antragsgemäß verurteilt hat (§ 308 Abs. 1 ZPO).[1433]

Ausgeschlossen ist jede Nutzung zu wirtschaftlichen Zwecken. Dies folgt aus der Wendung „weder mittelbar noch unmittelbar Erwerbszwecken dienen", die Art. 5 Abs. 2 lit. b) verbindlich vorgibt. Dieses Merkmal ist weiter zu verstehen als „gewerblich", da auch eine vorübergehende Tätigkeit hiervon erfasst ist. Eine Gewinnerzielungsabsicht ist hingegen nicht erforderlich.[1434]

Die qualifizierte Schranke i.R.v. § 95b Abs. 1 S. 1 Nr. 6 lit. a) ist enger als die allgemeine Schranke in § 53 Abs. 1. Die Vervielfältigung zum privaten Gebrauch soll derzeit ausschließlich in Form der *Reprographie* i.S.v. Art. 5 Abs. 2 lit. a)

1428 BT-Drucks. 15/38, S. 15.

1429 *Loewenheim* in Schricker, UrhR, § 53 Rn. 12; *Schack*, UrhR, Rn. 495.

1430 BGHZ 134, 250, 256 – *CB-infobank I*; *Nordemann* in Fromm/Nordemann, § 53 Rn. 2.

1431 *Schack* UrhR, Rn. 496.

1432 BGH GRUR 1978, 474, 476 – *Vervielfältigungsstücke.*

1433 *Nordemann* in Fromm/Nordemann UrhR, § 53 Rn. 3.

1434 *Walter* medien und recht 2002, 217, 221.

durchsetzbar sein. Eine digitale Vervielfältigung ist dadurch ausgeschlossen:[1435] Erstens ist anders als in § 53 Abs. 1 S. 1 n.F. eine Vervielfältigung nicht auf „beliebige“ (z.B. digitale Träger) möglich, sondern nur auf papierähnlichen Trägern („auf Papier oder einem ähnlichen Träger“). Zweitens sprechen dafür die angewandten Verfahren - photomechanische Verfahren oder solche mit ähnlicher Wirkung.[1436] Art. 5 Abs. 2 lit. a) ist den §§ 49, 53 nachgebildet.[1437] Die Reprographie hat der Richtliniengeber bewusst weit ausgestaltet,[1438] da er die Gefahr für den Binnenmarkt hierdurch als gering eingeschätzt hat.[1439] I.R.v. § 53 Abs. 1 ist der Rahmen enger als in der Info-RL gesteckt, indem nur „einzelne“ Vervielfältigungen hergestellt werden dürfen, und ein Nutzungszweck erfüllt sein muss (privater Gebrauch).[1440] Für die Reprographie i.R.v. § 95b Abs. 1 S. 1 gelten dieselben Einschränkungen wie i.R.v. § 53, insbesondere sind von der Schranke graphische Aufzeichnungen von Werken der Musik gemäß § 53 Abs. 4 lit. a) ausgenommen, und die Werke dürfen nicht verbreitet und öffentlich wiedergegeben werden (Absatz 6).

Der Meinungsstreit, ob eine Vervielfältigung von einer rechtswidrigen Vorlage *(b1)* und ob das Vervielfältigen durch Dritte zulässig ist („Herstellenlassen“) *(b2)*, fällt bei § 95b Abs. 1 nicht so stark ins Gewicht wie bei den allgemeinen Schranken.

(b1) Rechtswidrige Vorlage

Die Frage, ob § 53 Abs. 1 S. 1 die Vervielfältigung von einer rechtswidrigen, d.h. nicht lizenzierten Vorlage abdeckt, gehörte zu den umstrittensten Fragen des Gesetzgebungsverfahren. Der Wortlaut lässt diese Frage offen. Auf Vorschlag des Vermittlungsausschusses[1] ist ein klarstellender Zusatz in § 53 Abs. 1 eingefügt worden, wonach die Schranke nicht eingreift, wenn eine offensichtlich rechtswidrig hergestellte Vorlage verwendet wird. Der neu eingefügte Passus in § 53 Abs. 1 S. 1 entspricht einer gegenüber den bisher vertretenen Extrempositionen vermittelnden Ansicht.[1441]

Es entspricht der *vh. M.* im Schrifttum, dass die Vervielfältigung von der rechtswidrigen Vorlage nicht als Vervielfältigung zum privaten Gebrauch i.S.v.

1435 *Bayreuther* ZUM 2001, 829, 831; *Schack* AfP 2003, 1, 4; *Schippan* ZUM 2001, 116, 119; a.A. *Flechsig* ZUM 1998, 139, 148; *Kröger* CR 2001, 316, 319 f.

1436 *Bayreuther* ZUM 2001, 829, 831; *Schack* AfP 2003, 1, 4.

1437 *Reinbothe* ZUM 1998, 429, 435.

1438 *Reinbothe* ZUM 1998, 429, 435.

1439 Info-RL EG 37.

1440 *Spindler* GRUR 2002, 105, 112; kritisch zu Art. 5 Abs. 2 lit. a) *Schippan* ZUM 2001, 116, 119.

1441 S. zu der Frage im Gesetzgebungsverfahren *Schippan* ZUM 2003, 678 f.

§ 53 Abs. 1 privilegiert ist.[1442] § 53 Abs. 1 sei entsprechend teleologisch zu reduzieren.[1443] Aus § 96 wird der Rechtsgedanke entnommen, dem rechtswidrigen Zustand dürfe keine Dauer verliehen werden (Perpetuierungsgedanke);[1444] dies würde jedoch geschehen, wenn die Bemakelung der Vorlage für die Frage der Zulässigkeit einer Kopie hiervon ausgeblendet werden würde.

Nach der *Gegenansicht*[1445] unterscheidet § 53 nicht danach, ob die Vorlage rechtswidrig oder rechtmäßig ist, und verweist hierfür in erster Linie auf den Wortlaut der Norm. Ferner privilegiere der Gesetzeszweck den privaten Gebrauch unabhängig davon, ob eine rechtmäßige oder rechtmäßige Vorlage verwendet worden ist.[1446] Der Nutzer verhalte sich nur unredlich, wenn er sich die Vorlage rechtwidrig verschafft hat, nicht wenn er sich die Vorlage lediglich herunterlädt.[1447] Der redliche Nutzer würde ansonsten einer unerträglichen Haftung ausgesetzt und bekäme schwierige Prüfpflichten auferlegt.[1448] Schließlich sei der Urheber durch die mit der Anfertigung von Kopien einhergehenden Abgaben beim Kauf von Speichermedien auch finanziell besser gestellt als durch ein nicht durchsetzbares Verbot.[1449]

Der vorstehend skizzierte Meinungsstreit wird im Zusammenhang mit § 95b wahrscheinlich keine praktische Relevanz haben. Handelt es sich bei dem Angebot um ein rechtswidrig hergestelltes Exemplar, ist regelmäßig nicht zu erwarten, dass es technisch geschützt angeboten wird. Theoretisch denkbar ist das für den elektronischen Handel, bei dem z.B. Werke auf Abruf angeboten werden (DRMS), der Anbieter hierzu aber gar nicht berechtigt ist. § 95b Abs. 1 kommt aber nur für nicht interaktive Nutzungsformen zur Anwendung (vgl. § 95b Abs. 3). Bietet ein unbefugter Dritter die Schutzgegenstände technisch geschützt an, kommt hinzu, dass der Dritte der einzige wäre, der über die Informationen zur Entsicherung verfügt, d.h. der Nutzer wird seinen Anspruch nur gegen diesen richten können. Im Streitfall geht der Nutzer hierbei leer aus, weil der Anspruchsgegner nicht „Rechtsinhaber" ist.

1442 *Decker* in Möhring/Nicolini, UrhG, § 53 Rn. 9; *Lüft* in Wandtke/Bullinger, UrhR, § 53 Rn. 9; *Leupold/Demisch* ZUM 2000, 379, 383, 385; *Schaefer* in FS Nordemann, S. 191, 196; *Stickelbrock*, Stellungnahme, S. 4 f.

1443 *Decker* in Möhring/Nicolini, UrhG, § 53 Rn. 9; *Leupold/Demisch* ZUM 2000, 379, 384 f.; *Loewenheim* in FS Dietz, S. 415, 419.

1444 *Braun* GRUR 2001, 1106, 1107; *Decker* in Möhring/Nicolini, § 53 Rn. 9; *Loewenheim* in FS Dietz, S. 415, 420; *Schäfer* in FS Nordemann, S. 191, 196; *Stickelbrock*, Stellungnahme, S. 4 f.

1445 *Kreutzer* GRUR 2001, 193, 200; *Mönkemöller* GRUR 2000, 663, 668; *Schack* in FS Ermann, S. 165 ff.; *Spindler* JZ 2002, 60, 63.

1446 *Mönkemöller* GRUR 2000, 663, 668.

1447 *Kreutzer* GRUR 2001, 193, 200; *Schack* in FS Erdmann, S. 165, 167.

1448 *Kreutzer* GRUR 2001, 193, 200; *Schack* UrhR, Rn. 496, Fn. 83; *ders.* in FS Erdmann, S. 165, 169; s. BGH Z 57, 108, 111.

1449 *Schack* in FS Erdmann, S. 165, 171 f.

Jenseits dessen seien einige Anmerkungen zu dem Meinungsstreit erlaubt: Der zuletzt beschriebenen Ansicht ist darin zu folgen, dass Entstehungsgrund des § 53 Abs. 1 die mangelnde Durchsetzbarkeit des Verbots ist, und es für den Ausschluss darauf ankommen muss, ob das Verhalten des Nutzers zu missbilligen ist.[1450] *Diese Wertung entspringt aus dem Grundsatz von Treu und Glauben und der Frage, unter welchen Umständen die Berufung auf eine günstige Rechtsposition als rechtsmissbräuchlich erscheint.*[1451] *Die Gegenansicht stellt daher die richtige Frage, ob der Nutzer, der sich illegale Dateien aus dem Netz herunterlädt, mit demjenigen verglichen werden kann, der sich z.B. gesetzeswidrig eine Rechtsposition verschafft.*[1452] *Ordnet man die Neuregelung dogmatisch ein, liegt ein materiell-rechtlicher Mehrgehalt darin, dass derjenige Nutzer als unredlich anzusehen ist, der eine offensichtlich rechtswidrig hergestellte Vorlage verwendet. Da für rechtsmissbräuchliches Verhalten grundsätzlich ein Verschulden oder eine Absicht vorausgesetzt wird und nur ausnahmsweise an die objektiven Umstände anknüpft,*[1453] *setzt die Neuregelung an der untersten Stufe des zu missbilligenden Verhaltens an. Das Merkmal der „Offensichtlichkeit“ ist ein Merkmal, das sich objektiv nach den Umständen des Einzelfalles bestimmt.*

(b2) Herstellenlassen

Der Schrankenbegünstigte kann gemäß § 53 Abs. 1 S. 2 auch durchsetzen, dass ihm Mittel zur Verfügung gestellt werden, die es ihm ermöglichen, die Vervielfältigung durch andere herstellen zu lassen. Gemäß § 53 Abs. 1 S. 2 ist – entgegen der Empfehlung des Gutachtens des Max-Planck-Instituts[1454] – die Vervielfältigung durch einen anderen zulässig, sofern dies unentgeltlich oder mittels reprographischer Verfahren vorgenommen wird.[1455] Die Alternative „unentgeltlich“ hat i.R.d. § 95b Abs. 1 S. 1 Nr. 6 lit. a) keine Bedeutung, da der Anwendungsbereich von vornherein auf reprographische Verfahren reduziert ist und somit immer die zweite Alternative erfüllt sein muss. Es ist zu erwarten, dass die Rechtsinhaber die technischen Maßnahmen von vornherein so einstellen, dass ein Ausdrucken der Dokumente möglich bleibt. Die darüber hinaus gehenden Fragen werden in dem *2. Kapitel* behandelt.[1456]

(b3) Vergütungspflicht

Der Rechtsinhaber muss für die Reprographie gemäß Art. 5 Abs. 2 lit. a) einen *gerechten Ausgleich* bekommen, der sich nach § 54a Abs. 1 richtet.[1457]

1450 Noch a.A. *Hänel* JurPC Web-Dok. 245/2000, Abs. 18 ff.

1451 *Roth* in MünchKomm, BGB, § 242 Rn. 346, 380.

1452 KG GRUR 1992, 168, 169 – *Dia-Kopien*; *Kreutzer*, GRUR 2001, 193, 200; *Schack* in FS Erdmann, S. 165, 166 f.

1453 *Roth* in MünchKomm, BGB, § 242 Rn. 346, 380.

1454 *Dreier* in Schricker, Weg zur Informationsgesellschaft, S. 166.

1455 Kritisch dazu *Schack* ZUM 2002, 497, 501 m.w.N.

1456 S. Teil 2 2. Kap. A. IV. 1.

1457 *Rehbinder* UrhR, § 33 III 2 Rn. 264; *Flechsig* ZUM 2002, 1, 9.

(a2) § 53 Abs. 2 (eigener Gebrauch)

Nr. 6 lit. b) bis e) verweisen auf § 53 Abs. 2. Hiernach ist es erlaubt, in bestimmten Fällen des eigenen Gebrauchs (wissenschaftlicher Gebrauch, Archivierung, Funksendung über Tagesfragen sowie kleine Teile erschienener Werke) einzelne Vervielfältigungsstücke herzustellen oder herstellen zu lassen. Das Merkmal des „eigenen" Gebrauchs schließt die Weitergabe der Kopie an Dritte aus.[1458] Anders als bei dem privaten Gebrauch kann sich auch eine juristische Person auf den eigenen Gebrauch berufen.[1459] Abgesehen von den o.a. Gemeinsamkeiten muss zwischen der Vervielfältigung zum wissenschaftlichen Gebrauch *(a1)*, der Archivierung *(a2)* und dem sonstigen eigenen Gebrauch unterschieden werden *(a3)*.

(b1) § 53 Abs. 2 S. 1 Nr. 1 (Vervielfältigungen zum eigenen wissenschaftlichen Gebrauch)

Durchsetzbar ist zunächst die Schranke zum eigenen wissenschaftlichen Gebrauch gemäß § 95b Abs. 1 S. 1 Nr. 6 lit. b) i.V.m. § 53 Abs. 2 S. 1 Nr. 1. Sie erlaubt es, einzelne Vervielfältigungsstücke zu diesem Zweck herzustellen oder herstellen zu lassen, wenn und soweit die Vervielfältigung zu diesem Zweck geboten erscheint. Beachtlich ist, dass zu Gunsten der Wissenschaft keine Unterscheidung hinsichtlich der Art der Vervielfältigung gemacht wird, so dass die *reprographische, analoge und digitale* Vervielfältigung durchsetzbar ist. Die Schranke ist unverändert erhalten geblieben, da der deutsche Gesetzgeber sie durch die Beschränkung zu Zwecken der Forschung gemäß Art. 5 Abs. 3 lit. a) für gedeckt hält.[1460] Die Beschränkung der Reprographie (Art. 5 Abs. 2 lit. a)) hätte die Schranke nicht abdecken können. Die Schranke gilt unverändert ggü. dem Schutz technischer Maßnahmen, da Art. 6 Abs. 4 Unterabs. 1 auf Art. 5 Abs. 3 lit. a) verweist. Durch die Schranke ist nicht nur der einzelne Forscher begünstigt, sondern es kommen auch juristische Personen (z.B. Forschungseinrichtungen als Verein) in Betracht.

Der Wortlaut muss allerdings noch durch das Merkmal „zu nicht kommerziellen Zwecken" ergänzt werden,[1461] soweit andere als reprographische Vervielfältigung zugelassen werden. Insoweit ist § 53 Abs. 2 Nr. 1 richtlinienwidrig, da Art. 5 Abs. 3 lit. a) dieses Merkmal verbindlich vorgibt. Zur Bestimmung der kommerziellen Art der Tätigkeit ist auf die Tätigkeit selbst abzustellen, während die Finanzierung oder organisatorische Struktur der Einrichtung keine maßgeblichen Faktoren sind.[1462] Statt „zu kommerziellen Zwecken" ist der Begriff „zu Er-

---

1458 Regierungsentwurf 1962, BT-Drucks. IV/270, abgedruckt in UFITA 45 (1965), 240, 289; *Loewenheim* in Schricker, UrhR, § 53, Rn. 17.

1459 *Nordemann* in Fromm/Nordemann, § 53 Rn. 2.

1460 BT-Drucks. 15/38, S. 21.

1461 Zweifel in Bezug auf Richtlinienkonformität äußert *Stickelbrock* Stellungnahme, S. 11.

1462 Info-RL EG 42 S. 1 und 2; *Spindler* GRUR 2002, 105, 114.

werbszwecken“ zu verwenden. Zu den Abgrenzungsschwierigkeiten bei der Drittmittelforschung sei auf die Ausführungen i.R.v. § 52a verwiesen. § 53 Abs. 2 Nr. 1 muss, soweit das Merkmal „zu nicht kommerziellen Zwecken“ fehlt und die analoge oder digitale Vervielfältigung gestatten soll, korrigiert werden, da er andernfalls richtlinienwidrig ist.[1463] Es ist die gemäß Art. 5 Abs. 3 lit. a) zwingend erforderliche Quellenangabe[1464] gemäß § 63 Abs. 1 zu beachten.

(b2) § 53 Abs. 2 S. 1 Nr. 2 (Aufnahme in ein eigenes Archiv)

Ebenfalls nur unter sehr eingeschränkten Voraussetzungen ist die Schranke gemäß § 95b Abs. 1 S. 1 Nr. 6 lit. c) i.V.m. § 53 Abs. 2 S. 1 Nr. 2 durchsetzbar, die eine Vervielfältigung zur Aufnahme in eine eigenes Archiv erlaubt.

§ 53 Abs. 2 S. 1, der in der alten Fassung erhalten geblieben ist, setzt zunächst voraus, dass die Vervielfältigung zur Aufnahme in ein eigenes Archiv erfolgt. Für ein „Archiv“ sind die Funktionen der geordneten Sammlung unter sachlichen Gesichtspunkten, Bestandsicherung und Verwahrung von Geistesgut kennzeichnend.[1465] Das Merkmal eines „eigenen“ Archivs bedeutet, dass das Archiv nur intern genutzt werden darf[1466], und nicht durch außenstehende Dritte.[1467]

Der Archivzweck ist in der Info-RL nicht vorgegeben, dafür sind aber in Art. 5 Abs. 2 lit. c) Archive erwähnt.[1468] Diese Beschränkung ist einerseits eng gefasst, da sie die Kategorien von berechtigten Einrichtungen *abschließend*[1469] aufzählt und einen nicht kommerziellen Zweck verlangt; andererseits ist sie weit, da sie keinen spezifischen Nutzungszweck verlangt;[1470] dies sollte den Mitgliedstaaten einen weiten Umsetzungsspielraum verschaffen.[1471] Der Richtliniengeber hat den Mitgliedstaaten gleichwohl empfohlen, die Beschränkung auf bestimmte Sonderfälle zu begrenzen.[1472] Dem genügt die Schranke im deutschen Recht, da sie auf den *Archivzweck* begrenzt ist.

1463 I. E. offen *Spindler* GRUR 2002, 105, 114, Art. 5 Abs. 3 lit. a) sei „weitgehend“ durch § 53 Abs. 2 Nr. 2, III UrhG gedeckt; s. zu der Abgrenzungsproblematik bei fremdfinanzierter Forschung Teil 2 1. Kap. H. II. 3. a) aa) (4) (c) (ee) (a3) (b2).

1464 *Spindler* GRUR 2002, 105, 114.

1465 BGHZ 134, 250, 157 – *CB-infobank I*; *Nordemann* in: Fromm/Nordemann, UrhG, § 53 Rn. 7; *Schack* AfP 2003, 1, 2.

1466 *Schack* AfP 2003, 1, 2; BGHZ 134, 250, 257 f. – *CB-Infobank I.*

1467 *Schack* AfP 2003, 1, 2 m.w.N.; BGHZ 134, 250, 257 f. – *CB-Infobank I.*

1468 Der Gesetzgeber beruft sich zutreffend auf Art. 5 Abs. 2 lit. a) und Art. 5 Abs. 2 lit. c), BT-Drucks. 15/38, S. 21.

1469 Gemeinsamer Standpunkt des Rates, Nr. 26; *Kröger* CR 2001, 316, 320; *Reinbothe* GRUR Int. 2001, 733, 739; s. dazu sogleich.

1470 *Spindler* GRUR 2002, 105, 112 f; *Reinbothe* GRUR Int. 2001, 733, 739.

1471 Gemeinsamer Standpunkt des Rates, Nr. 26.

1472 Vgl. Info-RL EG 40 S. 2.

Das Archivprivileg gilt allerdings nicht für elektronische Datenbanken (vgl. § 53 Abs. 5), die selbst „Archive" sind,[1473] aber nicht die Voraussetzungen des § 53 Abs. 2 Nr. 2 erfüllen.

Zulässig ist die Vervielfältigung. Diese ist dem Umfang nach dadurch begrenzt, dass sie zu diesem Zweck geboten sein muss. Schließlich muss als Vorlage für die Vervielfältigung ein „eigenes" – d.h. in diesem Zusammenhang ein im Eigentum[1474] des Schrankenbegünstigten stehendes – Werkstück benutzt werden.

Die Schranke musste in richtlinienkonformer Umsetzung eingeschränkt werden. Hierfür ist der neu eingefügte Satz 2 zu beachten. Es ist zwischen der allgemeinen und qualifizierten Schranke zu unterscheiden. Zunächst ist der Anwendungsbereich der *allgemeinen* Schranke eingeschränkt worden. Satz 2 sieht in den Nr. 1 bis 3 Tatbestandsrestriktionen vor, die (alternativ) erfüllt sein müssen, damit sich der Schrankenbegünstigte auf die Schranke erfolgreich berufen kann. Für das Archivprivileg sind alle drei Nummern anwendbar. Die *qualifizierte* Schranke ist noch weiter beschränkt als § 53 Abs. 2. Der Schrankenbegünstigte kann sich im Falle des Archivprivilegs nur auf S. 2 Nr. 1 oder Nr. 3 berufen.

Die in S. 2 Nr. 2 vorgesehene *analoge Nutzung* ist gemeinschaftsrechtlich durch den praktisch nur auf unbedeutende Fälle beschränkten[1475] Art. 5 Abs. 2 lit. o) gedeckt.[1476] Richtigerweise hat der deutsche Gesetzgeber von dem Anwendungsbereich der *qualifizierten* Schranke i.R.d. § 95b Abs. 1 S. 1 die Möglichkeit einer analogen Nutzung ausgenommen, da Art. 6 Abs. 4 Unterabs. 1 nicht auf die Beschränkung in Art. 5 Abs. 2 lit. o) verweist.

Die in S. 2 Nr. 1 vorgesehene *reprographische Vervielfältigung* ist durch Art. 5 Abs. 2 lit. a) gedeckt.[1477] Im Vergleich zu Nr. 3 ist hier eine wirtschaftliche oder gewerbliche Tätigkeit möglich,[1478] die allerdings den Bedingungen des DSTs entsprechen muss.[1479] Einem Sonderfall i.S. der ersten Stufe wird durch den Archivzweck genügt.

Gemäß Nr. 3 darf übereinstimmen mit Art. 5 Abs. 2 lit. c) mit dem Archiv kein unmittelbarer oder mittelbarer wirtschaftlicher oder Erwerbszweck verfolgt werden darf. Eine Gewinnerzielungsabsicht ist nicht erforderlich.[1480] Der „Erwerbszweck" schließt nach deutschem Recht nicht die Zahlung eines Entgelts im Sinne eines Unkostenbeitrages aus (vgl. § 52 „keinem Erwerbszweck" und „ohne Entgelt"). Andererseits weist die Alternative „wirtschaftlicher oder Erwerbs-

---

1473 *Nordemann* Fromm/Nordemann, UrhG, § 53, Rn. 7; OLG Düsseldorf GRUR 1997, 75, 76 – *Elektronisches Pressearchiv*.

1474 *Schack* AfP 2003, 1, 2.

1475 *Reinbothe* GRUR Int. 2001, 733, 770.

1476 BT-Drucks. 15/38, S. 21.

1477 BT-Drucks. 15/38, S. 21.

1478 *Spindler* GRUR 2002, 105, 112.

1479 *Bayreuther* ZUM 2001, 828, 831.

1480 *Walter* medien und recht 2001, 217, 221.

zweck" darauf hin, dass selbst ein Entgelt ausgeschlossen sein soll.[1481] Der Anwendungsbereich reduziert sich damit auf eine gemeinnützige Tätigkeit,[1482] wobei auch hier auf die Tätigkeit selbst abzustellen ist.[1483]

Bemerkenswert ist, dass die Schranke in dieser Variante (Nr. 3) auch eigene *elektronische Archive* erlaubt.[1484] Ausgenommen hiervon sind in richtlinienkonformer Auslegung Online-Lieferungen.[1485] Dem Richtliniengeber ging es darum, dem elektronischen Kopienversand durch öffentliche Einrichtungen einen Riegel vorzuschieben.[1486]

Nach richtlinienkonformer Auslegung sind zwei Gruppen von Schrankenbegünstigten zu unterscheiden: Zu der *reprographischen* Vervielfältigung ist jede natürliche und juristische Person – öffentliche Einrichtungen und Unternehmen – berechtigt, da die Reprographie gemäß Art. 5 Abs. 2 lit. a) – anders als in Art. 5 Abs. 2 lit. b) – nicht auf natürliche Personen beschränkt ist, sondern bewusst weit gefasst ist.[1487]

Elektronischen Archive, die von § 53 Abs. 2 S. 2 Nr. 3 gedeckt sind, dürfen nur von den in Art. 5 Abs. 2 lit. c) abschließend aufgezählten Kategorien von Einrichtungen,[1488] namentlich öffentlich zugänglichen Bibliotheken, öffentliche Bildungseinrichtungen, Museen sowie Archiven angelegt werden.[1489] Die Privilegierung dieser Einrichtungen ist vor dem Hintergrund zu sehen, dass der Gemeinschaftsgesetzgeber daran interessiert ist, das „Gedächtnis der Zukunft" zu erhalten; zu diesem Zweck sollen die Verwahrstellen – z.B. Archive, Bibliotheken, Museen – bei ihrer Aufgabe unterstützt werden, digitale Inhalte zusammenzutragen und dauerhaft verfügbar zu halten.[1490] Nach deutschem Recht ist ein Archiv i.S.d. Archivprivilegs die öffentliche Bibliothek.[1491] Nach richtlinienkonformer Auslegung ist es möglich, unter den Begriff des „Archivs" die aufgezählten Einrichtungen zu fassen. Art. 5 Abs. 2 lit. c) verlangt ferner nicht, dass das Archiv öffentlich zugänglich ist.[1492] Der deutsche Gesetzgeber zählt zu den möglichen

---

1481 So auch i. E. *Walter* medien und recht 2001, 217, 225.

1482 BT-Drucks. 15/38, S. 21, „gemeinnützige Stiftungen".

1483 Info-RL EG 43.

1484 *Schack* AfP 2003, 1, 5.

1485 Info-RL EG 40 S. 3; das betont *Schack* AfP 2003, 1, 5.

1486 S. dazu näher *Schack* AfP 2003, 1, 5; *Spindler* GRUR 2002, 105, 113.

1487 *Reinbothe* ZUM 1998, 429, 435.

1488 Natürliche Personen dürfen elektronische Archive zum privaten Gebrauch gemäß § 53 Abs. 1 UrhG anlegen; diese Schranke ist aber gegenüber dem Schutz technischer Maßnahmen nicht durchsetzbar.

1489 *Reinbothe* GRUR Int. 2001, 733, 739.

1490 Entschließung des Rates v. 25.6.2002 über die Erhaltung des Gedächtnisses der Zukunft —Konservierung der digitalen Inhalte für künftige Generationen, ABl. C 162 v. 6.7.2002, S. 4.

1491 S. hierzu *Schack* AfP 2003, 1, 2.

1492 *Reinbothe* GRUR Int. 2001, 733, 739; *Spindler* GRUR 2002, 105, 112.

Einrichtungen pauschal gemeinnützige Einrichtungen, wie z.B. Stiftungen.[1493] Bei der Auslegung des Begriffs des „Archivs“ ist hinsichtlich seiner Weite jedoch Zurückhaltung geboten, da der Richtliniengeber bewusst eine abschließende Aufzählung einer „langen Liste“ vorgezogen hat.[1494] Das Archivprivileg ist in seiner gesetzlichen Ausgestaltung richtlinienkonform.

(b3) § 53 Abs. 2 S. 1 Nr. 3 und 4 (Funksendung)

Nr. 6 lit. d) regelt zwei Schranken, die Vervielfältigung von Funksendungen über Tagesfragen (§ 53 Abs. 2 S. 1 Nr. 3) und die Vervielfältigung kleiner Teile erschienener Werke (Nr. 4). Die beiden Schranken hat der Gesetzgeber aus rationellen Gründen zusammengefasst. Systematisch ist ihnen gemein, dass der neu eingefügte Abs. 2 S. 3 für beide Fälle gilt, der wiederum auf Satz 2 verweist. Danach soll die Vervielfältigung nur in reprographischer Form oder nur zur ausschließlich analogen Nutzung zulässig sein. I.R.v. § 95a Abs. 1 S. 1 Nr. 6 lit. d) ist nur die Vervielfältigung in reprographischer Form zulässig, weil nur auf S. 2 Nr. 1 verwiesen wird. Diese Beschränkung war notwendig, da die analoge Nutzung nur durch die Auffangbeschränkung in Art. 5 Abs. 2 lit. o) gedeckt ist, auf den Art. 6 Abs. 4 Unterabs. 1 nicht verweist. Abgesehen von dieser Gemeinsamkeit ist zwischen der Schranke zu Informationszwecken und zu einem sonstigen eigenen Gebrauch zu unterscheiden.

Gemäß § 53 Abs. 2 S. 1 Nr. 3 darf man ein über den Funk gesendetes Werk zur eigenen Unterrichtung über Tagesfragen vervielfältigen. Da die analoge Nutzung (derzeit) nicht möglich ist, dürfte die praktische Bedeutung gering sein.

Gemäß § 53 Abs. 2 Nr. 4 ist es zulässig, einzelne kleine Teile eines erschienenen Werkes oder einzelne Beiträge, die in Zeitungen oder Zeitschriften erschienen sind (Nr. 1), oder ein mindestens seit zwei Jahren vergriffenes Werk (Nr. 2) zu vervielfältigen. Durchsetzbar ist nur eine reprographische Vervielfältigung (S. 2 Nr. 1 und S. 3). Die Umsetzung ist richtlinienkonform erfolgt.

(b4) § 53 Abs. 3 (Schulgebrauch und Prüfungen)

Schließlich kann man durchsetzen, Werke in einem bestimmten Umfang für den Schulgebrauch oder für Prüfungen gemäß § 95b Abs. 1 S. 1 Nr. 6 lit. e) i.V.m. § 53 Abs. 3 zu vervielfältigen oder vervielfältigen zu lassen. Die Verwertungsgrundlage bilden in beiden Fällen – übereinstimmend mit § 52a – kleine Teile eines Werkes, Werke von geringem Umfang oder einzelne Beiträge, die in Zeitungen oder Zeitschriften erschienen oder öffentlich zugänglich gemacht worden sind.

[1493] BT-Drucks. 15/38, S. 21.

[1494] Gemeinsamer Standpunkt, Nr. 26.

Diese Materialien dürfen zum eigenen Gebrauch im Schulunterricht und in bestimmten abschließend aufgezählten Einrichtungen in der für die Schulklasse erforderlichen Anzahl selbst oder durch Dritte vervielfältigt werden (Abs. 3 Nr. 1). Dasselbe gilt für staatliche Prüfungen sowie Prüfungen an bestimmten abschließend aufgezählten Einrichtungen der Aus- , Weiter- und Berufsbildung (Abs. 3 Nr. 2). In richtlinienkonformer Auslegung sind die Vervielfältigung zu Prüfungszwecken in § 53 nur in reprographische (Art. 5 Abs. 2 lit. a)) und in analoger Form (Art. 5 Abs. 3 lit. o)) möglich.[1495] Die qualifizierte Schranke gestattet sogar nur die reprographische, weil Art. 6 Abs. 4 Unterabs. 1 nicht auf Art. 5 Abs. 3 lit. o) verweist. Die Vergütung richtet sich nach §§ 54, 54a.

Zusammenfassend ist festzuhalten: Die Umsetzung der Nr. 6 ist weitgehend richtlinienkonform. Die Vervielfältigung zum wissenschaftlichen Gebrauch gemäß § 53 Abs. 2 Nr. 1 ist in analoger und digitaler Form nur möglich, wenn sie „zu nicht kommerziellen Zwecken" erfolgt. Die Vervielfältigung zu Prüfungszwecken ist i.R.d. qualifizierten Schranke nur in reprographischer Form möglich.

(gg) § 55 (Vervielfältigung durch Sendeunternehmen)

Nr. 7 betrifft § 55. Diese Norm trägt den Erfordernissen des modernen Sendebetriebs Rechnung, Sendungen aufzunehmen und dann erst zu einer bestimmten Sendezeit auszustrahlen.[1496] Die Schranke konnte in ihrer alten Form unverändert aufrechterhalten bleiben. Absatz 1 erlaubt die vorübergehende Aufzeichnung von Werken durch Sendeunternehmen zu eigenen Sendezwecken. Absatz 2 betrifft die Frage, unter welchen Voraussetzungen Sendeunternehmern darüber hinaus die Aufzeichnungen in amtliche Archive aufnehmen dürfen.

Gemäß § 55 Abs. 1 S. 1 ist die Vervielfältigung mit eigenen Mitteln in Form der Speicherung auf Bild- und Tonträgern zulässig. Die Speicherung kann in digitaler oder analoger Form erfolgen, da die Richtlinie keine Unterscheidung trifft.[1497] Das Sendeunternehmen muss den Zweck verfolgen, die Aufzeichnung zur Funksendung über jeden seiner Sender oder Richtstrahler je einmal zu benutzen. Spätestens einen Monat nach der ersten Funksendung muss es die Bild- oder Tonträger löschen (Satz 2). Die Schranke ist nicht vergütungspflichtig. Schrankenbegünstigter ist das Sendeunternehmen, das zur Funksendung eines Werkes berechtigt ist.

§ 55 Abs. 1 S. 1 deckt sich mit den zwingenden Vorgaben des Art. 5 Abs. 2 lit. d) 1. Halbs. der Info-RL: Das Vervielfältigungsstück darf nur zur eigenen Sendung verwendet werden und muss mit eigenen Mitteln hergestellt worden sein. In richtlinienkonformer Auslegung sind unter den „eigenen Mitteln" auch

---

1495 *Wandtke/Ohst* in Wandtke/Bullinger, UrhR, § 53 Rn. 35.

1496 Regierungsentwurf 1962, BT-Drucks. IV/270, abgedruckt in UFITA 45 (1965), 240, 291.

1497 *Flechsig* ZUM 2002, 1, 10.

die Mittel einer Person zu verstehen, die im Namen oder unter Verantwortung des Sendeunternehmens handelt.[1498] Die Aufzeichnungen müssen schließlich ephemer sein. Diese Vorgabe ist durch die Löschungsfrist in Satz 2 umgesetzt.

§ 55 Abs. 2 gestattet dem Sendeunternehmen, Aufzeichnungen von Sendungen mit außerordentlichem Dokumentationscharakter in amtliche Archive aufzubewahren. Die Schranke ist durch Art. 5 Abs. 2 lit. d) 2. Halbs. der Info-RL gedeckt.[1499] Die Umsetzung der europäischen Vorgaben durch § 55 ist richtlinienkonform.

(e) Unterschiedliche Schrankensysteme

Mit den qualifizierten Schranken i.S.v. § 95b Abs. 1 hat ein neues Schrankensystem Eingang in das UrhG gefunden. Auszugehen ist davon, dass der Schrankenkatalog in § 95b Abs. 1 S. 1 *abschließend* ist. Rechtstechnisch ist das dadurch kenntlich gemacht, dass das Wort „insbesondere", das üblicherweise offene Kataloge kennzeichnet, gerade nicht eingefügt worden ist. Diese Auslegung ist auch durch die Richtlinie geboten. Der Richtliniengeber hat die Mitgliedstaaten gemäß Art. 6 Abs. 4 Unterabs. 2 ermächtigt, über die Fälle in Unterabsatz 1 hinaus Maßnahmen in Bezug auf die Beschränkung zum privaten Gebrauch gemäß Art. 5 Abs. 2 lit. b) vorzusehen. Daraus folgt im Umkehrschluss, dass die in Unterabsätze 1 und 2 genannten Beschränkungen als abschließender Katalog zu verstehen sind.[1500] Dadurch wird das bisherige Gefüge zwischen den Rechten und Schranken durchbrochen. Verwendet der Rechtsinhaber *keine* technischen Maßnahmen, kann eine Nutzungshandlung ohne Zustimmung des Rechtsinhabers insbesondere nach den §§ 45 ff. zulässig sein. Gegenüber dem Umgehungsverbot kann er sich nur auf die in § 95b Abs. 1 abschließend genannten Schranken berufen, gegenüber dem Vorfeldschutz können schutzwürdige Belange nur im Rahmen einer Interessenabwägung berücksichtigt werden (s.o.). In dieser Lösung spiegelt sich der von *Wand* vertretene Ansatz wieder, „umgehungsspezifische" Schranken seien einem völligen Gleichklang der Schrankensysteme vorzuziehen.[1501]

Es überwiegen allerdings im Schrifttum die kritischen Stimmen. Es wird zwar aus Gründen der Rechtssicherheit akzeptiert, dass der Schrankenbegünstigte sich sein Recht nicht eigenmächtig verschaffen darf; eingewandt wird aber, dass die Schranken in Art. 5 Abs. 3 lit. c), lit. g) oder lit. n) – die es im deutschen Recht gibt – nicht ggü. dem Schutz technischer Maßnahmen durchsetzbar sind. Die

---

1498 Info-RL EG 41.
1499 Vgl. Art. 5 Abs. 2 lit. d); *Flechsig* ZUM 2002, 1, 10.
1500 *Dreier* ZUM 2002, 28, 37; a.A. *Kröger* CR 2001, 316, 322.
1501 *Wand* Technische Schutzmaßnahmen, S. 124 ff.

Schranken würden damit leer laufen.[1502] Der Schutz technischer Maßnahmen schieße über das legitime Ziel hinaus und räume den Verwertern ein verfehltes „Pseudo-Urheberrecht" ein, das ihnen nach der gesetzlichen Interessenabwägung der §§ 45 ff. nicht zustehe.[1503] Die Verbote stellten einen „Fremdkörper"[1504] im deutschen Recht dar.

Jenseits dessen ist allerdings unbestritten, dass die Umsetzungspflicht von dem „Systembruch" nicht berührt wird.[1505] Grundsätzlich sind die Vorgaben aus den Richtlinien möglichst inhaltsgleich zu übernehmen. Das *Gebot der Rechtsklarheit* wirft zwar dort Probleme auf, wo unterschiedliche *Systemgrenzen* gezogen werden;[1506] der *EuGH* verlangt jedoch eine wortgetreue und strukturgleiche Umsetzung.[1507] Im Schrifttum wird vereinzelt eine Abweichung vom Wortlaut einer Richtlinie befürwortet, wenn die Regelungssystematik sich im nationalen Recht als „Fremdkörper" darstellt und eine effektive Durchsetzung der Richtlinie dadurch verhindert wird.[1508] Einen solchen Ausnahmefall ist jedoch im vorliegenden Fall nicht anzunehmen. Die Verbote und die ausgewählten Schranken hindern nicht den Vollzug des Gemeinschaftsrechts. Es entspricht im Gegenteil genau der Zielsetzung des Richtliniengeber, einen einheitlichen effektiven Rechtsschutz für technische Maßnahmen gemeinschaftsweit durchzusetzen. Dies soll zu einer Stärkung des Urheberrechtsschutzes führen. Zu dem bezweckten hohen Schutzniveau[1509] ist die EG insbesondere aus dem WCT verpflichtet, der ein Sonderabkommen i.S.d. Art. 20 RBÜ ist. Diese Änderung führt aus Sicht des deutschen Verfassungsrecht zu einem erhöhten Grundrechtsstandard zu Gunsten des Rechtsinhabers. Die Grundrechte können durch das Gemeinschaftsrecht materielle Änderungen erfahren,[1510] was nicht nur den Grundrechtsstandard erhöhen, sondern auch absenken kann.[1511] Dies folgt aus dem prinzipiell anerkannten Anwen-

---

1502 *Dietz*, zitiert nach *Zecher* ZUM 2002, 451, 457; *Haedicke* in FS Dietz, S. 349, 361; *Hoeren*, Überlegungen; *Müller* Stellungnahme, S. 1; *Schack* Stellungnahme, S. 2; *Spindler* GRUR 2002, 105, 117.

1503 *Schack* Stellungnahme, S. 2.

1504 *Haedicke* in FS Dietz, S. 349, 361, „systematisch inkonsequent"; *Müller* Stellungnahme, S. 1, 3.

1505 *Haedicke* in FS Dietz, S. 349, 363; *Hoeren* Gutachten, S. 17; *Schack* Stellungnahme, S. 2; *Müller* Stellungnahme, S. 2.

1506 *Jarass*, S. 55; *Salzwedel* UPR 1989, 41, 48.

1507 EuGH Rs. 131/88, Slg. 1991, 825, Rn. 11 ff. (19) – *Kommission/Deutschland*; *Jarass*, S. 55 f.

1508 *Jarass*, S. 56 f.; *Gellermann*, S. 42.

1509 Info-RL EG 4.

1510 *Dreier* GG, Vorb. Rn. 25; *Bethge* in Sachs, GG, Art. 5 Rn. 115b.

1511 *Besse* JuS 1996, 396, 399 ff.; EuGH Rs. 46/87 u. 227/88, Slg. 1989, 2859, Rn. 17 ff.- *Hoechst/Kommission*.

dungsvorrang des Gemeinschaftsrechts.[1512] Prüfungsmaßstab ist der europäische Grundrechtsstandard.[1513] Sofern das Ausführungsrecht richtliniengeboten ist, scheidet eine verfassungskonforme „Korrektur" aus, es sei denn der Wesensgehalt grundrechtlicher Gewährleistungen ist betroffen.[1514] Als Grenze wird der „integrationsfeste Kerngehalt" der Verfassung angesehen, der in der Nähe der „Ewigkeitsgarantie" in Art. 79 Abs. 3 GG zu sehen ist.[1515] Dies ist nur für extreme Fälle in Betracht zu ziehen[1516] und vorliegend offensichtlich nicht gegeben.

Die prinzipielle Entscheidung für unterschiedliche Schrankensysteme ist zu begrüßen. Von den allgemeinen Schranken abweichende Regelungen sind dem deutschen Recht nicht völlig fremd, z.B. für Datenbanken und Computerprogramme sind spezielle Schranken vorgesehen. Für den abschließenden Katalog und die unterschiedlichen Schrankensysteme sprechen entscheidend die Rechtssicherheit und das Bedürfnis für einen effektiven Rechtsschutz.[1517] Denn wenn tatsächlich alle Schranken durchsetzbar wären, würde das die Rechtsinhaber eher davon abhalten, technische Maßnahmen einzusetzen, da diese einem kaum einschätzbaren Kreis potentieller Kläger und damit einem großen Prozessrisiko ausgesetzt wären. Hierbei ist die Zielsetzung der Info-RL zu beachten: Rechtssicherheit und ein hohes Schutzniveau sollen erreicht werden, um Investitionen und Wachstum zu fördern.[1518] Im Einklang damit steht die Zielsetzung des ÄndG, das nicht nur den Schutz des Rechtsinhabers bezweckt, sondern auch, „den Verwertern und Nutzern einen angemessene Rechtsrahmen vorzugeben, der einen möglichst effizienten Einsatz der neuen Technologien zulässt und die Entwicklung der Informationsgesellschaft fördert". Als Beispiel dafür, dass ein Rechtsschutz (hier der technischen Maßnahmen) wachstumsfördernde Impulse setzt, kann auf den *Sui-generis*-Schutz von Datenbanken verwiesen werden, der, wie die Kommission in einem Bericht aus dem Jahre 2002 bilanziert, zu einem deutlichen Wachstum des Marktes für Datenbankangebote geführt hat.[1519] Mit dem Ziel Rechtssicherheit zu schaffen ist die Beibehaltung des Schrankensystems nicht vereinbar. Die Allgemeinheit wird von einem starken Rechtsschutz langfristig profitieren, da sie die

---

1512 *Dreier* GG, Vorb. Rn. 25; BVerfGE 73, 339, 386 – *Solange II*; BVerfGE 89, 155, 174 f. – *Maastricht*.

1513 *Bethge* in Sachs, GG, Art. 5 Rn. 115b.

1514 *Rengeling* DVBl. 1995, 945, 951; BVerfGE 73, 339, 386 – *Solange II*; BVerfGE 89, 155, 174 f. – *Maastricht*.

1515 *Dreier* GG, Vorb. Rn. 25; *Huber*, Europäische Integration, § 9 Rn. 16.

1516 *Rengeling* DVBl. 1995, 945, 949.

1517 *Wand* Technische Schutzmaßnahmen, S. 139.

1518 Info-RL EG 4.

1519 Submission from the European Community and its Member States, The Legal Protection of Database, abrufbar auf den Seiten der Generaldirektion Binnenmarkt unter URL: http://europa.eu.int/comm/internal_market/en/intprop/news/wipo-protection-db_en.pdf, S. 2.

Inhalte nur in einer gewünschten modernen Form nutzen kann, wenn die Anbieter bereit sind, die Technik hierfür zu verwenden.

Andererseits ist denkbar, dass die ausgewählten Schranken sich als unzureichend erweisen. Der Richtliniengeber hat sich angesichts des unsicheren Terrains, auf das er sich begeben hat, Korrekturmöglichkeiten vorbehalten (vgl. Art. 12). Solange der Nutzer die Schranken (z.B. zum Zwecke des Zitats oder der Berichterstattung) jedoch in analoger Form nutzen kann und der Rechtsinhaber den Zugang zu angemessenen Konditionen gewährt, ist das Interesse, auch digitale Nutzungshandlungen vornehmen zu können, weder schutzwürdig noch verfassungsrechtlich geboten.[1520]

(f) Einzelfragen

Jenseits der vorstehend skizzierten Auseinandersetzung drängen sich angesichts des abschließenden Katalog einige Fragen auf. Auf den ersten Blick scheint verwunderlich, dass bereits der Richtliniengeber ausgerechnet auf die einzige zwingende „Ausnahme“ des Art. 5 – die vorübergehende Vervielfältigung gemäß Abs. 1 – nicht verweist.[1521] Der deutsche Gesetzgeber hat demgemäß in § 95b Abs. 1 nicht auf die neu eingefügte Ausnahme in § 44a verwiesen, die der Umsetzung des Art. 5 Abs. 1 dient. Es besteht allerdings kein Bedürfnis, die Ausnahme mittels eines gesetzlichen Anspruchs durchzusetzen. Wenn dem Schrankenbegünstigten der Anspruch zusteht, d.h. er die Mittel zur rechtmäßigen Nutzung zur Verfügung gestellt bekommt, sind die vorübergehenden Speicherungen, die diese „rechtmäßige Nutzung“ ermöglichen, automatisch durch § 44a gedeckt. Es handelt sich hierbei um eine Art „notwendiges Durchlaufstadium“.

Ebenfalls anzumerken ist, dass das für den Meinungsaustausch so zentrale Zitatrecht fehlt.[1522] Das Zitatrecht wie auch die Berichterstattung über Tagesereignisse wurzelt verfassungsrechtlich in den Kommunikationsgrundrechten gemäß Art. 5 GG.[1523] Das Zitatrecht ist zudem als einzige Schranke im Völkerrecht gemäß Art. 10 Abs. 1 RBÜ zwingend ausgestaltet. Allerdings bezieht sich die RBÜ nur auf den analogen Bereich und die EG ist völkerrechtlich nicht dazu verpflichtet, das analoge Zitatrecht auf das digitale Zitatrecht zu erweitern. Art. 10 WCT und Art. 16 WPPT ermächtigen die Vertragsstaaten zwar, bisherige Ausnahmen auf den digitalen Bereich auszudehnen, verpflichtet diese aber nicht hierzu.[1524]

1520 *V. Diemar* GRUR 2002, 587, 592; *Schack* ZUM 2002, 497, 505; *Wand* Technische Schutzmaßnahmen, S. 136; s. dazu Teil 2 2. Kap. B. I. 2.

1521 *Spindler* GRUR 2002, 105, 117.

1522 *Dreier* ZUM 2002, 28, 37; *Rosén* GRUR Int. 2001, 195, 205;

1523 *Schack* UrhR, Rn. 482.

1524 S. dazu oben Teil 1 3. Kap. E. III.

Der Nutzer ist jedenfalls nicht schutzwürdig, solange das Werk in analoger Form und zu angemessenen Konditionen verfügbar ist.[1525]

Schließlich ist das Verhältnis zwischen § 95b und den (urheber-) vertraglichen Bestimmungen[1526] gemäß §§ 55a, 87e zu klären. Der deutsche Gesetzgeber hat in Umsetzung von Art. 6 Abs. 1 und Art. 8 Abs. 1 Datenbank-RL einige Schranken in §§ 55a , 87e vertragsfest ausgestaltet. Auf diese Bestimmungen wird in § 95b Abs. 1 in Übereinstimmung mit Art. 6 Abs. 4 Unterabs. 1 keinen Bezug genommen, so dass der Begünstigte die Schranken nicht im Wege des gesetzlichen Verschaffungsanspruchs gemäß § 95b Abs. 2 durchsetzen kann.[1527] Dies lässt sich damit rechtfertigen, dass der Betroffene vertragliche Ansprüche geltend machen kann, da alle genannten Schranken an einen Benutzungsvertrag anknüpfen.[1528] Somit bleibt der bisherige Interessenausgleich von der neuen gesetzlichen Regelung unberührt.[1529] Der spezielle Datenbankschutz wird sogar durch die Schranken i.S.v. § 95b Abs.1 S. 1 erweitert,[1530] da diese vertraglich unabdingbar sind.

(5) Vertragsfestigkeit der Schranken (§ 95b Abs. 1 S. 2 UrhG)

Hervorzuheben ist die von dem Gesetzgeber in § 95 b Abs. 1 S. 2 getroffene Wertentscheidung. Danach ist der vertragliche Ausschluss der Verpflichtungen aus Satz 1 unwirksam. Ein Vertrag, der eine Durchsetzung der aufgezählten Schranken im Zusammenhang mit dem Schutz technischer Maßnahmen ausschließt, ist insoweit nichtig. Demgegenüber gilt für interaktive Online-Dienste, die auf vertraglicher Grundlage erbracht werden, ausnahmsweise der Vorrang des Vertragsverhältnisses.[1531]

Nach zutreffender Ansicht waren die Ausnahmen in Art. 6 Abs. 4 Unterabs. 1 bereits nach dem Willen des Richtliniengebers zwingend auszugestalten.[1532] Zwar folgt aus der Pflicht gemäß Art. 6 Abs. 4 Unterabs. 1 nicht automatisch die Pflicht, die Schranken auch vertragsfest auszugestalten. Man wird jedoch wie *Dreier* im Umkehrschluss aus Art. 6 Abs. 4 Unterabs. 4 (interaktive Online-Dienste) folgern können, dass die Schranken in den übrigen Fällen nicht zur Disposition stehen sollen.[1533] *Spindler* wendet hiergegen ein, diese Interpretation widerspräche dem Grundsatz der Info-RL, freiwillige Maßnahmen zu fördern, wobei

---

1525 S. dazu Teil 2 2. Kap. B. I. 2.; *v. Diemar* GRUR 2002, 587, 592; *Schack* ZUM 2002, 497, 505; *Wand* Technische Schutzmaßnahmen, S. 136.

1526 S. dazu überzeugend *Haberstumpf* GRUR 2003, 14, 24, 30.

1527 *Linnenborn* K&R 2001, 394, 400.

1528 *Wand* Technische Schutzmaßnahmen, S. 180.

1529 S. dazu auch Teil 2 1. Kap. H. II. 3. b) ff.).

1530 *Peukert* in Loewenheim, Handbuch UrhR, § 36 Rn. 12.

1531 S. dazu Teil 2 1. Kap. H. II. 3. d) aa) sowie ff).

1532 *Kröger* CR 2001, 316, 322; *Dreier* ZUM 2002, 28, 38 (Fn. 74); zuvor gefordert *ders.* CR 2000, 45, 47; *Vinje* E.I.P.R. 1999, 192, 194 f.

1533 *Dreier* ZUM 2002, 28, 35 (Fn. 74).

er selbst auf die Schwierigkeit hinweist zu bestimmen, was unter „Förderung" zu verstehen ist.[1534] Dem Richtliniengeber schien es jedoch darum zu gehen, durch freiwillige Maßnahmen eine möglichst *weitgehende* Sicherstellung der Schranken zu erreichen. Am wirksamsten kommt der Gesetzgeber diesem Förderauftrag nach, indem er die Schranken wie in § 95a Abs. 1 S. 2 vertragsfest ausgestaltet. § 95b Abs. 1 gilt seit dem 11.9.2003, so dass die Interessenverbände bei vertraglichen Vereinbarungen die Schranken bereits jetzt zwingend berücksichtigen müssen. Für die zwingende Natur der Schranken sprechen schließlich die den Schranken zugrundeliegenden Erwägungen des Gemeinwohls und der öffentlichen Sicherheit.

Aus nationaler Sicht lässt sich ebenfalls begründen, dass die Schranken grundsätzlich zwingend gelten. Die Frage ist im UrhG bisher nicht ausdrücklich geregelt; in einigen Sonderfällen, d.h. speziell für Lizenzvereinbarungen in Bezug auf Computerprogramme und Datenbanken, hat der Gesetzgeber die Schranken zwingend ausgestaltet (vgl. §§ 55a, 69d). Es ist allerdings *Schack* zuzustimmen, dass an dem klassischen Verständnis der Schranken, wonach die Schranken grundsätzlich zwingend sind, trotz der vereinzelten Umkehrung des Grundsatz-Ausnahme-Verhältnisses festgehalten werden kann.[1535] Entscheidend sind vor allem die grundrechtsrelevanten Wertungen, die den Schranken – z.B. § 53 – zugrunde liegen.[1536] Schließlich schafft § 95b Abs. 1 S. 2 Rechtssicherheit, da die Entscheidung über die Abdingbarkeit der Schranken andernfalls von den Gerichten hätte geklärt werden müssen.[1537]

bb) Informationspflicht gemäß § 95d Abs. 2

Dem Rechtsinhaber werden ab dem 1.9.2004 (!) außerdem gewisse Informationspflichten obliegen. Gemäß § 95d Abs. 2 S. 1 sind die technisch geschützten Werke oder sonstigen Schutzgegenstände mit Name oder Firma und der zustellungsfähigen Anschrift desjenigen zu versehen, der die Werke und Schutzgegenstände technisch schützt. Der Verpflichtete ist personenidentisch mit demjenigen, der auch gemäß § 95b Abs. 1 S. 1 verpflichtet ist.

Die Regelung lässt sich gemeinschaftsrechtlich mit dem Effektivitätsgrundsatz rechtfertigen, der auch für die prozessuale Durchsetzung von subjektiven Rechten

---

1534 *Spindler* GRUR 2002, 105, 118.

1535 *Schack* ZUM 2002, 497, 502 f.

1536 *Schack* ZUM 2002, 497, 502 f.; sehr ausführlich zu dem Verhältnis Schranken und Vertragsrecht *Guibault* in Hugenholtz, Copyright and Electronic Commerce, S. 125, 153 f., 156, die für eine differenzierte Lösung eintritt, d.h. jede Schranke sei daraufhin zu überprüfen, ob sie der Wahrung individueller Freiheiten dient.

1537 Auf die Gefahr der Verlagerung weist *Marly* K&R 1999, 107, a.E.

zu beachten ist.[1538] Die Informationspflichten dienen dazu, die prozessuale Durchsetzung der Pflichten und Ansprüche aus § 95b zu gewährleisten.[1539] Dieser Zweck folgt unmittelbar aus dem Wortlaut „zur Ermöglichung der Geltendmachung von Ansprüchen nach § 95d Abs. 2".

Technisch geschützte Werke und andere Schutzgegenstände müssen alternativ mit Namen oder Firma sowie der zustellungsfähigen Anschrift gekennzeichnet sein. Anders als bei der Kennzeichnungspflicht i.S.v. § 95d Abs. 1 genügt es, wenn die Möglichkeit zur Kenntnisnahme besteht. Gemäß Abs. 2 S. 2 gilt die Pflicht nicht für die interaktiven Online-Dienste i.S.d. § 96b Abs. 3 .[1540]

cc) Zusammenfassung

§ 95b Abs. 1 S. 1 ist entsprechend den Vorgaben in Art. 6 Abs. 4 Unterabs. 1 umgesetzt worden. Der Gesetzgeber durfte dem Schrankenbegünstigten kein Selbsthilferecht einräumen, sondern musste den Rechtsinhaber gesetzlich dazu verpflichten, dem betroffenen Schrankenbegünstigten die erforderlichen Mittel zur Verfügung zu stellen.

Die Rechtsinhaber und Schrankenbegünstigten werden wegen des Vorrangs der freiwilligen Maßnahmen dazu angehalten, die Schranken innerhalb von einem Jahr zunächst eigenverantwortlich sicherzustellen. Der Gesetzgeber ist der Pflicht, freiwillige Maßnahmen zu fördern, dadurch nachgekommen, dass er die Schranken vertragsfest ausgestaltet hat. Diese können in den getroffenen Vereinbarungen nicht abbedungen werden.

Alle Schranken des UrhG waren anhand des DST zu überprüfen. Dieser stellt ein wichtiges Korrektiv dar, war jedoch als anerkannte Auslegungsregel nicht ausdrücklich ins Gesetz aufzunehmen. Dies würde den falschen Eindruck erwecken, alle Schranken gehörten erneut auf den Prüfstand. Der Test ist vor allem für das digitale Umfeld bedeutsam.

Die Beschränkungen i.S.v. Art. 5 Info-RL geben einen Höchstrahmen vor, der von dem Mitgliedstaat u.U. unterschritten werden kann. Es ist danach zu unterscheiden, inwiefern die Beschränkungen abschließend gelten – z.B. wenn sie Sonderfälle i.S.d. DST regeln – oder den Mitgliedstaaten Wahlmöglichkeiten lassen.

Während der Mitgliedstaat bei den allgemeinen Schranken in der Entscheidung frei war, „ob" er bestimmte Schranken vorsieht, legt Art. 6 Abs. 4 Unterabs. 1 für die qualifizierten Schranken einen verbindlichen Mindeststandard fest.

1538 EuGH Rs. 222/84, Slg. 1986, 1651, Rn. 18 – *Johnston/Chief Constable of the Royal Ulster Constabulary*; EuGH Rs. 222/86, Slg. 1987, 4097, Rn. 14 – *Unectef/Heylens.*

1539 BT-Drucks. 15/38, S. 28.

1540 Den Diensteanbieter treffen aber noch Informationspflichten gemäß § 6 TDG, §§ 10, 24 MDStV sowie § 312e BGB.

Der Gesetzgeber war verpflichtet, alle der in § 95b Abs. 1 vorgesehen Schranken sicherzustellen.

Die qualifizierten Schranken i.S.v. § 95b Abs. 1 S. 1 stellen eine richtlinienkonforme Umsetzung dar. Fehlerhaft bzw. korrekturbedürftig sind allerdings einige allgemeine Schranken.

Die Vervielfältigung zu wissenschaftlichen Zwecken gemäß § 53 Abs. 2 Nr. 1 darf in analoger und digitaler Form nur erfolgen, wenn sie nicht „zu kommerziellen Zwecken" erfolgt. Dieses Merkmal ist in richtlinienkonformer Auslegung in den § 53 reinzulesen oder durch die Wendung „zu Erwerbszwecken" ausdrücklich aufzunehmen.

Dieses Merkmal fehlt auch in § 46. Da für die Schulbuchfreiheit jedoch ein praktisches Bedürfnis besteht, sollte der deutsche Gesetzgeber – wie der österreichische – den Konflikt dadurch auflösen, dass der Verleger oder der Herausgeber verpflichtet wird, eine Zustimmung bei der VG Wort einzuholen.

Die öffentliche Zugänglichmachung ist bei Sammlungen zu Unterrichtszwecken i.S.v. § 46 (Unterrichtszweck) mit dem begrenzten Zweck anhand des Merkmals der „Beschaffenheit" der Sammlung in Einklang zu bringen. Der Unterrichtszweck ist objektiv nach der technischen Ausgestaltung zu bestimmen (z.B. Passwortgeschützte Dokumente). Da die technische Organisation regelmäßig durch die Schulen erfolgt, müssen Verlage und Schulen miteinander kooperieren.

Die „öffentliche Zugänglichmachung" i.S.v. § 52a UrhG ist ebenfalls auf einen engen Zweck beschränkt. Der „Unterrichtszweck" ist objektiv anhand der technischen Ausgestaltung zu bestimmen. Rechtlicher Anknüpfungspunkt ist allerdings nicht die Beschaffenheit, sondern das Merkmal des „bestimmt begrenzten Teils von Unterrichtsteilnehmer". Die Größe des zulässigen Teilnehmerkreis ist von der Unterrichtsform abhängig. An der Hochschule und in Fernunterrichtskursen kann der Teilnehmerkreis größer sein als an Schulen, wo üblicherweise auf die Klassenstärke abgestellt wird. Schließlich erfasst der Begriff des „Unterrichts" auch Fernunterrichtskurse.

Die öffentliche Zugänglichmachung zu Unterrichtszwecken ist auf Unterrichtsformen zugeschnitten, in denen während des Unterrichts Inhalte von Computerplätzen zugänglich gemacht werden. Möglich ist es auch, Materialien im Vorfeld einer (Hochschul-)Veranstaltung zugänglich zu machen, wenn die Materialen später im Unterricht veranschaulicht werden. Allerdings dürfen die Materialien auch hier nur auf den Teilnehmerkreis – technisch – beschränkt werden.

Die öffentliche Zugänglichmachung zu Zwecken wissenschaftlicher Forschung privilegiert lediglich die *wissenschaftliche* Tätigkeit. Ausgeschlossen ist die Forschungstätigkeit zu Erwerbszwecken, d.h. um Einnahmen zu erzielen. Dies steht der Drittmittelforschung nicht entgegen, selbst wenn das Ziel z.B. eine patentfähige Erfindung ist, weil auf den derzeitigen Charakter der Tätigkeit abzustellen ist.

Die Vervielfältigung zu Prüfungszwecken ist i.R.d. qualifizierten Schranke nur in reprographischer Form zulässig.

§ 95b Abs. 1 führt ein neues Schrankenregime in das UrhG ein, wie es bereits in der Art. 6 Abs. 4 Unterabs. 1 angelegt ist. Diese gemeinschaftsrechtliche Entscheidung ist rechtspolitisch zu begrüßen, da sie Rechtssicherheit schafft. Der Richtliniengeber hat sich Korrekturmöglichkeiten vorbehalten.

Es ist unbedenklich, dass bestimmte Schranken im urhebergesetzlichen Katalog des § 95b Abs. 1 S. 1 unberücksichtigt blieben. Die Ausnahme gemäß § 44a gilt kraft Gesetzes, sobald der Nutzer die Mittel für eine rechtmäßige Nutzung zur Verfügung gestellt bekommen hat. Das Zitatrecht ist nicht gefährdet, solange analoge und reprographische Vervielfältigungsmöglichkeiten bestehen. Die speziellen zwingenden Schranken, die bei der Nutzung einer Datenbank gelten, sind auf vertraglicher Grundlage durchsetzbar.

Die qualifizierten Schranken i.S.v. § 95b. Abs. 1 S. 1 sind gemäß Satz 2 nicht vertraglich abdingbar.

Die Informationspflicht i.S.v. § 95d Abs. 2 entspricht einer richtlinienkonformen Umsetzung, da sie der effektiven Durchsetzung der Rechte der Schrankenbegünstigten dient.

b) Rechtsschutz bei Verstoß gegen Gebote

Die Vorschriften zur Durchsetzung der Schranken und die Informationspflicht werden am 1.9.2004 in Kraft treten. Vorgreiflich dieser gesetzgeberischen Entscheidung wird teilweise vertreten, die Pflicht zu legislativen Maßnahmen bestehe nur, wenn sich ein praktisches Bedürfnis feststellen lässt.[1541] Für die Entscheidung des deutschen Gesetzgebers sprechen jedoch gemeinschaftsrechtliche Erwägungen. Eine allgemeinverbindliche Regelung ist aus Gründen der Effektivität und Rechtsklarheit erforderlich. Art. 6 Abs. 4 Unterabs. 1 zielt darauf ab, subjektive Rechte zu begründen. In dieser Fall wird außer einer klaren und bestimmten Regelung verlangt, dass dem Begünstigten eine gerichtlich oder anderweitig (z. B. Schlichtung) durchsetzbare Rechtsposition eingeräumt wird.[1542] Kommt keine vertragliche Vereinbarung zustande, stünde der Schrankenbegünstigte andernfalls schutzlos. Bei einem Verstoß gegen die Verschaffungspflicht gemäß § 95b Abs. 1 S. 1 sieht das Gesetz zivilrechtliche *(aa)* und bußgeldrechtliche *(bb)* Rechtsschutzmöglichkeiten vor.

[1541] *Walter* in v. Lewinski u.a., Europ. UrhR, Info-RL, Rn. 159.

[1542] EuGH Rs 131/88, Slg. 1991, 825, Rn. 6 - *Kommission/Deutschland*; *Reinbothe* GRUR Int. 2001, 733, 742 erwägt eine gerichtlich oder anderweitig überprüfbare Verpflichtung; *ders.* ZUM 2002, 43, 51.

aa) Zivilrechtlicher Schutz

Der Gesetzgeber hat für den Fall, dass der Rechtsinhaber der Verschaffungspflicht nicht nachkommt, einen individuellen Verschaffungsanspruch *(1)* und einen Unterlassungsanspruch vorgesehen *(2)*; zu prüfen ist, ob der Verstoß gegen die Informationspflicht zivilrechtliche Folgen auslöst *(3)*.

(1) Verstoß gegen Verschaffungspflicht (§ 95b Abs. 1)

(a) Verschaffungsanspruch (§ 95b Abs. 2)

Der Schrankenbegünstigte kann die ihn begünstigende Schranke auf der Grundlage des Verschaffungsanspruchs gemäß § 95 b Abs. 2 durchsetzen. Danach kann derjenige, der „gegen das Gebot nach Abs. 1 verstößt, von dem Begünstigen einer der genannten Bestimmungen darauf in Anspruch genommen werden, die zur Verwirklichung der jeweiligen Befugnis benötigten Mittel zur Verfügung zu stellen." Anspruchsberechtigt ist der jeweils Schrankenbegünstigte. Passivlegitimiert ist der Rechtsinhaber, der die technische Maßnahme anwendet. Der Anspruch ist entstanden, sobald der Rechtsinhaber es entgegen der Pflicht aus Abs. 1 S. 1 unterlässt, die erforderlichen Mittel zur Verfügung zu stellen. Für die Voraussetzungen der Verschaffungspflicht wird auf die vorangegangenen Ausführungen verwiesen.

(aa) Einwendung der Erfüllung

Der Rechtsinhaber kann sich – wie bei jedem anderen zivilrechtlichen Anspruch auch – auf den Erfüllungseinwand gemäß § 362 Abs. 1 BGB berufen (*rechtsvernichtende Einwendung*).[1543] Prozessrechtlich maßgeblich ist insoweit die Frage der Beweislastverteilung. Grundsätzlich trifft den Schuldner für den Nachweis der ordnungsgemäßen Erfüllung die Beweislast. Abweichend hiervon sieht § 95b Abs. 2 S. 2 zu Gunsten des Rechtsinhabers eine Beweiserleichterung vor. Entspricht das angebotene Mittel einer Vereinbarung zwischen Vereinigungen der Rechtsinhaber und der durch die Schrankenregelungen Begünstigten, wird vermutet, dass das Mittel ausreicht. Der Gesetzgeber will hiermit einen (weiteren) gesetzlichen Anreiz zum Abschluss freiwilliger Vereinbarungen über die Schrankendurchsetzung schaffen.[1544] Die Vermutungswirkung tritt ein, wenn die Voraussetzungen der Vereinbarung erfüllt sind. Es handelt sich um eine gesetzliche Vermutung, die sich auf eine Tatsache bezieht (Tatsachenvermutung)[1545], die Vereinbarung der Mittelbereitstellung. Dies führt bei Vorliegen der Vermutungsvoraussetzungen zu einer *Beweislastumkehr* in der Weise, dass der Schrankenbe-

---

1543 *Heinrichs* in Palandt, BGB, § 363 Rn. 1; *Medicus* SchuldR, AT, § 23.

1544 Beschlussempfehlung und Bericht, BT-Drucks. 15/837, S. 35.

1545 S. *Anders/Gehle* Assessorexamen, Rn. 345.

günstigte darlegen muss, weshalb die ihm angebotenen Mittel nicht ausreichen[1546] (Beweis des Gegenteils, § 292 ZPO). In ihrer Wirkung ist die Vermutung daher von der Vermutungsregelung des § 32 Abs. 2 S. 1 zu unterscheiden, die im Zuge der Reform des Urhebervertragsrechts eingefügt worden ist;[1547] jene ist eine unwiderlegliche Vermutung (Fiktion).[1548]

(bb) Rechtsfolge

Ist ein Anspruch entstanden und greift insbesondere der Erfüllungseinwand nicht durch, ist der Anspruchsgegner verpflichtet, die zur Verwirklichung der jeweiligen Befugnis benötigten Mittel zur Verfügung zu stellen.[1549] Kommt er dem auch nach Titulierung des Anspruchs nicht nach, erfolgt eine zwangsweise Durchsetzung des gerichtlichen Titels gemäß §§ 887, 888 ZPO.

(b) Unterlassungsanspruch (§ 2a UKlageG)

Außer dem individuellen Verschaffungsanspruch hat der Gesetzgeber für „bestimmte Stellen“ einen speziellen Unterlassungsanspruch vorgesehen, der im Wege der Verbandsklage gerichtlich geltend gemacht wird. Das UKlageG geht auf die *„Richtlinie über Unterlassungsklagen zum Schutz von Verbraucherinteressen“* zurück.[1550] Die neuen Vorschriften im UKlageG dehnen den kollektiven Schutz von Verbrauchern[1551] auf die Schrankenbegünstigten aus. Ebenso wie § 95b Abs. 2 tritt Art. 3 ÄndG gemäß Art. 6 Abs. 2 ÄndG erst am 1.9.2004 in Kraft.

Dem bisherigen § 2 ist ein neuer § 2a angefügt worden, der einen „Unterlassungsanspruch nach dem UrhG“ betrifft. Für die Anwendung des UKlageG sind nunmehr zwei Fälle zu unterscheiden, der Anspruch im Interesse des Verbraucherschutzes (§ 2) und *sonstige Fälle* (§ 2a).[1552]

Der Gesetzgeber folgt damit einer im Schrifttum vertretenen Ansicht, wonach ein effektiver Rechtsschutz eine kollektive Klagemöglichkeit (Verbandsklage)

1546 Beschlussempfehlung und Bericht, BT-Drucks. 15/837, S. 35.

1547 Gesetz zur Stärkung der vertraglichen Stellung von Urhebern und ausübenden Künstlern v. 22.3.2002, das am 1.7.2002 in Kraft getreten ist (BGBl. I, S.1155).

1548 Beschlussempfehlung und Bericht des Rechtsausschusses zu dem Gesetzentwurf der Bundesregierung (Drucks. 14/7564): Entwurf eines Gesetzes zur Stärkung der vertraglichen Stellung von Urhebern und ausübenden Künstlern, BT-Drucks. 14/8058, S. 18.

1549 S. dazu oben Teil 2 1. Kap. H. II. 3. a) aa) (3).

1550 Richtlinie 98/27/EG des Europäischen Parlaments und des Rates v. 19.5.1998 über Unterlassungsklagen zum Schutz der Verbraucherinteressen, ABl. L 166 v. 11.6.1998, S. 51; s. dazu *Ulmer* ITRB 2002, 135 ff.

1551 *Ulmer* ITRB 2002, 135, 136.

1552 BT-Drucks. 15/38, S. 30.

erfordert.[1553] Hierfür spricht zum einen, dass die Ausgestaltung der technischen Schutzmaßnahmen gleichzeitig mehrere Nutzer betrifft[1554] und somit eine einheitliche Rechtspraxis erreicht werden kann;[1555] zum anderen ist die Einschätzung zutreffend, dass die meisten Schrankenbegünstigte einen (Verschaffungs-)Rechtsstreit aus Kosten- und Zeitgründen scheuen würden (*Bsp.*: Klage auf die Möglichkeit, einen Artikel zum wissenschaftlichen Gebrauch digital abspeichern zu dürfen).[1556]

(aa) Anspruchsvoraussetzungen

Ein Verstoß gegen § 95b Abs. 1 begründet einen Unterlassungsanspruch gemäß § 2a UKlageG. Ein Verstoß ist erfüllt, wenn die Rechtsinhaber ihrer Pflicht, Mittel zur Verfügung zu stellen, nicht nachkommen. Erforderlich ist eine Wiederholungsgefahr.[1557] Gemäß Abs. 2 ist der Anspruch *nicht* auf Online-Dienste i.S.v. § 95b Abs. 3 anwendbar. Dieser ausdrückliche Hinweis ist erforderlich, da sich die Verweisung in Abs. 1 nur auf § 95b Abs. 1 bezieht. Schließlich soll § 2 Abs. 3 UKlageG entsprechend gelten.

(bb) Rechtsfolge

Peukert weist darauf hin, dass ein auf Unterlassen gerichteter Anspruch wirkungslos erscheint, weil eine Handlung – die Mittelverschaffung – verlangt ist.[1558] Ein Unterlassungsanspruch erfordert tatsächlich eine gekünstelt wirkende Begründung. Unterlassungsansprüche knüpfen grundsätzlich an Verbote und Unterlassungspflichten, können aber auch – wie in dem von *Peukert* erwähnten Beispiel der Informationspflichten[1559] – an gesetzliche Gebote anknüpfen.[1560] Ferner kann bei einem dauerhaft störenden Zustand ein Unterlassen faktisch nur durch eine Handlung – die Beseitigung des dauerhaft verletzenden Zustands – erfüllt werden; dies wird wenigstens dann angenommen, wenn das Unterlassen der Beseitigung – wie vorliegend – einen erneuten Verstoß gegen die Unterlassungspflicht darstellt.[1561] Daher hat der Unterlassungsanspruch nicht nur den Inhalt, den Pflichtverstoß zu unterlassen, sondern auch Maßnahmen zu ergreifen, um diesen Zustand zu beenden, indem die technischen Maßnahmen bei der jeweils betroffenen Gruppe von Schrankenbegünstigten (z.B. Bibliotheken) so eingestellt werden, dass die

---

1553 *Dreier* ZUM 2002, 28, 39; *Metzger/Kreutzer* MMR 2002, 139, 140.
1554 *Dreier* ZUM 2002, 28, 39.
1555 *Wandtke/Ohst* in Wandtke/Bullinger, UrhR, § 95b Rn. 39.
1556 *Linnenborn* K&R 2002, 139, 140; *Metzger/Kreutzer* MMR 2002, 139, 140.
1557 *Ulmer* ITRB 2002, 216.
1558 *Peukert* in Loewenheim, Handbuch UrhR, § 36 Rn.
1559 *Bassenge* in Palandt, § 2 UKlageG Rn. 8.
1560 *Fritzsche* Unterlassungsanspruch, S. 134 f.
1561 *Fritzsche* Unterlassungsanspruch, S. 201 ff., 203 f. m.w.N.

privilegierte Nutzung möglich wird oder Vervielfältigungsmöglichkeiten gewährt werden.

(cc) Aktivlegitimation

Die Aktivlegitimation für den Anspruch folgt aus § 3a UKlageG. Der Gesetzgeber hat, um den Text leserlicher und übersichtlicher zu gestalten, neben dem bisherigen § 3 UKlageG eine neue Regelung eingefügt, die deutlich macht, dass das Gesetz zwischen Klagen bei Verbraucherrechtsverstößen und anderen Verstößen unterscheidet.[1562] Der Anspruch steht rechtsfähigen Verbänden zu, „ die zur nicht gewerbsmäßigen und nicht nur vorübergehenden Förderung der Interessen“ der Schrankenbegünstigten tätig sind. Dies können beispielsweise Schul-, Hochschul- und Behindertenverbände sein. Der Kreis der berechtigten Stellen ist *abschließend* („nur“).

(d) Prozessuale Durchsetzung

Der Verschaffungsanspruch und der Unterlassungsanspruch sind auf dem gerichtlichen Wege durchsetzbar. Eine Alternative hierzu wäre ein *Schlichtungsverfahren* (vgl. §§ 14 UrhWahrnG, § 36a) gewesen;[1563] entsprechende Überlegungen hat der deutsche Gesetzgeber zu Unrecht als nicht wirksame Maßnahme verworfen.[1564] Die individuelle Klagemöglichkeit ist etwas „entschärft“ durch die obligatorische Güterverhandlung und die Beweiserleichterung zu Gunsten des Rechtsinhabers.[1565]

Der Anspruch aus § 95b Abs. 2 ist im Wege der Leistungsklage gerichtlich zu verfolgen. Der Klageantrag muss das Werk, die technischen Maßnahmen und die Nutzung, die ermöglicht werden soll, beschreiben.[1566] Für den bestimmten Antrag nach § 253 Abs. 2 Nr. 2 ZPO kann es bereits genügen, wenn er darauf gerichtet ist, dass „Mittel“ zur Verfügung gestellt werden. Klage und Urteil können die Wahl des erforderlichen Mittels dem Beklagten überlassen. Die Vollstreckung richtet sich nach §§ 887, 888 ZPO.

Der Unterlassungsanspruch gemäß § 2a Abs.1 UKlageG kann nur im Wege der Verbandsklage geltend gemacht werden.[1567] Für die prozessuale Durchsetzung der Ansprüche nach dem UKlageG gelten grundsätzlich die allgemeinen Vorschriften der ZPO. Für die einstweilige Unterlassungsverfügung sieht § 5 UKla-

---

1562 Beschlussempfehlung und Bericht, BT-Drucks. 15/837, S. 36.

1563 *Gutman* Urheberrecht im Internet, S. 172; *Stickelbrock*, Stellungnahme, S. 14.

1564 BT-Drucks. 15/38, 27; a. A. *Reinbothe* GRUR Int. 2001, 733, 742, der gerichtlich oder „anderweitig“ überprüfbare Verpflichtungen erwägt.

1565 S. § 278 ZPO; zu der Beweiserleichterung oben Teil 1 1. Kap. H. II. 3. b) aa) (1) (a).

1566 *Peukert* in Loewenheim, Handbuch des UrhR, § 36 Rn. 20.

1567 *Ory* JurPC, Web-Dok 126/2002, Abs. 14.

geG erleichterte Bedingungen vor. Sie kann auch dann erlassen werden, wenn kein Eil-, Sicherungs- und Schutzbedürfnis gemäß §§ 935, 940 ZPO vorliegt.[1568] Beachtlich ist die spezielle Regelung des § 6 UKlageG, die einen *ausschließlichen Gerichtsstand* festlegt. Auf Vorschlag des Bundesrates ist § 6 Abs. 1 S. 2 UKlageG um eine weitere *Auffangregelung* ergänzt worden.[1569] Danach kommen in zwingender Reihenfolge folgende Orte als Gerichtsstand in Betracht:

- *Gericht der Niederlassung des Rechtsinhabers;*
- *Gericht des Wohnsitzes des Rechtsinhabers;*
- *falls beide nicht vorhanden sind, das Gericht des inländischen Aufenthaltsortes;*
- *in Ermangelung eines solchen das Gericht, in dessen Bezirk*

  1.....

  2.....

  3. gegen § 95b Abs. 1 verstoßen wurde.

Die Regelung in Nr. 3 ist dem Gerichtsstand bei unerlaubter Handlung (§ 32 ZPO) nachgebildet. Danach ist auch das Gericht zuständig, in dessen Bezirk die Folgen des Verstoßes wirken (Begehungsort), regelmäßig der Wohnsitz des Verletzten.[1570]

(b) Verstoß gegen Informationspflicht (§ 95d Abs. 2)

Umstritten ist, ob der Informationspflicht gemäß § 95d Abs. 2 wertbezogener Charakter zukommt, so dass ein Verstoß einen Anspruch gemäß § 1 UWG aufgrund eines „Rechtsbruchs" begründet. Während *Flechsig* dies bejaht,[1571] lehnt *Peukert* einen solchen Anspruch ab.[1572] Zu folgen ist *Peukert*, da es sich bei der Informationspflicht um eine wertneutrale Norm handelt; in diesem Fall kommt ein Anspruch gemäß § 1 UWG nur in Betracht, wenn besondere wettbewerbsrechtliche Umstände hinzutreten, die das gesetzeswidrige Verhalten auch aus wettbewerblicher Sicht als anstößig erscheinen lassen.[1573] Dies ist nur anzunehmen, wenn sich der Rechtsinhaber ggü. anderen durch den Gesetzesverstoß einen Wettbewerbsvorsprung verschafft hat.[1574]

1568 *Ulmer* ITRB 2002, 216, 217.

1569 Stellungnahme des Bundesrates, BT-Drucks. 15/38, Anlage 2, S. 38; Beschlussempfehlung und Bericht, BT-Drucks. 15/837, S. 36.

1570 Beschlussempfehlung und Bericht, BT-Drucks. 15/837, S. 36.

1571 *Flechsig* in Loewenheim, Handbuch UrhR, § 91 Rn. 13.

1572 *Peukert* in Loewenheim, Handbuch UrhR, § 36 Rn. 31.

1573 BGH GRUR 1989, 830, 832- *Impressumspflicht.*

1574 BGH GRUR 1989, 830, 832- *Impressumspflicht.*

bb) Bußgeldvorschriften

Der Verstoß gegen die Gebote kann bußgeldrechtliche Konsequenzen nach sich ziehen. § 111 a Abs. 1 Nr. 2 sanktioniert einen Verstoß gegen die Verschaffungspflicht. Die Ordnungswidrigkeit lässt sich damit rechtfertigen, dass den Schranken Erwägungen des Gemeinwohls und der öffentlichen Sicherheit zugrunde liegen. Ein Verstoß gegen die Verschaffungspflicht kann gemäß § 111a Abs. 2 – entgegen der ursprünglich geplanten Höchstgrenze von 100.000 Euro[1575] – mit einer Geldbuße bis zu 50.000 Euro geahndet werden. Diese Sanktionsandrohung scheint abschreckend, da für jeden einzelnen Verstoß eine gesonderte Geldbuße verwirkt sein kann.[1576] Auch im Übrigen passt die Vorschrift in das Sanktionsgefüge des UrhG. Die sachlich zuständige Behörde bestimmt sich nach § 36 OWiG.[1577] Die Regelung tritt erst am 1.9.2004 in Kraft. Der Verstoß gegen die Informationspflicht ist in § 111a Abs. 1 Nr. 3 mit einer Geldbuße belegt. Der Höchstbetrag ist in Abs. 2 auf zehntausend Euro festgelegt.

§ 111a ist ein Jedermann-Delikt („Wer"). Die Verantwortlichkeit innerhalb der Unternehmensstruktur richtet sich nach § 9 OWiG (Handeln für einen anderen); insoweit gelten die allgemeinen bußgeldrechtlichen Grundsätze[1578]. Unter den Voraussetzungen des § 130 OWiG bzw. des § 30 OWiG ist – anknüpfend an eine Ordnungswidrigkeit nach § 111a – die Festsetzung einer Geldbuße gegen den Betriebs- oder Unternehmensinhaber bzw. gegen das Unternehmen selbst möglich; auch insoweit gelten die allgemeinen bußgeldrechtlichen Grundsätze[1579]. Über § 17 Abs. 4 OWiG ist eine Abschöpfung des durch die Tat erlangten wirtschaftlichen Vorteils möglich. Die sog. Abschöpfungsfunktion der Geldbuße wird regelmäßig nicht ggü. dem individuell Handelnden greifen, sondern ggü. dem Unternehmen, für das dieser handelt.

cc) Zusammenfassung

Art. 6 Abs. 4 zielt darauf ab, den Schrankenbegünstigten subjektive Rechte zu gewährleisten. Daher war dem Schrankenbegünstigten durch das nationale Recht eine gerichtlich oder anderweitig (z.B. Schlichtung) überprüfbare Rechtsposition – vorliegend ein Anspruch – einzuräumen.

Bei Verstoß gegen die Verschaffungspflicht kann der Schrankenbegünstigte die Schranke als vertraglichen Erfüllungsanspruch geltend machen, wenn er mit

---

1575 Kritisch zu dem ursprünglichen Wertungswiderspruch im Vergleich zu § 111a Abs. 1 Nr. 1 UrhG *Stickelbrock* Stellungnahme, S. 14.

1576 Beschlussempfehlung und Bericht, BT-Drucks. 15/837, S. 36.

1577 Die unnötige Kompetenzaufspaltung ist jedoch auf Vorschlag des Bundesrates gestrichen worden, Stellungnahme des Bundesrates, BT-Drucks. 15/38, Anlage 2, S. 38; Beschlussempfehlung und Bericht, BT-Drucks. 15/837, S. 36.

1578 Statt vieler s. die Kommentierung bei *Göhler*, OWiG § 9.

1579 Statt vieler s. die Kommentierung bei *Göhler*, OWiG §§ 30, 130.

dem Rechtsinhaber in einem vertraglichen Verhältnis steht. Die Schranken sind vertraglich unabdingbar.

Andernfalls wird er sich ab dem 1.9.2004 auf einen gesetzlichen Anspruch auf Verschaffung der Mittel stützen können. Dieser Anspruch knüpft an die gesetzlichen Voraussetzungen der Schranke und an den rechtmäßigen Zugang zum Werk an.

Das Gesetz räumt dem Rechtsinhaber mit der Pflicht, „erforderliche Mittel" bereitzustellen, einen Entscheidungsspielraum bei der Wahl der Leistung ein, der gerichtlich überprüfbar ist. Ist über das „erforderliche Mittel" eine vertragliche Vereinbarung getroffen worden, kann der Rechtsinhaber dem Anspruch die rechtsvernichtende Einwendung der Erfüllung (§ 362 BGB) entgegengehalten. Zu seinen Gunsten begründet eine Vereinbarung zwischen Vereinigungen der Rechtsinhaber und der durch die Schrankenregelungen Begünstigten die widerlegliche Vermutung, dass er mit dem vertraglich erbrachten Mittel seiner Leistungspflicht nachgekommen ist.

Neben dem individuellen Anspruch hat der Gesetzgeber bestimmten Stellen ein Unterlassungsanspruch nach dem UKlageG gewährt. Das Unterlassen kann tatsächlich nur erfüllt werden, wenn der verletzende Zustand beseitigt wird, indem die technischen Maßnahmen anders eingestellt werden oder ungeschützte Werke zur Verfügung gestellt werden. Der Verschaffungsanspruch ist durch Leistungsklage, der Unterlassungsanspruch im Wege der Verbandsklage geltend zu machen.

Die Verletzung der Informationspflicht begründet nur einen Anspruch gemäß § 1 UWG, wenn zusätzliche sittenwidrige Umstände hinzutreten. Die Verstöße gegen die Verschaffungspflicht und die Informationspflicht stellen Ordnungswidrigkeiten dar.

c) Rechtsschutz vor Missbrauch

Um einen Missbrauch der zur Verfügung gestellten Mittel zu verhindern, bestimmt § 95b Abs. 4, dass die zur Verpflichtung aus Absatz 1 angewandten technischen Maßnahmen einschließlich der zur Umsetzung freiwilliger Vereinbarungen angewandten Maßnahmen Rechtsschutz gemäß § 95a genießen. Dies entspricht Art. 6 Abs. 4 Unterabs. 3. Der Rechtsschutz geht dem Wortlaut nach scheinbar über die gemeinschaftsrechtlichen Vorgaben hinaus, da die technischen Maßnahmen nicht nur gegen die Umgehung selbst geschützt sind, sondern auch gegen die Vorbereitungshandlungen, da uneingeschränkt auf § 95a verwiesen wird. Hierbei handelt es sich jedoch lediglich um ein redaktionelles Versehen.

aa) Aktivlegitimation

Aktivlegitimiert ist der Rechtsinhaber; insoweit gelten die zu § 95a Abs. 1 dargestellten Grundsätze entsprechend. In diesem Zusammenhang sind zusätzlich die

Ausführungen in EG 51 der Info-RL zu sehen. Einige Autoren sehen darin irrtümlich den Schutz von Nutzersystemen angelegt.[1580]

bb) Voraussetzungen des Rechtsschutzes

Die Ausgestaltung des Rechtsschutzes ist mit den Vorgaben in Art. 6 Abs. 1 identisch und bezieht sich nur auf „technische Maßnahmen" i.S.v. § 95a Abs. 2. Auszugehen ist davon, dass die Rechtsinhaber ihre Pflicht dadurch erfüllt haben, dass sie die bereits angewandten Maßnahmen anders eingestellt haben. Umgekehrt erstreckt sich der Rechtsschutz nicht auf den Missbrauch „untechnischer" Mittel und schützt daher auch nicht gegen die „untechnische" Umgehung.

Angesichts dessen hat der Rechtsschutz vor allem klarstellende Bedeutung: Wenn die Maßnahmen so eingestellt sind, dass eine reprographische Vervielfältigung möglich ist, lässt sich eine Umgehung dann bejahen, wenn der Schrankenbegünstigte einen Mechanismus ändert, um eine digitale Vervielfältigung zu ermöglichen.

cc) Zusammenfassung

Werden die bereits angewandten technischen Maßnahmen zur Erfüllung der Verschaffungspflicht – freiwillig oder auf Grund Gesetzes – geändert bzw. anders eingestellt, sind diese weiterhin gegen die Umgehung i.S.v. § 95a Abs. 1 geschützt. § 95b Abs. 4 hat insoweit vor allem klarstellende Bedeutung.

d) Interaktive Dienste im elektronischen Geschäftsverkehr

Rechtliche Sonderbedingungen gelten für Dienste i.S.v. § 95b Abs. 3. Dies ist vor dem Hintergrund zu sehen, dass die EG das wirtschaftspolitische Ziel verfolgt, das Wachstum des elektronischen Geschäftsverkehrs zu fördern.[1581] Der elektronische Geschäftsverkehr ist – den Warenkauf auf elektronischen Abruf ausgespart – ein Dienstleistungssektor. Die neuen Dienste entsprechen im deutschen Recht den medienrechtlichen Kategorien „Teledienst" i.S.v. § 2 Abs. 1 und 2 TDG und „Mediendienst" i.S.v. § 2 Abs. 1 und 2 „Mediendienste-Staatsvertrag" (MDStV).[1582] Für eine Schnittmenge daraus, die interaktiven Online-Dienste, geht der

---

1580 *Hoeren* MMR 2000, 515, 521; *Linnenborn* K&R 2001, 394, 400; *Spindler* GRUR 2002, 105, 117.

1581 S. EG 2 der Richtlinie 2000/31/EG des Europäischen Parlaments und des Rates v. 8.6.2000 über bestimmte rechtliche Aspekte der Dienste der Informationsgesellschaft, insbesondere des elektronischen Geschäftsverkehrs, im Binnenmarkt („Richtlinie über den elektronischen Geschäftsverkehr"), ABl. 178 v. 17.7.2000, S. 1 ff.

1582 Staatsvertrag über Mediendienste (Mediendienste-Staatsvertrag), zuletzt geändert durch Artikel 3 des Sechsten Staatsvertrages zur Änderung des Rundfunkstaatsvertrages, des Rundfunkfinanzierungsstaatsvertrages und des Mediendienste-

Richtliniengeber der Info-RL – ausnahmsweise – von dem Vorrang der vertraglichen Vereinbarung aus.[1583] Die Ausnahme ist bedeutsam, da es sich bei der interaktiven Nutzung um die häufigste Nutzung[1584] – den Kernbereich der Internet-Kommunikation[1585] – handelt.[1586] Die §§ 95b Abs. 1 und 2, 95d Abs. 2 S. 1 gelten nicht, wenn

> *„Werke oder sonstige Schutzgegenstände der Öffentlichkeit auf Grund einer vertraglichen Vereinbarung in einer Weise zugänglich gemacht werden, dass sie Mitgliedern der Öffentlichkeit von Orten und zu Zeiten ihrer Wahl zugänglich sind."*

Diese Vorgänge werden urheberrechtlich erfasst über das „Recht der öffentlichen Zugänglichmachung". Die Formulierung ist bis auf das zusätzliche Merkmal der „vertraglichen Vereinbarung" fast[1587] deckungsgleich mit der in dem neu eingefügten § 19a festgelegten Umschreibung dieses Rechts. Die Ausnahme greift daher immer dann ein, wenn die Voraussetzungen des Rechts der öffentlichen Zugänglichmachung in § 19a n.F. erfüllt sind.[1588] Diese Umsetzung ist richtlinienkonform, da sie den Vorgaben des Art. 6 Abs. 4 Unterabs. 4 entspricht.

Im Vergleich zu den medienrechtlichen Kategorien vermeidet die urheberrechtliche Terminologie eine Abgrenzungsfrage:[1589] Der Abrufdienst i.S. des TDG und des MDStV ist durch den „elektronischen Abruf" gekennzeichnet (vgl. §§ § 3 S. 1 Nr. 4 TDG, 3 S. 1 Nr. 4 MDStV). Das Recht der öffentlichen Zugänglichmachung knüpft lediglich an die Wahlmöglichkeiten an. Entscheidend kommt es für die Einordnung auf die Dispositionsfreiheit des Nutzers an („von Orten und zu Zeiten ihrer Wahl").[1590] Die Wahlmöglichkeit ist das Wesensmerkmal interaktiver Nutzung.[1591] Die wichtigsten interaktiven Dienste sind die Abrufdienste.

Staatsvertrages (Sechster Rundfunkänderungsstaatsvertrag) v. 20.12.2001, GVBl. Berlin 2002, S. 162; *Tettenborn* in Engel-Flechsig u.a., § 2 TDG Rn. 56.

1583 Vgl. Info-RL EG 53.

1584 *Dreier* ZUM 2002, 28, 37; *de Werra* RIDA2001, 67, 149 f.

1585 *Rosén* GRUR Int. 2001, 195, 205.

1586 Kritisch hierzu *Dreier* ZUM 2002, 28, 37; *Metzger/Kreutzer* MMR 2002, 139, 141; *de Werra* RIDA2001, 67, 149 f.

1587 Es fehlt „drahtlos und drahtgebunden", s. dazu Teil 2 1. Kap. H. II. 3. d)

1588 Stellungnahme der Kommission, KOM (2001) 170 endg., S. 3, Pkt. 3.1.; Stellungnahme des Europäischen Parlaments, Änd. Nr. 3; *Bechtold* DRM, S. 426; *Linnenborn* K&R 2001, 394, 400; *Mayer* EuZW 2002, 325, 329; *Reinbothe* GRUR Int. 2001, 733, 742.

1589 Kritisch hierzu *Spindler* GRUR 2002, 105, 119.

1590 S. bereits *Gersdorf* AfP 1995, 565, 566 f. zu der Abgrenzung zwischen Abruf- und Verteildiensten.

1591 Info-RL EG 25 S. 3: „Derartige interaktive Übertragungen auf Abruf zeichnen sich dadurch aus, dass sie Mitgliedern der Öffentlichkeit von Orten und zu Zeiten ihrer Wahl zugänglich sind; so auch *Linnenborn* K&R 2001, 394, 400; a. A. *Bechtold* DRM, S. 426; *Mayer* EuZW 2002, 325, 328; *Spindler* GRUR 2002, 105, 119, nach deren Ansicht der Begriff unklar bleibt.

Internetdienste sind meistens Abrufdienste, weil die Übertragung auf Abruf der Nutzer erfolgt, z.B. bei Filmen und Musikstücken (Video- und Audio - on demand).[1592] Der Anwendungsbereich des Rechts der öffentlichen Zugänglichmachung ist allerdings nicht auf das Internet beschränkt.[1593] Umgekehrt sind alle *nicht* interaktiven Nutzungsformen von dem Anwendungsbereich ausgeschlossen; dies entspricht dem historischen Willen des Richtliniengebers.[1594] Hierzu zählen die klassischen Online-Rundfunkdienste, inklusive der zeitgleichen Übertragung des Rundfunks via Internet.

aa) Vorrang der vertraglichen Vereinbarung

Es entspricht einer richtlinienkonformen Umsetzung, die vertraglich erbrachten interaktiven Online-Dienste von den Maßnahmen zur Sicherstellung der Schranken auszunehmen. Hierbei soll die vertragliche Vereinbarung ausnahmsweise Vorrang genießen.[1595] Daraus lässt sich schließen, dass die Schranken abbedungen werden können,[1596] und der Vertrag nur einer allgemeinen Vertragskontrolle standhalten muss (§§ 138, 242, 307 BGB).[1597] Hierfür spricht, dass – anders als in der Datenbank-RL (vgl. Art. 15 Datenbank-RL) oder in der Computer-RL (vgl. EG 17, 18) – der Richtliniengeber zum Verhältnis von Vertrag und Schranken gerade keine Stellung genommen hat.[1598] Außerdem folgt dies im Umkehrschluss aus § 95b Abs. 1 S. 2, der die Schranken zwingend ausgestaltet, und der gemäß § 95b Abs. 3 ebenfalls nicht für interaktive Online-Dienste gilt.

bb) Zweck der Regelung

Entstehungsgeschichtlich ist mit der Ausnahme bezweckt, ein sicheres Umfeld für interaktive Dienste auf Abruf zu gewährleisten.[1599] Der rechtliche Rahmen sorgt nicht nur für Rechtssicherheit, sondern schafft durch einen Handlungsspielraum Anreize, innovative Geschäftsmodelle ins Leben zu rufen. Die Rechtsinhaber sollen den gewachsenen Bedürfnissen mit eigenen kommerziellen Angeboten im Internet begegnen. Hierin ist der Wandel zu einer digitalen Revolution angelegt, der ein Wechselbad hervorruft aus Sentimentalität („nichts wird mehr so sein, wie

---

1592 *V. Ungern-Sternberg* in Schricker, UrhR, § 15 Rn. 24.

1593 BT-Drucks. 15/38, S. 17.

1594 Info-RL EG 53 S. 3.

1595 Gemeinsamer Standpunkt des Rates, Nr. 44; Mitteilung der Kommission, SEK (2000) 1734 endg. v. 20.10.2000, S. 10; *Flechsig* ZUM 2002, 1, 16; *Linnenborn* K&R 2001, 394, 400; *Mayer* EuZW 2002, 325, 328.

1596 *Bayreuther* EWS 2001, 422, 431; *Bechtold* DRM, S. 426 f.; *Rosén* GRUR Int. 2001, 195, 205.

1597 *Dreier* ZUM 2002, 28, 38; *Peukert* UFITA 2002, 689, 705; *Schack* ZUM 2002, 497, 503.

1598 *Rosén* GRUR Int. 2001, 195, 205.

1599 Info-RL EG 53 S. 1.

es einmal war")[1600] und Aufbruchsstimmung („wir stehen am Anfang der legalen digitalen Musikrevolution").[1601] Die Vertragsfreiheit ermöglicht die flexible und organische Entwicklung von Dienstleistungen auf Abruf[1602] in einem schwer einschätzbaren digitalen Umfeld.

cc) Tatbestandliche Voraussetzungen

Die Werke müssen den Mitgliedern der Öffentlichkeit i.S.v. § 19a öffentlich auf Grund einer vertraglichen Vereinbarung zugänglich gemacht werden. Selbstverständlich sind die Dienste nur geschützt, sofern sie Werke und Schutzgegenstände bereithalten. Hierfür kommen sämtliche Werkkategorien in Betracht, die sich in digitalisierter Form online verbreiten lassen.

(1) Öffentliche Zugänglichmachung

Die Werke und Schutzgegenstände müssen der Öffentlichkeit in einer Weise angeboten werden, dass die Mitglieder die Inhalte interaktiv nutzen können. Der Vorgang des Anbietens muss die Voraussetzungen des Rechts der öffentlichen Zugänglichmachung erfüllen; dies folgt aus der wortgleichen Fassung des § 19a und § 95b Abs. 3. Die Umsetzung ist richtlinienkonform, da auch Art. 6 Abs. 4 Unterabs. 3 Info-RL dem Wortlaut des Art. 3 Info-RL („Recht der öffentlichen Zugänglichmachung") entlehnt ist.[1603]

Es ist dem nationalen Gesetzgeber vorbehalten, den Begriff der „Öffentlichkeit" zu konkretisieren. Im deutschen Urheberrecht findet sich eine Legaldefinition der Öffentlichkeit in § 15 Abs. 3 n.F. Nach Satz 1 ist die Wiedergabe öffentlich, wenn sie für eine Mehrzahl von Mitgliedern der Öffentlichkeit bestimmt ist. Nach Satz 2 gehört zu der Öffentlichkeit „jeder, der nicht mit demjenigen, der das Werk verwertet, oder mit den anderen Personen, denen das Werk in unkörperlicher Form wahrnehmbar oder zugänglich gemacht wird, durch persönliche Beziehungen verbunden ist." Zum Merkmal der persönlichen Verbundenheit gibt es bereits gerichtliche Entscheidungen.[1604] Die Entscheidung hängt – wie regelmäßig – von den Umständen des Einzelfalls ab. Ungeklärt war nach bisheriger Rechtslage, ob „öffentlich" i.S.d. § 15 Abs. 3 a.F. voraussetzt, dass das Werk *gleichzeitig* empfangen werden kann. Für das Recht der öffentlichen Zugänglichmachung ist

---

1600 *Balzli/Kerbusk/Rosenbach/Schulz*, „Alles nur geklaut", Spiegel, Heft 36/2003, S. 72, 79.

1601 *Heeg* in FAS v. 12.10.2001, S. 38: „Dauer-Werbesendung".

1602 *Rosén* GRUR Int. 2001, 195, 205.

1603 S. dazu Teil 2 1. Kap. H. I. 2. b) bb) (c) (aa).

1604 BGH GRUR 1983, 562, 563 – *Zoll- und Finanzschulen*; BGH NJW 1996, 3084, 3085- *Zweibettzimmer im Krankenhaus*; s. dazu Teil 2 1. Kap. H. I. 3. b) bb) (2) (a) (cc) (a1).

nunmehr ausdrücklich klargestellt, dass der sukzessive Empfang genügt.[1605] Auf den gleichzeitigen Empfang zu verzichten, erklärt sich aus dem Wesen dieses Rechts. Das Recht soll auf Vorgänge Anwendung finden, bei denen der Nutzer typischer Weise auf elektronischen Abruf die Inhalte abruft und es somit vom Zufall abhängt, ob mehrere Nutzer gleichzeitig darauf zugreifen.

Das Werk oder der sonstige Schutzgegenstand muss dem Nutzer zugänglich gemacht werden. Für eine Zugänglichmachung genügt es, das Werk für die Übertragung auf elektronischen Abruf anzubieten bzw. bereitzuhalten („zugänglich sind“).[1606]

Es fallen nur *Online*-Dienste in den Anwendungsbereich des Rechts, obwohl der Gesetzgeber – wie bereits der Richtliniengeber – das Merkmal „drahtgebunden oder drahtlos“ aus § 19a vergessen hat. Dies wird selbstverständlich vorausgesetzt[1607] und entspricht dem Wesen des Rechts der öffentlichen Zugänglichmachung als „Onlinerecht“. *Online*-Dienste sind die im Wege der Telekommunikation übertragenen, netzbezogenen Dienste.[1608] Demgegenüber sind Offline-Dienste Inhalte, die auf „körperlichen“ Medienträgern (CD, DVD, CD-ROM) verbreitet werden. Bei dem fehlenden Merkmal (drahtgebunden, drahtlos) handelt es sich um ein redaktionelles Versehen.

Das Hauptwesensmerkmal der öffentlichen Zugänglichmachung ist, dass die angebotenen Inhalte *interaktiv* genutzt werden können.[1609] Dem Nutzer muss das Angebot „von Orten und zu Zeiten seiner Wahl“ zugänglich sein, d.h. er kann frei bestimmen, von wo er den Inhalt abrufen will. Kennzeichnend sind die *Wahlmöglichkeiten* der Nutzer („ihrer Wahl“).[1610] Gleichwohl ist der Begriff der öffentlichen Zugänglichmachung und der der interaktiven Nutzung nicht identisch. Der Richtliniengeber verwendet den Begriff „interaktiv“ bewusst nur in EG 53 a.E. Zutreffender ist es, zwischen dem öffentlich zugänglich gemachten Angebot und der interaktiven Nutzung zu unterscheiden.[1611] „Interaktiv“ bezeichnet erst den Rezeptionsvorgang, bei dem die verschiedenen Angebote auch tatsächlich durch den Nutzer von Orten und zu Zeiten seiner Wahl kombiniert werden. Das Recht der öffentlichen Zugänglichmachung erfasst aber nicht nur den Übertragungs- bzw. Rezeptionsvorgang, sondern bereits das Angebot. Der Zusammenhang lässt sich damit zusammenfassen, dass die interaktive Nutzung durch Dienste ermög-

---

1605 *Lehmann* CR 2003, 553, 555; *Walter* medien und recht 2002, 217, 218 in Bezug auf das „Zurverfügungsstellungsrecht“ im österreichischen Urheberrecht.

1606 *Kröger* CR 2001, 316, 318; *Linnenborn* K&R 2001, 394, 400.

1607 Info-RL EG 53 S. 2 „Online-Dienste“.

1608 *Tettenborn* in Engel-Flechsig u.a., § 2 TDG Rn. 59.

1609 *Flechsig* ZUM 1998, 139, 144; *Kröger* CR 2001, 316, 318; *Walter* medien und recht 2002, 217, 218.

1610 *Linnenborn* K&R 2001, 394, 400.

1611 *Tettenborn* in Engel-Flechsig u.a., § 2 TDG Rn. 57.

licht wird, die „der Öffentlichkeit von Orten und zu Zeiten ihrer Wahl zugänglich sind".[1612]

Die Nutzer haben eine räumliche und zeitliche Wahlmöglichkeit. Der Empfänger ruft den Inhalt an einem Ort (seiner Wahl) ab, der räumlich von dem Ort der Zugänglichmachung getrennt ist.[1613] Übertragen auf die Netzwerkstruktur findet die Kommunikation typischerweise zwischen einem *Server* und einem *Client* statt. Die Nutzer können ferner über den Zeitpunkt entscheiden, zu dem sie auf den Inhalt zugreifen.

(2) Vertragliche Grundlage

Die öffentliche Zugänglichmachung muss auf der Grundlage einer vertraglichen Vereinbarung erfolgen, die für die Regelung und Durchsetzung der Schranken maßgeblich sein soll (*Vorrang der vertraglichen Vereinbarung*). Das verlangt nicht zwingend, dass auch der Vertragsschluss in einer speziellen Form, insbesondere durch einen Abruf- oder Mediendienst zustande kommt (Vertrag im elektronischen Geschäftsverkehr i.S.v. § 312e Abs. 1 BGB). Das Online-Angebot kann auch auf einem Vertag beruhen, der im „körperlichen" Schriftverkehr erfolgt ist.

Beispiel: *Eine Studentin ist Abonnentin einer überregionalen Tageszeitung. Die Bestellung des Abonnements hat sie schriftlich per Post aufgegeben. Im Rahmen des Zeitungsabonnements darf sie das Online-Archiv der Zeitung nutzen, muss sich aber vor der Nutzung mit einer Kennung und einem Passwort identifizieren.*

dd) Anwendungsbeispiele

Der typische interaktive Dienst, an den auch der Richtliniengeber gedacht hat,[1614] ist der o.a. „Abrufdienst". Hierzu zählen der Bezeichnung nach die kommerziellen Bestelldienste für Filme und Musik (Video - *on demand*, Audio - *on demand*). Der Begriff des interaktiven Online-Dienstes i.S.d. Unterabs. 4 erfasst auch vertraglich angebotene Internetangebote von Sendeunternehmen, denen gemäß Art. 3 Abs. 2 Info-RL bzw. § 87 Abs. 1 Nr. 1 ebenfalls das Recht der öffentlichen Zugänglichmachung eingeräumt worden ist.[1615] Der vermutlich wichtigste Anwendungsfall für Unterabsatz 4 sind die technisch kontrollierten Online-Datenbanken, die auf vertraglicher Grundlage öffentlich zugänglich gemacht werden.[1616]

1612 Stellungnahme der Kommission, KOM (2001) 170 endg. v. 29.3.2001, S. 3.
1613 Vgl. Info-RL EG 24; *Flechsig* ZUM 2002, 1, 5.
1614 Vgl. Info-RL EG 53 S. 2.
1615 *Mayer* EuZW 2002, 325, 329.
1616 Zu dem Recht des Datenbankherstellers, seine Datenbank online zu übermitteln oben Teil 2 1. Kap. H. I. 2. b) bb) (2) (c) (aa).

ee) Nicht-interaktive Online-Nutzungen

Auf nicht-interaktive Online-Nutzungen ist § 95b Abs. 1 und 2 weiterhin anwendbar.[1617] Diese Vorgänge werden urheberrechtlich von der öffentlichen Wiedergabe in Form des Senderechts erfasst.[1618] Zu den nicht-interaktiven Formen zählen insbesondere die Verteildienste, der digitale Rundfunk[1619] und *Pay-TV*.[1620]

Als „Verteildienst" werden solche Tele- bzw. Mediendienste bezeichnet, die im Wege der Übertragung von Daten ohne individuelle Anforderung gleichzeitig für eine unbegrenzte Zahl von Nutzern erbracht werden (Punkt-zu-Multipunkt-Übertragung).[1621] Hierzu zählen auch Dienste wie *Near-Video-on demand* – bei dem Nutzer in regelmäßigen Zeitabständen bestimmte Inhalte angeboten werden – und *pay-per-view*.[1622]

Mit dem Verteildienst hat der Rundfunk die Verbreitungsart gemein, die ebenfalls durch einen gleichzeitigen Empfang gekennzeichnet ist (vgl. § 2 Abs. 1 RStV). Der Begriff schließt Darbietungen ein, die verschlüsselt verbreitet werden oder gegen besonderes Entgelt empfangbar sind (Satz 2).

Eine nicht-interaktive Nutzung ermöglicht auch der „Internet-Rundunk", sofern es sich um eine Eins-zu-Eins-Übertragung handelt (*Webcasting*). Die Entscheidung über die „Sendezeit" und den Sendeinhalt verbleibt in diesem Fall bei dem Anbieter.[1623]

> *Für den Internet-Rundfunk verwendet man die Technik des* Streaming. *Hinsichtlich der Interaktivität kann man zwischen zwei Übertragungsarten unterscheiden, dem Streaming-on-demand und dem Live-Streaming (Webcasting). Zwar erfolgt bei beiden die Datenübertragung jeweils erst auf elektronischen Abruf. Sie unterscheiden sich jedoch zum einen in der Übertragungsdauer; diese endet bei dem Streaming-on-demand mit der Übertragung des letzten Datenpakets, bei dem Live-Streaming erst mit Ablauf der Software. Zum anderen kann der Nutzer bei dem Live-Streaming die Sendung nicht vor- und zurückspulen.*

1617 Info-RL EG 53 S. 3.

1618 *Linnenborn* K&R 2001, 394, 400; s. auch Info-RL EG 23 S. 3.

1619 *Flechsig* ZUM 2002, 1, 16.

1620 *Linnenborn* K&R 2001, 394, 400.

1621 Vgl. § 3 S. 1 Nr. 3 MDStV, § 3 S. 1 Nr. 3 TDG; vgl. auf gemeinschaftsrechtlicher Ebene RL 98/48/EG des Europäischen Parlaments und des Rates v. 20.7.1998 zur Änderung der RL 98/34/EG über die Informationsverfahren auf dem Gebiet der Normen und technischen Vorschriften (ABl. L 204 v. 21.7.1998, 37-48), ABl. L 217 v. 5.8.1998, 18, 25 (Anhang V Nr. 3).

1622 *Linnenborn* K&R 2001, 394, 400; *Reinbothe* GRUR Int. 2001, 733, 742; *Spindler* GRUR 2002, 105, 119.

1623 *Flechsig* ZUM 2002, 1, 16, der allerdings beim *Streaming* nicht zwischen den unterschiedlichen Übertragungsarten trennt; *Mayer* EuZW 2002, 325, 329, der zutreffend zwischen der zeitgleichen und zeitversetzten Übertragung trennt; *Spindler* GRUR 2002, 105, 119 („*Webcasting*").

Bei den beschriebenen nicht-interaktiven Formen kann der Nutzer, sofern er rechtmäßigen Zugang zu dem Werk hat, die Schranken durchsetzen, da sie nicht vertraglich abdingbar sind.

ff) Reichweite des vertraglichen Vorrangs

(1) §§ 55a, 87e UrhG

Die in §§ 55a, 87e vertragsfest ausgestalteten Schranken für Nutzer von Datenbankwerken und Datenbanken bleiben von dem grundsätzlichen Vorrang der vertraglichen Regelung unberührt, d.h. der rechtmäßige Benutzer einer Datenbank kann die Befugnisse aus den urhebervertraglichen[1624] Bestimmungen der §§ 55a, 87e vertraglich durchsetzen. Der Vorrang besagt nur, dass § 95b Abs. 1 nicht gilt. Hierfür spricht, dass die speziellen Regelungen in der Datenbank-RL der Info-RL vorgehen (Art. 1 Abs. 2 lit. e) Info-RL).

(2) Allgemeine Vertragskontrolle

Die vertraglichen Vereinbarungen unterliegen einer Vertragskontrolle anhand der allgemeinen Regelungen gemäß §§ 138, 242, 307 BGB.[1625] Unklar ist, ob die Schranken Leitbildcharakter für die Prüfung gemäß § 307 BGB haben. Dies ist zu verneinen, weil dies im Widerspruch dazu stünde, dass die Schranken abdingbar sind.[1626] Bei der Prüfung sollte maßgeblich sein, welche Nutzungshandlung für die „bestimmungsgemäße Benutzung“ erforderlich und geboten sind.

(3) Restriktive Auslegung

Klärungsbedürftig ist, ob der Vorrang der vertraglichen Vereinbarung noch für digitale Vervielfältigungen gilt, die im Rahmen des Vertragsverhältnisses hergestellt werden und ihrerseits technisch geschützt sind.

Beispiel: *Die Dokumente einer Online-Datenbank sind nur als Leseversion nutzbar. Die Nutzer können die Dateien nur vorübergehend für die Bildschirmansicht speichern. Eine Doktorandin würde einen wissenschaftlichen Aufsatz für ihre Arbeit gerne dauerhaft speichern können.*

(a) Meinungsstand

Ausgangspunkt der Überlegung ist, dass der Rechtsinhaber, der kommerzielle Abrufdienste anbietet, alle in Art. 6 Abs. 4 Unterabs.1 und 2 bzw. die in § 95b Abs. 1 S. 1 genannten Schranken vertraglich abbedingen kann. Die mit den

---

1624 *Haberstumpf* GRUR 2003, 14, 24, 30.

1625 *Dreier* ZUM 2002, 28, 38; *Peukert* UFITA 2002, 689, 705; *Schack* ZUM 2002, 497, 503.

1626 A. A. *Spindler* GRUR 2002, 105, 118; offengelassen *Wandtke/Ohst* in Wandtke/Bullinger, InfoG, § 95b Rn. 47.

Schranken verbundenen Privilegien, zu vervielfältigen, zu verbreiten oder öffentlich zugänglich zu machen, können – sofern sie abbedungen sind – weder auf der Grundlage eines vertraglichen Anspruchs noch aufgrund des gesetzlichen Verschaffungsanspruchs durchgesetzt werden. Dies gilt auch für die Privatkopie, die durch § 95b Abs. 1 S. 1 Nr. 6 lit. a) nur in reprographischer Form durchsetzbar ist.[1627] Vor diesem Hintergrund wird die Frage diskutiert, wie weit das Recht der öffentlichen Zugänglichmachung und der daran anknüpfende Vorrang der vertraglichen Vereinbarung reicht. Teilweise wird vertreten, der Anwendungsbereich sei einschränkend auszulegen.[1628] Die Ausnahme gelte nur für das öffentliche Angebot, nicht aber auch für die Vervielfältigung im Speicher des Nutzers.[1629] Für die technischen Maßnahme wird dementsprechend zwischen den Zugangskontrollen unterschieden, bei denen die Schranken vertraglich abdingbar sind, und den Nutzungskontrollen, bzw. den technischen Maßnahmen, die dazu dienen, eine Vervielfältigung zu verhindern.[1630] *Linnenborn* beruft sich auf die Begründung des Rates, in der mit der „Lieferung" nur die Übertragung auf elektronischen Abruf angesprochen sei.[1631] Daher beziehe sich der *Anwendungsbereich* ausschließlich auf das Online-Sehen, -Anhören und -Lesen.[1632] Die einschränkende Auslegung sei geboten, um zu verhindern, dass § 95b Abs. 1 S. 1 bzw. Art. 6 Abs. 4 Unterabs. 1 und 2 leer laufen,[1633] insbesondere die Schranke zum privaten Gebrauch sei für den Online-Handel völlig ausgehebelt.[1634] Außerdem privilegiere die Regelung zu Unrecht den Online-Handel gegenüber dem Offline-Handel bzw. der körperlichen Weitergabe[1635] und sei unausgewogen.[1636] Hiernach würde der Rechtsinhaber Schranken gegenüber der Zugangskontrolle abbedingen können. Der Begünstigte könnte jedoch ggü. den Nutzungskontrollen den Anspruch durchsetzen.

1627 *Hoeren* Gutachten, S. 19; kritisch zu dem Bedeutungsverlust der Privatkopie *Metzger/Kreutzer* MMR 2002, 139, 141; *Spindler* GRUR 2002, 105, 119.

1628 *Dreier* ZUM 2002, 28, 37; *Kröger* CR 2001, 316, 323; *Linnenborn* K&R 2001, 394, 400 f., der allerdings das Ergebnis offen hält; *Metzger/Kreutzer* MMR 2002, 139, 141.

1629 *Linnenborn* K&R 2001, 394, 400; *Metzger/Kreutzer* MMR 2002, 139, 141.

1630 *Dreier* ZUM 2002, 28, 37; *Hoeren* Gutachten, S. 19; *Kröger* CR 2001, 316, 323; *Linnenborn* K&R 2001, 394, 400; *Metzger/Kreutzer* MMR 2002, 139, 141.

1631 *Linnenborn* K&R 2001, 394, 400.

1632 *Linnenborn* K&R 2001, 394, 401.

1633 *Metzger/Kreutzer* MMR 2002, 139, 141.

1634 *Dreier* ZUM 2002, 28, 37; kritisch auch *Spindler* GRUR 2002, 105, 119.

1635 *Metzger/Kreutzer* MMR 2002, 139, 141; kritisch auch *Mayer* CR 2003, 274, 278; *Spindler* GRUR 2002, 105, 119.

1636 *Dreier* ZUM 2002, 28 (Fn. 69, 70).

Nach der Gegenansicht können die Schranken auch hinsichtlich der technisch geschützten Vervielfältigung vertraglich abbedungen werden.[1637] Der Vorrang der vertraglichen Vereinbarung gelte auch für die im Rahmen des Vertragsverhältnisses angefertigten Vervielfältigungen. Andernfalls wäre die Verweisung in Art. 6 Abs. 4 Unterabs. 4 Info-RL auf Unterabsatz 2, der *nur* die Vervielfältigung betrifft, bedeutungslos.[1638]

(b) Stellungnahme

Zuzustimmen ist der zuletzt beschriebenen Ansicht. Abgesehen davon, dass der Verweis in Unterabsatz 4 auf Unterabsatz 2 ansonsten bedeutungslos wäre, würde die einschränkende Auslegung, die künstlich zwischen verschiedenen technischen Maßnahmen trennt, dem Zweck der Norm widersprechen. Der Richtliniengeber beabsichtigte mit dem Vorrang der vertraglichen Vereinbarung, einen rechtlichen Rahmen zu schaffen, der den Rechtsinhabern Rechtssicherheit gewährt und ihnen dadurch eine flexible und organische Entwicklung[1639] kommerzieller Online-Dienste ermöglicht. Dies soll in einem Umfeld geschehen, in dem bis dato der kostenlose illegale Tauschhandel vorherrscht.

Der Vorrang der vertraglichen Vereinbarung knüpft an eine bestimmte Vertriebsform an und schützt *alle* konkret im Rahmen der öffentlichen Zugänglichmachung eingesetzten technischen Maßnahmen.[1640] Andererseits stellt der deutsche Gesetzgeber ausdrücklich klar, dass der Vorrang nur für diese Vertriebsform gilt („soweit") und der Rechtsinhaber sich für andere Vertriebsarten – den parallelen Offline-Vertrieb – darauf nicht berufen kann.[1641]

Der Vorrang der vertraglichen Vereinbarung ergänzt hierbei die anderen rechtlichen Säulen zur Förderung der Entwicklung der Informationsgesellschaft: das Recht der öffentlichen Zugänglichmachung und den Schutz technischer Maßnahmen. Die wirtschaftliche Bedeutung hat Justizministerin *Zypris* mit folgenden Worten beschrieben:

> *„Wir führen mit diesem Gesetz ein neues „Recht der öffentlichen Zugänglichmachung" zugunsten der Urheber ein. Damit stellen wir klar, dass zunächst einmal allein der Urheber bestimmt, ob und wie sein Werk, z.B. im Internet, öffentlich zugänglich gemacht wird. Das gleiche Recht bekommen natürlich auch die ausübenden Künstler für ihre Darbietungen. Der Entwurf erlaubt deshalb – quasi im Umkehrschluss*[1642] *– Urhebern oder den von ihnen*

1637 Wenn auch kritisch *Bechtold* DRM, S. 426; *Peukert* UFITA 2002, 689, 707; *Spindler* GRUR 2002, 105, 119

1638 *Mayer* CR 2003, 274, 281; *Peukert* UFITA 2002, 689, 708; *Spindler* GRUR 2002, 105, 119.

1639 *Rosén* GRUR Int. 2001, 195, 205.

1640 BT-Drucks. 15/38, S. 27.

1641 BT-Drucks. 15/38, S. 27.

1642 Hervorhebung durch die Verfasserin.

beauftragten Verwertern, die Werke mit technischen Vorrichtungen zum Schutz von Kopien zu versehen."[1643]

Die öffentliche Zugänglichmachung ist die spezielle Vertriebsart,[1644] um deren Förderung es auch gerade bei dem Schutz technischer Maßnahmen geht. Das technische Sicherheitskonzept ist in diesen Konstellationen darauf gerichtet, die primären Vermarktungsmöglichkeiten im digitalen Umfeld zu sichern, denn solange über Netzwerke kostenlos „Raubkopien" verfügbar sind, ist der Erfolg eines kommerziellen Angebots jedenfalls bei stark nachgefragten Werken und Leistungen ernsthaft in Frage gestellt.[1645] Das Recht der öffentlichen Zugänglichmachung und der Schutz der technischen Maßnahmen allein genügen allerdings als Rechtsrahmen nicht, wenn der Rechtsinhaber keinen Handlungsspielraum hat, um neue Geschäftsmodelle auszuprobieren. Hierbei muss der Rechtsrahmen gewährleisten, dass der Rechtsinhaber das Sicherheitsniveau in dem schwer einschätzbaren digitalen Umfeld[1646] selbst festlegen kann. Die Werkkategorien können ganz unterschiedlich nachgefragt sein. Möchte man Musik und Filme käuflich erwerben, möchte man naturgemäß freier darüber verfügen können als bei einem einfachen Verleih. Ein E-Book möchten die Nutzer in ihrem Archiv speichern, es auf ihren Laptop laden können etc.; aus aktuellen Presseartikel möchten sich die Nutzer möglicherweise nur kurzfristig informieren. Die Vertragsfreiheit ist genau das richtige Instrument, um unterschiedliche Konzepte auszuprobieren.

Zutreffend ist, dass die *Schranke* für den privaten Gebrauch in diesem Umfeld in der vertraglichen Vereinbarung auf- und damit verloren geht.[1647] Die Kritik hieran ist unberechtigt, da vor allem rechtliche Gründe gegen die Durchsetzbarkeit einer gesetzlichen Privatrechtsschranke sprechen. In dem digitalen Umfeld ist die digitale Vervielfältigung zum privaten Gebrauch von wirtschaftlicher Bedeutung. Bietet ein Rechtsinhaber online Dienste an, ist durch die *Privatkopie* unmittelbar sein Primärmarkt betroffen. Eine gesetzliche Privatkopierschranke, die gegenüber dem Schutz technischer Maßnahmen durchsetzbar wäre, würde dem DST im Sinne der zweiten Stufe („normale Verwertung") widersprechen.[1648] Entscheidend kommt hinzu, dass der Entstehungsgrund des § 53 Abs. 1 entfallen ist. Für den Bereich der kommerziellen interaktiven Online-Dienste, bei denen regelmäßig DRMS zum Einsatz kommen, hat sich der *Systemwechsel* von dem bisherigen System der pauschalen Abgabe hin zu einer individuellen Lizenzierung bereits

1643 Plenarprotokoll v. 14.11.2002, 625 f.

1644 *Bechtold* DRM, S. 425 „Geschäftsmodell".

1645 S. dazu auch Ausführungen von *Davis* in FS Dietz, S. 307, 316 f.; *Haedicke* Jura 2000, 449, 453; einen starken Rechtsschutz hält auch *Dreier* für angezeigt, ZUM 2002, 28, 38.

1646 *Rosén* GRUR Int. 2002, 195, 205 spricht von Risken und Gefahren.

1647 Kritisch dazu *Metzger/Kreutzer* MMR 2002, 139, 141; *Spindler* GRUR 2002, 105, 119.

1648 *Ulmer-Eilfort* in FS Nordemann, 285, 293; *Schack* AfP 2003, 1, 8.

vollzogen.[1649] § 53 Abs. 1 ist dort obsolet, wo das (gerechtere) System der individuellen Lizenzierung technisch realisierbar ist.[1650] Weder das Recht auf Privatsphäre[1651] noch das Recht auf ungehinderten Informationszugang wird dadurch in verfassungswidriger Weise verletzt. Es gibt kein Recht auf einen kostenlosen Zugang und solange der Rechtsinhaber seine möglicherweise marktbeherrschende Stellung nicht ausnutzt, um einen unangemessen hohen Preis zu verlangen, ist darin nichts Unzulässiges erkennbar.[1652]

Der *Nutzer* wird in dem Regime der Privatautonomie keineswegs schutzlos gelassen. Die Verträge unterliegen der allgemeinen Vertragskontrolle (§§ 138, 242, 307 BGB), die ein sittenwidriges Geschäft bzw. eine unangemessene Benachteiligung einer der Vertragsparteien verhindern können.[1653] Während man in den USA die Frage stellt, „*will fair use survive?*", könnte die allgemeine Vertragskontrolle und die damit verbundene Einzellfallgerechtigkeit funktional in eine *fair-use*-Praxis und in die Frage, „*will fair use arrive?*" münden.

Neu und gewöhnungsbedürftig ist, dass technische Schutzmaßnahme und die vertraglichen Vereinbarungen zu einer „*Privatisierung des Urheberrechts*" führen.[1654] Das Urheberrecht übernimmt hierbei die Funktion, das Verhältnis der verschiedenen Rechtsinhaber untereinander zu regeln,[1655] sowie die Grenzen der Privatisierung zu Gunsten des schutzwürdigen Nutzers festzulegen.[1656] Für andere Dienste, die nicht kommerzielle interaktive i.S.v. § 95a Abs. 3 sind, legt § 95b Abs. 1 S. 2 die Schranken verbindlich fest.[1657] Für den Bereich der kommerziellen Online-Dienste hat sich der Richtliniengeber aus guten Gründen – vorerst – dagegen entschieden.

gg) Sonderproblem: Superdistribution und Erschöpfungseinwand

Ein besonderes Phänomen des Online-Vertriebs stellt die *Superdistribution* dar. Für diese spezielle Vertriebsform ist kennzeichnend, dass der Rechtsinhaber die

---

1649 *Chantepie* Mesures techniques, S. 44.

1650 *Ulmer-Eilfort* in FS Nordemann, S. 285, 286; *Wittgenstein* Digitale Agenda, S. 79 f.; a. A. *Pahud*, S. 91 f.

1651 *Däubler-Gmelin* ZUM 1999, 769, 773 f.; *v. Diemar* GRUR 2002, 587, 592; *Ulmer-Eilfort* in FS Nordemann, S. 285, 287; a.A. *Pahud*, S. 91.

1652 *Ulmer-Eilfort* in FS Nordemann, S. 285, 286 f.; *v. Diemar* GRUR 2002, 587, 592 f.; *Schack* ZUM 2002, 497, 505; *ders.* AfP 2003, 1, 5; a.A. *Pahud*, S. 91 f., 131.

1653 Für zu weitgehend hält den Umgehungsschutz *Dreier* ZUM 2002, 28 (Fn. 75), der befürchtet, die Rechtsprechung könnte die Nutzerrechte nicht als gesetzliches Leitbild anerkennen; für die kommerziellen Abrufdienste dürfte diese Befürchtung zutreffen, da die Schranken abdingbar sind.

1654 *Hyzic* sic ! 2001, 107, 111 f.; *Bechtold* DRM, S. 269 ff.

1655 Insoweit kritisch *Peckert* UFITA 2002, 689, 698 ff.

1656 *Bechtold* DRM, S. 382 f.

1657 Diese Möglichkeit erwägen *Dreier* CR 2000, 45, 47; *Vinje* E.I.P.R. 1999, 192, 194 ff.

Kontrolle über die digitalen Güter auch dann behält, nachdem die „Ware" ausgetauscht worden ist. Das technische Sicherheitskonzept ist darauf gerichtet, nicht nur den einzelnen Verwertungsvorgang zu kontrollieren, sondern eine Kette von Verwertungsvorgängen. Technisch wird das Konzept dadurch umgesetzt, dass eine bei dem Nutzer oder einem Dritten verschlüsselt gehaltene Datei online beliebig weiterverbreitet werden kann, jeder neue Nutzer aber erneut eine Lizenz (mit Schlüssel) erwerben muss, um den Inhalt entschlüsseln zu können.[1658] Inhalt und Rechtevergabe sind zwei voneinander getrennte Vorgänge. Auf diese Vertriebsformen sind die Sicherheitskonzepte der DRMS zugeschnitten, z.B. *Cryptolope* von IBM.[1659]

Diese Vertriebsform hat ihr rechtliches Fundament in der Rechtsauffassung, dass der Vorgang der „öffentlichen Zugänglichmachung" sich nicht erschöpfen kann.[1660] Der Erschöpfungseinwand gilt unmittelbar für das Verbreitungsrecht gemäß § 17 Abs. 2. Danach ist es zulässig, ein einmal verbreitetes Werk weiterzuverbreiten. Der Erschöpfungseinwand greift zwar nicht für die öffentliche Zugänglichmachung und die anschließende Übertragung; er ist jedoch wieder anwendbar auf die der Übertragung nachfolgende (dauerhafte) körperliche Fixierung auf einem Datenträger (CD, Diskette) oder der Festplatte.[1661] Wenn der Nutzer die heruntergeladenen Daten auf CD brennen darf oder Texte ausdrucken kann, darf er diese weitergeben. Selbst wenn man der Ansicht folgen sollte, dass der Erschöpfungseinwand darüber hinaus auch auf die öffentliche Zugänglichmachung und die Übertragung anwendbar ist, sollte man der Ansicht von *Berger* folgen. Die Übertragung führt dazu, dass zwei Nutzer das Material nutzen, aber nur einer dafür bezahlt. Daher müsste – so zutreffend *Berger* – die beim ersten Nutzer verbleibende Datei als rechtswidrig gelten.[1662] Bei den Formen der Superdistribution verhindert das Prinzip der individuellen Lizenzierung technisch die mit dem Erschöpfungsgedanken nicht vereinbare „Doppelnutzung", da die Datei so kodiert

1658 S. hierzu *Bechtold* DRM, S. 257.

1659 *Kaplan*, IBM Cryptolopes TM, SuperDistribution and Digital Rights Management, URL: http://www.research.ibm.com/people/k/kaplan/cryptolope-docs/crypap.html; ähnlich ist das System von Sealed Media, Core Technology White Paper, S. 6.

1660 Art. 3 Abs. 3.

1661 So etwa *Bergmann* in FS Erdmann, S. 17 f.; *Berger* GRUR 2002, 198, 199 m.w.N. zum Meinungsstand, 201; Missverständlich insoweit Info-RL, EG 29, der nach Ansicht von *Reinbothe* GRUR Int. 2002, 733, 737 lediglich klarstellt, dass sich die Frage der Erschöpfung hier nicht stellt; im U.S.-amerikanischen Recht bleibt vergleichbar mit dem Erschöpfungseinwand die *First Sale Doctrine* bei physischen Vervielfältigungen anwendbar, s. *Miller/Feigenbaum* in Sander, Workshop DRM, S. 233, 239.

1662 *Berger* GRUR 2002, 198, 201.

ist, dass sie nur von einem bestimmten Nutzer oder einer bestimmten Einheit genutzt werden kann.[1663]

hh) Zusammenfassung

Für technisch geschützte Werke und Schutzgegenstände, die auf vertraglicher Grundlage öffentlich zugänglich gemacht werden, gelten Sonderbedingungen. Die Sonderbedingungen knüpfen an eine spezielle Vertriebsform – die öffentliche Zugänglichmachung – an.

Der Inhalt des Rechtsverhältnisses zwischen dem Rechtsinhaber und dem Schrankenbegünstigten richtet sich ausschließlich nach dem Vertragsverhältnis. Ferner obliegen dem Rechtsinhaber – abgesehen von den allgemeinen Informationspflichten eines Diensteanbieters – keine speziellen Informationspflichten gemäß § 95d Abs. 2. Dies entspricht einer richtlinienkonformen Umsetzung des Art. 6 Abs. 4 Unterabs. 3.

Die rechtliche Sonderbehandlung der interaktiven Abrufdienste dient der Rechtssicherheit und gibt dem Rechtsinhaber den notwendigen Handlungsspielraum, um neue Geschäftsmodelle in einem schwierigen Umfeld zu etablieren.

Für die Vertriebsart müssen die Voraussetzungen des Rechts der öffentlichen Zugänglichmachung erfüllt sein. Für dieses Recht ist kennzeichnend, dass Anbieter und Empfänger nicht gleichzeitig an dem selben Ort anwesend sind und dem Empfänger eine interaktive Nutzung ermöglicht wird. Die Nutzer haben die Wahl, von welchem Ort und zu welcher Zeit sie die Inhalte abrufen. Demgegenüber sind nicht interaktive Dienste von dem Anwendungsbereich ausgeschlossen. Dieser Vorgang erfüllt urheberrechtlich die Voraussetzungen des Senderechts.

Als weitere Voraussetzung müssen die Werke auf vertraglicher Grundlage zugänglich gemacht werden. Hierfür kommen Individualverträge und Verträge für Massegeschäfte mit Allgemeinen Geschäftsbedingungen in Betracht. Die Verträge unterliegen der allgemeinen Vertragskontrolle (§§ 242, 138, 307 BGB). Die speziellen urhebervertraglichen Bestimmungen über Datenbanken bleiben unberührt. Der Vorrang des Vertragsverhältnisses gilt auch für die nach dem Übertragungsvorgang hergestellte digitale Vervielfältigung, sofern diese technisch geschützt ist.

1663 S. EBX für E-Books *Komulainen*, The Adobe E-Book-Case http://www.tml.hut.fi/Studies/T-110.501/2001/papers/tommi.komulainen.html; s. zu der Fragestellung in den USA *Miller/Feigenbaum* in Sander, 233, 238, 240.

2. Kapitel: Zweite Stufe der Umsetzung der Info-RL (Zweiter Korb)

Der Gesetzgeber hat sich wegen des bereits angesprochenen Zeitdrucks für eine Minimallösung entschieden und nur das umgesetzt, was notwendigerweise umzusetzen war. Von den bewusst noch offen gelassenen kontroversen Fragen sind für den Schutz technischer Maßnahmen bzw. der Durchsetzung der Schranken folgende relevant: Sollte die Privatrechtsschranke ggü. den technischen Maßnahmen durchsetzbar sein und – wenn ja: wie? Wie ist ein gerechter Ausgleich auszugestalten? Nicht nachgegangen wird im Rahmen dieser Arbeit den ebenfalls noch anstehenden Fragen des elektronischen Pressespiegels und der Verwertung von Archivbeständen.

Nach der gegenwärtigen Rechtslage hat der private Nutzer lediglich die Möglichkeit, die Vervielfältigung zum privaten Gebrauch in Form der Reprographie gegenüber dem Schutz technischer Maßnahmen durchzusetzen. Die Info-RL erlaubt den Mitgliedstaaten darüber hinaus, eine Schranke für die Vervielfältigung zum privaten Gebrauch gemäß Art. 5 Abs. 2 lit. b) Info-RL vorzusehen, ohne zwischen der Vervielfältigungsart – insbesondere zwischen analog und digital – zu trennen („beliebige Träger"). Die Privatkopie hat im digitalen Umfeld eine besondere wirtschaftliche Bedeutung erlangt,[1663] die sich nach Auffassung des Richtliniengebers noch steigern wird.[1664]

Der deutsche Gesetzgeber hat § 53 Abs. 1 den gemeinschaftsrechtlichen Vorgaben angepasst. Die Entscheidung, ob diese Schranke gegenüber dem Schutz technischer Maßnahmen durchsetzbar sein soll, hat der Gemeinschaftsgesetzgeber den Mitgliedstaaten überlassen. Dies kann europaweit gesehen zu sehr unterschiedlichen Schutzstandards führen.[1665] Das einzige harmonisierende Mittel ist der unverbindliche Appell, die Beschränkungen kohärent anzuwenden.[1666] Im Folgenden werden zunächst die gemeinschaftsrechtlichen Vorgaben *(1)* und anschließend die Umsetzung ins deutsche Recht erörtert *(2)*.

A. Gemeinschaftsrechtliche Vorgaben

I. Entstehungsgeschichtlicher Hintergrund

Auf Gemeinschaftsebene war sowohl die allgemeine Privatkopierschranke als auch ihre Regelung im Verhältnis zum Schutz technischer Maßnahmen umstritten. Im Vordergrund der Auseinandersetzung über die *allgemeine Privatkopierschranke* standen die Fragen, ob zwischen der analogen und digitalen Vervielfältigung

---

1663 *Nordemann/Goddar/Tönhardt/Czychowski* CR 1996, 645, 649.

1664 Info-RL EG 38 S. 3 gebietet daher eine Differenzierung hinsichtlich bestimmter Punkte.

1665 Kritisch dazu *Davis* in FS Dietz, S. 307, 313; *Kröger* CR 2001, 316, 322.

1666 Info-RL EG 32 S. 4.

unterschieden werden müsste, sowie der gerechte Ausgleich für die privilegierte Nutzung.[1667] Die Kommission hatte in ihrem ersten Vorschlag von einer Harmonisierung der Privatkopierschranke mit Ausnahme der Reprographie abgesehen.[1668] Das Parlament war hingegen für eine Harmonisierung unter der Bedingung, dass der Rechtsinhaber zwingend eine angemessene Vergütung erhält und beide Vervielfältigungsformen getrennt gesehen werden.[1669] Die Kommission akzeptierte die Änderungsvorschläge und nahm sie in Art. 5 Abs. 2 lit. b) und ba) des geänderten Vorschlags auf. Der Rat befürwortete zwar, dass zwingend ein gerechter Ausgleich vorzusehen ist, fasste aber die analoge und digitale Vervielfältigung in Art. 5 Abs. 2 lit. b) zusammen („auf beliebigen Trägern").[1670] Andererseits gab er den Mitgliedstaaten in den EG 38 und 39 auf, Unterschieden zwischen digitaler und analoger privater Vervielfältigung gebührend Rechnung zu tragen.

Während die Meinungsverschiedenheiten sich bei den Vorgaben für eine allgemeine Privatrechtsschranke noch in Grenzen hielten, gingen die Ansichten bei der Frage nach dem Verhältnis zwischen technischen Maßnahmen und den Ausnahmen – wie bereits in Teil 1 näher beschrieben – diametral auseinander. Das Parlament war insbesondere in Bezug auf die digitale Vervielfältigung für den Vorrang der technischen Maßnahmen.[1671] Die Kommission hingegen war für den Vorrang der Beschränkungen, einschließlich der digitalen Privatkopie, die gemäß Art. 5 Abs. 2 lit. ba) zulässig sein sollte, „*unbeschadet*[1672] operationeller, verlässlicher und wirksamer technischer Maßnahmen zum Schutz der Interessen der Rechtsinhaber".[1673] Der Rat ging in einem ersten Kompromissvorschlag davon aus, dass das Umgehungsverbot mit Ausnahme der digitalen Privatrechtsschranke nicht für die nach Art. 5 umgesetzten Beschränkungen gelten sollte; dies folgt aus der unveröffentlichten Protokollerklärung vom 22.12.1999.[1674] Der in dem Gemeinsamen Standpunkt vorgeschlagene Kompromiss war einerseits enger, da er den Katalog der zwingend vorzusehenden Schranken begrenzte; andererseits war

---

1667 S. hierzu den Überblick in der Mitteilung der Kommission, SEK (2000) 1734 endg., S. 7.

1668 Vorschlag der Kommission, EG 26; s. dazu *Ulmer-Eilfort* in FS Nordemann, S. 285, 289 f.

1669 Stellungnahme des Europäischen Parlaments, Änd. Nr. 36 u. 37.

1670 Gemeinsamer Standpunkt des Rates, Nr. 24.

1671 Stellungnahme des Parlaments, Änd. Nr. 37: „[...], soweit keine verlässlichen und wirksamen technischen Mittel zum Schutz des Rechtsinhabers zur Verfügung stehen [...]".

1672 Hervorhebung durch die Verfasserin.

1673 Geänderter Vorschlag der Kommission.

1674 Vgl. (unveröffentlichte) Protokollerklärung des Rates, Auszug abgedruckt bei *Auer* in FS Dittrich, S. 3, 11 f.

er weiter, da er die Entscheidung in Bezug auf die digitale Privatrechtsschranke in das Ermessen der Mitgliedstaaten stellte.[1675]

II. Vorrang der freiwilligen Maßnahmen

Von dem ihm eingeräumten Ermessen kann der Mitgliedstaat erst Gebrauch machen, wenn die Rechtsinhaber nicht selbst bereits die Vervielfältigung zum privaten Gebrauch sichergestellt haben, und zwar in dem für die Nutzung der betreffenden Ausnahme oder Beschränkung erforderlichen Maße gemäß Art. 5 Abs. 2 lit. b) und Abs. 5. Ebenso wie schon bei Unterabsatz 2 sind die Mitgliedstaaten dazu aufgerufen, freiwilligen Maßnahmen zu fördern (Förderpflicht);[1676] andererseits müssen sie ebenfalls wie in den Fällen des Unterabsatz 1 den Rechtsinhabern nur einen befristeten Zeitraum gewähren, um die Nutzung auf freiwilliger Basis zu ermöglichen („angemessene Frist").[1677]

Die legislativen Maßnahmen, die der Mitgliedstaat treffen *kann*, sind davon abhängig, ob die von den Rechtsinhabern getroffenen Maßnahmen den Vorgaben des Art. 5 Abs. 2 lit. b) , Abs. 5 entsprechen. Die Rechtsinhaber haben bei den freiwilligen Maßnahmen außerdem Art. 6 Abs. 4 Unterabs. 2 Halbs. 2 zu beachten, wonach der Rechtsinhaber dadurch nicht gehindert werden kann, geeignete Maßnahmen in Bezug auf die *Zahl* der Vervielfältigung zu ergreifen. Aus EG 52 S. 3 folgt, dass sich dieser Halbsatz nicht nur auf legislative, sondern auch auf die freiwillige Maßnahmen bezieht. Da die inhaltlichen Anforderungen für die freiwilligen und legislativen Maßnahmen übereinstimmen, sei auf die Ausführungen im nachfolgenden Abschnitt verwiesen.

III. Legislative Maßnahmen

Der Mitgliedstaat ist aus Sicht des Gemeinschaftsrechts nicht verpflichtet, dem Unterabsatz 1 vergleichbare Maßnahmen zu ergreifen. Selbst wenn die Rechtsinhaber freiwillig keine Maßnahmen ergreifen, bleibt es bei der „Kann-Bestimmung", die Mitgliedstaaten können sich mithin zu gleichartigen Maßnahmen entscheiden, müssen es aber nicht.[1678] Sofern sich aus dem nationalen Recht keine Einschränkungen ergeben, handelt es sich um eine Entscheidung, die im Ermessen des Mitgliedstaats liegt.

1675 Gemeinsamer Standpunkt des Rates, Nr. 43, 44; s. dazu auch Kommentierung durch Kommission, Mitteilung, SEK (2000) 1734 endg., S. 10.

1676 Info-RL EG 52 S. 1.

1677 Info-RL EG 52 S. 2.

1678 So etwa *Reinbothe* GRUR Int. 2001, 733, 742; *Schack* ZUM 2002, 497, 505; *Stickelbrock*, Stellungnahme, S. 2.

IV. Vorgaben gemäß Art. 5 Abs. 2 lit. b) und Abs. 5

1. Voraussetzungen

Entscheidet sich der Gesetzgeber für derartige Maßnahmen, muss er die Vorgaben aus Art. 5Abs. 2 lit. b), Abs. 5 beachten. Das Vervielfältigungsrecht kann in Bezug auf alle Formen der Vervielfältigung, d.h. auf analoge und digitale beschränkt werden; dies wird durch das Merkmal „auf beliebigen Trägern" deutlich.[1679] Die Zusammenfassung der ursprünglich in lit. a) und lit. ba) getrennten Regelungen diente der Vereinfachung.[1680] Die Vervielfältigung kann nur „durch natürliche Personen zum privaten Gebrauch" erfolgen.

Diskussionsbedürftig ist, ob dadurch auch die Vervielfältigung im Auftrag durch Dritte abgedeckt ist (*Herstellenlassen*). Sofern eine *reprographische* Vervielfältigung hergestellt werden soll, ist eine Einschränkung der Vervielfältigung durch Dritte durch die Richtlinie nicht geboten (Art. 5 Abs. 2 lit. a)). Bibliotheken dürfen daher weiterhin Kopien per Post und Fax verschicken, müssen dafür allerdings eine Vergütung entrichten.[1681] Problematisch ist, inwieweit ein Vervielfältigen durch Dritte bei der analogen und digitalen Vervielfältigung zulässig ist.

Linneborn hält eine Vervielfältigung im Auftrag durch Dritte nicht von Art. 5 Abs. 2 lit. b) gedeckt. Hierfür kann er auf den historischen Willen des Richtliniengebers verweisen. Der Rat wollte ursprünglich die Vervielfältigung durch beauftragte Dritte ermöglichen und schlug hierfür die Wendung, „zur Verwendung durch eine natürliche Person" vor,[1682] die sich im weiteren Verlauf des Verfahrens gerade nicht durchgesetzt hat.[1683]

Die Kommission hat die Ansicht geäußert, die Wendung „durch eine natürliche Person" decke die Vervielfältigung „für und im Auftrag einer natürlichen Person" noch ab und versucht dies an dem Wort „durch" festzumachen.[1684] Möglich sei daher die Bereitstellung technischer oder sonstiger Mittel für die Vervielfältigung.[1685] Dieser Ansatz wird im Schrifttum überwiegend geteilt,[1686] wenngleich

---

1679 *Mayer* CR 2003, 274, 277.

1680 Gemeinsamer Standpunkt des Rates, Nr. 24.

1681 BGHZ 141, 13, 23, 28 – *Kopienversanddienst*; Novelle 1985, BT-Drucks. 10/837, abgedruckt in UFITA 96 (1983), S. 119, 138 f., 177 f.

1682 Gemeinsamer Standpunkt des Rates, Nr. 24.

1683 *Linnenborn* K&R 2001, 394, 396.

1684 Stellungnahme der Kommission, SEK (2001) 170 endg., Pkt. 3.2; so auch *Mayer* CR 2003, 274, 277; *Reinbothe* GRUR Int. 2001, 733, 739; *Spindler* GRUR 2002, 105, 112.

1685 Stellungnahme der Kommission, SEK (2001) 170 endg., Pkt. 3.2.

1686 *Gutman* Urheberrecht und Internet, S. 165; *Reinbothe* GRUR Int. 2001, 733, 739; *Spindler* GRUR 2002, 105, 112.

allerdings betont wird, dass dann beide Personen damit weder direkte noch indirekte kommerzielle Zwecke verfolgen dürften.[1687]

Für die Ansicht von *Linnenborn* spricht die Entstehungsgeschichte. Gegenteiliges lässt sich nicht aus der oben zitierten Stellungnahme der Kommission herleiten. Zur Ermittlung des historischen Willens kann eine Stellungnahme der Kommission (Exekutivorgan) nur herangezogen werden, wenn die Willensträger – Parlament und Rat – sich die Position zu eigen gemacht haben;[1688] dies ist vorliegend gerade nicht der Fall. Der Wortlaut ist allerdings so neutral, dass sich daraus die beiden Positionen ableiten lassen.[1689] Für die *vh.M.*, die das Herstellenlassen in sehr engen Grenzen zulässt, spricht ein praktisches Bedürfnis. Der Grund für § 53 Abs. 1 S. 2, dass auch derjenige eine Vervielfältigung herstellen können soll, der nicht die erforderliche technische Ausrüstung hierfür hat,[1690] ist nach wie vor aktuell. Es ist nicht einzusehen, warum sich beispielsweise eine private Nutzerin nicht eine ungeschützte CD auf dem CD-Brenner einer Freundin brennen oder dort auf Kassette aufnehmen können soll. In diesem Fall, wo ein wirtschaftliches Ziel nicht verfolgt wird, ist der Vorgang als Vervielfältigung „durch" die privilegierte Nutzerin einzustufen. Entscheidend ist, dass beide weder direkte noch indirekte kommerzielle Zwecke damit verfolgen dürfen. Der Online-Vertrieb durch Bibliotheken ist hingegen unzulässig.[1691]

Der „private Gebrauch" erfasst nicht nur den eigenen Gebrauch, sondern erlaubt auch einen Gebrauch durch andere. Wie lange noch von einem privaten Gebrauch gesprochen werden kann, ist auslegungsbedürftig. Dass der Begriff über die persönliche individuelle Nutzung hinausgeht, ergibt sich schon daraus, dass der Rat den Anwendungsbereich erweitert hat, indem er das ursprüngliche Merkmal „zur persönlichen Verwendung" gestrichen hat.[1692] Schließlich wird der Umfang des privaten Gebrauchs durch die Wendung „weder für direkte noch indirekte kommerzielle Zwecke" näher eingegrenzt.[1693] Für den privaten Gebrauch ist „kommerziell" im Sinne von „zu Erwerbszwecken" zu interpretieren. Auch eine

---

1687 *Reinbothe* GRUR Int. 2001, 733, 739; *Spindler* GRUR 2002, 105, 112.

1688 *Heß* Die Umsetzung von EG-RL, S. 65, 84, 88.

1689 A.A. daher *Rosen* GRUR Int. 2002, 195, 202.

1690 Regierungsentwurf 1962, BT-Drucks. IV/270, abgedruckt in UFITA 45 (1965), S. 240, 291.

1691 Info-RL EG 40 S. 3.

1692 Gemeinsamer Standpunkt des Rates, Nr. 24.

1693 Geht auf den Änderungsvorschlag des Parlaments in zweiter Lesung zurück, s. Empfehlung des Ausschusses für Recht und Binnenmarkt für die Zweite Lesung betreffend den Gemeinsamen Standpunkt des Rates im Hinblick auf den Erlass der Richtlinie des Europäischen Parlaments und des Rates zur Harmonisierung bestimmter Aspekte des Urheberrechts und der verwandten Schutzrechte in der Informationsgesellschaft v. 6.2.2001, Sitzungsdokument A5-0043/2001, Änd. Nr. 5; angenommen durch Beschluss v. 14.2.2001, ABl. C 276, S. 51.

nur vorübergehend auf die Einnahmeerziehung gerichtete Tätigkeit ist beruflich und nicht privat.

Mit dem Erwerbszweck ist das Merkmal „unentgeltlich" i.S.v. § 53 Abs. 1 S. 2 vereinbar. Der Erwerbszweck schließt nicht aus, dass eine Vervielfältigung für einen Dritten entgeltlich im Sinne eines Unkostenbeitrags erfolgt. Hierfür spricht § 52, der „kein Erwerbszweck" und „ohne Entgelt" als Alternativen nennt.

2. Zwingender gerechter Ausgleich

Für die Vervielfältigung gemäß Art. 5 Abs. 2 lit. b) hat der Mitgliedstaat *zwingend* sicherzustellen, dass der Rechtsinhaber für die Nutzung einen gerechten Ausgleich erhält. Hierbei sind dieselben Grundsätze zu beachten wie für den gerechten Ausgleich nach eben dieser Bestimmung.[1694] Art. 5 Abs. 2 lit. b) selbst macht hierzu keine konkreten Ausführungen; es finden sich allerdings in den EG 35, 38, 39 Auslegungshinweise:

a) EG 35

EG 35 gilt allgemein und nicht speziell für den gerechten Ausgleich in Art. 5 Abs. 2 lit. b). Für den Einsatz technischer Maßnahmen ist Satz 5 interessant: Hiernach sollte für die *Höhe* des gerechten Ausgleichs der Grad des Einsatzes technischer Schutzmaßnahmen in vollem Umfang berücksichtigt werden (*Keine Doppelvergütung bei Einsatz technischer Maßnahmen*).[1695]

b) Vergütungssysteme

Der „gerechte Ausgleich" für die Privatkopie kann durch individuelle Lizenzierung oder durch Vergütungssysteme, bei denen auf bestimmte Geräte Abgaben erhoben werden, sichergestellt werden. Er ist nicht identisch mit dem Begriff „angemessene Vergütung" im Sinne der gesetzlichen Pauschalabgaben.[1696] Dies hängt damit zusammen, dass sich der Richtliniengeber hinsichtlich der Wahl der Systeme bewusst nicht festlegen wollte. Den Mitgliedstaaten steht die Möglichkeit offen, Vergütungssystemen im Sinne der gesetzlichen Abgabensysteme einzuführen oder beizubehalten.[1697] Selbst die Ausführungen in EG 39 zwingen nicht dazu, einen Wandel von dem Vergütungssystem zur individuellen Lizenzierung

---

1694 Info-RL EG 52 S. 3.

1695 *Reinbothe* GRUR Int. 2001, 733, 739.

1696 *Reinbothe* ZUM 2002, 43, 49; *ders.* Private Copying (Abschnitt V); *Spindler* GRUR 2002, 105, 110.

1697 Info-RL, EG 38; *Dietz* ZUM 1998, 438, 447 (EG 26 entspricht dem späteren EG 38); *Flechsig* ZUM 2002, 1, 9; *Kröger* CR 2001, 316, 320; *Paul/Naskret* CR 2003, 473, 478; *Reinbothe* ZUM 2002, 43, 49; *ders.* Private Copying (Abschnitt V).

vorzunehmen, sondern verlangen bloß, dass beide Systeme den Einsatz technischer Maßnahmen berücksichtigen.[1698]

c) Differenzierung analog und digital

Andererseits erkennt der Richtliniengeber an, dass Unterschiede zwischen den nationalen Vergütungsregelungen das Funktionieren des Binnenmarktes beeinträchtigen können.[1699] In diesem Zusammenhang macht er deutlich, dass entgegen dem Wortlaut im operativen Text eine Differenzierung zwischen analoger und digitaler Vervielfältigung angebracht erscheint. Während die Gefahr für den Binnenmarkt im analogen Bereich eher gering eingeschätzt wird, werden die Mitgliedstaaten aufgefordert, der vermutlich wachsende Verbreitung und Bedeutung der digitalen Vervielfältigung zum privaten Gebrauch dadurch Rechnung zu tragen, dass die analoge und digitale Kopie hinsichtlich bestimmter Punkte unterschieden werden.[1700]

d) Verfügbarkeit technischer Maßnahmen

Eine Unterscheidung ist angezeigt, sobald technische Maßnahmen *verfügbar* sind. Zunächst lässt sich feststellen, dass sich das Parlament nicht mit dem Änderungsvorschlag durchsetzen konnte, wonach die Privatrechtsschranke nicht gelte, soweit verlässliche und wirksame technische Maßnahmen verfügbar sind.[1701] Hinweise hierzu finden sich nunmehr in EG 39, der den Mitgliedstaaten aufgibt, bei der Anwendung der Beschränkungen die technologischen und wirtschaftlichen Entwicklungen, insbesondere hinsichtlich der *digitalen Privatkopie* und der *Vergütungssysteme* gebührend zu berücksichtigen, wenn technische Maßnahmen verfügbar sind. Darin wird das Spannungsverhältnis zwischen der digitalen Privatkopie und der Ausgestaltung der Vergütungssysteme deutlich. Die digitale Privatrechtsschranke ist dort entbehrlich, wo individuelle Abrechnungsmöglichkeiten bestehen.[1702] Das zwingt die Mitgliedstaaten jedoch nicht, ihr Vergütungssystem aufzugeben, sobald der Rechtsinhaber über technische Maßnahmen verfügt.[1703] Vielmehr stellen die Ausführungen in EG 39 lediglich klar, dass der Einsatz tech-

---

1698 *Reinbothe* Private Copying (Abschnitt V).

1699 Info-RL EG 38 S. 2, 3.

1700 Info-RL, EG 38 S. 2-4; *Mayer* CR 2003, 274, 278; *Reinbothe* ZUM 2002, 43, 49; *Schack* AfP 2003, 1, 5; *Spindler* GRUR 2002, 105, 112.

1701 Vorschlag des Europäischen Parlaments in erster Lesung, Änd. Nr. 37.

1702 *Dietz* ZUM 1998, 438, 448; *Mayer* CR 2003, 274, 278; *Spindler* GRUR 2002, 105, 112; *Wand* Technische Schutzmaßnahmen, S. 177 (EG 27 entspricht dem späteren EG 38); *Ulmer-Eilfort* in FS Nordemann, S. 285, 286.

1703 *Reinbothe* Private Copying (Abschnitt V); nicht durchsetzen konnte sich der Vorschlag des Europäischen Parlaments in der ersten Lesung, Änd. Nr. 37.

nischer Maßnahmen bei der angemessenen Vergütung oder dem gerechten Ausgleich berücksichtigt werden muss.[1704]

Weitergehende Konsequenzen für die Ausgestaltung des Vergütungssystems wird man aber möglicherweise aus EG 39 S. 3 ableiten können, der zu Gunsten der technischen Maßnahmen festhält, dass die Beschränkungen nicht den Einsatz und die Durchsetzung technischer Maßnahmen verhindern oder beeinträchtigen dürfen.[1705] Dies schließt die Ausgestaltung der mit der Beschränkung verbundenen Vergütungssysteme mit ein.[1706] Die Forderung an die Mitgliedstaaten lässt sich als „Restbestand" des Änderungsvorschlags des Europäischen Parlaments dahingehend verstehen, die Einführung der individuellen Abrechnung von der Effizienz und Durchsetzungsfähigkeit der Technologie abhängig zu machen. Berücksichtigt man die allgemeine Zielsetzung des Richtliniengebers, die digitale Rechtewahrnehmung zu fördern, kann man daraus den – unverbindlichen – Appell an den Mitgliedstaat entnehmen, den Weg hin zur individuellen Abrechnung einzuschlagen, wenn und sobald es möglich ist.

e) Berechnungsmodus im zweigleisigen Vergütungsmodell

Da es zum jetzigen Zeitpunkt – aber wohl auch in Zukunft – ein Nebeneinander von technisch geschütztem und ungeschütztem Material (z.B. Printmedien) gibt (und geben wird, s.o.), ist es nur konsequent, dass vorhandene Vergütungssysteme aus Sicht des Richtliniengebers vorerst bestehen bleiben können. In einem zweigleisigen Vergütungsmodell stellt sich gleichwohl die Frage, wie man z.B. der Gefahr der doppelten Vergütung begegnet, wenn der Rechtsinhaber technische Maßnahmen einsetzt. Für die Bemessung der angemessenen Vergütung sind die in EG 35 aufgestellten Grundsätze zu beachten. Speziell für den Einsatz technischer Maßnahmen bestimmt Satz 5, dass bei der Höhe des gerechten Ausgleichs der Grad des Einsatzes technischer Schutzmaßnahmen gemäß dieser Richtlinie in vollem Umfang zu berücksichtigen ist.[1707]

3. Drei-Stufen-Test

Der Rechtsinhaber muss die Beschränkung nur in dem Maße gewährleisten, wie sie mit dem in Art. 5 Abs. 5 verankerten DST vereinbar ist. Der Verweis auf den DST dient vor allem der Verdeutlichung dahingehend, dass der Rechtsinhaber Möglichkeiten hat, zwischen verschiedenen Anwendungsmöglichkeiten zu wäh-

---

1704 *Reinbothe* ZUM 2002, 43, 50.

1705 Info-RL EG 39 S. 2; *Reinbothe* ZUM 2001, 43, 50; *Spindler* GRUR 2002, 105, 112.

1706 *Mayer* CR 2003, 274, 278; *Reinbothe* GRUR Int. 2001, 733, 739.

1707 Info-RL EG 35 S. 5.

len.[1708] Hierfür ist Unterabs. 2 Halbs. 2 beispielhaft, der bestimmt, dass die Maßnahmen den Rechtsinhaber nicht daran hindern dürfen, geeignete Maßnahmen in Bezug auf die *Zahl* der Vervielfältigungen zu treffen.[1709] Dies garantiert Systemen einen Schutz, die technisch nur einzelne Vervielfältigungen ermöglichen. Werden Vervielfältigungen ganz verhindert, kann der Rechtsinhaber z.B. einzelne Vervielfältigungen mitliefern.[1710] Weitere Beispiele wären Maßnahmen, die Vervielfältigung von Neuerscheinungen zu verhindern, oder dauerhafte digitale Kopien.[1711] Umgekehrt könnte eine Maßnahme, die die einmalige vorübergehende Vervielfältigung von Sendungen durchsetzbar ausgestaltet, zulässig sein, sofern sie nicht gegen den DST verstößt.[1712]

4. Mittel

Im Falle legislativer Maßnahmen wird der Rechtsinhaber verpflichtet, die Mittel für die Nutzung im erforderlichen Umfang zur Verfügung zu stellen. Die Pflicht besteht ebenso wie bei Unterabs. 1 nur, soweit der Schrankenbegünstigte vorher *rechtmäßig Zugang* zu dem Werk bzw. Schutzgegenstand erhalten hat. Es gelten dieselben Erwägung wie bei Unterabs. 1.[1713]

V. Art. 6 Abs. 4 Unterabs. 3 und 4

Schließlich ist zu beachten, dass die zur Verfügung gestellten Maßnahmen gemäß Unterabsatz 3 Umgehungsschutz nach Absatz 1 genießen. Bei den vertraglich erbrachten interaktiven Online-Diensten i.S.v. Art. 6 Abs. 4 Unterabs. 4 ist zu beachten, dass die Unterabsätze 1 und 2 nicht gelten und statt dessen die vertraglichen Vereinbarungen vorgehen.

B. Umsetzung

Gemäß Art. 6 Abs. 4 liegt es in dem Ermessen der Mitgliedstaaten, die Privatkopierschranke sicherzustellen. In Bezug auf diese Schranke treten die Interessengegensätze zwischen Rechtsinhabern und der Allgemeinheit am deutlichsten hervor.

I. Verfassungskonforme Umsetzung

Fraglich ist, ob der deutsche Gesetzgeber verpflichtet ist, von dem Ermessen Gebrauch zu machen, um die Vorgaben verfassungskonform umzusetzen. Der

---

1708 Vgl. Info-RL EG 52 S. 3.

1709 *Reinbothe* ZUM 2002, 43, 47; *ders.* GRUR Int. 2001, 733, 742.

1710 Kritisch hierzu *Kröger*, CR 2001, 316, 322 f.

1711 *Reinbothe* ZUM 2002, 43, 47; *ders.* GRUR Int. 2001, 733, 742.

1712 *Reinbothe* GRUR Int. 2001, 733, 742, der sich auf die von der Kommission zu EG 52 geäußerte Ansicht beruft.

1713 S. dazu oben Teil 2 1. Kap. H. II. 3. a) aa) (2).

Anwendungsvorrang steht einer verfassungskonformen (Nicht-)Umsetzung nicht entgegen, soweit das EG-Recht – wie im Falle des Art. 6 Abs. 4 Unterabs. 2 – dem Mitgliedstaat Handlungsspielräume einräumt.[1714] Im vorliegenden Fall geht es um eine Interessenkollision, die dadurch entsteht, dass der eine Private – der Rechtsinhaber – anderen Privaten – den Nutzern – die Vervielfältigung zum privaten Gebrauch ganz oder in einer bestimmten Form vorenthalten will. In diesen Fällen sind die Grundrechte nicht in ihrer Funktion als Abwehrrechte bedeutsam, sondern als objektive Wertordnung. In dieser Funktion können sie noch durch die Funktion der Grundrechte als Schutzpflichten ergänzt werden.[1715] Der verfassungsrechtliche Rahmen bildet für den Gesetzgeber zunächst die äußerste Grenze, die er ausfüllen *kann* (Art. 1 Abs. 3 GG);[1716] ausnahmsweise können Schutzpflichten begründet sein, die den Gesetzgeber dazu verpflichten, tätig zu werden, weil andernfalls die Ausübung der Grundrechte in verfassungsrechtlich gebotener Weise nicht mehr möglich ist.[1717] Die Frage, ob eine solche Schutzpflicht besteht, stellt sich in zweifacher Hinsicht: Hat der Nutzer einen Anspruch auf freien Zugang zu dem Werk *(a)*? Hat der Nutzer einen Anspruch darauf, eine Vervielfältigung in der von ihm gewünschten Form herstellen zu können *(b)*?

1. Kein freier Zugang zum Werk

Einigkeit besteht darüber, dass die Durchsetzung einer Privatkopierschranke überhaupt nur in Betracht kommt, wenn der Nutzer *rechtmäßigen Zugang* zu dem Werk erlangt hat.[1718] Dies ist eine zwingende Vorgabe der Info-RL, die sich über den Verweis „gleichartige Maßnahmen wie in Unterabs. 1" ableiten lässt. Ein von Verfassung wegen begründeter Anspruch auf Zugang wird zutreffend unter Hinweis darauf verneint, dass die Informationsfreiheit nicht den freien und kostenlosen Zugang zu einem Werk schützt.[1719] Dies gilt zumindest, solange die Rechtsinhaber keine unangemessen hohen Entgelte fordern bzw. keine hohen Abgaben

---

1714 *Rengeling* DVBl. 1995, 945, 951; dies ist zu trennen von der Umsetzung des Art. 6 Unterabs. 2, die verfassungsrechtlich zu einem erhöhten Grundrechtsstandard zu Gunsten des Rechtsinhabers führt (*Hoeren*, Gutachten, S. 28); insoweit ist der deutsche Gesetzgeber aufgrund des Anwendungsvorrangs des Gemeinschaftsrechts an die Wertentscheidung des Gemeinschaftsgesetzgebers gebunden (*Holznagel*, Gutachten, S. 81).

1715 *Fechner* Geistiges Eigentum und Verfassung, S. 189.

1716 *Fechner* Geistiges Eigentum und Verfassung, S. 189.

1717 *V. Diemar* GRUR 2002, 587, 592 f.; *Fechner* Geistiges Eigentum und Verfassung, S. 190.

1718 *Knies* ZUM 2002, 793, 796; so auch *Hoeren* Gutachten, S. 23; *Latreille* Exceptions, S. 13; *Wiechmann* ZUM 1989, 111, 118; s. dazu BVerfGE 31, 229, 239 – *Schul- und Kirchengebrauch*.

1719 *V. Diemar* GRUR 2002, 587, 592; *Kröger* MMR 2002, 18, 20; *Schack* ZUM 2002, 497, 505; *Ulmer-Eilfort* in FS Nordemann, S. 285, 286.

anfallen,[1720] und es noch genügend ungeschütztes Material gibt.[1721] Der Gesetzgeber ist daher von Verfassung wegen nicht verpflichtet, dem Schrankenbegünstigten den freien Zugang zum Werk sicherzustellen.

2. Anspruch auf Speicherung

Es ist hingegen umstritten, ob der deutsche Gesetzgeber verpflichtet ist, die Privatkopierschranke in der Weise durchsetzbar auszugestalten, dass der private Nutzer weiterhin die Möglichkeit hat, das Werk in jeder Form zu vervielfältigen. Diese Frage zu bejahen, würde z.B. den CD-Kopierschutz, der die digitale Vervielfältigung verhindern soll, erheblich beschränken.

a) Meinungsstand

Nach einer Ansicht soll der Nutzer, sobald er über das Werk verfügt, (auch) eine digitale Speicherungsmöglichkeit haben. Diese Möglichkeit sei verfassungsrechtlich durch die Informationsfreiheit und die Eigentumsfreiheit gedeckt.[1722] *Hoeren* und *Holznagel* gehen deshalb davon aus, dass eine Nichtumsetzung verfassungswidrig wäre.[1723] Würde die digitale und analoge Vervielfältigung technisch verhindert, würde der Nutzer in den Fällen, in denen das Werk nur reprographisch nutzbar ist, faktisch keine Möglichkeit mehr haben, das Werk zu kopieren.[1724] *Holznagel* ist der Ansicht, im Falle der Nichtumsetzung müsste der Begriff der „Umgehung" – und zwar sowohl i.R.d. Umgehungsverbotes als auch des Verbots vorbereitender Handlungen – verfassungskonform dahingehend ausgelegt werden, dass Verstöße gegen die o.a. Verbote in § 95a verneint werden müssten.[1725] *Peukert* erwägt, dem Nutzer im Falle der Nichtumsetzung in verfassungskonformer Auslegung (Art. 3 GG) einen Anspruch auf Verschaffung der Mittel für eine digitale Vervielfältigung zuzubilligen.[1726]

Nach der *Gegenansicht* gibt es keinen verfassungsrechtlich begründeter Rechtsanspruch auf eine bestimmte Vervielfältigungsform, insbesondere nicht

---

[1720] *V. Diemar* GRUR 2002, 587, 592; *Schack* ZUM 2002, 497, 499.

[1721] *V. Diemar* GRUR 2002, 587, 592; *Dixon/Hansen* E.I.P.R.1996, 604, 611; *Wand* Technische Schutzmaßnahmen, S. 179.

[1722] *Hoeren* Gutachten, S. 23 f., 27; *Holznagel* Gutachten, S. 51 ff., 61 ff.; *Peukert* UFITA 2002, 689, 708.

[1723] *Hoeren* Gutachten, S. 29; *Holznagel* Gutachten, S. 51 ff., 61 ff.; skeptisch auch *Peukert* UFITA 2002, 689, 708.

[1724] *Hoeren* Gutachten, S. 27.

[1725] *Holznagel* Gutachten, S. 66 f., 81 ff.

[1726] *Peukert* UFITA 2002, 689, 708.

keinen Anspruch auf eine *digitale* Privatkopie.[1727] Auch der in Umsetzung des Art. 6 Abs. 4 Unterabs. 2 in Betracht kommende Anspruch sei nicht zwingend vorzusehen.[1728] Der Rechtsinhaber könne vielmehr über die *Art* der Nutzung bestimmen.[1729] Die Informationsfreiheit dürfe nicht als Recht auf einen möglichst bequemen (digitalen) Zugang zur Information missverstanden werden.[1730]

b) Stellungnahme

Im Ergebnis ist der o.a. Gegenansicht zuzustimmen. Der Gesetzgeber ist verfassungsrechtlich nicht verpflichtet, die Privatrechtsschranke in vollem Umfang durchsetzbar auszugestalten. Zunächst sei daran erinnert, dass es sich in den Fällen des § 95b Abs. 1 um einen äußerst begrenzten Anwendungsbereich handelt. Von vornherein ausgenommen sind die interaktiven Online-Dienste, die auf vertraglicher Grundlage erbracht werden (§ 95b Abs. 3). Entscheidend ist, dass bei diesen Online-Diensten regelmäßig individuell abgerechnet wird. Eine gesetzliche Schranke in Kombination mit der Pauschalierung i.S.v. §§ 54 ff. ist dort unzulässig, wo eine individuelle Lizenzierung möglich ist.[1731] Die Meinungsverschiedenheit bezieht sich daher nur auf urheberrechtlich geschütztes Material, das auf *Offline*-Trägern angeboten wird, auf nicht interaktive Online-Dienste, insbesondere Rundfunk- und Verteildienste, und frei zugängliche interaktive Online-Dienste. Bei den *Offline*-Medien geht es typischerweise um Sachverhalte, in denen der Rechtsinhaber bestimmte Vervielfältigungsformen oder die Anzahl der möglichen Vervielfältigungen beschränken möchte.

Zuzugeben ist, dass die Informationsfreiheit die *Speichermöglichkeit* einer Information gewährleistet. Dies erfordert aber nicht die Speichermöglichkeit in qualitativ gleichwertiger (digitaler) Form, d.h. solange außer der reprographischen Vervielfältigung eine analoge Speicherung möglich ist, kommt eine Verletzung der Informationsfreiheit nicht in Betracht.[1732] Eine wenigstens analoge Speicherung ist weiterhin möglich, sobald der Zugang zum Werk rechtmäßig gewährt bzw. erlangt worden ist.[1733] Selbst Kopierschutzsysteme wie *Macrovision* begrenzen lediglich die Anzahl der Vervielfältigungen.

1727 *V. Diemar* GRUR 2002, 587, 592 f.; *Schack* ZUM 2002, 497, 505; *ders.* AfP 2003, 1, 5;*Ulmer-Eilfort* in FS Nordemann, S. 285, 286 f.; *Wand* Technische Schutzmaßnahmen, S. 178 f.; *Winghardt* ZUM 2002, 349, 359.

1728 *Knies* ZUM 2002, 793, 797.

1729 *Ulmer-Eilfort* in FS Nordemann, S. 285, 286.

1730 *Ulmer-Eilfort* in FS Nordemann, S. 285, 286; *Schack* ZUM 2002, 497, 499.

1731 *Wand* Technische Schutzmaßnahmen, S. 177 f.; *Schack* AfP 2003, 1, 8; *Wittgenstein* Digitale Agenda, S. 79 f.

1732 *Schack* ZUM 2002, 497, 505; *Wand* Technische Schutzmaßnahmen, S. 136, 179 in Bezug auf die Meinungsfreiheit gemäß Art. 10 EMRK.

1733 *Latreille* Exceptions, S. 13.

Die Eigentumsfreiheit wird durch die Vorenthaltung einer bestimmten Vervielfältigungsmöglichkeit ebenfalls nicht betroffen, da das Eigentum bereits mit dem „Mangel“ bzw. mit den beschränkten Nutzungsmöglichkeiten erworben wird, der Nutzer also in seinem Verständnis nie „mangelfrei“ besessen hat.

Die von *Holznagel* vorgeschlagene verfassungskonforme Auslegung des Begriffs der „Umgehung“ wäre EG-rechtwidrig, obwohl der Richtliniengeber eine Privatkopierschranke prinzipiell zulässt. Die Auslegung würde ein Selbsthilferecht schaffen, auf das der Richtliniengeber bewusst verzichtet hat, da es unpraktikabel ist und vor allem in Anbetracht der Privatkopie die Gefahr von kaum mehr handhabbaren „Schutzbehauptungen“ begründet. Dieses Konzept erstreckt sich auf den Handel von Umgehungsmitteln, da die Kontrolle über die bereitzustellenden Mittel bei den Rechtsinhabern liegen soll.[1734] Der deutsche Gesetzgeber ist somit von Verfassung wegen nicht verpflichtet, dem privaten Nutzer Zugang oder eine Vervielfältigung in beliebiger Form sicherzustellen.

II. Überlegungen zu Maßnahmen bzgl. der Privatrechtsschranke

Selbst wenn sich eine Schutzpflicht nicht begründen ließe, ist der Gesetzgeber aufgrund seiner Bindung an die Grundrechte dazu aufgerufen, die Grundrechte positiv auszugestalten.[1735] Nahe liegt, die Privatrechtsschranke einheitlich auszugestalten, d.h. die Schranke beizubehalten und an dem bestehenden Vergütungssystem festzuhalten. Im Folgenden werden daher die Argumente für eine einheitliche Lösung und mögliche Einwände dagegen erörtert.

1. Einheitliche Schrankenregelung

Zu Gunsten der Durchsetzbarkeit des § 53 Abs. 1 spricht, dass Ziel einer Umsetzung die harmonische Integration der Vorgaben ins nationale Recht sein sollte. Wenn sich der Gesetzgeber dafür entscheidet, die Schranke durchsetzbar auszugestalten, würde er harmonisch an die bisherige Struktur der §§ 53 ff. anknüpfen.[1736] Auf diese Weise würde der Eindruck beim Bürger vermieden, sein Han-

---

1734 Dieses Konzept unterscheidet sich grundlegend von der U. S.-amerikanischen Lösung, wonach die Umgehung von Nutzungskontrollen nicht verboten ist (wohl aber die von Zugangskontrollen), der Handel mit Umgehungsmitteln aber von wenigen Einschränkungen abgesehen, verboten ist. Der Nutzer wird in diesem System allein gelassen, da er keinen Anspruch gegen den Rechtsinhaber hat, ihm die Mittel bereitzustellen. Die gemeinschaftsrechtliche Lösung erscheint insofern nutzerfreundlicher als die Konstruktion im DMCA.

1735 *Bethge* in Sachs, Art. 5 Rn. 13; *Fechner* Geistiges Eigentum und Verfassung, S. 189.

1736 Dafür *Auer* in FS Dittrich, S. 3, 17; *Flechsig* ZUM 2003, 795, 796; eher für ein einheitliches System ist scheinbar auch *Linnenborn* K&R 2001, 394, 401.

deln sei gänzlich verboten.[1737] Sollte hingegen das uneinheitliche System von dem Nutzer als ungerecht wahrgenommen werden,[1738] würde dies das schon jetzt weit verbreitet bestehende mangelnde Unrechtsbewusstsein verstärken. Der mit dem Abgabensystem erzeugte (falsche) Eindruck bei den Nutzern, doch für (alle) Kopien gezahlt zu haben, schlägt also negativ auf den Rechtsinhaber zurück, der nunmehr rechtfertigen muss, warum die einmalige pauschale Abgabe gerade nicht alle Handlungen kompensiert und zusätzlich Nutzungsbeschränkungen rechtfertigt.

Für die einheitliche Lösung sprechen pragmatische Erwägungen. Das Vergütungssystem ist bekannt und bewährt und gewährleistet Rechtssicherheit. Die individuelle Lizenzierung wird dadurch nicht beeinträchtigt, weil die DRMS von der Regelung ausgenommen sind (§ 95b Abs. 3) und für die übrigen Systeme dem Rechtsinhaber weiterhin möglich ist, die Anzahl erlaubter Kopien festzulegen.

2. „Recht" auf Privatkopie

Die Diskussion wird zusätzlich durch die Frage angereichert, ob aus §§ 53, 54 ein Anspruch auf eine Privatkopie ableitbar ist und falls ja, der Gesetzgeber dem Nutzer einen entsprechenden Anspruch im Rahmen von § 95b einräumen muss.

Aus Sicht des *Urhebers* ist das ausschließliche Recht auf einen relativ wirkenden (schuldrechtlichen) Vergütungsanspruch[1739] reduziert (§§ 54 ff.). Sein Recht ist von vornherein beschränkt.[1740] Möchte der Nutzer die Herstellung einer Privatkopie durchsetzen, setzt dies einen Anspruch voraus. Dieser könnte daraus abzuleiten sein, dass die gesetzliche Lizenz eine „Gegenleistung" zu dem schuldrechtlichen Vergütungsanspruch[1741] in § 54 ist.

a) Meinungsstand

Im Schrifttum entspricht es ganz überwiegender Ansicht,[1742] dass die allgemeinen Schranken kein „Recht auf eine Privatkopie" begründeten, sondern Einwendun-

---

1737 *Hoeren* Überlegungen.

1738 *Hoeren* Überlegungen; *Theurer* in FAS v. 14.9.2003, S. 36: „Musik unter Verschluss" kritisiert an dem ÄndG, dass es eine insoweit „verquere Rechtslage" schafft, wenn Privatkopien einerseits erlaubt sind, andererseits aber nicht mehr angefertigt werden dürften.

1739 Vereinzelt wird bestritten, dass der Vergütungsanspruch schulrechtlicher Natur ist; s. zu dem Meinungsstreit *v. Diemar* GRUR 2002, 587 f.

1740 *Melichar* Wahrnehmung, S. 13 f.

1741 Auch die Rechtsnatur des Vergütungsanspruchs als relatives Recht wird teilweise bestritten; s. zu dem Meinungsstreit *v. Diemar* GRUR 2002, 587 f.

1742 *Czychowski* NJW 2003, 2409, 2411; *Decker* in *Möhring/Nicolini* UrhG, § 53 Rn. 1; *v. Diemar* GRUR 2002, 587-591; *Stickelbrock*, Stellungnahme, S. 1.

gen sind.[1743] Insbesondere *von Diemar*[1744] sieht in den §§ 53, 54 ff. lediglich ein einseitig verpflichtendes Schuldverhältnis und begründet ihre Ansicht u.a. damit, dass der Vergütungsanspruch ein relatives Recht sei, die Einräumung eines Nutzungsrechts aber ein (ausschließliches) Verwertungsrecht voraussetze. Ferner werde das Vervielfältigungsrecht von vornherein beschränkt, so dass weder ein vertragliches noch ein gesetzliches Nutzungsrecht nachträglich eingeräumt werden könnte. An der Rechtsnatur der Schranken als Einwendung habe sich durch die Umsetzung grundsätzlich nichts geändert;[1745] nur der Umgehungsschutz sehe erstmals den Ansatz eines subjektiven Rechts vor.[1746]

Die *Gegenansicht* versteht die gesetzliche Lizenz als Äquivalent zu dem Vergütungsanspruch,[1747] so dass der Nutzer zwar keinen Anspruch auf freien Zugang zu dem Werk habe, aber einen Anspruch darauf, eine Privatkopie anzufertigen, sobald das Werk in seine Verfügung gelangt ist.[1748]

b) Stellungnahme

Zuzustimmen ist im Ergebnis der *vh.M.* Die Schranke gibt kein Recht auf Privatkopie. Die Funktion der Schranken liegt darin, ein von der Rechtordnung grundsätzlich als unerlaubt angesehenes Verhalten (Recht der unerlaubten Handlung)[1749] zu gestatten. Die Schranke beseitigt – wie das Wort „zulässig" verdeutlicht – vergleichbar einem Rechtfertigungsgrund das Unrecht,[1750] begründet aber keine positive Rechtsstellung. Ungeachtet dessen ist der Gesetzgeber grundsätzlich nicht gehindert, die verfassungsrechtlich geschützten Verwertungsrechte einfachgesetzlich unterschiedlich zu konkretisieren,[1751] wie er es für Computerprogramme und Datenbanken – ebenfalls auf Vorgabe des Gemeinschaftsgesetzgebers – bereits getan hat. Der Umgehungsschutz knüpft an einen neuartigen Sachverhalt an, den Einsatz technischer Maßnahmen, der eine abweichende Regelung gestattet, wenn nicht sogar gebietet. Aus verfassungsrechtlicher Sicht wird dadurch das durch Art. 14 Abs. 1 GG geschützte Verwertungsrecht neu konkreti-

---

1743 *Lüft* in *Wandtke/Bullinger*, UrhG, § 53 Rn. 1; *Melichar* in Schricker, UrhR, § 53 Rn. 17; *Schack* ZUM 2002, 497, 504; *Nordemann* in Fromm/Nordemann, UrhG, § 97 Rn. 63; *Stickelbrock* Stellungnahme, S. 2; *Wiechmann* ZUM 1989, 111, 118.

1744 *V. Diemar* GRUR 2002, 587, 588, 590.

1745 *Czychowski* NJW 2003, 2409, 2411; *Stickelbrock* Stellungnahme, S. 2.

1746 *Czychowski* NJW 2003, 2409, 2411.

1747 *Melichar* Wahrnehmung, S. 19.

1748 *Hoeren* Gutachten, S. 22 ff.

1749 *Medicus* SchulR II, BT, § 134 II 1.

1750 In der strafrechtlichen Auseinandersetzung über die Frage, ob Schranken negative Tatbestandsmerkmale oder Rechtfertigungsgründe sind, besteht über diese Funktion Einigkeit, s. dazu ausführlich *Hildebrandt* Strafvorschriften des UrhR, S. 129 ff.

1751 BVerfGE 49, 382, 393 zu § 52: „Sie (die Schranke) normiert das Verwertungsrecht des Urhebers."

siert.[1752] Da der Gesetzgeber Schranken anders ausgestalten kann, werden im Folgenden die möglichen Einwände erörtert, die gegen eine harmonische „einheitliche Lösung" sprechen könnten.

3. Einwände

a) Entstehungsgrund von § 53 UrhG

Um allgemein eine Schranke verfassungsrechtlich zu rechtfertigen, genügt nicht das Interesse der Allgemeinheit an dem Zugang zum Werk, sondern es ist ein gesteigertes öffentliches Interesse erforderlich.[1753] Tragender Grund für § 53 Abs. 1 ist die mangelnde Durchsetzbarkeit eines Verbots und der damit verbundene unverhältnismäßige Eingriff in die Privatsphäre.[1754] Dieser entfällt mit dem Einsatz technischer Maßnahmen und der damit verbundenen faktischen Kontrollierbarkeit, da es keinen urheberrechtsfreien Privatbereich gibt.[1755] Deswegen hat die Schranke vor allem dort keinen Bestand, wo individuelle Lizenzierungsmöglichkeiten bestehen.[1756] Eine Schranke an Stelle des durchsetzbaren Ausschließlichkeitsrechts würde dem Eigentumsrecht widersprechen,[1757] insbesondere der ausschließlichen Rechtsposition.[1758] Die aktive Einbeziehung des Nutzers in die Verwertungskette und der „gefühlte Preis" haben den Vorteil, dass dem fehlenden Unrechtsbewusstsein entgegengewirkt wird. Dies gilt praktisch für die interaktiven Online-Dienste i.S.v. § 95b Abs. 3,[1759] die aber von der Schranke nicht erfasst wären; es gilt aber genauso für die nicht interaktiven Online-Dienste, die von einer gesetzlichen Schranke betroffen wären.

1752 BVerfG NJW 1980, 985.

1753 BVerfGE 31, 229, 239 – *Schul- und Kirchengebrauch.*

1754 Regierungsentwurf 1962, BT-Drucks. IV/270, abgedruckt in UFITA 45 (1965), 240, 287; *Decker* in Möhring/Nicolini, UrhG, § 53 Rn. 1; *Dreier* in Schricker, Weg zur Informationsgesellschaft, S. 165; *Kreutzer* GRUR 2001, 193, 199; *Lüft* in Wandtke/Bullinger, UrhG, § 53 Rn. 1; *Schack* ZUM 2002, 497, 499; *Ulmer-Eilfort* in FS Nordemann, S. 285, 286 f.; BGH GRUR 1965, 104, 107 – *Personalausweise*; LG München ZUM 2003, 240, 243; a.A. *Pahud*, Sozialbindung, S. 131

1755 BGHZ 17, 266, 277-282 – *Grundig-Reporter*; *Däubler-Gmelin* ZUM 1999, 769, 773 f.; *v. Diemar* GRUR 2002, 587, 592; *Ulmer-Eilfort*, in FS Nordemann, 285, 287; *Schack* ZUM 2002, 497, 499; *Schack* UrhR, Rn. 373, 494 m.w.N.; a.A. *Pahud*, S. 91.

1756 *Wand* Technische Schutzmaßnahmen, S. 177 f.; *Ulmer-Eilfort* in FS Nordemann, S. 285, 286; *Schack* AfP 2003, 1, 8; *Wittgenstein* Digitale Agenda, S. 79 f.

1757 *Ulmer-Eilfort* in FS Nordemann, S. 285, 286.

1758 *Reinbothe* in FS Dittrich, S. 257, 259 f.; *Schack* AfP 2003, 1, 8.

1759 *Chantepie*, Mesures techniques, S. 44.

b) Effektiver Rechtsschutz

Die Privatkopierschranke darf nicht dazu führen, dass der Rechtsschutz technischer Maßnahmen uneffektiv wird. Mit den Worten von *Zypris* wäre die Durchsetzung einer Privatkopierschranke so, als erlaubte man einerseits dem Hauseigentümer, seine Tür zu verschließen und würde ihn andererseits zwingen, den Schlüssel stecken zu lassen.[1760] Die Gewährleistung eines effektiven Rechtsschutzes hängt mit der Frage eng zusammen, ob für die digitale und analoge Vervielfältigung dieselben Maßstäbe gelten sollen und können oder nicht. Befürworter der einheitlichen Schrankenlösung neigen dazu, Unterschiede grundsätzlich zu verneinen.[1761] Beispiele wie die online ausgestrahlte Rundfunksendung verdeutlichen jedoch, dass andere Maßstäbe gelten müssen, wo die Technik verhindern soll, dass die primäre digitale Verwertung (Online-Übertragung von Rundfunksendungen) beeinträchtigt würde. Zur Sicherstellung der Primärmärkte und der digitalen Rechtewahrnehmung ist eine unterschiedliche rechtliche Bewertung geboten.[1762]

c) Drei-Stufen-Test

Die Sicherung der primären Verwertungsmöglichkeiten ist ferner das Ziel des DSTs, der bereits bei der Ausgestaltung zu berücksichtigen ist. Beeinträchtigt die digitale Vervielfältigung den Primärmarkt, darf dem Rechtsinhaber nicht die Möglichkeit genommen werden, sich dagegen technisch zu schützen. Insbesondere muss er über die Anzahl erlaubter Vervielfältigungen bestimmen dürfen. Führt man die Erwägungen einem Lösungsansatz zu, sollten sinnvoller Weise nur zwei Ansätze in Betracht gezogen werden.

4. Lösungsvorschläge

a) Harmonische Lösung à la française

Erwogen werden könnte trotz der o.a. Einwände eine generell-abstrakte Regelung für die Sicherstellung der (digitalen) Privatkopie. Der französische Gesetzgeber strebt eine solche Lösung an, bei der die Vorgaben der Info-RL wörtlich übernommen werden. Danach ist die Vervielfältigung zum privaten Gebrauch unter drei Einschränkungen durchsetzbar:

> *1. Der Schrankenbegünstigte hat rechtmäßig Zugang zum Werk;*
>
> *2. es wird der Drei-Stufen-Test gewahrt;*

1760 *Zypris*, zitiert nach *Balzli/Kerbusk/Rosenbach/Schulz* in Spiegel, Heft 36/2003, S. 72, 78.

1761 So etwa *Peukert* UFITA 2002, 689, 708.

1762 *Dreier* GRUR 1997, 859, 864 spricht von einem „gesteigertes Kontrollbedürfnis".im digitalen Umfeld.

3. der Rechtsinhaber darf die Anzahl der Vervielfältigungen begrenzen

Die Online-Dienste i.S.v. Art. 6 Abs. 4 Unterabs. 3 sollen von der Regelung ausgeschlossen bleiben. Die Entscheidung darüber, ob ein Schutzkonzept zu restriktiv ist oder nicht, soll auf Antrag im Wege eines Mediationsverfahrens herbeigeführt werden.

b) Einzelfallregelung

Die Alternative hierzu wäre eine Regelung, die einer Einzelfallregelung gleichkäme. Es müsste den Besonderheiten einzelner Marktsegmente Rechnung getragen werden, möglicherweise die Anzahl der erlaubten Vervielfältigungen gesetzlich bestimmt werden. Dies könnte folgendermaßen aussehen: Von dem Anwendungsbereich des § 95b Abs. 1 S. 1 sind – wie bereits in § 95b Abs. 3 vorgesehen – die auf vertraglicher Grundlage erbrachten interaktiven Online-Dienste auszunehmen. Im weiteren müsste nach der Vertriebsart (online und offline) und den unterschiedlichen Werkkategorien getrennt werden.

Es sollte dem Rechtsinhaber im Online-Bereich nicht verwehrt werden, (dauerhafte) digitale Vervielfältigungen technisch zu verhindern. Für die Online-Dienste (von den Maßnahmen betroffen wären nur die frei zugänglichen Angebote im Internet und nicht interaktive Online-Dienste) ergibt sich dies aus der Bedeutung der Privatkopie für den Primärmarkt, die Risiken im Online-Bereich und die Missbrauchsgefahr. Als zulässige – durchsetzbare – Beschränkung wird aber z.B. eine *einmalige vorübergehende Vervielfältigung* einer Sendung zur zeitversetzten Wiedergabe in Betracht gezogen.[1763]

Bei den *Offline*-Trägern ist ggf nach Werkkategorien zu unterscheiden. Im Ergebnis sollte dem Nutzer gestattet sein, einzelne Vervielfältigungen herzustellen.[1764] Fraglich ist nur, *welche Form* der Vervielfältigung durchsetzbar sein sollte. Bei Werken, die in reprographischer Form vervielfältigt werden können – z.B. eine Datenbank auf CD-ROM –, dürfte die *reprographische* Nutzung angemessen und ausreichend sein. Dem Nutzer sollte z.B. bei Ton- und Bildträgern jedenfalls die analoge Nutzung gestattet werden, da er ansonsten in der Tat keine Vervielfältigungsmöglichkeiten mehr hätte.[1765] Ausnahmen könnten auch hierzu in Fällen notwendig sein, in denen ein hohes Schadensrisiko besteht (z.B. neu erschienene Filme). Dies würde auch Systeme wie *Macrovision* rechtlich schützen. Als Kompromiss käme in Betracht, jeder gekauften Audio-CD zwei weitere (technisch

1763 *Reinbothe* GRUR Int. 2001, 733, 742; s. hierzu einen Fall aus den USA, den *Betamax*-Fall, Sony Corp. of Am. v. Universal City Studios, Inc., 464 U. S. 417 (1984), abgedruckt in GRUR Int. 1984, 467.

1764 *Winghardt* ZUM 2002, 349, 359.

1765 *Hoeren* Gutachten, S. 27.

geschützte) CDs beizufügen.[1766] Angesichts der Gefahr von sich bildenden Einkaufsgemeinschaften und der damit verbundenen Aufteilung des „legalen Preises" bei jeweils vollständiger Werthaltigkeit der Gegenleistung fehlt diesem Ansatz jedoch die praktische Komponente.

Diese Erwägungen zeigen die Vorzüge des französischen Modells: eine Regelung, die den Markbedingungen aller Werkkategorien Rechnung trägt, ist unmöglich und verhindert flexible Lösungen.

III. Nebeneinander der Vergütungssysteme

Unabhängig davon, wie sich der Gesetzgeber in der Frage der digitalen Privatkopierschranke entscheidet, ist durch die Neuregelung neben das System pauschaler Abgaben (§§ 53 , 54 ff.) das System der individuellen Abrechnung getreten, das gegenüber der pauschalen Abrechnung grundsätzlich vorzugswürdig ist.[1767] Gleichwohl ist gegenwärtig nicht zu erwarten, dass die individuelle Lizenzierung das System pauschaler Abgaben ganz ablösen wird, da es weiterhin technisch geschütztes und technisch ungeschütztes Material geben wird.[1768] Andererseits scheint in einem solchen Nebeneinander die Gefahr angelegt, widersprüchliche Wertungen zu treffen, wenn der Nutzer einerseits Abgaben auf bestimmte Geräte zahlt und andererseits das Material aufgrund der technischen Maßnahmen entweder nicht in einer bestimmten Form nutzen darf oder zusätzlich zur Kasse gebeten wird.[1769] Es empfiehlt sich, wie der Richtliniengeber die Lösung des Problems über die Berechnungsmodi zu suchen.[1770] Das Nebeneinander von pauschaler Vergütung und individueller Abrechnung (Bsp. Abgabe auf CD-Brenner, kostenpflichtiges Online-Zeitungsarchiv) wirft besondere Fragen auf.

1. Keine Doppelvergütung

Die rechtliche Ausgestaltung muss verhindern, dass Rechtsinhaber, die bereits individuell abgerechnet hat, nicht doppelt zur Kasse bitten, indem sie in vollem

---

1766 *Balzli/Kerbusk/Rosenbach/Schulz* in Spiegel, Heft 36/2003, 72, 78: „Alles nur geklaut".

1767 *Linnenborn* K&R 2001, 394, 396; ausführlich zu den Vorteilen *Bechtold* GRUR 1998, 18, 21.

1768 *Chantepie* Mesures techniques, S. 44; *Dietz*, zitiert nach *Zecher* ZUM 2002, 451, 455; *Winghardt* ZUM 2002, 349, 358; *Zypris*, Das Urheberrecht in der Informationsgesellschaft: Bestandsaufnahme und Überlegungen zum weiteren Regelungsbedarf Rede der Bundesministerin der Justiz *Brigitte Zypries* beim Symposium in München am 16.9.2003, Es gilt das gesprochene Wort!, unter: URL: http://www.urheberrecht.org/topic/Korb-2/auftakt/UrhR_Rede.pdf, S. 3.

1769 *Gutman* Urheberrecht und Internet, S. 169; *Paul/Naskret* CR 2003, 473, 479.

1770 Info-RL EG 35; s. zu Empfehlungen auf französischer Seite *Chantepie* Mesures techniques, S. 43 (Pkt. 1.2.2.).

Umfang an den Abgaben beteiligt werden. Die Pflicht zu einem angemessenen Rechts- und Interessenausgleich der verschiedenen Kategorien von Rechtsinhaber untereinander spiegelt sich allgemein in EG 31 S. 1 wider.

Der Gefahr, dass die Urheber bei Verträgen wie den berüchtigten Buy-out-Verträgen leer ausgehen und die Verwerter aufgrund überlegener Marktmacht Konditionen diktieren,[1771] *ist allerdings durch das neue UrhVG deutlich verringert worden.*[1772]

Der Gefahr speziell der Doppelvergütung tragen die Ausführungen in EG 35 Satz 5 Rechnung, die durch § 13 Abs. 4 UrhGWahrnG aufgegriffen worden sind.[1773] Danach ist bei der Gestaltung von Tarifen, die auf den §§ 54, 54a beruhen, auch zu berücksichtigen, „inwieweit technische Schutzmaßnahmen nach § 95a auf die betreffenden Werke oder die betreffenden Schutzgegenstände angewendet werden.“ Der Einsatz technischer Maßnahmen kann bereits bei den Verteilungsbestimmungen berücksichtigt werden.[1774] Dies könnte durch eine Unterscheidung nach Gruppen von Rechtsinhabern erfolgen.[1775] Für die Berücksichtigung bereits bei den Verteilungsbestimmungen spricht EG 35 S. 3.

2. Abgabenpflicht und Höhe der Abgabe

Weiterhin hat die Verbreitung der technischen Maßnahmen Auswirkungen darauf, ob *(a)* und in welcher Höhe *(b)* noch Abgaben von den Geräteherstellern und -importeuren verlangt werden können.

a) Abgabenpflicht

Die Abgabenpflicht knüpft gemäß § 54 Abs. 1 S. 1 Nr. 1 an Geräte, die erkennbar zur Vornahme solcher Vervielfältigungen (auf Bild- und Tonträger) bestimmt sind. Gemäß § 54a trifft dieselbe Verpflichtung den Hersteller von Geräten, die zur Vornahme solcher Vervielfältigungen – Ablichtungen – bestimmt sind, z.B. ein Scanner.[1776] Die Vervielfältigung muss nicht der einzige Zweck sein, sondern es genügt, wenn die Geräte auch diesem Zweck dienen.[1777] Die Pflicht besteht auch, wenn das Gerät nur zusammen mit anderen diesen Zweck erfüllen kann

---

1771 *Dietz* ZUM 1998, 438, 448; *v. Lewinski* MMR 1998, 115-119; *Wand* Technische Schutzmaßnahmen, S. 137.

1772 Kritisch, insbesondere zu Fällen, in denen die Verwertung vom Ausland her stattfindet, *Dietz*, zitiert nach *Zecher* ZUM 2002, 451, 455.

1773 *Ory* JurPC, Web-Dok 126/2002, Abs. 13; *Reinbothe* GRUR Int. 2001, 733, 739; *Spindler* GRUR 2002, 105, 112.

1774 *Dietz*, zitiert nach *Zecher* ZUM 2002, 451, 455; *Ory* JurPC Web-Doc 126/2002, Abs. 13.

1775 *Gutman* Urheberrecht und Internet, S. 169.

1776 BGH ZUM 2002, 218 ff. – *Scanner.*

1777 LG Stuttgart ZUM 2001, 614, 617 – *CD-Brenner.*

(Bsp.: CD-Brenner, PC).[1778] Die Abgabe kann entfallen, wenn Geräte mit technischen Maßnahmen ausgestattet sind. Dies dürfte verdeutlichen, warum es im Interesse der Computerindustrie liegt, technische Maßnahmen weiterzuentwickeln und zu fördern.[1779]

b) Umfang

Solange technisch geschütztes und technisch ungeschütztes Material parallel vertrieben wird (ungeschützte und geschützte CDs) und Aufnahmegeräte nicht mit technischen Maßnahmen ausgestattet sind, kommt eine Reduzierung der Abgabenhöhe in Betracht. Dies entspricht etwa der Ansicht des LG Stuttgart; hiernach betrifft der Umfang der *tatsächlichen* Nutzung der Geräte für Vervielfältigungen bestimmter Werke die Frage nach der Höhe der Vergütung.[1780] Hierbei soll zu berücksichtigen sein, in welchem Umfang technisch geschützte Medienträger (z.B. DVDs) vertrieben werden und vor allem ob außerdem noch genügend urheberrechtsrelevante Handlungen – vornehmlich Vervielfältigungsmöglichkeiten – verbleiben, die eine Abgabe rechtfertigen können.[1781] In jüngster Zeit wurden zwei Vergütungsvereinbarungen getroffen, in denen diese Fragen berücksichtigt wurden.[1782] Der Einsatz technischer Maßnahmen kann sich also bei der Erhebung (ob) und Bemessung der Abgabe (wie viel) auswirken.

3. Keine Doppelbelastung

Es bleibt zu klären, ob die Nutzer dadurch unangemessen belastet werden, wenn sie sowohl die Abgabe als auch die individuellen Entgelte entrichten müssen (Doppelbelastung). Diese Gefahr kann jedoch dadurch gebannt werden, dass der Einsatz technischer Maßnahmen wie z.B. im Falle der DVD-Brenner bei der Höhe der Abgabe berücksichtigt wird. Dies wirkt mittelbar zu Gunsten des Nutzers, an den diese Abgabe über den Preis weitergegeben wird. Die Abgabe wird tatsäch-

---

1778 LG Stuttgart ZUM 2001, 614, 617.

1779 *Bremer*, zitiert nach *Zecher* ZUM 2002, 451, 455; diese Möglichkeit spricht auch *Chantepie* Mesures techniques, S. 44, an.

1780 LG Stuttgart ZUM 2001, 614, 617.

1781 *Schack* ZUM 2002, 497, 510 stellt auf die technische Eignung zu urheberrechtlich relevanten Handlungen ab.

1782 Nach der Vereinbarung zwischen der Zentralstelle für private Überspielungsrechte (ZPÜ) und Bitcom muss für jeden CD-Brenner 7,50 EUR bezahlt werden, die rückwirkend ab dem 1.7.2002 gilt (*Jaeger* ITRB 2002, 253). Hinzuweise ist ferner auf die zwischen der ZPÜ und dem Informationskreis AufnahmeMedien (IM) geschlossenen Vereinbarung, dass für DVDs der Systeme DVD-R/RW, DVD+R/RW und DVD-RAM Disk 0,087 EUR je Spielstunde bezahlt wird; für CD-Rohlinge beträgt die Abgabe seit dem 1.1.2003 EUR 0,072 je Spielstunde (Pressemitteilung der GEMA v. 9.1.2003, URL: http://www.gema.de/kommunikation/pressemitteilungen/pm20030109_02.shtml).

lich nur auf Geräte erhoben, die über die Vervielfältigung der technisch geschützten Werke (z.B. auf DVD) hinaus andere Vervielfältigungen ermöglichen. Im Falle des DVD-Brenners erschien es beispielsweise gerechtfertigt, noch eine Abgabe zu erheben, da auch CDs und bestimmte Fernsehsendungen aufgezeichnet werden können.

IV. Zusammenfassung

Die Entscheidung, eine gesetzliche Privatrechtsschranke vorzusehen, ist fakultativ. Von vornherein von der gesetzlichen Maßnahme nicht betroffen sind die vertraglich erbrachten interaktiven Online-Dienste, für die der Vorrang der vertraglichen Vereinbarung und das damit verbundene Modell der individuellen Lizenzierung gilt.

Von Verfassung wegen ist der Gesetzgeber weder verpflichtet, dem Nutzer den Zugang zum Werk noch die Nutzung in beliebiger Form zu gewährleisten. Eine Garantie der digitalen Privatkopie kann auch nicht über eine entsprechend verfassungskonforme Auslegung des Merkmals der „Umgehung" erreicht werden. Dies gilt, solange der Nutzer – wenn er rechtmäßig Zugang zu dem Werk hat – überhaupt eine Speichermöglichkeit hat.

Gleichwohl sollte der Gesetzgeber bei der Ausgestaltung der verfassungsrechtlich geschützten Rechte grundsätzlich an dem Vergütungssystem festhalten. Hierfür sprechen pragmatische und rechtspolitische Erwägungen. Für die gesetzliche Ausgestaltung sind allerdings Grenzen zu beachten. Die Schranke darf nicht dazu führen, dass die Effektivität des Rechtsschutzes technischer Maßnahmen darunter leidet, noch darf der Drei-Stufen-Test unberücksichtigt bleiben.

Als gesetzliche Regelung bietet sich eine wie in Frankreich geplante abstrakt-generelle Regelung an, die die gemeinschaftsrechtlich vorgegebenen Einschränkungen berücksichtigt. Eine solche Regelung ist ggü. einer Regelung vorzugswürdig, die den unterschiedlichen Werkkategorien und Bedingungen der Marktsegmente Rechnung tragen müsste und keinen Raum für flexible Lösungen bietet.

Sollte sich der Gesetzgeber für eine Einzelfallregelung entscheiden, kann er nach Vertriebsart und Werkkategorie trennen. Für nicht interaktive Online-Diensten könnte man eine einmalige vorübergehende Vervielfältigung ermöglichen („Time-Shifting"). Bei den Offline-Trägern muss die analoge Vervielfältigungsmöglichkeit erhalten bleiben; bei manchen Werken kann es geboten sein, nur eine analoge Nutzung sicherzustellen (z.B. bei Filmwerken). Bei anderen Werkkategorien sollte man die digitale aber zahlenmäßig begrenzte Vervielfältigung zulassen.

Bereits aus der Ausnahme für interaktive *Online*-Dienste folgt, dass ein Nebeneinander von kollektiven Vergütungssystemen und individueller Lizenzierung gibt. Der Einsatz der technischen Maßnahmen kann sich im Verhältnis der verschiedenen Kategorien von Rechtsinhabern auf den Verteilungsschlüssel und die

Tarifhöhe auswirken. Die Ausstattung der Geräte mit technischen Maßnahmen könnte möglicherweise die Abgabenpflicht entfallen lassen. Auf jeden Fall beeinflusst der Einsatz der technischen Maßnahmen die Höhe der Abgaben. Da die Abgabenhöhe an die noch vorhandenen Vervielfältigungsmöglichkeiten angepasst ist, besteht keine Gefahr der Doppelbelastung für die Nutzer.

3. Teil: Kurzüberblick über die Umsetzung in Frankreich und die Rechtslage in den USA

Mit dem US–amerikanischen Copyright und dem französischen Urheberrecht (*droit d'auteur*) stehen sich zwei traditionell gegensätzliche Urheberrechtssysteme gegenüber: einerseits das an dem Investitionenschutz orientierte *Copyright* und andererseits das auf dem Schöpferprinzip beruhende *droit d'auteur*-System. Sämtliche Fragen und Probleme im Zusammenhang mit dem Schutz technischer Maßnahmen berühren diesen urheberrechtlichen Systemunterschied nicht, denn es wird die Technik als solche geschützt, die ihrerseits zur Sicherung der Urheberrechte eingesetzt wird. Losgelöst von den unterschiedlichen materiellen Ausgestaltungen des Urheberrecht soll der Schutz technischer Maßnahmen in beiden Ländern zu einer Stärkung dieser Rechtspositionen führen.[1783]

Wegen der engen Verwandtschaft zwischen dem deutschen und französischen Urheberrecht wird nachfolgend zunächst ein Überblick über die Entwicklungen in unserem Nachbarland gegeben *(1. Kapitel)*. Da sich der Gemeinschaftsgesetzgeber bei der Ausgestaltung des Umgehungsschutzes aber maßgeblich von dem US-amerikanischen Umgehungsschutz hat inspirieren lassen, und den man insofern als die Wiege des Umgehungsschutzes bezeichnen kann, wird abschließend ein Kurzüberblick über die US-amerikanische Rechtslage gegeben *(2. Kapitel)*.

1783 *Goutal* RIDA 2001, 67, 87; zu den Unterschieden in den Ländern Australien, Japan, USA und der Europäischen Gemeinschaft geben folgende Autoren einen Überblick: *Sirinelli* Rapport général; *de Werra* RIDA 2001, 67 ff; zu der Umsetzung in einigen europäischen Staaten s. *Retzer* Cri 2002, 134 ff sowie eine Zusammenfassung verschiedener Länderberichte in „Implementing the European Union Copyright Directive", herausgegeben von der Foundation for Information Policy Research (fipr), abrufbar unter URL: http://www.fipr.org/copyright/guide/eucd-guide.pdf.

1. Kapitel: Frankreich

Das französische gehört wie das deutsche Urheberrecht zu den kontinentaleuropäischen Urheberrechtssystemen, die auf dem *Schöpferprinzip* beruhen. In Frankreich ist das geistige Eigentum seit den Revolutionsgesetzen von 1791 bis 1794 anerkannt. Rechtstheoretisches Fundament war die Lehre vom geistigen Eigentum. Als wichtige Kodifikationen und Vorläufer des heute geltenden „*Code de la propriété intellectuelle*" (i. f. CPI) sind das Gesetz von 1957 und die Novelle von 1985 zu nennen.[1784] Der CPI vom 1.7.1992[1785] fasste die beiden o.a. Gesetze und weitere Bestimmungen zusammen und ist seither erneut mehrfach modifiziert worden.[1786]

Der CPI besteht aus zwei Teilen, die das Urheberrecht und die Nachbarrechte (*Partie première*) sowie das gewerbliche Eigentum (*Partie deuxième*) regeln. Der erste Teil (*La propriété littéraire et artistique*) ist ähnlich wie das deutsche UrhG in drei Bücher untergliedert: das Urheberrecht, die Nachbarrechte und gemeinsame Bestimmungen. Anknüpfend an diese Systematik beabsichtigt das französische Kultusministerium, die Umsetzungsvorschriften in das dritte Buch einzufügen. Die gegenwärtige wissenschaftliche und politische Diskussion konzentriert sich dabei auf die Frage, in welchem Verhältnis der neue Rechtsschutz zu dem Tatbestand der Rechtsverletzung (*contrefaçon*) steht. Angesichts der vorstehend angesprochenen „gegenwärtigen Diskussion" wird deutlich, dass Frankreich die europäischen Vorgaben derzeit noch nicht umgesetzt hat. Dies ist insoweit beachtlich, als die Frist zur Umsetzung bereits am 22.12.2002 abgelaufen ist. Auf die hierdurch entstehenden Rechtsfragen und durch die Gemeinschaft eingeleiteten Schritte wurde bereits eingangs hingewiesen.

1784 Loi n°57-298 v. 11.3.1957 sur la propriété littéraire et artistique, URL: http://www.adminet.com/jo/loi57-298.html; Loi n°85-660 v. 3.7.1985 relative aux droits d'auteur et aux droits des artistes-interprètes, des producteurs de phonogrammes et de vidéogrammes et des entreprises de communication audiovisuelle; URL: http://www.adminet.com/jo/loi85-660.html; die Gesetze werden in dem „Journal officiel" (J.O.) verkündet, das im Internet abrufbar ist bei Legifrance (URL: http://www.legifrance.gouv.fr/) und (ab 1998) bei Adminet unter URL: http://www.adminet.com/jo/index.phtml.

1785 Loi n° 92-597 v. 1.7.1992 relative au code de la propriété intellectuelle, URL: http://droit.org/jo/19920703/MENX9100082L.html, zuletzt geändert durch Loi n° 2003-517 du 18 juin 2003 relative à la rémunération au titre du prêt en bibliothèque et renforçant la protection sociale des auteurs; die konsolidierte Fassung des CPI ist auf den Seiten von Legifrance („Codes") abrufbar unter URL: http://www.legifrance.gouv.fr/.

1786 S. dazu *Dreier* in Möhring u.a., Quellen des UrhR, S. 6; vgl. tabellarische Übersicht, Dalloz, Code de la Propriété intellectuelle, S. 1339 ff.

Das französische Urheberrecht gehört zu den Systemen, die die Rechtsinhaber (*titulaire du droit* bzw. *ayant droit*) am stärksten schützen.[1787] Bei den ausschließlichen Rechten sind die Vermögensrechte (*droits patrimoniaux*) von dem Urheberpersönlichkeitsrecht (*droit moral*) zu unterscheiden.[1788] Die wichtigsten Vermögensrechte – die zur Verwertung auch abgetreten werden können (*cession*) – sind das Vervielfältigungsrecht (*droit de reproduction*) und das Darbietungsrecht (*droit de representation*). Den Interessenausgleich zwischen Rechtsinhabern und der Allgemeinheit wird im französischen Recht durch folgende Schranken sichergestellt:

- *Privater Gebrauch (article L.122-5)*
- *Untersuchungen, Kurzzitate und die Presserundschauen (article L.122-5-3°)*
- *Parodie, Karikatur, Nachahmung (article L.122-5-4°)*
- *Ausnahmen für Datenbanken (article L.122-5-5°)*
- *Ausnahmen für Computerprogramme (article L.122-6 ff.).*

Für die Schranke zum privaten Gebrauch hat der französische Gesetzgeber – vergleichbar dem deutschen Recht – zur Sicherstellung der angemessenen Vergütung ein Vergütungssystem eingeführt, das in article L.311-1 ff. ausgestaltet ist.[1789] Für die Nachbarrechte sind die Schranken in article L.211-3 geregelt. Bei der Nutzung einer Datenbank, die durch das *Sui-generis*-Recht geschützt ist, sind die Schranken in article L.342-2 ff. zu beachten; diese gehen zurück auf Art. 7-9 Datenbank-RL.[1790] Im Übrigen sieht das französische Recht – abgesehen von der Ausnahme zu „Untersuchungszwecken" (article L.122-5-3°) – keine Schranken zu Gunsten der Wissenschaft und der Ausbildung vor.

A. Allgemein zur Umsetzung europäischer Vorgaben

Seit den 80-er Jahren des vergangenen Jahrhunderts bemüht sich Frankreich, seine Verwaltung im Bereich der Umsetzung von europäischen Richtlinien so zu organisieren, dass diese fristgemäß umgesetzt bzw. dass die Umsetzungsfristen nicht

---

1787 *Sirinelli*, zitiert in Compte-rendu de la séance du CSPLA du 4 avril 2002, URL: http://www.culture.gouv.fr/culture/cspla/co040402.pdf, S. 10.

1788 Der Unterschied zwischen dem deutschen und dem französischen Urheberrecht kann man heute noch darin sehen, dass die Beziehung zwischen den Verwertungsrechten (droits patrimoniaux) zu dem Urheberpersönlichkeitsrecht (droit moral) unterschiedlich eng verstanden wird. Während man in Deutschland das Recht als Einheit versteht, mithin der sog. monistischen Theorie folgt, sind nach dem französischen Verständnis das droit moral von den droits patrimoniaux zu trennen, was dogmatisch durch die dualistische Lehre fundiert ist.

1789 S. zu der Ausnahme für den eigenen Gebrauch im deutschen und französischen UrhR ausführlich *Hölscher* Ausnahmebestimmungen; s. zu dem Vergütungssystem in Frankreich auch *Marzouki* Implementation.

1790 S. dazu *Lucas* Propriété littéraire et artistique, S. 142 f.

übermäßig lange überschritten werden. Ursprünglich waren für die Umsetzung ausschließlich die Ministerien nach ihren Sachgebieten zuständig. Aufgrund eines Runderlassses des Premierministers vom 5.5.1986 wurde eine zentrale Koordinierungsstelle eingerichtet. Diese setzt sich aus zwei Einheiten zusammen, die sich die Aufgaben teilen und die dem Premierminister untergeordnet sind: Das „Secrétariat général du gouvernement" (SGG) und das „Secrétariat général du Comité interministériel pour les questions de coopération économique européenne" (SGCI).[1791] Diese Maßnahme wurde durch einen Runderlass vom 25.1.1990 dahingehend modifiziert, dass die Zuständigkeit für die Umsetzung wieder an das sachlich zuständige Ministerium zurückfiel, anderseits aber die Funktion des SGCI, die Angelegenheit zu koordinieren, verstärkt wurde.[1792] Der letzte maßgebliche Runderlass des Premierministers *Lionel Jospin* datiert vom 9.11.1998 und verfolgt drei Ziele:[1793]

1. *Einreichung der Vorarbeiten und des Terminplan an das SGCI innerhalb einer bestimmten Frist,*
2. *Abbau der pro Ministerium nicht umgesetzten Richtlinien um ein Drittel,*
3. *Umsetzung aller Richtlinien, bei denen die Umsetzungsfrist bereits zwei Jahre überschritten ist.*

Trotz der vorstehend beschriebenen Bemühungen lag Frankreich zu Beginn des Jahres 2003 hinsichtlich der nicht umgesetzten Richtlinien – vergleichbar mit Deutschland – im (hinteren) Mittelfeld der Mitgliedstaaten. Bei der Anzahl der Richtlinien, die zwei Jahre nach Ablauf der Frist noch nicht umgesetzt waren, bildete Frankreich sogar das Schlusslicht.[1794] Angesichts dieser Zahlen räumt die französische Regierung der Verwaltung im Bereich der Umsetzung gegenwärtig höchste Priorität ein. Sachlich zuständig ist die Ministerin für europäische Ange-

---

1791 Das S.G.C.I. wurde 1948 per Dekret gegründet, um die Verwaltung des europäischen Wiederaufbaus in Frankreich zu gewährleisten (Marshall-Plan): Décret n° 48-1029 du 25 juin 1948 portant organisation des services français en ce qui concerne la participation de la France au programme de relèvement européen, URL: http://www.adminet.com/jo/dec48-1029.html.

1792 La circulaire du 25 janvier 1990 relative à la procédure de suivi de la transposition des directives communautaires en droit interne, abrufbar auf den Seiten von Franceurope, URL: http://www.franceurope.org/pdf/adapt/Circulaire250190.pdf.

1793 Circulaire du 9 novembre 1998 relative à la procédure de suivi de la transposition des directives communautaires en droit interne, abrufbar auf den Seiten von Légifrance unter URL: http://www.legifrance.gouv.fr/citoyen/jorf_nor.ow?numjo=PRMX9803266C und von AdmiNet unter URL: http://www.adminet.com/jo/19981110/PRMX9803266C.html

1794 Rapport d'information n° 1009, déposé par la délégation de l'Assemblée nationale pour l'Union Européenne (1) le 9 juillet 2003, sur l'état de transposition des directives européennes, URL: http://www.assemblee-nationale.fr/12/pdf/europe/rap-info/i1009.pdf, S. 14 ff. im Anschluss an Rapport d'information n° 391, déposé le 21 novembre 2002.

legenheiten, *Noëlle Lenoir*. Diese hat auf einer Kabinettssitzung am 6.11.2002 einen Aktionsplan angekündigt.[1795] Hiernach sollen zunächst die administrativen Kompetenzen für die noch offenen Vorhaben abgeklärt werden. Die Ministerien sind dazu aufgerufen, sich gegebenenfalls neu zu organisieren und einen Berater zu benennen, der für die jeweilige Umsetzung verantwortlich ist. Darüber hinaus soll das Parlament durch regelmäßige Sitzungen zu europäischen Fragen verstärkt in das Umsetzungsverfahren eingebunden werden.

B. Umsetzung der Info-RL

I. Reform des CPI

Für die Umsetzung der Info-RL ist das Ministerium für Kultur und Kommunikation federführend zuständig. In Frankreich fällt die Umsetzung der Info-RL ins nationale Recht zusammen mit einem breit angelegten Reformvorhaben des CPI. Mit der Reform ist ein besonderes Beratungsgremium betraut, der „Conseil supérieur de la propriété litteraire et artistique" (i. F. CSPLA).[1796] Die Ministerin für Kultur und Kommunikation, *Catherine Tasca*, und die Justizministerin, *Elisabeth Guigou*, haben die Gründung des CSPLA mit Erlass vom 10.7.2000 für die Dauer von sechs Jahren beschlossen.[1797] Der CSPLA ist dem Kultusministerium untergeordnet und hat die Aufgabe, Empfehlungen und Vorschläge für eine umfassende Reform des CPI zu erarbeiten. Der Rat nahm seine Arbeit am 11.5.2001 auf.[1798] Seitdem sind zahlreiche Ausschüsse gebildet[1799] und Berichte von Sachverständigen zu folgenden Themen erarbeitet worden:

- Rechteverwaltung (*gestion*),
- Folgen der Rechtsverletzung (*contrefaçon*),

1795 S. dazu Rapport d'information (Fn. 1830), S. 17 ff.

1796 Die Idee für ein solches Gremium stammt von dem Abgeordneten *Patrick Bloche*, der in einem Bericht an den Premierminister *Lionel Jospin* im Dezember 1998 vorschlagen hatte, dem Ministerium für Kultur und Kommunikation ein Vermittlungsgremium beizuordnen, das sich mit Fragen des geistigen Eigentums in Bezug auf die Informationsgesellschaft, insbesondere mit dem Internet beschäftigt, s. der CSPLA über sich, URL: http://www.culture.gouv.fr/culture/cspla/conseil.htm.

1797 Ministère de la Culture et de la Communication, Arrêté du 10 juillet 2000, J. O. – Lois et décrets – 2000, 14634, URL: http://www.adminet.com/jo/20000919/MCCB0000389A.html.

1798 Compe-rendu de la séance du CSPLA du 11 mai 2001, URL: http://www.culture.gouv.fr/culture/cspla/comptes.htm.

1799 Commission droit de la Propriété littéraire et artistique et droit de la concurrence, Commission libertés individuelles, Commissions spécialisées, und zwar zu folgenden Themen: die Bildung von öffentlichen Vertretern (création des agents publics), die Rechte des Arbeitsnehmerurhebers nach dem Privatrecht, die Privatkopie (copie privée) und das gemeinsame Verzeichnis (guichet commun); die Arbeiten sind abrufbar unter URL: http://www.culture.gouv.fr/culture/cspla/travaux.htm.

- Verträge über audiovisuelle Produktionen,
- Verwaltung der kulturellen Angelegenheiten über den Kampf gegen die Rechtverletzungen im digitalen Umfeld („*la lutte contre la contrefaçon*")[1800] sowie technische Maßnahmen und DRM.[1801]

Das Kultusministerium befindet sich hinsichtlich der Umsetzungsarbeiten in einer schwierigen Situation, da es unter Zeitdruck steht, seinen Entscheidungsprozess aber auch nicht völlig an dem CSPLA vorbeiführen kann. Für die Umsetzung hat der CSPLA auf Weisung des Ministeriums keinen Ausschuss gebildet.[1802] Da der CSPLA aber wünschte, eng in die Arbeiten eingebunden zu werden,[1803] wurde das Thema ausführlich in zwei Sitzungen des CSPLA erörtert. Erstmals legte das Kultusministerium seinen Standpunkt am 20.12.2001 dar.[1804] Hiernach sei prinzipiell eine Minimallösung (*transposition a minima*) und eine möglichst wortgetreue Umsetzung geplant, dies schließe aber zusätzliche Überlegungen speziell zu Art. 6 Abs. 4 nicht aus.[1805] Für die Umsetzung von Art. 6 Abs. 1 und 3 stellte das Ministerium zwei Überlegungen zur Diskussion: Zu erwägen sei, die Vorschriften über die Rechtsverletzung (*contrefaçon*) auf die verbotenen Umgehungshandlungen auszudehnen (*Lösung 1*), oder davon unabhängige Umgehungsvorschriften in den CIP einzufügen (*Lösung 2*).[1806] In Bezug auf Art. 6 Abs. 4 zog man eine Beschwerdemöglichkeit des Schrankenbegünstigten in Betracht.[1807] *Professor Lucas* sprach sich in der Sitzung am 4.4.2002 für die *Lösung 1* aus.[1808] Dabei sollten die

---

1800 *Chiariglione* Rapport portant sur la gestion et la protection des œuvres et de la propriété intellectuelle. Etat des travaux et de la réflexion (octobre 2001); *Douay* Rapport relatif aux conséquences du développement de la contrefaçon (octobre 2001); *Lucas* Rapport portant sur l'article L 212-7 du code de la propriété intellectuelle relatif aux contrats de production audiovisuelle conclus avant le 1er janvier 1986 (novembre 2001); *Chantepie* chargé de mission à l'inspection générale de l'administration des affaires culturelles sur la lutte contre la contrefaçon des droits de propriété littéraire et artistique dans l'environnement numérique, Rapport (septembre 2002), alle Berichte sind abrufbar unter URL: http://www.culture.gouv.fr/culture/cspla/travaux.htm.

1801 *Chantepie* Rapport, Mesures techniques de protection des œuvres & DRMS, Etat des lieux, 1er Partie (Janvier 2003), URL: http://www.culture.gouv.fr/culture/cspla/travaux.htm.

1802 Vgl. Compte-rendu de la séance du CSPLA du 11 mai 2001, URL: http://www.culture.gouv.fr/culture/cspla/cr110501.pdf, S. 4.

1803 Compte-rendu de la séance du CSPLA du 4 octobre 2001, URL: http://www.culture.gouv.fr/culture/cspla/cr41001.pdf, S. 10.

1804 Compte-rendu de la réunion du CSPLA du 20 decembre 2001, URL: http://www.culture.gouv.fr/culture/cspla/corendu201201.pdf, S. 6 ff.

1805 Compte-rendu de la réunion du CSPLA du 20 decembre 2001 (Fn.1840), S. 6.

1806 Compte-rendu de la réunion du CSPLA du 20 decembre 2001 (Fn. 1840), S. 9.

1807 Compte-rendu de la réunion du CSPLA du 20 decembre 2001 (Fn. 1840), S. 9 f.

1808 *Lucas*, zitiert in Comte-rendu de la séance du CSPLA du 4 avril 2002, URL: http://www.culture.gouv.fr/culture/cspla/co040402.pdf, S. 10 f.

Verbote zwar dieselbe Strafandrohung wie für die Rechtsverletzung vorzusehen, ansonsten seien aber die Umgehungshandlungen von der Rechtsverletzung zu trennen, d.h. weder damit gleichzusetzen noch als Annex zu behandeln.[1809]

Nachdem der Mitarbeiter der Kommission *Jörg Reinbothe* auf einem Treffen des CSPLA im Oktober 2002 ein „Machtwort" gesprochen und betont hatte, dass die in der Info-RL festgelegten Pflichten entsprechend der allgemeinen Richtlinien-Dogmatik nicht mehr zur Verhandlung stünden,[1810] hat das Kultusministerium am 5.12.2002 einen Vorentwurf veröffentlicht.[1811] Der Vorentwurf war in einer überarbeiteten Fassung vom 4.4.2003 im Internet abrufbar.[1812] Am 12.11.2003 hat das Kultusministerium einen Gesetzesentwurf – ein Projet de loi (i. F. PDL) – auf einer Sitzung des Ministerrats vorgestellt.[1813]

II. Bisherige Rechtslage

Eine Neuregelung des Urheberrechts ist erforderlich, weil auch das französische Recht „technische Maßnahmen" in einer den Grundsätzen der Rechtssicherheit und Rechtsklarheit entsprechenden Weise nur partiell schützt.[1814] Es gibt lediglich spezielle Straftatbestände in Bezug auf verschlüsselte Rundfunkprogramme.[1815] Programmschutzmechanismen werden durch article L 122-6-2 i.V.m. article L. 335-2[1816] CPI geschützt.[1817]

1809 *Lucas*, zitiert nach dem Comte-rendu de la séance du CSPLA du 4 avril 2002 (Fn. 1844), S. 10 f.

1810 Compte-rendu de la séance du CSPLA du 10 octobre 2002, URL: http://www.culture.gouv.fr/culture/cspla/cr101002.pdf, S. 14.

1811 Avant-projet de la loi relatif au droit d'auteur et aux droits voisins dans la société de l'information du 5. décembre 2002, URL: http://www.culture.gouv.fr/culture/cspla/avantproj.pdf.

1812 Avant-projet du 4 avril 2003, abrufbar unter URL: http://www.ael.be/action/2003/eucd/france/text/ (10/03).

1813 Projet de loi relatif au droit d'auteur et aux droits voisins dans la société de l'information, NOR: MCCX0300082L/B1, abrufbar unter URL: http://www.culture.gouv.fr/culture/cspla/droitdauteur121103.pdf.

1814 Vgl. dazu ausführlich *Latreille*, Exceptions, Länderbericht Frankreich; *Vercken*, Questionnaire.

1815 Article 79-1 et suivants de la loi n° 86-1067 v. 30.9.1986 relative à la liberté de communication („Loi Léotard"), zuletzt geändert durch Loi n° 2000-719 v. 1.8.2000; s. dazu *Vercken*, Questionnaire, S. 8 f; in article 95 sind ferner die Bedingungen für den Zugang geregelt.

1816 Eingeführt per Décret no 96-103 v. 2.9.1996 pris pour l'application de la loi no 94-361 v. 10.5.1994 concernant la protection juridique des programmes d'ordinateur et modifiant le code de la propriété intellectuelle, URL: http://www.legifrance.gouv.fr/WAspad/UnTexteDeJorf?numjo=MCCB9500661D.

1817 *Latreille* Exceptions, S. 3; *Vercken* Questionnaire, S. 16 f.; die Dekompilierung (article 122-6-1 CPI) ist eine Ausnahme von dem Verbot und ist vertraglich unab-

Eine ausdrückliche Neuregelung wird im *zivilrechtlichen* Bereich Rechtssicherheit herstellen. Die Haftung für entsprechende Verhaltensweisen ließ sich bisher nur auf die Generalklausel gemäß article 1382 Code Civil unter dem Gesichtspunkt der Pflichtverletzung *(obligation)* stützen; in den Fällen der mittelbaren Urheberrechtsverletzung hätte sich regelmäßig der Nachweis der Kausalität für die anschließende Urheberrechtsverletzung (*contrefaçon*) als problematisch erwiesen.[1818] Ein ausdrücklicher Schutz verhindert außerdem eine ausufernde Anwendung des wettbewerbsrechtlichen Schutzes (*concurrence déloyale*), der auf article 1382 gründet und ebenfalls keine Rechtssicherheit bietet[1819]

Der strafrechtliche Schutz richtet sich de lege lata – abgesehen von den speziellen Straftatbestände in Bezug auf zugangskontrollierte Rundfunkprogramme[1820] – nach dem allgemeinen Strafrecht: Der Umgehungsakt wird durch den Computerbetrug abgedeckt, während hinsichtlich der umgehungsfördernden Handlungen nur die allgemeinen Grundsätze der Teilnahme (article 121-7 Code Pénal) anwendbar sind.[1821] Geplant sind neue Straftatbestände zum Schutz technischer Maßnahmen. Dies entspricht der französischen Tradition, bei Verstößen gegen Urheberrechte in erster Linie strafrechtliche Sanktionen vorzusehen.[1822]

III. Geplante Neuregelungen nach dem Gesetzesentwurf (Projet de loi)

Nur der erste von insgesamt fünf Titeln des PDL dient der Umsetzung der Info-RL;[1823] Kapitel III setzt die Vorgaben aus Art. 6 und 7 um. Die geplanten Neuregelungen sollen systematisch – wie im deutschen UrhG – in den Abschnitt über die gemeinsamen Vorschriften in Bezug auf das Urheberrecht, die Nachbarrechte und die Rechte des Datenbankherstellers eingefügt werden (*Livre troisième*). Dieses Buch soll insgesamt neu gegliedert werden, in die Abschnitte über allgemeine Verfahrensregeln (Abschnitt 1), technische Maßnahmen und Informationen zur

dingbar; die Sicherheitskopie (*la copie de sauvegarde*) wird sehr restriktiv interpretiert.

1818 S. dazu *Vercken* Questionnaire, S. 7.

1819 *Vercken* Questionnaire, S. 15.

1820 Article 79-1 ff. de la loi relative à la liberté de communication (Fn. 35).

1821 Articles 323-1 ff. des Code Pénal, zuletzt geändert durch das Loi n° 2000-595 du 30 juin 2000; die article 323-1 ff. gehen auf das loi n°88-19 v. 5.1.1988 relative à la fraude informatique („Loi Godfrain") zurück, das im Internet abrufbar ist unter URL: http://www.adminet.com/jo/JUSX8700198L.html; s. dazu *Latreille* Exceptions, Frankreich, S. 4; *Vercken* Questionnaire, S. 5 f., 13.

1822 *Dreier* in Möhring u.a., Quellen des UrhR, S. 33.

1823 Titre 1: Vorschriften zur Umsetzung der Info-RL, Titre 2: Hinterlegung von Druckerzeugnissen (Depot légal); Titre 3: Kampf gegen die Rechtsverletzung („lutte contre la contrefaçon"); Titre 4: Verwertungsgesellschaften; in der ersten Fassung war noch ein Titre 5 in Bezug auf das Urheberrecht von Angestellten des öffentlichen Dienstes vorgesehen (Agents publics).

Rechtewahrnehmung (Abschnitt 2) und über Verfahren und Sanktionen (Abschnitt 3). Im Folgenden wird zunächst der Schutz der technischen Maßnahmen *(1)* dargestellt und dann die Sicherstellung der Schranken *(2)*.[1824]

1. Schutz technischer Maßnahmen

a) Grundsatz: Gleichstellung mit (Urheber-)Rechtsverletzung

In Abschnitt 2 wird in dem geplanten neuen article L 331-5 in Absatz 1 im Grundsatz klargestellt, dass die technischen Maßnahmen unter denselben Voraussetzungen geschützt sind, wie es für den Fall der Rechtsverletzung in articles L 335-3 et L 335-4 vorgesehen ist. Ausgenommen hiervon sind Computerprogramme:

> *„Les mesures techniques efficaces destinées à [...], sont protégées dans les conditions prévues aux articles L335-3 et L335-4. Ces dispositions ne sont pas applicables aux logiciels.“*[1825]

b) Schutzgegenstand

Geschützt werden sollen die wirksamen technischen Maßnahmen, die in article L.331-5 Abs. 2 legaldefiniert werden. Die Definition der „technischen Maßnahmen“ deckt sich mit der Legaldefinition in Art. 6 mit dem Unterschied, dass die Funktion der „technischen Maßnahmen“ in article L.331-5 Abs. 1 umschrieben ist, auf den die Legaldefinition Bezug nimmt. Die Absätze 1 und 2 müssen daher zusammengelesen werden:

> *„....mesures techniques efficaces* ***destinées à*** *empêcher ou limiter les utilisations non autorisées par le titulaire d'un droit d'auteur ou d'un droit voisin du droit d'auteur, d'une œuvre, d'une interprétation, d'un phonogramme, d'un vidéogramme ou d'un programme,...“*
>
> *„On entend par mesure technique au sens de l'alinéa récédent, toute technologie, tout produit, appareil, dispositif, composant, moyen ou service qui, dans le cadre normal de son fonctionnement, accomplit la fonction* ***prévue a l'alinéa précédent.*** *“*

Unter den Begriff der technischen Maßnahmen soll auch die Dienstleistung (service) fallen; dies weist über die technische Eigenschaft der Maßnahmen allerdings hinaus und sollte gestrichen werden.

Die Definition der *Wirksamkeit* gemäß article L.331-5 Abs. 2 S. 2 ist fast wortgleich aus Art. 6 übernommen. Es scheint jedoch zu genügen, wenn die beispielhaft aufgezählten Mechanismen eingesetzt werden; nicht verlangt ist, dass sie auch das „Schutzziel sicherstellen“:

> *„Ces mesures techniques sont réputées efficaces lorsqu'une utilisation visée au 1° est contrôlée grâce à l'application d'un code d'accès, d'un procédé de protection, tel que le*

[1824] S. zu den Neuregelungen auch *Marzouki* Implementation.

[1825] In dem Vorentwurf v. 5.12.2002 ist dagegen nur allgemein bestimmt, dass die Rechtsinhaber technische Maßnahmen einsetzen können.

cryptage, le brouillage ou toute autre transformation de l'objet de la protection, ou d'un mécanisme de contrôle de la copie."

c) Rechtschutz

aa) Strafvorschriften

Der PDL sieht wie bereits der Vorentwurf eine Erweiterung der strafrechtlichen Bestimmungen vor (article L.335-3-1, 335-4-1, 335-1). Ausgehend von den geltenden Bestimmungen ist in article L.335-2 Abs. 1 als „Grundnorm" der Straftatbestand der Urheberrechtsverletzung konkretisiert (sog. *délit de contrefaçon*)[1826]. Der Strafrahmen ist in Absatz 2 auf eine Freiheitsstrafe von zwei Jahren und 150.000 Euro Geldstrafe festgelegt. Der Vorsatz wird bei Vorliegen der objektiven tatbestandlichen Voraussetzungen widerleglich vermutet.[1827] In dem geltenden article L.335-3 Abs. 1 und 2 sind Fälle geregelt, die der Gesetzgeber der *contrefaçon* gleichstellt („*Est également un délit de contrefaçon*").

Für die Umgehungshandlung bzw. umgehungsfördernden Handlungen plant das Ministerium, zwei neue Artikel aufzunehmen (article L.335-3-1, L.335-4-1). Beide Vorschriften sind inhaltlich identisch mit dem Unterschied, dass article L.335-3-1 Maßnahmen zum Schutz von Urheberrechten und article L.335-4-1 Maßnahmen zum Schutz von Nachbarrechten betrifft.

Art. L. 335-3-1.

Est assimilé à un délit de contrefaçon :

1° Le fait pour une personne de porter atteinte, en connaissance de cause, à une mesure technique mentionnée à l'article L. 331-5 afin d'altérer la protection, assurée par cette mesure, portant sur une œuvre;

2° Le fait, en connaissance de cause, de fabriquer ou d'importer une application technologique, un dispositif ou un composant ou de fournir un service, destinés à faciliter ou à permettre la réalisation, en tout ou en partie, du fait mentionné au 1° ci-dessus;

3° Le fait, en connaissance de cause, de détenir en vue de la vente, du prêt ou de la location, d'offrir à la vente, au prêt ou à la location, de mettre à disposition sous quelque forme que ce soit une application technologique, un dispositif ou un composant ou de fournir un service destinés à faciliter ou à permettre la réalisation, en tout ou en partie, du fait mentionné au 1° ci-dessus;

4° Le fait, en connaissance de cause, de commander, de concevoir, d'organiser, de reproduire, de distribuer ou de diffuser une publicité, de faire connaître, directement ou indirectement, une application technologique, un dispositif, un composant ou un service destinés à faciliter ou à permettre la réalisation, en tout ou en partie, de l'un des faits mentionnés au 1° ou au 2° ci-dessus.

1826 Vgl. article L.335-3. Man unterscheidet im französischen Strafrecht nach Schwere der Tat zwischen dem crime, dem *délit* und der *contravention* (article 111-1 Code Penal); Die *infraction* ist der Oberbegriff und lässt sich mit „strafbarer Handlung" übersetzen (*Schmidt*, Introduction à la langue juridique française, S. 65-69).

1827 *Lucas* Propriété littéraire et artistique, S. 107.

Der neue article L.335-3-1 [1828] wird mit den Worten „*Est assimilé à un délit de contrefaçon*" eingeleitet; dies lässt sich damit übersetzen, dass die Handlungen einer Rechtsverletzung angeglichen oder damit gleichgestellt werden. Es ist zwischen folgenden Handlungen zu unterscheiden:

In Nr. 1 sollen Handlungen sanktioniert werden, die die technischen Maßnahmen unmittelbar verletzen. Statt die Umgehung zu verbieten (vgl. § 95a Abs. 1, § 108b Abs. 1 Nr. 1 UrhG), ist es strafbar, die technischen Maßnahmen i.S.v. article L.331-5 wissentlich zu beeinträchtigen oder zu verändern.[1829]

In den Nr. 2-4 sollen die Vorbereitungshandlungen unterbunden werden (vgl. §§ 95a Abs. 3, 108b, § 111a UrhG). Der PDL weicht strukturell von Art. 6 Abs. 2 und somit auch von der deutschen Regelung ab. Nr. 2 richtet sich gegen die wissentliche Herstellung und Einfuhr von Umgehungsmitteln sowie die Erbringung von Dienstleistungen. Der Wortlaut weicht insofern von dem Richtlinientext ab, als sie das einschränkende Merkmal „hauptsächlich" („but commercial limité ou une utilisation limitée", „principalement conçus") nicht in den Tatbestand einbezieht. Es genügt vielmehr, wenn die Erzeugnisse (etc.) der „Umgehung" dienen. Die Nr. 3 richtet sich gegen den Besitz zu Zwecken des Verkaufs, des Verleihs oder der Vermietung sowie gegen das Anbieten zum Verkauf, zum Verleih oder zur Vermietung von „Umgehungsmitteln". Ferner ist es untersagt, Umgehungsmittel – in welcher Form auch immer – verfügbar zu machen oder eine Dienstleistung zu erbringen. Die Handlungen müssen wissentlich begangen werden. Nr. 4 betrifft die kommerzielle Kommunikation. Sie richtet sich gegen jegliche Tätigkeit, die im Zusammenhang mit der werbende Tätigkeit stehen – von dem Auftrag angefangen bin hin zu ihrer Veröffentlichung. Außerdem dürfen Umgehungsmittel weder unmittelbar noch mittelbar bekannt gegeben werden. Der Strafrahmen deckt sich mit dem des *délit de contrefacon*. Es gilt der Strafrahmen in article L.335-2 Abs. 2 (zwei Jahre Freiheitsstrafe und 150.000 Euro Geldstrafe).

Article L.335-4-1 betrifft die Verletzung der Maßnahmen zum Schutz von Nachbarrechten.[1830] Der Schutz soll somit auf die Beeinträchtigung technischer Maßnahmen gelten, die dem Schutz von Darbietungen, Bild- und Tonträgern sowie Rundfunkprogrammen dienen. Der Rechtsschutz für Maßnahmen zum Schutz von Nachbarrechten gilt auch zu Gunsten des Datenbankherstellers. Aus article L.342-3-1 folgt, dass die wirksamen technischen Maßnahmen i.S.v. article L.331-5, die zum Schutz der Rechte des Datenbankerstellers gemäß artic-

---

1828 Article L. 335-3-2 sowie article L.335-4-2 regeln strukturgleich den Schutz der Informationen zur Rechtewahrnehmung.

1829 Die „Umgehung" lässt sich bereits nach geltendem Recht als Rechtsverletzung ansehen, weil die Missachtung der Zustimmung eine direkte Verletzung des Monopols darstellt (*Latreille*, Exceptions, Frankreich, S. 6; *Vercken* Questionnaire, S. 6)

1830 *Dreier* in Möhring u.a., Quellen des UrhR, S. 33.

le L.342-1 eingesetzt werden, den strafrechtlichen Schutz nach article L.335-4-1 genießen sollen.

Die strafbaren Handlungen werden wie Handlungen i.S.v. article L.335-4 bestraft („Est puni des peines prévues à l'article L. 335-4"). Der Strafrahmen ergibt sich über den Verweis auf article L.335-4 (zwei Jahre Freiheitsstrafe und 150.000 Euro Geldstrafe).

Für article L.335-4-1 ist bedeutsam, dass die Vorschrift über die Beschlagnahme in article L.335-1 geändert werden soll. Sobald die zuständigen Polizeibeamten Verletzungen i.S.v. article L.335-4 bis L.335-4-2 feststellen, sollen sie ermächtigt sein, Mittel zu beschlagnahmen, die die technischen Maßnahmen i.S.v. article L.331-5 beeinträchtigen. Diese Vorschrift ist Ausfluss einer richtlinienkonformen Umsetzung des Art. 8 Abs. 2.

Für die neuen Vorschriften würden folgende bereits geltende Bestimmungen zur Anwendung gelangen: Im Wiederholungsfall ist gemäß article L.335-9 die Strafandrohung zu verdoppeln. Die Einrichtung, die der Tatbegehung diente, könnte ganz, teilweise, vorübergehend oder dauerhaft geschlossen werden (article L.335-5). Es könnten u.a. die aus der Straftat erzielten Erlöse (recettes procurées) einschließlich dem Gewinn[1831] sowie die zur Tat verwendete Ausrüstung gemäß article L.335-6 konfisziert werden. Die Erlöse sind dem Verletzten auszuhändigen, um diesen für den eingetretenen Schaden zu kompensieren (article L.335-7). Mit dem zivilrechtlichen Gedanken der Kompensation lässt es sich allerdings nicht vereinbaren, wenn der Verletzte die Erlöse oder Erzeugnisse einbehält, sollten sie den Schaden übersteigen.[1832] Für die Unternehmensstrafbarkeit bzw. die Strafbarkeit juristischer Personen (*personnes morales*) ist article L.335-8 zu beachten. Ihnen drohen gemäß Abs.2-1° eine Geldstrafe (*amende*), die maximal fünfmal so hoch wie bei natürlichen Personen bemessen sein kann (article 131-38 du Code pénal). Ferner kommen Maßnahmen gemäß article 131-39 du Code pénal in Betracht.

bb) Besondere Beschlagnahme (saisie-contrefaçon)

Vorgesehen ist, article L.332-1 (*saisie-contrefaçon*) zu ergänzen. Diese Vorschrift regelt eine besondere Beschlagnahme, die den Charakter einer Unterlassungsverfügung hat und der Beweissicherung dient.[1833] Polizeibeamte (*commissaires de police*) oder – bei Gefahr in Verzug – die Richter des Tribunal d'Instance[1834] sollen danach auf Antrag des Rechtsinhabers in Umsetzung des Art. 8 Abs. 2 solche Mittel („tout exemplaire, produit, appareil, dispositif, composant ou moyen"), die

---

1831 *Lucas* Propriété littéraire et artistique, S. 108.

1832 *Lucas* Propriété littéraire et artistique, S. 110.

1833 *Dreier* in Möhring u.a., Quellen des UrhR, S. 34.

1834 Das Tribunal d'Instance ist ein Sondergericht, das mit den Amtsgerichten vergleichbar ist.

technische Maßnahmen i.S.v. article L.331-5 beeinträchtigen, beschlagnahmen können. Die Beschlagnahme erfolgt ohne materielle Prüfung.[1835] Ferner können gemäß Abs. 2 bei dem Präsidenten des Tribunal de Grande Instance[1836] folgende Anordnungen beantragt werden:

- Vorläufige Unterlassung der Beeinträchtigungen von technischen Maßnahmen i.S.v. article L. 331-5 (1°)
- Beschlagnahme der Mittel, die hergestellt worden sind oder im Laufe der Herstellung entstanden sind und die technische Maßnahmen i.S.v. article L 331-5 beeinträchtigen (2°).
- Beschlagnahme der Einkünfte, die aus der Beeinträchtigung der technischen Maßnahmen i.S.v. article L331-5 hervorgegangen sind (3°).

cc) Zivilrechtsschutz

Der Geschädigte hat die Möglichkeit, auf Grund der Verletzung der urheberrechtlichen Strafnorm den Schaden ersetzt zu verlangen.[1837] Den Schaden kann er vor den Zivilgerichten oder vor den Strafgerichten in einem den §§ 403 ff. StPO vergleichbaren Adhäsionsverfahren (*constitution de partie civile*) einklagen,[1838] dem in Frankreich anders als in Deutschland große Bedeutung zukommt.[1839] Den Schaden kann er zivilrechtlich außerdem auf die allgemeinen deliktischen Vorschriften gemäß articles 1382 ff. du Code civil stützen (s. article 4-1 Code de Procédure pénale),[1840] allerdings mit den Beweisschwierigkeiten hinsichtlich der Kausalität und des Haftungsgrundes (*faute*).[1841]

2. Sicherstellung der Schranken

a) Allgemeine Schranken

Die Vorschriften, die der Sicherstellung der urheberrechtlichen Schranken dienen (vgl. § 95b UrhG, UKlageG), sollen in den neuen Abschnitt 2 über technische Maßnahmen eingefügt werden.

1835 *Dreier* in Möhring u.a., Quellen des UrhR, S. 35.

1836 Das Tribunal de Grande Instance ist allgemein zuständiges Gericht, das mit den Landgerichten vergleichbar ist.

1837 *Dreier* in Möhring u.a., Quellen des UrhR, S. 34; der Begriff des „Anspruchs" ist dem französischen Recht unbekannt, *Ferid/Sonnenberger*, Frz. ZivilR, Rn. 2 O 63; s. zur *action civil* article 2 bis 5 Code de procédure pénale.

1838 *Dreier* in Möhring u.a., Quellen des UrhR, S. 34; *Terré/Simler/Lequette*, Droit civil, Rn. 836.

1839 *Ferid/Sonnenberger*, Frz. ZivilR, Rn. 2 O 52; s. dazu article 85 ff. Code de procédure pénale.

1840 *Dreier* in Möhring u.a., Quellen des UrhR, S. 34.

1841 S. zu den Voraussetzungen der deliktischen Haftung *Ferid/Sonnenberger*, Frz. ZivilR, Rn. 2 O 101 ff; s. zur Beweislast Rn. 2 O 27.

Hinsichtlich der *allgemeinen* Schranken steht das französische Kultusministerium – insoweit übereinstimmend mit dem deutschen Gesetzgeber – auf dem Standpunkt, dass man von der Befugnis aus Art. 5 Abs. 2 und 3 zurückhaltend Gebrauch machen sollte.[1842] Geplant sind zwei neue Schranken, die vorübergehende Vervielfältigung gemäß article L.122-5-6°, L.211-3-5° (vgl. § 44a UrhG) und eine Schranke für Behinderte gemäß article L.122-5-7°, L.211-3-7° (vgl. § 95b Abs. 1 S. 1 Nr. 2 UrhG). Für die Schranken i.S.v. article L.122-5, L.211-3 sowie L.342-3, die für Datenbanken gelten, soll in einem jeweils neuen Absatz ausdrücklich die zweite und dritte Stufe des Drei-Stufen-Tests verankert werden.

Soweit zunächst vorgesehen war, eine Schranke zu Gunsten der Erziehung neu einzufügen (vgl. § 95b Abs. 1 S. 1 Nr. 3 und 5 UrhG),[1843] scheint sich diese Überlegung nicht durchsetzen zu können, denn der PDL sieht dies nicht mehr vor.[1844]

b) Pflicht zu freiwilligen Maßnahmen

Der Sicherstellung der Schranken gegenüber dem Schutz technischer Maßnahmen dient article L.331-6. Die Norm setzt den Vorrang der freiwilligen Maßnahmen um,[1845] indem sie die Rechtsinhaber verpflichtet, innerhalb eines angemessenen Zeitraums, freiwillige Maßnahmen zur Sicherstellung bestimmter Schranken zu ergreifen:

> *Les titulaires de droits mentionnés à l'article L.331-5 prennent dans un délai raisonnable, le cas échéant après accord avec les autres parties intéressées, les mesures qui permettent le bénéficiaires d'une exception définies aux 2° et 7° de l'article L122-5 et aux 2° et 6° de l'article L211-3 dès lors que les personnes bénéficiaires d'une exception ont un accès licite à l'œuvre ou à un phonogramme, vidéogramme ou programme et l'exception ne porte pas atteinte à l'exploitation normale de l'œuvre ou d'un autre objet protégé et qu'il n'est pas causé un préjudice injustifié aux intérêts légitimes du titulaire de droits sur cette œuvre ou cet objet protégé.*
>
> *Les titulaires de droits ont la faculté de prendre des mesures permettant de limiter le nombre de copies.*
>
> *Les titulaires de droits ne sont pas tenus de prendre les mesures prévues au premier alinéa lorsque l'œuvre ou un autre objet protégé par un droit voisin sont mis à la disposition du public selon les stipulations contractuelles convenues entre les parties, de manière que chacun puisse y avoir accès de l'endroit et au moment qu'il choisit.*

1842 Compte-rendu de la réunion du CSPLA du 20 decembre 2001 (Fn. 1840), S. 7 f.

1843 Vgl. dazu *Girardot* Compte-rendu de la réunion plénière du 6 mars 2003, S. 21.

1844 S. zu dem Vorentwurf in der Version v. 4.4.2003 *Marzouki* Implementation.

1845 Ganz anders noch die Lösung gemäß article 331-5 des Vorentwurfs in der Fassung v. 5.12.2003, der eine gesetzliche Verpflichtung vorsah, die technischen Maßnahmen entsprechend einzustellen, und die der Schrankenbegünstigte per richterlicher Anordnung durchsetzen konnte.

Die Verpflichtung bezieht sich auf die Vervielfältigung zum privaten Gebrauch (article L.122-5-2 und article L.211-3-2°, vgl. § 95b Abs. 1 S. 1 Nr. 6a UrhG) und die Schranke für Behinderte (article L.122-5-7°, article L.211-3-6° – vgl. § 95b Abs. 1 S. 1 Nr. 2 UrhG). Außerdem ist der Datenbankhersteller gemäß article L.342-3-1 Abs. 2 unter denselben Bedingungen wie in article L.331-6 verpflichtet, freiwillige Maßnahmen zur Sicherstellung der Schranken i.S.v. article L.342-3 zu treffen.

Die Voraussetzungen einer Privatkopie sind erfüllt, wenn sie zum persönlichen Gebrauch oder zum privaten Gebrauch einer dritten Person bestimmt sind, mit der der Schrankenbegünstigte familiär verbunden ist.[1846] Der Privatgebrauch schließt – entsprechend den Ausführungen zum deutschen Recht – jede gewerbliche[1847] und Nutzung im beruflichen Umfeld aus.[1848] Grundsätzlich ist Schrankenbegünstigter derjenige, der die Kopie herstellt. Dies gilt nicht, wenn der Hersteller die Vervielfältigung nur im Auftrag eines anderen durchführt.[1849]

> *Article L. 122-5-2°: „Les copies ou reproductions strictement réservées à l'usage privé du copiste et non destinées à une utilisation collective, à l'exception des copies des œuvres d'art destinées à etre utilisées pour des fins identiques à celles pour lesquelles l'ouevre originale a été créée; [...] ainsi que des copies ou reproductions d'une base de donées électronique."*

Die Schranke für Behinderte gestattet die Vervielfältigung und die öffentliche Wiedergabe. Die Inhalte sollen nur für den persönlichen Gebrauch von Personen konsultiert werden, deren Behinderung mindestens 50% beträgt. Begünstigte wären danach juristische Personen, über deren Liste eine öffentliche Stelle entscheidet.

> *„La reproduction et la représentation par des personnes morales en vue d'une consultation strictement personnelle de l'œuvre par des personnes atteintes d'une déficience motrice, psychique, auditive ou de vision d'un taux égal ou supérieur à cinquante pour cent reconnue par la commission départementale de l'éducation spécialisée ou la commission technique d'orientation et de reclassement professionnelle. Cette reproduction et cette représentation sont assurées, à des fins non commerciales et dans la mesure requise par le handicap, par des personnes morales dont la liste est arrêtée par une décision de l'autorité administrative.*
>
> *Les personnes morales précitées doivent apporter la preuve de leur activité professionnelle effective de conception, de réalisation et de communication de supports au bénéfice des personnes physiques mentionnées à l'alinéa précédent par référence à leur objet social, à l'importance de leurs membres ou usagers, aux moyens matériels et humains dont elles disposent et des services qu'elles rendent."*

1846 Dalloz, Code de la propriété intellectuelle, Art. L 122-5, S. 113.
1847 *Lucas* Propriété littéraire et artistique, S. 50.
1848 *Lucas* Propriété littéraire et artistique, S. 50.
1849 *Lucas* Propriété littéraire et artistique, S. 50.

Andererseits beachtet der Katalog – wie bereits erwähnt – nicht die Nutzung zu Erziehungs- und Forschungszwecken. Die Vervielfältigung zu Unterrichtszwecken lässt sich auch nicht auf die Schranke zum privaten Gebrauch stützen, da der Wortlaut eine Vervielfältigung ausschließt, die für den „kollektiven Gebrauch“ bestimmt ist.[1850] Nach der hier vertretenen Ansicht im Zusammenhang mit der Umsetzung ins deutsche Recht wäre eine fehlende Schranke zu Unterrichtszwecken ein Verstoß gegen Art. 6 Abs. 4 Unterabs. 1, da in dieser Vorschrift ein verbindlicher Mindeststandard festlegt worden ist.[1851]

Die Verpflichtung, die Mittel für die Nutzung der o.a. Schranken zur Verfügung zu stellen, soll unter folgenden Einschränkungen gelten: erstens muss der Schrankenbegünstigte *rechtmäßig Zugang* zu dem Werk erlangt haben; zweitens muss die privilegierte Nutzung der Prüfung anhand des *Drei-Stufen-Tests* stand halten; drittens dürfen die Rechtsinhaber ungeachtet der Pflicht, freiwillige Maßnahmen zu treffen, die *Anzahl der Kopien* begrenzen. In richtlinienkonformer Umsetzung sind die vertraglich erbrachten interaktiven Online-Dienste von der Verpflichtung ausgenommen. Die endgültige Entscheidung muss im Rahmen des – nachfolgend beschriebenen – Mediationsverfahren getroffen werden.

c) Mediationsverfahren

Interessant an der Ausgestaltung der europäischen Vorgaben ist die Überlegung im Gesetzesentwurf, in den neuen article L.331-7 ff. zur Streitbeilegung ein Mediationsverfahren vorzusehen;[1852] die Bedingungen für die Anwendung der Vorschrift soll durch ein Dekret des Conseil d'Etat präzisiert werden, so dass sich das Verfahren nur skizzieren lässt (article L.331-9).[1853]

> *Art. L. 331-7. - Tout différend portant sur le bénéfice des exceptions définies aux 2° et 7° de l'article L. 122-5 et aux 2° et 6° de l'article L. 211-3, qui implique une mesure technique mentionnée à l'article L. 331-5, est soumis à un collège des médiateurs qui comprend trois personnalités qualifiées nommées par décret. Deux médiateurs sont choisis parmi des magistrats ou fonctionnaires appartenant, ou ayant appartenu, à un corps dont le statut garantit l'indépendance ; ils désignent ensuite le troisième médiateur en vue de sa nomination. Leur mandat est d'une durée de six ans non renouvelable.*
>
> *Cette autorité est saisie par toute personne bénéficiaire des exceptions mentionnées au premier alinéa ou par une personne morale agréée qui la représente.*

1850 *Lucas* Propriété littéraire et artistique, S. 50.

1851 Das französische Kultusministerium ist demgegenüber der Ansicht, der Mitgliedstaat sei nur zur Sicherstellung derjenigen Ausnahmen verpflichtet, die er im nationalen Recht auch vorgesehen hat (Compte-rendu de la séance du 20 décembre 2001 (Fn. 1840), S. 9).

1852 Vgl. §§ 14 ff. UrhWahrnG sowie § 36a UrhG.

1853 Der erste Vorentwurf sah noch vor, dass der Richter eine Maßnahme verordnen kann (article L.331-5 Abs. 3).

Art. L. 331-8. - Dans le respect des droits des parties, le collège des médiateurs favorise ou suscite une solution de conciliation. Lorsqu'il dresse un procès-verbal de conciliation, celui-ci a force exécutoire ; il fait l'objet d'un dépôt au greffe du tribunal d'instance.

A défaut de conciliation, le collège des médiateurs prend une décision motivée de rejet de la demande ou émet une injonction prescrivant, au besoin sous astreinte, les mesures propres à assurer le bénéfice effectif de l'exception. L'astreinte prononcée par le collège est liquidée par ce dernier.

Ces décisions ainsi que le procès-verbal de conciliation sont rendues publiques dans le respect des secrets protégés par la loi. Elles sont notifiées aux parties qui peuvent introduire un recours devant la Cour d'appel de Paris. Le recours a un effet suspensif."

Nach article L.331-7 ist die Zuständigkeit und die Aktivlegitimation für ein Verfahren festgelegt. Für die Streitbeilegung soll ein „Kollegium von Mediatoren" zuständig sein, das sich aus drei „qualifizierten Persönlichkeiten" zusammensetzt. Zwei der Mediatoren werden von einem unabhängigen Gremium ausgewählt, die ihrerseits den dritten Mediator bestimmen. Alle drei werden per Dekret für sechs Jahre ernannt. Das Mediationsverfahren soll von jedem Schrankenbegünstigten und deren Interessenverbänden betrieben werden können.

In article L.331-8 ist das Verfahren festgelegt. Das Kollegium soll zunächst einen Vergleich vorziehen oder anregen. Ein von ihm angestrengter mündlicher Vergleich ist vollstreckbar. Der Vergleich wird bei der Geschäftsstelle (*dépôt au greffe*) des Tribunal d'Instance hinterlegt und bekannt gegeben.

Kommt ein Vergleich nicht zustande, entscheidet das Kollegium, indem es entweder den Antrag zurückweist oder Maßnahmen anordnet, die geeignet sind, die Ausübung der Schranken sicherzustellen. Der von dem Kollegium verfügte Zwang wird von dem Kollegium ausgeführt.

Die Entscheidungen sowie der Vergleich werden unter Wahrung gesetzlich geschützter Geheimnisse veröffentlicht. Sie werden den Parteien mitgeteilt. Diese können den Cour d'Appel in Paris anrufen. Der Rechtbehelf entfaltet Suspensivwirkung.

IV. Zusammenfassung

Technische Maßnahmen sollen unter denselben Voraussetzungen geschützt werden wie die Rechte. Dies ist in article 331-5 Abs. 1 PDL klargestellt. In derselben Vorschrift ist der Schutzgegenstand - technische Maßnahmen" – legaldefiniert. In der Fassung des PDL ist der Begriff stark an den Wortlaut des Art. 6 Abs. 3 Info-RL angelehnt. Die Wirksamkeit scheint insofern weiter als in der Richtlinie, als dem Wortlaut nach nicht verlangt wird, dass das Schutzziel sichergestellt wird.

Die Sanktionen sollen in erster Linie strafrechtlich ausgestaltet werden. Die Handlungen sind dem *délit de contrefaçon* angeglichen. Als neue Straftatbestände sind article L.335-3-1 und article L.335-4-1 vorgesehen (vgl. § 108b UrhG). In Nr. 1 sind die unmittelbaren Verletzungshandlungen, in Nr. 2-4 die Vorbereitungshandlungen geregelt. Die Straftatbestände, die sich inhaltlich und strukturell gleichen, unterscheiden sich darin, dass article L 335-3-1 technische Maßnahmen zum Schutz von Urheberrechten schützt und article L.335-4-1 technischen Maßnahmen zum Schutz der Nachbarrechte. Der Strafrahmen beträgt jeweils zwei Jahre Freiheitsstrafe und 150.000 Euro Geldstrafe.

Die Mittel, die technische Maßnahmen beeinträchtigen, sollen beschlagnahmt werden können. Hierfür kommt ein besonderen Verfahren in Betracht (contre-saisie). Bei Verstößen gegen Maßnahmen zum Schutz von Nachbarrechten gemäß article L.335-4-1 soll außerdem die Beschlagnahme nach article L.335-1 möglich sein.

Ein eingetretener Vermögensschaden kann wegen der Verletzung der Strafnormen im Wege eines strafrechtlichen Entschädigungsprozesses von dem Geschädigten eingeklagt werden; die deliktische Haftung gemäß article 1383 ff. Code civil bleibt hiervon unberührt.

Zur Sicherstellung der Schranken soll der neu geplante article L.331-6 den Rechtsinhaber verpflichten, Mittel für die Nutzung der Schranken zur Verfügung zu stellen. Die Verpflichtung soll nur für die Schranke zum privaten Gebrauch und für Behinderte gelten. Entsprechendes gilt für die speziellen Schranken bei der Nutzung von Datenbanken, die durch das Sui-generis-Recht geschützt sind.

Nach der hier vertretenen Ansicht ist es allerdings richtlinienwidrig, z.B. keine Schranke zu Unterrichts- und Forschungszwecken vorzusehen, da Art. 6 Abs. 4 Unterabs. 1 – zumindest hinsichtlich der Frage des „Ob“ – als verbindlicher Mindeststandard zu verstehen ist.

Die gesetzliche Verpflichtung der Rechtsinhaber, die Nutzung der Schranken durch geeignete Maßnahmen zu ermöglichen, soll unter folgenden Einschränkungen gelten: Der Schrankenbegünstigte muss rechtmäßig Zugang zum Werk haben; die Nutzung muss im Einklang mit dem DST sein; dem Rechtsinhaber soll es unbenommen bleiben, die Anzahl der Vervielfältigungen zu bestimmen. Die Einhaltung der gesetzlichen Verpflichtung soll nach dem in article L.331-7ff. vorgesehenen Mediationsverfahren überprüft werden. Der französische Weg ist ein weiterer Beleg dafür, dass auch in Deutschland ein außergerichtliches Verfahren i.S. eines Schlichtungs- bzw. Mediationsverfahrens zur Durchsetzung der Schranken möglich gewesen wäre.

2. Kapitel: Rechtsentwicklungen in den USA

Die USA gehörten zu den ersten Ländern, die den WCT und WPPT ins nationale Recht umgesetzt haben, indem sie 1998 den *Digital Millennium Copyright Act* verabschiedet haben (i. F. DMCA). Der Gemeinschaftsgesetzgeber hat sich teilweise an den Vorschriften des DMCA orientiert, aber teilweise auch einen abweichenden Weg eingeschlagen. Für eine abschließende Bewertung des Umgehungsschutzes im nationalen Recht soll nachfolgend ein kurzer Überblick über die Entstehung und die Struktur des Umgehungsschutzes sowie über die Rechtsentwicklungen nach der Verabschiedung des DMCA gegeben werden.

A. USA als „Wegbereiter“

Der US-amerikanische Umgehungsschutz findet seine Ursprünge in den Studien der National Information Infrastructure Task Force (i. F. IITF).[1854] Die Clinton-Regierung hatte sich zum Ziel gesetzt, Wachstum und Entwicklung der *National Information Infrastructure* (NII) zu fördern und 1993 die IITF beauftragt, zu untersuchen, ob und wie das Copyright dem neuen digitalen Umfeld angepasst werden müsste. Die Ergebnisse wurden veröffentlicht in einem vorläufigen Entwurf, dem sog. *Green Paper,*[1855] und am 5.9.1995 in der endgültigen Fassung, dem sog. *White Paper.*[1856] Das *White Paper* war die Grundlage für zwei Gesetzesentwürfe, die am 28/29.9.1995 in den Senat und das Repräsentantenhaus eingebracht wurden, um den Copyright Act von 1976 zu ändern.[1857] Die Vorschläge waren dort jedoch nicht durchsetzbar, so dass die Clinton-Regierung – und hier namentlich *Bruce A. Lehmann* – die Gelegenheit nutzte, die „digitale Agenda“ auf internationaler Ebene im Rahmen der WIPO-Verhandlungen durchzusetzen und auf diese

---

1854 *Samuelson*, The US Digital Agenda, S. 7 f.

1855 IITF, Intellectual Property and the National Information Infrastructure: A Preliminary Draft of the Report of the Working Group on Intellectual Property Rights, July 1994 (U. S. Green Paper); s. dazu *Wand*, S. 219 f.

1856 Information Infrastructure Task Force (IITF), Intellectual Property and National Information Infrastructure: The Report of the Working Group on Intellectual Property Rights, im Internet abrufbar über die Seite des *United States Patent and Trademark Office* (*USPTO*)(URL: http://www.uspto.gov/web/offices) unter URL: http://www.uspto.gov/web/offices/com/doc/ipnii; s. dazu *Wand*, Technische Schutzmaßnahmen, S. 222 f.

1857 NII Copyright Protection Act, 104 th Congress 1st Session, H.R. 2441, 29.9.1995; NII Copyright Protection Act, 104 th Congress 1st Session, S. 1284, 28.9.1995 abrufbar unter URL: http://thomas.loc.gov; s. dazu das Statement of Bruce A. Lehman, Assistant Secretary of Commerce and Commissioner of Patents and Trademarks, on S. 1284 and H.R. 2441 before the Subcommittee on Courts and Intellectual Property Committee on the Judiciary United States House of Representatives and the Committee on the Judiciary United States Senate, Nov. 15, 1995, URL: http://www.uspto.gov/web/offices/com/doc/ipnii/nii-hill.html.

Weise auch in das US-amerikanische Recht einzubringen.[1858] In Genf kam jedoch nur der eingangs beschriebene Minimalkonsens zustande.

Ungeachtet dessen beeilten sich die USA, die dort vereinbarten Vorgaben in das nationale Recht umzusetzen. Ende Juli 1997 wurden die ersten Gesetzentwürfe zur Umsetzung der WIPO-Verträge in den Senat und das Repräsentantenhaus eingebracht,[1859] die später als Teil des DMCA am 8.10.1998 vom Senat und am 12.10.1998 vom Repräsentantenhaus angenommen wurden.[1860] Gemäß Sec. 103 DMCA sind die neuen Vorschriften über technische Maßnahmen und Systeme zur Rechtewahrnehmung dem Title 17 des US-Code als Chapter 12 angefügt worden. Der DMCA trat am 28.10.1998, dem Tag der Unterzeichnung durch *Bill Clinton*, in Kraft (vgl. sec. 105 (a) DMCA). Das Verbot der Umgehung von Zugangskontrollen ist gemäß § 1201 (A) erst zwei Jahre später, am 28. Oktober 2000 in Kraft getreten.

B. Vergleichender Überblick mit dem EG-Umgehungsschutz

Die Vorschriften zum Umgehungsschutz (17 USC §§ 1201 ff.) bilden einen von den allgemeinen Copyright-Vorschriften getrennten Regelungskomplex.[1861] Schutzgut sind die technischen Maßnahmen, die ihre Kontrollfunktion *wirksam* erfüllen müssen, um schutzwürdig zu sein.[1862]

Im Unterschied zum gemeinschaftsrechtlichen Umgehungsschutz ist der Begriff der „technological measures" selbst nicht legal definiert, sondern nur das Merkmal *wirksam*. Gemäß sec. 1201 (a) (3) (B) ist die Kontrolle des Zugangs zu einem Werk *wirksam*, wenn die Maßnahme im normalen Betrieb die Anwendung einer Information, ein Verfahren oder eine Behandlung verlangt, um mit der Er-

---

1858 *Cohen* Some Reflections; *Samuelson* The US Digital Agenda, S. 7; *Vinje* E.I.P.R. 1997, 230, 234; *Wand* Technische Schutzmaßnahmen, S. 223 f.

1859 WIPO Copyright Treaties Implementation Act, H.R. 2281, 105 th Congress 1st Session, H.R. 2281, 29.7.1997; WIPO Copyright and Performances and Phonograms Treaty Implementation Act of 1997, 105 th Congress 1st Session, S. 1121, 31.7.1997, abrufbar unter URL: http://thomas.loc.gov; s. dazu ausführlich *Wand* Technische Schutzmaßnahmen, S. 226 ff.

1860 Digital Millennium Copyright Act, 105th Congress 1st Session, Pub. L. No. 105-304, 112 Stat. 2860, 28.10.1998; der Konferenz-Bericht ist unter URL: http:// thomas.loc.gov; sowie unter URL: http://www.copyright.gov/legislation/hr2281.pdf abrufbar; s. auch The Digital Millennium Copyright Act of 1998, US Copyright Office Summary, URL: http://www.copyright.gov/legislation/dmca.pdf; empfehlenswert ist die Sammlung an Gesetzesmaterialien zum DMCA der Harvard Universität unter URL: http://cyber.law.harvard.edu/openlaw/DVD/dmca/

1861 *Besek* Exceptions, United States, S. 4.

1862 *Besek* Exceptions, United States, S. 9.

laubnis des Rechtsinhaber den Zugang zu erlangen.[1863] Für die Wirksamkeitsprüfung reicht es, wenn der Mechanismus tatsächlich die Kontrollfunktion ausführt.[1864] Es sind somit geringere Anforderungen gestellt als nach dem Gemeinschaftsrecht, denn dieses verlangt, dass der Kontrollmechanismus das Schutzziel sicherstellt (vgl. Art. 6 Abs. 3 S. 2, § 95a Abs. 2).

Anders als die Info-RL unterscheidet das US-amerikanische Recht streng zwischen Zugangskontrollen (*access control*) und Nutzungskontrollen (*rights control*).[1865] Zugangskontrollen kontrollieren den Zugang zum Werk, während die Nutzungskontrollen die Rechte des Copyright-Inhabers schützen. Der gemeinschaftsrechtliche Umgehungsschutz erfasst Zugangskontrollen nur, sofern sie die Funktion haben, die Rechte zu schützen (Nutzungskontrollfunktion). In den USA sind beide Kategorien von Maßnahmen zwar gegen Vorbereitungshandlungen geschützt, nur die Zugangskontrollen jedoch auch gegen den Umgehungsakt selbst (vgl. § 1201 (a) (1)). Die Nutzungskontrollen nicht gegen die Umgehung zu schützen, soll den Nutzern ermöglichen, das Werk oder den Schutzgegenstand in urheberrechtlich erlaubter Weise, insbesondere im Sinne des *fair use* zu nutzen.[1866] Die *fair-use*-Doktrin ist eine Besonderheit des Anglo-Amerikanischen *Common Law*[1867], die die Einzelfallentscheidungen trägt.[1868]

Ein weiterer Unterschied liegt in dem Verhältnis des Umgehungsschutzes zu den allgemeinen urheberrechtlichen Bestimmungen. Das US-amerikanische Recht basiert auf der strikten Trennung des Umgehungsschutzes von den Vorschriften über die Urheberrechtsverletzung. In 17 USC §1201 (c) (1) und (2) ist entsprechend folgendes normiert: Rechte, Rechtsbehelfe und Einwendungen gegenüber Urheberrechtsverletzungen, insbesondere der *fair use*-Grundsatz bleiben durch §1201 unberührt (§ 1201 (c)(1)); die Haftung für Urheberrechtsverletzung (*vicarious and contributory copyright infringement*) wird weder eingeschränkt noch erweitert (§ 1201 (c)(2)). Die Trennung wird zusätzlich dadurch verdeutlicht, dass der Gesetzgeber als Schranken zu den Verboten nicht auf die allgemeinen urhe-

---

1863 Gemäß sec.1201 (b) (2) (B) ist eine Nutzungskontrolle wirksam, wenn die Maßnahme im normalen Betrieb die Rechtsausübung verhindert, beschränkt oder anderweitig begrenzt.

1864 Universal City Studios, et. al. v. Shawn C. Reimerdes, et. al., Opinion, URL: http://www.2600.com/dvd/docs/2000/0522-memop.pdf, S. 32 f.; so bereits *Wand* Technische Schutzmaßnahmen, S. 109.

1865 17 USC § 1201 (b): „*technological measures, that effectively protects a right of a copyright owner*", gemeint sind die Rechte aus 17 USC § 106 (The Digital Millennium Copyright Act of 1998, US Copyright Office Summary, S. 4).

1866 The Digital Millennium Copyright Act of 1998, US Copyright Office Summary, S. 4; *Besek*, Exceptions, United States, S. 8.

1867 *Common Law* wird hier als Gegensatz zu dem Begriff *Civil Law* verwendet.

1868 *Goldstein* in Möhring u.a., Quellen des UrhR, S. 15; *Cohen* E.I.P.R. 1999, 236, 238.

berrechtlichen Schranken zurückgegriffen hat, sondern abschließend[1869] umgehungsspezifische Schranken vorsah, die überwiegend die Zugangskontrollen betreffen.[1870] Den umgehungsspezifischen Schranken sind durch detaillierte Vorgaben sehr enge Grenzen gezogen. Zugangskontrollen dürfen z.B. zu folgenden Zwecken umgangen werden:

- Reverse Engineering (§ 1201 (f) (1); vgl. § 69d Abs. 3 UrhG)
- Herstellung der Interoperabilität (Dekompilierung, § 1201 (f) (2); vgl. § 69e UrhG)
- Kryptographieforschung (§ 1201 (g)
- Datenschutz: Der Nutzer darf die Funktion der technischen Maßnahmen identifizieren und außer Kraft setzen, mit der personengebundene Daten gesammelt und verbreitet werden (§ 1201 (i); vgl. § 20 MDStV)
- Sicherheitstests (§ 1201 (j)

Die urheberrechtlichen und umgehungsspezifischen Schranken stehen in keinem unmittelbaren Verhältnis zueinander. Eine mittelbare Verbindung kann man darin sehen, dass einige der umgehungsspezifischen Schranken einer Nutzung i.S.v. *fair use* entsprechen; allerdings werden nicht alle nach der *fair-use*-Doktrin erlaubten Nutzungen von den umgehungsspezifischen Schranken berücksichtigt.[1871]

Aus dem Vorstehenden lässt sich folgender Unterschied zum Gemeinschaftsrecht ableiten: Der Zugang zum Werk ist durch einen selbständigen Regelungskomplex mit umgehungsspezifischen Schranken geschützt. Der US-amerikanische Umgehungsschutz ist insofern weiter als der gemeinschaftsrechtliche, als er „Fragen des Zugangs" geregelt hat, indem er gesetzliche Erlaubnistatbestände geschaffen hat, z.B. dürfen Bibliotheken eine Zugangskontrolle von einem Werk umgehen, um entscheiden zu können, ob sie das Werk käuflich erwerben wollen (§ 1201 (d) (1)). Solche „Ausnahmen" können im gemeinschaftsrechtlichen Recht nur im Wege einer restriktiven Auslegung des Umgehungsverbots, insbesondere der „Umgehungsabsicht" zugelassen werden. Die Verknüpfung des Zugangs zu den urheberrechtlichen Schranken entspricht der gemeinschaftsrechtlichen Lösung: Auch hier soll der Schrankenbegünstigte von den Schranken Gebrauch machen dürfen, wenn er rechtmäßig Zugang zu dem Werk erlangt hat.

Die Umgehung von Nutzungskontrollen ist in den USA hingegen nicht ausdrücklich verboten.[1872] Insofern kann sich ein Begünstigter bei der Umgehung einer Nutzungskontrolle auf die urheberrechtlichen Schranken, zumindest auf fair-use berufen (*„right to hack"*).[1873]

1869 *Besek* Exceptions, United States, S. 12; s. dazu *Sirinelli*, Rapport général, S. 17.

1870 *Besek* Exceptions, United States, S. 11.

1871 *Besek* Exceptions, United States, S. 11.

1872 *Besek* Exceptions, United States, S. 11.

1873 S. etwa Protokoll v. 4.8.1998 Congressional Record-House, S. H 7097, abrufbar unter URL: http://cyber.law.harvard.edu/openlaw/DVD/dmca/cr04au98h.txt; *Sirinelli* Rapport général, S. 12.

Umgehungsfördernde Handlungen, wie z.B. die Herstellung von Umgehungsmitteln, sind nur in ganz beschränktem Umfang erlaubt (vgl. z.B. § 1201 (f) (2) und (3) – Zu Zwecken der Herstellung der Interoperabilität; § 1201 (j) (4) – zwecks Sicherheitstests).[1874] Der Handel mit Umgehungsmitteln ist im übrigen verboten. Das gemeinschaftsrechtliche Verbot der Vorbereitungshandlungen unterscheidet sich insofern von der U.S.-amerikanischen Regelung, als die zulässigen Handlungen (Kryptographieforschung, Dekompilierung) nicht ausdrücklich von dem Verbot ausgenommen werden, sondern das Verbot lediglich dahingehend restriktiv anzuwenden ist. Z.B. ist es nicht verboten, Mittel herzustellen, die verwendet werden, um die Interoperabilität zwischen verschiedenen Systemkomponenten herzustellen.

Der Schrankenbegünstigte hat allerdings keinen Anspruch, sich von dem Rechtsinhaber die Mittel für die zulässige Umgehung der Nutzungskontrolle zu verschaffen. Das bedeutet, dass der Nutzer zwar Nutzungskontrollen umgehen darf, andererseits aber über den Handel keine Umgehungsmittel beziehen kann. Daher gibt es in den USA Bestrebungen, die Vorschriften über den Handel mit Umgehungsmitteln einzuschränken.[1875]

C. Rechtsentwicklungen

Der Gesetzgeber war sich bei den Umgehungsvorschriften seiner Sache nicht ganz sicher. Umstritten war von Anfang an das Verbot der Umgehung von Zugangskontrollen gemäß § 1201 (a) (1) (A) („Prohibition on Circumvention of Technological Measures that Control Access"), das erst am 28.10.2000 in Kraft getreten ist. Der Gesetzgeber hatte daher gemäß § 1201 (a) (1) (A) den *Librarian of Congress* ermächtigt, in einem ersten Verfahren, das auf zwei Jahre festgelegt worden war, zu prüfen, ob für bestimmte Klassen von Werken ein Dispens von dem Verbot vorgesehen werden müsste (*Rulemaking Procedure*).

I. Librarian of Congress

Der Librarian of Congress hob in der ersten Entscheidung vom 28.10.2000 das Verbot für zwei Werkklassen auf:[1876]

1874 *Besek* Exceptions, United States, S. 10, 13.

1875 Der von *Boucher* eingebrachte Änderungsvorschlag, der Digital Media Consumers'Rights Act of 2002, 107th Congress 2d Session, H.R. 5544, in the House of Representatives, 3.10.2002; ähnlich und zu der Wirkung auf den Elektronischen Handel *Samuelson*, Why Anti-Circumvention Regulations Need to be Revised.

1876 Zu dem Verfahren insgesamt s. URL: http://www.copyright.gov/1201/anticirc.html; ferner Exemptions to Prohibition on Circumvention of Copyright Protection Systems for Access Control Technologies, Final Rule, 65 Fed. Reg. p. 64555 ff., 27/10/2000, 37 CFR Part 201, S. 8 abrufbar als pdf-Datei unter URL:

- *Linksammlungen, die durch Filtersoftware geschützt werden;*
- *literarische Werke einschließlich Computerprogramme und Datenbanken, die durch eine Zugangskontrolle geschützt werden, die ihre Kontrollfunktion aufgrund einer Fehlfunktion, Beschädigung oder Überalterung nicht erfüllt.*

Die Änderungen galten bis zum 28.10.2003. Im Dezember 2002 hat das *Copyright Office* das zweite Verfahren eröffnet und als dessen Ergebnis folgende vier Werkklassen als Ausnahmen festgelegt, die bis zum 27.10.2006 in Kraft sein werden:[1877]

- *Listen mit Domains, URLs und IP-Adressen, die durch kommerzielle Filter-Software geblockt werden, die dazu bestimmt sind, den Zugang auf Domains oder Webseiten zu verhindern; ausgenommen hiervon sind Softwareanwendungen, die ausschließlich den Empfang von E-Mails (Spam-Filter) verhindern oder ausschließlich den Computer oder das Netzwerk gegen Schäden schützen (Firewalls).*
- *Computer-Programmen, die durch Dongles geschützt werden, wobei die Zugangskontrolle von einer Fehlfunktion oder einem Mangel herrührt und die Dongles überflüssig sind*
- *Computer-Programmen oder Videospielen in veralterten Formaten; veraltert ist ein Format, wenn die Maschinen oder Systeme, die das Format unterstützen, nicht mehr hergestellt und auf dem Markt nicht mehr erhältlich sind.*
- *Literarische Werke, die in E-Book-Formaten vertrieben werden, wenn die verwendete Zugangskontrolle verhindert, dass die Vorlesefunktion bedient werden kann oder verhindert wird, dass der Text in ein spezielles Format übersetzt (umgewandelt) werden kann. Unter „speziellen Formaten" versteht man die Formate i.S.v. 17 USC § 121 (c) (3), d.h. ein Text in Blindenschrift, als Hörversion oder in digitaler Form, der ausschließlich für die Nutzung durch Personen mit Behinderungen bestimmt ist.*

II. Gesetzesänderungen und –vorhaben

Seit dem Inkrafttreten des DMCA sind einige Änderungen vorgenommen worden, teilweise wurden auch durch einzelne Bundesstaaten ergänzende Regelungen geschaffen. Ferner sind zahlreiche Gesetzesentwürfe in den Senat und das Repräsentantenhaus eingebracht worden, die die nie abgeflachte Diskussion zwischen Rechtsinhabern, Nutzern und Computerindustrie widerspiegeln:

Zu Gunsten der Rechtsinhaber wird für bestimmte Schutzvorrichtungen gefordert, die Gerätehersteller gesetzlich zu verpflichten, in ihre Produkte (Zubehör, PCs, Set-Top-Boxen) Schutzmaßnahmen zu integrieren (Mandate-clause*)*.[1878]

---

http://www.copyright.gov/fedreg/2000/65fr64555.pdf; kritisch zu dem Verfahren *de Werra* RIDA 2001, 67, 115 ff..

1877 Vgl. den Bericht über das Verfahren unter URL: http://www.copyright.gov/1201/.

1878 *Hollings* und *Stevens* kündigten Anfang 2002 an, einen Gesetzesentwurf unter der Bezeichnung *Security Systems Standards Certification Act* (SSSCA) in das Repräsentantenhaus einzubringen, ließen dann aber doch ihrem Vorhaben ab (s. eine Übersicht und Entwurf unter URL: http://www.politechbot.com/docs/hollings.090701.html; Dieser Vorschlag ist in

Daneben wird in den USA auch in der Praxis zielgerichtet gegen einzelne Internetnutzer vorgegangen. Beispielsweise wurden Nutzer von Tauschbörsen mehrfach zivilrechtlich zur Verantwortung gezogen; nachdem man sich z.B. bei vier Studenten außergerichtlich auf die Zahlung von Schadensersatz in Höhe von 15.000 Dollar geeinigt hatte, soll die Anzahl der Nutzer der Tauschbörse *Kaza* um 25 % gesunken sein.[1879] Beachtlich ist auch der Gesetzesentwurf, der es Rechtsinhabern erlauben würde, Tauschbörsen mit technischen Mitteln zu „bekämpfen“.[1880]

Von dem Umgehungsschutz i.S.d. DMCA ist der Schutz von Kommunikationsdiensten zu unterscheiden. Einige Bundesstaaten planen oder haben bereits Vorschriften – strafrechtliche und zivilrechtliche - zum Schutz kostenpflichtiger (Tele-)Kommunikationsdienste[1881] verabschiedet. Verboten sollen oder sind danach in sehr detailliierter und in weitergehender Form als das ZKDSG u.a. die Umgehung, der Besitz, die Herstellung und der Handel mit Umgehungsmitteln sowie etwa die Verbreitung von schriftlichen Anleitungen. Diese Gesetzgebung wird von Kritikern häufig als „Super-DMCA“ bezeichnet.[1882]

Gegen diesen Trend sind aber auch etwa im Oktober 2002 zwei Vorschläge in das Repräsentantenhaus eingebracht worden, mit denen die Umgehungsvorschriften eingeschränkt werden sollen. Ziel ist es, die Verbraucherposition zu stärken und einen weitergehenden Interessenausgleich herzustellen. Zu nennen ist hier der *„Digital Choice and Freedom Act“* [1883]von *Zoe Lofgren*, die fordert, die dem Erschöpfungseinwand im deutschen Recht vergleichbare *First Sale Doctrine* auf digitale Güter anzuwenden; dies könnte die Superdistribution verhindern. Anzusprechen ist ferner der *„Digital Media Consumer's Rights Act of 2002“*[1884]von *Richard Bouchers.* Danach soll die Werbung und der Verkauf mit unzureichend

abgeänderter Form in den Senat eingebracht worden: Consumer Broadband and Digital Television Promotion Act, 107th Congress 2d Session, S. 2048 in the Senate of the United States, 21.3.2002.

1879 *Balzli/Kerbusk/Rosenbach/Schulz* in Spiegel, Heft 36/2003, S. 73, 77: „Alles nur geklaut“.

1880 P2P Piracy Prevention Act, 107th Congress 2d Session, H.R. 5211 in the House of Representatives, 25.7.2002.

1881 S. z.B. Legaldefinition in dem Vorentwurf für ein Gesetzesentwurf Für das House von Massachusetts (MA H.B. 2743), Section 2, § 166.42B (a) (2), URL: http://www.freedom-to-tinker.com/ma_bill_draft_26mar03.rtf.

1882 S. eine Übersicht über die Gesetze in den einzelnen Bundesstaaten auf den Seiten der American Library Association, URL: http://www.ala.org/Content/NavigationMenu/Our_Association/Offices/ALA_Washington/Issues2/Copyright1/Digital_Rights_Management/StLegTbl.htm.

1883 Digital Choice and Freedom Act of 2002, 107th Congress 2d Session, H.R. 5522, in the House of Representatives, 2.10.2002,

1884 Digital Media Consumers 'Rights Act of 2002, 107th Congress 2d Session, H.R. 5544, in the House of Representatives, 3.10.2002.

gekennzeichneten CDs als wettbewerbswidriges Verhalten eingestuft werden. Darüber hinaus fordert er Einschränkungen des Umgehungsschutzes: Die Umgehung und umgehungsfördernden Handlungen sollen erlaubt sein, wenn sie ausschließlich zu Forschungszwecken erfolgen; die Umgehung soll zulässig sein, wenn sie nicht zu der Verletzung des Copyright führt, insbesondere durch die *fair-use-Doktin* gedeckt sei; schließlich soll der Handel mit Mitteln erlaubt sein, die zu einem bedeutsamen nichtverletzenden Gebrauch verwendet werden können.

Besonders hervorzuheben ist schließlich eine Gesetzesänderung, die moderne Lernformen ermöglicht. Am 3.10.2002 verabschiedete der Senat den *„Technology, Education and Copyright Harmonization Act (Teach Act) of 2001"*,[1885] der Title 17 des United States Code ändert. Verschiedene Formen des Fernunterrichts (*Distance Learning)* fallen danach unter die Rubrik des *fair use* zu Unterrichtszwecken i.S.d. neu gefassten Sec. 110 (2) of US Title 17 Copyright Act. Es dürfen Werke digitalisiert, auf Servern bereitgehalten und den Studenten zur Verfügung gestellt werden, damit diese die Dokumente am Bildschirm lesen können. Das Gesetz sieht allerdings bürokratische Hürden vor, die sich nach ersten Einschätzungen nur größere Institutionen leisten dürften. Die Einrichtung ist verpflichtet, die Inhalte bei der öffentlichen Zugänglichmachung (*transmission*) technisch zu schützen, damit die Inhalte weder weiterverbreitet noch über die Unterrichtsdauer hinaus genutzt werden können (vgl. sec. 110 (2) (D) (ii) (I) US-Copyright Act). Diese technischen Sicherungen dürfen nicht mit den von den Rechtsinhaber eingesetzten technischen Maßnahmen kollidieren.

[1885] Entwurf, der in das U. S. House eingebracht wurde: Technology, Education, and Copyright Harmonization Act of 2001, 107th Congress. 1st Session, S 487, in the House of Representatives, June 8, 2001.

4. Teil: Ausblick

Der gemeinschaftsweite Umgehungsschutz ist nach dem „schöpferischen Plan“ – wie er in Art. 12 Info-RL skizziert ist – darauf angelegt, dynamisch fortentwickelt zu werden. Dabei soll die Kommission den Rechtsschutz nach Art. 6 zweiseitig im Blick behalten, indem sie prüft, ob der Rechtsschutz einerseits ein ausreichendes Schutzniveau sicherstellt und sich der Einsatz technischer Maßnahmen andererseits nachteilig auf gesetzlich erlaubte Handlungen auswirkt. Alternativ kann die Rechtsprechung – letztinstanzlich also der EuGH – korrigierend eingreifen. Die vorliegende Untersuchung hat zum derzeitigen Zeitpunkt keinen Änderungsbedarf aufgezeigt, Mängel zeigen sich allein in der innerstaatlichen Umsetzung.

Die europäische Regelung ist grundsätzlich positiv zu bewerten und trägt den schutzwürdigen Belangen – blendet man einmal die offene Frage der Privatkopie aus – ausreichend Rechnung. Der deutsche Gesetzgeber hat die notwendigen Vorgaben durch „Korb 1“ umgesetzt, dessen Vorschriften überwiegend seit September 2003 gelten. Die Systematik und die zentralen Begriffe des Umgehungsschutzes waren den Mitgliedstaaten zwingend vorgegeben. Allein über die Frage der Durchsetzung der Privatkopie ggü. dem Schutz technischer Maßnahmen dürfen die Mitgliedstaaten frei entscheiden. Diese wird durch „Korb 2“ geklärt.

Gesetzgebungstechnisch gelungen ist der zentrale Begriff des Umgehungsschutzes, die „wirksamen technischen Maßnahmen“. Sie haben eine doppelte Filterfunktion. Anders als in den USA genügt nicht die tatsächliche Funktion als Schutzmechanismus, sondern die subjektive Zweckbestimmung – die sich nach objektiven Kriterien bemisst – ist ein Vorfilter, dem sich eine Wirksamkeitsprüfung anschließt. Danach ist der Schutz auf Maßnahmen beschränkt, die nach dem Stand der Technik praktisch geeignet sind, die ihr zugedachte Funktion tatsächlich zu erfüllen. Die Mechanismen, die in den USA in einem aufwendigen Verfahren als Ausnahmen von dem Umgehungsverbot ermittelt werden, können in Europa anhand der beiden o.a. Begriffe aus dem Anwendungsbereich ausgeschlossen werden.

Bei dem Umgehungsverbot hat der Gemeinschaftsgesetzgeber geschickt den Umgehungsschutz als spezielles Instrument zur Rechtsdurchsetzung mit dem Urheberrechtsschutz verknüpft. Sofern der Schrankenbegünstigte rechtmäßig Zugang zu dem Werk oder Schutzgegenstand hat, ist der Rechtsinhaber ihm gegenüber verpflichtet, die privilegierte Nutzung zu ermöglichen. Die rechtstechnische Umsetzung sollte beibehalten werden; zu beobachten bleibt, ob der Katalog der durchsetzbaren Schranken unverändert beibehalten werden kann. Hierbei ist zu berücksichtigen, dass ein ausufernder Katalog Rechtsunsicherheit verursacht, die sich negativ auf die technische Entwicklung auswirken kann.

Für die Ausgestaltung des Verhältnisses zwischen technischen Maßnahmen und Schranken ist – entgegen den vielfach geäußerten Bedenken – eine Lösung gefunden worden, die zur Erreichung der wirtschaftpolitischen Ziele (Investition in neue Technologien, Wachstum der Informationsgesellschaft, digitale Rechtewahrnehmung) notwendig ist und den angemessenen Interessenausgleich zwischen Rechtsinhabern und Schrankenbegünstigten derzeit nicht gefährdet. Zunächst müssen der „Zugang“ und die „Nutzung“ getrennt voneinander beurteilt werden, da beide Rechtsgüter aus unterschiedlichen Erwägungen geschützt werden. Nur für die urheberrechtsrelevante „Nutzung“ stellt sich die Frage nach der Sicherstellung der urheberrechtlichen Schranken. Für den Zugang gilt ein selbständiges Regime.

Der Gemeinschaftsgesetzgeber schützt den *Zugang* bislang unbeschränkt. Für die Zukunft ist jedoch nicht ausgeschlossen, dass er sich der „Fragen des Zugangs“ annimmt, die außerhalb des Urheberrechts liegen. Auszugehen ist von dem Grundsatz, dass niemand dazu verpflichtet ist, urheberrechtlich oder gemeinfreies Material kostenlos anzubieten. Die Interessen des Anbieters sind durch die Berufs- und Eigentumsfreiheit geschützt. Ein freier Zugang schadet der Rentabilität kostenpflichtiger Angebote und langfristig der Informationsfreiheit. Ungeachtet dessen kann – wie in den USA – die Regelung „umgehungsspezifischer Ausnahmen“ in Erwägung gezogen werden. Die Wertungen können mit denjenigen, die urheberrechtlichen Schranken zugrunde liegen, übereinstimmen. Bibliotheken werden urheberrechtlich in ihrer Aufgabe unterstützt, Archive anzulegen und somit das kulturelle Gedächtnis zu wahren. Wird ein Werk ausschließlich technisch geschützt, wäre denkbar, der Bibliothek ein digitales Freiexemplar zu gewähren oder wenigstens den Erwerb zu erleichtern. Solche „umgehungsspezifischen Schranken“ können allerdings auch von anderen als urheberrechtlichen Erwägungen getragen sein. In den USA darf z.B. eine technische Funktion, die Daten erhebt und speichert, von dem Betroffenen außer Kraft gesetzt werden. Wie bei den qualifizierten Schranken wäre rechtstechnisch zu überlegen, ob man von einem Selbsthilferecht absieht und statt dessen einen individuell durchsetzbaren Anspruch vorsieht.

Der deutsche Umgehungsschutz ermöglicht es bereits jetzt, bestimmte schutzwürdige Belange zu berücksichtigen. Anders als in den USA sind zwar keine ausdrücklichen Erlaubnistatbestände vorgesehen, aber schutzwürdige Belange können mittels restriktiver Auslegung der „Umgehungsabsicht“ (§ 95a Abs. 1 UrhG) bzw. im Wege einer Güterabwägung (§ 95a Abs. 3 UrhG) aus den Verbotstatbeständen ausgeschlossen werden. Es ist in Zukunft daher sorgfältig zu erwägen, ob ein Bedürfnis für Ausnahmen besteht und ob diese ausdrücklich geregelt werden müssen.

Gegenüber dem Schutz von *Nutzungskontrollen* kommt das urheberrechtliche Regime aus Rechten und Schranken zum Tragen. Aus Gründen der Rechtssicherheit sind allerdings nur einige der möglichen Schranken durchsetzbar. Gleichwohl zeigt sich ein praktischer Vorteil ggü. der US-amerikanischen Lösung: Die Umgehung von Nutzungskontrollen ist in den USA nicht ausdrücklich verboten; ein Schrankenbegünstigter kann sich auf alle Ausnahme des Copyright berufen; der

Handel mit Umgehungsmitteln ist hingegen weitgehend verboten. Da der Schrankenbegünstigte keinen Anspruch auf Mittelverschaffung gegen den Rechtsinhaber hat, ergibt sich hieraus das Problem, dass der Schrankenbegünstigte rechtlich schutzlos steht, da er sich weder über den Handel noch von dem Rechtsinhaber die Mittel beschaffen kann, die er benötigt, um das Material in erlaubter Weise nutzen zu können.

Von den ausdrücklich ins nationale deutsche Recht umgesetzten Schranken ist § 52a UrhG hervorzuheben, der modernde Lernformen – insbesondere Fernunterrichtskurse – fördern soll. Die öffentliche Zugänglichmachung ist auf einen begrenzten Personenkreis beschränkt. Hieraus ergibt sich die praktische Konsequenz, dass die privilegierten Einrichtungen technische Vorkehrungen treffen müssen – wie z.B. den Zugang zu dem Material durch Kennung und Passwort zu kontrollieren –, damit sie sich auf die Schranke berufen können. Dies gilt analog für die Forschung gemäß § 52a und die Schulbuchfreiheit gemäß § 46 („Beschaffenheit"). Um § 46 zu entsprechen, sind die Verlage und Schulen, die regelmäßig die technische Organisation durchführen, dazu angehalten miteinander zu kooperieren.

Der Gemeinschaftsgesetzgeber konnte nicht bei dem Schutz der technischen Maßnahmen gegen unmittelbare Verletzungshandlungen stehen bleiben. Es ist vielmehr anerkannt, dass ein effektiver Rechtsschutz nur gewährleistet werden kann, wenn außer der „Umgehung" auch bestimmte mittelbare Handlungen verboten werden. Bei dem Verbot gemäß § 95a Abs. 3 hat man in Abwägung der widerstreitenden Interessen bewusst darauf verzichtet, die Gerätehersteller gesetzlich dazu zu verpflichten, ihre Geräte den technischen Maßnahmen anzupassen. Auf eine solche Verpflichtung sollte auch künftig zu Gunsten der technischen Innovation verzichtet werden.

Das Verbot in § 95a Abs. 3 selbst dürfte sich nicht als Innovationshindernis erweisen, weil § 95a Abs. 3 auf Extremfälle begrenzt ist, und schutzwürdige Belange – Dekompilierung zur Herstellung der Interoperabilität und Kryptographieforschung – von dem Verbot ausgenommen sind. Die Regelung verunsichert auf den ersten Blick, weil sie Ausdruck einer Güterabwägung ist, die bislang im Urheberrecht den Gerichten vorbehalten gewesen ist. Selbst ohne die ausdrückliche Regelung in § 95a Abs. 3 wäre zivilrechtlich ein Verbot nach neuer Rechtslage gerechtfertigt, da der Gesetzgeber ausdrücklich klargestellt hat, dass die eigenmächtige Umgehung verboten ist. Das ausdrückliche Verbot dient daher gemeinschaftsrechtlich und national in zivilrechtlicher Hinsicht vor allem der Rechtssicherheit. Das bestehende Haftungsrisikos wird die Betroffenen in der Praxis dazu bewegen, ihre Produkte auf mögliche schädliche Wirkungen hin zu testen und solche zu vermeiden. Es ist die Aufgabe der Rechtsberatung, Unsicherheiten auszuräumen: die Produkte, die in der Herstellung oder im Handel untersagt sind, haben entweder die Umgehung als einzige Funktion oder wenige andere Funktionen; die weiteren Funktionen sind rechtlich daraufhin zu prüfen, ob sie deutlich hinter der Umgehungsfunktion zurücktreten oder sogar Scheinfunktionen darstellen. Dies lässt sich regelmäßig daran feststellen, welche Funktion den Absatz des Produktes bestimmt.

Hiervon zu unterscheiden ist die in den USA geäußerte und berechtigte Kritik an den „Anti-Trafficing"-Vorschriften – wie sie z.B. *Samuelson* formuliert. Dem US- Amerikanischen Umgehungsschutz haftet ein gewisser Wertungswiderspruch an: Der Schrankenbegünstigte darf Nutzungskontrollen umgehen, kann sich aber nicht die Mittel hierfür beschaffen, weil der Handel verboten ist, und er auch von dem Rechtsinhaber keine Unterstützung hierfür verlangen kann.

Das Verbot in § 95 a Abs. 3 lässt außerdem die Interessen der wissenschaftlichen Forschung unberührt. Hierbei ist es gerichtlich feststellbar, ob der Betroffene im Interesse der wissenschaftlichen Kryptographie oder Kryptoanalyse tätig wird oder ein Hacker zu Unrecht das Privileg der Wissenschaft für sich in Anspruch nimmt. Der Schutz der Forschungstätigkeit – Forschen, Präsentieren von Ergebnissen etc. – ist bereits von Verfassung wegen geboten. Das Verbot kann allerdings eingreifen, sobald die wissenschaftlichen Ergebnisse kommerziell und eben nicht ausschließlich zu wissenschaftlichen Forschungszwecken genutzt werden. In diesen Fällen kann neben den Schutz der Nutzungskontrollen auch der Schutz nach dem ZKDSG treten.

Die Interoperabilität von Systemkomponenten soll durch das Verbot ebenfalls nicht behindert werden. Zulässig bleiben daher Mittel, die dazu bestimmt und eingesetzt werden, um verschiedene Systemkomponenten in einer Computerumgebung miteinander kompatibel bzw. interoperabel zu gestalten („Dekompilierung"). Der berechtigte Nutzer eines Computerprogramms soll nicht daran gehindert werden, von seinen vertraglichen „Rechten" gemäß §§ 69d, e UrhG Gebrauch zu machen.

Ein zentrales Ziel des Schutzes technischer Maßnahmen ist die Förderung des elektronischen Handels in Gestalt der kostenpflichtigen Abrufdienste. Zu Unrecht wird kritisiert, dass die urheberrechtlichen Schranken – vor allem die Privatkopie – bei den vertraglich erbrachten Abrufdiensten zur Disposition der Parteien stünden. Die rechtlichen Sonderbedingungen sollen für die Rechtsinhaber einen Anreiz geben, statt Piraterie nur „repressiv" zu bekämpfen, neue Geschäftsmodelle am Markt zu etablieren. Die Vertragsfreiheit gibt den Rechtsinhabern den Handlungsspielraum, um in einem schwierigen digitalen Umfeld neue Geschäftsmodelle zu entwickeln. Hierbei soll es den Anbietern freistehen zu entscheiden, welche Nutzungsmöglichkeiten sie ihren Kunden gestatten und welche nicht.

Kritiker werfen dabei den Rechtsinhabern vor, nicht wagemutig genug zu sein, weil sie nicht schon längst ein eigenes bestenfalls gemeinsames Portal im Internet auf die Beine gestellt haben. Hauptursache hierfür dürfte die Rechtsunsicherheit sein, Rechtsverstöße im Internet – vor allem innerhalb illegaler Tauschbörsen – wirksam verfolgen zu können. Die Rechtsverfolgung ist deswegen für die Investitionsbereitschaft wichtig, weil die illegalen Inhalte ein unmittelbares Konkurrenzangebot zu den kostenpflichtigen Angeboten darstellen. Rechtsunsicherheit besteht insofern, als gegen die Nutzer, die Urheberrechte verletzen, nicht vorgegangen werden kann, wenn sie anonym bleiben. In diesen Fällen sind die Rechtsinhaber darauf angewiesen, dass der Vermittler zivilrechtlich zur Verantwortung gezogen werden kann. Die Veranlasserhaftung der Zugangsvermittler ist allerdings äußerst beschränkt, insbesondere rechtfertigt der neugefasste § 53 Abs. 1 S. 1 nur in Extremfällen eine Einstellung des Dienstes durch den Vermittler. In den meisten Fällen bleibt dem Rechtsinhaber nur die Möglichkeit, gegen die einzelnen Anbieter und Nutzer vorzugehen. Dem steht jedoch rechtstatsächlich entgegen, dass der Rechtsinhaber die Kundendaten nicht ermitteln kann, insbesondere hat er keinen Anspruch gegen den Vermittler auf Auskunft über Dritte. Dem Interesse des Rechtsinhabers an einer wirkungsvollen Rechtsverfolgung stehen hierbei andere schutzwürdige Belange gegenüber, z.B. das Telekommunikationsgeheimnis und das Recht auf informationelle Selbstbestimmung. Um die Interessen auszugleichen, sollte der Gesetzgeber erwägen, ob er einen dem § 101a UrhG entsprechenden Auskunftsanspruch vorsieht. Dies sollte allerdings, um Wertungswidersprüche zu vermeiden, nur in engen Grenzen möglich sein (vgl. §§ 100a StPO).

Möglicherweise setzt sich ebenso wie bei der Technik die Erkenntnis durch, dass eine absolute Sicherheit – auch rechtlich – nicht möglich und vor allem in dem Medium Internet illusorisch erscheint. Man kann hoffen, dass der Pioniergeist diesen Unwägbarkeiten trotzt.

Mit „Korb 2“ steht der Gesetzgeber noch vor der Entscheidung, ob er die analoge und digitale Privatkopierschranke gemäß § 95b Abs. 1 S. 1 durchsetzbar ausgestaltet. Als Vorbild sollte die generell-abstrakte Regelung des aktuellen französischen Gesetzesentwurfs dienen.

ZUSAMMENFASSUNG

Art. 11 WCT und Art. 18 WPPT

1. Art. 11 WCT und Art. 18 WPPT erstreben einen Mindestschutz für „technologische Maßnahmen" und schützen nur gegen den Umgehungsakt selbst.
2. Die „Maßnahmen" i.S.d. WCT und WPPT sind dadurch gekennzeichnet, dass sie im Zusammenhang mit der Rechtsausübung eingesetzt werden und die Funktion haben, Urheberrechtsverletzungen zu verhindern. Der Schutz technischer Maßnahmen reicht so weit wie die urheberrechtlichen Ausschließlichkeitsrechte.
3. Das Gefüge aus den ausschließlichen Rechten und den Grenzen des Urheberrechts lassen die Vertragsbestimmungen unberührt.
4. Der Schutzbereich wird durch das Merkmal „wirksam" begrenzt, die weitere Konkretisierung bleibt den Vertragsstaaten überlassen.
5. Der Rechtsschutz soll kein neues Ausschließlichkeitsrecht begründen, sondern ist ein besonderes Instrument zur Rechtsdurchsetzung.
6. Die EG und die Mitgliedstaaten müssen den WCT und WPPT gemeinsam ratifizieren, da es sich hierbei um gemischte Abkommen handelt. Der Ratifizierung geht die Umsetzung der gemeinschaftsrechtlichen Vorgaben in die nationalen Rechtsordnungen zwingend voraus.

Artikel 6 Info-RL

1. Art. 6 Abs. 1 – 3 soll gemeinschaftsweit den Rechtsschutz für technische Maßnahmen harmonisieren und enthält ausschließlich verbindliche Vorgaben.
2. Der Rechtsschutz soll kein neues Ausschließlichkeitsrecht des Rechtsinhabers begründen, sondern ist ein spezielles Instrument zur Rechtsdurchsetzung.
3. Den Begriff der „technischen Maßnahmen" hat der Richtliniengeber gemeinschaftsrechtlich determiniert. Neben der technischen Eigenschaft ist für den Begriff die Funktion kennzeichnend, urheberrechtsrelevante Handlungen zu beschränken oder zu verhindern. Der Schutz soll so weit reichen wie die Ausschließlichkeitsrechte. Technische Maßnahmen i.S.v. Art. 6 sind Mechanismen zur Nutzungskontrolle.
4. Der Schutz technischer Programmschutzmechanismen richtet sich ausschließlich nach Art. 7 Abs. lit. c) C-RL, der Art. 6 verdrängt. Eine Abgrenzung erfolgt anhand des Schutzgegenstands.

5. Konstruktiv unterscheidet sich der gemeinschaftsrechtliche Schutz von den völkerrechtlichen Vorgaben dadurch, dass er das bisherige Gefüge zwischen Rechten und Schranken nicht unberührt lässt, sondern umgestaltet. Die technischen Maßnahmen genießen Vorrang gegenüber den urheberrechtlichen Schranken, da sie unabhängig von den Beschränkungen in Art. 5 geschützt sind. Der Vorrang wird ggü. dem Umgehungsakt dadurch abgeschwächt, dass die Art. 6 Abs. 4 Unterabs. 1 genannten Schranken – unabhängig von dem Umgehungsverbot - sichergestellt werden müssen; dieser Schutz ist in Abs. 4 angelegt.

6. Der Begriff der Wirksamkeit ist ebenfalls gemeinschaftsrechtlich determiniert und dient dazu, den Schutzbereich zu begrenzen.

7. In Umsetzung der völkerrechtlichen Vorgaben sollen die technischen Maßnahmen gegen die Umgehung geschützt werden, allerdings muss der Handelnde bewusst und absichtsvoll handeln.

8. Der gemeinschaftsrechtliche Umgehungsschutz ist weiter als der des WCT und WPPT. Da bestimmte Handlungen im Vorfeld der Umgehung eine Gefahr für die technischen Maßnahmen darstellen, setzt das Verbot i.S.v. Art. 6 Abs. 2 die Ziele des völkerrechtlichen Mindestschutz wirksam um („effet utile“).

9. Der Rechtsschutz musste „angemessen“ i.S.d. WCT und WPPT ausgestaltet werden; Art. 6 Abs. 2 genügt den Anforderungen, da das Verbot Ausdruck des Verhältnismäßigkeitsgrundsatzes ist. Dieser Grundsatz ist auch bei der nationalen Umsetzung zu berücksichtigen.

10. Art. 6 Abs. 4 dient dem Ausgleich der Interessen des Rechtsinhaber und der Allgemeinheit. Die Schranken sollen – unabhängig von den technischen Maßnahmen – durch ein eigenständiges Regime geschützt werden, das in Art. 6 Abs. 4 angelegt ist

11. Dieses Gegengewicht hat auf der gemeinschaftsrechtlichen Ebene nur geringes Gewicht, vor allem weil die Entscheidung, ob die Privatkopierschranke in analoger und digitaler Form durchsetzbar sein soll, den Mitgliedstaaten vorbehalten ist.

12. Art. 6 Info-RL ergänzt den Schutz zugangskontrollierter Dienste i.S.d. ZKD-RL wertungswiderspruchsfrei.

§§ 95a ff. UrhG

1. Die Neuregelung zum Schutz technischer Maßnahmen in das UrhG aufzunehmen, entspricht einer harmonischen Integration. Der Umgehungsschutz hat einen urheberrechtlichen Gehalt: Erstens bestimmt sich der Rechtsschutz

nach der Reichweite des Ausschließlichkeitsrechte; zweitens bezweckt der Umgehungsschutz, den Rechtsinhaber bei der Durchsetzung seiner Rechte zu unterstützen.

2. Der Gesetzgeber war für die Umsetzung an die inhaltlichen Vorgaben des Art. 6 Abs. 1-3 Info-RL gebunden.

3. Der Begriff der „technischen Maßnahmen" ist ein dualistischer Begriff. Die „technische Eigenschaft" soll einen möglichst weiten Anwendungsbereich eröffnen. Selbst wenn die Technizität im Patentrecht zweifelhaft sein sollte, sind software-implementierte Mechanismen durch § 95a geschützt.

4. Das zweite Merkmal – die Zweckbestimmung - verleiht dem Begriff seine urheberrechtsspezifische Bedeutung. Der Rechtsschutz reicht so weit wie die Ausschließlichkeitsrechte. Im Vordergrund stehen hierbei die Verwertungsrechte. Daher liegt die Zweckbestimmung – verkürzt - in der „Nutzungskontrolle".

5. Von dem Rechtsschutz ausgenommen sind technische Mechanismen, die urheberrechtlich nicht schutzfähiges oder nicht mehr geschütztes Material schützen oder Handlungen verhindern, die nicht urheberrechtsrelevant sind.

6. Programmschutzmechanismen sind von dem allgemeinen Rechtsschutz in § 95a ausgenommen. Diese sind durch § 69d Abs. 2 gegen den Handel von Umgehungsmitteln geschützt. Der Rechtsschutz ist insofern schwächer, als die Umgehung *alleiniger* Zweck des Mittels sein muss. Es gelten spezielle urheberrechtliche Schranken, die vertraglich auszugestalten sind. Die zwingenden Schranken sind auf der Grundlage vertraglicher Ansprüche durchsetzbar. Bei Mischkategorien (z.B. Computerspiel) ist an den der Nutzung des Computerprogramms zugrundeliegenden Vertrag anzuknüpfen.

7. Das Gesetz nennt beispielhaft Mechanismen, die die Funktion der Nutzungskontrolle erfüllen können: Zugangskontrolle, Umwandlung und Mechanismen zur Kontrolle der Vervielfältigung. Die Basismechanismen sind kryptographische Mechanismen.

8. Die Zweckbestimmung ist ein subjektives Merkmal, das objektiv anhand des Funktionsablaufs und der konkreten Verwendungsart zu ermitteln ist.

9. Der Schutz technischer Maßnahmen ist abstrakt zu bestimmen, d.h. er ist unabhängig davon, ob jemand im konkreten Einzelfall aufgrund einer urheberrechtlichen Schranken berechtigt wäre, das geschützte Material zu nutzen.

10. Das Merkmal „wirksam" führt eine Wirksamkeitsprüfung ein. Es ist eine objektive Prüfung, die bei der Kontrollfunktion ansetzt. Es kommt nicht darauf an, ob die Umgehung möglich ist. Es genügt vielmehr, wenn die Maß-

nahmen nach der Stand der Technik praktisch zur Nutzungskontrolle geeignet sind und den Durchschnittsnutzer von der Umgehung abhalten. Durchschnittsnutzer ist, wer über anwendungsbezogene Kenntnisse verfügt und angesichts eines unverhältnismäßigem Zeit- und Kostenaufwand von der Umgehung absieht. Sind Umgehungsmittel am Markt erhältlich, ohne dass sie gemäß § 95a Abs. 3 verboten sind, sind die Maßnahmen grundsätzlich als wirkungslos anzusehen. Dies gilt dann nicht, wenn selbst mit den Mitteln die Maßnahmen nur unter einem erheblichen Kosten- und Zeitaufwand umgangen werden können.

11. Eine „Umgehung" liegt vor, wenn die Funktionsfähigkeit der technischen Maßnahmen ohne Zustimmung des Rechtsinhabers außer Kraft gesetzt wird. Die Funktion, in der sich das Vetorecht des Rechtsinhabers ausdrückt, ist zunächst objektiv zu bestimmen (funktionale Betrachtung). Die Umgehung ist bewirkt, wenn die Nutzungshandlung möglich ist (formal-technische Betrachtung). Die Einwilligung schließt das Merkmal der „Umgehung" bereits tatbestandlich aus. Die nachträgliche Genehmigung kann zivilrechtlich die Tat rechtfertigen, nicht hingegen die Strafbarkeit ausschließen, wenn sie nach der Tat erteilt wird.

12. Die handelnde Person muss bösgläubig sein, d.h. in positiver Kenntnis oder grob fahrlässiger Unkenntnis handeln. Außerdem muss sie in Umgehungsabsicht handeln. Die Bösgläubigkeit bestimmt hierfür das Wissenselement, d.h. der Person muss bekannt bzw. grob fahrlässig unbekannt sein, dass sie technische Maßnahmen umgeht. Die Umgehungsabsicht ist darauf gerichtet, den Zugang zu verschaffen oder die Nutzung zu ermöglichen. Die Zugangsverschaffungsabsicht schließt Konstellationen mit ein, in denen es dem Handelnden nur darum geht, den Mechanismus außer Kraft zu setzen.

13. Das Umgehungsverbot ist anhand der Absicht restriktiv auszulegen. Der Person handelt absichtslos, wenn sie – ausschließlich – zu Zwecken wissenschaftlicher Forschung handelt. Dies gilt entsprechend für die Dekompilierung zu Zwecken der Herstellung der Interoperabilität. Dies knüpft allerdings an ein Vertragsverhältnis über die Nutzung des Computerprogramms an. Die eigenmächtige Umgehung durch Schrankenbegünstigte, insbesondere die Umgehung zu privaten Zwecken ist gemäß § 95a Abs. 1 verboten.

14. Grundsätzlich stehen die § 95a UrhG und § 95c UrhG nebeneinander, da sie selbständige Regelungsgegenstände haben. Ausnahmsweise ist eine Anspruchskonkurrenz möglich, wenn die Informationen zur Rechtewahrnehmung gleichzeitig für die Nutzungskontrolle unentbehrlich sind.

15. Das Verbot der Vorbereitungshandlungen untersagt nur besonders gefährliche Handlungen. Die Umgehungsmittel sind gefährlich, wenn sie absichtlich in ihrer Umgehungsfunktion beworben werden, aufgrund ihres wirtschaftlichen Zwecks und Nutzens hauptsächlich der Umgehung dienen oder in der entsprechenden Absicht hergestellt, verbreitet (etc.) worden sind.

16. Der wirtschaftliche Hauptzweck und Nutzen i.S.d. § 95a Abs. 3 Nr. 2 ist in zwei Schritten zu prüfen: Erstens ist der Umgehungszweck anhand von Eignung und Funktionsweise festzustellen; der wirtschaftliche Nutzen bestimmt sich aus Sicht des Abnehmers; zweitens muss der Umgehungszweck Hauptzweck sein.

17. Der Anwendungsbereich erfasst nur Geräte mit einer Funktion; bei mehreren Funktionen können nur solche ausgeschlossen werden, die offensichtlich ohne Nutzen sind. Ist die andere Funktion Scheinzweck, ohne dass es sich jedem aufdrängt, ist die Lösung über die Nr. 3 zu suchen.

18. Die Umgehungsförderungsabsicht i.S.d. § 95a Abs. 3 Nr. 3 ermöglicht die Lösung solcher Fälle, in denen ein Gerät außer der Umgehung eine weitere Funktion hat, diese aber nur Scheinzweck ist (Dual-Use-Produkte).

19. Von dem Verbot ausgenommen sind in richtlinienkonformer Auslegung Mittel, die eingesetzt werden können, um Handlungen gemäß §§ 69d Abs. 3, 69e UrhG (Dekompilierung, Beobachten von Programmen) vorzunehmen, sowie Handlungen zu Zwecken der wissenschaftlichen Forschung (Kryptographieforschung).

20. Hinsichtlich der Wahl der Form und Mittel hat der Gesetzgeber die gemeinschaftsrechtlichen Anforderungen einer wirksamen, rechtsklaren und nichtdiskriminierenden Umsetzung erfüllt.

21. Das ausdrückliche Verbot in § 95a UrhG war aus Gründen der Rechtsklarheit geboten.

22. Verstöße gegen § 95a Abs. 1 und 3 begründen die Ansprüche gemäß § 97 Abs. 1 nur, wenn eine Rechtsverletzung nachweislich eingetreten ist.

23. Allein der Verstoß gegen die Verbote begründet keinen Anspruch gemäß § 97 UrhG. Diese „Fiktion der Rechtsverletzung" würde den Schutz technischer Maßnahmen mit den ausschließlichen Rechten i.S.v. § 97 gleichsetzen. Der Schutz soll jedoch gerade kein neues Ausschließlichkeitsrecht begründen, sondern ist nur ein Hilfsanspruch. Dem trägt der Gesetzgeber dadurch Rechnung, dass er § 95a als Schutzgesetz ausgestaltet hat. Die Vorverlagerung der Haftung ist eine typische Funktion des § 823 Abs. 2 BGB, der § 97 als *lex specialis* zu § 823 Abs. 1 ergänzt. Allerdings kommt eine urheberrechtliche Haftung nach den Grundsätzen der mittelbaren Urheberrechtsverletzung in Betracht, die – soweit sie reicht – verdrängt.

24. Das Umgehungsverbot war materiell-rechtlich erforderlich, weil der Schutz technischer Maßnahmen und Schranken neu ausgestaltet worden ist. Hinsichtlich des Umgehungsakts ist nunmehr in materieller Hinsicht klargestellt, dass ein Schrankenbegünstigter sich bei eigenmächtiger Umgehung nicht auf die Schranken berufen kann. Die eigenmächtige Umgehung ist rechtswidrig.

25. Umgeht jemand technische Maßnahmen, kommt ein vorbeugender Unterlassungsanspruch gemäß § 97 Abs. 1 analog in Betracht, wenn den Umständen nach eine anschließende Rechtsverletzung droht.

26. Der „Umgeher" haftet weitergehend nach § 97 als unmittelbarer Verletzer, wenn er anschließend eine Rechtsverletzung begeht. Als Besonderheit ist zu beachten, dass eine durch rechtswidrige Umgehung verschaffte Nutzungsmöglichkeit ebenfalls rechtswidrig ist (§§ 95a Abs. 1, 95b Abs. 1 sowie § 242 BGB).

27. Der Umgeher kann auch als „mittelbarer" Störer gemäß § 97 haften, wenn er adäquat-kausal zu rechtswidrigen Rechtsverletzungen beigetragen hat; dies gilt nicht, wenn das Verhalten der unmittelbaren Verletzer rechtmäßig ist.

28. Ersatzfähiger Schaden ist der durch die Rechtsverletzung eingetretene Schaden, entweder die Lizenzgebühr als entgangener Gewinn oder die fiktive Lizenzgebühr.

29. Daneben ist der quasinegatorische Unterlassungs- und Beseitigungsanspruch gemäß § 823 Abs. 2 i.V.m. § 1004 Abs. 1 BGB analog anwendbar, der auch vorbeugend geltend gemacht werden kann. § 95a UrhG ist als Schutzgesetz zu qualifizieren, das bezweckt, den Rechtsinhaber vor den Gefahren zu schützen, die sich ohne technische Kontrolle realisieren. Dies sind vor allem die unentgeltlichen Nutzungshandlungen.

30. Der Anspruch aus § 826 BGB hat nur subsidiäre Bedeutung.

31. Der Verstoß allein gegen § 95a Abs. 1 begründet keinen Anspruch auf Wertersatz in Form einer Lizenzgebühr aus Eingriffskondiktion. Die Rechtsordnung weist dem Rechtsinhaber die Urheber- und Leistungsschutzrechte als ausschließliche Verwertungsmonopole zu, nicht die Umgehung. Darin manifestiert sich lediglich die negative Abwehrbefugnis des Rechtsinhabers. Durch Schutzgesetz gesicherte Positionen haben grundsätzlich keinen Zuweisungsgehalt.

32. Das Verbot gemäß § 95 Abs. 3 UrhG ist ein abstraktes Gefährdungsdelikt, das aus Gründen der Rechtsklarheit geboten war.

33. Derjenige, der gegen § 95a Abs. 3 verstößt, kann nach den Grundsätzen der mittelbaren Urheberrechtsverletzung zivilrechtlich zur Verantwortung gezogen werden. Unter Zugrundelegung der bisherigen Rechtssprechung ist die materiell-rechtliche Bedeutung der Neuregelung in dem Umgehungsverbot gemäß § 95a Abs. 1 begründet. Mit dem Verbot der eigenmächtigen Umgehung – selbst der Schrankenbegünstigten – ist klargestellt, dass die Endabnehmer der Umgehungsmittel rechtswidrig handeln. Dies rechtfertigt es, den „mittelbaren Störer" haftbar zu machen und sogar sein Verhalten zu verbieten. § 95a Abs. 3 gibt lediglich Erwägungen wieder, die üblicherweise Gerichten vorbehalten sind. In dem Verbot kommt der Verhältnismäßigkeitsgrundsatz zum Ausdruck, der haftungsbeschränkend wirkt.

34. Da das gefährliche Verhalten i.S.v. § 95a Abs. 3 UrhG nicht nur eine Gefahr für die technischen Maßnahmen, sondern zugleich für die ausschließlichen Rechte begründet, kommt ein vorbeugender Unterlassungsanspruch gemäß § 97 Abs. 1 UrhG analog gegen den mittelbaren Störer in Betracht.

35. Eine weitergehende Haftung gemäß § 97 UrhG ist nur dann begründet, wenn nachweislich eine Rechtsverletzung eingetreten ist.

36. Ergänzend kann § 823 Abs. 2 BGB bzw. § 823 Abs. 2 i.V.m. § 1004 Abs. 1 BGB analog eingreifen. § 95a Abs. 3 UrhG hat Schutzgesetzqualität. Bei einer Haftung wegen der Verletzung eines Schutzgesetzes entfällt der Nachweis der haftungsbegründendenden Kausalität zwischen der Handlung und der (Urheber-)Rechtsverletzung i.S.v. § 97 UrhG), das Verschulden muss sich nur auf die Schutzgesetzverletzung beziehen und die Rechtswidrigkeit ergibt sich bereits aus der Verletzung des Schutzgesetzes.

37. Ersatzfähig Schaden i.R.v. § 823 Abs. 2 BGB ist der, den das Schutzgesetz zu verhindern bezweckt. Dies ist der Vermögensschaden, der sich dadurch realisiert, dass die technische Kontrolle ausfällt. Dadurch werden unentgeltliche Nutzungshandlungen möglich. Der Schaden ist gemäß § 287 ZPO zu schätzen.

38. Für die Aktivlegitimation gelten die allgemeinen urheberrechtlichen Grundsätze, weil nicht bezweckt ist, den Kreis der Berechtigten über § 97 UrhG hinaus zu erweitern. Nicht aktivlegitimiert ist der Hersteller von Sicherheitssystemen.

39. § 826 BGB sowie 1 UWG haben nur noch subsidiäre Bedeutung. § 1 UWG ist weiterhin für den Hersteller von Sicherheitssystemen von Bedeutung.

40. Eine Anspruch aus Eingriffskondiktion scheidet aus. Die Handlungen i.S.v. § 95a Abs. 3 stehen nicht zur ausschließlichen Disposition des Rechtsinhabers.

41. Für die Haftung des Diensteanbieters sind die speziellen Haftungstatbestände in §§ 8 ff. TDG zu berücksichtigen.

42. Bietet der Anbieter Umgehungssoftware als eigene Inhalte an, haftet er nach den o.a. Grundsätzen.

43. Bei der Haftung für fremde Inhalte können die Haftungserleichterungen gemäß §§ 9 ff. TDG eingreifen. Davon unberührt bleibt die Verpflichtung zur Sperrung und Entfernung der Nutzung. Der Anbieter kann als Veranlasser gemäß § 1004 Abs. 1 BGB analog i.V.m. § 823 Abs. 2 i.V.m. § 95a Abs. 3 UrhG haftbar gemacht werden. Er kann dazu verpflichtet werden - nach Erlangung der Kenntnis -, die Inhalte vom eigenen Server zu löschen bzw. als Zugangsvermittler einzelne Teilnehmer zu sperren oder Filter zu installieren, die den rechtswidrigen Inhalt sperren.

44. Die Kennzeichnungspflicht gemäß § 95d Abs. 1 UrhG war aus gemeinschaftsrechtlicher Sicht nicht erforderlich. Sie ist allerdings auch nicht richtlinienwidrig, da sie hauptsächlich Präzisierungsfunktion hat und wettbewerbsrechtlichen Charakter hat. Bei Verstoß kommt ein Anspruch aus § 1 UWG wegen Rechtsbruchs in Betracht.

45. Die Einführung bußgeldrechtlicher und strafrechtlicher Sanktionen trägt dem Gebot des gleichmäßigen Sanktionierens bzw. dem Gleichstellungserfordernis Rechnung.

46. Die Straffreiheit für die Umgehung zum persönlichen Gebrauch ist nicht europarechts- oder richtlinienwidrig. Sie ist im Verhältnis zu § 53 Abs. 1 UrhG n.F. nicht wertungswidersprüchlich, da der Unrechtsgehalt der Umgehung geringer ist als der der Urheberrechtsverletzung; die Umgehung geht in der Rechtsverletzung auf.

47. Der Gesetzgeber ist für die Sicherstellung der urheberrechtlichen Schranken den Vorgaben aus Art. 6 Abs. 4 Info-RL – von geringfügigen Fehlern abgesehen – ordnungsgemäß nachgekommen.

48. Seit September 2003 obliegt dem Rechtsinhaber eine gesetzliche Pflicht, dem bestimmten Schrankenbegünstigten Mittel zur Verfügung zu stellen, die jene für die Nutzung der Schranke benötigen. Dem Schrankenbegünstigten durfte kein Selbsthilferecht eingeräumt werden.

49. Die Rechtsinhaber und Schrankenbegünstigten werden wegen des Vorrangs der freiwilligen Maßnahmen dazu angehalten, die Schranken zunächst eigenverantwortlich sicherzustellen. Hierfür hat der Gesetzgeber richtlinienkonform eine angemessene Frist von fast einem Jahr eingeräumt. Die gemeinschaftsrechtliche Pflicht, die freiwilligen Maßnahmen zu fördern, hat er dadurch erfüllt, dass er die Schranken vertragsfest ausgestaltet hat. Diese können in den freiwillig getroffenen Vereinbarungen nicht abbedungen werden.

50. Die Rechtsinhaber sind dazu verpflichtet, die zur Nutzung der qualifizierten Schranken i.S.v. § 95b Abs. 1 S. 1 erforderlichen Mittel zur Verfügung zu stellen. Der Rechtsinhaber kann die angewandten technischen Maßnahmen ändern oder aber Vervielfältigungsmöglichkeiten gewähren.

51. Die Pflicht besteht nur, soweit der Schrankenbegünstigte rechtmäßig Zugang zum Werk hat. Der Zugang ist ein selbständig geschütztes Rechtsgut, demgegenüber das urheberrechtliche Schrankenregime nicht gilt. Die Verletzung des Zugangs führt dazu, dass der Schrankenbegünstigte sich nicht mehr erfolgreich auf seine Schranke berufen kann. Dies trägt dem Gedanken Rechnung, dass derjenige treuwidrig ist, wer sich auf eine ihm günstige Rechtsposition beruft, obwohl er sich diese gesetzeswidrig verschafft hat (§ 242 BGB).

52. Die qualifizierten Schranken i.S.v. § 95b Abs. 1 S. 1 stellen eine richtlinienkonforme Umsetzung dar. Art. 6 Abs. 4 Unterabs. 1 ist als zwingender Mindeststandard zu verstehen. Der deutsche Gesetzgeber hat alle Schranken durchsetzbar ausgestaltet.

53. In § 53 Abs. 2 Nr. 1 fehlt das zwingend zu beachtende Merkmal „zu kommerziellen Zwecken", soweit die Vervielfältigung in analoger oder digitaler Form zulässig ist. Es sollte das Merkmal „zu Erwerbszwecken" aufgenommen werden. Möglich ist auch eine entsprechend richtlinienkonforme Auslegung.

54. Dieses Merkmal fehlt auch in § 46. Da allerdings für die Schulbuchfreiheit ein praktisches Bedürfnis besteht, sollte der deutsche Gesetzgeber – wie der österreichische – den Konflikt dadurch auflösen, dass der Verleger oder der Herausgeber verpflichtet wird, eine Zustimmung bei der VG Wort einzuholen.

55. Die öffentliche Zugänglichmachung ist bei Sammlungen zu Unterrichtszwecken i.S.v. § 46 (Unterrichtszweck) mit dem begrenzten Zweck anhand des Merkmals der „Beschaffenheit" in Einklang zu bringen. Der Unterrichtszweck ist objektiv nach der technischen Ausgestaltung zu bestimmen (z.B. Passwortgeschützte Dokumente). Da die technische Organisation regelmäßig durch die Schulen erfolgt, sind Verlage und Schulen zu einer Kooperation angehalten.

56. Die „öffentliche Zugänglichmachung zu Unterrichtszwecken i.S.v. § 52a UrhG ist ebenfalls auf einen begrenzten Zweck beschränkt. Auch hier bestimmt sich der Unterrichtszweck objektiv anhand der technischen Ausgestaltung. Rechtlicher Anknüpfungspunkt ist allerdings der „bestimmt begrenzten Teils von Unterrichtsteilnehmer". Die Größe des zulässigen Teilnehmerkreis ist von der Unterrichtsform abhängig. An der Hochschule und in Fernunterrichtskursen kann der Teilnehmerkreis größer sein als an Schulen, wo üblicherweise auf die Klassenstärke abgestellt wird.

57. Die öffentliche Zugänglichmachung zu Unterrichtszwecken ist auf Unterrichtsformen zugeschnitten, in denen während des Unterrichts Inhalte von Computerplätzen zugänglich gemacht werden. Möglich ist es auch, Materialien im Vorfeld einer (Hochschul-)Veranstaltung zugänglich zu machen. Die Materialen müssen dann auf den Teilnehmerkreis – technisch – beschränkt werden.

58. Die öffentliche Zugänglichmachung zu Zwecken der wissenschaftlichen Forschung privilegiert lediglich die *wissenschaftliche* Tätigkeit. Ausgeschlossen ist die Forschungstätigkeit zu Erwerbszwecken, d.h. um Einnahmen zu erzielen. Dies steht der Drittmittelforschung nicht entgegen, selbst wenn das Ziel z.B. eine patentfähige Erfindung ist, weil auf den derzeitigen Charakter der Tätigkeit abzustellen ist.

59. Selbst wenn § 52a UrhG die Interessen der Verlage über Gebühr beeinträchtigen sollte, bestehen diese Bedenken nicht hinsichtlich der qualifizierten Schranke i.S.v. § 95b UrhG.

60. Das Merkmal „offensichtlich rechtswidrige hergestellt" i.S.v. § 53 Abs. 1 ist für die qualifizierten Schranken ohne praktische Bedeutung.

61. Die Vervielfältigung zu Prüfungszwecken i.S.v. § 95b Abs. 1 S. 1 Nr. 6 richtlinienkonform dahingehend auszulegen, dass nur die reprographische Vervielfältigung erfasst ist, nicht hingegen die analoge oder die digitale.

62. § 95b Abs. 1 führt ein neues Schrankenregime in das UrhG ein, wie es bereits in der Art. 6 Abs. 4 Unterabs. 1 angelegt ist. Die Auswahl der Schranken sorgt für Rechtssicherheit.

63. Eine Störung des Interessenausgleichs ist derzeit noch nicht feststellbar; es besteht die Möglichkeit der nachträglichen Korrektur.

64. Es ist unbedenklich, dass bestimmte Schranken im urhebergesetzlichen Katalog des § 95b Abs. 1 S. 1 unberücksichtigt blieben: Die Ausnahme gemäß § 44a gilt kraft Gesetzes, sobald der Nutzer die Mittel für eine rechtmäßige Nutzung zur Verfügung gestellt bekommen hat. Das Zitatrecht ist nicht gefährdet, solange analoge und reprographische Vervielfältigungsmöglichkeiten bestehen. Die speziellen zwingenden Schranken, die bei der Nutzung einer Datenbank gelten, sind auf vertraglicher Grundlage durchsetzbar.

65. Die qualifizierten Schranken i.S.v. § 95b. Abs. 1 S. 1 sind gemäß Satz 2 nicht vertraglich abdingbar.

66. Dem Rechtsinhaber obliegen ab dem 1.9.2004 gemäß § 95d Abs. 2 bestimmte Informationspflichten. Dies entspricht einer richtlinienkonformen Umsetzung, da es der effektiven Durchsetzung der Rechte der Schrankenbegünstigten dient.

67. Die Einhaltung der gesetzlichen Verpflichtung gemäß § 95b Abs. 1 wird ab September 2004 gerichtlich überprüfbar sein. Da Art. 6 Abs. 4 Unterabs. 4 bezweckt, den Schrankenbegünstigten subjektive Rechte einzuräumen, war dem Schrankenbegünstigten durch das nationale Recht eine gerichtlich oder anderweitig überprüfbare Rechtsposition einzuräumen. Ein Schlichtungsverfahren wäre ebenfalls mit dem Gemeinschaftsrecht vereinbar gewesen.

68. Bei Verstoß gegen die Verschaffungspflicht kann der Schrankenbegünstigte die Schranke als vertraglichen Erfüllungsanspruch geltend machen, wenn er mit dem Rechtsinhaber in einem vertraglichen Verhältnis steht.

69. Andernfalls wird er sich ab dem 1.9.2004 auf einen gesetzlichen Anspruch auf Verschaffung der Mittel stützen können (§ 95b Abs. 2). Dieser Anspruch knüpft an die Nichterfüllung der Verschaffungspflicht i.S.v. § 95b Abs. 1.

70. Ist über das „erforderliche Mittel" eine vertragliche Vereinbarung getroffen worden, kann der Rechtsinhaber dem Anspruch die rechtsvernichtende Einwendung der Erfüllung (§ 362 BGB) entgegengehalten. Zu seinen Gunsten begründet eine Vereinbarung zwischen Vereinigungen der Rechtsinhaber und der durch die Schrankenregelungen Begünstigten die widerlegliche Vermutung, dass er seine Leistung erfüllt hat

71. Neben dem individuellen Anspruch hat der Gesetzgeber bestimmten Stellen ein Unterlassungsanspruch nach dem UKlageG gewährt. Der Unterlassungsanspruch impliziert die Pflicht, den fortdauernd rechtswidrigen Zustand zu beseitigen, d.h. die technischen Maßnahmen für die betroffene Gruppe von Schrankenbegünstigten anders einzustellen.

72. Die vorsätzliche Verletzung der Verschaffungspflicht stellt eine Ordnungswidrigkeit dar.

73. Der Verstoß gegen die Informationspflicht gemäß § 95d Abs. 2 begründet keinen Anspruch gemäß § 1 UWG, wenn nicht noch weitere sittenwidrige Umstände hinzutreten. Der Verstoß wird aber als Ordnungswidrigkeit geahndet.

74. Werden die bereits angewandten technischen Maßnahmen zur Erfüllung der Verschaffungspflicht – freiwillig oder auf Grund Gesetzes – geändert bzw. anders eingestellt, sind diese gemäß § 95b Abs. 4 gegen die Umgehung i.S.v. § 95a Abs. 1 geschützt. § 95b Abs. 4 hat vor allem klarstellende Bedeutung. Die Umgehung ist i.S.v. § 95a Abs. 1 zu verstehen.

75. Für kostenpflichtige Abrufdienste gelten rechtliche Sonderbedingungen: Der Inhalt des Rechtsverhältnisses zwischen dem Rechtsinhaber und dem Schrankenbegünstigten richtet sich nach dem Vertragsverhältnis; dem Rechtsinhaber obliegen – abgesehen von den allgemeinen Informationspflichten eines Diensteanbieters – keine speziellen Informationspflichten gemäß § 95d Abs. 2.

76. Die rechtliche Sonderbehandlung dient der Rechtssicherheit und gibt dem Rechtsinhaber den notwendigen Handlungespielraum, um neue Geschäftsmodelle in einem schwierigen digitalen Umfeld zu etablieren.

77. Die Dienste müssen i.S.v. § 19a UrhG öffentlich zugänglich gemacht werden. Für diesen Vorgang ist kennzeichnend, dass Anbieter und Empfänger nicht gleichzeitig an dem selben Ort anwesend sind und dem Empfänger eine interaktive Nutzung ermöglicht wird. Der Nutzer hat die Wahl, von welchem Ort und zu welcher Zeit er die Inhalte abruft.

78. Als weitere Voraussetzung müssen die Werke auf vertraglicher Grundlage zugänglich gemacht werden. Die Verträge unterliegen der allgemeinen Vertragskontrolle (§§ 242, 138, 307 BGB). Die speziellen urhebervertraglichen Bestimmungen über Datenbanken bleiben unberührt. Der Vorrang des Vertragsverhältnisses knüpft an die Vertriebsform, gilt daher auch für Nutzungskontrollen.

79. Die Entscheidung, eine gesetzliche Privatrechtsschranke vorzusehen, ist fakultativ. Von vornherein von der gesetzlichen Maßnahme nicht betroffen sind die interaktive Online-Dienste i.S.v. § 95b Abs. 3. Dies sind Systeme, bei denen eine individuelle Lizenzierung statt findet.

80. Von Verfassung wegen ist der Gesetzgeber weder dazu verpflichtet, dem Nutzer den Zugang zum Werk noch die Nutzung in beliebiger Form zu gewährleisten.

81. Gleichwohl sollte der Gesetzgeber bei der Ausgestaltung der verfassungsrechtlich geschützten Rechte grundsätzlich an dem Vergütungssystem festhalten. Allerdings darf dies nicht dazu führen, dass dadurch der Einsatz und die Durchsetzung technischer Maßnahmen behindert werden.

82. Als gesetzliche Regelung bietet sich eine abstrakt-generelle Regelung nach dem französischen Vorbild an. Dies wäre einer (Einzelfall-)Regelung vorzuziehen, die den unterschiedlichen Werkkategorien und Bedingungen der Marktsegmente Rechnung tragen müsste und keinen Raum für flexible Lösungen bietet.

83. Bereits aus der Ausnahme für interaktive *Online*-Dienste folgt, dass kollektives Vergütungssystem und individuelle Lizenzierung bereits nebeneinander bestehen. Der Einsatz der technischen Maßnahmen kann sich im Verhältnis der verschiedenen Kategorien von Rechtsinhabern auf den Verteilungsschlüssel und die Tarifhöhe auswirken. Ferner könnte die Ausstattung der Geräte mit technischen Maßnahmen die Abgabenpflicht entfallen lassen.

Auf jeden Fall beeinflusst der Einsatz der technischen Maßnahmen die Höhe der Abgaben. Durch die „Anrechung“ kann auch die Gefahr der Doppelbelastung der Nutzer begegnet werden.

Frankreich

1. Technische Maßnahmen sollen unter denselben Voraussetzungen geschützt werden wie die Rechte.
2. Die Begriffe der technischen Maßnahmen und der Wirksamkeit sind stark an den Wortlaut der Richtlinie orientiert. Für die Wirksamkeit scheint es zu genügen, wenn die beispielhaft aufgezählten Mechanismen eingesetzt werden.
3. Die Sanktionen sollen in erster Linie strafrechtlich ausgestaltet werden. Die Sanktionen sind den Sanktionen für Verstöße gegen das Delikt der Rechtverletzung (*délit de contrefaçon*) angeglichen.
4. Als neue Straftatbestände sind article L.335-3-1 und article L.335-4-1 vorgesehen (vgl. § 108b UrhG). Der Strafrahmen beträgt jeweils zwei Jahre Freiheitsstrafe und 150.000 Euro Geldstrafe.
5. Die Umgehungsmittel können in einem besonderen Verfahren (*contresaisie*) beschlagnahmt werden.
6. Ein eingetretener Vermögensschaden kann wegen Verletzung der Strafnormen im Wege eines strafrechtlichen Entschädigungsprozesses von dem Geschädigten eingeklagt werden; die zivilrechtlichen deliktischen Ansprüche gemäß article 1383 ff. Code civil bleiben davon unberührt.
7. Zur Sicherstellung der Schranken soll der neu geplante article L.331-6 den Rechtsinhaber verpflichten, Mittel für die Nutzung der Schranken zur Verfügung zu stellen. Die Verpflichtung soll nur für die Schranke zum privaten Gebrauch und für Behinderte gelten. Entsprechendes gilt für die speziellen Schranken bei der Nutzung von Datenbanken, die durch das Sui-generis-Recht geschützt sind.
8. Eine dem § 52a UrhG vergleichbare Schranke zu Unterrichts- und Forschungszwecken ist nicht geplant. Dies verstößt gegen Art. 6 Abs. 4 Unterabs. 1 als verbindlichen Mindeststandard.
9. Die gesetzliche Verpflichtung der Rechtsinhaber, die Nutzung der Schranken durch geeignete Maßnahmen zu ermöglichen, soll unter folgenden Einschränkungen gelten: Der Schrankenbegünstigte muss rechtmäßig Zugang zum Werk haben; die Nutzung muss im Einklang mit dem DST sein; dem Rechtsinhaber soll es unbenommen bleiben, die Anzahl der Vervielfältigungen zu bestimmen.

10. Die Einhaltung der gesetzlichen Verpflichtung soll nach dem in article L.331-7ff. vorgesehenen Mediationsverfahren überprüft werden.

USA

1. Das US-amerikanische Recht, das der gemeinschaftsrechtlichen Regelung teilweise Pate stand, weist systematische Unterschiede zu dem gemeinschaftsrechtlichen Rechtsschutz auf.

2. Kennzeichnend ist die systematische Trennung zwischen Urheberrecht und Umgehungsschutz. Der Umgehungsschutz lässt das Urheberrecht unberührt. Der Umgehungsschutz wiederum trennt scharf zwischen Zugangs- und Nutzungskontrollen. Nur gegenüber den Nutzungskontrollen gelten die urheberrechtlichen Ausnahmen. Während die Umgehung von Zugangskontrollen verboten ist, ist die Umgehung von Nutzungskontrollen legal. Es handelt legal, wer sich auf eine urheberrechtliche Schranke berufen kann. Ggü. dem Schutz von Zugangskontrollen hat der Gesetzgeber umgehungsspezifische Ausnahmen geregelt, die sich teils mit den Wertungen von *fair use* decken, teils anderen schutzwürdigen Belangen Rechnung tragen.

3. Die Herstellung und der Handel von Mitteln zur Umgehung von Zugangskontrollen und Nutzungskontrollen ist grundsätzlichen verboten. Ausnahmen sind etwa zu Gunsten der Kryptographieforschung, dem Reverse Engeneering und der Dekompilierung zugelassen.

4. Der Schrankenbegünstigte wird bei der Durchsetzung seiner Schranken schutzlos gelassen. Der Handel mit Umgehungsmitteln ist verboten, aber die Umgehung von Nutzungskontrollen zur urheberrechtlich privilegierten Nutzung erlaubt. Der Schrankenbegünstigte kann sich daher aus keiner Quelle Mittel beschaffen, um von seiner Schranke Gebrauch zu machen.

Literatur

***Anders**, Monika / Burkhard **Gehle**,* Das Assessorexamen im Zivilrecht, 6. Aufl. Düsseldorf 1999.

***Auer**, Günter,* Rechtsschutz für technischen Schutz im Gemeinschaftsrecht, in: Ein Leben für Rechtskultur: Festschrift für Robert Dittrich zum 75. Geburtstag, hrsg. von Helmuth Tades u. a., Wien 2000, S. 3-19 (zit. FS Dittrich).

ders., Die Umsetzung urheberrechtlicher Richtlinien am Beispiel der Satellitenrichtlinie, in: Beiträge zum Urheberrecht V, hrsg. von Robert Dittrich, Wien 1997, S. 19-40 (zit. Dittrich, Beiträge zum Urheberrecht).

***Balzli**, Beat / Klaus-Peter **Kerbus** /Marcel **Rosenbach** / Thomas **Schulz**,* Alles nur geklaut, Spiegel, Heft 36/2003, S. 72-79.

***Baumgardt**, Michael,* Hier (über)spielt die Musik, Apples Online-Musikdienst getestet, c't 11/2003, S. 80, URL: http://www.heise.de/ct/03/11/080/

Baumbach / Hefermehl, Wettbewerbsrecht: Gesetz gegen den unlauteren Wettbewerb, Zugangsverordnung, Rabattgesetz und Nebengesetze, 22. Aufl. München 2001 (zit. Baumbach/Hefermehl, UWG).

***Bayreuther**, Frank,* Beschränkungen des Urheberrechts nach der neuen EU-Urheberrechtsrichtlinie, ZUM 2001, 828-839.

ders., Europa auf dem Weg zu einem einheitlichen Urheberrecht, EWS 2001, 422-431.

***Bechtold**, Stefan,* Vom Urheber- zum Informationsrecht, Implikationen des Digital Rights Management, München 2002 (zit. DRM).

ders., Multimedia und Urheberrecht – einige grundsätzliche Anmerkungen, GRUR 1998, 18-27.

***Berger**, Christian,* Urheberrechtliche Erschöpfungslehre und digitale Informationstechnologie, GRUR 2002, 198-203.

***Bergmann**, Alfred,* Zur Reichweite des Erschöpfungsprinzips bei der Online-Übermittlung urheberrechtlich geschützter Werke, in: Festschrift für Willi Erdmann zum 65. Geburtstag, hrsg. von Hans-Jürgen Ahrens u.a., Köln 2002, S. 17-28 (zit. FS Erdmann).

***Bertsch**, Andreas / Claus **Stark**,* Verschlüsselung und Inhaltssicherung, DuD 2001, 711-716.

***Besek**, June M.*, The Scope of the Prohibition on Circumvention of Technological Measures: Exceptions, United States, ALAI 2001 Congress, New York, June 13-17, URL: http://www.alai2001.org/2001_conference/Reports/usa_id2_en.doc; S. 1-18 (zit. Exceptions, USA).

***Besse**, Dirk*, Die Bananenmarktordnung im Lichte deutscher Grundrechte und das Kooperationsverhältnis zwischen BVerfG und EuGH – EuGH, Slg. I. 1994,

4973; EuZW 1995, 836; BVerfG, NJW 1995, 950; VGH Kassel, NVwZ 1995, 612; FG Hamburg, EuZW 1995, 413, JuS 1996, 396-402.

***Bing**, Jon*, The new or evolving „access right", General Report, ALAI 2001 Congress, New York, June 13-17, abrufbar unter URL: http://www.alai2001.org/2001_conference/0_entrance_en.htm; S. 1-19 (zit. „Access Right").

***Bleckmann**, Albert*, Probleme der Auslegung von EWG-Richtlinien, RIW 1987, 929-935.

***Bodendorf**, Freimut / **Robra-Bissantz** / Bernd **Weiser** / Florian* **Lang**, Internet und Urheberrecht, NWiR 2002, 1-18.

***Boehme-Neßler**, Volker*, CyberLaw, Lehrbuch zum Internet-Recht, München 2001 (zit. CyberLaw).

***Boujong**, Karlheinz (Hrsg.)*, Karlsruher Kommentar zum Gesetz über Ordnungswidrigkeiten, 2. Aufl. München 2000 (zit. Bearbeiter in KK, OWiG).

***Braun**, Thorsten*, „Filsharing"-Netze und deutsches Urheberrecht – Zugleich eine Entgegnung auf Kreutzer, GRUR 2001, 193 ff. und 307 ff.-, GRUR 2001, 1106-1111.

***Brazell**, Lorna*, Electronic Security: Encryption in the Real World, E.I.P.R. 1999, 17-27.

Brox**, Hans / Wolf-Dietrich **Walker, Besonderes Schuldrecht, 25. Aufl. München 2000.

***Buchmann**, Johannes*, Einführung in die Kryptographie, 2. Aufl. Berlin (u.a.) 2001 (zit. Kryptographie).

***Bungeroth**, Erhard*, Der Schutz der ausübenden Künstler gegen die Verbreitung im Ausland hergestellter Vervielfältigungsstücke ihrer Darbietungen, GRUR 1976, 454-466.

Calliess**, Christian / Matthias **Ruffert, Kommentar des Vertrages über die Europäische Union und des Vertrages zur Gründung der Europäischen Gemeinschaft – EUV/EGV – 2. Aufl. Neuwied/Kriftel 2002 (zit. Bearbeiter in Calliess/Ruffert, EUV/EGV).

***Canaris**, Claus-Wilhelm*, Schutzgesetze – Verkehrspflichten – Schutzpflichten, in: Festschrift für Karl Larenz zum 80. Geburtstag am 23. April 1983, hrsg. von Claus-Wilhelm Canaris und Uwe Diederichsen, München 1983, S. 27-110.

***Chantepie**, Philippe*, Rapport n°2003-02-(I), Mesures techniques de protection des œuvres & DRMS, un état des lieux, 1ère partie (Janvier 2003), URL: http://www.culture.gouv.fr/culture/cspla/Mptdrms.pdf, S. 1-149, abrufbar von URL: http://www.culture.gouv.fr/culture/cspla/travaux.htm (zit. Mesures techniques).

***Clark**, Charles*, The Answer to the Machine is in the Machine, in: The Future of Copyright in the Digital Environment, Proceedings of the Royal Academy

Colloquium, hrsg. von Bernt P. Hugenholtz, The Hague, London, Boston 1996 (zit. Hugenholtz, The Future of Copyright), S. 139-152.

***Cohen**, Julie E.*, Some Reflections on Copyright Management Systems and Laws Designed to Protect Them, Berkeley Tech. L. J. 1997, erhältlich unter URL: http://www.law.berkeley.edu/journals/btlj/ (zit. Some Reflections).

dies. WIPO Copyright Treaty implementation in the US: Will Fair use survive?, E.I.P.R. 1999, 236-247.

***Czychowski**, Christian*, Das Gesetz zur Regelung des Urheberrechts in der Informationsgesellschaft, NJW 2003, 2409-2412.

Dalloz, Code de la propriété intellectuelle, 3. Aufl. Paris 2002.

***Däubler-Gmelin**, Herta*, Private Vervielfältigung unter dem Vorzeichen digitaler Technik, ZUM 1999, 769-775.

***Davis**, Gillian*, Copyright in the Information Society Technical Devices to Control Private Copying, in: Urheberrecht: gestern-heute-morgen; Festschrift für Adolf Dietz zum 65. Geburtstag, hrsg. von Peter Ganea, München 2001, S. 307-319 (zit. FS Dietz).

***Degenhart**, Christoph*, Staatsrecht I, Staatsorganisationsrecht, 18. Aufl. Heidelberg 2002 (zit. StaatsR I).

***Delp**, Ludwig*, Das Recht des geistigen Schaffens in der Informationsgesellschaft, 2. Aufl. München 2003.

***v. Diemar**, Undine*, Kein Recht auf Privatkopien – Zur Rechtsnatur der gesetzlichen Lizenz zu Gunsten der Privatvervielfältigung, GRUR 2002, 587-593.

***Dietz**, Adolf*, Die EU-Richtlinie zum Urheberrecht und zu den Leistungsschutzrechten in der Informationsgesellschaft, ZUM 1998, 438-451.

***Dittmann**, Jana*, Digitale Wasserzeichen: Grundlagen, Verfahren, Anwendungsgebiete, Berlin/Heidelberg 2000 (zit. Digitale Wasserzeichen).

Dixon**, Allan N. / Martin F. **Hansen,The Berne Convention Enters the Digital Age, E.I.P.R. 1996, 604-612.

***Dreier**, Horst* (Hrsg.), Grundgesetz, Kommentar, Tübingen 1996, Bd. I, Artikel 1-19 (zit. Bearbeiter in Dreier GG).

***Dreier**, Thomas*, Rechtsschutz von Computerprogrammen, CR 1991, 577-583.

ders., Urheberrecht an der Schwelle des 3. Jahrtausends, CR 2000, 45-49.

ders., Die Umsetzung der Urheberrechtsrichtlinie 2001/29/EG in deutsches Recht, ZUM 2002, 28-43.

Drösser**, Christoph / Götz **Hamann, Die Job-Maschine, DIE ZEIT v. 15. Mai 2003, S. 19-20.

Duden, Informatik, 2. Aufl. Mannheim/Leipzig/Wien/Zürich 1993.

Duden, Deutsche Rechtschreibung, 21. Aufl. Mannheim (u.a.) 1996.

***Dusollier**, Séverine*, Electrifying the Fence: The Legal Protection of Technological Measures for Protecting Copyright, E.I.P.R. 1999, 285-297.

***Egloff**, Willi*, Die EU-Richtlinie zur Harmonisierung des Urheberrechtsschutzes und das schweizerische URG, sic! 2002, 739-751.

Engel-Flechsig**, Stefan / Frithjof A. **Maennel** / Alexander **Tettenborn, Beck'scher IuKDG-Kommentar, München 2001 (zit. Bearbeiter in Engel-Flechsig u.a., IuKDG).

***Ehricke**, Ulrich*, Die richtlinienkonforme und gemeinschaftsrechtskonforme Auslegung nationalen Rechts, RabelsZ 59 (1995), 598-644.

***Ensthaler**, Jürgen* (Hrsg.), Handbuch Urheberrecht und Internet, Heidelberg 2002 (zit. Handbuch UrhR).

***Erman**, Walter* , Handkommentar zum Bürgerlichen Gesetzbuch, hrsg. von Harm Peter Westermann (Hrsg.), 10. Aufl., Bd. 1, Münster, Köln 2000 (zit. Bearbeiter in Ermann, BGB).

***Ernst**, Stefan,* Rechtsprobleme im Internet: urheber-, wettbewerbs- und markenrechtliche Sicht, K&R 1998, 536- 541.

***Esser**, Josef / Hans-Leo **Weyers**,* Schuldrecht Band II Besonderer Teil Teilband 2 Gesetzliche Schuldverhältnisse, 8. Aufl. Heidelberg 2000 (zit. SchuldR BT).

***Fallenböck**, Markus / Johann **Weitzer**,* Digital Rights Management: A New Approach to Information and Content Management?, Cri 2003, 40-46.

***Fechner**, Frank,* Geistiges Eigentum und Verfassung, Schöpferische Leistungen unter dem Schutz des Grundgesetzes, Tübingen 1999 (zit. Geistiges Eigentum und Verfassung).

***Federrath**, Hannes*, Multimediale Inhalte und technischer Urheberrechtsschutz im Internet, ZUM 2000, 804-810.

ders., Wissenschaftliche Evaluation von DRM-Systemen, URL: http://www.inf.tu-dresden.de/~hf2 (12/02)(zit. Evaluation von DRMS).

***Ferid**, Murad / Jürgen **Sonnenberger**,* Das Französische Zivilrecht, Band 2 Schuldrecht: Die einzelnen Schuldverhältnisse; Sachenrecht, 2. Aufl. Heidelberg 1986 (zit. Frz. ZivilR).

***Flechsig**, Norbert P.*, Eu-Harmonisierung des Urheberrechts und der verwandten Schutzrechte in der Informationsgesellschaft, ZUM 1998, 140-154.

ders., Grundlagen des Europäischen Urheberrechts, ZUM 2002, 1-21.

***Fox**, Dirk*, Advanced Encryption Standard, DuD 1999, 598.

ders., Data Encryption Standard (DES), DuD 2000, 736.

***Fritzsche**, Jörg,* Unterlassungsanspruch und Unterlassungsklage, Berlin (u.a.) 2000.

***Fromm**, Friedrich Karl / Wilhelm **Nordemann**,* Kommentar zum Urheberrechtsgesetz und zum Urheberrechtswahrnehmungsgesetz, 9. Aufl. Stuttgart 1998 (zit. Bearbeiter in Fromm/Nordemann, UrhG).

***Fuß**, Ernst-Werner*, Die „Richtlinie" des Europäischen Gemeinschaftsrechts, DVBl. 1965, 378-384.

Frhr. ***v. Gamm****, Otto-Friedrich*, Urheberrechtsgesetz, Kommentar, München 1968 (zit. v. Gamm, UrhG).

Gaster*, Jens*, Urheberrecht und verwandte Schutzrechte in der Informationsgesellschaft, ZUM 1995, 740-752.

Gellermann*, Martin*, Beeinflussung des bundesdeutschen Rechts durch Richtlinien der EG, Köln, Berlin, Bonn, München 1994 (zit. Beeinflussung durch EG-RL).

Gersdorf*, Hubertus*, Multi-Media: Der Rundfunkbegriff im Umbruch?, AfP 1995, 565-574.

Ginsburg*, Jane C.*, Die Rolle des nationalen Urheberrechts im Zeitalter der internationalen Urheberrechtsnormen, GRUR Int. 2000, 97 – 110.

dies., in: U. S. Intellectual Property: Law and Policy, „ From Having Copies to Experiencing Works: the Development of an Access Right in U.S. Copyright Law, hrsg. von Hansen 2000, erhältlich unter URL: http://papers.ssrn.com/sol3/papers.cfm?abstract_id=222493 (zit. Access Right).

Göhler*, Erich*, Ordnungswidrigkeitengesetz, Kommentar, 13. Aufl. München 2002 (zit. OWiG).

Goldmann*, Bettina / Andreas* ***Liepe****,* Vertrieb von kopiergeschützten Audio-CDs in Deutschland, ZUM 2002, 363-375

Goldstein*, Paul*, International Copyright, Principles, Law and Practice, New York 2001 (zit. International Copyright).

Goutal*, Jean-Louis*, Traité OMPI du 20 décembre 1996 et conception francaise du droit d'auteur, RIDA 2001, Bd. 187, 67-109.

Götz*, Volkmar*, Europäisches Gemeinschaftsrecht und deutsches Recht, die Getreidemarktorganisation als Beispiel, JZ 1963, 265-270.

Grassmuck*, Volker,* Das Ende des Allzweck-Computers steht bevor, URL: http://www.wz-berlin.de/wissenswert/Pr%C3%A4sentationen/Grassmuck.htm (zit. Ende des Allzweck-Computers)

von der Groeben*, Hans / Jochen* ***Thiesing*** */ Claus-Dieter* ***Ehlermann*** *(Hrsg.),* Kommentar zum EU-/EG-Vertrag, Bd. 4, Artikel 137-209a EGV, 5. Aufl. Baden-Baden 1997 (zit. Verfasser in Groeben u.a., EUV/EGV).

Gröblinghoff*, Stefan*, Die Verpflichtung des deutschen Strafgesetzgebers zum Schutz der Interessen der Europäischen Gemeinschaften, Heidelberg 1996.

Grundmann*, Stefan*, Einwirkung von EG-Richtlinien des Privat- und Wirtschaftsrechts auf nationales Recht – Deckungsgleichheit zumindest im Mindestniveau, JuS 2002, 768-773.

ders., Europäisches Schuldvertragsrecht, Das europäische Recht der Unternehmensgeschäfte, Berlin, New York 1999 (zit. Schuldvertragsrecht).

Guibault*, Lucie M. C. R.*, Contracts and Copyright Exemptions, in: Copyright and Electronic Commerce, Legal Aspects of Electronic Copyright Management, hrsg. von Bernt P. Hugenholtz, The Hague, London, Boston 2000 (zit. Hugenholtz, Copyright and Electronic Commerce), S. 125-163.

***Guignard**, Bryan*, How Secure is PDF ?, URL: http://www-2.cs.cmu.edu/~dst/Adobe/Gallery/PDFsecurity.pdf

***Gutman**, Daniel*, Urheberrecht im Internet in Österreich, Deutschland und der EU, Missbrauch, technische Schutzmaßnahmen und rechtliche Flankierungen, Wien, Graz 2003 (zit. Urheberrecht im Internet).

***Haberstumpf**, Helmut*, Der Schutz elektronischer Datenbanken nach dem Urheberrechtsgesetz, GRUR 2003, 14-31.

***Haedicke**, Maximilian*, Urheberrecht und Internet im Überblick, Jura 2000, 449-453.

ders., Die Umgehung technischer Schutzmaßnahmen durch Dritte als mittelbare Urheberrechtsverletzung, in: Urheberrecht: gestern-heute-morgen; Festschrift für Adolf Dietz zum 65. Geburtstag, hrsg. von Peter Ganea, München 2001, S. 349-364 (zit. FS Dietz).

***Hänel**, Frederike,* Napster und Gnutella –Probleme bei der Übertragung von MP3-Dateien nach deutschem Urheberrecht, JurPC Web-Dok. 245/2000, Abs. 1 – 57, URL: http://www.jurpc.de/aufsatz/20000245.htm

***Hafner**, Katie / Matthew **Lyon**,* Where wizards stay up late: the origins of the Internet, New York 1998.

***Heeg**, Thiemo*, Dauer-Werbesendung, FAS v. 12.10.2001, S. 38.

***Heide**, Thomas*, Access Control and Innovation under the Emerging EU Electronic Commerce Framework, Berkeley Tech. L. J. 2001, URL: http://www.law.berkeley.edu/journals/btlj/articles/vol15/heide/heide.html, S. 1-39 (zit. Access Control).

ders., Copyright in the E.U. and United States: What „Access Right"?, E.I.P.R. 2001, 469-477, URL: http://papers.ssrn.com/sol3/papers.cfm?abstract_id=270861

***Heß**, Stefan*, Die Umsetzung von EG-Richtlinien im Privatrecht, Frankfurt am Main (u.a.) 1999 (zit. Die Umsetzung von EG-RL).

***Hildebrandt**, Ulrich*, Die Strafvorschriften des Urheberrechts, Berlin 2001 (zit. Strafvorschriften des UrhR).

***Himmelein**, Gerald*, Der digitale Knebel, c't 15/2002, S. 18.

***Hoeren**, Thomas*, Entwurf einer EU-Richtlinie zum Urheberrecht in der Informationsgesellschaft, MMR 2000, 515-521.

ders., Überlegungen zum Entwurf des Gesetzes zur Regelung des Urheberrechts in der Informationsgesellschaft", URL: http://www.wissensgesellschaft.org/themen/publicdomain/ueberlegungen.html (zit. Überlegungen).

ders., Urheberrecht und Verbraucherschutz. Überlegungen zum Gesetz über Urheberrecht in der Informationsgesellschaft, Gutachten für den Verbraucherzentrale Bundesverband e.V. in Berlin, S. 1-51, abgedruckt in Ausschussdrucks. 15 (6) 3, 16 (6) 4.

ders., Lex, Notlügen und Videos, FAZ v. 21.2.2003, S. 39.

***Holznagel**, Bernd*, S.A.D. Gutachten v. 26.9.2003, Vereinbarkeit der §§ 108b, 111a i.V.m. 95a i.V.m. §§ 69a ff. des Urheberrechtsgesetzes 2003 mit deutschem Verfassungsrecht und EG-Recht, S. 1-94 (zit. Gutachten).

***Huber**, Peter M.*, Recht der Europäischen Integration, 1. Aufl. München 1996, 2. Aufl. München 2002.

***Huppertz**, Marie-Thérèse*, The Privotal Role of Digital Rights Management Systems in the Digital World, Cri 2002, 105-112.

***Hyzik**, Michael*, Das neue „private" Urheberrecht für das digitale Umfeld, sic! 2001, 107-113.

Irlbeck**, Thomas / Frank **Langenau** / Franz **Mayer, Computerlexikon, Irlbeck/Langenau/Mayer, 4. Aufl. München 2002 (zit. Irlbeck/Langenau/Mayer).

***Ipsen**, Hans Peter*, Richtlinienergebnisse, in: Festschrift für Carl Friedrich Ophüls, Zur Integration Europas, hrsg. von Walter Hallstein und Hans-Jürgen Schlochauer, Karlsruhe 1965, S. 67-84 (zit. FS Ophüls).

***Ipsen**, Knut*, Völkerrecht, 4. Aufl. München 1999 (zit. VölkerR).

***Jarass**, Hans D.*, Grundfragen der innerstaatlichen Bedeutung des EG-Rechts, Köln/Berlin/Bonn/München 1994 (zit. Grundfragen).

***Jauernig**, Othmar* (Hrsg.), Bürgerliches Gesetzbuch mit Gesetz zur Regelung des Rechts der Allgemeinen Geschäftsbedingungen, 10. Aufl. München 2003 (zit. Bearbeiter in Jauernig, BGB).

Kaplan, IBM Cryptolopes TM, SuperDistribution and Digital Rights Management, URL: http://www.research.ibm.com/people/k/kaplan/cryptolope-docs/crypap.html

***Kerr**, Orin S.*, A Lukewarm Defense of the Digital Millennium Copyright Act, in: Copy fights: the future of intellectual property in the information age, hrsg. von Adam Thierer und Wayne Crews, 2002, S. 163-176 (zit. Thierer, Copy fights).

***Kleper**, Michael L.*, The Handbook of Digital Publishing, Volume I, II, Upper Saddle River 2001.

***Knies**, Bernhard*, Kopierschutz für Audio-CDs. Gibt es einen Anspruch auf Privatkopie?, ZUM 2002, 793-797.

***Knobloch**, Hans-Joachim*, Schwäche im OpenPGP-Standard, Attacke auf die geheimen Schlüssel von PGP-Benutzern, DuD 2001, 333-335

***Koelmann**, Kamiel J. / Natali **Helberger**,* Protection of Technological Measures, in: Copyright and Electronic Commerce, Legal Aspects of Electronic Copyright Management, hrsg. von Bernt P. Hugenholtz, The Hague/London/ Boston 2000 (zit. Hugenholtz, Copyright and Electronic Commerce), S. 165-227.

***Kreutzer**, Till*, Napster, Gnutella & Co.: Rechtsfragen zu Filesharing-Netzen aus der Sicht des deutschen Urheberrechts de lege lata und de lege ferenda – Teil 1, GRUR 2001, 193-204.

***Kröger**, Detlef*, Die Urheberrechtsrichtlinie für die Informationsgesellschaft - Bestandsaufnahme und kritische Bewertung, CR 2001, 316 ff.

ders., Enge Auslegung von Schrankenbestimmungen – wie lange noch?, MMR 2002, 18-21.

***Kühl**, Kristian*, Strafrecht, Allgemeiner Teil, 4. Aufl. München 2002 (zit. StrR AT).

Lackner**, Karl / Kristian **Kühl, Strafgesetzbuch mit Erläuterungen, 24. Aufl. München 2001 (zit Lackner/Kühl, StGB).

***Laga**, Gerhard*, Rechtliche Beurteilung von technischen Schutzmaßnahmen, JurPC 2000, Web doc 7/2000, URL: http://www.jurpc.de/aufsatz/ 20000007.htm

***Latreille**, Antoine*, The Scope of the Prohibition on Circumvention of Technological Measures: Exceptions, Länderbericht Frankreich, ALAI 2001 Congress, New York, June 13-17, URL: http://www.alai-usa.org/2001_ conference/Reports/France_id2_fr.pdf

***Lehmann**, Michael*, Die IT-relevante Umsetzung der Richtlinie Urheberrecht in der Informationsgesellschaft, Ein Überblick über die wesentlichen Änderungen des deutschen Urheberrechts durch das Gesetz zur Regelung des Urheberrechts in der Informationsgesellschaft, CR 2003, 553-557.

Leipziger Kommentar zum StGB, hrsg. von Burkhard Jähnke, Heinrich Wilhelm Laufhütte und Walter Odersky, 11. Aufl. Berlin/New York 1998, (zit. Bearbeiter in LK, StGB).

Lesshaft**, Karl / Detlef **Ulmer, Urheberrechtsschutz von Computerprogrammen nach der Europäischen Richtlinie, CR 1991, 519-525.

***Lessig**, Lawrence*, The Future of Ideas, New York 2002.

Leupold**, Andreas / Dominik **Demisch, Bereithalten von Musikwerken zum Abruf in digitalen Netzen, ZUM 2000, 379-390.

***v. Lewinski**, Silke*, Der EG-Richtlinienvorschlag zum Urheberrecht und zu verwandten Schutzrechten in der Informationsgesellschaft, GRUR Int. 1998, 637-642.

dies., Die diplomatische Konferenz der WIPO 1996 zum Urheberrecht und zu verwandten Schutzrechten, GRUR Int. 1997, 667-681.

dies., Multimedia und Urheberrecht, Berichte aus dem In- und Ausland, Das Europäische Grünbuch über das Urheberrecht und neue Technologien, GRUR Int. 1995, 831-837.

***Linnenborn**, Oliver*, Urheberrecht goes Europe!, K&R 1999, 201-210.

ders., Update: Europäisches Urheberrecht in der Informationsgesellschaft, K&R 2001, 394-402.

***Loewenheim**, Ulrich*, Vervielfältigungen zum eigenen Gebrauch von urheberrechtswidrig hergestellten Werkstücken, in: Urheberrecht: gestern-heute-morgen, Festschrift für Adolf Dietz zum 65. Geburtstag, hrsg. von Peter Ganea, München 2001, S. 415-421 (zit. FS Dietz).

***ders.** (Hrsg.)*, Handbuch des Urheberrechts, München 2003 (zit. Bearbeiter in Handbuch UrhR).

***Lucas**, André*, Propriété littéraire et artistique, 2e édition, Paris 2002 (zit. Propriété littéraire).

***Lutter**, Marcus*, Die Auslegung angeglichenen Rechts, JZ 1992, 593-607.

Magtaggert, Enabling XML Security, URL: http://www-106.ibm.com/developerworks/security/library/s-xmlsec.html?dwzone=security#h9113

Marks**, Dean S. / Bruce H. **TurnbullTechnical Protection Measures: The Intersection of Technology, Law and Commercial Licences, E.I.P.R. 2000, S. 198 ff.

***Marly**, Jochen*, Rechtschutz für technische Schutzmechanismen geistiger Leistungen, K&R 1999, 106-112.

***Marzouki**, Meryem*, Implementation of the Directive, Länderbericht Frankreich, Implementing the European Union Copyright Directive, Foundation for Information Policy Research (fipr), URL: http://www.fipr.org/copyright/guide/eucd-guide.pdf, S. 56-71 (zit. Implementation).

***Maus**, Joachim*, Die digitale Kopie von Audio- und Videoprodukten, Die Nutzung von Film und Musik im Privaten Bereich und deren Behandlung im deutschen und internationalen Urheberrecht, Baden-Baden 1991, 132 ff.

***Mayer**, Christoph*, Die Privatkopie nach Umsetzung des Regierungsentwurfs zur Regelung des Urheberrechts in der Informationsgesellschaft – Verkommt der Begriff „Recht zur Privatkopie“ zum bloßen Euphemismus?, CR 2003, 274-281.

ders., Urheber- und haftungsrechtliche Fragestellungen bei peer-to-peer-Tauschbörsen, Berlin 2003 (zit. Tauschbörsen).

***Mayer**, Hans-Peter*, Richtlinie 2001/29/EG zur Harmonisierung bestimmter Aspekte des Urheberrechts und der verwandten Schutzrechte in der Informationsgesellschaft, EuZW 2002, 325-329.

***Medicus**, Dieter*, Allgemeiner Teil des BGB, 8. Aufl. Heidelberg 2002 (zit. BGB, AT).

ders., Schuldrecht I, Allgemeiner Teil, 14. Aufl. München 2003 (zit. SchuldR I AT)

ders., Schuldrecht II, Besonderer Teil, 11. Aufl. München 2003 (zit. SchuldR II BT).

ders., Bürgerliches Recht, 19. Aufl. Köln (u.a.) 2002.

***Meier**, Lutz / Stefan Kremple*, Musikbranche verschreckt Raubkopierer, FTD v. 2.10.2003, S. 7.

***Meier-Ewert**, Wolf R.*, Reform des Urheberrechts bedroht Verlage nicht, FAZ v. 30.4.2003, S. 21.

***Melichar**, Ferdinand,* Die Wahrnehmung von Urheberrechten durch Verwertungsgesellschaften: am Beispiel d. VG Wort, München 1983.

***Menezes**, A. / P. van **Oorschot** / S. **Vanstone**,* Handbook of Applied Cryptography, 1996, URL: www.cacr.math.uwaterloo.ca/hac (zit. Menezes u.a., Applied Cryptography)

***Metzger**, Axel / Till **Kreutzer**,* Richtlinie zum Urheberrecht in der „Informationsgesellschaft", Privatkopie trotz technischer Schutzmaßnahmen?, MMR 2002, 139-142.

***Meyer-Goßner**, Lutz*, Strafprozessordnung, Kommentar, 46. Aufl. München 2003 (zit. StPO).

Miller**, Ernest / Joan **Feigenbaum, Taking the Copy Out of Copyright, in: Workshop DRM: Security and privacy in digital rights management: revised papers, Workshop DRM 2001, Philadelphia, PA, USA, November 5, 2001, hrsg. v. Tomas Sander, Berlin u.a. 2002, S. 233-244 (zit. Sander, Workshop DRM).

Möhring**, Philipp / Käthe **Nicolini (Hrsg.), Urheberrechtsgesetz, Kommentar, 2. Aufl. München 2000 (zit. Bearbeiter in Möhring/Nicolini).

***Möhring**, Philipp / Erich **Schulze** / Eugen **Ulmer** / Konrad **Zweigert**,* Quellen des Urheberrechts, Loseblattsammlung, Bd. 2 (Frankreich), Stand: Oktober 1995, Bd. 6 (USA), Stand: April 2001 (zit. Bearbeiter in Möhring u.a., Quellen des UrhR).

***Mönkemöller**, Lutz*, Moderne Freibeuter unter uns? – Internet, MP3 und CD-R als GAU für die Musikbranche!, GRUR 2000, 663-669.

***Möschel**, Wernhard / Stefan **Bechthold**,* Copyright-Management im Netz, MMR 1998, 571-576.

***Müller**, Ulf,* Stellungnahme zur Anhörung des Rechtsausschuss des Deutschen Bundestages am 29.1.2003, S. 1- 25, abgedruckt in Ausschussdrucks. 15 (6) 3, 16 (6) 4.

***Müller-Graf**, Peter-Christian*, Europäisches Gemeinschaftsrecht und Privatrecht, NJW 1993, 13-23.

Münchener Kommentar zum Bürgerliches Gesetzbuch, Schuldrecht, Allgemeiner Teil, §§ 241-432, 4. Aufl. München 2002; Schuldrecht, Besonderer Teil III,

§§ 705-853, 3. Aufl. München 1997 (zit. Bearbeiter in MünchKomm, BGB).

*Nordemann, Wilhelm / Kai **Vinck** / Paul W. **Hertin**,* Internationales Urheberrecht und Leistungsschutzrecht der deutschsprachigen Länder unter Berücksichtigung der Staaten der Europäischen Gemeinschaft, Weinheim/Basel/Cambridge/New York 1990 (zit. Internationales Urheberrecht).

*Nordemann, Axel / Heinz **Goddar** / Marion **Tönhardt** / Christian **Czychowski**,* Gewerblicher Rechtsschutz und Urheberrecht im Internet, CR 1996, 645-657.

*v. **Olenhusen**, Albrecht Götz*, Digitale Informations- und Wissensgesellschaft und das Urheberrecht, ZRP 2003, 232-235.

***Ory**, Stefan,* Urheberrecht in der Informationsgesellschaft, JurPC Web-Dok. 126/2002, Abs. 1-17, URL: http://www.jurpc.de/aufsatz/20020126.htm.

***Oppermann**, Thomas*, Europarecht, 2. Aufl. München 1999 (zit. EuR).

***Palandt**, Otto*, Bürgerliches Gesetzbuch, Kommentar, 62. Aufl. München 2003 (zit. Bearbeiter in Palandt, BGB).

Paul**, Jörg-Alexander / Stefanie **Naskret, Die Zukunft der Geräteabgabe, CR 2003, 473-479.

***Peukert**, Alexander*, Digital Rights Management und Urheberrecht, UFITA 2002, 689-713.

Pfitzmann**, Andreas / Hannes **Federrath** / Markus **Kuhn, Anforderungen an die gesetzliche Regulierung zum Schutz digitaler Inhalte unter Berücksichtigung der Effektivität von technischen Schutzmechanismen, Gutachten (Teil1) 2002, URL: http://www-sec.uni-regensburg.de/publ/2002/copyright-studie/PfFK2002Final2002-03-13.pdf (zit. Gutachten). S. zu Teil 2 Sieber.

***Pahud**, Eric*, Die Sozialbindung des Urheberrechts, Bern 2000 (zit. Sozialbindung).

***Pommerening**, Klaus*, Vorlesung Datenschutz und Datensicherheit, Kryptographische Protokolle v. 31.3.1999 (Stand:3.2.2002), Johannes-Gutenberg-Universität Mainz, URL: http://www.uni-mainz.de/~pommeren/DSVorlesung/KryptoProt/ (zit. Bearbeiter).

***Raubenheimer**, Andreas*, Softwareschutz nach dem deutschen Urheberrecht, CR 1994, 69-83.

***Rehbinder**, Manfred*, Urheberrecht, 12. Aufl. München 2002.

***Reinbothe**, Jörg*, Der EU-Richtlinienentwurf zum Urheberrecht und zu den Leistungsschutzrechten in der Informationsgesellschaft, ZUM 1998, 429-437.

ders., Perspektiven für den Schutz des geistigen Eigentums in der Europäischen Gemeinschaft, in: Festschrift für Norbert Thurow, hrsg. von Manfred Rehbinder, Baden-Baden 1999, S. 13-26 (zit. FS Thurow).

ders., Die Entwicklung des EU-Richtlinienentwurfs zum Urheberrecht im Kontext mit den internationalen Konventionen, in: Die Entwicklung des Urheberrechts im europäischen Rahmen: Expertentagung vom 2. und 3. Oktober 1998 in Köln, hrsg. von Hanns Prütting, München 1999, S. 1-22 (zit. Prütting, Entwicklung des Urheberrechts).

ders., Die Beschränkungen und Ausnahmen von den Rechten im WIPO-Urheberrechtsvertrag, in: Ein Leben für Rechtskultur: Festschrift für Robert Dittrich zum 75. Geburtstag, hrsg. von Helmuth Tades u.a., Wien 2000, S. 251-268 (zit. FS Dittrich).

ders., Die EG-Richtlinie zum Urheberrecht in der Informationsgesellschaft, GRUR Int. 2001, 733-745.

ders., Die Umsetzung der EU-Richtlinie in deutsches Recht, ZUM 2002, 43-51.

ders., Private Copying, Levies and DRMs against the Background of the EU Copyright Framework", Vortrag auf der Konferenz "The Compatibility of DRM and Levies" am 8.9.2003 in Brüssel, URL: http://europa.eu.int/comm/internal_market/en/intprop/news/2003-09-speech_en.htm (zit. Private Copying).

ders., Review of the Last Ten Years and A Look at What Lies Ahead: Copyright and Related Rights in the European Union, URL: http://europa.eu.int/comm/internal_market/en/intprop/news/reinbothe04-04-02.htm, Rede v. 23.4.2002 (zit. Copyright and Related Rights in the European Union).

Reinbothe**, Jörg / Silke **v. Lewinski, The WIPO Treaties 1996: The WIPO Copyright Treaty and the WIPO Performances and Phonograms Treaty; commentary and legal analysis, London 2002 (zit. WCT/WPPT).

***Rengeling**, Hans-Werner*, Europäische Normgebung und ihre Umsetzung in nationales Recht, DVBl. 1995, 945-962.

Reuter**, Dieter / Michael **Martinek Ungerechtfertigte Bereicherung, Tübingen 1983.

***Retzer**, Karin*, On the Technical Protection of Copyright, A critical evaluation of the different legal regimes that EU Member States are in the process of a-dopting to govern technical protection and copyright management systems, Cri 2002, 134-143.

***Ricketson**, Sam*, The Berne Convention for the Protection of Literary and Artistic Works, London 1987, 482 ff. (zit. Berne Convention).

ders., WIPO Study on Limitations and Exceptions of Copyright and Related Rights in the Digital Environment, Standing Committee on Copyright and Related Rights, Ninth Session, Geneva, June 23 to 27, 2003, WIPO-Doc. SCCR/9/7.

Röhm**, Alexander W. / Carsten **Wilop, Urheberrechtlicher Schutz im Internet, DuD 1998, 250-253.

***v. Rom**, Katharina*, Die Leistungsschutzrechte im Regierungsentwurf für ein Gesetz zur Regelung des Urheberrechts in der Informationsgesellschaft, ZUM 2003, 128-134.

***Röttgers**, Janko*, Kopierschutzknacken aus Überzeugung, Heise-online, URL: http://www.heise.de/tp/deutsch/inhalt/te/9900/1.html.

***Rosén**, Jan*, Urheberrecht und verwandte Schutzrechte in der Informationsgesellschaft - Zur Umsetzung der EG-Richtlinie 2001/29/EG in den nordischen Ländern, GRUR Int. 2002, 195-206.

Rosenblatt**, Bill / Gail **Dykstra, Integrating Content Management with Digital Rights Management, Imperatives and Opportunities for Digital Content Lifecycles, URL: http://www.giantstepsmts.com/CM-DRMwhitepaper.pdf, S. 1-19 (zit. Content Management).

Rosenblatt**, Bill / Bill **Trippe** / Stephen **Mooney, Digital Rights Managment, Business and Technology, New York 2002 (zit. Rosenblatt u.a., DRM).

***Sachs**, Michael* (Hrsg.), Grundgesetz, Kommentar, 3. Aufl. München 2003 (zit. Bearbeiter in Sachs, GG).

***Salzwedel**, Jürgen*, Probleme der Umsetzung europäischen Gemeinschaftsrechts in das Umwelt- und Technikrecht der Mitgliedstaaten, UPR 1989, 41-49.

***Samuelson**, Pamela*, Intellectual Property and the Digital Economy: Why the Anti-Circumvention Regulations Need to be Revised, (1999) 14 Berkeley Tech, L.J. 519, erhältlich unter URL: http://www.law.berkeley.edu/journals/btlj/articles/vol14/Samuelson/html/reader.html sowie unter URL: http://www.sims.berkeley.edu/~pam/papers/Samuelson.doc

dies., The U.S. Digital Agenda at the World Intellectual Property Organization, 1997, URL: http://www.sims.berkeley.edu/~pam/courses/cyberlaw97/docs/wipo.pdf, S. 1-51 (zit. The U.S. Digital Agenda).

***Schack**, Haimo*, Europäisches Urheberrecht im Werden, ZeuP 2000, 799-819.

ders., Urheber- und Urhebervertragsrecht, 2. Aufl., Tübingen 2001 (zit. UrhR).

ders., Schutz digitaler Werke vor privater Vervielfältigung – zu den Auswirkungen der Digitalisierung auf § 53 UrhG, ZUM 2002, 497-511.

ders., Stellungnahme zur Anhörung im Rechtsausschuss des Deutschen Bundestages v. 29.1.2003, 1-2, abgedruckt in Ausschussdrucks. 15 (6) 3, 16 (6) 4.

ders., Private Vervielfältigung von einer rechtswidrigen Vorlage?, in: Festschrift für Willi Erdmann zum 65. Geburtstag, hrsg. von Hans-Jürgen Ahrens u.a., Köln 2002, S. 165-172 (zit. FS Erdmann).

ders., Dürfen öffentliche Einrichtungen elektronische Archive anlegen?, AfP 2003, 1-8.

***Schaefer**, Martin*, Die neuen Informationstechnologien als Herausforderung an den Gesetzgeber, in: Festschrift für Norbert Thurow, hrsg. von Manfred Rehbinder, Baden-Baden 1999, S. 95-101 (zit. FS Thurow).

***Scherzberg**, Arno*, Mittelbare Rechtssetzung durch Gemeinschaftsrecht – Richtlinien als Instrument der europäischen Integration -, Jura 1992, 572-578.

***Schippan**, Martin*, Die EU-Richtlinie zum Urheberrecht und zu den Leistungsschutzrechten in der Informationsgesellschaft, Diskussionsbericht der gleichlautenden Arbeitssitzung des Instituts für Urheber- und Medienrecht am 27. Februar 1998, ZUM 1998, 487-489.

ders., Urheberrecht goes digital – Das Gesetz zur Regelung des Urheberrechts in der Informationsgesellschaft, ZUM 2003, 378-389.

ders., Nun endgültig verabschiedet: Das digitale Urheberrecht – Korb 1, ZUM 2003, 678-680.

***Schmidt**, Christine*, Introduction à la langue juridique française, Baden-Baden 1997.

***Schmidt**, Marek*, Privatrechtsangleichende EU-Richtlinien und nationale Auslegungsmethoden, RabelsZ 59 (1995), 569-611.

***Schmoll**, Heike*, Enteignung der Autoren und Verlage?, FAZ v. 29.1.2003, S. 1-2.

***Schneider**, Jürgen*, Urheberrechtsverletzungen im Internet bei Anwendung des § 5 TDG, GRUR 2000, 969-973.

Schneider**, Jörg / Martin **Bartosch, Kryptographie-Standards und ihre APIs, Übersicht aus dem Blickwinkel des Anwendungsentwicklers, DuD 2000, 392-400.

***Schöfisch**, Volker*, Konsequenzen aus der EU-Richtlinie zum Urheberrecht für die innerstaatliche Umsetzung, in: Die Entwicklung des Urheberrechts im europäischen Rahmen: Expertentagung vom 2. und 3. Oktober 1998 in Köln, hrsg. von Hanns Prütting, München 1999, S. 23-31 (zit. Prütting, Entwicklung des Urheberrechts).

Schönke**, Adolf / Horst **Schröder, StGB, Kommentar, 26. Aufl. München 2001 (zit. Bearbeiter in Schönke/Schröder, StGB).

***Schott**, Robert*, Smart Cards, URL: http://www.uni-weimar.de/~schott2/sc (zit. Smart Cards).

***Schricker**, Gerhard* (Hrsg.), Urheberrecht, Kommentar, 2. Aufl. München 1999 (zit. Bearbeiter in Schricker, UrhR).

ders. (Hrsg.), Urheberrecht auf dem Weg zur Informationsgesellschaft, Baden-Baden 1997 (zit. Weg zur Informationsgesellschaft).

***Schröder**, Christian*, Europäische Richtlinien und deutsches Strafrecht, Berlin/New York 2002 (zit. RL und StrR).

***Sedgewick**, Robert*, Algorithms, 2. Aufl. 1988.

***Sieber**, Ulrich*, Gutachten: Anforderungen an die gesetzliche Regulierung zum Schutz digitaler Inhalte unter Berücksichtigung der Effektivität von technischen Schutzmechanismen, 2002, Teil 2, S. 81-208. URL: http://www.vprt.de/aktuelles/gutachten/stud_vprt_-datenpiraterie_ 120902.pdf (09/02) (zit. Gutachten).

***Sirinelli**, Pierre*, L'étendue de l'interdiction de contournement des dispositifs techniques de protection des droits et les exceptions aux droit d'auteur et droits voisins, Rapport général, ALAI Conference 2001 in New York, abrufbar unter URL: http://www.alai-usa.org/2001_conference/Reports/GenRep_id2_fr.doc (frz. Fasssung); URL: http://www.alai2001.org/2001_conference/0_entrance_en.htm (englische Fassung), S.1-27 (zit. Rapport général).

ders., Exceptions and Limits to Copyright and Neighboring Rights, Workshop on Implementation Issues of the WIPO Copyright Treaty (WCT) and the WIPO Performances and Phonograms Treaty (WPPT), Geneva, December 6 and 7 1999, WIPO Doc WCT-WPPT/IMP/1 vom 3.12.1999, URL: http://www.wipo.org/eng/meetings/1999/wct_wppt/pdf/imp99_1.pdf; S. 1-48 (zit. Exceptions and Limits).

***Soergel**, Hs. Th.*. Bürgerliches Gesetzbuch: mit Einführungsgesetz und Nebengesetzen, herausgegeben von W. Siebert und Jürgen F. Baur, Stuttgart/Berlin/Köln, Bd. 5 2. Schuldrecht (§§ 823-853), 12. Aufl. 1998 (zit. Bearbeiter in Soergel, BGB).

***Soquat**, Hubertus*, BMWi, „Kryptographiepolitik der Bundesregierung", URL: http://www.sicherheit-im-nternet.de/themes/themes.phtml?ttid=39&tsid=208&tdid=60&page=0 (12/02).

ders., Open Source und IT-Sicherheit, 1999, URL: http://mikro.org/Events/OS/ref-texte/soquat.html.

Spehr**, Michael / Raymond **Wiseman, So bleibt das Kopieren von Musik erlaubt, FAS v. 21.9.2003, S. 52.

***Spindler**, Gerald*, Europäisches Urheberrecht in der Informationsgesellschaft, GRUR 2002, 105-120.

ders., Urheberrecht und Tauschplattformen im Internet, JZ 2002, 60-70

***v. Staudinger**, J.*, Kommentar zum Bürgerliches Gesetzbuch: mit Einführungsgesetz und Nebengesetzes, Zweites Buch Recht der Schuldverhältnisse §§ 823-825, 13. Bearbeitung, Berlin 1999.

***Stefik**, Mark*, Trusted Systems, Scientific American March 1997, S. 78-81, URL: http://www.sciam.com/0397issue/0397stefik.html (12/02).

ders., Shifting the Possible: How Trusted Systems and Digital Property Rights challenge us to rethink Digital Publishing, Berkeley Tech. L. J. 1997, S. 137, URL: http://www.law.berkeley.edu/journals/btlj/articles/vol12/Stefik/html/reader.html (zit. Shifting the Possible).

Stefik**, Mark / Alex **Silverman, The Bit and the Pendulum, Balancing the Interests of Stakeholders in Digital Publishing, 1997, URL: http://www.xrml.org/reference/Pendulum97Jul29.pdf (zit. The Bit and the Pendulum).

***Stickelbrock**, Barbara*, Stellungnahme zur Anhörung des Deutschen Bundestages am 29.1. 2003, S. 1-15, abgedruckt in Ausschussdrucks. 15 (6) 3, 16 (6) 4.

***Streinz**, Rudolf*, Europarecht, 5. Aufl. Heidelberg 2001 (zit. EuR).

Strowel**, Alain / Séverine* ***Dusollier, Legal Protection of Technological Measures, Workshop on Implementation Issues of the WIPO Copyright Treaty (WCT) and the WIPO-Performances and Phonograms Treaty (WPPT), WIPO-Doc. WCT-WPPT/IMP/2, URL: http://www.wipo.int/documents/en/meetings/1999/wct_wppt/pdf/imp99_2.pdf; S. 1-30 (zit. Legal Protection).

***Tauchert**, Wolfgang*, Programm und Patent - Betrachtungen im Zusammenhang mit dem Technikbegriff, JurPC Web-Dok. 36/1997, Abs. 1 – 61, URL: http://www.jurpc.de/aufsatz/19970036.htm.

Terré**, François / Philippe* ***Simler */ Yves* ***Lequette***, Droit civil: Les obligations, 5. Aufl. Paris 1993 (zit. Droit civil).

***Tiedemann**, Klaus*, Europäisches Gemeinschaftsrecht und Strafrecht, NJW 1993, 23-31.

Tröndle**, Herbert / Thomas* ***Fischer, Strafgesetzbuch und Nebengesetze, 51. Aufl. München 2003 (zit. Tröndle/Fischer, StGB).

***Uehlecke**, Jens*, Legale Hits aus dem digitalen Äther, FTD v. 17.9.2003, S. 28.

***Ulmer**, Peter*, Zur Anpassung des AGB-Gesetzes an die EG-Richtlinie über missbräuchliche Klauseln in Verbraucherverträgen, EuZW 1993, 337-347.

***Ulmer**, Detlef*, Unterlassungsklagen und elektronischer Geschäftsverkehr, Kollektiver Verbraucherschutz durch UklaG und UWG bei E-Commerce in Deutschland, ITRB 2002, 135-139.

ders., Die Geltendmachung des Unterlassungsanspruches, Verfahren zur Durchsetzung des Unterlassungsanspruches aus dem UWG und dem Unterlassungsklagegesetz, ITRB 2002, 216-218.

***Ulmer-Eilfort**, Constanze*, Zur Zukunft der Vervielfältigungsfreiheit nach § 53 UrhG im digitalen Zeitalter, in: Festschrift für Wilhelm Nordemann, hrsg. von Bernward Zollner, Baden-Baden 1999, S. 285-294 (zit. FS Nordemann).

***Vercken**, Gilles*, Les protections techniques vues dans un contexte plus large, Questionnaire, France, Congrès de l'ALAI 2001, New York 13-17 juin 2001, URL: http://www.alai2001.org/2001_conference/0_entrance_en.htm.

***Vinje**, Thomas C.*, The New WIPO Copyright Treaty: A Happy Result in Geneva, E.I.P.R. 1997, 230-236.

ders., Copyright Imperilled?, E.I.P.R. 1999, 192-207

***Vitzthum**, Wolfgang*, Völkerrecht, Berlin/New York 1997 (zit Bearbeiter in Vitzhum, VölkerR).

***Walter**, Michel M.*(Hrsg.), Europäisches Urheberrecht, Kommentar, Wien/New York 2001 (zit. Bearbeiter in v. Lewinski u.a., Europ. UrhR).

ders., Ministerialentwurf UrhGNov 2002 – Ausgewählte Aspekte, medien und recht 2002, 217-228.

***Wand**, Peter*, Dreifach genäht hält besser! – Technische Identifizierungs- und Schutzsysteme, GRUR Int. 1996, 897-905.

ders., Technische Schutzmaßnahmen und Urheberrecht, Vergleich des internationalen, europäischen, deutschen und US-amerikanischen Rechts, München 2001 (zit. Technische Schutzmaßnahmen und Urheberrecht).

Wandtke**, Artur-Axel / Winfried **Bullinger, Praxiskommentar zum Urheberrecht, München 2002 (zit. Bearbeiter in Wandtke/Bullinger, UrhR).

dies., Gesetz zur Regelung des Urheberrechts in der Informationsgesellschaft, Ergänzungsband zum Praxiskommentar UrhR, München 2003 (zit. Bearbeiter in Wandtke/Bullinger, InfoG).

Weis**, Rüdiger / Stefan **Lucks, Advanced Encryption Standard, Verschlüsselungsstandard für das einundzwanzigste Jahrhundert, DuD 1999, 582-585.

***Welker**, Ann Marie*, Digitale Musikkopie darf technisch vereitelt werden, FAZ v. 14.8.02, S. 20.

***Welschenbach**, Michael*, Rijndael – Nachfolger des DES, Der zukünftige Advanced Encryption Standard, DuD 2001, 317-322

***De Werra**, Jacques*, Le régime juridique des mesures techniques de protection des œuvres selon les Traités de l'OMPI, le Digital Millennium Copyright Act, les Directives Européennes et d'autres législations (Japon, Australie), RIDA, Bd. 189, Juillet 2001, 67-213; auch erhältlich unter URL: http://www.alai2001.org/2001_conference/Reports/dewerraFR.doc.

Wessels**, Johannes / Werner **Beulke, Strafrecht, Allgemeiner Teil, 33. Aufl. Heidelberg 2003 (zit. StrR AT).

***Wiechmann**, Peter*, Urheber- und gewährleistungsrechtliche Probleme der Kopiersperre bei digitalen Audio-Kassetten-Recordern, ZUM 1989, 111-122.

***Wildpaner**, Christine*, Behindert die Anti-Pirateriegesetzgebung des DMCA den „Fair Use"?, medien und recht 2002, S. 383-386.

***Winghardt**, Stefan*, Kopiervergütung für den PC, ZUM 2002, 349-361.

***Wittgenstein**, Philipp*, Die digitale Agenda der neuen WIPO-Verträge: Umsetzung in den USA und der EU unter besonderer Berücksichtigung der Musikindustrie, Bern 2000 (zit. Digitale Agenda).

***Zecher**, Jan*, Die Umsetzung der EU-Urheberrechtsrichtlinie in deutsches Recht II, Diskussionsbericht von der gleichlautenden Arbeitssitzung des Instituts für Urheber- und Medienrecht am 22. März 2002, ZUM 2002, 451-457.

***Zuleeg**, Manfred*, Das Recht der Europäischen Gemeinschaft im innerstaatlichen Bereich, Köln/Berlin/Bonn/München 1969 (zit. Recht der EG).

***Zypris**, Brigitte*, Vereinbarkeit von Urheberrecht und Allgemeinwohl im digitalen Zeitalter, NJW-Editorial, Heft 16/2003, III.

Autoren nicht genannt:

„Audio-CD-Kopierschutz verärgert Kunden und Händler", c't 4/2000, 83, URL: http://www.heise.de/ct/00/04/083/

„PC-Schlüsseldienst", PC-Welt Pocket, 11/2002, 132.

Adobe Dynamic Media Group, Leitfaden für Streaming Media, URL: http://www.adobe.de/products/premiere/pdfs/smprimer_de.pdf

Oliver Schäfer

Das Recht auf private Vervielfältigung von Tonträgern

Modell einer rechtlichen Lösung und ihrer technischen Umsetzung

Frankfurt am Main, Berlin, Bern, Bruxelles, New York, Oxford, Wien, 2005.
XXII, 196 S., zahlr. Tab. und Graf.
Europäische Hochschulschriften: Reihe 2, Rechtswissenschaft. Bd. 4165
ISBN 3-631-53827-8 · br. € 39.–*

Diese Arbeit geht davon aus, daß die unzureichend vergütete urheberrechtliche Privatkopieschranke derzeit eine Bedrohung für die Verwertung von Musikaufnahmen und damit für die musikalische Vielfalt darstellt. Der Autor entwickelt unter Zugrundelegung institutionenökonomischer Erkenntnisse ein detailliertes rechtliches Modell zur Optimierung der wirtschaftlichen Rahmenbedingungen. Dabei lehnt er einen Anspruch auf private Vervielfältigung aus Informationsfreiheit ab. Er gelangt aber zu der Feststellung, daß – in engen Grenzen und in Verbindung mit einer deutlich erhöhten Vergütung auf Speichermedien – ein solcher Anspruch im ökonomischen Interesse der Rechtsinhaber liegt. Die Umsetzung dieses auf den ersten Blick ungewöhnlichen Ergebnisses erfordert nur einen minimalen gesetzgeberischen Eingriff. Besonderer Wert wird auf das umfassende technische Lösungsmodell gelegt, das der Autor seinen rechtlichen und rechtspolitischen Überlegungen zur Seite stellt.

Aus dem Inhalt: Technische Einführung · Rechte an Tonträgern · Die Privatkopieschranke im deutschen Urheberrecht · Technische Schutzmaßnahmen · Beurteilung aus institutionenökonomischer Perspektive · Pauschalvergütung und Individuallizenz · Eigener Lösungsvorschlag: Prämissen · Technische Umsetzung · Die Höhe der pauschalen Vergütung

Frankfurt am Main · Berlin · Bern · Bruxelles · New York · Oxford · Wien
Auslieferung: Verlag Peter Lang AG
Moosstr. 1, CH-2542 Pieterlen
Telefax 00 41 (0) 32 / 376 17 27

*inklusive der in Deutschland gültigen Mehrwertsteuer
Preisänderungen vorbehalten

Homepage http://www.peterlang.de

Kolibri 360 GmbH
Ferdinand-Jühlke-Straße 7
99095 Erfurt, Deutschland
produktsicherheit@kolibri360.de

Druck:
CPI Druckdienstleistungen GmbH
im Auftrag der
Kolibri 360 GmbH
Ferdinand-Jühlke-Str. 7
99095 Erfurt